THE GUIDELINES ON LEGAL ISSUES OF
SHAREHOLDER DISPUTES

# 股东纠纷法律问题全书
# 合伙人

（第二版）

上海宋海佳律师事务所　编著

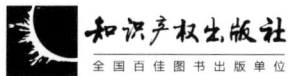

图书在版编目（CIP）数据

合伙人：股东纠纷法律问题全书／上海宋海佳律师事务所编著．—2版．—北京：知识产权出版社，2017.4

ISBN 978-7-5130-4780-7

Ⅰ.①合… Ⅱ.①上… Ⅲ.①股份有限公司—股东—公司法—基本知识—中国 Ⅳ.①D922.291.91

中国版本图书馆CIP数据核字（2017）第038044号

责任编辑：齐梓伊
封面设计：张　悦　　　　　　　责任出版：刘译文

# 合伙人（二）

股东纠纷法律问题全书（第二版）

上海宋海佳律师事务所　编著

| | |
|---|---|
| 出版发行：知识产权出版社 有限责任公司 | 网　　址：http://www.ipph.cn |
| 社　　址：北京市海淀区西外太平庄55号 | 邮　　编：100081 |
| 责编电话：010-82000860 转8176 | 责编邮箱：qiziyi2004@qq.com |
| 发行电话：010-82000860 转8101/8102 | 发行传真：010-82000893/82005070/82000270 |
| 印　　刷：北京嘉恒彩色印刷有限责任公司 | 经　　销：各大网上书店、新华书店及相关专业书店 |
| 开　　本：720mm×1000mm　1/16 | 印　　张：166 |
| 版　　次：2017年4月第1版 | 印　　次：2017年4月第1次印刷 |
| 字　　数：3000千字 | 定　　价：398.00元（全四册） |
| ISBN 978-7-5130-4780-7 | |

**出版权专有　侵权必究**

如有印装质量问题，本社负责调换。

# 关于作者

 一家专注解决股东纠纷的律师事务所

---

因为专注,
所以更了解股东纠纷的根源和全面解决方案

因为专业,
所以突破律师的局限性,以税务思维,筹划股权交易方案

# 再版说明

《合伙人》第一版出版两年多,蒙读者厚爱,在当当网、京东网、亚马逊网的读者好评率分别为100%、97%和五星。

本次再版,除了订正疏漏之外,撷取和提炼最新的具有代表性的典型案例,尤其是来自最高人民法院的公报案例、指导案例,修正原书中与现行法律法规、司法判例中或冲突或遗漏的内容,将最前沿的、最具实务价值的司法观点(如《最高人民法院关于适用〈中华人民共和国公司法〉若干问题的规定(四)》征求意见稿)、实践经验呈现给读者。

需要说明的是,本书中部分案例判决作出时间较早,诉讼主体、判决依据和结果可能与现行法律、法规有所冲突。我们也注意到了这些问题并加以标注。之所以仍然保留,是因其中案件的背景、证据和法院观点对现今的司法实践仍有意义和借鉴作用。

最后,借《合伙人》再版之际,向对第一版提出修订建议的读者和朋友,向给予我们关心、鼓励和帮助的同行和专家学者们,表示衷心的感谢!

主编宋海佳参与本书全部章节的撰写,并负责选题、体例设计和审定工作。

任梅梅、顾立平参与本书全部章节的撰写工作。

韦业显(香港韦业显律师行创办人)参与本书"离岸公司不公平损害的股东权益保护"部分的撰写工作。

于东耀、章亚萍、郭睿、吴星、张莉、虞修秀、张䶮、姜元哲参与资料收集和部分案例的编写及校对工作。

再版修改部分,由徐清律师负责统筹,由宋海佳、顾立平、徐清、赵玉刚、陈纯、龙华江(全面负责税法部分修改)、华轶琳、陈怀榕、王永平律师参与撰写,王芬律师负责校对。

# 简 目

**一**

第一章　公司设立纠纷 …………………………………………（ 1 ）
第二章　发起人责任纠纷 ………………………………………（ 97 ）
第三章　股东出资纠纷 …………………………………………（ 129 ）
第四章　股东资格确认纠纷 ……………………………………（ 415 ）

**二**

第五章　股东名册记载纠纷 ……………………………………（ 611 ）
第六章　请求变更公司登记纠纷 ………………………………（ 632 ）
第七章　股权转让纠纷 …………………………………………（ 709 ）
第八章　增资纠纷 ………………………………………………（ 958 ）
第九章　新增资本认购纠纷 ……………………………………（ 1056）
第十章　减资纠纷 ………………………………………………（ 1079）
第十一章　公司合并纠纷 ………………………………………（ 1120）
第十二章　公司分立纠纷 ………………………………………（ 1191）

**三**

第十三章　损害公司利益责任纠纷 ……………………………（ 1235）
第十四章　损害股东利益责任纠纷 ……………………………（ 1486）
第十五章　请求公司收购股份纠纷 ……………………………（ 1536）

第十六章　公司解散纠纷 ……………………………………（1610）
第十七章　申请公司清算 ……………………………………（1748）
第十八章　清算责任纠纷 ……………………………………（1831）

## 四

第十九章　股东知情权纠纷 …………………………………（1871）
第二十章　公司决议纠纷 ……………………………………（1975）
第二十一章　上市公司收购纠纷 ……………………………（2172）
第二十二章　公司盈余分配纠纷 ……………………………（2243）
第二十三章　公司证照返还纠纷 ……………………………（2331）
第二十四章　公司关联交易损害责任纠纷 …………………（2367）
第二十五章　股东损害公司债权人利益责任纠纷 …………（2438）

# 目 录

## 二

### 第五章 股东名册记载纠纷

**第一节 立案** ·············································································· (612)

334. 如何确定股东名册记载纠纷的诉讼当事人? ······················ (612)

335. 股东名册记载纠纷按照什么标准交纳案件受理费用? ········ (612)

336. 股东名册记载纠纷由何地法院管辖? ································ (612)

337. 请求公司变更股东名册的诉讼是否适用诉讼时效? ············ (612)

**第二节 股东名册记载纠纷的裁判标准** ······································ (613)

一、股东名册的置备 ·································································· (613)

338. 哪些主体需要置备股东名册?置备的义务人分别是谁?应在何时由公司哪个机关置备于何处? ········································ (613)

339. 上市公司由证券登记机构置备的股东名册和公司置备的股东名册有何关系? ·································································· (613)

340. 公司未置备股东名册是否需要承担法律责任? ···················· (613)

二、股东名册变更的一般程序 ···················································· (614)

341. 股东名册变更登记的请求权人是谁? ································ (614)

342. 有限责任公司股东名册变更须提交哪些材料? ···················· (614)

343. 股份有限公司股东名册变更需要提交哪些材料? ················ (615)

三、股东名册封闭制度的限制及其他表现形式 ·························· (615)

344. 股东名册封闭制度可否仅对部分股东行使? ······················ (615)

345. 股东名册封闭的是股东的哪些权利? ································ (615)

· 1 ·

346. 公司可否自主决定股东名册的封闭日期? …………………… (615)
347. 除了封闭股东名册,公司还可采取何种形式确定股东名册上的
    股东权利行使人? …………………………………………… (616)
348. 哪些做法属于违法封闭股东名册或违法确定在册日期? ……… (616)
349. 如果违法封闭股东名册或违法确定在册日期,基于此作出的分红、
    表决等行为是否有效? ……………………………………… (616)

### 四、股东名册记载纠纷的举证义务 ………………………………… (616)

350. 主张股东名册变更应当提供何种证据? ……………………… (616)
【案例148】记载于股东名册的股东已实际出资的,有权要求公司签发
    出资证明书 ……………………………………………………… (617)
【案例149】关于股东名册纠纷的法律定性问题 ………………………… (617)
【案例150】转让已实际履行 股东名册应依法变更 ………………… (621)
【案例151】判决确定股东资格股东 诉请变更名册获支持 ………… (624)
【案例152】改制不影响股东资格 要求变更名册获支持 …………… (625)
351. 当事人可否以股东变更的股东会决议主张变更股东名册? …… (628)
【案例153】仅以股东会决议主张变更股东名册被驳回 ……………… (628)

## 第六章 请求变更公司登记纠纷

### 第一节 立案 ………………………………………………………… (633)

352. 如何确定请求变更公司登记纠纷的诉讼当事人? ……………… (633)
353. 请求变更公司登记纠纷由何地法院管辖? …………………… (633)
354. 在提起请求"变更公司登记"诉讼前或在诉讼过程中,系争股权
    已被冻结或变更登记至第三人名下或受到第三人权利限制的,
    对该诉讼有何影响? ………………………………………… (634)
【案例154】诉争股权被冻结 无法判决办理变更登记 ……………… (634)
355. 请求变更公司登记纠纷按照什么标准交纳案件受理费用? …… (636)
356. 请求变更公司登记纠纷是否适用诉讼时效? ………………… (636)
【案例155】合同未约定报批时间 受让人可随时主张索赔 ………… (636)
357. 法院判决增加或变更股东名册记载后,或请求变更登记纠纷诉讼
    胜诉后,被告拒不执行生效判决、裁定时,原告应如何救济? ……… (639)

## 目 录

### 第二节　请求变更公司登记纠纷的裁判标准…………………（639）

#### 一、对拒不履行公司登记义务的救济………………………（639）

358. 公司或他人拒不履行工商变更登记义务,原告可以采取哪些救济措施?……………………………………………………（639）

359. 当事人可否通过行政诉讼的方式,主张撤销或变更公司工商登记?……………………………………………………（640）

【案例156】工商登记仅作形式审查　请求撤销行政行为被驳回……（640）

【案例157】假公章导致股权转让无效　"转让人"成功撤销工商登记……（644）

#### 二、请求变更公司登记纠纷的裁判标准………………………（646）

360. 公司实际出资人主张公司变更工商登记其为公司股东,是否必须先行提起股东资格确认诉讼?……………………（646）

361. 通过诉讼主张公司变更登记需要证明哪些事项?……………（646）

【案例158】股权转让判决无效　工商登记应恢复原状……………（647）

【案例159】新股东付清股款忠实履约　法院判决公司办理变更登记……（650）

#### 三、未履行工商变更登记义务对股权转让合同效力的影响………（652）

362. 股权转让当事人可否以未办理工商变更登记为由,主张股权转让合同无效或不生效,或者主张解除合同?如果受让方已经实际享有股东权利,但未被变更登记为股东,是否还可以未办理工商变更登记为由主张解除合同?……………………………………（652）

【案例160】不配合变更致根本违约　股权转让合同被判解除………（653）

363. 有限责任公司中,股权转让款已经实际交付,但尚未办理变更登记,公司即丧失法人资格,受让人能否向转让人主张解除股权转让合同?此时受让人能否主张转让人承担损害赔偿责任?……（654）

【案例161】未及变更登记公司即被注销　转让合同被解除…………（655）

364. 转让人与受让人签订股权转让合同后正常履约,但在进行工商变更登记时,工商部门以合同不符合登记标准为由拒绝登记,转让方借此毁约,不愿意按照工商部门的要求重新签订新合同,此时,受让方如何保障自己的权利?……………………………（657）

#### 四、未履行变更登记义务的责任承担……………………………（657）

365. 未办理工商变更登记,义务人需承担何种民事责任?…………（657）

366. 未办理工商变更登记,公司需承担何种行政责任?…………（658）

【案例162】变更登记材料不全　请求撤销不受理决定遭驳回………（658）

· 3 ·

## 第三节　衍生问题——工商行政登记管理机关的登记审查责任 …… (662)

### 一、立案 …… (662)

367. 如何确定与工商行政登记管理机关的登记审查责任有关纠纷的诉讼当事人？在设立登记中，工商行政管理机关出具的营业执照、核准通知书等文件上有多个机关盖章的，如何确定被告？ …… (662)

【案例163】被告不适格　裁定驳回起诉 …… (663)

368. 工商行政确认纠纷、工商行政许可纠纷由何地法院管辖？ …… (664)

369. 工商行政确认纠纷、工商行政许可纠纷按照什么标准交纳案件受理费？ …… (665)

370. 工商行政确认纠纷、工商行政许可纠纷是否适用诉讼时效？如何理解"不属于起诉人自身的原因"？ …… (665)

【案例164】明知登记行为　已过诉讼时效撤销请求被驳回 …… (665)

【案例165】非因自身耽误期间　不计入诉讼时效计算范围 …… (667)

371. 当事人不知道具体行政行为，是否受诉讼时效的限制？ …… (671)

【案例166】不知设立行为　冒名股东5年后诉请撤销被驳回 …… (672)

372. 工商行政管理机关不作为时，当事人起诉工商行政管理机关要求履行法定职责的起诉情形有哪些？起诉期限有何要求？ …… (674)

373. 原告因他人提交公司虚假材料而被登记为股东等，如何确定诉讼请求？ …… (674)

### 二、执行相关问题 …… (676)

374. 工商行政确认、工商行政许可诉讼请求获法院支持后，工商行政管理机关不配合办理工商变更登记，原告应如何救济？ …… (676)

### 三、工商行政确认纠纷、工商行政许可纠纷的裁判标准 …… (676)

375. 工商登记审查应适用形式审查标准，还是实质审查标准？ …… (676)

376. 对于公司设立、注销登记应遵循什么审查原则？ …… (677)

【案例167】设立材料系虚假　冒名股东主张撤销公司登记获支持 …… (677)

【案例168】虚假材料设立公司　确认工商登记违法 …… (680)

【案例169】设立登记岂能形式审　冒名登记被确认无效 …… (683)

377. 对于股东、法定代表人的变更登记应遵循什么审查原则？应该审查哪些内容？ …… (686)

【案例170】未审查任职决议合法性　法定代表人变更被撤销 …… (687)

【案例171】私章与预留印鉴明显不一致　未尽审查义务股东登记被撤销 …… (689)

378. 在办理工商变更登记中,如果公司拟进行变更的内容已由股东会表决通过,但部分小股东未在股东会决议上签字,工商行政管理机关是否会受理工商变更材料?能否对决议内容进行变更? …… (696)

【案例172】尽责调查会议召开过程　个别股东未签字决议内容仍可变更 …… (697)

379. 工商行政管理机关是否要对申请人提交材料的真实性承担审查责任? …… (701)

380. 若登记事项仅须形式审查,工商行政管理机关是否完全不需要对真实性负责? …… (701)

【案例173】法定代表人变更材料虚假　工商行政登记被撤销 …… (701)

381. 如何理解工商行政管理机关"怠于履行行政义务"? …… (702)

【案例174】经营场所证明材料已完备　工商局被判履行设立登记职责 …… (703)

382. 工商行政管理机关作出错误的行政许可登记行为,应对起诉人承担什么样的法律责任? …… (707)

# 第七章　股权转让纠纷

## 第一节　立案 …… (710)

383. 如何确定股权转让纠纷的诉讼当事人? …… (710)

384. 如何确定股东主张优先购买权的诉讼当事人? …… (710)

385. 股权转让纠纷中,受让人以转让的股权存在出资瑕疵为由提起诉讼,应当如何确定诉讼当事人? …… (711)

386. 股份有限公司发起人、董事、监事、高级管理人员转让股份违反《公司法》的限制性规定,如何确定诉讼当事人? …… (711)

387. 外商投资企业股权转让合同成立后,转让人和外商投资企业不履行报批义务,受让人起诉主张转让人及企业履行报批义务,如何确定诉讼当事人? …… (711)

【案例175】不执行生效判决的报批义务　可判由受让人自行报批 …… (711)

388. 股权转让合同一方自行报批时,另一方或外商投资企业又拒不提交必需材料时,受让人应当如何救济? …… (717)

389. 其他股东以转让人侵犯其优先购买权为由,要求撤销股权转让变更登记行为的,应当如何确定诉讼当事人 ················ (718)

390. 股权转让纠纷案件由何地法院管辖? ······················· (718)

391. 股权转让纠纷按照什么标准交纳案件受理费用? ············· (718)

392. 股东主张优先购买权的诉讼按照什么标准交纳案件受理费? ······ (718)

393. 股权转让纠纷是否适用诉讼时效? ························· (718)

394. 股东主张优先购买权的诉讼请求应如何表述? ··············· (718)

395. 在股东主张优先购买权的诉讼中,原告是否需要提供财产担保?数额如何确定? ·············································· (718)

## 第二节 有限责任公司股权转让纠纷的裁判标准 ················ (719)

### 一、股权转让纠纷一般裁判标准 ································ (719)

396. 股权转让时,可否仅转让股权中的部分权能? ··············· (719)

397. 股权转让合同何时成立、生效?是否可以约定办理工商变更登记手续后生效? ·············································· (719)

398. 股权转让合同应当具备哪些必备条款? ····················· (720)

399. 股权转让合同撤销及无效的法定事由有哪些? ··············· (720)

400. 股权转让合同被确认无效或者撤销之后,有何法律后果? ······ (720)

401. 股权转让合同被确认无效或者被撤销后,对受让人实际参与公司经营管理期间的公司盈亏如何处理? ······················· (721)

【案例176】股权变更未登记即再次转让 应视为无权处分合同无效 (721)

402. 在什么情况下,当事人可以单方解除股权转让合同? ········· (724)

403. 股权转让合同解除后,出让方已分得的红利如何处置? ······· (724)

404. 有限责任公司中,如股权转让导致股东人数超过50人,是否影响股权转让合同的效力? ···································· (724)

405. 公司解散后,转让股权的合同效力如何认定? ··············· (725)

【案例177】委托他人处分股权不同于"冒名处分" 应认定有效 ···· (725)

406. 公司章程可否约定股东离职或在其他情况下,其股权由其他股东受让?该强制股权转让交易是否有效? ······················· (727)

【案例178】约定股权激励回购不影响股权转让合同效力 ········· (727)

【案例179】章程约定的股本原始价格回购离职员工股权有效 ······ (733)

407. 人民法院拍卖上市公司的国有股和社会股时,应当履行哪些程序? ·············································· (740)

408. 股东转让其正在被执行的独资开办的企业(被执行人),人民法院
能否追加该股东为被执行人? ………………………………… (741)
409. 股权转让纠纷胜诉后,公司拒绝将股东名册或工商登记中的股东
由转让人变更为受让人的,受让人应如何救济? …………… (741)

### 二、股权转让的对价确定 ………………………………………… (741)

410. 股权转让纠纷中,出现多个对价时,应当如何判断合同当事人的
真实意思表示并确定股权转让价格? ………………………… (741)
【案例180】根据净资产状况推断价款获法院支持 …………… (742)
411. 股权转让合同如未约定转让价款的,且无任何证据证明双方当时的
真实意思表示,应如何确定对价? …………………………… (747)
【案例181】未明确股权转让价格  合同无对价但有效 ……… (747)
412. 股权转让合同签订后,在履行过程中请求变更股权转让款是否允许?
其行为如何定性? ……………………………………………… (748)
413. 股权转让时,原股东捏造虚假信息,欺骗受让人以较高的价格购买
股权,受让人购得公司股权后应如何救济? ………………… (749)
【案例182】已确认股权转让价款且超过1年  转让人主张变更价款
被驳回 …………………………………………………… (749)
414. 如何证明股权转让合同是基于欺诈而签订的? ……………… (753)
【案例183】未尽注意义务  主张欺诈不成立 ………………… (753)

### 三、"一股多卖"及出质股权转让的裁判标准 …………………… (754)

415. 有限责任公司中,股东将自有股权重复出卖给多个股东的,各受让人
应如何主张权利? ……………………………………………… (754)
416. 转让人一股多卖,其中一名受让人经过法院判决取得股权,但另一
受让人已经实际享有股东权利、履行股东义务,则通过诉讼获得
股东资格的受让人可否主张行使股东权利的受让人在公司作出的
行为无效? ……………………………………………………… (755)
【案例184】一股二卖引发旷日持久连环案 …………………… (755)
【案例185】被执行人名下股权已协议转让  未变更工商登记仍可被
冻结 ……………………………………………………… (759)
417. 股权质押如未经工商登记,是否有效? ……………………… (761)

### 四、股权转让所涉资产、资质、控制权转让问题 ………………… (761)

418. 股权转让中,如果因公司实物资产存在质量瑕疵,该瑕疵的相应责任
可否要求股权转让人承担? …………………………………… (761)

【案例186】股权转让人对公司资产质量问题不承担赔偿责任 …………… (762)

419. 股权转让合同中,约定公司资产归股东所有是否有效? ………… (764)

【案例187】股权转让不得一并转让公司资产 ……………………………… (764)

### 五、瑕疵股权转让的裁判标准 ……………………………………………… (766)

420. 出资瑕疵的股东可否对外转让股权? ……………………………… (766)

【案例188】出资瑕疵股东仍可对外转让股权 ……………………………… (767)

421. 出资瑕疵的股东转让股权,受让人可否以转让人出资瑕疵为由主张合同无效,或拒绝履行合同? ……………………………… (769)

【案例189】股权明知瑕疵仍受让 拖欠股权转让款需偿还 …………… (770)

### 六、隐名股东股权转让的裁判标准 ………………………………………… (772)

422. 隐名股东通过股权转让的方式显名,代持股股东拒不交付股权,却起诉要求隐名股东履行付款义务,如何处理? …………… (772)

【案例190】隐名投资证据不足 为"显名"支付转让款 ………………… (772)

423. 隐名股东直接以自己名义与他人签订股权转让合同,效力如何认定? ……………………………………………………………… (774)

【案例191】实际出资且其他股东认可 隐名股东转让股权有效 ……… (774)

424. 未经隐名股东同意,名义股东擅自对外转让股权的,隐名股东可否直接主张股权处分行为无效? ………………………………… (776)

【案例192】名义股东擅自转让代持股份 恶意受让代持股权协议无效 …………………………………………………………………… (776)

【案例193】显名股东擅自转让股权 隐名股东主张转让溢价款获支持 …………………………………………………………………… (778)

### 七、股东优先购买权的裁判标准 …………………………………………… (781)

425. 内部股东之间转让股权时,其他股东是否享有优先购买权? …… (781)

【案例194】内部转让股权 其他股东无优先购买权 …………………… (781)

426. 股东向公司以外的第三人转让股权,是否需要其他股东同意? …… (783)

【案例195】损害股东优先购买权转让股权 工商股东变更后协议仍被撤销 …………………………………………………………… (784)

427. 股东对外转让股权须经"过半数股东"同意中的"过半数",指的是表决权过半数还是人头过半数? ………………………………… (787)

428. 转让人向其他股东通知转让事宜必须注意哪些问题?应包括哪些通知内容? ……………………………………………………… (787)

【案例196】通知构成要约　判定转让人与其他股东形成合同关系 …… (787)
429. 转让人向公司其他股东发出的通知主要转让条件不明时,如何处理? …… (790)
430. 其他股东接到转让人的书面通知,应在多少日内给予答复? …… (790)
431. 转让人未依法履行通知义务,即对外签订股权转让合同,该合同效力如何认定? …… (790)
【案例197】擅自对外转让股权　其他股东行使优先购买权 …… (791)
432. 股东对外转让股权,其他股东是否可对部分股权主张优先购买权? …… (795)
433. 股东对外转让股权时,如过半数股东同意转让,是否股权就可以转让给拟受让人? 过半数股东不同意转让时,是否股权就无法转让? …… (796)
【案例198】外滩地王之争:间接转让无法规避优先购买权　合法形式掩盖非法目的转让合同被判无效 …… (796)
434. 如争议的股份已经被处分,导致股东优先购买权无法实现,主张优先购买权的股东可否要求转让人或公司承担赔偿责任? …… (804)
435. 股东对外转让股权,不同意转让的股东必须购买股权,如何确定"同等条件"? …… (804)
【案例199】债务承担也应视为同等条件的组成部分 …… (805)
436. 股东主张优先购买权后,转让人解除股权转让合同,其他股东的优先购买权还能否继续行使? …… (806)
【案例200】诉讼中解除转让协议　优先购买权被驳回 …… (807)
437. 当多名股东行使优先购买权时,如一名股东表示愿意以更高的价格购买全部或者部分股权,并导致其他股东无法按照各自出资比例行使优先购买权的,应如何处理? …… (809)
438. 股东的优先购买权是否适用于股权赠与的情况? 如果适用,如何确定同等条件? …… (809)
439. 夫妻离婚时,对财产进行分割,股东一方将股权的部分或者全部转让给配偶时,其他股东可否优先购买? …… (809)
【案例201】离婚分割股权侵害其他股东优先购买权　被判无效 …… (810)
440. 当股权发生继承时,是否允许其他股东行使优先购买权? …… (812)
441. 人民法院在强制执行程序中决定拍卖有限责任公司股权时,其他股东的优先购买权如何保护? …… (812)

## 八、夫妻共有股权转让的裁判标准 (812)

442. 夫妻一方与他人签订股权转让协议,转让夫妻共有股权,如何认定股权转让合同效力? (812)

【案例202】丈夫代妻子签约转让共同股权有效 妻诉称侵权对抗善意第三人被驳回 (813)

【案例203】恶意串通转让夫妻共有股权 股权转让被判无效 (818)

443. 如何有效防止夫妻共有股权被擅自处分? (820)

## 第三节 股份有限公司股份转让的裁判标准 (820)

### 一、股份转让流程及限制 (820)

444. 股份有限公司股份应当如何转让,有何限制? (820)

445. 股份有限公司成立前是否可以向股东交付股票? (820)

446. 股份有限公司的股份转让是否必须在证券交易所进行? (820)

447. 股份有限公司的股东转让股份,是否需要经过董事会或股东大会决议和同意? (821)

448. 股份有限公司发起人、董事、监事、高管转让本公司股份有何限制? (821)

449. 股份有限公司股东在限售期内转让股份,约定待股份解禁后再行办理过户是否有效? (821)

【案例204】约定解禁后再行过户 股份转让合法有效 (822)

450. 股份有限公司可否通过公司章程规定股权转让的条件,限制股东转让股份? (826)

451. 股权转让合同解除后,转让人是否可以起诉主张受让人在返还股权时一并返还其持有该股份在公司所获得的红利、配送新股及因该股份而认购的新股等股东权益? (826)

452. 国有单位受让上市公司股份有哪些方式? (827)

453. 公司内部职工股的交易有何限制? (827)

454. 公司内部职工股在持有人脱离公司或死亡时如何处理? (827)

455. 公司内部职工股的转让价格如何确定? (827)

### 二、非上市公众公司股份转让的流程 (827)

456. 什么是非上市公众公司? (827)

457. 非上市公众公司股票应当在哪里登记?公开转让在哪里进行? (827)

458. 进行非上市公众公司收购的条件是什么？收购的股份多长时间可以转让？ ………………………………………………………… (828)
459. 非上市公众公司信息披露文件主要包括哪些？ ……………… (828)
460. 公开转让与定向发行的非上市公众公司应当如何进行信息披露？ ……………………………………………………………… (828)
461. 股票向特定对象转让导致股东累计超过200人的非上市公众公司应当如何进行信息披露？ ………………………………… (828)
462. 非上市公众公司披露信息应当由公司的什么机构发布？ …… (828)
463. 非上市公众公司可否在公司章程中约定信息披露方式？ …… (828)
464. 非上市公众公司披露信息应当如何公布？ …………………… (828)
465. 股票向特定对象转让导致股东累计超过200人的股份有限公司应当如何进行股票转让？ …………………………………… (829)
466. 非上市公众公司向社会公众公开转让股票时应当如何作出决议？其决议包括哪些内容？ …………………………………… (829)
467. 申请股票向社会公众公开转让应提交哪些申请文件？ ……… (829)
468. 非上市公众公司定向发行包括哪些情形？ …………………… (829)
469. 非上市公众定向发行时应当满足哪些条件？ ………………… (830)
470. 非上市公众公司定向发行股票时,公司应当如何作出决议？ … (830)
471. 非上市公众定向发行股票的申请文件包括哪些？ …………… (830)
472. 非上市公众公司可否向证监会申请分期定向发行股票？应履行何种程序？ ………………………………………………… (830)
473. 非上市公众公司在什么情况下可以豁免向中国证监会申请核准,定向发行股票？ …………………………………………… (831)
474. 非上市公众公司以欺骗手段骗取核准的,或报送的报告有虚假记载、误导性陈述或者重大遗漏的,应当承担何种行政责任？ …… (831)
475. 非上市公众公司未按规定擅自转让或发行股票的,应当承担何种行政责任？ ……………………………………………… (831)
476. 证券公司、证券服务机构出具的文件有虚假记载、误导性陈述或者重大遗漏的,应当承担何种行政责任？ …………………… (831)
477. 非上市公众公司及其他信息披露义务人未按照规定披露信息,或者所披露的信息有虚假记载、误导性陈述或者重大遗漏的,应当承担何种行政责任？ ……………………………………… (831)

478. 公司向不符合规定条件的投资者发行股票的,应当承担何种行政责任? ………………………………………………………………… (832)

479. 非上市公众公司内幕信息知情人或非法获取内幕信息的人,在对公众公司股票价格有重大影响的信息公开前,泄露该信息、买卖或者建议他人买卖该股票的,应当如何对其进行处罚? ………… (832)

### 三、上市公司股份转让的特殊规则 ……………………………… (832)

480. 如何认定尚未履行必要程序的收购上市公司股份合同的效力? …… (832)

481. 如何认定尚未履行证券监督管理机构股东变更报批手续的转让证券公司股份合同的效力? ……………………………………… (832)

482. 哪些人员买卖上市公司股份存在6个月内不得进行买卖的特殊时间限制? 有无例外情况? ……………………………………… (833)

483. 如果上市公司董事会未依照规定没收频繁交易的董事、监事、高管及股东收益时,应当如何处理? ……………………………… (833)

484. 国有单位受让上市公司股份应遵循哪些程序? ………………… (833)

485. 国有单位通过证券交易系统受让上市公司股份有何程序要求? …… (833)

486. 国有单位通过证券交易系统受让上市公司股份,并向国有资产监督管理机构报送可行性研究报告,该报告的内容应当包括哪些? …… (834)

487. 国有单位通过协议受让的方式受让上市公司股份,应履行哪些程序? ……………………………………………………………… (834)

488. 国有单位通过协议受让方式受让上市公司股份需要报国有资产监督管理机构审批时,应当报送哪些材料? 是否须至证券交易所及中国证券登记结算有限责任公司办理股份过户手续? ………… (835)

## 第四节 国有股权转让的裁判标准 ……………………………… (835)

### 一、国有股权转让的程序规定 ……………………………………… (835)

489. 国有股权转让应当履行哪些程序? ……………………………… (835)

490. 清产核资应当由谁组织? ………………………………………… (837)

491. 国有股权转让的价格,应当以何为依据? 价款支付有何限制? …… (837)

492. 国有股权转让应当如何进行公告? 公告期为多少日? 公告内容有哪些? …………………………………………………………… (837)

493. 国有股权转让经公开征集后,仅有一个受让人应当如何处理? 有两个以上受让人拟购买转让股权时应当如何处理? ………………… (838)

494. 企业国有股权转让中,应当于何时办理变动产权登记? ……… (838)

495. 企业办理变动产权登记需要提交哪些材料? ………………… (838)
496. 转让国有股权应由哪个机构批准? ……………………………… (839)
497. 决定或者批准企业国有股权转让,应当审查哪些书面文件? ……… (839)
498. 国有股权转让中转让方案应当包括哪些内容? ………………… (839)
499. 如果转让人对国有股权转让的受让人有特殊要求,或在资产重组中拟将股权转让给所控股企业从而拟进行协议转让的,应当由哪个部门进行批准? ……………………………………………………… (839)
500. 经国有资产监督管理机构批准后,股权转让双方又对转让方案进行调整的,是否还须重新报批? ………………………………………… (840)

## 二、国有股权转让合同的效力认定 …………………………… (840)

501. 转让的国有股权未履行批准手续或其他法定程序的,合同效力如何? ………………………………………………………………… (840)

【案例205】国有股转让未获批　百亿市值瞬间蒸发 ……………… (840)

502. 如内部决策程序有瑕疵,股权转让协议效力如何认定? 善意受让人能否适用善意取得制度? ………………………………………… (844)
503. 签订国有股权转让合同后,未对股权价值进行评估的,该股权转让行为效力如何确定? 诉讼过程中应如何处理 ……………………… (844)

【案例206】未经批准、评估转让国有股权被认定无效 …………… (845)

504. 如何进行国有资产转让评估? ………………………………… (847)
505. 如国有股权转让后,受让人不依照双方约定的职工安置方案履行合同,国有股权的转让人可否主张合同无效? ……………………… (848)
506. 国有股权转让未进场交易,合同效力如何确定? ……………… (848)

【案例207】国有股权转让未进场交易　合同无效 ………………… (849)

## 三、国有股权拍卖的特殊规定 ……………………………………… (851)

507. 国有股权进场交易时,如采用拍卖程序转让股权,则其他股东的优先购买权如何行使? ……………………………………………… (851)
508. 国有股权被强制拍卖时,其拍卖是否必须确定保留价? 保留价应当如何确定? 如拍卖最高价未到达保留价应如何处理? ………… (852)
509. 如国有资产监督管理部门怠于履行或拒绝履行职责,哪个部门可以代替国有资产监督管理部门成为代表国家提起股权转让纠纷诉讼的主体? ……………………………………………………………… (852)

## 四、国有创业投资企业股权投资的退出 (852)

510. 国有创业投资企业是否可以协议方式转让股权? (852)
511. 国有创业投资企业与其他股东事前约定股权转让条件应注意哪些问题? (852)
512. 国有创业投资企业对股权转让的事前约定应当怎样办理备案手续? (852)
513. 国有创业投资企业股权转让应当遵循怎样的决策程序? (853)
514. 国有创业投资企业转让股权如何报批? 如何审批? (853)
515. 何为创业投资引导基金? (854)
516. 引导基金形成的股权应如何退出? (854)

## 第五节 外商投资企业股权转让的裁判标准 (855)

### 一、外商投资企业股权转让合同的效力 (855)

517. 外商投资企业的股权转让合同何时生效? (855)
【案例208】未经批准 外资股权转让合同已成立但未生效 (855)
518. 上海地区办理外商投资企业股权转让审批所需提交哪些材料? (863)
519. 如当事人对已经签订且经批准的股权转让合同签订补充协议,该补充协议是否需要报批? 如未报批,该补充协议是否无效? (863)
520. 如合同当事人签订"阴阳合同",以阳合同进行报批及工商变更登记,而实际按照未报批的阴合同履行,此两份合同的效力如何确定? (864)
521. 经过审批通过的外商投资企业股权转让合同是否即为合法合同? 该合同是否可以被确认无效或被撤销? 确认无效或撤销前是否需要先行撤销审批结果? (864)
522. 外商投资企业股权转让中的报批义务人是转让人还是外商投资企业? 或者两者都是? 如果转让人或企业不履行报批义务,受让人可否请求解除合同? 是否可请求赔偿损失? (864)
【案例209】经催告未履行报批义务 外商增资合同依法解除 (865)
523. 如转让人及外商投资企业在法院判令的期限内拒不办理报批手续,除受让人诉请自行报批外,是否可在诉讼中一并申请解除合同,主张损害赔偿责任? (866)
524. 如果受让人起诉转让人及外商投资企业办理报批手续,或受让人依法院判决自行办理报批手续时,审批未获通过的,转、受让人各应承担何种责任? (867)

525. 外商投资企业股权转让合同约定受让人支付转让款后转让人才办理报批手续,受让人迟迟不支付转让款,转让人如何救济? ……(867)

【案例210】外商股权转让合同未经审批不生效 转让人不付款受让人有权解除合同…………………………………………(867)

526. 外商投资企业股权转让合同约定受让人支付转让款后转让人才办理报批手续,受让人迟迟不支付转让款,转让人可否直接向人民法院提起诉讼,主张受让人支付股权转让款? …………………(869)

527. 外商投资企业股权转让合同成立后,合同未进行报批,但受让人支付部分股款后已经实际接管公司,并掌握公司印鉴等重要材料,此时转让人已经不具备办理报批手续的实际能力,法院应如何处理?……(869)

【案例211】外资股权转让合同成立未生效 法院先判配合报批后判支付转让款…………………………………………………(870)

528. 外商投资企业股权转让合同成立后,受让人已实际参与外商投资企业的经营管理并获取收益,但合同未获审批机关批准的,由此产生的收益如何处理? ……………………………………(873)

529. 转让人以股权转让合同未经批准通过为由,诉讼请求受让人退出公司经营并返还经营管理收益时,举证责任如何分配?………(873)

## 二、外商投资企业股权转让中优先购买权……………………(873)

530. 外商投资企业一方股东将股权全部或部分转让给股东之外的第三人,是否应当经过其他股东同意?如未征得其他股东同意,其他股东如何救济? ………………………………………(873)

531. 外商投资企业转让股权,是否必须经过董事会的决议通过?………(874)

532. 外商投资企业股东对外转让股权前欲书面通知其他股东,但部分股东下落不明,难以送达的,转让人应当如何进行通知?……(874)

【案例212】公告信息不全不视为股权转让通知 国有股权转让未依法审批不生效…………………………………………………(874)

533. 外商投资企业股东之间转让股权,是否必须经过其他股东一致或多数股东同意? ………………………………………………(879)

534. 外商投资企业转让股权,是否必须由董事会作出决议?………(879)

## 第六节 股权转让的税务问题……………………………………(880)

### 一、自然人转让股权的税务问题…………………………………(880)

535. 自然人转让股权,如何计征个人所得税? ……………………(880)

【案例213】股权转让个人所得税处理案 …………………………… (880)

536. 自然人转让股权,应当于何时何地缴纳个人所得税?当自然人年所得超过12万元,其任职单位与股权变更企业所在地不一致时,自然人应如何选择纳税地? ………………………… (881)

537. 纳税义务人自行申报或扣缴义务人进行股权转让纳税申报,需要提交哪些材料? ……………………………………………… (882)

538. 个人纳税义务人转让其在境外股权取得的所得,如果这部分所得在境外已经缴税,在境内是否还需要缴税? ………………… (882)

539. 两个或者两个以上自然人共同取得同一股权转让收入的,应如何纳税? ………………………………………………………… (882)

540. 自然人转让股权,其计税明显偏低,税务机关是否可以调整?如何调整? …………………………………………………………… (882)

541. 如何判断股权转让所得计税依据明显偏低?计税依据明显偏低的正当理由包括哪些? ……………………………………… (883)

542. 自然人转让分期投入获得的股权,主管税务机关将如何审核其股权转让成本? ……………………………………………… (884)

543. 主管地方税务机关核定股权转让应纳税所得额时,应考虑哪些因素? …………………………………………………………… (884)

544. 自然人股东将股权赠与他人,是否需要缴纳所得税?什么情形下不需要缴纳所得税?需要提交哪些材料? ………………… (884)

545. 如何确定个人转让因受赠获得的股权的应纳税额? ………… (885)

546. 企业股权置换过程中个人股权转让,应如何缴纳个人所得税? … (885)

547. 在企业变更股权登记之前,负有纳税义务或代扣代缴义务的转让方或受让方,应履行哪些义务? …………………………… (885)

548. 对个人在上海证券交易所、深圳证券交易所转让从上市公司公开发行和转让市场取得的上市公司股票所得,是否需要计征个人所得税? …………………………………………………………… (885)

【案例214】华孚色纺公司股东减持股改限售股份 ………………… (885)

549. 全体股东,通过签订股权转让协议,以转让公司全部资产方式将股权转让给新股东,协议约定时间以前的债权债务由原股东负责,协议约定时间以后的债权债务由新股东负责。此时,原股东如何计征个人所得税? ……………………………………………… (887)

550. 集体所有制企业在改制为股份合作制企业过程中个人取得的量化
资产,如何计征个人所得税? ……………………………………… (887)

551. 股权转让合同被撤销,退还的股权转让款是否需要缴纳个人所得税?
如何缴纳? ……………………………………………………………… (888)

552. 股权成功转让后,转让方个人因受让方个人未按规定期限支付价款
而取得的违约金收入,是否需要缴纳个人所得税? …………………… (888)

553. 个人因各种原因终止投资、联营、经营合作等行为,从被投资企业或
合作项目、被投资企业的其他投资者以及合作项目的经营合作人
取得股权转让收入、违约金、补偿金、赔偿金及以其他名目收回的
款项等,是否需要缴纳个人所得税? 如需缴纳,如何缴纳? ………… (888)

554. 外籍个人转让其在境内持有的股权,是否需要缴税? ………………… (888)

555. 对个人(包括个体工商户及其他个人)从事外汇、有价证券、非货物
期货和其他金融商品买卖业务取得的收入,是否需要缴纳营业税?
个人转让股权是否需要缴纳营业税? …………………………………… (889)

556. 个人转让股权是否需要缴纳印花税? 如果股权转让合同签署后又
被撤销或终止的情况下,已经完税的贴花能否回转? ………………… (889)

## 二、法人股东转让股权的税务问题 …………………………………… (889)

### (一)居民企业转让股权的所得税问题 ……………………………… (889)

557. 如何确认和计算企业因转让股权取得的所得? 如何进行会计
处理? …………………………………………………………………… (889)

558. 企业股权投资转让所得和损失的所得税应如何处理? ………………… (889)

559. 核定征收企业所得税的企业,取得的转让股权(股票)收入等转让
财产收入,是否适用企业所得税核定征收方式? 如果适用,如何
征税? …………………………………………………………………… (889)

560. 投资企业撤回或减少投资的税务应如何处理? ………………………… (890)

561. 被投资企业对投资方的分配支付额,如果超过被投资企业的累计未
分配利润和累计盈余公积金而低于投资方的投资成本的,投资方
应如何进行税务处理? ………………………………………………… (890)

562. 股权转让人应分享的被投资方累计未分配利润或累计盈余公积金
应如何定性? …………………………………………………………… (890)

563. 被投资企业有未分配利润等股东留存收益,在转让股权前进行利润
分配,能否降低税负? ………………………………………………… (890)

· 17 ·

564. 法人股东低价转让股权,税务局是否会核定企业所得税? ………… (891)

565. 法人股东将其持有的股权无偿赠与他人是否需要征收所得税? …… (892)

566. 办理股权转让税务变更登记需要提交哪些材料? ………………… (892)

567. 个人独资、合伙企业转让投资股权如何缴纳所得税? …………… (893)

(二)非居民企业转让股权的所得税问题 ……………………………… (893)

568. 对非居民企业取得来源于中国境内的股息、红利等权益性投资收益和利息、租金、特许权使用费所得、转让财产所得以及其他所得应当缴纳的企业所得税,如何确定扣缴义务人?扣缴义务人应当如何履行扣缴税款登记义务与税款扣缴义务?扣缴义务人未按照规定办理扣缴税款登记的,可能会承担哪些行政法律风险?应如何确定主管税务机关与纳税时间? ………………………………………… (893)

569. 如何确定非居民企业股权转让所得?其税率为多少?如何计算股权转让的应纳税额? …………………………………………… (894)

570. 在计算非居民企业股权转让所得时,计算股权转让价以及股权成本价时应采用何币种?扣缴义务人对外支付或者到期应支付的款项为人民币以外货币的,在申报扣缴企业所得税时,应当采用何种币种计算应纳税所得额? ……………………………………… (895)

571. 扣缴义务人与非居民企业签订有关的业务合同时,凡合同中约定由扣缴义务人负担应纳税款的,应如何确定非居民企业的应纳税所得额? ………………………………………………………………… (895)

572. 如果非居民企业拒绝代扣税款的,扣缴义务人应如何处理? …… (895)

573. 非居民企业转让股权,如何确定税务征管机关? ………………… (895)

574. 非居民企业未依照规定申报缴纳企业所得税,税务主管机关应如何处理? …………………………………………………………… (896)

575. 非居民企业到期应支付而未支付的所得如何扣缴企业所得税? … (896)

576. 股权转让交易双方为非居民企业且在境外交易的,是否需要进行申报纳税?如需要,应向何地主管税务机关申报纳税? ………… (896)

577. 境外投资方(实际控制方)通过境外企业间接转让中国居民企业股权,因股权转让购买方、交易均在境外,并且转让的是境外公司的股权而非境内企业的股权,是否因此在中国不负有纳税义务? ………… (897)

【案例215】境外间接转让境内股权 境内征收1.73亿元税款 …… (897)

【案例216】转让标的实质在境内 多层间接持股难逃税 ………… (899)

【案例217】避税地设立公司无正当商业目的 难逃3.8亿元缴税
义务 ·············································································· (901)
【案例218】重庆国税成功征收98万人民币预提所得税 ················ (904)
【案例219】境外多层空壳企业间接转让股权 被征2.99亿元 ········· (905)

578. 非居民企业向其关联方转让中国居民企业股权,其转让价格
不符合独立交易原则而减少应纳税所得额的,税务机关是否
有权进行调整? ······························································ (909)

579. 境外投资方(实际控制方)同时转让境内或境外多个控股公司
股权的,被转让股权的中国居民企业应如何向主管税务机关
进行备案登记? ······························································ (909)

580. 非居民企业转让境内股权适用特殊性税务处理应当提交哪些
文件? ·········································································· (910)

581. 非居民企业直接转让中国境内居民企业股权,如果股权转让
合同或协议约定采取分期付款方式的,如何确认收入实现
时间?扣缴义务人应于何时办理扣缴税款清算手续? ··········· (910)

582. 在什么情形下,非居民企业适用核定征收方式?核定应纳税
所得额有哪些方式? ······················································· (910)

583. 非居民企业是否可以享受小型微利企业所得税优惠政策? ······· (911)

584. 何为外国企业常驻代表机构?外国企业常驻代表机构需要
缴纳哪些税收?各个税种的缴纳时间为何时? ····················· (911)

585. 代表机构应于何时办理税务登记?办理登记手续时,应当提交
哪些材料? ···································································· (912)

586. 在哪些情形下,税务机关将对代表机构的应纳所得额采取核定
征收方式?如何核定? ···················································· (912)

(三)企业转让股权所涉其他税种 ············································ (913)

587. 企业转让股权是否需要缴纳印花税?如果股权转让合同签署后
又被撤销或终止的情况下,已经完税的贴花能否回转? ·········· (913)

588. 企业转让股权是否需要缴纳营业税?企业买卖股票取得的收入,
是否需要缴纳营业税? ···················································· (913)

589. 企业以转让股权名义转让房地产的,是否需要缴纳土地增值税? ······ (913)

590. 企业转让股权涉及企业土地、房屋权属发生变化的,是否需要缴纳
契税? ·········································································· (914)

## 三、转让限售股的所得税问题 ……………………………………(914)

591. 发生哪些限售股交易行为,需要计征个人所得税? ………………(914)

【案例220】陈发树减持紫金矿业股份税务处理案 ……………(914)

592. 个人转让限售股,如何确定纳税义务人、纳税范围、扣缴义务人?……(918)

593. 个人转让限售股,如何确定应纳税额? ………………………………(918)

【案例221】杭齿前进自然人出售限售股税务处理案 ………………(919)

594. 个人转让限售股,如何确定征收方式? ………………………………(920)

595. 纳税人同时持有限售股及该股流通股的,如何确定其限售股转让所得? ……………………………………………………………(920)

596. 限售股在解禁前被多次转让的,如何缴纳个人所得税? ……………(920)

597. 个人转让限售股,限售股所对应的公司在证券机构技术和制度准备完成前上市的,应如何计算应纳税所得额? ………………(920)

598. 个人转让限售股,限售股所对应的公司在证券机构技术和制度准备完成后上市的,如何确定其应纳税所得额? ………………(920)

599. 个人通过证券交易所集中交易系统或大宗交易系统转让限售股,如何确定转让收入? …………………………………………(921)

600. 个人用限售股认购或申购交易型开放式指数基金(ETF)份额,如何确定转让收入? …………………………………………………(921)

601. 个人用限售股接受要约收购,如何确定转让收入? …………………(921)

602. 个人行使现金选择权将限售股转让给提供现金选择权的第三方,如何确定转让收入? …………………………………………(921)

603. 个人协议转让限售股的,如何确定转让收入? ………………………(921)

【案例222】绿大地股东协议转让限售股税务处理案 ………………(921)

604. 个人持有的限售股被司法扣划的,如何确定转让收入? ……………(922)

605. 个人因依法继承或家庭财产分割让渡限售股所有权、个人用限售股偿还上市公司股权分置改革中由大股东代其向流通股股东支付的对价,如何确定转让收入? ……………………………………(922)

606. 个人转让因协议受让、司法扣划等情形取得未解禁限售股的,如何计算成本? …………………………………………………………(922)

607. 在证券机构技术和制度准备完成后形成的限售股,自股票上市首日至解禁日期间发生送、转、缩股的,其原值应如何调整? ……………(923)

608. 当出现个人协议转让限售股、个人持有的限售股被司法扣划、个人因依法继承或家庭财产分割让渡限售股所有权、个人用限售股偿还上市公司股权分置改革中由大股东代其向流通股股东支付的对价情形之一的,纳税人应如何缴纳个人所得税? ……………(923)

609. 个人持有在证券机构技术和制度准备完成后形成的拟上市公司限售股,在公司上市前,应如何确定其原值? ……………………(923)

610. 证券机构技术和制度准备完成前形成的限售股,如何计征个人所得税? ……………………………………………………………(923)

611. 证券机构技术和制度准备完成后新上市公司的限售股,纳税人在转让时应缴纳的个人所得税,其征收方式如何确定? ………(924)

612. 证券机构技术和制度准备完成前形成的限售股,其转让所得应缴纳的个人所得税采取证券机构预扣预缴、纳税人自行申报清算方式征收,其具体的征缴方式有哪些? ……………………(924)

613. 采取证券机构预扣预缴、纳税人自行申报清算方式下的税款结算和退税管理如何进行? …………………………………………(925)

614. 企业转让限售股,如何确定纳税义务人? ……………………(926)

615. 企业转让因股权分置改革造成原由个人出资而由企业代持有的限售股,是否需要缴纳企业所得税?企业将税后收入转付给实际所有人是否需要缴税? …………………………………………(926)

【案例223】何种方式转让限售股税负最低 ……………………(926)

616. 企业在限售股解禁前转让限售股的,如何计征所得税? ……(927)

## 四、股权收购与资产收购的所得税问题 ……………………………(928)

### (一)适用特殊性税务处理的一般条件及流程 ……………………(928)

617. 何为企业重组?符合哪些条件,发生在境内的企业重组事项适用特殊性税务处理? …………………………………………(928)

618. 跨境重组适用所得税特殊性税务处理必须满足哪些条件? ……(928)

【案例224】香港晋明集团跨境重组税务处理案 ………………(929)

【案例225】跨境股权转让 申请特殊税务处理获批 ……………(930)

【案例226】跨境重组特殊性税务处理申请被否 追缴712万元 ……(934)

619. 企业由法人转变为个人独资企业、合伙企业等非法人组织,或将登记注册地转移至境外,或企业注册名称、住所以及企业组织形式等发生改变(以下简称企业法律形式改变),如何进行税务处理? ……………(937)

【案例227】天玑科技有限公司折股变更为股份公司税务处理案……(937)

620. 企业发生符合特殊性重组条件并选择特殊性税务处理的,应向主管税务机关履行哪些备案程序?……(938)

621. 企业发生符合特殊性重组条件并选择特殊性税务处理,在备案或提交确认申请时,应从哪些方面说明企业重组具有合理的商业目的?……(939)

622. 企业在重组发生前后连续12个月内分步对其资产、股权进行交易,如何进行税务处理?……(939)

623. 当事方的其中一方在规定时间内发生生产经营业务、公司性质、资产或股权结构等情况变化,致使重组业务不再符合特殊性税务处理条件的,应如何处理?……(940)

(二)股权收购的财税处理……(940)

624. 一名或多名个人投资者以股权收购方式取得被收购企业100%股权,企业被收购之后,新股东将原有"资本公积、盈余公积、未分配利润"等盈余积累转增股本(注册资本、实收资本等),是否需要缴纳个人所得税?……(940)

625. 企业股权收购重组日、重组业务当事各方以及重组主导方如何确定?……(941)

626. 股权收购如何进行一般性税务处理?……(941)

【案例228】四川双马股权收购税务处理案……(941)

627. 符合哪些条件,股权收购适用特殊性税务处理方式?……(944)

628. 交易各方应如何进行特殊性税务处理?……(944)

【案例229】西单商场股权收购税务处理案……(945)

629. 企业发生符合条件的股权收购业务,进行特殊性税务处理,应准备哪些文件?……(947)

(三)资产收购的财税处理……(948)

630. 如何确定企业资产收购重组日、重组业务当事各方以及重组主导方?……(948)

631. 资产收购如何进行一般性税务处理?……(948)

【案例230】天坛生物资产收购一般性税务处理案……(948)

632. 符合哪些条件,资产收购适用特殊性税务处理方式?……(953)

633. 资产重组中,交易各方应如何进行特殊性税务处理? ……………… (953)

634. 企业资产收购,进行特殊性税务处理,应准备哪些文件? ………… (953)

## 第八章 增资纠纷

### 第一节 立案 ……………………………………………………………… (960)

635. 股东请求确认增资无效应当如何确定诉讼当事人? ……………… (960)

636. 向公司实际投入资金用于增资的股东或非公司股东投资者,主张公司返还投资款的诉讼当事人应当如何确定? …………………… (960)

637. 增资纠纷诉讼是否适用诉讼时效? ………………………………… (960)

638. 增资纠纷诉讼由何地法院管辖? …………………………………… (960)

639. 增资纠纷按照什么标准交纳案件受理费? ………………………… (960)

### 第二节 增资纠纷的裁判标准 ………………………………………… (961)

#### 一、增资的作用、方式、程序及增资无效的原因 ………………………… (961)

640. 实践中,公司增资的方式主要有哪些? …………………………… (961)

641. 公司增资一般需履行哪些程序? …………………………………… (961)

642. 公司增加注册资本时,原有股东享有哪些权利? ………………… (962)

643. 公司增资行为何时生效? 无效的原因有哪些? …………………… (962)

#### 二、公积金转增股本的限制 ………………………………………………… (963)

644. 法定公积金的提取有何法定要求? 法定公积金有何作用? ……… (963)

645. 哪些公积金可以用以增加公司注册资本? 在以公积金增资时有何限制? …………………………………………………………… (963)

#### 三、股份有限公司发行新股、可转换公司债券的程序 …………………… (963)

646. 股份有限公司公开发行新股应当满足哪些条件? ………………… (963)

647. 如何认定股份有限公司是否具备健全、良好的组织机构? ……… (963)

648. 如何认定股份有限公司是否具备持续盈利能力及拥有良好财务状况? ………………………………………………………………… (964)

649. 拟发行新股的公司"最近3年财务会计文件无虚假记载,无其他重大违法行为"中的虚假记载及重大违法行为应当如何认定? …… (964)

650. 拟发行新股的公司募集资金的数额与使用有何一般性规定? …… (965)

651. 股份有限公司公开发行新股的方式有哪些? ……………………… (965)

【案例231】厦门厦工公开增发16,000万股新股上市 …………………… (965)

【案例232】川投能源优先配发16,300万股新股上市 ················· (967)

【案例233】宏图高科定向增发1.6亿股限售股上市流通 ················· (969)

652. 股份有限公司向原股东配售股份,有何特殊的条件限制? ················· (970)

653. 如果控股股东不履行认购股份的承诺,或认购数额不满拟配售数量的,发行人有何责任? ················· (970)

654. 向不特定对象增发股份,有何特殊条件限制? ················· (970)

655. 股份有限公司发行新股需履行哪些程序? ················· (970)

656. 股份有限公司发行新股时,股东大会应对哪些事项作出决议? ················· (971)

657. 股份有限公司公开发行新股需向证监会报送哪些材料? ················· (971)

658. 何为可转换公司债券?发行可转换债券有何特殊限制? ················· (971)

【案例234】同仁堂配售、公开发行12亿可转换公司债券 ················· (971)

【案例235】南山铝业配售、公开发行60亿可转换公司债券 ················· (976)

【案例236】中国银行可转换债券转股18余万股 ················· (981)

659. 发行可转换公司债券的期限是多少?应按照怎样的程序发行? ················· (982)

660. 擅自公开发行证券的,有何民事及行政责任? ················· (984)

661. 什么是非公开发行股票?非公开发行股票的对象应当具备什么条件? ················· (984)

662. 公司非公开发行股票,除了应当满足对象的要求外,对拟发行的公司本身有何要求? ················· (984)

663. 公司在何种情况下,不得非公开发行股票? ················· (984)

## 四、外商投资企业增资的程序 ················· (985)

664. 外商投资企业增资由哪个机关负责审批? ················· (985)

665. 外商投资企业增资需符合哪些条件? ················· (985)

666. 外商投资企业增资办理程序如何规定? ················· (985)

667. 外商投资企业增资报批,需提交哪些材料? ················· (986)

668. 外商投资企业增资时对于增资用途应当如何填写,与之对应的应当提交哪些材料? ················· (986)

## 五、增资效力的裁判标准 ················· (986)

669. 增资决议内容违法的表现形式有哪些? ················· (986)

【案例237】增资损害小股东利益 公司赔偿股东损失 ················· (987)

670. 增资程序违法的表现形式有哪些? ················· (989)

671. 虽然未经股东会决议通过,但公司收取了第三人的增资款并与第三人签订增资协议,增资行为是否有效?如果公司进而为其办理了工商变更登记手续,并对股东名册进行了修改,该增资是否有效? ………………………………………………………………… (989)

672. 投资人履行了出资义务,但未办理工商变更登记,其增资行为是否有效? …………………………………………………………… (989)

673. 国有独资公司的增资有何特殊程序? …………………………… (990)

【案例238】国有独资公司增资未经批准 决议被判无效 ……… (990)

674. 国有资本控股公司、国有资本参股公司增资时,应当由哪个机构对增资行为进行决议? ………………………………………… (992)

675. 外商投资企业的增资,如果未经商务部或商务委审批,是否有效? ……………………………………………………………… (992)

676. 增资协议无效的原因包括哪些? ………………………………… (992)

【案例239】增资协议不合法、股东会决议未作出 投资人无法取得股权 ……………………………………………………… (993)

677. 公司股东会决议增资,但投资人并未与公司之间形成明确的投资关系,此时是否能够认定增资行为生效? ……………………… (996)

【案例240】未明确投资关系 公司增资不成立 ………………… (996)

678. 实践中,哪些情况下投资人可依法解除增资协议? …………… (997)

【案例241】公司拒不办理工商登记 投资人成功解除增资协议 ……… (998)

679. 投资人在主张解除增资协议,向公司主张返还股款的同时,要求公司承担利息损失应当具备哪些条件?投资人是否可以另外主张公司承担损害赔偿责任? ………………………………………… (999)

## 六、投资人确权或主张公司依据增资决议履行义务的裁判标准 …… (1000)

680. 投资人向公司缴纳增资款后,如何保障其股东权益? ………… (1000)

681. 投资人依法向公司缴纳增资款后,请求确认其股东资格的前提条件是什么? …………………………………………………… (1000)

【案例242】凭过期资产评估报告验资不真实 主张非货币财产出资享84%股权失败 ………………………………………… (1000)

682. 投资人主张公司依据增资协议履行办理工商变更登记义务应当举证证明哪些内容? ……………………………………………… (1002)

## 第三节　新浪模式及对赌协议所涉纠纷的裁判标准 （1002）

### 一、新浪模式的法律风险与效力 （1002）

683. "新浪模式"的架构如何安排？ （1002）

684. "新浪模式"的产生背景是什么？ （1004）

685. 国内企业采用"新浪模式"海外上市的现状如何？ （1004）

686. "新浪模式"涉及哪些控制协议？ （1005）

687. "新浪模式"中一系列控制协议是否有效？ （1005）

688. 如何界别相关规定中"返程投资"与"新浪模式"？ （1006）

689. "新浪模式"是否存在税务法律风险？ （1006）

690. "新浪模式"下如何尽量避免法律风险？ （1007）

691. 未来产业政策将带给"新浪模式"什么样的影响？ （1007）

【案例243】可变利益主体股权变更　新东方市值蒸发逾三成 （1007）

【案例244】新浪模式下利润转移协议被确认无效 （1009）

【案例245】新浪模式下股权控制协议被确认无效 （1013）

### 二、对赌条款的法律风险与分析 （1016）

692. 对赌条款产生的原因有哪些？ （1016）

693. 对赌条款的法律实质及效力如何？ （1017）

694. 对赌条款中的业绩承诺和估值调整的内容有哪些？ （1017）

【案例246】只享收益不担风险　补偿条款被判无效 （1018）

695. 设置对赌条款应注意哪些问题？ （1026）

【案例247】永乐电器预测乐观　导致公司被收购 （1027）

696. 对赌条款有哪些分散投资风险的条款？ （1027）

697. 何为利润优先分配约定？利润优先分配约定的法律效力如何？ （1027）

698. 何为保底收益条款，其法律效力如何？ （1028）

699. 利润优先分配权、保底收益条款有何区别？ （1028）

700. 何为剩余财产优先分配权？ （1028）

701. 优先清算权的法律效力如何？优先清算权的主要内容是什么？ （1028）

702. 何为可转换债券，可转换债券的法律效力如何？ （1029）

703. 何为非竞争承诺，其法律效力如何？ （1029）

704. 何为限制投资款款项用途？如何理解限制投资款款项用途？其法律效果如何？ （1030）

705. 何为一票否决权？投资者派出的董事是否享有一票否决权？ （1030）

706. 何为股权回购条款？股权回购约定的效力如何？股权回购条款的主要内容有哪些？ (1030)

707. 何为反稀释保护条款？其效力如何？其主要内容有哪些？ (1032)

708. 何为知情权条款？其效力如何？其主要内容如何？ (1033)

### 第四节 增资的税务问题 (1033)

#### 一、公积金转增资本的税务问题 (1033)

709. 资本公积有哪些明细项目？哪些公积金可以直接转增资本？ (1033)

710. 公司以资本公积金增资，自然人股东因此取得的股权是否需要缴纳个人所得税？ (1034)

【案例248】首开股份资本公积金转增股本所得税处理案 (1035)

711. 公司以资本公积金增资，法人股东因此取得的股权是否需要缴纳企业所得税？ (1037)

【案例249】"先减资，再增资，后转让"不能降低股权转让税负 (1037)

712. 公司创始股东获得因投资者溢价增资形成的资本公积金转增资本是否需要缴纳所得税？ (1039)

713. 公司以盈余公积金以及未分配利润（以下简称留存收益）增资，自然人股东因此取得的股权是否需要缴纳所得税 (1041)

714. 公司以留存收益增资，法人股东因此取得的股权是否需要缴纳所得税？ (1042)

【案例250】转股送股方式不同 税务处理有差别 (1042)

715. 公积金转增资本是否需要缴纳印花税？如需要，计税依据如何确定？ (1045)

#### 二、合伙企业的税务问题 (1045)

716. 如何确定合伙企业所得税的纳税义务人？ (1045)

717. 个人独资企业、合伙企业自然人投资者的生产经营所得个人所得税应纳税额应如何确定？ (1045)

718. 合伙企业合伙人是法人和其他组织的，如何确定企业所得税应纳税额？ (1045)

719. 如何确定合伙企业各个投资者的应纳税所得额？ (1045)

720. 如何确定个人独资企业、合伙企业自然人投资者的个人所得税费用税前扣除标准？ (1046)

721. 个人独资企业和合伙企业自然人投资者兴办两个或两个以上企业的(包括参与兴办),应如何确定适用税率和应纳税款? …… (1046)

722. 个人独资企业、合伙企业的年度亏损,是否可以用下一年度的生产经营所得弥补? …… (1046)

723. 个人独资企业、合伙企业自然人投资者缴纳个人所得税,何时进行预缴和清缴? …… (1047)

724. 个人独资企业、合伙企业自然人投资者如何申报缴纳个人所得税? …… (1047)

725. 个人独资企业、合伙企业自然人投资者缴纳个人所得税时,需要提交哪些文件? …… (1047)

### 三、私募股权投资企业税务问题 …… (1048)

726. 创业投资企业有何优惠政策?申请该项优惠政策应满足哪些条件? …… (1048)

727. 个人独资、合伙企业对外投资分回利息、股息、红利,自然人投资者应如何缴纳个人所得税? …… (1049)

728. 公司制股权投资企业和股权投资管理企业的股东如何缴税? …… (1049)

729. 有限合伙制股权投资类企业的合伙人如何缴税? …… (1049)

730. 投资于湖北省股份制改造、并购重组项目的股权投资企业可享受何种财政奖励? …… (1050)

731. 湖北省股权投资管理企业可获得哪些地方财政奖励? …… (1050)

732. 湖北省股权投资企业因收回、转让或清算处置股权投资而发生的权益性损失可否申报税前扣除? …… (1051)

733. 北京市合伙制股权基金的普通合伙人行为符合什么条件不征收营业税? …… (1051)

734. 北京市公司制股权投资管理企业可享受何种财政奖励? …… (1051)

735. 北京市股权基金或管理企业有关人员有何个人所得税优惠政策? …… (1051)

736. 重庆市对于合伙制股权投资类企业有何地方财税优惠政策? …… (1051)

737. 重庆市公司制股权投资企业可享受何种财税优惠政策? …… (1051)

## 第九章　新增资本认购纠纷

### 第一节　立案 ·············································································· (1057)

738. 如何确定新增资本优先认购权纠纷的诉讼当事人？ ··················· (1057)

739. 股东或非公司股东投资者主张公司依照股东会决议配合增资、
办理工商变更登记手续的诉讼,如何确定诉讼当事人？ ············ (1057)

740. 新增资本认购纠纷按照什么标准缴纳案件受理费？ ··················· (1057)

741. 新增资本认购所引发的诉讼是否适用诉讼时效？ ······················ (1057)

742. 股东主张优先认购权的诉讼请求应当如何表述？ ······················ (1057)

### 第二节　股东主张优先认购权的裁判标准 ········································· (1058)

743. 股东之间可否约定不依照实缴出资享有优先认购权？ ··············· (1058)

744. 股份有限公司章程约定股东享有优先认购权,但公司股东大会
决议由特定对象认购股份的,股东是否还享有优先认购权？ ······ (1058)

【案例251】定向增资股东会决议优于章程　股份公司股东诉请优先
认购被驳回？ ··················································· (1058)

745. 股东会作出的股东不按照出资比例优先认购增资的决议被认定
无效后,是否影响增资决议的整体效力？ ································ (1060)

746. 股东行使优先认购权有何时间限制？ ····································· (1060)

【案例252】未在合理期限主张优先认购权　诉讼请求遭法院驳回 ···· (1061)

747. 股东行使新增资本优先认购权的价格如何确定？ ······················ (1072)

748. 股东优先认购权受到侵犯应当如何救济？ ······························· (1072)

【案例253】侵犯股东优先认购权　增资决议部分无效 ·················· (1073)

749. 股东主张优先认购权应当举证证明哪些事实？ ························· (1076)

750. 股东如何证明其未放弃优先认购权？ ····································· (1076)

751. 法院判决股东享有新增资本优先认购权,被告公司不予执行,
原告应如何救济 ··················································································· (1076)

## 第十章　减资纠纷

### 第一节　立案 ·············································································· (1080)

752. 如何确定公司减资纠纷的诉讼当事人？ ·································· (1080)

753. 公司减资纠纷由何地法院管辖? …………………………………… (1080)
754. 公司减资纠纷按照什么标准交纳案件受理费用? ………………… (1080)
755. 公司减资纠纷诉讼是否适用诉讼时效或除斥期间? ……………… (1080)
756. 法院判决公司减资无效后,依据减资决议已经支付的减资款以及已经作出的工商变更登记应如何处理? …………………………… (1081)

## 第二节 减资纠纷的裁判标准 …………………………………………… (1081)

### 一、减资一般法定程序 ……………………………………………………… (1081)

757. 公司减资需履行哪些内、外部程序? ……………………………… (1081)
758. 减资方案应包含哪些内容?股东(大)会应以多少表决权通过减资决议? ……………………………………………………………… (1082)
759. 公司减资基准日应当如何确定? …………………………………… (1082)
760. 减资公告应在何时、何处发布?公告内容应当包括哪些? ……… (1083)
761. 减资程序违法损害债权人利益有哪些情形? ……………………… (1083)
762. 公司在减资决议作出后30日内告知债权人,债权人可否要求公司清偿未到期债务? …………………………………………………… (1083)
763. 公司可否在通知债权人的同时约定,如果债权人不在特定期限内主张债权或要求担保,则视为债权人放弃债权? ………………… (1083)
764. 对于未到期债务,如何认定公司怠于履行担保义务的期限? …… (1083)

【案例254】报纸减资公告不视为告知债权人 股东承诺担保负补充清偿责任 ……………………………………………………… (1084)

765. 债权人接到公司的减资通知30日内,或未接到通知的45日内,未要求公司清偿债务或者提供担保的,债权人的该项权利是否仍存在? ……………………………………………………………… (1086)
766. 公司减资办理注册资本变更登记时应备齐哪些材料? …………… (1086)
767. 国有公司减少注册资本由谁决定? ………………………………… (1087)

### 二、上市公司减资法定程序 ………………………………………………… (1087)

768. 上市公司减资应履行什么特殊程序? ……………………………… (1087)

【案例255】东港股份回购注销不合条件被激励员工股权并减资8万股 ……………………………………………………………… (1087)

【案例256】为避同业竞争 公司以资产作为减资对价支付股东 ……… (1088)

【案例257】为降投资管控风险　友好集团对子公司减资5100万
退出经营 ·············································································· (1089)

769. 上市公司减资的,应在什么时点履行临时报告义务? ············· (1090)

### 三、外商投资企业减资法定程序 ·················································· (1090)

770. 外商投资企业减少投资总额和注册资本应当在什么部门办理
报批手续? ········································································· (1090)

771. 外商投资企业减少投资总额和注册资本应当具备什么条件? ····· (1090)

772. 外商投资企业减资应履行什么审批程序? ······························ (1090)

773. 外商投资企业减资的初审及终审报批分别需要提交哪些材料? ····· (1092)

### 四、减资补亏及其法律效力 ························································· (1092)

774. 公司以减资弥补亏损的应当具体履行哪些程序? ···················· (1092)

775. 公司以注册资本弥补亏损是否违反法律规定? ······················· (1093)

776. 公司可否先行通过资本公积金转增股本,然后再以减资的方式
将资本公积金变相用于弥补亏损? ········································ (1093)

【案例258】ST飞彩:转增资本后减资弥补亏损 ··························· (1093)

777. 公司的注册资本与公司实际资产不一致对公司和投资者而言
有何不利? ········································································· (1094)

### 五、公司减资纠纷的裁判标准 ······················································ (1094)

778. 公司减资损害公司或股东利益时,应当如何救济? ················· (1094)

779. 在公司股东认缴出资尚未到位的情况下,是否允许公司进行
减资? ··············································································· (1095)

780. 公司减资未履行通知及公告义务,或者未按照债权人的要求清偿
债务或提供相应的担保,债权人可否要求股东承担连带责任? ····· (1095)

【案例259】公司经营资不抵债,认缴注册登记制下股东出资义务加速
到期 ····················································································· (1095)

【案例260】拘留中股东认可债务　公司减资未通知债权人需补充
赔偿 ····················································································· (1101)

### 六、违法减资的法律责任 ···························································· (1103)

781. 减资无效后,公司的民事责任有哪些? ·································· (1103)

782. 公司减资未办理工商变更登记应承担何种行政责任? ············· (1103)

· 31 ·

783. 如果上市公司减资未履行临时报告义务,或者违规披露信息,给投资者造成损失的,公司应当承担何种民事责任?公司的董事、监事及高级管理人员是否需要承担责任?由此造成的损失应当如何认定? …………………………………………………… (1104)

【案例261】虚假陈述与股市风险并存　扣除股市下跌损失认定虚假陈述责任 ……………………………………………………… (1104)

784. 上市公司减资未履行临时报告义务,将受到何种行政处罚? ……… (1111)

【案例262】鲁北化工多起关联交易未披露　公司及负责人共计被罚147万元 …………………………………………………… (1111)

【案例263】紫金矿业未及时披露污染事件　遭证监会罚款30万元 …… (1113)

## 第三节　公司减资的税务问题 ……………………………………… (1114)

785. 公司减资如何进行会计处理?投资方如何进行会计处理? ……… (1114)

786. 公司以及股东如何进行减资的税务处理? ……………………… (1115)

【案例264】减资收回投资成本　无须缴纳所得税 ……………………… (1116)

【案例265】减资金额超出投资成本与红利　超出部分要缴税 ………… (1116)

787. 公司因减资进行税务变更,需要提交哪些文件? ……………… (1117)

# 第十一章　公司合并纠纷

## 第一节　立案 ………………………………………………………… (1121)

788. 如何确定公司合并纠纷的当事人? ……………………………… (1121)

789. 公司合并纠纷由何地法院管辖? ………………………………… (1121)

790. 公司合并纠纷按照什么标准交纳案件受理费? ………………… (1121)

791. 主张公司合并无效或合并协议无效是否适用诉讼时效? ……… (1121)

792. 债权人向公司主张债权的诉讼时效是否因负有债务的公司合并而产生变化? ……………………………………………………… (1122)

793. 若判决公司合并无效,则新设公司在判决生效前进行的交易行为效力如何? ……………………………………………………… (1122)

794. 合并前公司签订合同中约定的争议解决条款或仲裁条款对合并后的公司是否具有约束力? ………………………………………… (1122)

【案例266】合并前订立仲裁条款　不因合并而丧失效力 ……………… (1122)

795. 公司合并被依法判决无效后,依据原合并决议已作出的资产负债
    分配及变更登记应如何处理? ································ (1123)

## 第二节 公司合并纠纷的裁判标准 ································ (1124)
### 一、公司合并的法定程序 ································ (1124)

796. 公司合并必须履行哪些法定程序? ································ (1124)

797. 不同法律形式的公司合并后,如何确定合并后的公司形式? ···· (1125)

798. 如何确定公司合并后的注册资本及股权比例? ················ (1125)

【案例267】海润光伏被吸收合并实现借壳上市 ················ (1125)

【案例268】为避退市 ST东源吸收合并金科集团 ·············· (1127)

799. 公司合并是否必须签订合并协议,协议签订主体是谁?是否包括
    合并各公司的股东? ································ (1129)

800. 公司合并后,原合并各方的债务由谁承担? ···················· (1129)

【案例269】合并后新公司被判承继原债务 ···················· (1129)

801. 债权转让合同纠纷、债务转移合同纠纷以及债权债务概括转移
    合同纠纷有何区别? ································ (1131)

802. 债权人转让其债权需履行何种程序?债权的转让何时对债务人
    产生效力? ································ (1132)

803. 债务转移应当履行何种程序?未经债权人同意转移债务是否
    有效? ································ (1132)

【案例270】债务转移未附生效条件 新债务人逾期不付款被判违约 ··· (1132)

【案例271】债务人承诺向第三人支付 应视为已知债权转移 ········ (1136)

【案例272】未经债权人同意 债权债务概括转移对内仍有效 ········ (1139)

804. 债权转让合同纠纷、债务转移合同纠纷以及债权债务概括转移
    合同纠纷由何地法院管辖?按照什么标准交纳案件受理费?
    是否适用诉讼时效? ································ (1140)

805. 公司合并时,合并各方应当如何通知债权人?进行公告的报纸
    有何要求?如债权人未接到通知将如何处理? ················ (1141)

806. 公司合并时,可否在向债权人发布的通知或公告中要求债权人
    限期申报债权,并提出对不按期申报债权的债权人不予清偿? ··· (1141)

807. 公司合并时,债权人可否主张未到期债权或要求提供担保? ···· (1141)

808. 公司合并后,公司职工是否须与新设公司或存续公司重新签订劳动合同? ·············································· (1141)

【案例273】合并后员工调入关联公司 工作10年应签无固定期限合同 ·············································· (1141)

809. 实践中,可否由各方先行签订公司合并协议,再提交股东(大)会讨论决定? ·············································· (1144)

810. 公司合并是否需要经过有关部门批准?如果需要,应由什么部门批准? ·············································· (1144)

811. 公司合并如何向工商行政管理机关进行登记申请?应提交哪些材料? ·············································· (1144)

812. 如何判断公司合并是否构成垄断? ·············································· (1145)

813. 公司合并可能构成垄断的,应向什么部门申报审查?应履行怎样的申报流程?需提交哪些材料? ·············································· (1145)

【案例274】谷歌收购摩托罗拉 承诺公平对待智能终端生产商获批准 ·············································· (1147)

【案例275】沃尔玛间接收购1号店 承诺实体、网络不联合获批 ·············· (1150)

【案例276】乌钾吸收合并谢钾 承诺销售模式不变获批准 ·············· (1152)

【案例277】可口可乐收购汇源 限制竞争被禁止 ·············································· (1154)

## 二、外商投资企业合并的特殊规定 ·············································· (1155)

814. 外商投资企业合并应向何部门履行哪些审批流程? ·············· (1155)

815. 外商投资企业合并过程中拟解散公司如何进行解散审批?应当提交哪些材料? ·············································· (1157)

816. 完成因合并解散的审批后,外商投资企业如何进行合并审批? ·············· (1158)

817. 外商投资企业进行合并报批时,初审与终审分别需要提交哪些材料? ·············································· (1159)

818. 外商投资企业间或与内资公司合并后,各方所占股权比例如何确定?未依照章程规定缴清出资的外商投资企业,是否可以直接与内资公司合并? ·············································· (1160)

819. 外商投资企业合并过程中,公司章程因为合并发生变化的,新章程自何时开始生效? ·············································· (1160)

820. 外商投资企业以购买内资公司股东股权的形式实现公司合并的，
其购买股权时，在支付方式上有何限制？ ………………………… (1160)

### 三、公司合并纠纷的裁判标准 ……………………………………… (1161)

821. 什么情形下公司合并无效？ ………………………………………… (1161)

822. 公司合并后，原合并各方的债权债务由谁承继？ ………………… (1161)

【案例278】新公司承继债权无须另行通知 ……………………………… (1162)

【案例279】以债务承担方式兼并　债务皆已转移 ……………………… (1163)

823. 如果公司合并未依法通知及公告，债权人是否可以向合并后存续
的公司主张提前偿还未到期的债务？如果债权人未收到通知，或
收到通知但在公告后的45日内没有提出主张未到期债权，是否
还可以要求提前还债？ ……………………………………………… (1165)

824. 公司合并未通知债权人是否需要承担行政责任？ ………………… (1166)

## 第三节　企业合并的税务问题 …………………………………… (1166)

### 一、企业合并的所得税处理问题 ………………………………………… (1166)

#### （一）合并的一般性税务处理 …………………………………………… (1166)

825. 如何确定合并中当事人、合并日以及合并主导方？ ……………… (1166)

【案例280】同一控制下企业合并的会计处理方式 ……………………… (1166)

826. 同一控制下的企业合并如何进行会计处理？ ……………………… (1167)

827. 非同一控制下的企业合并如何进行会计处理？ …………………… (1169)

【案例281】非同一控制下企业合并的会计处理方式 …………………… (1170)

828. 企业合并如何进行企业所得税的一般性税务处理？ ……………… (1171)

829. 企业合并进行一般性税务处理需要提交哪些资料？ ……………… (1171)

【案例282】广汽集团吸收合并广汽长丰　股权支付比例不足85%要缴
企业所得税 ……………………………………………………… (1171)

830. 一般性税务处理情形下，企业合并后如何享受合并前的税收优惠
政策？ ………………………………………………………………… (1174)

#### （二）合并的特殊性税务处理 …………………………………………… (1174)

831. 企业合并适用特殊性税务处理需符合哪些条件？ ………………… (1174)

【案例283】雅戈尔母子公司垂直合并特殊性税务处理案 ……………… (1175)

832. 企业合并中适用特殊税务处理，应从哪些方面说明企业合并具有
合理的商业目的？ …………………………………………………… (1176)

833. 企业合并时如何进行特殊性税务处理？ ……………………（1177）

【案例284】五粮液兄弟公司吸收合并　暂免征企业所得税 …………（1177）

834. 一家外国企业将其在境内设立的两家全资子公司合并成一家,能否适用特殊性税务处理方式？ ………………………………（1179）

835. 企业合并,进行特殊性税务处理应于何时提交哪些备案材料？合并各方的确认机关如何确定？ ……………………………（1180）

836. 企业在合并发生前后连续12个月内分步对其资产、股权进行交易,是否应作为企业合并交易处理？若同一项合并业务涉及在连续12个月内分步交易,且跨两个纳税年度的,如何适用特殊性税务处理？ ………………………………………………（1181）

【案例285】分步实现的企业合并的会计处理方式 ……………………（1181）

837. 企业合并中,当事一方在规定时间内发生情况变化,致使合并业务不再符合特殊性税务处理条件的,应如何处理？ …………（1183）

838. 如被合并企业的资产与负债基本相等,即净资产几乎为零,合并企业以承担被合并企业全部债务的方式实现吸收合并,如何进行税务处理？ ……………………………………………………（1183）

839. 特殊性税务处理情形下,合并后企业如何享受合并前的税收优惠政策？ …………………………………………………………（1183）

## 二、企业合并其他税种的处理 ……………………………………（1184）

840. 企业在合并过程中发生土地使用权人变更是否需要缴纳土地增值税？ …………………………………………………………（1184）

841. 企业合并过程中发生无形资产、不动产所有权的转移,是否需要缴纳营业税？ ……………………………………………………（1184）

842. 企业合并过程中发生实物资产以及与其相关联的债权、负债和劳动力转让行为,是否需要缴纳增值税？ ……………………（1184）

843. 合并后的企业承受原合并各方的土地、房屋权属的,是否需要缴纳契税？ ……………………………………………………（1184）

【案例286】东航换股吸收合并上航　免征土地增值税 ………………（1185）

844. 企业合并是否需要缴纳印花税？ ………………………………（1188）

## 第十二章 公司分立纠纷

### 第一节 立案 ……………………………………………………… (1192)

845. 如何确定公司分立纠纷的诉讼当事人? ……………………… (1192)

846. 公司分立时未签订资产分割协议或分割不清,导致分立后的新设公司对资产分配不满意而引起诉讼,如何确定诉讼当事人? …… (1192)

【案例287】分立公司与股东财产相独立　股东无权主张分立协议权益 ……………………………………………………… (1193)

847. 公司分立纠纷由何地法院管辖? ……………………………… (1195)

848. 公司分立无效诉讼按照什么标准交纳案件受理费? ………… (1195)

849. 公司分立纠纷是否适用诉讼时效? …………………………… (1195)

850. 公司被依法判决分立无效后,已分割的资产及已变更的工商登记应如何处理? ………………………………………………… (1195)

### 第二节 公司分立纠纷的裁判标准 …………………………… (1196)

#### 一、公司分立的法定程序 …………………………………………… (1196)

851. 公司分立必须履行哪些法定程序? …………………………… (1196)

852. 公司分立与公司合并在程序上有何不同? …………………… (1196)

853. 公司分立的方案由谁拟订?由谁表决通过?需达到多少表决权? ……………………………………………………………… (1197)

854. 公司分立方案在股东(大)会通过后,是否必须签订分立协议?分立协议的签订人是谁?分立各方还需提供哪些材料? ……… (1197)

855. 实践中,可否由各方先行签订公司分立协议,再提交股东(大)会审核? ……………………………………………………………… (1197)

856. 公司分立后,如何确定注册资本及各股东股权比例? ……… (1197)

857. 公司分立后,原有债权债务由谁享有和承担? ……………… (1198)

【案例288】公司分立债务不分家　分出方对旧债担责任 ……… (1198)

【案例289】分立后各方内部约定债务承担对外无效　债权人主张连带赔偿获支持 ……………………………………………………… (1200)

858. 公司分立时,分立各方应当如何通知债权人? ……………… (1202)

859. 债权人收到通知后,向分立各方主张到期债权时,分立各方拒不履行债务时,债权人可否以此为由中止公司分立的进程? …… (1202)

860. 公司新设分立后,新公司又被吸收合并的,原公司债务如何承担? …… (1202)

861. 公司分立后,公司职工是否需与新设公司或存续公司重新签订劳动合同? …… (1203)

【案例290】分立不切断工龄计算　满10年公司需与员工签无固定期限合同 …… (1203)

862. 公司分立过程中,哪些事项需要办理工商变更登记?应当提交哪些材料? …… (1205)

863. 公司分立导致国有资本变动时,应当向哪个行政部门报批? …… (1205)

864. 公司国有资本分立的,应当履行何种内部程序? …… (1205)

## 二、外商投资企业分立的特殊规定 …… (1206)

865. 分立的外商投资企业各方应当在什么部门办理报批手续? …… (1206)

866. 外商投资企业分立应履行什么审批程序? …… (1206)

867. 外商投资企业分立后,新设公司与原公司的注册资本有何要求?外商股权比例有何要求? …… (1208)

868. 未依照章程规定缴清出资的外商投资企业,是否可以直接进行公司分立? …… (1208)

869. 外商投资企业分立的初审及终审报批分别需要提交哪些材料? …… (1208)

870. 外商投资企业参股的上市公司进行公司分立时,有何特殊的报批手续? …… (1209)

871. 外商投资企业分立过程中,原公司章程因为分立发生变化的,新章程自何时开始生效? …… (1209)

872. 分立后存续或新设的公司应当在多长时间内办理报税及外汇相关登记手续? …… (1209)

873. 由于分立需要解散或设立外商投资企业的,是否有特殊的前置程序? …… (1209)

## 三、公司分立纠纷的裁判标准 …… (1209)

874. 在哪些情形下,公司分立无效? …… (1209)

【案例291】提交材料视为同意决议内容　虽未签字公司分立依然有效 …… (1210)

875. 公司分立无效是否只能通过诉讼程序实现？ ………………… (1212)
876. 公司进行新设分立时，如果分立协议对部分财产的归属未明确规定，则该财产的所有权人如何确定？ ………………… (1212)
【案例292】公司虽分立 未分割财产仍属共同所有 ………………… (1213)
877. 公司分立无效的后果是否溯及新设公司在判决前的交易活动效力？ ………………… (1214)
878. 被执行人按法定程序分立为两个或多个具有法人资格的企业，如何承担债务？ ………………… (1214)

## 第三节 企业分立的税务问题 ………………… (1214)

### 一、企业分立的所得税处理 ………………… (1214)

#### （一）分立的一般性税务处理 ………………… (1214)

879. 如何确定分立中当事各方、重组日以及主导方？ ………………… (1214)
880. 企业分立时，如何进行会计处理？ ………………… (1214)
881. 企业分立如何进行企业所得税的一般性税务处理？ ………………… (1215)
【案例293】股权支付金额低于85% 企业分立要缴所得税 ………………… (1216)
882. 企业分立进行一般性税务处理需要提交哪些资料？ ………………… (1217)
883. 一般性税务处理情形下，企业分立后如何享受分立前的税收优惠政策？ ………………… (1217)

#### （二）分立的特殊性税务处理 ………………… (1218)

884. 企业分立适用特殊性税务处理需符合哪些条件？ ………………… (1218)
【案例294】华晋公司派生分立 符合特殊性条件暂免所得税 ………………… (1219)
885. 如何判断分立是否符合"合理的商业目的"？ ………………… (1221)
886. 企业分立如何进行特殊性税务处理？ ………………… (1221)
【案例295】东北高速分立 适用特殊性税务处理暂免征企业所得税 ………………… (1222)
【案例296】绍兴前进派生分立 符合特殊性条件暂免所得税 ………………… (1226)
887. 企业分立，进行特殊性税务处理应于何时提交哪些备案材料？分立各方的确认机关如何确定？ ………………… (1229)
888. 企业在分立发生前后连续12个月内分步对其资产、股权进行交易，是否应作为企业分立交易处理？若同一项分立业务涉及在连续12个月内分步交易，且跨两个纳税年度的，如何适用特殊性税务处理？ ………………… (1230)

889. 企业分立中,当事一方在规定时间内发生情况变化,致使分立业务不再符合特殊性税务处理条件的,应如何处理? ……………… (1230)

890. 特殊性税务处理情形下,分立后企业如何享受分立前的税收优惠政策? ……………………………………………………………… (1231)

## 二、企业分立其他税种的处理 ……………………………………… (1231)

891. 企业在分立过程中发生土地使用权人变更,新设立公司取得土地使用权,被分立企业是否需要缴纳土地增值税? ……………… (1231)

892. 企业分立过程中发生无形资产、不动产所有权的转移,是否需要缴纳营业税? ……………………………………………………… (1231)

893. 企业分立过程中发生实物资产以及与其相关联的债权、负债和劳动力转让行为,是否需要缴纳增值税? ……………………… (1231)

894. 分立后的企业承受原被分立企业的土地、房屋权属的,是否需要缴纳契税? ……………………………………………………… (1232)

895. 企业分立是否需要缴纳印花税? ……………………………… (1232)

# 第五章　股东名册记载纠纷

**【宋律师释义】**

> 股东名册是有限责任公司和发行记名股票的股份有限公司必须置备的，记载股东及持股数量的法律文件。当股东转让股权或者发生其他股东、股权变更情况时，若股权转让方或公司怠于履行变更股东名册信息，则可能产生股东名册记载纠纷。实践中，该纠纷常与股东资格确认纠纷、请求变更公司登记纠纷同时发生，一并诉请。

**【关键词】**股东名册　股东名册封闭制度

❖ **股东名册**：指由公司置备的，记载股东个人信息和股权信息的法定簿册。
有限责任公司的股东名册记载事项如下：
（1）股东的姓名或者名称及住所；
（2）股东的出资额；（自2014年3月1日起，公司仍然应当将股东的姓名或者名称向公司登记机关登记；但是，对"股东的出资额"的登记不再做法律强制规定。）
（3）出资证明书编号。
股份有限公司发行记名股票的，也应当置备股东名册，记载事项如下：
（1）股东的姓名或者名称及住所；
（2）各股东所持股份数；
（3）各股东所持股票的编号；
（4）各股东取得其股份的日期。
股东名册对于认定股东与公司关系具有重要意义，主要体现在以下三点：
（1）记载在股东名册上的股东，推定为公司股东。
（2）股权变动后，如未进行股东名册变更登记，善意第三人仍有理由相信登记在股东名册上的人为公司股东，并对股权享有处分权。

（3）公司可依据股东名册上记载的股东信息向股东履行通知、送达义务，并向股东名册上的股东赋予股东权利，如表决权、盈余分配权、新股认购权等。如果股东名册记载的股东非公司实际出资人，从而公司行为导致实际股东利益受损，公司可对此免责。

❖ **股东名册封闭制度**：指股份有限公司股东大会召开前20日内，或者公司决定分配股利的基准日前5日内，不得进行股东名册变更的制度。

股份有限公司的股东人数较多，如果股份发生频繁转让，将导致股东名册也频繁发生变动，甚至在股东权利行使过程中也随时可能发生变动。这势必将影响公司的正常运营及股东权利的正常行使。

因此封闭股东名册，有助于通过确定形式股东资格从而帮助公司进行有序管理。在封闭期间，股份发生变动的，公司仍向股东名册上记载的股东履行义务，新股东无法履行股东权利的风险则需自行承担。

## 第一节 立 案

**334. 如何确定股东名册记载纠纷的诉讼当事人？**

应当以对股东名册记载存异议的当事人为原告，以公司作为被告。如其他股东不配合办理股东名册变更，则可将不履行配合义务的股东列为共同被告。如诉讼涉及其他股东利益的，应当以其他股东作为诉讼第三人。

值得注意的是，在股权转让中，对名册记载持有异议的当事人既可能是受让方，也可能是转让方。由于实践中当公司运营状况不佳时，转让股东往往希望能够迅速摆脱公司股东的身份，因此也不乏此类转让人向公司起诉主张将其从股东名册中去除的案件。

**335. 股东名册记载纠纷按照什么标准交纳案件受理费用？**

股东名册记载纠纷案件属于非财产性案件的其他类，统一收费标准为50～100元。

**336. 股东名册记载纠纷由何地法院管辖？**

股东名册记载纠纷的管辖法院为公司实际经营所在地或登记注册地基层人民法院。

**337. 请求公司变更股东名册的诉讼是否适用诉讼时效？**

进行股东名册变更是公司的法定义务，该请求权本身也并非债权请求权，因此并不适用诉讼时效的规定。

## 第二节 股东名册记载纠纷的裁判标准

### 一、股东名册的置备

**338. 哪些主体需要置备股东名册？置备的义务人分别是谁？应在何时由公司哪个机关置备于何处？**

公司是置备股东名册的一般主体，根据公司的不同类型，股东名册的置备主体主要有以下三种：

（1）有限责任公司及未上市且未被托管的股份有限公司，由公司置备股东名册。

（2）上市公司的股东名册，由证券登记结算机构负责登记。

（3）未上市的股份有限公司将股权托管在托管机构的，这些托管机构须承担制作股东名册的义务。

实际上，公司登记时应将有限责任公司股东或者股份有限公司发起人的姓名或者名称进行登记，因此工商登记机关也登记了股东名册的部分内容。

有限责任公司与股份有限公司的股东名册置备时间不同：

（1）有限责任公司须于公司成立时置备股东名册；

（2）股份有限公司于成立并向股东交付记名股票后置备股东名册。

对于股东名册的置备机关法律未明确。通常情况下，鉴于股东名册的置备属于公司业务执行的范畴，故可在公司章程中约定执行董事或董事会为置备股东名册的机关。

股东名册应置备于公司的注册地或实际经营地，以便于各股东和政府部门查阅、抄录。

**339. 上市公司由证券登记机构置备的股东名册和公司置备的股东名册有何关系？**

证券登记结算机构的股东名册是正本，上市公司的股东名册是副本，但二者的效力相同。

实践中，证券登记机构置备股东名册后，应留存正本，并将副本转交公司保存。同时，证券登记结算机构应当向证券发行人提供股东名册的所有相关资料。

**340. 公司未置备股东名册是否需要承担法律责任？**

对此问题法律并无明文规定。从目前立法及司法实践判断公司无须承担责任。

《公司法》虽然规定了置备股东名册是公司的一项法定义务,但如果公司不置备或对股东名册作虚假记载的,其责任如何承担却没有法律规定。因此实践中很难对公司及董事形成有效的约束。

笔者认为,如果由于公司董事、高管或实际控制人未置备股东名册或对股东名册进行虚假记载,最终直接导致实际股东的利益受损,如无法行使表决权、盈余分配权、新增资本认购权、优先购买权等,公司或公司的董事、高管或实际控制人应当承担损害赔偿责任。当然,如何认定是否直接造成损失、过错责任由谁承担、赔偿金额如何计算等,均需要立法、司法部门在往后的实践中予以确定。

## 二、股东名册变更的一般程序

**341. 股东名册变更登记的请求权人是谁?**

根据公司类型的不同,分为以下三种情况:

(1)有限责任公司,需要股权转让人和受让人一同申请变更。(自2014年3月1日起,有限责任公司变更股东的,应当自变更之日起30日内申请变更登记,并应当提交新股东的主体资格证明或者自然人身份证明。"变更股东"不仅仅包括股权转让这一种方式。)。

(2)上市公司和股份已托管的股份有限公司,股东名册的变更登记由证券登记结算公司或者托管机构在办理过户登记时同时完成。股权受让人无须再向公司申请变更登记。

(3)股份未托管但已经发行记名股票的股份公司,因为持有股票者无须证明自己是真实的权利人就可以被推定为合法的权利人,根据股票占有的权利推定效力,记名股票的受让人可以单独请求公司变更登记股东名册。

**342. 有限责任公司股东名册变更须提交哪些材料?**

由于股东名册的变更属于公司内部登记记载事项,法律并无明文规定,因此,公司可在章程或章程细则中对于股东名册变更所需材料加以明确。对此,笔者建议有限责任公司中可分为下列三种情况提交不同材料:

(1)因股权转让申请变更的,如为股东之间的转让,则应由转让人和受让人共同申请公司变更,除股权转让合同外无须其他证明材料;如为向股东外的其他人转让股权,应由转让人向公司申请。除需提供股权转让合同外,还须提供全体股东过半数同意的证明和其他股东放弃优先购买权的证明。

(2)因继承取得股权的,可要求提供继承事实的证明,如原股东死亡医学证明或法院宣告死亡裁判文书等。

当然,由于公司章程可对股东资格的继承作出不同于《公司法》的特别规定,因此如有特别规定的,股东名册的变更方式也应适当调整。

(3)依法院裁判文书确定股东资格的,应当由实际股东向公司提交法院裁判文书,从而办理股东名册变更登记。

**343. 股份有限公司股东名册变更需要提交哪些材料?**

股份有限公司的股东名册需要通过向公司申请进行变更的情况只发生在未上市公司发行记名股票且未委托证券公司托管的情况下。

一般股份转让需要办理股东名册变更登记时,受让人仅需提供记名股票即可,无须说明取得股票的原因。如果受让人遗失了记名股票,则可以通过法院公示催告程序,以除权判决书来申请公司进行股东名册变更。

但是,如果新股东基于继承或公司合并等其他原因取得股权,则并不一定需要提交股票,可通过相关事实的证明来请求公司变更股东名册。

### 三、股东名册封闭制度的限制及其他表现形式

**344. 股东名册封闭制度可否仅对部分股东行使?**

不能。

股东名册封闭制度的基本原则为平等原则。封闭股东名册必须全面平等。股东名册不能针对一些股东封闭,而对另一些股东开放。如果发生这种不公平的现象,该种行为在封闭期间不发生法律效力。比如,公司为了确定参加盈余分配的股东而封闭了股东名册,但公司却在封闭期间接受了某一受让人的请求进行了名义变更,使转让人应获得的利润由受让人获得,这种股利分配行为无效。

**345. 股东名册封闭的是股东的哪些权利?**

股东名册封闭禁止的是在特定时期取得股份的人行使的大部分股东权利。该封闭限于所有股东得以划一行使的权利。如表决权、盈余分配请求权、新股认购权等。针对特定股东的权利,如各种诉权、少数股东权等,则不能封闭。因为这些股东权利的行使与否取决于股东的个人意思,不能为了公司方便而禁止行使。此外,与权利变动无关的记载事项的变更或者更改,如股东住所变更,亦不应当封闭。

**346. 公司可否自主决定股东名册的封闭日期?**

法律对此并无明文规定。

笔者认为,公司可以通过章程进行约定或者由董事会作出决议,但这种限制不能低于法律规定的最短期限。

如公司章程可约定股东大会召开前25日内或者公司决定分配股利的基准日前10日内,不得变更股东名册。但如果约定股东大会召开前15日内或者公司决定分配股利的基准日前3日内,不得变更股东名册,则该约定无效,应当按照法律规定的时间执行。

公司作出该种决定,如果是董事会决议,必须公告才能生效;如果是公司章程约定则不需公告。

**347. 除了封闭股东名册,公司还可采取何种形式确定股东名册上的股东权利行使人?**

实践中,股东还可将某一特定日期在股东名册上记载的股东视为可以行使股东权利的股东,称之为设定在册日期,或除权日、基准日。

公司可以通过章程约定或者股东会决议的方式确定在册日期。该种约定或决议应当明确日期、目的等事项。如果是董事会决议,还必须公告。如果是公司章程约定,则无须公告。

**348. 哪些做法属于违法封闭股东名册或违法确定在册日期?**

如下行为属于违法封闭股东名册或违法确定在册日期:

(1)不具备封闭股东名册或确定在册日期的事项。

(2)未经章程约定或者董事会决议而封闭股东名册或者决定在册日期。

(3)封闭时间超过规定期限或者确定的在册日期违反规定期限。

(4)应公告而未公告。

**349. 如果违法封闭股东名册或违法确定在册日期,基于此作出的分红、表决等行为是否有效?**

违法封闭股东名册或违法确定在册日期情况下作出的分红、表决等行为应属无效。

公司违法封闭股东名册或违法确定在册日期的,依照封闭期限或者确定的在册日期行使权利的股东所行使的权利应恢复原状。

### 四、股东名册记载纠纷的举证义务

**350. 主张股东名册变更应当提供何种证据?**

股东名册记载的本质是对股东资格在形式上的确认,因此主张该项诉讼请求的当事人应当举证证明其具备股东资格的实质要件,并提交相应证据证明合同全部义务或主要义务已经履行完毕,如股权转让合同、原股东死亡的医学证明、继承人的身份证明,证明其有权依法继承股东资格等。

**【案例148】记载于股东名册的股东已实际出资的,有权要求公司签发出资证明书**

**原告:** 姚勇杰

**被告:** 纽比公司

**诉讼请求:**

被告向原告签发载有原告名称、缴纳的出资额的出资证明书。

**争议焦点:**

被告完成工商变更登记手续,原告已被登记为被告股东并记载于股东名册,原告能否要求被告依据原告的实际付款金额签发出资证明书。

**基本案情:**

2014年7月5日,原告和被告及被告股东朱辉东等签订投资协议书,约定原告以受让朱辉东股权的形式向被告投资,并成为被告的股东。之后,原告依约向朱辉东履行了投资义务,但被告至今仍未依照约定向原告签发出资证明书。

**原告诉称:**

原告依约向朱辉东支付股权转让款人民币500万元,但被告至今仍未依照约定向原告签发出资证明书。

**被告辩称:**

被告未应诉答辩,亦未提供证据。

**律师观点:**

1. 原告已完成投资,被告应出具出资证明书。

2. 被告已完成工商变更登记手续,股东名册已将原告记载为被告股东;而且,其公司章程载明,公司成立后,应向股东签发出资证明书并置备股东名册。

**一审判决:**

被告于本判决生效之日起10日内向原告姚勇杰签发载有原告姚勇杰的名称及缴纳出资额(500万元)的出资证明书。

**【案例149】关于股东名册纠纷的法律定性问题**

**原告:** 黄敬鹏

**被告:** 源远公司

**诉讼请求:**

1. 撤销一审判决;

2. 驳回被上诉人诉讼请求。

**争议焦点：**

股东名册纠纷的法律定性问题(一审法院认定本案系股东名册纠纷)。

**基本案情：**

原告黄敬鹏先后向被告源远公司支付款项合计591万元；源远公司分别向黄敬鹏出具了4张收款收据，其中收款日期为2010年6月9日的收据上载明"收到82000DWT散货船首期投资款人民币156万元(股份比例6%)"，收款日期为2010年9月23日的收据上载明"收到82000DWT散货船第二期投资款人民币150万元"，收款日期为2011年1月12日的收据上载明"收到82000DWT散货船第三期投资款人民币120万元"；收款日期为2011年6月24日的收据上载明"收到82000DWT散货船第四期投资款人民币90万元，占股份比例6%"。

另查明，82000DWT散货船已于2012年5月24日建造完成并进行了移交，建造总金额为28,066万元，其中，案外人招银金融租赁有限公司(以下简称招银公司)根据与源远公司签订的《船舶融资租赁合同》，分4次将造船款17,800万元通过源远公司或直接向造船方支付。现源远公司作为该船舶的承租人进行实际运营。

一审法院认为，本案应认定为股东名册记载纠纷较为恰当。理由如下：第一，福州市中级人民法院基于本案管辖权问题作出(2014)××民终字第××号民事裁定书，其中认定"本案的基础法律关系是投资款项的返还，至于该投资款项是否用于建造船舶，并不影响该基础法律关系的认定，故本案不属于《最高人民法院关于海事法院受理案件范围的若干规定》第14条规定的情形。"因此黄敬鹏将591万元交给源远公司，源远公司将该笔款项用于何处，并不能改变黄敬鹏向公司投资的实质；第二，双方的行为不符合法律对合伙关系的规定。(1)双方未签订合伙协议书。根据《中华人民共和国民法通则》第30条"个人合伙是指两个以上公民按照协议，各自提供资金、实物、技术等，合伙经营、共同劳动"，第31条"合伙人应当对出资数额、盈余分配、债务承担、入伙、退伙、合伙终止等事项，订立书面协议"的规定，合伙应当有书面协议，而双方之间并未签订合伙协议书或者足以证明具有合伙性质的其他证明材料；(2)黄敬鹏从来没有参与合伙经营活动。根据《民法通则》第34条"个人合伙的经营活动，由合伙人共同决定，合伙人有执行和监督的权利"，黄敬鹏从来就没有参与经营活动，尤其是向银行融资、船舶转让等重大事项，若是个人合伙，也应由合伙人共同决定，但源远公司未举证黄敬鹏知晓或参与合伙的经营；(3)本案所有的经营活动都是以源远公司名义进行的，而非合伙名义。本案中，源远公司提供的《82000DWT散货轮建造合同》《船舶融资合同》《股权转让协议》等证据表明所有经营活动都是以源远公司的名义进行的,并非以合伙名义进行;(4)源远公司自2010年6月份开始收取黄敬鹏投资款,至今未向黄敬鹏分红。

综上,双方之间的法律关系应认定为股东名册记载纠纷。

**上诉人诉称:**

一审判决认定事实不清,适用法律错误。

1. 关于本案的基础事实。

2010年,黄敬鹏与余美良、林水秀等16个自然人拟合伙共同投资建造船舶即案涉"华强号",建造总金额为28,066万元。16个合伙人决定以上诉人(上诉人原实际控制人为林水秀)之名义对外从事融资租赁业务及船舶运营。对此,合伙人确定由全体合伙人共同出资10,100万元,作为造船的前期款项,另通过上诉人向融资租赁公司融资17,800万元用于建造"华强号"。被上诉人确认出资606万元,拟占前期10,100万元总投资的6%,但被上诉人实际仅出资591万元,尚欠15万元。对于"华强号"运营的盈利及亏损均由黄敬鹏等16位合伙人共同享有和承担。受国际金融危机影响,航运业遭受了重创,为防止损失的扩大,林水秀在全体股东口头认可的情形下,于2013年2月21日与广微控股有限责任公司签订《股权转让协议》,以"承债收购"的方式,将持有之上诉人全部股权转让给广微控股有限责任公司。被上诉人不甘心591万元的投资化为乌有,遂提起本案诉讼。

2. 本案属合伙纠纷,非一审法院认定的"股东名册记载纠纷"。

原因主要有:首先,从资金汇转过程看,16个合伙人的投资款均通过上诉人的财务人员兰丽锋的个人账户汇入上诉人实际控制人林水秀的个人账户,之后通过上诉人的对公账户汇入签约的造船厂。一系列的资金流转都是围绕借用上诉人之名对外进行融资及运营。其次,上诉人出具给16个合伙人的收据中,对出资的款项性质进行了明确界定,即所投之款项均为"华强号"的造船款。最后,本案中并没有任何一份证据能够证明或反映被上诉人投入的款项属于"增资款",仅有被上诉人的单方陈述。

(当事人在一审程序中提交的证据已随一审案卷移送本院。二审期间,双方当事人均未向本院提交新的证明资料。)

**被上诉人辩称:**

1. 在案证据足以证明本案系股东名册记载纠纷。

上诉人在管辖权异议阶段均明确陈述其是为了扩大公司规模而建造船舶,说明建造船舶是上诉人的行为,而非林水秀的个人行为,也进一步证明不可能是林水秀与他人合伙的行为。上诉人公司在其资金不足时,采取了债务性融资和权益性融资两种方式。上诉人向招银公司借款属于债务性融资,要求答辩人投资即是权益性融资,上诉人应当通过增资扩股或将部分股份转让给被上诉人,将答辩人登记为公司股东。上诉人出具的收款收据上注明"投资款",并加盖了上诉人财务专用章,并有会计和出纳的签字。至于收据上注明的"82000DWT散货轮投资款",仅是上诉人为此次融资的用途而已,并不能说明答辩人与他人合伙投资该船舶。更何况,款项进入上诉人公司账户后怎么使用已不是答辩人所能控制,是否就是用在该船舶的建造上也不得而知。答辩人为了能成为上诉人公司股东而向上诉人投资,但上诉人既未向工商登记部门申请登记增加公司的注册资本金,也没有申请增加答辩人为公司股东,上诉人已构成违约。答辩人有权依《合同法》第94条规定行使法定解除权,上诉人应当将出资款返还答辩人。

2. 本案并非合伙纠纷。

首先,合伙应当有书面协议,但答辩人与林水秀等人之间未签订合伙协议,也没有足以证明具有合伙性质的其他证据材料。其次,答辩人从未参与经营活动,尤其是向银行融资、船舶转让等重大事项,答辩人完全不知情。上诉人称在转让船舶时口头征求过合伙人意见,完全是虚假的。最后,本案所有经营活动都是以公司名义进行,并非以合伙人名义进行。

3. 上诉人在欺骗答辩人投资后又以本案为合伙纠纷为由拒不返还投资款是极不诚信的,此行为应受到法律严惩。

上诉人在收到答辩人投资款后,不仅未将答辩人登记为股东,甚至连基本的知情权都被剥夺了。从2010年6月第一期投资到2013年公司股东变更,答辩人均不知情。上诉人提交的《股权转让协议》,其实就是将货轮转让,该转让行为是恶意的,损害投资者的利益,其转让协议中约定将优质资产剥离,而转让款仅为740万,且转让所得用于偿还其他债务。上诉人的行为完全是利用其对公司的操控,从而达到侵吞欲意成为小股东的被上诉人的投资款。该行为极不诚信。综上,一审判决认定事实清楚,适用法律正确,应予维持。

**律师观点:**

1. 现有证据不足以证明黄敬鹏投资的款项是股东出资。

缺少证据证实黄敬鹏通过新增注册资本金方式成为公司股东;此外,源远公司出具的收款收据已经明确载明"收到82000DWT散货船投资款"。

2. 本案也不属于合伙纠纷。

本案证据中缺少书面合伙协议,也不足以证明其他合伙人之间明知其他合伙人的存在。包括2013年后,"华强号"由案外人受让的情况,亦无证据证明合伙人和黄敬鹏获悉。

**法院判决:**

驳回上诉,维持原判(一审法院认定本案系股东名册纠纷,属法律定性错误。本案应为合同纠纷。一审判决在法律定性上虽然存在不当之处,但判决结论正确,为避免当事人诉累,本院予以维持)。

## 【案例150】转让已实际履行　股东名册应依法变更①

**原告:** 杜拥军

**被告:** 杨德全②

**诉讼请求:** 判令被告立即与原告办理股权转让的登记手续。

**争议焦点:**

1. 在签订《股份转让协议》时,原告是否存在欺诈行为,《股权转让协议》是否有效;

2. 被告是否有义务协助配合办理股东名册及股权变更工商登记手续。

**基本案情:**

天津公司于2007年9月16日成立,法定代表人为案外人王征,注册资本50万元。原告占26%股权,案外人段丽勇占25%股权,案外人程倩占25%股权,案外人王征占24%股权。原告在天津公司工程部工作任总监。

2008年6月21日,天津公司召开股东会,形成股东会决议:

经天津公司全体股东同意,将案外人王征所持有的公司24%股权,案外人段丽勇所持有的公司25%股权,原告所持有的公司26%股权,案外人程倩所持有的公司25%股权一起对外转让。转让协议签署后,案外人王征将不再担任总经理职务和公司法定代表人。转让价格不低于10万元。

2008年6月22日,原告(甲方、转让方)与被告(乙方、受让方)签订股权转让协议:

甲乙双方经过友好协商,就甲方持有的天津公司股权转让给乙方持有的相关事宜,达成如下协议,以资信守:(甲方承诺未将股权对外质押、抵押)

---

① 参见北京市丰台区人民法院(2008)丰民初字第20563号民事判决书。

② 实践中存在着大量股东名册记载纠纷被告不统一的情况。公司股东名册记载、变更的义务人应当为公司,故实践中应当以公司为被告。如转让人或受让人亦不配合办理股东名册变更,则可将不履行配合义务的转让人与受让人列为共同被告。

1. 原告转让给被告天津公司的26%股权,受让方同意接受。

2. 股权转让价格为人民币26,000元,协议签署之时由被告当面支付。

3. 本协议签字生效后被告即可获得股东身份。

4. 本协议签字生效后立即依法办理股东、股权、章程修改等相关变更登记手续。原告应给予积极协助或配合,变更登记所需费用由被告承担。

5. 受让上述股权后,由新股东会对原公司成立时订立的章程、协议等有关文件进行相应修改和完善,并办理变更登记手续。

6. 股权转让前及转让后公司的债权债务由公司依法承担。如果依法追及股东承担赔偿责任或连带责任的,由新股东承担相应责任。

7. 股权转让后,受让方按其在公司股权比例享受股东权益并承担股东义务;转让方的股东身份及股东权益丧失。

8. 原告违约应全额退还被告转让出资,并承担被告因此而受到的损失。被告违约转让出资不退,并承担原告因此而受到的损失。

9. 本协议如有变更应获得原公司所有股东同意方可变更,本协议不可解除……

当日,被告支付股权转让款10万元,案外人王征出具收条。该款中包括原告的26,000元,及王征、段丽勇、程倩的股权转让款。

2008年6月23日,双方对现金账进行了交接。

2008年6月26日,原告与被告再次签订转股协议。在履行上述协议过程中双方发生争议,被告拒绝配合办理股东名册和工商登记变更手续。

**原告诉称:**

原、被告之间的《股权转让协议》及《转股协议》合法有效。《股权转让协议》签订后被告即交付给原告26,000元转让费,原告与被告办理了管理权移交。但被告至今不与原告办理股权变更登记手续。

**原告为证明其观点,提交证据如下:**

1. 原、被告间签订的股份转让协议及收条,证明原、被告之间的股权转让关系;

2. 被告付款凭证,证明被告已经实际支付了股权转让款26,000元,合同主要义务履行完毕。

**被告辩称:**

协议是在欺诈的情况下签订的,依法应当予以撤销。原告未如实告知被告公司真实情况。因原告曾承诺公司对外欠款为70万元左右,但被告事后发现该承诺并不真实。被告在不了解天津公司资产真实状况下与原告订立股权转让合同，此并非其真实意思表示。

但负有举证义务的被告未提交任何证据对上述抗辩理由予以证明。

**律师观点：**

1. 关于《股份转让协议》的效力问题。

天津公司股东原告、案外人段丽勇、王征、程倩于2008年6月21日召开股东会，各股东均同意将股权对外转让，符合我国法律有关股东向第三人转让股权时，应取得其他股东同意的规定。

至于，被告认为股权转让协议是在欺诈情况下签订。原告未如实告知被告公司真实情况，因原告曾承诺公司对外欠款为70万元左右，但被告事后发现该承诺与事实不符。被告在不了解天津公司资产真实状况下与原告订立股权转让合同，此并非其真实意思表示。由于原告对此予以否认，且股权转让协议中已经对公司债权、债务的承担进行了明确约定。同时，被告并未提供充分有效的证据证明原告存在欺诈行为，且其是基于原告的欺诈行为而作出股权转让的意思表示。因此，可以认定上述股权转让协议是双方按照《合同法》的规定，自愿达成的转让出资的协议，未违反法律、行政法规的强制性规定。该协议合法有效，对双方当事人均具有法律约束力。

此外，被告也切实履行了该协议，支付了所有的股权转让款，这也从另一方面证明其认同协议的效力。原告从实质上已经非天津公司的股东。

2. 关于被告是否负有协助配合工商变更登记的义务。

《公司登记管理条例》第35条规定，有限责任公司股东转让股权的，应当自转让股权之日起30日内申请变更登记，并应当提交新股东的主体资格证明或者自然人身份证明。《公司法》第73条规定，"依照本法第71条、第72条转让股权后，公司应当注销原股东的出资证明书，向新股东签发出资证明书，并相应修改公司章程和股东名册中有关股东及其出资额的记载。对公司章程的该项修改不需再由股东会表决"。

因此，鉴于股权转让协议合法有效，被告应当根据协议的约定，积极协助或配合原告依法办理股东、股权、章程修改等相关变更登记手续。

**法院判决：**

被告于判决生效之日起30日内与原告办理股东名册及股权变更工商登记手续。

## 【案例151】判决确定股东资格股东 诉请变更名册获支持①

**原告:** 于某、徐某

**被告:** 某物资回收利用有限公司

**诉讼请求:**

1. 判令被告签发新股东出资证明书;
2. 判令被告修改公司章程、股东名册;
3. 判令被告办理相应的工商变更登记手续。

**争议焦点:** 法院生效判决已认定两名原告具备被告股东资格,被告是否应当向原告签发出资证明书并办理变更股东名册及工商变更登记。

**基本案情:**

被告成立于2003年10月22日,注册资金为800万元,股东为于甲与王育林。其中王育林认缴出资额10万元,占1.25%,于甲认缴出资额790万元,占98.75%。

2009年4月6日,于甲因病死亡。经法院审判认定,于乙(于甲之父)、范某(于甲之母)共占被告24.68%的股权,王某(于甲之妻)占被告61.71%的股权,于冬(于甲之子)占被告12.34%的股权。

2009年11月,由于于乙、范某年事已高,无力参与公司经营,故将其持有的股份以总价500万元的价格转让给两名原告。因被告拒绝办理相关的工商变更登记,两原告起诉至法院,要求确认其股东身份及所持有的股权比例。经过法院审理,确认原告于某现占被告18%的股份,原告徐某现占被告6.68%的股份。法院判决后,原、被告均未上诉。判决生效后,两名原告一直要求被告签发新股东出资证明书,修改公司章程等,但均未果。

此外,现工商登记管理部门登记显示被告股东为于甲、王育林,认缴的出资额分别为790万元、10万元。

**原告均诉称:**

法院判决原告持有被告股份,判决生效后,两名原告一直要求被告签发新股东出资证明书、修改公司章程等,但均未果。被告的行为严重损害了原告的利益。

**原告为证明其观点,提交证据如下:**

1. (2009)松民二(商)初字第1……号民事判决书1份,证明于乙、范某均为被告的股东及其所占被告的股份比例;

---

① 参见上海市松江区人民法院(2010)松民二(商)初字第1820号民事判决书。

2. (2010)松民二(商)初字第1……号民事判决书1份,证明于乙、范某将其所有的股份转让给两名原告,两名原告系被告合法股东。

**被告辩称:**

不同意两名原告的诉讼请求。两名原告没有支付相应的股权转让款。两名原告与案外人于乙、范某之间的股权转让款的金额背离了被告真实的资产金额。因被告的注册资本仅800万元,实际资产在500万元以下,故认为转让价格过高。

被告对原告的证据真实性没有异议,但对股权转让价格有异议。

**律师观点:**

1. 股权转让后公司应注销原出资证明并签发新出资证明书。

有限责任公司应当将股东的姓名或者名称及其出资额向公司登记机关登记;登记事项发生变更的,应当办理变更登记。股权转让后,公司应当注销原股东的出资证明书,向新股东签发出资证明书,并相应地修改公司章程和股东名册中有关股东及其出资额的记载。

2. 生效判决已确认两名两名原告股东身份,被告应履行相应的变更义务。

本案中,法院生效判决认定两名原告系被告的股东,其中原告于某占有被告18%的股份,原告徐某占有被告6.68%的股份。被告应当根据法院确定的股份比例,向两名原告签发相应的股东出资证明书,并对公司章程、股东名册作出相应的修改,并进行工商变更登记。因此,原告的诉讼请求,于法有据。

**法院判决:**

1. 被告于判决生效之日起30日内向原告于某签发载明其占有被告18%的股份的股东出资证明书,向原告徐某签发载明其占有被告6.68%的股份的股东出资证明书;

2. 被告于判决生效之日起30日内根据上述第1项判决内容对公司章程和股东名册中有关股东及其出资额的记载进行相应修改;

3. 被告于判决生效之日起30日内至上海市工商行政管理局松江分局办理相应的股权变更登记手续。

**【案例152】改制不影响股东资格　要求变更名册获支持**[①]

**原告:** 生物研究所公司

**被告:** 正德堂公司

---

① 参见北京市第一中级人民法院(2009)一中民终字第9966号民事判决书。

**诉讼请求：**

1. 确认原告作为被告股东的资格；
2. 判令被告为原告办理股东名称变更登记。

**争议焦点：**

1. 原告经过公司改制后是否存在主体资格变动，改制前后是否为同一法人，其享有被告股东资格是否系通过股权转让方式从改制前单位受让取得；
2. 如果生物研究所改制为生物研究所公司（原告）不存在主体变动的问题，被告是否有义务为原告办理股东名称变更登记。

**基本案情：**

被告成立于 2004 年 3 月 31 日，注册资本 50 万元，股东及出资比例为生物研究所（原告改制前名称）出资 15 万元，案外人王维定出资 15 万元，案外人范军出资 10 万元，案外人孙玉琴出资 5 万元，案外人田作安出资 3 万元，案外人毛需雯出资 2 万元。被告于 2004 年 3 月 15 日向生物研究所出具出资证明书。

2004 年 4 月 30 日，生物研究所与被告签订协议，协议明确约定，生物研究所当时在用的 5 个药店的全部固定资产及医药经营部在用的全部固定资产转交被告保管并使用。自 2006 年 5 月 1 日有偿使用上述固定资产，使用费用另外商定。

2005 年 6 月 29 日，被告股权结构变更为生物研究所出资 15 万元，案外人田作安出资 3 万元、案外人毛需雯出资 2 万元，案外人王维定出资 30 万元。

2005 年 8 月 26 日，被告注册资本变更为 100 万元，股权结构变更为生物研究所出资 15 万元，案外人王维定出资 40 万元，案外人田作安出资 3 万元，案外人毛需雯出资 2 万元，案外人王茜出资 40 万元。

2006 年 9 月 26 日，被告股权结构变更为生物研究所出资 15 万元，案外人王维定出资 45 万元，王茜出资 40 万元。

2008 年 3 月 6 日，被告增资扩股，注册资本增加到 300 万元，股权结构相应变更为生物研究所出资 15 万元，案外人王维定出资 69 万元，案外人王茜出资 63 万元，案外人北京世贸天阶医药科技有限公司出资 153 万元。

此外，2005 年 12 月 15 日由北京普丰资产评估有限公司出具《评估报告》得出生物研究所持有的被告 15% 的股权的评估值为 13.49 万元。

2006 年 9 月 12 日由生物研究所出资人的上级主管北京实业开发总公司批复同意改制方案，后经工商登记注册改制为生物研究所公司（原告）。

改制后，原告多次要求被告办理股东变更登记手续，并要求行使股东权利并就有偿使用资产进行协商，但被告公司未予回复。

2008年1月15日,被告致函原告,以被告其他股东对原告享有的15%股权取得手段不合法为由,明确阻止原告行使股东权利。

生物研究所成立于1994年3月15日。2003年3月3日的生物研究所章程显示,京泰公司为国家授权的生物研究所唯一上级管理部门及资产所有者,京泰公司所属的生物研究所为国家事业单位编制、企业化管理的国有独资、具有独立法人地位的经济实体,注册资本500万元,法定代表人胡建平。

2006年生物研究所改制为原告,注册资金600万元,股东由居里公司和京泰公司组成,法定代表人唐丽英。

2006年10月26日,工商行政管理部门出具名称变更通知,核准"生物研究所"名称变更为"生物研究所有限公司"(原告)。

**原告诉称:**

被告以被告其他股东对原告享有的15%股权系接受转让,且不合法为由,明确阻止原告行使股东权利,严重损害了原告作为股东的利益。原告合法取得股权,被告理应确认原告的股东资格,并在原告改制后为原告变更股东名册上的公司名称。

**原告为证明其观点,提交证据如下:**

正德堂公司出具的出资证明书,北京普丰资产评估有限公司出具的京普评报字[2005]第044号《评估报告》,北京实业开发总公司的京实总字[2006]30号批复。

**被告辩称:**

生物研究所与原告的关系并非简单更名而是改制。生物研究所原是国有独资企业,是由京泰公司出资设立的。

2006年发生增资扩股,由京泰公司与居里公司组成了原告,企业性质、法定代表人、注册资金等均发生了根本性变化。应认定原告继受生物研究所在被告的股权的方式为股权转让,这一转让破坏了公司的股权结构。因此,不同意原告的诉讼请求。

**被告为证明其观点,提交证据如下:**

生物研究所工商登记材料、生物研究所公司工商登记材料、正德堂公司工商登记材料及一审法院开庭笔录。

**律师观点:**

1. 原告改制仅是内部机构变化,不涉及主体变更。

原告是生物研究所经公司制改造后的产物。尽管前者在企业性质、注册资本、股东构成、法定代表人等方面较之后者均发生了变化,但生物研究所改制为公

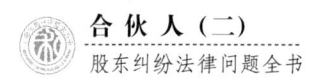

司只是内部机制发生转换,并非外部主体的变更,也不存在生物研究所将权利让渡给原告后其主体人格消亡的问题。因此,被告主张生物研究所公司改制后主体发生了变化的抗辩理由不能成立。

2. 原告为被告股东,被告应为其办理变更登记。

既然原告与生物研究所属于同一主体,原告当然享有生物研究所持有的被告股权,无须通过股权转让的方式取得。因此被告关于原告与生物研究所之间发生股权转让的主张法院不应采信,并应当确认原告为被告股东,其出资额为15万元。根据《公司法》规定,公司应当将股东的姓名或者名称及其出资额向公司登记机关登记;登记事项发生变更的,应当办理变更登记。现被告股东生物研究所的登记事项出现变更,被告应当为其办理变更登记。

**法院判决:**

1. 确认原告为被告股东,出资额为15万元;
2. 被告于判决生效之日起10日内为原告办理股东名册和工商变更登记。

### 351. 当事人可否以股东变更的股东会决议主张变更股东名册?

如果当事人仅提供股东会决议,不足以请求法院变更股东名册。

股东会决议仅能证明就股东变更事项进行了告知及同意程序,但并不意味着股权已经发生实质变动,因此仅以股东会决议主张变更股东名册难以得到法院的支持。但如果股东会决议中明确或涉及了股权转让或增资扩股的事宜,以此主张变更股东名册时可以得到法院的支持。

### 【案例153】仅以股东会决议主张变更股东名册被驳回①

**原告:**王国强

**被告:**刚德吉尔公司

**诉讼请求:**判令被告依照股东会决议变更股东名册并办理法定代表人变更工商登记。

**争议焦点:**

1. 案外人李志勇是否实际完成对原告等7名股东的股权收购事宜;
2. 案外人李志勇因挪用公款罪被判刑罚后是否具备担任公司法定代表人的资格。

---

① 参见北京市第二中级人民法院(2009)二中民终字第10500号民事判决书。

**基本案情：**

被告于 2001 年 11 月 27 日注册成立，公司现任股东包括案外人李志勇、原告等其他 7 名案外人，原告为法定代表人。

2008 年 7 月 10 日，被告召开股东会，全体股东一致同意：

1. 原告及其他 7 名案外人股东将所持有的被告股权转让给案外人李志勇所有，并由案外人李志勇重新分配；

2. 撤销原告法定代表人资格，由案外人李志勇担任法定代表人。

后原告要求被告变更股东名册及法定代表人工商登记未果。

**原告诉称：**

至原告诉讼之日，被告未按《公司法》及《公司登记管理条例》的规定办理原告的股东名册变更及法定代表人的工商变更手续。被告的行为严重损害了原告的利益。

**原告为证明其观点，提交证据如下：**

被告的公司章程及股东会决议，证明被告已就股权转让事宜达成股东会决议，原告已非公司股东及法定代表人。

**被告辩称：**

因案外人李志勇并未实际收购原告等被告其他股东的股份，原告仍然具备被告股东资格。原告的诉讼请求于法无据，请求法院予以驳回。

**一审认为：**

《公司登记管理条例》(2005 年修订) 第 26 条规定公司变更登记事项，应当向原公司登记机关申请变更登记。根据被告 2008 年 7 月 10 日召开的股东会所通过的股东会决议，被告的法定代表人由原告变更为案外人李志勇，被告理应按照上述股东会决议的内容变更登记事项。因案外人李志勇并未实际收购原告等被告公司其他股东的股份，原告仍然具备被告公司股东资格，其要求被告公司变更股东名册的诉讼请求于法无据，法院不予支持。

**一审判决：**

1. 被告于判决生效之日起 10 日内到工商登记管理部门办理公司法定代表人变更登记，将被告法定代表人由原告变更为案外人李志勇；

2. 驳回原告其他诉讼请求。

被告不服一审判决，向上一级人民法院提起上诉。

**被告上诉称：**

1. 原告主体不适格，其起诉未经《公司法》规定的前置程序；

2. 股权转让协议作出后应当在 30 天内进行变更,现已超过变更的诉讼时效;

3. 公司现有经营状况不好,不具备继续经营的可能,变更法定代表人无实际意义;

4. 案外人李志勇因刑事经济犯罪已经被判处刑罚,按照《公司法》的规定其已经不具备担任公司法定代表人的资格,故一审法院判决被告将法定代表人的工商登记变更为案外人李志勇已经不具备条件。请求撤销一审法院判决,依法改判驳回原告的诉讼主张。

**被告为证明其观点,二审期间提交证据如下:**

北京市延庆县人民法院(2009)延刑初字第 48 号刑事判决书,证明案外人李志勇因挪用公款罪已被判处刑罚,不具备成为公司法定代表人的法定条件。

**原告二审辩称:**

一审法院判决事实清楚,适用法律适当,程序合法,要求维持原判。

**律师观点:**

1. 案外人李志勇因刑事犯罪被判处刑罚。

虽然根据被告股东会决议,被告的法定代表人已由原告变更为案外人李志勇,被告应按照上述股东会决议的内容变更登记事项。但是,案外人李志勇因挪用公款罪于 2009 年 5 月 15 日被北京市延庆县人民法院(2009)延刑初字第 48 号刑事判决书判处有期徒刑 1 年,缓刑 1 年。一审判决后,案外人李志勇未提出上诉,因此,该判决现已生效。

2. 案外人李志勇不具备担任法定代表人的条件。

依照《公司法》第 146 条第 1 款第 2 项的规定,因贪污、贿赂、侵占财产、挪用财产或者破坏社会主义市场经济秩序,被判处刑罚,执行期满未逾 5 年,或者因犯罪被剥夺政治权利,执行期满未逾 5 年的,不得担任公司的董事、监事、高级管理人员。本案中,案外人李志勇因挪用公款罪已被判处刑罚,按照《公司法》的规定,其已不具备担任公司法定代表人的资格和条件,故原告主张将公司法定代表人由其变更为案外人李志勇不应予以支持。

**法院判决:**

1. 撤销一审判决;

2. 驳回原告的诉讼请求。

## 【法律依据】

一、公司法

（一）法律

❖《公司法》第 32 条、73 条、130 条、139 条

（二）部门规章

❖《国家工商行政管理总局、商务部、海关总署、国家外汇管理局关于外商投资的公司审批登记管理法律适用若干问题的执行意见》第 20 条

❖《对外贸易经济合作部、国家工商行政管理局关于外商投资企业投资者股权变更的若干规定》第 6 条

❖ 国家工商行政管理总局《企业法人法定代表人登记管理规定》第 3 条

❖《公司登记管理条例》第 30 条、34 条、69 条

二、证券法

❖《证券法》第 160 条

三、民法

❖《物权法》第 223 条第 4 项、第 226 条第 1 款

❖《担保法》第 75 条、78 条

# 第六章　请求变更公司登记纠纷

【宋律师释义】

> 请求变更公司登记纠纷,是指当公司股东姓名或名称、出资额、法定代表人等公司登记事项发生变更时,公司、股东等怠于履行或不配合履行变更登记义务所导致的纠纷。
>
> 实践中,请求变更公司登记纠纷主要包括了如下两种常见情形:
>
> (1)股权转让、公司增资等导致公司股权结构变动的,公司、转让人等怠于变更公司股东的工商登记;
>
> (2)公司作出董事、执行董事、法定代表人变更决议后,原公司控制人拒不履行决议办理变更登记。
>
> 值得注意的是,实践中权利人在面对上述纠纷时,经常选择通过起诉工商行政管理机关的行政诉讼来保障权益。但行政诉讼在适用及效果上均有较大的局限性,司法实践中也存在着相当多的争议。因此本章也将就此问题展开论述。
>
> 另外,实践中对于股东资格确认诉讼与请求变更公司登记纠纷常容易混淆,两者的区别在于请求权的基础不同:
>
> 股东资格确认诉讼属于确权纠纷,其以事实股权交付与否、股东名册、工商变更登记与否作为判断是否具备实际股东资格的实质及形式要件。
>
> 请求变更公司登记纠纷则仅仅是因法定工商登记义务而产生的诉讼。
>
> 该案由系《最高人民法院关于修改〈民事案件案由规定〉的决定》(法〔2011〕41号)与公司有关纠纷新增加的4个案由之一。

【关键词】公司登记　行政许可行为　行政确认行为　形式审查　实质审查

❖ **公司登记**:包括公司内部登记及外部登记。公司内部登记即为股东名册、公司章程等由公司内部机构进行的登记[1],而外部登记则是由公司登记机关对公司情况进行的登记。在我国,公司登记机关为工商部门。本章所指的公司登记即指公司外部登记,又称工商登记。

依照登记原因的不同,公司的工商登记分为设立登记、变更登记以及注销登记。依照登记内容的不同,工商登记范围包括名称、经营范围、注册资本、实收资本、住所地、法定代表人、公司类型、营业期限、股东或发起人名称、股东所持股权。

同时,公司的章程、章程修正案以及在上述事项发生变化时作出的股东会决议,也应当交由工商部门备案登记。

❖ **行政许可行为**:指行政机关根据相对方的申请,经依法审查,通过颁发许可证、执照等形式,赋予或确认相对方从事某种活动的法律资格或法律权利的一种具体行政行为。

❖ **行政确认行为**:指行政机关和法定授权的组织依照法定权限和程序对有关法律事实进行甄别,通过确定、证明等方式决定管理相对人某种法律地位的行政行为。

❖ **形式审查**:指由申请人对所提交材料的真实性负责。登记机关只是对申请人提交的材料是否齐全、形式是否合法进行审查。只要符合了这两个条件,登记机关就应予以登记。

❖ **实质审查**:指在形式审查基础上,对申请登记单位是否具备登记条件,申请登记事项是否属实,提交的文件、证件是否真实、有效、合法、完整,是否符合国家法律、法规和政策规定等进行审查。

## 第一节 立 案

**352. 如何确定请求变更公司登记纠纷的诉讼当事人?**

原告为对工商登记持有异议的当事人,应以公司为被告,以不履行配合义务的当事人作为共同被告,以或有利害关系的股东、董事、高管等为第三人。

**353. 请求变更公司登记纠纷由何地法院管辖?**

应当由公司住所地人民法院管辖。

公司的住所地一般为公司工商登记注册的地点,但是,如果公司的实际经营

---

[1] 详见本书第五章股东名册记载纠纷。

地与登记注册地不一致的,原告完全可以向公司的实际经营地人民法院起诉。当然,原告此时需要举证公司的实际经营所在地。实践中,最可直接作为证据的材料即为以公司为承租人的实际经营地房屋租赁合同与实际经营地房屋的产权证明。

**354. 在提起请求"变更公司登记"诉讼前或在诉讼过程中,系争股权已被冻结或变更登记至第三人名下或受到第三人权利限制的,对该诉讼有何影响?**

根据股权登记的公示效力,第三人可以当然地将系争股权作为股权转让方的财产,从而与转让方签订股权转让协议并完成变更登记,或者对系争股权依法申请法院执行等。此时,主张变更登记的当事人的诉讼请求将难以得到法院支持,其只能向股权原所有人主张违约责任或损害赔偿责任。

### 【案例154】诉争股权被冻结 无法判决办理变更登记[①]

**原告:**大康公司

**被告:**拍卖公司、典当公司

**诉讼请求:**判令二被告依法为原告与被告拍卖公司之间的股权转让事项履行报批和工商变更登记手续。

**争议焦点:**

1. 根据原告与被告拍卖公司签订《股权转让协议》,被告拍卖公司是否有配合办理向省级商务主管部门申请批准并变更被告典当公司工商注册登记等事项的义务;

2. 被告典当公司中51%股权已被法院采取司法冻结措施,原告是否还能要求被告拍卖公司配合办理工商变更登记手续。

**基本案情:**

2006年11月15日,原告与被告拍卖公司签订《股权转让协议》一份,约定被告拍卖公司将所持有的被告典当公司51%股权中25%的股权转让给原告,转让价格为人民币250万元。

协议签订后,原告遂于签约当日向被告拍卖公司支付股权转让款250万元。为此,被告拍卖公司向原告开具了收据。

同日,原告与被告拍卖公司召开会议确定由原告派出2人担任被告典当公司的董事和监事,但事后各方未就上述股权转让事项向工商部门申请办理相应的股

---

① 参见上海市第二中级人民法院(2010)沪二中民四(商)终字第853号民事判决书。

权变更登记手续。

2008年9月20日,因另案诉讼,上海市黄浦区人民法院作出裁定将被执行人(被告拍卖公司)所持被告典当公司51%股权交有关单位予以拍卖或变卖。

2008年12月26日,上海市闸北区人民法院向被告典当公司的注册所在地工商局发出协助执行通知,要求查封被执行人、本案被告拍卖公司所持被告典当公司股权中的24万元股权价值部分,并对其余股权作股权价值为26万元的轮候查封。

为此,原告曾向法院提起另案诉讼,请求确认原告为被告典当公司的股东。

2009年1月9日,上海市黄浦区人民法院作出民事判决,确认原告与被告拍卖公司之间的股权转让行为成立。但双方之间的股权转让行为依法尚应经省级商务主管部门的批准,故双方之间的股权协议依法还未成就生效条件。

据此,法院最终判决驳回了原告的诉讼请求。

**原告诉称:**

本案所涉及的股权转让事实发生在2006年11月15日,当时相关各方对于该股权行为所引发的被告典当公司股东和对应股权变更事实并未产生任何争议,故相关股权转让协议应为自愿、合法。

在双方《股权转让协议》签订后,原告已及时全额支付了股权受让款并委派两名人员分别担任被告典当公司的董事和监事。事实上已以被告典当公司的股东身份参与了公司的日常经营管理,故双方之间的《股权转让协议》实际已发生法律效力,原告依法应被确认为被告典当公司的股东并享有相应股权。但被告怠于履行工商变更登记义务,损害了原告的股东权益。

**被告均辩称:**

对于原告与被告拍卖公司之间所签订的股权转让协议,经上海市黄浦区人民法院作出的生效民事判决认定协议依法尚应经省级主管部门的批准,因此还未成就生效条件。据此,原告依法还未成为被告典当公司的股东。且事实上,原告与被告拍卖公司就双方所协议转让的股权,实际也未完成相应的股权变更登记手续。

此外,由于被告拍卖公司对外存在未了结诉讼债务,导致被告拍卖公司所持被告典当公司全部股权被相关法院采取了司法冻结措施。故客观上,被告典当公司现也无法为双方的股权转让事项履行报批和工商变更登记手续。

因此,原告可另行通过要求被告拍卖公司返还股权款及承担违约责任的诉讼来维护自身权益。

**律师观点:**

1. 被告典当公司有义务办理行政审批及工商变更登记。

本案所涉被告典当公司的股权转让成立,但依据《典当管理办法》的相关规定,被告典当公司对外转让股权50%以下的应当经省级商务主管部门批准。被告典当公司作为股权转让标的公司,有义务向省级商务主管部门申请批准并办理变更工商注册登记等事项,并将原告记载于公司的股东名册,使原告得以获得股东身份和行使股东权利。

2. 诉争股权因另涉案件被冻结,无法办理股权转让的审批及变更事项。

现由于被告拍卖公司涉及其他诉讼案件,致使其在被告典当公司中的51%股权已被法院采取司法冻结措施,进而导致被告拍卖公司的其他债权人对原告受让的还未经工商变更登记的被告拍卖公司25%股权主张权利。依据《最高人民法院关于人民法院执行工作若干问题的规定》,被告拍卖公司不得自行转让被冻结的股权,被告典当公司也不得办理被冻结投资权益或股权的转移手续,故本案原告要求被告拍卖公司、被告典当公司办理或协助办理股权转让的批准和变更登记手续的条件不成立。因此,原告的诉讼请求难以得到法院的支持。

**法院判决:**

驳回原告的诉讼请求。

### 355. 请求变更公司登记纠纷按照什么标准交纳案件受理费用?

该类案件应当按件收费,受理费用为50~100元。

### 356. 请求变更公司登记纠纷是否适用诉讼时效?

故原告请求变更公司登记的请求权并非债权请求权,不受诉讼时效的限制。

## 【案例155】合同未约定报批时间 受让人可随时主张索赔[①]

**原告:** 梁铭中

**被告:** 陈锦耀、精卓公司

**诉讼请求:** 判令两被告返还原告人民币18万元及利息。

**争议焦点:**

1. 在未办理外商投资企业股权转让报批手续的情况下,原告与被告陈锦耀之间的股权转让合同是否成立并且生效,原告是否获得被告精卓公司的股东资格;

---

① 参见浙江省杭州市中级人民法院(2009)浙杭商外初字第286号民事判决书。

2.《股权证明》及原告与被告陈锦耀之间的往来电子邮件能否证明原告已经向被告陈锦耀支付了股权转让款;

3. 若股权转让合同成立但未生效,被告陈锦耀是否应当承担返还股权转让款的责任;

4. 被告陈锦耀对于股权转让合同未生效是否存在过错,是否应当承担损害赔偿责任;

5. 被告精卓公司是否应当对损害赔偿承担连带责任;

6. 原告在被告陈锦耀出具《股权证明》后6年才要求损害赔偿是否超过诉讼时效。

**基本案情:**

2000年9月1日,被告精卓公司登记成立,公司类型为外商独资企业,注册资本为62,000美元,被告陈锦耀享有100%的股权。

2003年1月20日,被告陈锦耀向原告出具《股权证明》,证明原告以18万元的价格从被告陈锦耀处受让被告精卓公司30%的股权,上述股权变更未办理批准和登记手续。

2009年8月17日,原告就股权问题通过电子邮件向被告陈锦耀提出若干方案,催告被告办理相关审批手续。2009年8月25日,被告陈锦耀对原告提出的方案进行回复。后双方未能协商一致。

**原告诉称:**

原告出资受让被告陈锦耀的股权后,被告陈锦耀作为出让人应当积极履行合同,使股权转让尽快获得有关部门的批准,并办理相关的登记手续。然而被告陈锦耀怠于履行合同报批义务,在原告要求的情况下仍借故推托,致使原告出资后无法得到相应股东地位,股东权利落空。

被告精卓公司作为被投资的企业,已认可被告陈锦耀将股权转让给原告,其有义务向有关部门申请办理相关批准和登记手续,然而其也未予以办理。故被告精卓公司对原告投资后未能取得股东权利存在重大过错,对原告损失应承担连带赔偿责任。

**被告均辩称:**

《股权证明》出具后,被告陈锦耀没有收到原告支付的任何股权转让款,双方也未达成书面股权转让合同,更未依据外商投资企业股权变更的相关规定向审批机关及工商行政管理部门办理报批及变更登记手续。最重要的是,本案所涉纠纷为外商投资企业的股权转让。根据外商投资企业相关法律法规对股权转让的规定,原告当时就应当清楚知道由于未履行报批程序,故其并未成为被告精卓公司的股东。

此外,现距2003年1月出具《股权证明》已长达6年多时间。根据《民法通则》的相关规定,原告提出的损失赔偿请求权已明显超过了诉讼时效期间。

综上,原告起诉无事实、法律依据,请求法院依法驳回原告的诉讼请求。

**律师观点:**

1. 关于股权转让合同的效力

从原告提供的《股权证明》来看,原告和被告陈锦耀之间就原告出资人民币18万元、受让被告精卓公司30%股权的事项达成了合意,涉案合同依法成立。按照《合同法》相关规定,依法成立的合同自成立时生效,法律、行政法规规定应当办理批准、登记等手续生效的,依照其规定。

被告精卓公司系外商独资企业,按照外资企业法及实施细则的相关规定,其重要事项变更包括注册资本的转让等须经审批机关批准,并向工商行政管理机关办理变更登记手续。在本案中,股权转让行为并未能办理相关的批准,故涉案合同成立但未生效。

2. 关于被告是否应当向原告返还股权转让款

合同未生效的,因该合同所取得的财产,应当予以返还。有过错的一方应当赔偿对方因此所受到的损失;双方都有过错的,应当各自承担相应的责任。在本案中,被告陈锦耀应当向原告返还股权转让款人民币18万元。至于被告陈锦耀抗辩称原告并未实际支付过人民币18万元的股权转让款。由于无论从《股权证明》的内容,还是从双方的往来邮件,均足以证明原告向被告陈锦耀支付过相应股权转让款,被告陈锦耀的抗辩意见既缺乏相应证据予以佐证,也不符合日常生活经验,不应予以采信。

3. 关于被告陈锦耀是否应当向原告赔偿损失,被告精卓公司是否应当承担连带责任

至于损失,被告陈锦耀未能在合理期限内办理审批登记手续的行为有违诚实信用原则,具有过错,应就其受领的股权转让款向原告赔偿以同期银行贷款利率计算的利息损失。

对于原告要求被告精卓公司承担连带责任的诉讼请求,被告精卓公司并非股权转让合同的当事人,原告要求其承担连带责任,缺乏事实和法律依据。

4. 关于原告要求被告承担损害赔偿责任是否已过诉讼时效

按照《民法通则》相关规定,诉讼时效期间从知道或者应当知道权利被侵害

时起计算。本案中,原告和被告陈锦耀对办理股权变更手续的时间并未作出约定,原告可以随时向被告陈锦耀要求办理报批及股权变更手续以促使涉案合同发生法律效力。只有在涉案合同确定不发生法律效力的情况下,原告才知道或者应当知道其权利受到侵害,从而向被告陈锦耀主张相应的民事责任。也就是说,对于原告的债权请求权而言,直至本案诉讼前,诉讼时效期间并未开始起算,也就不存在超过诉讼时效期间的问题。

**法院判决:**

被告陈锦耀向原告返还股权转让款人民币18万元并赔偿利息损失。

**357. 法院判决增加或变更股东名册记载后,或请求变更登记纠纷诉讼胜诉后,被告拒不执行生效判决、裁定时,原告应如何救济?**

股东可依据法院判决书主张公司在限定的期限内进行股东名册变更。如果公司在判决书所规定的期限内未予变更的,股东可以向人民法院申请强制执行。但是,由于该项变更义务的履行人仅能为公司,其地位是不可替代的,因此人民法院将适用间接强制执行,即对公司的直接负责人(一般为法定代表人)依照妨害执行的行为进行处理,包括对其予以罚款、拘留。其中对于罚款的数额,对个人为1000元以下,对单位为1000元以上3万元以下,而对于拘留则不超过15天。

如果被执行人在罚款或拘留后仍拒不配合执行的,可以依照拒不执行判决、裁定罪追究其刑事责任。

变更公司登记诉讼请求获法院支持后,公司或其他负有义务的人不配合进行工商登记时,原告可向法院提出申请,由人民法院向公司登记机关发出协助执行通知书,持持判决书至工商部门办理登记事宜。

## 第二节 请求变更公司登记纠纷的裁判标准

### 一、对拒不履行公司登记义务的救济

**358. 公司或他人拒不履行工商变更登记义务,原告可以采取哪些救济措施?**

救济方式有两种:

(1)诉讼手段。受让人可向人民法院提起诉讼,以公司为被告,以不协助办理工商变更登记的当事人作为第三人或共同被告,要求办理工商变更登记手续。

(2)行政手段。受让人可以向工商部门举报公司的不作为行为,工商部门发现该违法事项后,可责令公司在一定期限内办理变更登记;逾期不登记的,可对公司处以1万元至10万元的罚款。

**359. 当事人可否通过行政诉讼的方式,主张撤销或变更公司工商登记?**

如工商部门对于公司登记的形式要件审查有误,或依据常人的一般识别能力对伪造的股东、法定代表人等签字、盖章未能加以鉴别的,当事人可通过行政诉讼方式主张撤销或变更公司登记。但除上述情况以外的,行政诉讼将难以获得法院支持。

## 【案例156】工商登记仅作形式审查 请求撤销行政行为被驳回[①]

**原告:** 吴成彬

**被告:** 鄞州区工商局

**第三人:** 七重天公司、章宏军、章宇

**诉讼请求:**

1. 撤销被告于2006年3月27日核准第三人七重天公司股权变更登记行为;

2. 判令被告恢复原告为第三人七重天公司法定代表人、股东,持有该公司60%股权,并重新核发营业执照。

**争议焦点:**

1. 工商部门针对公司法定代表人及股东变更登记应采用形式审查标准还是实质审查标准;

2. 第三人七重天公司申请资料中的"吴成彬"签名真实与否是否属于形式审查范围。

**基本案情:**

第三人七重天公司于2002年3月21日经被告核准登记,注册资本1000万元,原股东为第三人章宏军、第三人章宇。其中,第三人章宏军出资900万元,占90%股权,第三人章宇出资100万元,占10%股权。

原告于2005年5月19日通过股权转让协议从第三人章宏军处取得第三人七重天公司50%股权,从第三人章宇处取得第三人七重天公司10%股权,并担任第三人七重天公司的法定代表人。第三人章宏军另40%股权转让给案外人胡加远。第三人七重天公司股东由第三人章宏军、第三人章宇两人变更为原告与案外人胡加远。

---

[①] 参见浙江省宁波市中级人民法院(2007)甬行终字第165号行政判决书。

2005年5月23日,第三人七重天公司向被告申请了上述股东、法定代表人工商变更登记,被告依法予以核准。

原告、案外人胡加远于2005年5月23日从第三人章宏军、第三人章宇处受让股权,经工商登记变更为股东、法定代表人后,因未实际付清转让款,对公司未实际进行接管。对公司公章由谁保管,法人营业执照正、副本被收缴、变更之事一概不知。另一股东案外人胡加远在股份转让协议、股东会决议上的签名系其本人所签,且认可已退回其支付的转让款。

事实上,第三人章宏军、第三人章宇与原告、案外人胡加远之间系进行房地产项目转让,双方另行签订了股权转让合同,约定转让款为人民币8400万元。合同规定了分期付款的期限和条件。但原告仅支付了1000多万元,余款经第三人多次催讨未支付。后原告与案外人胡加远同意将股权再退回第三人。原告将身份证复印件签名后交给第三人章宇,由第三人章宇回来后在股东会决议、股份转让协议上代签了原告的名字。

2006年3月27日,第三人七重天公司持加盖第三人七重天公司公章、拟定法定代表人签署的公司变更登记申请书、由第三人章宇代原告签署的关于股权转让的股东会会议决议、股份转让协议、按股东会决议修改后的章程、股东名录、新股东身份资格证明、公司法定代表人登记表等材料,由第三人七重天公司加盖公章委托案外人麻承东向被告申请办理股权、法定代表人、经营范围等变更手续。被告依法进行了审查,认为申请材料齐全,符合法定形式,作出了准予变更登记的决定。

**原告诉称:**

原告从未自行或委托他人赴被告处办理股权转让及法定代表人变更事宜。

2006年年底,原告在被告处查阅公司基本情况登记资料时,发现原告的第三人七重天公司股东身份及持有的该公司60%的股份已被更改为第三人章宏军、第三人章宇所有,法定代表人也变更为第三人章宏军。

原告确信现留于被告档案中自2006年3月19日以后的"吴成彬"签名均系伪造。被告未按有关程序规定,在没有原告本人到场、没有原告授权委托书、没有原告身份证明文件,更没有原告本人签名的情况下,准予变更第三人七重天公司关于原告的法定代表人、股东及股权的工商登记,违反了法律相关规定。

股权变更登记涉及千万资产,原告不可能不慎重对待。被告仅凭第三人章宇持有经原告签字的身份证复印件,就认定原告同意将拥有的第三人七重天公司股权退回给第三人章宏军、第三人章宇。

公司的法定代表人是代表企业法人根据章程行使职权的签字人,登记在册是必需条件。申请公司股权、法定代表人变更登记,申请书应由登记在册的原法定代表人签署。被告忽略原告的权利,接受拟任的"法定代表人"第三人章宏军签署的《变更登记申请书》,违背了法律设置法定代表人意在宣示公司签字人、保障公司相对人识别公司行为的基本目的,显属不当。

公司变更登记行为赋予登记事项公示、公信的效力,其对公司股东、公司相对人的利益有着直接、重大的影响。公司登记机关应当审慎对待变更登记,对申请资料进行实质审查。被诉变更登记行为是在第三人章宏军、第三人章宇提供假冒原告签名的情况下作出的,属于《公司登记管理条例》第69条规定的"提交虚假材料……欺诈手段隐瞒重要事实,取得公司登记"的情形,依照《行政许可法》第69条第2款、《企业登记程序规定》第17条的规定,此项行政许可行为应当予以撤销。

原告向被告提交"要求更正第三人七重天公司股东工商登记的申请",提醒被告应当依法纠正错误,但被告拒绝更正,属行政不作为。

**被告辩称:**

变更公司法定代表人是公司内部行为,变更登记只是确认而已。申请公司变更登记是公司的行为,申请人是公司。第三人七重天公司提交的变更登记申请书上,有公司新任法定代表人第三人章宏军的签名,申请意思明确,被告接受申请并无错误。

原告认为股权登记应当适用《行政许可法》,没有法律依据。公司登记管理机关对公司涉及股东、法定代表人的变更申请事项进行的审查是形式审查。原告要求被告进行实质审查,与依法行政原则不符,不应予以支持。

申请公司变更登记的主体是公司,被告提交"要求更正七重天公司股东工商登记的申请",不是公司行为,被告不予更正,没有错误。

综上,对第三人七重天公司提交的各项申请材料,被告依法进行了审查,认为申请材料齐全,符合法定形式,作出了准予变更登记的决定。核准第三人七重天公司申请办理法定代表人及股东变更登记手续齐备,程序合法,适用法律、行政法规准确,故请求法院依法驳回原告的诉讼请求。

**第三人均述称:**

第三人章宏军、第三人章宇与原告、案外人胡加远之间在股权转让合同中约定了分期付款的期限和条件,而实际上原告仅支付了1000多万元。后原告同意将股权退回,股权退回磋商期间和股权退回之后,第三人章宏军、第三人章宇已分数次向被告支付了大部分的转让款。原告接受款项没有提出异议,说明退回股权是原告的真实意思表示。其他意见与被告相同。

**律师观点:**

1. 工商变更登记行为属于行政确认行为。

行政登记行为的性质包括行政许可行为和行政确认行为两种。行政许可是为相对人创设权利和义务的行为。行政许可性质的行政登记是设权行为。工商登记中的企业法人设立登记属于行政许可性质的行政登记。根据《行政许可法》的有关规定,行政机关对属于行政许可登记事项的审查应采用实质审查。行政确认性质的行政登记是对既有法律关系的记载和加强,使原有的法律关系产生相应的公示公信效力。《公司法》第32条规定,有限责任公司应当置备股东名册,记载于股东名册的股东,可以依股东名册主张股东权利。登记事项发生变更的,应当办理变更登记,未变更登记的,不得对抗第三人。可见,股权变更工商登记是一种对当事人股权变更事实的确认,属于证权性行为。

2. 工商部门针对公司法定代表人及股东变更登记使用形式审查标准。

《公司法》《公司登记管理条例》等法律、法规并未对公司登记的审查方式作出明确规定。因此,在实践中,工商行政管理机关应采用何种方式对公司登记事项进行审查,争议较大。但是根据《行政许可法》的有关规定,行政机关对属于行政许可登记事项的审查应采用实质性审查,所以,工商登记机关对企业法人设立、撤销登记应采用实质性审查。

由于行政确认行为是行政机关依相对人申请而实施的行政行为,法律为该具体行政行为设定了详细、具体、明确的条件和方式等,行政机关必须依照法定的条件和方式作出,完全不享有自由裁量权。这就决定了行政机关在办理行政确认登记申请时,只负形式审查的义务。行政机关的职责在于审查申请人是否依法提交了申请登记所需的全部材料,申请登记事项有无违反法律的禁止性或限制性规定,申请材料的内容之间是否一致等。只要申请人提交的申请材料符合法律规定,登记机关即应该依法予以登记。至于申请人申请登记的民事法律关系状态在实质上是否真实、合法、有效,则不在登记机关进行行政确认的审查范围之内。简言之,"形式合法"属于登记机关行政确认的形式审查职责范围,对申请资料真实性这一法律基础,依法应由申请人负责。

在本案中,被告对第三人七重天公司提交的要求变更其股东、法定代表人的公司变更申请书及其相关材料有理由相信是真实的,其依形式要件规定审查后准予变更登记,符合法律规定。

3. 第三人七重天公司所提供的变更登记材料是否符合法律规定。

根据第三人七重天公司提交的申请资料记载,第三人章宏军作为股权受让方出席第三人七重天公司的股东会并被选举为执行董事,说明第三人章宏军已经成为第三人七重天公司的法定代表人。第三人章宏军以法定代表人名义签署公司变更登记申请书并不违反法律规定。

《公司登记管理条例》第2条第2款规定,"申请办理公司登记,申请人应当对申请文件、材料的真实性负责"。可见,公司登记机关对公司登记申请,原则上是采用形式审查方式。申请资料中的"吴成彬"签名是否真实,不属于办理变更登记行为时被告应当予以审查的对象。

但是,法院审理行政确认案件所遵循形式审查的标准,是相对于行政登记机关在依法为登记行为时而言,相对于当事人而言,不应因为登记机关形式审查是真实的、合法的,从而认定基础性民事行为是真实的、合法的。在当事人之间,仍应进行实质性审查。

本案中,第三人七重天公司提交的公司变更登记申请相关材料中"吴成彬"签字系伪造,是否足以导致转让行为无效,这种基础性民事行为是否真实、合法,应由民事审判庭进行审查。双方当事人可以另行通过民事诉讼予以解决。

此外,申请公司变更登记是公司的行为,法律、法规并没有要求还需其他相关当事人到场。原告认为被告核准变更登记没有要求原告等人到场,违反法定程序,无法律依据。

**法院判决:**

驳回原告的诉讼请求。

## 【案例157】假公章导致股权转让无效 "转让人"成功撤销工商登记[①]

**原告:** 伟业公司

**被告:** 钟连成

**第三人:** 海马公司

**诉讼请求:**

1. 确认2008年9月1日签订的以原告名义将第三人32%股权转让给被告的股权转让协议无效;

---

[①] 参见北京市大兴区人民法院(2010)大民初字第10425号民事判决书。

2.判令被告及第三人向工商登记机关办理申请撤销股权变更登记的手续,将原告持有的第三人32%股权恢复登记至原告名下。

**争议焦点:**

1.2008年9月1日第三人股东会决议及股权转让协议上原告的印章是否真实;

2.原告是否能以股权转让协议上印章非其真实印章为由,向法院要求确认该协议无效。

**基本案情:**

2001年第三人成立。公司注册资本1000万元。工商登记原记载股东为案外人张晶、邵文阁、被告、原告。其中记载被告出资613万元,占注册资本的61.3%,原告出资320万元,占注册资本的32%。

2008年9月,第三人向北京市工商行政管理局提交了股权转让变更登记申请。在其提供的材料中,包括一份2008年9月1日原告与被告签订的股权转让协议书,其中记载:1.原告同意将所持有的第三人的320万元股权(货币)占注册资本的32%全部转让给被告。2.被告同意接收原告转让的全部股权,并以其出资额为限对公司承担相应的责任,此协议从签字之日起生效。

该股权转让协议书转让人签字处有原告的盖章。根据在工商部门备案的2008年9月1日第三人股东会决议记载,第三人全体股东同意原告转让其在公司的全部股份。该股东会决议上有原告的盖章,也有其他3名股东的签章。但在案件审理过程中,经鉴定股东会决议上的盖章并非原告的真实印章。

**原告诉称:**

2008年9月1日,在原告未参加股东会且不知情的情况下,原告名下持有的第三人的股权被人以假冒原告盖章的形式非法转让给了被告,并由第三人向北京市工商行政管理局大兴分局办理了股权变更登记手续。这一行为严重侵害了原告的利益。

**被告辩称:**

原告主张的两项诉讼请求是不同的法律关系,不应在本案中一并提出,且股权转让协议书上原告的盖章真实有效,故请求驳回原告的诉讼请求。

第三人的陈述意见与被告一致。

**律师观点:**

合同系双方法律行为,需各方当事人真实意思表示一致。若一方在意思表示方面存在瑕疵,便会对合同的效力产生影响。由于经鉴定确认2008年9月1日

《股权转让协议》上原告的印章不是原告的真实印章,且原告对该《股权转让协议》不予认可,故该《股权转让协议》并非原告的真实意思表示,该份《股权转让协议》应属无效。故原告伟业公司的诉讼请求符合客观事实及法律规定,应予以支持。

**法院判决：**

1. 确认第三人在北京市工商行政管理局大兴分局备案的 2008 年 9 月 1 日以原告名义将其持有的第三人 32% 的股权转让给被告的《股权转让协议》无效；

2. 被告及第三人向北京市工商行政管理局大兴分局办理撤销依据判决第 1 项所述股权转让协议办理的股权变更登记手续,将原告持有的 32% 的股权恢复登记至原告名下。

## 二、请求变更公司登记纠纷的裁判标准

### 360. 公司实际出资人主张公司变更工商登记其为公司股东,是否必须先行提起股东资格确认诉讼？

法律对此并无明确规定。

笔者建议,如果需要变更的工商登记内容所对应的事实比较清晰,如股东会决议合法的变更法定代表人或股权转让合同支付完毕全部价款时,当事人完全可以直接提起请求变更公司登记诉讼。但是,如果工商登记所对应的事实尚存在较大争议,则建议当事人先行提起股东资格确认诉讼,同时一并提出变更公司登记的诉讼请求,争取法院对两项内容一并审理提高效率,降低诉讼成本。

事实上,请求公司变更工商登记或是请求公司变更股东名册,皆为股东资格确认后的法定义务。如果在提起请求变更公司登记纠纷或股东名册记载纠纷前都必须通过股东资格确认诉讼,则将大大增加司法成本,并增加当事人的诉讼成本。实践中,由于法律并无明文规定,因此各地做法不一,我们需耐心等待立法对此加以规范。

### 361. 通过诉讼主张公司变更登记需要证明哪些事项？

提起请求变更登记诉讼应当举证证明下列事实：

(1)存在明确的法律事实。如公司股权转让、公司法定代表人变更、公司实收资本增加等。

(2)法律事实本身不存在重大争议。如股权转让已经通过了完整的法定程

序并支付了全部款项,公司实收资本的增加经过银行验资,公司法定代表人的变更通过股东会决议等。

(3)公司或其他负有义务的人拒不履行或怠于履行工商登记义务。

## 【案例158】股权转让判决无效　工商登记应恢复原状①

**原告:** 郑文雅

**被告:** 方正公司

**第三人:** 冯玉良、张建红、博雅公司

**诉讼请求:**

1. 判令被告向北京市工商行政管理局申请办理变更股权登记,恢复第三人博雅公司在被告方正公司享有的87.5%股权;

2. 3位第三人对前述请求具有协助义务。

**争议焦点:**

1. 第三人博雅公司对被告出资资金的来源是否影响其成为被告的股东;

2. 第三人博雅公司与第三人冯玉良之间的代持股关系是否属于本案法院审查的范围;

3. 法院作出股份转让协议无效的生效判决后,被告及第三人是否应当履行恢复工商变更登记的义务。

**基本案情:**

被告于2000年7月27日成立,注册资本为1000万元。第三人冯玉良系被告股东,担任董事长职务。

第三人博雅公司于2003年4月1日成立,注册资本50万元。原告占博雅公司20%股权,第三人张建红占博雅公司80%股权。

2004年4月18日,第三人冯玉良经与被告其他股东协商后欲将公司注册资本增加3000万元,遂与第三人博雅公司签订协议书,约定:

1. 第三人冯玉良向第三人博雅公司账户拨入3000万元,该款以第三人博雅公司的名义投入被告;

2. 第三人博雅公司作为被告的挂名股东投入的3000万元,第三人冯玉良可随时要求过户到自己或其指定的单位和个人的名下;

3. 第三人博雅公司不因上述原因在被告享有任何权利和承担任何义务。

---

① 参见北京市大兴区人民法院(2009)大民初字第10052号民事判决书。

协议签订后,2004年4月22日,第三人冯玉良以被告的名义向案外人春光公司借款3000万元,并委托案外人春光公司将该借款以银行转账方式转入第三人博雅公司的账户。

2004年4月27日,第三人博雅公司将该3000万元以银行转账方式转入被告的验资账户。被告在工商行政部门的增资手续完成后,该3000万元已于2004年8月29日由被告偿还给案外人春光公司。

2005年3月25日,被告与案外人康特尔公司签订委托书,内容为,被告向案外人康特尔公司借款4000万元,并委托案外人康特尔公司将该借款以银行转账方式转入第三人博雅公司的账户。

2005年4月8日,案外人康特尔公司将该借款4000万元以银行转账方式转入第三人博雅公司账户。同日,第三人博雅公司又以银行转账方式将该4000万元转入被告的增资账户。

2005年4月12日,被告在工商行政机关办理完毕4000万元的增资登记手续后,该款由被告验资账户转入被告的基本账户。同日,被告将4000万元以银行转账方式转入第三人博雅公司账户,后由第三人博雅公司偿还给案外人康特尔公司。

被告进行上述2次增资后其工商登记的注册资本由原1000万元变更为8000万元,第三人博雅公司工商登记出资7000万元,占被告股权的87.5%(见图6-1)。

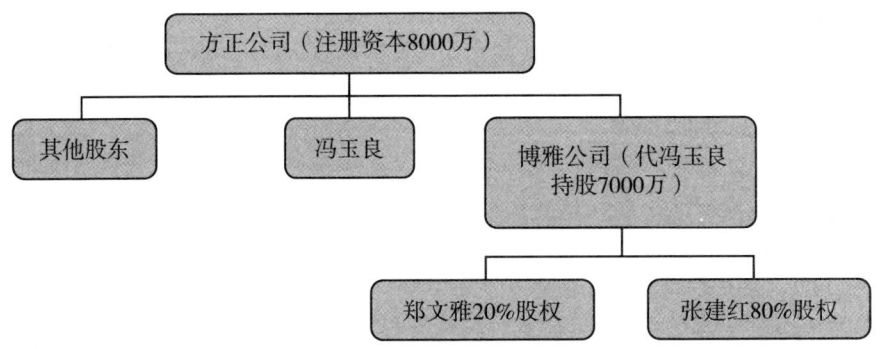

图6-1 方正公司股权结构示意

2006年6月12日,第三人博雅公司在未召开股东会议且未通知原告的情况下与第三人张建红、第三人冯玉良签订股份转让协议书,将其占有被告87.5%的股权7000万元,分别转让给第三人张建红1000万元、第三人冯玉良6000万元,并在工商行政管理机关变更了登记手续。

此外,原告曾向北京市大兴区人民法院起诉,要求确认2006年6月12日第三人博雅公司与第三人张建红、冯玉良签订的股份转让协议书无效。北京市大兴区人民法院于2008年8月7日作出了判决,确认前述股权转让协议无效。二审维持了一审判决,确认2006年6月12日第三人博雅公司与第三人张建红、冯玉良签订的股权转让协议无效。

**原告诉称:**

2006年6月12日,第三人张建红利用掌管第三人博雅公司的印章、证照的便利,在未经召开股东会议、也未通知原告的情况下,将第三人博雅公司对被告所享有的7000万元股权(股权比例为87.5%)分别转让给第三人张建红和第三人冯玉良,并向工商部门进行了变更。第三人博雅公司分别与第三人张建红和第三人冯玉良签订的股权转让协议严重侵害了原告的合法权益。原告曾起诉至北京市大兴区人民法院,法院判决确认前述股权转让协议无效,且该判决现已生效。

根据《公司法》(2005年修订)第33条的规定,公司应当将股东的姓名或者名称及其出资额向公司登记机关登记;登记事项发生变更的,应当办理变更登记。现被告发生股东变更,应向公司登记机关申请变更登记。但被告拒不进行工商变更,3名第三人也拒不履行协助义务。

**被告辩称:**

被告的股东应该是第三人冯玉良,第三人博雅公司根本没有对被告进行过任何投资,根本不实际享有被告87.5%的股权。现在原告要求被告恢复第三人博雅公司在被告享有的股权与事实不符。此外,被告在进行股权转让的过程中,已经召开了股东会。被告在公司内部所进行的股权转让是合法有效的。

**第三人博雅公司述称:**

第三人博雅公司没有向被告实际投资。第三人冯玉良以第三人博雅公司的名义,向被告进行了投资,第三人博雅公司不享有任何权利。原告要求冯玉良返还第三人博雅公司股权没有依据。另民事判决书虽然认定了第三人博雅公司与第三人张建红、第三人冯玉良签订的股权转让协议无效,但是这是程序上的无效,是可以弥补的,并不是所有无效的都需返还。被告目前的工商股权登记情况才是实事求是的。

第三人张建红、第三人冯玉良同意被告和第三人博雅公司的答辩意见。

**律师观点:**

1. 被告增资款项的来源不影响第三人博雅公司的股东地位。

本案所涉被告7000万元的增资款系由第三人博雅公司账户转入被告账户。被告增资后经工商注册登记,第三人博雅公司成为被告的股东,占有被告87.5%

的股权。至于该增资款项博雅公司是从何处、通过何种方式筹措以及是否归还、如何归还,在法律上并不影响对第三人博雅公司作为被告股东地位的认定。

2. 股权转让因未履行相应程序无效,3位第三人应协助恢复工商登记。

第三人博雅公司的股东由第三人张建红和原告二人构成。根据法律规定,公司股东享有参加股东会和参与公司重大决策的权利。第三人博雅公司将其在被告的上述股权转让属于决定公司的经营方针和投资规划的行为,应召开股东会进行决议。然而,第三人张建红在未召开股东会,亦未告知原告的情况下,即由其代表公司与其本人和他人签订股权转让协议,将第三人博雅公司在被告的上述股权转让给其本人和他人,显然侵犯了原告作为公司股东所享有的合法权益。第三人张建红此举系法律所禁止的股东滥用股东权利的行为。

因此,2006年6月12日第三人博雅公司与第三人张建红、第三人冯玉良签订的股权转让协议因违反法律的上述强制性规定而无效,法院也已作出了该股权转让协议无效的生效判决。故根据该股份转让协议作出的工商变更登记行为亦无效。被告应将依上述股份转让协议变更登记给第三人张建红的1000万元、给第三人冯玉良的6000万元恢复登记给第三人博雅公司,3名第三人应履行协助义务。

**法院判决:**

被告办理工商变更登记,将第三人博雅公司持有的7000万元出资额(股权比例87.5%)记载于被告的工商登记,第三人博雅公司、第三人张建红、第三人冯玉良应履行协助义务。

## 【案例159】新股东付清股款忠实履约　法院判决公司办理变更登记①

**原告:**能源公司

**被告:**五环公司、博达公司

**诉讼请求:**判令被告博达公司拥有的被告五环公司55%的股权变更登记至原告名下。

**争议焦点:**

1. 《备忘录》能否在原告与被告博达公司之间形成股权转让合同法律关系;
2. 原告是否已支付2期股权转让款;
3. 原告是否有权要求被告五环公司将系争转让股权变更登记至其名下。

---

① 潘福仁主编:《股权转让纠纷》,法律出版社2010年版,第206~208页。

**基本案情：**

被告五环公司系被告博达公司与案外人明明公司于1997年8月出资设立的有限责任公司。其中，被告博达公司占股95%，案外人明明公司占股5%。被告五环公司的实际经营主要由被告博达公司委派的法定代表人和经营管理人员负责。

2003年6月3日，原告、被告博达公司与案外人明明公司共同签订《备忘录》1份。备忘录载明，为进一步扩展被告五环公司的经营规模及促进与各方的合作，被告五环公司股东有意向吸纳原告成为公司股东，由被告博达公司将其所有的被告五环公司55%股权作价200万元出让给原告，案外人明明公司放弃优先购买权；原告在支付首期股权转让款50万元后可派员进入被告五环公司参与经营管理；第2期股权转让款120万元在首期转让款交付3个月后支付；被告博达公司将在收到第2期股权转让款后将协助办妥有关变更手续，余款30万元在股权变更手续办理完毕后支付等。

《备忘录》还约定，将根据管理部门要求订立股权转让合同。被告五环公司在《备忘录》上加盖了公司公章。在上述各方签订《备忘录》之前，原告实际已委派相关人员担任被告五环公司的总经理，并负责被告五环公司日常经营管理。

同年6月20日，原告向被告博达公司支付50万元；9月25日，原告又支付120万元。之后，原告参与了被告五环公司的股东会议并收取了被告五环公司的股东年度分红。但因入股事宜等原因一直未办理股权变更登记手续。

**原告诉称：**

原告已按照约定支付了股权转让款，并实际行使了股东的管理职权，请求法院判令确认原告拥有被告五环公司55%的股权。

**被告博达公司辩称：**

原告已实际行使股东权利，但其延期支付第2期款项，且目前为止仍未支付余款，构成违约。故请求驳回原告的诉讼请求。

**被告五环公司辩称：**

股权转让是否履行系股东之间的事情，原告已在公司享有了股东的权利义务，公司不应承担任何法律责任。

**律师观点：**

1.《备忘录》具有法律效力。

本案中，原告与被告博达公司以《备忘录》的形式针对转让标的、数量、价款、支付方式等条款作出约定，可以认为该《备忘录》确立了原告与被告博达公司之间就股权转让形成的具备法律效力的合同法律关系，且合同合法有效。

2. 被告博达公司有义务协助办理股权转让变更登记事宜。

《公司法》第32条、73条规定,股权依法转让后,应由公司将股权受让人及受让股权记载于股东名册,并由公司就股权转让向公司登记机关办理股权变更登记。因此,被告有义务协助办理股权变更登记事宜。

此外,根据《备忘录》约定,"被告博达公司在收到第2期股权转让款后将协助办妥有关变更手续,余款30万元在股权变更手续办理完毕后支付"。现原告已支付2期股权转让款,剩余款项将在股权变更手续完成之后支付。原告有权请求被告五环公司将系争转让股权变更登记至其名下,被告博达公司则负有协助之义务。被告博达公司以原告未履行股权转让款支付义务为由提出系争股权不应变更登记的抗辩,该抗辩与能源公司已支付相应股权转让款的事实不相符合。

**法院判决:**

被告博达公司与五环公司将55%的股权办理工商变更登记至原告名下。

## 三、未履行工商变更登记义务对股权转让合同效力的影响

**362. 股权转让当事人可否以未办理工商变更登记为由,主张股权转让合同无效或不生效,或者主张解除合同？如果受让方已经实际享有股东权利,但未被变更登记为股东,是否还可以未办理工商变更登记为由主张解除合同？**

因公司及股权转让方未办理工商变更登记,导致受让股东在获得股权后始终无法享有股东权益或无法实现股权转让合同目的的,受让人可以诉至法院要求解除股权转让合同。

因未办理工商变更登记而主张解除合同的根本原因是转让人根本违约导致合同目的无法实现。如果受让方已经实际参与公司经营并享有股东权利,则合同的主要目的事实上已经实现。受让方仅能请求转让方及公司继续履行办理工商变更登记的义务,并可依约要求支付违约金,不能主张解除合同。

因受让方在实践中往往难以举证证明由于转让方不配合办理工商变更登记所遭受的损失数额。故笔者建议在股权转让合同中,受让方应当特别注意关于办理工商变更登记的条款,严格限定办理工商变更登记的时间、须提交的材料清单、负责前往工商机关办理变更登记的联系人等,并针对转让方在不配合办理工商变更登记时设置违约金。

## 【案例160】不配合变更致根本违约　股权转让合同被判解除[①]

**原告**：圣淘沙公司
**被告**：欧联亚公司

**诉讼请求**：
1. 解除原告与被告签订的《股权转让协议》；
2. 判令被告返还150万元股权转让款并支付违约金15万元。

**争议焦点**：
1. 被告未进行工商变更登记是否影响《股权转让协议》的效力；
2. 原告是否能以未办理工商变更登记为由，主张解除合同。

**基本案情**：

2007年6月5日，被告与原告签订《股权转让协议》，同意将其持有的印信通中心5%的股权转让给原告，股权转让价格为150万元。协议生效之日起3日内，原告向被告支付150万元。协议生效之日起30个工作日内，被告应将其持有的印信通中心5%的股权转让给原告，并完成相关登记批准备案手续。协议正式生效后，各方应积极履行有关义务，任何违反本协议规定及保证条款的行为均构成违约，违约方应赔偿守约方因之造成的全部损失，并向守约方支付本协议项下交易额之10%的违约金。

同日，印信通中心作出《股东及职工代表大会决议》，内容为，全体股东及职工代表一致同意被告将印信通中心的5%股权转让给原告，其他股东放弃优先受让权，同意章程进行相应修正。薛皓天、金素莉、杨晓桐在决议上签字，被告、北京刑技技术开发公司在决议上盖章。

协议生效后，原告于2007年6月6日向被告支付150万元，但被告至今未办理股权变更工商登记备案手续。

**原告诉称**：

协议签订后，原告已经全部履行了支付150万元款项的义务，但被告并未履行股权变更登记手续。被告的行为已构成根本违约，原告有权请求法院判决解除合同，要求被告返还转让款并支付违约金。

**被告辩称**：

被告已经将股权转让给原告，股权变更的工商登记备案只发生对抗第三人的

---

[①] 参见北京市第二中级人民法院(2010)二中民终字第00384号民事判决书。

效力,不影响股东的权利和义务,也未对股权构成实质性的损害,故不同意解除协议。

**律师观点:**

1. 未进行工商变更登记不影响《股权转让协议》的效力。

依据我国法律规定,公司应当在股东发生变更之日起30日内到工商行政管理机关办理变更登记。然而,这种登记仅是起到一种公示作用,不能直接决定股权转让合同生效与否。根据《公司法》规定,除法律、行政法规规定应当办理审核批准手续才能生效,一般股权转让合同应当自合同成立时生效。

2. 两年未办理变更登记,原告可以主张解除合同。

根据《合同法》的规定,当事人在四种情况下可以主张解除合同:

(1) 不可抗力致合同目的无法实现;

(2) 一方履行不能;

(3) 一方迟延履行债务,经催告后在合理期限内仍未履行;

(4) 其他违约行为致不能实现合同目的。

本案中,在《股权转让协议》签订后长达两年多的时间内,被告未办理股权变更登记,其违约行为是十分明显的。最为重要的是这导致原告无法实现其股东权利,股权转让合同的目的不能实现。因此,原告的诉讼请求应当得到法院的支持。

**法院判决:**

1. 解除原告与被告于2007年6月5日签订的《股权转让协议》;

2. 被告于判决生效后10日内向原告返还股权转让款150元,并支付违约金15万元。

**363. 有限责任公司中,股权转让款已经实际交付,但尚未办理变更登记,公司即丧失法人资格,受让人能否向转让人主张解除股权转让合同?此时受让人能否主张转让人承担损害赔偿责任?**

受让人可以向转让人主张解除股权转让合同。

股权受让人主张解除股权转让合同应当至少满足下列法定条件中的一项:

(1) 因不可抗力致使不能实现合同目的;

(2) 在履行期限届满之前,当事人一方明确表示或者以自己的行为表明不履行主要债务;

(3) 当事人一方迟延履行主要债务,经催告后在合理期限内仍未履行;

(4) 当事人一方迟延履行债务或者有其他违约行为致使不能实现合同目的。

股权转让合同生效后,股权受让人已经支付了股权转让款,公司尚未办理变更登记即被吊销企业法人营业执照或丧失法人资格,可能属于上述第(1)项"不可抗力"或者第(2)项"履行不能"的情形。因此,股权受让人可以主张解除合同,但应对上述事实承担举证责任。

转让人是否应当承担损害赔偿责任应视具体情况而定:

(1)一般而言,如果转让人负有过错,如迟迟不配合受让股东办理工商变更登记,那么自然应当承担赔偿责任;

(2)如果只是因为公司在转让人无过错的情况下被吊销或者出现其他丧失法人主体资格的情况,则不应认定转让人负有过错责任。

**【案例161】未及变更登记公司即被注销　转让合同被解除**①

**原告**:夏军

**被告**:陈蓉军

**第三人**:奥斯卡公司

**诉讼请求**:

1. 解除原告与被告签订的《股权转让协议书》;
2. 被告返还原告股权转让款6万元并支付利息。

**争议焦点**:

1. 基于《股权转让协议书》被告是否有义务协助原告办理变更登记;
2. 被告在履行协议过程中是否存在过错;
3. 被告是否能举证证明原告的意愿是成为第三人的隐名股东;
4. 原告能否请求法院解除《股权转让协议书》。

**基本案情**:

2005年6月,原告与被告签订《股权转让协议书》,约定原告以6万元购买被告持有的第三人12.5%股份,由被告负责办理股份转让相关手续。

2005年6月29日,原告向被告支付了6万元,被告委托案外人罗雷代为收取并出具收条。

同年6月27日,第三人召开董事会议对被告未告知其他股东即转让股权的行为表示异议,不同意办理工商变更登记。被告持有的第三人12.5%股份至今未变更到原告的名下,后第三人公司停业。

---

① 参见成都市中级人民法院(2008)成民终字第3233号民事判决书。

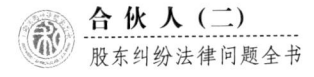

**原告诉称：**

被告自知无法按约协助原告办理变更手续,但一直没有通知原告,也没有采取相应的补救措施。虽双方在合同中没有约定办理股权变更手续的期限,但从签订《股权转让协议书》至今已过两年,明显超过了法律规定的合理期限。被告始终不履行义务构成根本违约,《股权转让协议书》理应解除。

**被告辩称：**

《股权转让协议书》未约定由被告"协助办理股权转让变更手续的义务",且单凭被告是无法办理股权转让手续的,股东的变更登记需新旧股东和公司3方配合方能完成。在上述协议中,双方均未约定办理变更手续的期限,因此被告没有违约行为。

同时,第三人的停业与双方签订的股权转让行为无法律和事实上的因果关系。现公司虽停业,但并未清算和注销,其法律主体资格仍然存在,并不影响原告的股东身份的取得。原告于2005年6月27日给被告出具授权书,授权被告全权代理其在第三人所持有的股份。该授权行为应视为对《股权转让协议书》第2条的变更,其意在成为公司的隐名股东。此外,原告也从未向被告催告协助其办理股权转让变更手续。

**律师观点：**

1. 原告可以要求解除与被告签订的股权转让协议。

原告与被告签订的《股权转让协议书》系双方当事人真实意思表示,不违反法律、法规的禁止性规定,应确认为有效。但是,股权转让协议签订,且原告按约支付股权转让款后,其名字至今未变更登记到第三人名下。现第三人已停业,原告根本不能成为第三人的股东,其希望通过《股权转让协议书》成为公司股东并获取投资回报的合同目的已无法实现。原告可以请求解除与被告签订的《股权转让协议书》。

2. 被告没有履行合同义务,存在明显过错。

在本案,原告购买被告所持第三人股权的目的是成为该公司的股东,获取投资回报。根据《公司法》规定股东转让股权后,公司应当注销原股东的出资证明书,向新股东签发出资证明书,并相应修改公司章程和股东名册中有关股东及其出资额的记载。而事实上,被告向原告转让股权后,被告并没有将股权转让事宜经其他股东过半数同意,也未书面通知其他股东并征求意见,导致在股权转让程序中存在瑕疵。同时股东转让股权,必然涉及新旧股东和公司3方对原公司章程进行修改、新旧股东的出资比例、出资额进行变更登记等事项,被告作为出让股权一方,有协助办理股权变更登记的义务,但被告收取原告的股权转让款后并未协助公司将其股权变更到原告名下,现第三人已停业,致使原告成为第三人股东的意愿不能实现,对此被告存在过错。被告认为《股权转让协议书》未约定由其协助办理股权转让变更手续及单凭被告是无法办理股权转让手续,被告不具有协助登记的附随义务,没有依据。

3. 被告认为原告希望成为隐名股东等理由不成立。

原告给被告出具的授权委托书载明"授权被告全权代理原告在第三人所持有的1/8股份",该授权内容不能得出原告成为第三人隐名股东的意思,也不能视为是对《股权转让协议书》第2条的变更。

**法院判决:**

1. 判决解除原告与被告签订的股权转让协议;
2. 被告返还原告股权转让款6万元并支付利息。

**364. 转让人与受让人签订股权转让合同后正常履约,但在进行工商变更登记时,工商部门以合同不符合登记标准为由拒绝登记,转让方借此毁约,不愿意按照工商部门的要求重新签订新合同,此时,受让方如何保障自己的权利?**

由于工商登记部门的介入,实践中该类情况时有发生,试举一例如下:

A、B、C三家公司共有5名股东,该5名股东将在3家公司的全部股权以3亿元转让给股东D、E、F,并签订了一份概括性的合同,对3家公司的股权转让一并进行了约定。合同履行至工商变更登记时,工商部门认为该合同不符合要求,要求对3家公司的股权转让逐一签订合同,3家公司的5名股东反悔不愿意重新签订股权转让合同,受让方应如何处理呢?

鉴于司法权大于行政权,转让人不予配合时,受让人可直接向人民法院提起诉讼,确认该份股权转让合同的效力,并要求转让人继续履行该合同。随后,受让人可持生效判决,要求工商部门依判决办理工商变更登记。

### 四、未履行变更登记义务的责任承担

**365. 未办理工商变更登记,义务人需承担何种民事责任?**

实践中,有义务办理工商登记但未办理的当事人可能承担如下两项民事责任:

(1)违约责任。如在股权转让中,转让人不配合受让人办理工商变更登记手续,则可能导致受让人依照股权转让合同向转让人主张违约责任,并要求支付违约金。

(2) 侵权责任。如义务人未依法办理工商变更登记,最终导致一方受到实际损失的,如在股权转让中,由于公司或转让人未办理或未协助办理工商变更登记,导致转让人在未办理变更登记期间丧失表决权、盈余分配权、优先认购权、优先购买权等情况发生,则利益受损一方可向公司或其他负有配合办理工商变更登记义务的当事人主张损害赔偿责任。

**366. 未办理工商变更登记,公司需承担何种行政责任?**

公司登记事项发生变更时,未依照上述规定办理有关变更登记的,由公司登记机关责令限期登记;逾期不登记的,处以1万元以上10万元以下的罚款。其中,变更经营范围涉及法律、行政法规或者国务院决定规定须经批准的项目而未取得批准,擅自从事相关经营活动,情节严重的,吊销营业执照。

实践中,工商行政部门因上述事宜对公司行政处罚的情况并不多见。

## 【案例162】变更登记材料不全　请求撤销不受理决定遭驳回①

**原告:** 张巧良、朱家勇、马晶、刘龙驹

**被告:** 苏州工商局

**第三人:** 机泵公司、孙月敏

**诉讼请求:**

1. 撤销被告行政复议决定书中"关于撤销沧浪分局受理的决定";

2. 维持被告行政复议决定书中"撤销沧浪分局的登记驳回通知书的决定"。

**争议焦点:**

1. 被告认为机泵公司变更法定代表人的申请文件、材料不齐全是否合法;

2. 沧浪分局针对原告的申请已作出不予登记决定,被告作为复议机关作出撤销沧浪分局的受理行为是否恰当。原告请求撤销被告行政复议决定书中"关于撤销沧浪分局受理的决定",维持被告行政复议决定书中"撤销沧浪分局的登记驳回通知书决定"的诉讼请求是否恰当。

**基本案情:**

第三人机泵公司于2003年12月17日被核准转制,有股东10名。4位原告系其中4名股东,注册资金50万元。

2003年10月9日,第三人机泵公司召开第1次股东会议,选举产生了由滕荣生、原告张巧良、原告朱家勇、原告马晶、王泉生这5名股东组成的董事会。

---

① 参见江苏省苏州市沧浪区人民法院(2007)沧行初字第13号行政判决书。

2003年10月22日,全体股东通过了公司章程,规定董事长为法定代表人,但未规定董事长的产生及更换办法。

2003年11月15日,第三人机泵公司第1次董事会会议选举滕荣生为董事长。

2006年4月30日,第三人机泵公司召开临时董事会会议,通过了罢免滕荣生、改选原告张巧良为董事长的决议。

2006年5月8日,第三人机泵公司又召开临时股东会会议,以54%的表决权通过了罢免滕荣生原董事长职务的决议。

当日4名原告向沧浪分局递交变更登记申请。经多次补正后,沧浪分局于同年7月25日盖章签收。

同年9月29日,4位原告得知沧浪分局以原告提交的材料不符合《公司登记管理条例》第27条第1款第3项为由,作出了(沧)登记内驳字〔2006〕第1号登记驳回通知书。为此,4位原告向被告提出行政复议申请,请求被告依法审查,尽快核准机泵公司法定代表人变更登记。

2007年1月5日,被告作出苏工商复字〔2007〕第1号行政复议决定。以《公司登记管理条例》第27条第1款第3项及《国家工商行政管理总局关于印发〈内资企业登记表格和内资企业登记申请材料规范〉的通知》规定为由,认为原告的申请材料不齐全,沧浪分局不应当受理,作出复议决定撤销沧浪分局的受理行为,撤销沧浪分局登记驳回通知书。

**原告均诉称:**

1. 沧浪分局的行政受理行为合法有效,被告对此予以撤销没有法律根据。

(1)公司登记机关对申请材料的审查是形式审查。

(2)原告的变更申请已被沧浪分局受理,并于2006年7月31日进入电脑流程,证明原告的申请材料齐全,符合法定形式。

(3)只要公司登记事项符合法律、行政法规规定,登记机关就应当受理并依法核准登记,无权干预公司内部事务。

(4)第三人机泵公司对其董事长变更的决议合法有效。被告以机泵公司的章程未明确规定变更程序为由称其"无法判断"决议效力,认为机泵公司变更登记必须以修改章程为前提的观点不能成立。《公司法》(2005年修订)第45条规定的立法本意是授权性的法律规定,不是强制性的法律规定。

(5)即使沧浪分局系认知错误未能一次性告知原告全部补正材料,在受理之后,材料不全的法律后果也不能转嫁原告承担。

(6)被告以《公司登记管理条例》(2005年修订)第27条第1款第3项及《国家工商行政管理总局关于印发〈内资企业登记表格和内资企业登记申请材料规范〉的通知》规定为由,认为原告的申请材料不齐全,沧浪分局不应当受理的观点没有法律依据。国家工商行政管理总局的通知没有在国务院备案,不符合规章的要求。

2. 沧浪分局对4位原告变更登记申请后作出驳回登记的决定违反法律规定,被告对此予以撤销合法有据。

**被告辩称:**

第三人机泵公司章程只明确董事长为公司法定代表人,没有按《公司法》的要求规定董事长产生、更换办法。而第三人机泵公司提交的以1/2以上多数免除原董事长、选举新董事长的临时董事会决议和以1/2以上表决权罢免原董事长、确认新董事长的临时股东会决议确立董事长产生办法,是不同的产生办法,2份决议的效力待定。沧浪分局对效力不确定的申请材料不应受理。登记机关只有等到机泵公司提供董事长产生、更换办法的章程后才能判定变更董事长是否符合公司章程规定,才能判定临时股东会产生的董事长有效还是临时董事会产生的董事长有效。第三人机泵公司的申请属于申请材料不齐全,不符合法定形式,属于不予受理的情形,沧浪分局的受理行为不合法。《行政复议法》赋予复议机关全面审查的权力,复议机关应当对变更登记行为的全部环节进行审查。同时作为沧浪分局的上级机关还负有行政执法监督的职责,对执法监督中发现下级有违法行为,应当予以纠正。所以,被告撤销沧浪分局的受理行为合法。

综上所述,原告要求撤销行政复议决定书中关于撤销沧浪分局受理行为的决定的请求是错误的,请求法院驳回原告的请求。

**第三人机泵公司述称:**

本公司认为4位原告作出的临时董事会决议和临时股东会决议均是非法无效的。请求法院依法驳回4位原告的全部行政诉讼请求。

1.《公司法》和本公司章程均规定公司董事长是本公司法定代表人。召集、主持股东会会议和董事会会议,代表公司签署文件是董事长的职权。本公司于2006年4月24日书面通知全体股东于2006年5月10日下午2点召开临时股东会议,讨论公司如何归还银行巨额逾期贷款,以及如何处理原告张巧良擅自以公司名义向银行贷款25万元充作自己在公司出资额及欠缴出资额38万元,损害公司和股东权益的违法行为。原告张巧良等原告的决议是非法无效的。

2. 2006年5月10日,公司作出股东会决议,要求原告张巧良补交出资额。

原告张巧良在公司给予的最后宽限期内没有支付欠缴的38.65万元出资额,且被公司查明其已缴的出资额中有25万元是公司名下的银行贷款。4位原告加上第三人孙月敏的认缴出资总额是205.75万元,仅占公司股东已认缴出资总额46%,所以4位原告诉称其拥有公司54%的表决权是不符合事实的。

3. 原告擅自作出的2项决议,已被公司5月10日的股东会决议、5月24日的董事会决议实质否定,不能成为公司的有效文件。本公司已决议撤销原告张巧良的董事职务,增选刘兴男为本公司股东。

4. 本公司和4位原告以外的其余5名股东自始至终都不承认4位原告擅自非法签署的2项决议。

5. 本公司第1届董事于2006年10月8日届满后,选举了第2届公司董事。由滕荣生、王泉生、刘兴男、张霞珍、洪行山5人任董事,滕荣生任公司董事长。

**律师观点:**

1. 原告诉讼主体资格的问题。

根据《行政复议法》第6条第7项、第12条第2款之规定,被告苏州工商局作为工商沧浪分局的上一级主管部门,对于沧浪分局不予登记决定的复议申请有权受理并作出复议决定。根据《行政复议法》第2条之规定,第三人机泵公司依据其2006年4月30日临时董事会决议及2006年5月8日临时股东会决议申请公司法定代表人变更登记。4原告作为2份决议的决议人,沧浪分局的不予登记决定对4原告的董事和股东权益有重大影响。4原告有资格就此申请行政复议。

2. 第三人机泵公司申请其法定代表人变更登记不符合受理条件。

《公司登记管理条例》第27条第1款规定,"公司申请变更登记,应当向公司登记机关提交下列文件:(一)公司法定代表人签署的变更登记申请书;(二)依照《公司法》作出的变更决议或者决定;(三)国家工商行政管理总局规定要求提交的其他文件"。《公司法》(2005年修订)第13条规定,"公司法定代表人依照公司章程的规定,由董事长、执行董事或者经理担任,并依法登记。公司法定代表人变更,应当办理变更登记"。第44条第3款规定,"董事会设董事长一人,可以设副董事长。董事长、副董事长的产生办法由公司章程规定"。

而第三人机泵公司章程第25条规定,"董事长为公司法定代表人"。故对于第三人机泵公司来说,其欲办理公司法定代表人变更登记,应向登记机关提交符合其章程的董事长变更决议或决定。但章程中缺少了公司董事长变更的办法,故第三人机泵公司在向登记机关申请公司法定代表人变更登记时,应向登记机关递交其公司修改后的章程或章程修正案,或者提供效力确定的董事会决议、股东会决议,以便登记机关依法审核。

现第三人机泵公司以含有"罢免滕荣生原董事长职务,选举原告张巧良为公司董事长"决议内容的临时董事会决议和临时股东会决议为依据,向登记机关申请公司法定代表人变更登记,不符合相关法律法规的要求,属于申请材料不齐全。被告苏州工商局据此认为机泵公司的申请文件、材料不齐全,沧浪分局不应受理的观点是正确的。

3. 沧浪分局针对原告的申请作出不予登记决定,被告作为复议机关亦无必要撤销沧浪分局的受理行为。

根据《行政许可法》第32条第1款、《公司登记管理条例》第52条第1款、《企业登记程序规定》第10条第1款之规定,沧浪分局对于第三人机泵公司不齐全的申请材料未当场或在5日内一次告知第三人机泵公司需要补正的全部内容,其受理行为欠妥当。但在沧浪分局已经受理并作出不予登记决定、出具了登记驳回通知书的情况下,被告作为复议机关亦无必要撤销沧浪分局的受理行为。受理行为属于一种行为,无撤销的内容,其对不当的受理行为在撤销沧浪分局最终的不予登记决定时明确指出即可。综上,原告诉请法院撤销被告关于撤销沧浪分局受理的决定的理由不能成立。

**法院判决:**

驳回原告的诉讼请求。

# 第三节 衍生问题——工商行政登记管理机关的登记审查责任

## 一、立案

**367. 如何确定与工商行政登记管理机关的登记审查责任有关纠纷的诉讼当事人?在设立登记中,工商行政管理机关出具的营业执照、核准通知书等文件上有多个机关盖章的,如何确定被告?**

与工商行政登记管理机关的登记审查责任有关的纠纷包括工商行政确认纠纷、工商行政许可纠纷。该类纠纷中,原告一般是与具体行政行为有法律上利害关系的当事人。在一般的行政诉讼中,原告可以是该具体行政行为的相对人,也可以是与该具体行政行为有法律上利害关系的当事人。被告为作出具体行政行为的工商行政管理机关。

工商行政管理机关出具的营业执照、核准通知书等文件上有多个机关盖章的,应当以对外发生法律效力的文书上署名的机关为被告。如果工商行政管理机关出具的营业执照、核准通知书上的图章并不统一,应该以营业执照上盖章的机关为准。

根据实际需要,将会列登记事项涉及的公司或公司股东作为第三人。

### 【案例163】被告不适格　裁定驳回起诉①

**原告:** 李鑫
**被告:** 上海市工商行政管理局金山分局(以下简称金山分局)
**第三人:** 宝莱公司、王良
**诉讼请求:** 判令撤销对第三人宝莱公司的注册登记。
**基本案情:**

第三人宝莱公司原名沙威通讯公司。

1999年12月6日,沙威通讯公司经金山分局注册登记成立。该公司工商注册登记档案显示,法定代表人、公司股东、执行董事为原告,公司另一名股东为第三人王良。李鑫出资人民币60万元,王良出资人民币40万元。公司注册资本为人民币100万元。

2003年3月27日,沙威通讯公司经被告核准变更为第三人宝莱公司。

**原告诉称:**

原告对设立事实完全不知情。原告既没有向第三人宝莱公司出资,也没有签署第三人宝莱公司任何登记及变更申请文件。上述文件中原告的签名均属伪造。被告对第三人宝莱公司予以注册登记的行政行为,依据的是虚假材料。被告对第三人宝莱公司注册登记的行政行为系依据虚假材料,违反了《公司登记管理条例》(2005年修订)的规定,不仅适用法规错误且该行政行为的主要证据不足且程序不合法。

为此原告提出申请对所有设立材料中的原告签字进行司法鉴定。

**被告辩称:**

1. 原告所起诉的被告不适格。

公民、法人或者其他组织向人民法院提起诉讼的,作出具体行政行为的行政

---

① 参见上海市金山区人民法院(2012)金行初字第10号行政裁定书。

机关是被告。经查实,核准沙威通讯公司设立登记以及第三人宝莱公司变更登记的行政行为均为上海市工商行政管理局,故原告所起诉的被告不适格。

2. 原告起诉已超过法定起诉期限。

公民、法人或者其他组织应当在法定的起诉期限内提起行政诉讼。上海市工商行政管理局核准沙威通讯公司设立登记的具体行政行为系于1999年12月6日作出,核准第三人宝莱公司变更登记的具体行政行为系分别于2003年4月10日、2004年4月19日作出,至原告提起行政诉讼已逾5年。根据《最高人民法院关于执行〈行政诉讼法〉若干问题的解释》第42条的规定,原告起诉已经超过法定起诉期限。

综上,原告所起诉的被告不适格且诉讼请求已超过法定起诉期限,请求裁定驳回起诉。为进一步证明上述观点,被告提供如下证据:

1."沙威通讯公司"营业执照复印件,其盖章机关为上海市工商行政管理局;

2."第三人宝莱公司"营业执照复印件,其盖章机关为上海市工商行政管理机关。

对于被告提供的上述证据原告认为:

原告对被告提交的证据的真实性、合法性没有异议,但是原告认为这两份证据不足以证明该具体行政行为仅由上海市工商行政管理局作出。

第三人宝莱公司成立之初,被告负责受理设立登记材料,并出具名称核准登记材料,营业执照核发通知书。名称核准登记材料及营业执照核发通知书上均该有被告的印章。原告认为金山分局、上海市工商行政管理局共同作出了第三人宝莱公司的设立登记。原告选择其中一个作为被告,不存在被告适格的问题。

**律师观点:**

工商行政管理机关出具的营业执照、核准通知书上等的印章不一致的,应该以营业执照上盖章的机关为准。因此,本案的被告为上海市工商行政管理局,而非本案被告金山分局之行为。

**法院裁定:**

驳回原告起诉。


### 368. 工商行政确认纠纷、工商行政许可纠纷由何地法院管辖?

由作出具体行政行为的行政机关所在地的基层人民法院受理。如果有两个作出机关的,两个机关的所在地法院均有管辖权。原告向两个以上有管辖权的人民法院提起诉讼的,由最先收到起诉状的人民法院管辖。

**369. 工商行政确认纠纷、工商行政许可纠纷按照什么标准交纳案件受理费?**

按件缴纳诉讼费用,每件交纳 50 元。

**370. 工商行政确认纠纷、工商行政许可纠纷是否适用诉讼时效?如何理解"不属于起诉人自身的原因"?**

请求撤销工商行政登记受到诉讼时效的限制,行政诉讼的法定起诉期间分为以下 3 种情形:

(1)公民、法人或者其他组织在知道具体行政行为内容的同时,知道了诉权或起诉期限,应当在知道具体行政行为之日起 3 个月内提出。

(2)公民、法人或者其他组织在知道具体行政行为内容时未被告知诉权或起诉期限,应当从知道或者应当知道诉权之日起 3 个月内提起,但从知道或者应当知道具体行政行为内容之日起最长不得超过 2 年。

(3)公民、法人或者其他组织既不知道具体行政行为的内容,又不知道诉权或者起诉期限的,则其提起诉讼的时间不能超过 5 年或 20 年。5 年、20 年为最长起诉期限。

起诉人由于不属于自身的原因超过起诉期限的,不受最长起诉期限的限制。

"不属于起诉人自身原因"在法律法规中并没有明确地界定。司法实践中一般界定的情形包括不可抗力,因政府机关或法院原因导致当事人无法行使权利。

**【案例 164】明知登记行为　已过诉讼时效撤销请求被驳回**[①]

**原告**:刘某

**被告**:上海市工商行政管理局松江分局

**第三人**:某公司

**诉讼请求**:撤销上海市工商行政管理局松江分局作出的将原告登记为某公司股东的具体行政行为。

**争议焦点**:

1. 原告 2008 年 3 月 6 日出具的声明是否可以证明其早已明知其股东身份;

2. 原告的诉讼行为是否超过时效。

**基本案情**:

被告于 2007 年 5 月 14 日作出第三人被诉登记行为,核准登记股东为傅秀英和原告。

---

① 参见上海市第一中级人民法院(2010)沪一中行终字第 310 号行政裁定书。

**原告诉称:**

原告与第三人签订劳动合同,负责打版事务。被告将原告作为股东登记,原告对此并不知情。被告提供的材料中涉及原告签名、印章系伪造,被告不应该将原告登记为第三人公司股东。

**被告辩称:**

第三人提交的声明证明,2008年3月之前原告已知其被登记为股东的情况。原告的起诉明显超过时效,应予以驳回。

**第三人述称:**

原告系用临时身份证进行工商登记,故其在被诉登记行为作出之时已经知情。

原告之前在与第三人进行的其他诉讼、仲裁程序中,均否认与第三人签过劳动合同。上述陈述内容在仲裁、诉讼笔录中有记载。原告以股东身份参与公司管理,担任厂长,签署公司文件。2008年第三人通过现金分配红利,原告签收过。上述事实均可证明原告已经知晓其作为第三人股东进行工商登记。

**第三人为证明其观点,提交证据如下:**

原告于2008年3月6日出具一份声明,内容为,"上海某皮具有限公司(第三人)在组建时我并未出资进行注册,所以我也不享有股东权益,故我声明:上海某皮具有限公司股东的一切权益我自愿无条件(无偿)放弃,公司法人随时可以要求把我名下的股份无偿的转让给法人指定的人。特此声明"。

**律师观点:**

根据《最高人民法院关于执行〈行政诉讼法〉若干问题的解释》第41条第1款的规定,"行政机关作出具体行政行为时,未告知公民、法人或者其他组织诉权或者起诉限的,起诉期限从公民、法人或者其他组织知道或者应当知道诉权或者起诉期限之日起计算,但从知道或者应当知道具体行政行为内容之日起最长不得超过2年"。

根据原告认可其亲笔签名的2008年3月6日声明内容,"某公司在组建时我并未出资进行注册,所以我也不享有股东权益,故我声明:某公司股东的一切权益我自愿无条件(无偿)放弃,公司法人随时可以要求把我名下的股份无偿的转让给法人指定的人。特此声明"。

故应当认定在2008年3月6日原告已经知晓其被登记为第三人公司股东的有关情况。原告于2010年9月向法院提起本案行政诉讼,显然已超过法定最长为2年的行政诉讼起诉期限,且无正当理由。

**法院裁定：**

裁定驳回原告起诉。

### 【案例165】非因自身耽误期间　不计入诉讼时效计算范围①

**原告：** 宓广民、国信拍卖行
**被告：** 海南省工商局
**第三人：** 豫安公司、启铭公司

**诉讼请求：**

1. 判令被告改正错误，恢复被告名称和原法人代表；
2. 对其中与第三人共同制作虚假变更文件侵吞国有资产的行为请求依法移交有关司法部门处理。

**争议焦点：** 原告宓广民于2003年10月10日向海南省工商局主张变更登记非法并要求纠正，被告的法规处、内资处和第四纪检组也已受理投诉，但至今没有得出最终处理结论，耽误的期间是否应计入诉讼时效计算范围。

**基本案情：**

原告国信拍卖行与第三人豫安公司投资入股，于1994年4月10日向被告申请成立第三人启铭公司（原名豫海公司）。经该局审查核准颁发了注册号为28408675-7的《企业法人营业执照》。该营业执照载明企业名称为豫海公司。

1994年5月24日，海口市税务局核发了国税琼字460100601403890号《税务登记证》。

1994年11月18日，原告国信拍卖行申请企业变更，将法定代表人原告宓广民变更为王秦。

2002年1月25日，豫海公司申请变更企业名称、住所、法定代表人、注册资本、经营范围和股东等项，即将豫海公司变更为启铭公司，法定代表人由原告宓广民变更为案外人罗先容，股东原告国信拍卖行和第三人豫安公司变更为案外人海南省国际人才开发交流中心和罗先容等，并同时申请办理企业年检手续。

2002年4月17日，海南省工商局经审查，依据《公司登记管理条例》（1994年）第27条和《企业法人法定代表人登记管理规定》第6条的规定，核准变更登记，核发了《企业法人营业执照》。该营业执照载明，"注册号4600001009135；名称：启铭公司"。

---

① 参见海南省高级人民法院(2007)琼行终字第32号行政裁定书。

2002年8月20日《河南日报》刊登案外人河南省国际信托投资公司撤销清算组的《海南省国际信托投资公司撤销清算组公告》（第2号）。案外人河南省国际信托投资公司宣布破产进行清算。该公司的全资子公司目录中有原告国信拍卖行、案外人河南国信、豫海公司。

2003年12月31日，河南省工商局作出豫工商处字（2003）第995号《行政处罚决定书》，决定吊销原告国信拍卖行的营业执照。

2006年10月25日《海南日报》上刊登的"河南省国信投资公司撤销清算组声明"称，案外人河南省国际信托投资公司已被中国人民银行撤销，河南省政府成立案外人河南省国际信托投资公司撤销清算组依法对该公司进行清算。公司下属子公司原告国信拍卖行的公章予以收缴，所有公章宣布作废。落款时间为2006年10月9日。

自2003年10月10日起，豫海公司原法定代表人原告宓广民先后多次向海南省工商局主张该公司变更为非法变更并要求纠正。但受理投诉的法规处、内资处和第四纪检组没有得出最终处理结论。

**原告均诉称：**

原告宓广民系豫海公司法定代表人，变更登记为启铭公司，同时作出其他相关变更时，提交的材料皆为虚假材料。被告没有尽到审查义务就帮第三人启铭公司进行工商变更登记，损害了两原告的利益。

原告宓广民直至2003年10月10日起知道该具体行政行为，立即向被告相关部门投诉，但被告的法规处、内资处、第四纪检组受理后均未给出实质结论。

**被告辩称：**

1. 原告国信拍卖行非本案适格主体。

其已经被有关工商部门吊销营业执照，处于清算阶段。此时适格主体应为清算组而非国信拍卖行。而且原告国信拍卖行的授权委托书中的法人代表（委托人）王秦之名笔迹不属于王秦本人所签，原告国信拍卖行并无起诉意愿。

2. 原告宓广民非本案适格主体。

被告作出的具体行政行为与原告宓广民并无实质利害关系，其非本案利害关系人，不应作为本案原告提起诉讼。

3. 本案已过诉讼时效。

退一步讲，即使原告宓广民可以提起诉讼，其2003年10月10日起就知道该具体行政行为，至今才提起诉讼，明显超过诉讼时效。

第三人未作陈述。

**一审认为：**

1. 原告国信拍卖行非本案适格主体。

原告国信拍卖行已被工商行政管理部门吊销营业执照，该公司已纳入其主管部门一起清算，应由清算组进行诉讼，且其法定代表人王秦未委托他人提起诉讼，所提交的授权委托书签名并非王秦本人所欠，系伪造而无效。故本案的原告国信拍卖行的起诉不符合起诉的法定条件。即原告的诉讼主体不适格，应予驳回起诉。

2. 原告宓广民起诉已过时效。

原豫海公司的原法定代表人原告宓广民认为被告将该公司变更企业名称、法定代表人、股东等项不当，以个人名义提起诉讼，海口市中级人民法院以穷尽当事人的救济途径为由予以照准。但是，原告宓广民自2003年10月10日就知道被告于2002年4月17日应变更申请核准变更，而其至2006年8月才提起诉讼，依照《最高人民法院关于执行〈行政诉讼法〉若干问题的解释》第41条第1款"行政机关作出具体行政行为时，未告知公民、法人或者其他组织诉权或者起诉期限的，起诉期限从公民、法人或者其他组织知道或者应当知道诉权或者起诉期限之日起计算，但从知道或者应当知道具体行政行为内容之日起最长不得超过2年"的规定，原告宓广民的起诉已超过法定期限，且无正当理由，应予驳回起诉。

**一审裁定：**

驳回两原告的起诉。

原告宓广民不服一审判决，向上级人民法院提起上诉。

**原告宓广民上诉称：**

一审裁定认定事实不清，适用法律错误，偏袒被告。

被告举证虚假材料，系滥用职权，以伪证变更原告。裁定中"穷尽当事人的救济途径为由予以照准"的原因，故意将被告2003年10月10日至2006年的三封申请受理调查文件的证据断章取义为前一封，由此推断超过起诉期限，显属不当，违背了《行政诉讼法》的有关规定，应当予以撤销。请求：

1. 撤销一审裁定，发回重审；

2. 判令海南省工商局改正错误，恢复被告名称和原法人代表，对其中与第三人共同制作虚假变更文件侵吞国有资产的行为请求依法移交有关司法部门处理。

**被告二审辩称：**

1. 原告宓广民不具备诉讼主体资格。

原告宓广民不是被告具体行政行为的相对人和利害关系人。被告作出的具体行政行为与原告宓广民个人之间不存在任何利害关系,因此原告宓广民不具备行政诉讼的主体资格。

2. 原告宓广民提出行政诉讼已超过法定时效。

被告2002年4月17日作出变更登记决定后,原告在2003年10月已知晓这一具体行政行为内容,并向被告提出了异议。尽管受理投诉的法规处、内资处和第四纪检组没有得出最终处理结论,但原告在法定的诉讼和复议期限内并没有行使其权利。在法定期限内既未提出行政诉讼,也未提起行政复议,自行丧失了法律赋予其的权利。按照《行政诉讼法》第39条的规定,原告已超出了法定的诉讼时效。

被告作出的具体行政行为事实清楚、证据齐全、符合法定程序。请求依法驳回原告宓广民的诉讼请求,维持一审法院的裁定。

**第三人启铭公司二审述称:**

1. 一审裁定认定事实清楚,适用法律正确,请求二审法院予以维持。

原告宓广民伪造原告国信拍卖行法定代表人王秦的签名,盗用原告国信拍卖行公章,冒用原告国信拍卖行的名义进行诉讼。

2003年12月原告国信拍卖行已被吊销营业执照,该公司已纳入其主管部门河南省国际信托投资公司一起清算。在公司清算期间,只有清算组有权代表公司参与公司有关的各种诉讼活动。因此法院裁定驳回原告国信拍卖行的起诉,完全正确。

原告宓广民主体资格不适格,且起诉超过诉讼时效。原告宓广民不是本案具体行政行为的相对人,被告作出的所有具体行政行为,均不涉及原告宓广民本人。因此,原告宓广民与本案没有直接利害关系,不是本案适格原告。

虽然一审法院允许其作为原告提起诉讼,但是,其起诉早已超过诉讼时效。

2. 原告宓广民的上诉请求与一审的起诉请求不一致,其放弃了一审起诉请求,增加了新的诉讼,请求法院依据《行政诉讼法》相关规定,驳回其新的诉讼请求。

**律师观点:**

1. 原告国信拍卖行非本案适格主体。

国信拍卖行已被工商行政管理部门吊销营业执照,该公司已纳入其主管部门一起清算,应由清算组进行诉讼。故一审法院认定原告国信拍卖行的起诉不符合起诉的法定条件,对其起诉予以驳回是正确的。

2. 关于原告宓广民的起诉是否超过起诉期限的问题。

虽然从原告宓广民于2003年10月10日向被告主张变更登记非法并要求纠正这一事实,可推定原告宓广民已于2003年10月10日知道了本案被诉具体行政行为的内容,但由于其曾先后多次向被告主张该公司变更为非法变更并要求纠正,被告的法规处、内资处和第四纪检组也已受理投诉,且至今没有得出最终处理结论,故耽误的期间不是原告宓广民自身原因造成。根据《最高人民法院关于执行〈行政诉讼法〉若干问题的解释》第41条第1款"行政机关作出具体行政行为时,未告知公民、法人或其他组织诉权或者起诉期限的,起诉期限从公民、法人或者其他组织知道或者应当知道诉权或者起诉期限之日起计算,但从知道或者应当知道具体行政行为内容之日起最长不得超过2年"及第43条"由于不属于起诉人自身的原因超过起诉期限的,被耽误的时间不计算在起诉期间内"的规定,不能认定原告宓广民于2006年8月提起行政诉讼已超过起诉期限。

3. 原告上诉请求一审已经审查,二审法院不需再审。

原告宓广民请求判令被告改正错误,恢复原告名称和原法人代表,对其中与第三人共同制作虚假变更文件侵吞国有资产的行为请求依法移交有关司法部门处理等上诉诉求,因一审仅对原告国信拍卖行及原告宓广民的起诉是否符合起诉条件及是否超过起诉期限进行了审查,故对原告宓广民的上述诉求,法院不需作审查。

综上,一审裁定驳回原告国信拍卖行的起诉正确,应予维持;但其认定原告宓广民起诉超过起诉期限系认定事实不清,应予纠正。

**法院裁定:**

1. 维持(2006)海中法行初字第54号行政裁定第1项,即驳回原告河南省国信拍卖行的起诉。

2. 撤销(2006)海中法行初字第54号行政裁定第2项,即驳回原告宓广民的起诉。

3. 本案由海口市中级人民法院继续审理。

### 371. 当事人不知道具体行政行为,是否受诉讼时效的限制?

公民、法人或其他组织不知道行政机关作出具体行政行为的内容,但后来知道了具体行政行为的内容,而不知道诉权和起诉期限的,其起诉期限最长不得超过5年。

## 【案例166】不知设立行为　冒名股东5年后诉请撤销被驳回①

**原告**：刘一相

**被告**：上海市工商行政管理局

**诉讼请求**：请求撤销被告于1999年12月24日作出的将原告登记为宜千公司股东及法定代表人的具体行政行为。

**争议焦点**：在原告被冒名登记为宜千公司股东及法定代表人情形下，不知晓被告具体行政行为存在的情况下，法定起诉期间从何时计算，是否符合"不属于起诉人自身的原因超过起诉期限"的情形。

**基本案情**：

被告于1999年准予宜千公司设立登记。其中，公司登记股东为原告与倪超，原告任法定代表人。

**原告诉称**：

原告对公司设立一事完全不知情，既未出资，也未签署公司设立登记及变更登记的申请文件，更未参与公司实际经营活动。公司设立及变更登记中原告签名均属伪造，被告依据虚假材料作出的公司注册登记，违反了《公司登记条例》的规定，系主要证据不足、程序不合法、适用法规错误。

**被告辩称**：

宜千公司设立登记于1999年12月，但原告迟至2012年7月方提起本案诉讼已明显超过法定起诉期限。依据《最高人民法院行政审判庭对如何理解〈关于执行《行政诉讼法》若干问题的解释〉第四十一条、第四十二条规定的请示的答复》（〔2007〕行他字第25号）（以下简称《答复》），公民、法人或其他组织不知道行政机关作出具体行政行为的内容，但后来知道了具体行政行为的内容，而不知道诉权和起诉期限的，应适用《最高人民法院关于执行〈行政诉讼法〉若干问题的解释》（以下简称《解释》）第41条的规定确定起诉期限，但最长不得超过《解释》第42条规定的期间。因此，原告提起本案诉讼已超过法定5年起诉期限，其观点不应得到支持。请求法院裁定驳回原告的起诉。

**针对被告的上述观点，原告认为**：

有关法定起诉期限的规定，本案主要涉及《解释》第42条、43条。《解释》第42条规定，"公民、法人或者其他组织不知道行政机关作出的具体行政行为内容

---

① 参见上海市徐汇区人民法院(2012)徐行初字第76号行政裁定书。

的,其起诉期限从知道或者应当知道该具体行政行为内容之日起计算。对涉及不动产的具体行政行为从作出之日起超过20年、其他具体行政行为从作出之日起超过5年提起诉讼的,人民法院不予受理"。《解释》第43条规定,"由于不属于起诉人自身的原因超过起诉期限的,被耽误的时间不计算在起诉期间内"。因人身自由受到限制而不能提起诉讼的,被限制人身自由的时间不计算在起诉期间内。原告认为:

本案的情形与《答复》所述情形截然不同,理由有二:

(1)本案中,原告及被告提交的宜千公司设立登记材料中,所有"刘一相"签字均为他人伪造,原告本人并未作出过设立宜千公司的意思表示;

(2)宜千公司设立至今,原告对于公司设立、运营、管理等事毫不知情,仅在办理出国手续时方知晓其被登记为宜千公司的股东、法定代表人及执行董事。

《解释》第43条中"不属于起诉人自身原因"在法律法规中并没有明确的界定,如何认定"不属于起诉人自身原因"应根据案情仔细审查。是否适用"不属于起诉人自身的原因",应看是否具备以下2项条件:一是起诉人对于起诉超过法定期限没有过错责任,二是由起诉人主观意志以外的无法克服的原因所致。

在过去的十多年中,原告根本没有可能知道有人冒用自己的身份去设立公司,更别提提起诉讼,因此适用《解释》第42条将导致严重的不公。被告在审查虚假注册材料中,未发现原告的身份被冒用,被冒用身份的原告不是行政相对人,而是他人假以利用的"工具",根本不存在"知道或应当知道"的可能性,是无法预见、不可预期、不可控制的事件。

由于原告不存在知道被告具体行政行为的可能,当然也就不存在超过起诉期限的过错责任。客观上,原告对于自己不知道的事情,不具备知道的可能性的事情,当然是无法克服的。试想,对于自己根本无法预料到的事,如何能够作出起诉或者不起诉的选择?故原告知悉自己的身份被冒用之前的期间,应属于《解释》第43条中的"被耽误的时间",应不计算在起诉期间内。

若被告在5年前作出的错误行政行为,5年后却因原告丧失胜诉权而永久"合法",显然有违公平原则。

综上,本案援引《解释》第43条理由充分。原告在知悉自己的权利被侵犯后,随即起诉至人民法院,符合起诉期限的规定。

**法院认为:**

根据《行政诉讼法》第39条的规定,"公民、法人或其他组织直接向人民法院提出行政诉讼的,应当在知道作出具体行政行为之日起三个月内提出。法律另有规定的除外"。《解释》第42条规定,"公民、法人或者其他组织不知道行政机关作出的具体行政行为内容的,其起诉期限从知道或者应当知道该具体行政行为内容之日起计算。对涉及不动产的具体行政行为从作出之日起超过20年、其他具体行政行为从作出之日起超过5年提起诉讼的,人民法院不予受理"。

根据《最高人民法院行政审判庭关于对如何理解〈关于执行《中华人民共和国行政诉讼法》若干问题的解释〉第四十一条、第四十二条规定的请示的答复》的规定,公民、法人或其他组织不知道行政机关作出具体行政行为的内容,但后来知道了具体行政行为的内容,而不知道诉权和起诉期限的,应适用最高人民法院《关于执行〈中华人民共和国行政诉讼法〉若干问题的解释》第41条的规定确定起诉期限,但最长不得超过该解释第42条规定的期间。

1999年12月,被告作出准予宜千公司设立登记行政行为,并将原告登记为公司股东和法定代表人。但原告至2012年7月方提起本案诉讼,已经明显超过最长5年起诉期限的规定。

**法院裁定:**

驳回原告的起诉。

**372. 工商行政管理机关不作为时,当事人起诉工商行政管理机关要求履行法定职责的起诉情形有哪些?起诉期限有何要求?**

当事人的起诉情形分为以下两种:

(1)行政机关在收到申请之日起60日内,或者在法律、法规、规章和其他规范性文件对行政机关履行法定职责所规定的期限内没有履行法定职责;

(2)当事人在紧急情况下请求行政机关保护其人身权、财产权的法定职责,行政机关不履行的,起诉期间不受60日限制。

**373. 原告因他人提交公司虚假材料而被登记为股东等,如何确定诉讼请求?**

在不同的环节提交虚假材料的,诉讼请求也会不同。工商行政登记分为设立登记、变更登记、注销登记三个环节,其中变更登记又可因不同变更事项拆分。

设立登记这一环节中,法律并未明确规定该如何确定诉讼请求。变更登记中,原告直接诉请撤销某一具体变更事项,如撤销法定代表人登记变更、撤销股东登记变更。注销登记中,原告可直接诉请撤销公司注销登记。

针对法律未明确诉讼请求的设立登记,司法实践中,原告可以诉请撤销设立登记,也可以诉请撤销股东身份、执行董事身份、法定代表人身份等。

有的观点认为设立登记是一个行政许可行为,不可分割为不同事项,应直接诉请撤销设立登记,原因如下:

(1)设立登记是一个完整的行政许可行为,工商行政管理机关通过审核一系列设立登记材料,最后赋予公司法人主体资格。

工商行政管理机关所为的公司设立登记行为,在于根据公司设立人的申请,审查申请人提供的资料,包括设立登记申请书、公司章程、验资证明、股东的主体资格证明或者自然人身份证明、公司法定代表人任职文件和身份证明、企业名称预先核准通知书、公司住所证明等,作出赋予设立的公司以独立开展营业并具有独立法人资格的行政行为,并颁发营业执照。

(2)在撤销虚假设立登记时,应诉请撤销设立登记这一具体行政行为,而不是目前登记的部分事项。

根据上文的阐述,设立登记是一个完整、独立的具体行政行为,不能拆分为各个不同的登记项。在此种情形下,原告直接诉请撤销整个设立登记行为符合法律的规定,撤销部分登记事项没有法律依据。

(3)如果仅诉请撤销股东身份、法定代表人登记,一旦得到法院支持,该判决书将难以执行。

工商行政管理机关按照判决书撤销了股东登记及法定代表人登记,将导致公司登记不完整。在缺少公司股东、法定代表人登记事项、注册资本不完整的情况下,为了避免严重损害工商行政管理机关的权威性和公信力,工商行政机关最后仍要撤销整个公司设立登记。因此,最终的结果仍然是撤销整个设立登记,印证了诉请撤销整个设立登记具有合理性。

(4)撤销设立登记情况下,为保障其他利害关系人,法院应当追加第三人。

实践中,倘若该具体行政行为与第三人有利害关系,但仅原告起诉,法院有可能会限制原告的诉讼请求,不准许原告诉请撤销设立登记。但根据法律规定,原告单独就该具体行政行为提起行政诉讼并无不合法的地方。法院为了保障第三人的合法利益,应在诉讼中追加第三人,限制原告的诉讼请求不符合法律的规定。

也有的观点认为,应仅仅诉请撤销股东身份、执行董事身份、法定代表人身份。原因在于撤销整个设立登记行为,可能会给第三人造成损害。尤其在该设立登记行为已经时间较久远的情况下,诉请撤销股东身份、执行董事身份、法定代表人身份会有利于保护第三人的利益,法院也会更容易受理该类诉讼。在法院裁决撤销股东身份、执行董事身份、法定代表人身份后,工商行政机关将依职权责令公

司重新登记法定代表人、执行董事、股东。若公司没有在规定期限内办理重新登记,工商行政管理机关可吊销其营业执照。

## 二、执行相关问题

**374. 工商行政确认、工商行政许可诉讼请求获法院支持后,工商行政管理机关不配合办理工商变更登记,原告应如何救济?**

请求变更登记的当事人可持判决书要求工商行政管理机关撤销登记。若工商行政管理机关不予变更的,请求变更登记的当事人向法院申请强制执行,由人民法院向工商部门发出强制执行通知书。

## 三、工商行政确认纠纷、工商行政许可纠纷的裁判标准

**375. 工商登记审查应适用形式审查标准,还是实质审查标准?**

对此,不仅工商行政管理机关的操作实践不一致,法院的裁判标准也不一致。

如对于设立登记、注销登记,登记机关仅要求申请人提供设立、注销材料。股东仅须提供身份证明,不需要到现场查验身份。工商行政管理机关也不会对股东签字的真实性作出审查。反之,在提交股权变更材料时,工商局反而会要求转让方、受让方一方或转受双方到场进行身份确认。不仅如此,同一地区的不同工商局,甚至同一工商局的不同办事人员对于同一事项的登记要求都不尽相同,这给统一实践操作造成了极大的不便。

同时,司法实践中,有法院认为工商登记审查应遵循形式审查标准,即工商登记行政管理机关只需审查申请人是否提交了变更登记所需的材料,变更登记事项有无违反法律的禁止性规定,申请材料内容之间是否一致,无须对材料的真实性进行审查。也有法院认为工商登记审查应遵循实质审查标准。公司登记机关不仅要审查记载的事项是否符合法律、法规的规定,同时还必须审查内容的真实与否。

笔者认为,单纯地遵循形式审查标准还是实质审查标准均不能有效解决目前工商实践以及司法实践的困境,建议工商登记审查应遵循审慎审查标准。审慎审查标准要求公司登记机关工作人员在履行职责时应尽到合理的注意义务。所谓"合理的注意义务"是指工作人员对申请人提交的材料应该认真、小心谨慎的审核,以发现申请材料实质内容可能存在的真实性问题,尽职尽责地防止自身行为中各种潜在的危险出现。

遵循审慎审查标准要求从主观上无过错、客观上按照工作人员的知识范围和

工作经验应尽的注意义务是否尽到等来判断工商行政登记管理机关的核准行为是否存在过错,是否应承担法律责任。

**376. 对于公司设立、注销登记应遵循什么审查原则?**

《公司法》《公司登记管理条例》等法律、法规并未对公司登记的审查方式作出明确规定,因此,在实践中,工商行政管理机关应采用何种方式对公司登记事项进行审查,争议较大。

由于登记机关表示方式的不同,登记行为的性质也随之不同。理论界对公司登记的性质一直存在着两种不同的观点,即行政许可说与行政确认说。

行政许可是行政机关根据公民、法人或者其他组织的申请,经依法审查准予其从事特定活动的行为。也就是说,行政许可是创设新的权利义务关系的,属于行政许可的行政登记,属于设权性登记。根据《公司法》第7条、《公司登记管理条例》的规定,工商登记中的企业法人设立登记就属于行政许可登记。要取得公司法人资格,必须首先进行登记,登记以后才能获准从事特定的活动。同理,注销登记也属于行政许可登记,因为要注销公司法人资格,也要取得工商行政管理机关的核准。

因此,以意思表示方式作出的公司登记如公司设立与注销登记等属于强制性登记的行政许可行为,应当遵循实质审查原则。

## 【案例167】设立材料系虚假 冒名股东主张撤销公司登记获支持[①]

**原告**:周雪兴、付幼华

**被告**:江西省南昌市工商行政管理局

**诉讼请求**:撤销被告对奥特公司的注册登记。

**争议焦点**:

1. 公司登记行为是否属于人民法院的受案范围;
2. 公司登记行为已达4年之久,原告提起诉讼是否超诉讼时效;
3. 起诉撤销公司设立登记,股东是否为适格主体;
4. 本案注册登记行为是否符合行政诉讼法中关于可撤销具体行政行为的范围。

**基本案情**:

1997年3月6日,被告审核注册登记奥特公司,并将二原告登记为该公司股东。

---

① 参见江西省南昌市西湖区人民法院周雪兴等诉南昌市工商局公司注册登记不当案。

2001年9月11日,因奥特公司欠债,两原告被南昌市东湖区人民法院缺席判决对该公司债务承担连带责任。

2001年10月26日,两原告收到该判决书后,才知道自己被人伪造、盗用身份证复印件,并由他人代签"股东"签名,以虚假投资等手段注册登记奥特公司,成为该公司"股东"。

为此,两原告为维护自己的合法权益,于2002年1月21日向南昌市西湖区人民法院提起诉讼。

**原告诉称:**

被告作为企业登记的行政主管机关,应对企业登记申请的真实性进行必要的审查。现其在申请方提供虚假的股东签字,虚假出资的情况下,将两原告登记为股东,并批准该公司的注册登记。其错误登记行为,造成了严重的法律后果。

**原告为证明其观点,提交证据如下:**

1. 奥特公司工商登记档案中的公司章程、审核表、任职证明、登记申请、股东决议等文件,证明这些文件上两原告的签名均是他人所签。

2. 南昌市公安局西湖分局丁公路派出所对原告周雪兴身份证的证明,证明他人将周雪兴的身份证变造为周大明的身份证进行工商登记。

3. 奥特公司工商登记档案中银行汇票及信用社证明,证明出资方为江西省温圳粮库南昌办事处,两原告未出资。

4. (2000)东民初字第1318号民事判决书。因奥特公司欠债,两原告被南昌市东湖区法院于2001年9月11日缺席判决对奥特公司的债务承担连带责任。证明被告的具体行政行为即公司登记行为侵犯了他们的合法权益。

5. 两原告于2001年10月26日收到该判决的证明。证明2001年10月26日他们才知道被告将他们列为公司股东。他们于2002年1月21日起诉未超诉讼时效。

诉讼过程中,法院对工商档案文件中两原告的签名委托公安机关鉴定部门进行了鉴定,证实工商档案文件中的签名全为他人所签。

**被告辩称:**

1. 原告起诉已超过法律规定3个月的诉讼期限;

2. 被告仅有义务对申请人提交的材料进行形式审查。奥特公司向被告提交的变更登记申请材料形式、内容均符合法律要求。被告以此为据作出的具体行政行为合法有效。

## 第六章
请求变更公司登记纠纷

**律师观点：**

1. 公司登记行为是否属于人民法院的受案范围。

《行政诉讼法》第 2 条规定，"公民、法人或其他组织认为行政机关和行政机关工作人员的具体行政行为侵犯其合法权益，有权依照本法向人民法院提出诉讼"。

所谓的"具体行政行为"是指国家行政机关和行政机关工作人员、法律法规授权的组织、行政机关委托的组织或者个人在行政管理活动中行使行政职权，针对特定的具体事项，作出的有关该公司、法人或者其他组织权利义务的行为。

《公司登记管理条例》第 4 条规定，"工商行政管理机关是公司登记机关"。

显然，奥特公司登记行为是被告的具体行政行为。两原告认为被告把他们登记为奥特公司股东的具体行为侵犯了他们的合法权益，从而提起诉讼要求撤销公司登记，属于人民法院受案范围。

2. 本案诉讼时效自原告知道具体行政行为之日起算，原告并未超过诉讼时效。

《行政诉讼法》第 39 条规定，"公民、法人或者其他组织直接向人民法院提起诉讼的，应当在知道作出具体行政行为之日起三个月内提出"。法律另有规定的除外。

1997 年 3 月 6 日被告审核注册登记奥特公司，将两原告登记为该公司股东。

因两原告是被他人冒名于 1997 年 3 月 6 日注册为公司股东的，而南昌市东湖区法院 2001 年 9 月 11 日的判决又是缺席判决，在被告没有提供相反的证据情况下，应当认定两原告收到东湖法院判决之日，即 2001 年 10 月 26 日，为知道自己被被告注册为奥特公司股东的日期。两原告于 2002 年 1 月 21 日提起诉讼未超 3 个月的诉讼时效。

3. 本案注册登记行为应否撤销。

公司被告作为行政登记机关，《行政诉讼法》第 54 条规定，具体行为有下列情形之一的，判决撤销或者部分撤销，并可以判决被告作出具体行政行为：

(1) 主要证据不足的；

(2) 适用法律、法规错误的；

(3) 违反法定程序的；

(4) 超越职权的；

(5) 滥用职权的。

本案中，被告将两原告登记为奥特公司股东的具体行政行为主要证据不足且程序不合法,所依据的全部文件全是冒名的。对此注册登记应当依法予以撤销。

**法院判决:**

撤销被告对原告的注册登记。

## 【案例168】虚假材料设立公司　确认工商登记违法①

**原告:** 韩世麟

**被告:** 上海市工商行政管理局浦东分局

**第三人:** 南方分公司

**诉讼请求:**

1. 确认被告注册登记第三人的行为违法;
2. 判令被告赔偿因违法注册行为造成原告的经济损失26万元。

**争议焦点:**

1. 被告对设立第三人的材料有无尽到法定审查义务;
2. 原告与第三人之间发生的借贷关系所造成的损失与被告的行政许可行为有无直接关系。

**基本案情:**

被告于2003年9月2日作出行政登记,批准同意成立第三人,并向第三人核发《营业执照》。

2006年3月16日上海市第一中级人民法院作出民事判决,判令第三人偿还26万元债务及相应的利息给本案原告,南方总公司对该债务承担补充还款责任。原告依据该民事判决书申请法院强制执行,法院以第三人及案外人南方总公司无可供执行的财产线索为由中止执行。

事实上,由于案外人南方总公司从未经注册登记,系不存在的民事主体。因此,被告于2008年5月20日作出沪工商浦案处字(2008)第150200810213号行政处罚决定书,撤销了第三人的注册登记。2008年5月22日该行政处罚决定书用公告方式向第三人送达。

**原告诉称:**

南方总公司未经工商行政管理部门的注册登记,该公司根本不存在。

2003年9月2日被告却作出行政登记,批准同意成立该公司的分公司,即第

---

① 参见上海市浦东新区人民法院(2008)浦行初字第105号行政判决书。

三人。被告的行政登记行为显然错误。

由于被告错误批准成立第三人,致使原告在与第三人的经济交往中,充分地予以信赖,并向第三人出借钱款人民币26万元。

之后,双方发生经济纠纷而提起民事诉讼。法院的民事判决判令第三人及案外人南方总公司承担还款26万元及相应利息的责任。由于第三人无支付能力,而总公司又根本不存在,造成原告的债权无法实现。出现上述损害,主要是因为被告错误的行政登记行为,使第三人取得分公司的资格,从而赢得原告的信赖。被告的登记行为与原告受到的损害有直接因果关系。

**原告为证明其观点,提交证据如下:**

1. 上海市浦东新区人民法院(2004)浦民一(民)初字第11541号民事判决书、上海市第一中级人民法院(2006)沪一中民一(民)终字第45号民事判决书,证明法院判决第三人偿还26万元债务及相应的利息给本案原告,案外人南方总公司对该债务承担补充还款责任;

2. 查询证明,经向深圳市工商物价信息中心查询,证明所谓南方总公司未注册登记;

3. (2006)浦执字第3057号民事裁定书,证明法院的民事判决因南方总公司不存在而被中止执行,由于被告的过错,给原告造成损失。

**被告辩称:**

1. 被告注册登记分公司是按照法律规定进行的,并不违法。

1994年实施的《公司法》第29条及《公司登记管理条例》(1994年)第42条规定了被告核准设立有限责任分公司的法定职权依据和适用的法律依据。另外《国家工商行政管理总局关于取消营业执照复印件加盖原登记主管机关公章的审批后有关问题的通知》明确了在登记分公司时取消在营业执照复印件加盖原登记主管机关公章的要求。从上述规定判断,被告仔细审查了第三人设立的材料是否齐全、是否符合法定形式,履行了审慎审查的义务。

2. 原告的损失与被告的登记行为没有因果关系。

原告与第三人的负责人蒋文哲在2003年4月10日发生借款经济往来。此时,第三人还未注册成立,原告的经济损失与被告无关。

**被告为证明其观点,提交证据如下:**

1. 被告向第三人核发《营业执照》通知书,证明2003年9月2日作出行政登记,批准同意成立第三人。

2. 2003年8月11日第三人企业名称预审核准通知书,证明该公司的名称经被告预审核准。

3. 第三人设立登记申请材料,包括2003年7月20日的名称登记(延期、迁移)申请书、申请承诺书、案外人南方总公司委托蒋文哲办理的委托书、法定代表人为罗前林的分支机构设立登记申请书、申请承诺书、企业负责人履历表(签字备案)、身份证、暂住证、分支机构设立录入单、申请报告、2003年8月8日关于申请撤销原名称登记暨重新申请名称登记的申请书、案外人南方总公司的章程、董事会决议、案外人南方总公司任命蒋文哲的任命书、案外人南方总公司营业执照、第三人住所(经营场所)使用证明、房屋租赁协议、房屋所有权证、场地查看情况表、工商注册登记费专用收据、公司(非公司)登记受理通知书存根、第三人营业执照。证明被告对于第三人的设立是否符合法定形式履行了审慎的审查义务。

4. 2008年5月20日被告作出的沪工商浦案处字(2008)第150200810213号行政处罚决定书,证明被告撤销了第三人的登记。2008年5月22日该决定书进行了公告送达。

5. 2008年1月14日被告对原告韩世麟作的询问笔录,证明该笔钱款是第三人的负责人蒋文哲向原告借的,而且主债务发生在第三人成立之前,即2003年4月10日,与被告的登记行为无关。

**针对被告的上述证据,原告认为:**

案外人南方总公司并不存在,所以被告核发该公司的分公司无依据,其所依据的证据材料不真实。

**律师观点:**

1. 关于本案的证据认定。

原告提供的证据材料均是真实的,法院应该予以采信。

被告提供的证据1、2、3号因南方总公司未经注册登记成立,该3组证据材料不具有真实性、合法性,法院不应认定其为有效证据。

2. 本案被告享有批准、登记第三人设立申请的职责。

1994年实施的《公司法》第29条规定,有限责任公司成立后设立分公司,应当由公司法定代表人向公司登记机关申请登记,领取营业执照。

据此规定,被告具有登记分公司的法定职责。被告按照《公司登记管理条例》(1994年)第42条规定的登记程序和设定的条件对申请人提交的材料进行审核,核准登记第三人,并颁发了营业执照。

3. 由于第三人提交虚假的材料,导致被告登记行为错误。因此,被告的该行政行为依法应当确认违法。

《行政许可法》第 31 条规定,"申请人申请行政许可,应当如实向行政机关提交有关材料和反映真实情况,并对其申请材料实质内容的真实性负责"。国家工商行政管理总局工商企字〔2003〕第 14 号文取消了在登记分公司时,在营业执照复印件加盖原登记主管机关公章的要求。根据上述法律和规范性文件的规定,被告在审查登记申请材料时,对于材料的形式和实质内容行使了审核和注意义务。

由于第三人违反法律规定,没有如实向被告提交真实材料、反映真实情况,导致被告作出被诉具体行政行为所依据的证据缺乏真实性、合法性。因此,造成该行政行为错误的主要责任归属第三人。

4. 关于被告是否应当承担赔偿责任的问题。

《国家赔偿法》第 2 条规定,国家机关和国家机关工作人员违法行使职权侵犯公民、法人和其他组织的合法权益造成损害的,受害人有获得国家赔偿的权利。因此,要取得国家赔偿,必须是国家机关违法行使职权,且该违法行为直接导致当事人的损害,即国家机关的违法行政与当事人的损害有直接的因果关系。

本案原告要求赔偿的损失是其与第三人间发生的借款纠纷。该损害的发生与被诉具体行政行为不存在直接的因果关系。因此,对原告要求国家赔偿的请求不应予支持。

**法院判决:**

1. 确认被告于 2003 年 9 月 2 日注册登记第三人的行政行为违法;
2. 驳回原告要求国家赔偿的诉讼请求。

## 【案例169】设立登记岂能形式审　冒名登记被确认无效[①]

**原告:**葛晨

**被告:**南京市工商行政管理局

**第三人:**葛亮

**诉讼请求:**确认被告将原告登记为博大公司的股东和法人的具体行政行为违法。

**争议焦点:**

1. 被告对第三人提交的设立登记申请材料负有形式审查的义务还是实质审查的义务;

2. 形式审查的义务是否表示可以完全不审查申请材料的真实性。

---

① 参见南京市白下区人民法院(2002)白行初字第 22 号行政判决书。

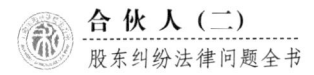

**基本案情：**

原告与第三人系兄弟关系。

1997年12月30日，第三人向被告提出申请办理博大公司的有关事项。

1998年1月12日被告批准了博大公司的设立申请，次日领取了企业法人营业执照。

1998年10月20日吉事达公司向尧化农村信用合作社贷款20万元，博大公司为该项贷款提供了担保。

2001年5月21日第三人以博大公司总经理的身份到被告处办理了博大公司的年检手续，后第三人因打架被公安部门拘留。因吉事达公司的20万元贷款到期后未还，故信用社将博大公司及原告诉至法院。原告在得知自己是博大公司的法定代表人后非常震惊，向被告提出了书面声明，要求被告认定该项登记行为无效。被告以不对申请材料的真实性负责为由拒绝撤销，要求原告找第三人。但因无法找到第三人，被告未给原告办理相关的手续。

**原告诉称：**

被告在博大公司注册登记过程中，没有严把审核关，在原告未到场且缺少委托书和验资报告附件等重要资料的情况下，将原告登记为博大公司的股东和法定代表人，给原告造成了名誉损失和精神损害。原告已向被告作出书面声明，提出纠错申请，但没有结果，故向法院提起行政诉讼。

**被告辩称：**

被告作为公司登记主管机关，主要责任是对申请人提交的申请材料和证明文件是否齐备，以及申请材料和证明文件及其所记载的事项是否符合有关登记管理法律法规的规定进行审查。这种审查是一种书面审查，对材料的真实性所引起的法律后果不负相应的责任。

1997年12月30日，博大公司向被告提出了设立登记申请。当时该公司向被告提交了有关的材料，经对当事人所提供的材料进行审查，被告认为该公司当时已经具备了《公司法》第19条所规定的有限责任公司设立的条件——股东人数达3人，股东出资额达50万元，股东共同制定了公司的章程，公司具备相应的组织机构、经营场所、经营条件和名称。

据此，被告于1998年1月12日批准了该公司设立申请，故原告诉被告对博大公司股东和法人登记行为无效无法律依据，请求法院驳回原告的诉讼请求。

**第三人述称：**

第三人是吉事达公司的法定代表人，因吉事达公司要向银行申请贷款，而银行要求有人提供担保，在此情况下第三人申请注册成立公司作担保，因为手头上有原告的身份证复印件，所以就向被告申请注册了博大公司。在办理注册公司时，所需的一切手续都是第三人操办的，提供的相关材料及法定代表签字都是虚假的，第三人在办理这些事情时，没有告诉原告，因此原告对此一无所知。博大公司成立后一直未经营，现第三人因打架被逮捕，失去了人身自由，无法来处理此事。

诉讼中，2002年4月被告对博大公司作出责令改正通知书，第三人向被告打了书面申请报告。2002年5月12日被告依职权将博大公司的法定代表人更换为第三人。

在被告变更具体行政行为后，原告不同意撤诉。

**律师观点：**

本案第三人虚假注册的博大公司属于一般有限责任公司，其设立应当实行严格准则主义，即作为公司登记主管机关，有责任对申请人提交的有关申请材料和证明文件是否齐全，以及申请材料和证明文件及其所记载事项是否符合有关登记管理法律法规的规定进行审查。

因此被告依据国家工商行政管理局工商企字〔2001〕第67号文件，认为该审查行为只是一种书面的、形式性审查，对材料真实性所引起的法律后果，应当由申请人承担，登记机关不负相应的责任。

依一般形式审查的要求，如果申请人本人不到场，别人代为申请提交的身份证件又不是原件，又没有相应的委托授权证书，其材料的真实性显然不能保证。故应当视为形式上有欠缺，登记管理机关应当不予登记注册。

对公司登记注册申请进行形式性审查，主要是指工商行政管理机关在审查申请材料时，不可能对申请材料所载内容的真实性进行全面审查，但对申请材料本身的真实性可以依一定程序和一定形式给予保证，以减少虚假登记的发生。

因此，在本案审理中，对被告依据工商局行政规章所作出的关于形式性审查的解释不应予采信。本案被告作为公司登记机关有责任认真、全面地审查当事人的申请材料。本案中的第三人采取欺骗手段，向被告提供不真实资料。而被告在原告本人未到场及没有原告身份证原件的情况下，只进行了一般的书面审查，未进行认真严格的审查，给博大公司发了企业法人营业执照，导致原告成为博大公司的法定代表人和股东，并成为民事案件的被告。因此给原告名誉和精神都造成了影响,对此被告负有一定的责任。被告积极纠错行为值得提倡,但原告未撤诉,法院仍应当依法判决。本案主要过错在第三人。

在诉讼期间,被告已经变更了具体行政行为,将博大公司的法定代表人变更为第三人。这种积极纠错的行为值得提倡,但未能得到原告的谅解。法院仍应当依法判决。

**法院判决:**

确认被告将原告登记为博大公司的股东和法人的具体行政行为违法。

### 377. 对于股东、法定代表人的变更登记应遵循什么审查原则?应该审查哪些内容?

股东、法定代表人的变更登记是一种行政确认行为。

行政确认性质的行政登记属于对既有的法律关系的记载。登记行为只不过是以原有的法律关系为基础的一个附加行为,不会产生权利义务关系从无到有的变化,但却能加强原有的法律关系,如使原有的法律关系的变动得到国家的认可,或者使原有的法律关系具有相应的公示、公信效力等。由于行政确认行为是行政机关依相对人申请而实施的行政行为,这就决定了行政机关在办理行政确认登记申请时,只负形式审查的义务,即是否给予相对人的行政登记取决于相对人的申请是否符合法律规定的条件。

因此,对于股东、法定代表人的变更,应遵循形式审查标准,单在必要的时候应当坚持审慎审查标准。

如公司法定代表人的审查应当遵循形式审查,无须对法定代表人的任职资格进行登记审查,但是对于《公司法》、行政法规、公司章程规定的任职条件负有审慎审查义务和合理注意义务。具体如下:

(1)如《公司法》规定,担任因违法被吊销营业执照、责令关闭的公司、企业的法定代表人,并负有个人责任的,自该公司、企业被吊销营业执照之日起未逾3年,不得担任法定代表人。工商行政登记管理机关对此应当熟悉,负有审慎审查义务和合理注意义务。

(2)对于行业主管部门,如证监会、银监会等,抄告的任职资格受到限制的法定代表人,负有审慎审查义务和合理注意义务。

(3)在第三人已经向工商行政登记管理机关举报或登记机关通过其他途径知晓拟任法定代表人可能存在限制任职情形的,负有审慎审查义务和合理注意义务。

## 【案例170】未审查任职决议合法性　法定代表人变更被撤销

**原告**：徐军

**被告**：上海市工商行政管理局

**第三人**：博大公司

**诉讼请求**：撤销被告核准第三人法定代表人由原告变更为案外人邵虎红、住所地变更为本市天山支路201-209号803室的具体行政行为。

**争议焦点**：

1. 被告是否应对第三人法定代表人变更的股东会决议的议事方式和表决程序的合法性进行审查；

2. 诉讼中，第三人的原法定代表人即原告涉嫌职务侵占罪被刑事拘留，丧失担任法定代表人的资格，对于原告提起的要求撤销变更法定代表人的诉讼请求应如何处理。

**基本案情**：

第三人股东为金环公司和新富公司，第三人原法定代表人、执行董事为原告，系新富公司委派。

2003年3月24日，第三人召开股东会，会议由金环公司派员主持。会议作出决定，免除原告担任第三人的法定代表人和执行董事职务，任命邵虎红为第三人的法定代表人及执行董事，并将公司章程中法定代表人姓名作相应调整。原告及新富公司均未出席。

同年4月18日，第三人在《上海法治报》刊登公告，声明其营业执照正、副本灭失。

同月25日，第三人向被告提交企业法人变更登记申请材料，申请变更法定代表人及公司住所地。

被告受理申请后，于同日作出核准第三人法定代表人由原告变更为案外人邵虎红、住所地变更为本市天山支路201-209号803室的具体行政行为。

原告后向上海市人民政府提出行政复议，上海市人民政府于2003年9月29日作出维持原具体行政行为的复议决定。

**原告诉称**：

原告及第三人另外一位股东新富公司均未收到股东会会议通知并出席会议。

---

① 参见上海市第一中级人民法院(2004)沪一中行终字第38号行政判决书。

第三人提交的用于变更法定代表人的变更申请书、股东会决议、公司章程等申请材料中的印章与第三人的原印章不一致。第三人提交的变更登记材料系伪造，被告没有履行其应有的审查义务，即作出核准变更的具体行政行为，系非法行政行为，应予以撤销。

**被告辩称：**

被告仅有义务对申请人提交的材料进行形式审查。第三人向被告提交的变更登记申请材料形式、内容均符合法律要求。被告以此为据作出的具体行政行为合法有效。

**一审认为：**

被告主管本市公司登记工作，有权受理第三人提出的变更登记申请。第三人提交的变更申请书、股东会决议、公司章程等申请材料中的印章与原公司的印章不一致。被告在审核申请材料时未就印章的一致性进行形式审查，作出的变更登记形式上不合法。

金环公司未证明原告没有或不能履行第三人法定代表人的职责。其单方召开股东会、形成单方决议并向被告申请变更法定代表人违反《公司法》及《企业法人法定代表人登记管理规定》等关于召开股东会的规定。

**一审判决：**

撤销被告于2003年4月25日作出核准第三人变更登记的具体行政行为。

被告及第三人不服一审判决，向上级人民法院提起上诉。

**被告上诉称：**

1. 被告对企业登记申请材料只进行形式审查，而申请材料中公司印章的真实性属实质审查内容。新富公司来函亦未表示公司印章是伪造的，故被告对此不应承担责任。

2. 被告无权对公司股东会程序是否合法、股东会决议是否有效作出确认，故原判要求其证明原告没有或不能履行职务缺乏法律依据。原告未出席由金环公司提议召开的股东会，已经证明其不履行职责，故金环公司召开股东会并作出相关决议符合《公司法》及《企业法人法定代表人登记管理规定》。请求二审法院撤销原判，依法维持其核准变更登记的具体行政行为。

**第三人上诉称：**

1. 其向被告申请变更工商登记符合《企业法人法定代表人登记管理规定》；

2. 工商机关并无对公司印章真实性予以审查的法定义务；

3. 原告从未召开过第三人的股东会，已严重损害了股东权益，据此金环公司召集股东会并作出相关决议在实体上和程序上均符合法律规定,应为有效,请求二审依法改判。

**原告二审辩称:**

1. 被告在受理变更登记之前,新富公司已发函表示公司股东有纠纷,且公司印章的刻制有特别规定,被告未进行有效的形式审查,对此不予理睬;

2. 金环公司出资不实,其作为第三人股东是虚设的,且金环公司自身主体亦存在问题。一审判决正确,请求二审予以维持。

二审审理期间,上海市公安局徐汇分局因原告涉嫌职务侵占罪,根据上海市公安局徐字102716号拘留决定,于2004年5月31日对原告执行刑事拘留。

**律师观点:**

1. 一审判决认定事实、适用法律并无不当。

根据《行政诉讼法》第5条的规定,"人民法院审理行政案件,对具体行政行为是否合法进行审查"。原审法院在查明本案事实的基础上,认定被告未依照《公司法》《公司登记管理条例》《企业法人法定代表人登记管理规定》及第三人章程的规定程序进行变更登记,并无不当。

2. 因二审期间原告被刑事拘留,二审法院应当予以改判。

鉴于本案原告于二审期间因涉嫌职务侵占犯罪而被公安机关刑事拘留,根据《企业法人法定代表人登记管理规定》第4条的规定,"有下列情形之一的,不得担任法定代表人,企业登记机关不予核准登记:……(二)正在被执行刑罚或者正在被执行刑事强制措施的"。原告已不符合继续担任第三人法定代表人的法定条件。而撤销被告核准变更登记行政行为将至原告继续担任第三人法定代表人。

故法院应根据这一实际情况予以改判。

**法院判决:**

1. 撤销一审判决;

2. 驳回原告要求撤销被告2003年4月25日核准第三人变更登记具体行政行为的诉讼请求。

## 【案例171】私章与预留印鉴明显不一致 未尽审查义务股东登记被撤销[①]

**原告:** 李金华

**被告:** 海南省洋浦经济开发区工商行政管理局

---

① 参见海南省洋浦经济开发区中级人民法院(2002)浦中行终字第1号行政判决书。

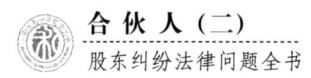

**第三人**：李光宙、陈岚桦、张新永

**诉讼请求**：撤销被告于 2001 年 12 月 24 日作出的光华公司股东变更登记的行政行为。

**争议焦点**：

1. 被告进行股东变更登记时,对申请人提交的材料是应该进行形式审查还是实质审查,即是否应当审查材料的真实性;

2. 原告称变更登记材料中的股权转让协议是伪造的,是否应提起民事诉讼确定其效力,能否提起行政诉讼要求被告撤销行政行为,在民事诉讼未确认前,行政诉讼是否应中止;

3.《股权转让协议》中所盖的转让人私章与留存于被告处的印鉴明显不一致,是否需要进行司法鉴定确认。

**基本案情**：

被告原名洋浦公司,1998 年 3 月,公司注册资本为人民币 500 万元。其中第三人李光宙出资 400 万元,占 80% 股份,原告出资 100 万元,占 20% 股份。

1999 年 10 月 26 日,经被告核准登记,洋浦公司更名为光华公司,注册资本增加为 5000 万元。其中第三人李光宙出资 4000 万元,占 80% 股份,原告出资 1000 万元,占 20% 股份。

2001 年 12 月 24 日,光华公司通过 2001 年的企业工商年检。年检报告中公司的股东和股东所持的股份均没改变。

同日第三人陈岚桦持登记注册委托书到被告处申请办理光华公司股权变更登记。

被告经审查后,认为上述申请材料合格,遂同意光华公司的股东由第三人李光宙和原告变更为第三人陈岚桦和第三人张新永,并办理了核准登记手续。

第三人陈岚桦所提交的变更材料中,第二次股东会决议的股东为第三人陈岚桦、第三人张新永,时间为 2001 年 12 月 21 日;股权转让协议上均盖有第三人李光宙、原告、第三人陈岚桦、第三人张新永四人的私章,但没有签名,时间为 2001 年 12 月 21 日。

2002 年 3 月 18 日,原告得知其股东被变更后,于 3 月 28 日向被告提交《复议申请书》,被告未予书面答复,因而成讼。

**原告诉称**：

原告作为光华公司股东,从未在任何股权转让协议上签章,也从未申请过有关光华公司的股东工商变更。在办理股权转让时,原告也并不在被告处。

第三人陈岚桦提交的《股权转让协议》中所盖的原告的私章与签订于1998年2月28日的《股份转让协议》上所盖的原告的私盖明显不一致。后一份《股权转让协议》备案于被告处。被告未尽到审查义务，依据虚假的材料进行工商变更登记，严重损害了原告的利益；而且在原告向被告提交《复议申请书》之后，被告仍一直未予以书面答复。

**被告辩称：**

1. 被告没有审查申请人提交的申请材料真实性的义务，仅需对相应材料进行形式审查即可；

2. 申请人提交的材料齐全，形式、内容均符合法律规定，被告尽到了审查义务，作出的具体行政行为在程序上和实体上都是符合法律要求的；

3. 原告称材料中的股权转让协议为伪造的，应提起民事诉讼确定其效力，而不应当提起行政诉讼要求被告撤销行政行为。

**被告为证明其观点，提交证据如下：**

1. 被告于1998年3月9日作出的公司变更登记表；

2. 洋浦宇宙进出口公司提交的公司变更登记申请表以及有关材料；

3. 光华公司2001年度公司年检报告书；

4. 光华公司提交的公司变更登记申请书；

5. 第二次股东会议决议；

6. 有限责任公司章程；

7. 第二次董事会决议；

8. 光华公司董事会成员名单；

9. 第三人陈岚桦、第三人张新永、第三人李光宙等三人身份证复印件；

10. 登记注册委托书。

**第三人李光宙辩称：**

原告的起诉已超过诉讼时效。

**一审认为：**

1. 讼争具体行政行为属可诉的具体行政行为。

被告作为行政机关，根据法律、法规的规定，其有权对公司的变更事项作出核准登记或不予登记。

被告根据当事人提出的申请对光华公司的股东作出核准变更登记，这一行为属行政管理行为。

《最高人民法院关于执行〈行政诉讼法〉若干问题的解释》第1条第1款规

定,"公民、法人或者其他组织对具有国家行政职权的机关和组织及其工作人员的行政行为不服,依法提起诉讼的,属于人民法院行政诉讼的受案范围"。根据这一规定,被告作出的核准股东变更登记的行为是一种可诉的具体行政行为。

被告作出的该变更登记行为,依《公司登记管理条例》的规定,并不必经过行政复议这一前置程序,当事人既可提出行政复议,也可以提起行政诉讼,故当事人有选择权。现当事人提起诉讼,法院可以直接受理。

2. 被告未尽到审查义务,作出行政行为所依据的事实缺乏证据支持,据此作出的具体行政行为应被撤销。

对于本案被告作出股东变更登记所依据的事实问题,法院认为,行政机关作出行政行为所依据的事实应该客观、真实,且有证据予以证实,行政机关的行政行为才具备合法性的基础,同时,适用法律要正确,程序应该合法否则具体行政行为必然违法。

《公司登记管理条例》(1994年)第24条规定,"公司申请变更登记,应当向登记机关提交如下文件:(一)公司法定代表人签署的变更登记申请书;(二)依照公司法作出的变更决议或者决定;(三)公司登记机关要求提交的其他文件。公司变更登记事项涉及修改公司章程的,应当提交修改后的公司章程或者公司章程修正案"。

《公司法》(1999年修正)第35条第2款、3款规定,"股东向股东以外的人转让其出资时,必须经全体股东过半数同意,不同意转让的股东应当购买该转让的出资,如果不购买该转让的出资,视为同意。经股东同意转让的出资,在同等情况下,其他股东对该出资有优先购买权"。

《公司法》(1999年修正)第38条第10项规定,对股东向股东以外的人转让出资作出决议,系由股东会行使的职权。

在本案中,光华公司申请股东变更登记,其向被告提交了有关材料,但所提交的材料中,并没有依照《公司法》作出的变更决议即原股东关于股东转让出资而作出的决议等材料。尽管有《股权转让协议》,但在该协议中盖有的原告的印鉴与原告于1998年受让股权时所留在档案材料中的印鉴字体和笔画相去甚远,明显不一样。

另外,原告既否认其签订过股权转让协议,又否认办理股权转让时在场,被告对此又未能提供证据予以证明。因此,被告仅凭股权转让协议就确认光华公司股权转让的事实成立,是缺乏主要证据予以证实的。

原告的诉讼理由成立,其诉讼请求合理,应予支持。

3. 第三人李光宙提出原告的起诉已超过诉讼时效没有事实依据,法院不予支持。

**一审判决:**

撤销被告于 2001 年 12 月 24 日作出的光华公司股东变更登记的行政行为。

被告不服一审判决,向上级人民法院提起上诉。

**被告上诉称:**

1. 被告对光华公司提交的股东变更申请材料的真实性不负有审核义务,一审判决对此义务承担主体的认定错误。

《公司登记管理条例》(1994 年)第 10 条明确规定"登记事项符合法律、行政法规的规定"即可,并未规定登记机关对登记事项的真实性负有审核义务。

同时国家工商局工商企字(2001)批 67 号文也明确规定,"申请人提交的申请材料和证明文件是真实的责任应由申请人承担……登记主管机关不承担相应责任"。基于上述法律规定及其客观实际情况,被告不负有对申请材料真实性的审核义务。

本案中,光华公司于 2001 年 12 月 24 日向被告提交了公司变更登记申请书、股东会议决议、第二次股东会决议、股权转让协议等 9 份文件,上述申请和证明文件符合《公司登记管理条例》(1994 年)第 24 条之规定,材料齐备,内容合法,适用法律正确,程序合法。被告已认真负责地履行了其相应的审核义务,其行政行为并无不当之处,理应予以维持。

2. 《股权转让协议》中的原告印鉴的真实性既未经民事诉讼确认,也未经司法鉴定确认,一审法院直接认定《股权转让协议》无效,属事实认定不清。

一审判决认定《股权转让协议》中盖有的原告印鉴与原告于 1998 年转让股权时留在档案中的印鉴明显不一样,并由此认定该股权转让协议不能真实确认光华公司股权转让的事实。一审判决的该项认定无任何鉴定结论作为依据,仅凭主观臆断,不符合《行政诉讼法》第 31 条有关证据之规定,不能作为定案依据。

被告认为,对于原告印鉴与预留印鉴不符的情况,存在 2 种可能性:

(1)该印鉴系伪造;

(2)原告自行更换了印鉴又未进行变更登记。

一审判决没有认定究竟属哪一种情况。

如属后一种情况,只要原告亲自加盖,且是原告的真实意思表示,该印鉴即使与预留印鉴不符,《股权转让协议》《股东会决议》也是真实有效的。

一审判决在无绝对排他性证据的前提下,简单地以印鉴不符为由认定《股权转让协议》无效,属事实认定不清,理应撤销。

在无任何民事判决或司法鉴定结论否定《股权转让协议》的真实性之前,该协议当然真实合法有效。在民事诉讼确认《股权转让协议》印鉴真实性之前,本案应中止审理。

被告二审申请两位证人出庭作证:

1. 证人杨健出庭以证实原告在进行变更登记的当天在场。证人杨健证实说他于2001年12月24日上午9时左右看到原告与第三人李光宙正在工商局里面,具体办什么手续不清楚。

2. 证人柯善华出庭以证实原告在光华公司变更登记后知此情况。证人柯善华证实说他听黄卫星说光华公司被第三人李光宙转让了。

**原告二审辩称:**

一审认定事实清楚,适用法律正确,应予维持。

**第三人称:** 原告的起诉已超过诉讼时效。

**针对被告的上述证人证言,原告认为:**

1. 2001年12月24日,原告和第三人李光宙、第三人陈岚桦到被告处办理了年检手续。也就是说原告的确在当天到过被告处,但并非办理股权变更登记。

2. 黄卫星在一审时曾明确说明其并不知道讼争事项,因此柯的证言不能采信。

**律师观点:**

1. 一审法院认定讼争具体行政行为属可诉具体行政行为正确。

工商行政管理机关对公司进行变更登记的行政行为属于可诉的具体行政行为。原告对被告的这一具体行政行为不服提起行政诉讼,原审法院具有管辖权。第三人认为原告的起诉已超过诉讼时效,但没有提供相应的证据证实,原审法院予以受理是正确的。原审法院公开开庭审理这一行政诉讼,程序合法。

2. 被告应尽材料真实性审查义务。

被告称其对申请人所提供的材料的真实性不负审核义务,并提供了国家工商行政管理局工商企字[2001]第67号文作为依据。该文明确指出"登记主管机关的责任是对申请人提交的有关申请材料和证明文件是否齐全,以及申请材料和证明文件及其所记载的事项是否符合有关登记管理法律法规的规定进行审查。因申请材料和证明文件不真实所引起的后果,登记机关不承担相应的责任"。

工商登记机关既然要审查记载的事项是否符合法律法规的规定,就必须审查内容的真实与否。

原判认定被告对申请人提供的材料的真实性负有审核义务,符合法律精神,是正确的。

3. 两份证人证言的证据效力不应予以认定。

关于两位证人的证言,这两位证人的证言不属被告为具体行政行为时已经收集但因不可抗力所不能提供的证据,依照《最高人民法院关于执行〈中华人民共和国行政诉讼法〉若干问题的解释》(以下简称《解释》)第28条的规定,不应作为补充证据对待。

从证言的真实性看,证人杨健证实说他于2001年12月24日上午9时左右看到原告与第三人李光宙正在工商局里面,具体办什么手续不清楚。而当天原告和第三人李光宙、第三人陈岚桦又到被告处办理了年检手续。因此,证人杨健的证言不能充分证实原告在办理变更登记时在场。证人柯善华证实说他听黄卫星说光华公司被李光宙转让了。但黄卫星在一审时明确说明其并不知道这回事,因此柯的证言不能采信。

同时,这两份证人证言是第一审阶段所没有提交的证据,依照《解释》第31条第3款的规定,即使这两份证据真实可靠。为了保护具体行政行为的相对人(处于弱势)的权利,也不能作为撤销或变更一审判决的依据。

因此对两份证人证言的证据效力不应予认定。

4.《股权转让协议》中原告印鉴与备案于被告处的印鉴明显不同,行政诉讼中无须进行鉴定。

被告称,原判认定《股权转让协议》中所盖的原告的印鉴与原告于1998年转让股权时留在档案材料中的印鉴明显不一样,没有任何鉴定结论作依据,是凭主观臆断。

但两个印鉴的字体和笔画相差甚远、一目了然时,并不需要鉴定。被告的这一上诉理由没有事实依据和法律依据。

被告称本案应该依民事诉讼程序提起确认之诉,并要求先中止本案的审理,待原告或第三人以民事诉讼的方式对《股权转让协议》的真实性、有效性予以确认以后,再行恢复对本案的审理。

人民法院审理行政案件,以法律和行政法规、地方性法规为依据,同时参照国务院部、委根据法律和国务院的行政法规、决定、命令制定、发布的规章以及省、自治区、直辖市和省、自治区的人民政府所在地的市和经国务院批准的较大的市的人民政府根据法律和国务院的行政法规制定、发布的规章。

5. 被告进行变更登记过程中存在违反法定程序的行为。

第三人陈岚桦在向被告申请变更股权时,没有依照《公司登记管理条例》(1994年)第24条的规定提供完整的申请文件,即没有股东会对股东向股东以外的人转让出资而作出的决议,而被告就予以进行变更登记,没有法律依据,其所为的行政行为没有充足的证据,没有做到依法行政。尽管有《股权转让协议》,但它不是也不能代替股东会作出的决议。

被告在一审期间也没有提供证据证实其在收到全部申请文件后,向申请人发给了《公司登记受理通知书》,也没有提供证据证实在核准登记后将核准登记的事项记载于公司登记簿上。因此,被告的行为违反了《公司登记管理条例》(1994年)第24条、第45条第1款、第47条的规定,即违反法定的变更注册程序。

依照《行政诉讼法》第54条第2项第1目、3目的规定,应当撤销该具体行政行为。

**法院判决:**

驳回上诉,维持原判。

**378. 在办理工商变更登记中,如果公司拟进行变更的内容已由股东会表决通过,但部分小股东未在股东会决议上签字,工商行政管理机关是否会受理工商变更材料？能否对决议内容进行变更？**

工商行政管理机关按照变更登记的形式审查要求,应对表决权达到法定要求的股东会决议事项予以变更。但是,实践中,会有以下两种做法:

(1)工商行政管理机关以股东未全部签字为由,拒绝对部分股东未签字的股东会决议所记载的事项予以变更,只有收到全体股东都签字的股东会决议才准予进行变更。

(2)工商行政管理机关可以部分股东未签字、但已达到表决权要求的股东会决议为依据,进行工商变更登记,但是该股东会决议须经过公证,且与该股东会会议相关的召集、召开、主持的流程均须经过公证,以表明该股东会决议在程序上没有瑕疵。

股东以工商行政管理机关未变更股东会决议内容为由提起行政诉讼的诉讼风险较大。此时,股东可以以股东会决议为依据提起变更诉讼,要求公司对股东会决议内容进行变更;若公司不配合办理变更,股东可申请法院强制执行。

## 【案例172】尽责调查会议召开过程　个别股东未签字决议内容仍可变更[①]

**原告**：冯建中

**被告**：佛山市禅城区工商行政管理局

**第三人**：盈科公司

**诉讼请求**：撤销被告于2006年4月10日核准将第三人法定代表人变更为洪海阳的登记。

**争议焦点**：

1. 被告并非第三人设立行为的登记机关，能否作为本案的适格主体；

2. 被告是否已尽到全面审查义务，原告未在股东会决议上签字，是否影响该股东会决议作为变更法定代表人的依据；

3. 第三人另一股东是否必须参加本案，其未参加庭审，庭审程序是否存在瑕疵。

**基本案情**：

第三人注册资本为100万元。第三人原登记机关是佛山市工商行政管理局，但该局下发的佛工商〔2005〕2号文件，对原在佛山市工商行政管理局登记、经营住所在禅城区的、注册资本500万元以下的有限责任公司的变更、注销等登记权限已经规定由被告行使。

2006年2月22日第三人召开股东会，股东之一时任第三人的法定代表人原告主持会议，后因故离开会场。此后，股东会作出了决议及《盈科公司章程修正案》《盈科公司董事、监事任免职书》《盈科公司董事长、法定代表人、经理任免职书》，到会股东除原告外均在签名册签名。

2006年3月2日第三人向被告递交《公司变更登记申请书》等材料申请变更公司原法定代表人原告为洪海阳。

被告审查了第三人提交的材料后，于2006年3月8日向原告发出通知，征询其对第三人变更法定代表人是否有异议。

同年3月10日，原告答复不同意第三人此次申请变更法定代表人。

同年3月22日，原告到被告处查阅第三人申请变更登记资料时，被告对原告作了询问笔录。

在原告提出异议的情况下，次日，被告又找第三人占78%表决权的其他股东（洪海阳、涂益进、罗方方、刘汉梅、陈源、刘浪平、陈华英、陈水荣）一一核实股东

---

[①] 参见冯建中与佛山市禅城区工商行政管理局工商行政登记纠纷案。

会决议及其他申请材料的真实性,作了调查笔录。在其他股东均确认股东会决议及其他申请材料真实合法。

同日,被告对第三人的申请作出了《受理通知书》。

同年3月29日,被告作了《申请材料核实情况报告书》。

同年4月10日,被告根据《公司变更登记审核表》作出佛禅核变通内字〔2006〕第0600296697号《核准变更登记通知书》。

同日,被告通知第三人带原企业法人营业执照正本和编号为2-1的副本到该局登记注册,换取新核发的营业执照。因第三人营业执照在原告手中,当日第三人向被告提交《关于盈科公司不能缴回原企业法人营业执照正本及副本(2-1)说明》。

同月14日,被告向原告发出通知,要求其将第三人营业执照正本及副本(2-1)交回该局登记注册。原告逾期未能缴回上述营业执照,被告在《佛山日报》刊登该营业执照正本及编号为副本(2-1)作废的公告。

同年4月19日,第三人法定代表人洪海阳在被告的《企业登记颁证及归档记录表》上签名签领了新的营业执照。

**原告诉称:**

2006年2月22日第三人作出的股东会决议系无效决议,原告从未在该决议上签字。

被告依据第三人提交的无效股东会决议作出的工商变更登记显然是错误的,应予以撤销。

**被告辩称:**

第三人提交的工商变更登记材料齐全,内容合法。被告对其尽到了审查义务,并依程序作出了受理通知书,同时对原告、第三人部分股东进行了调查核实。

同时因原告逾期未缴回第三人原企业法人执照,被告依照《公司登记管理条例》(2005年修订)第64条第3款的规定,刊登公告声明第三人原企业法人营业执照作废,并于2006年4月19日,向第三人核发了变更后的营业执照。

被告作出工商变更登记的依据合法,程序正确。依法应予以维持。

**一审认为:**

本案的行政争议焦点是被告于2006年4月10日核准登记第三人法定代表人变更是否合法。

1. 原告以自己没有在股东会议签名册签名,主张决议无效,理据不足,于法无据,应予驳回。

根据《公司登记管理条例》(2005年修订)第4条和第8条的规定,被告有办理公司登记的职责,其主体适格。

2006年2月22日第三人召开股东会作出了决议、公司章程修正案、公司董事、监事任免职书、公司董事长、法定代表人、经理任免职书,上述事实有到会股东签名册签名和被告对原告、第三人到会股东的调查笔录的内容证实。依照《公司法》(2005年修订)第44条第2款"股东会会议作出修改公司章程、增加或者减少注册资本的决议,以及公司合并、分立、解散或者变更公司形式的决议,必须经代表三分之二以上表决权的股东通过"的规定,该股东会通过的决议、公司章程修正案、公司董事、监事任免职、公司董事长、法定代表人、经理任免职符合法律规定。

2. 被告对第三人变更法定代表人的登记事实清楚,证据确实充分,适用法律法规正确、程序合法,应予维持。

依照《公司登记管理条例》(2005年修订)第30条"公司变更法定代表人的,应当自变更决议或者决定作出之日起30日内申请变更登记"的规定,第三人于2006年3月2日填写《公司变更登记申请书》和出具《指定代表或者共同委托代理人的证明》《公司法定代表人登记表》《公司董事、监事、经理情况》,以及公司决议、公司章程修正案、《公司董事、监事任免职书》《公司董事长、法定代表人、经理任免职书》等相关资料,向被告申请变更公司法定代表人。

被告依照该条例第52条的规定,于2006年3月22日对第三人的申请作出了受理通知书,同时对原告、第三人部分股东进行了调查核实。

2006年4月10日,被告对第三人发出佛禅核变通内字〔2006〕第0600296697号《核准变更登记通知书》,核准了第三人变更法定代表人的申请。因原告逾期未缴回第三人原企业法人执照,被告依照《公司登记管理条例》(2005年修订)第64条第3款的规定,刊登公告声明第三人原企业法人营业执照作废。并于2006年4月19日,对第三人核发了变更后的营业执照,其行政程序合法。

**一审判决:**

维持被告于2006年4月10日核准将第三人法定代表人变更为洪海阳的登记。

原告不服一审判决,向上级人民法院提起上诉。

**原告上诉称:**

1. 原审没有通知第三人股东涂益进等参加诉讼错误。

2. 原审判决认定第三人2006年2月22日股东会决议合法有效是错误的,该股东会议既未涉及选举和更换董事问题,也没有形成任何决议。

**被告二审辩称：**

原审认定被诉具体行政行为合法所依据的事实清楚，适用法律正确，程序合法，请求二审法院予以维持。

第三人在二审期间未进行答辩。

**律师观点：**

1. 被告的行政主体资格合法。

根据《公司登记管理条例》第4条、8条的规定，除须由国家工商行政管理总局及省工商行政管理局负责登记的有限责任公司以外，被告对本辖区内的其他有限责任公司具有行政登记的职权。第三人向被告申请的是变更法定代表人行政登记，根据《公司登记管理条例》第26条的规定，应当向原公司登记机关申请变更登记。

根据佛山市工商行政管理局下发的佛工商〔2005〕2号文件，第三人法定代表人变更应由被告进行登记，被告的行政主体资格合法。

2. 原审判决认定事实清楚，证据充分，适用法律正确。

被告在接受第三人的申请后，经审核向第三人发出了受理通知书，对有关申请文件、材料进行了核实，作出了核准变更登记决定并告知申请人，同时告知申请人换发营业执照，在申请人说明无法交回营业执照的情况下登报申明第三人原营业执照作废，并为其换发了变更后新的营业执照，其行政程序符合《公司登记管理条例》第8章的规定。

本案中，第三人申请法定代表人变更提交的申请材料齐全，符合《公司登记管理条例》第27条、国家工商行政管理总局《企业法人法定代表人登记管理规定》第6条及《内资企业登记表格和内资企业登记申请提交材料规范》的有关规定。

被告在接受第三人申请材料后，向原法定代表人原告发出通知，询问其对第三人变更法定代表人的意见。在其提出异议的情况下，被告又找第三人占78%表决权的其他股东一一核实股东会决议及其他申请材料的真实性。在其他股东均确认股东会决议及其他申请材料真实合法的情况下，依照《公司登记管理条例》的规定作出变更登记。被告已经尽到了行政审查核实的义务，其作出的被诉行政登记行为认定事实清楚，证据确凿，适用法律法规正确。原告对股东会决议的效力有异议，可依照《公司法》第22条的规定主张自己的权利。

综上，原审判决认定事实清楚，证据充分，适用法律正确，应予维持。

3. 原告认为原审未通知第三人股东参加诉讼程序违法不成立。

本案所诉的是工商行政登记行为，并非股权纠纷。第三人的股东虽与本案被诉的具体行政行为有一定利害关系,但其不是本案必须参加诉讼的当事人,人民法院可以不通知其参加诉讼。原审法院已依法通知应当参加诉讼的当事人第三人参加诉讼,其审判程序符合法律规定,原告的上诉意见法院不应予以采纳。

**法院判决:**

驳回上诉,维持原判。

**379. 工商行政管理机关是否要对申请人提交材料的真实性承担审查责任?**

因申请材料和证明文件不真实所引起的后果,工商行政管理机关不承担相应的责任。申请人提交的申请材料和证明文件是否真实的责任应由申请人承担。登记主管机关的责任是对申请人提交的有关申请材料和证明文件是否齐全,以及申请材料和证明文件及其所记载的事项是否符合有关登记管理法律法规的规定进行审查。

但是在审判中,法院并不会以此来界定工商行政管理机关的审查责任。若工商行政机关根据虚假材料作出了具体行政行为,未尽到审慎审查义务的,法院仍有可能撤销具体行政行为。或工商行政管理机关依职权责令不符合有关登记管理法律法规的公司改正,情节严重的,直接吊销营业执照。

**380. 若登记事项仅须形式审查,工商行政管理机关是否完全不需要对真实性负责?**

按照形式审查原则,工商行政管理机关不需要对真实性负责,但是在以"常人标准"可以判别真伪的情况下,工商行政管理机关应该要对真实性负审慎的审查义务。"常人标准"是指工商行政管理机关在审查申请材料时,以肉眼可识别为限,主要的识别方式为文件比对。

**【案例173】法定代表人变更材料虚假　工商行政登记被撤销**[①]

**原告:** 徐菊如

**被告:** 上海市工商行政管理局浦东新区分局

**第三人:** 普联公司

**诉讼请求:** 撤销被告作出的法定代表人变更登记行为。

**争议焦点:** 被告依据虚假材料作出的具体行政行为,但申请材料齐全、符合法定形式的,能否认定被告尽到审慎审查职责。

---

① 参见上海市第一中级人民法院行政判决书(2006)沪一行终字第62号行政判决书。

**基本案情：**

第三人法定代表人为原告。

而后第三人向被告提交股东会决议、董事会会议和公司章程修正案等申请材料,申请变更公司法定代表人为李家东,被告予以变更。

**原告诉称：**

第三人从未就变更法定代表人事宜召开董事会议和股东会议,并且申请材料中涉及原告的签名均非本人所签,遂以此为由向法院提起行政诉讼,要求撤销被告的变更登记行为。

**被告辩称：**

第三人提交的材料齐全、符合法定形式,自己并非专业鉴定人员,无法对签名的真实性作出正确判断,因此驳回原告诉讼请求。

**律师观点：**

被告未尽到审慎审查职责,且据以作出具体行政行为的申请材料系虚假,属于主要证据不足。

被告在审查申请材料时,对于材料的形式和实质内容均有谨慎审核和注意义务,而第三人违反法律规定,没有如实提交真实材料、反映真实情况,向被告提交虚假申请材料,导致被告作出被诉具体行政行为所依据的证据缺乏真实性、合法性,属于主要证据不足,该具体行政行为依法应予撤销。

**法院判决：**

判决撤销被告的变更登记。

## 381. 如何理解工商行政管理机关"怠于履行行政义务"？

主要表现为以下五种情形:

(1)拒绝作为,指对行政相对人的申请明确予以拒绝,故属于完全程度的怠于履行行政义务。例如,对于申请人符合条件的公司登记申请,工商行政管理机关予以拒绝,作出不予核准登记的行政决定。

(2)不予答复,指对行政相对人的申请,既不履行作为义务,也不明确予以拒绝。例如,对于申请人提交的公司登记申请,工商行政管理机关既不作出予以核准或者不予核准的明确表示。

(3)拖延作为,指超过法定期限而未履行行政义务,或者虽然未超过法定期限,但是未能及时履行行政义务。例如对于申请人提交的申请材料齐全、符合法定形式的,工商行政管理机关应当当场作出核准的决定,否则即便没有超过 20 日的审查期限,也属于拖延作为。

(4)没有实施防止危害的行为,指对已出现的危害、风险和危险等情况,负有采取措施予以防止的行政义务,如未采取相应防止措施且未能防止危害结果的发生。例如,工商行政管理机关明知申请人提交的申请材料虚假,不符合法律的规定,仍然要作出予以核准登记的行政决定,就应当视为没有实施防止危害的行为。

(5)没有防止危害结果的发生,指虽然实施了一定行为,但是由于没有尽到应有的、合理的注意义务,没有采取足够有效的措施,从而没有能够防止危害结果的发生。例如,在审查申请材料的过程中,申请材料上的签名是虚假的,依照"常人标准"的审慎审查标准即能发现的,工商行政管理机关却未能发现。

## 【案例174】经营场所证明材料已完备　工商局被判履行设立登记职责[1]

**原告**:陈汉钦

**被告**:海南省儋州工商行政管理局

**诉讼请求**:判令被告履行法定职责,给原告颁发《个体工商户营业执照》。

**争议焦点**:

1. 原告对请求被告换发营业执照撤诉后又向被告申请开业,被告作出《设立登记不予受理通知书》,原告不服再次向法院提起行政诉讼,法院是否不应予以受理;

2. 原告出具的经营场所证明是否合法有效;

3. 被告作为个体经营登记机关,对个体经营申请人申请开业登记提供的经营场地证明是形式审还是实质审。

**基本案情**:

2002年上半年以前,原告在儋州市那大镇老解放北路租铺面场地从事钢材等行业,被告向原告颁发《个体工商户营业执照》。因儋州市人民政府对那大城区老解放北路进行整治,原告搬迁至军屯建材市场,并与儋州市军屯实业开发公司签订《军屯建材市场租赁合同》。

2003年2月原告向被告申请经营场地变更登记,被告受理申请后没有给原告办理变更登记手续。

2004年4月30日,儋州市建设局向儋州市那大军屯村委会作出《关于军屯建材商场搬迁的通知》,原告等人不服向法院提起行政诉讼。

---

[1] 参见海南省海南中级人民法院(2008)海南行终字第118号行政判决书。

2007年12月27日,法院作出(2007)儋法行字第38号行政判决书,撤销儋州市建设局作出的《关于军屯建材商场搬迁的通知》。

2007年4月16日,儋州市人民政府发出《儋州市人民政府关于那大地区各建材经营户限期迁入儋州琼西建材市场统一经营的公告》决定,那大地区各建材经营户限于2007年5月10日前一律迁入儋州琼西建材市场经营。原军屯临时建材市场将按有关规定依法取缔。

2007年4月18日,儋州市人民政府办公室要求被告对那大地区儋州琼西建材市场以外的经营户不再发放营业执照。

2008年1月25日,儋州市建设局向被告发函,说明军屯市场已不符合儋州市目前的城市规划建设要求,市场内的建筑物建设未履行规划和建筑施工许可等相关手续,属违章建筑。

2008年1月9日,原告以被告不履行法定职责给其换发营业执照为由提起行政诉讼。在审理过程中原告以与被告协商解决为由向法院撤回起诉。2008年4月17日,原告向被告申请在军屯建材商场开业经营钢材,并向被告递交了《军屯建材市场租赁合同》等材料。2008年4月30日,被告以军屯建材市场内的建筑物未履行规划和许可手续,属违章建筑为由作出《设立登记不予受理通知书》,对原告的申请不予受理。

**原告诉称:**

原告向被告申请在军屯建材商场开业经营钢材所递交的《军屯建材市场租赁合同》等材料,符合《个体工商户登记程序规定》中关于个体工商户登记的规定。被告对其开业申请作出不予受理的行政行为不合法。

**被告辩称:**

原告撤诉后以同一事实和理由重新起诉,违反了《最高人民法院关于执行〈行政诉讼法〉若干问题的解释》第36条关于"人民法院裁定准许原告撤诉后,原告以同一事实和理由重新起诉的,人民法院不予受理"的规定,法院不应予以受理。

**一审认为:**

1. 关于被告提出原告撤诉后以同一事实和理由重新起诉的问题。

经审查原告两次起诉的事实和理由,原告对换发营业执照撤诉后又向被告申请开业,被告作出《设立登记不予受理通知书》。原告不服再次向法院提起行政诉讼,不属于《最高人民法院关于执行〈中华人民共和国行政诉讼法〉若干问题的解释》第36条规定的以同一事实和理由重新起诉,被告这一主张与事实不符,不予采纳。

2. 关于申请个体工商户设立所需经营场所的问题。

《个体工商户登记程序规定》第 5 条规定,申请个体工商户设立登记,应当提交经营场所证明等材料。《城乡个体工商户管理暂行条例》第 14 条规定:"个体工商户所需生产经营场所地,当地人民政府应当纳入城乡建设规划,统筹安排"。

依据上述有关规定,申请个体工商户设立所需的经营场所应当符合当地城乡建设规划。虽然原告向被告申请在军屯建材市场开业经营钢材时提交了《军屯建材市场租赁合同》等材料,但由于儋州市建设局向被告发函,说明军屯建材市场已不符合儋州市目前的城市规划建设要求,市场内的建筑物建设未履行规划和建筑施工许可等相关手续,属违章建筑。所以原告提供的《军屯建材市场租赁合同》等材料并不能证明其取得了合法的经营场所。

除此之外,(2007)儋法行字第 38 号行政判决书虽然撤销了儋州市建设局作出的《关于军屯建材商场搬迁的通知》,但并不否认军屯建材市场内的建筑物属违章建筑的事实,其与儋州市建设局认定军屯建材市场内的建筑物属违章建筑并不矛盾。因原告不能提供合法的经营场地证明,原告申请开业的个体经营不符合开业登记条件,被告对其开业申请作出不予受理的行政行为合法。原告请求被告颁发《个体工商户营业执照》,依据不足,法院不予支持。

**一审判决:**

驳回原告的诉讼请求。

原告不服一审判决,向上级人民法院提起上诉。

**原告上诉称:**

1. 原告的经营场所合法。

一审法院在地方政府的压力下,作出违背事实和法律的认定,损害了公民的合法权益,践踏了公平竞争的原则。

事实上,2002 年 6 月 21 日,儋州市人民政府已将军屯建材商场纳入城乡规划。2002 年 9 月 11 日和 2003 年 10 月 27 日,被告给军屯建材商场颁发了《市场登记证》。

原告等经营户为响应政府号召,于 2003 年 5 月搬迁至军屯建材商场经营,并与市场的开办单位儋州市军屯实业开发有限公司签订《建材市场租赁合同》。2004 年年初,儋州市政府及所属的职能部门滥用行政权力,限制原告等在军屯建材商场的正当经营活动,指定原告等经营者一律必须到政府指定的儋州琼西建材市场经营,否则强制搬迁。2004 年 4 月 30 日,儋州市建设局向那大军屯村委会作出《关于军屯建材商场搬迁的通知》,以军屯建材商场不符合城市规划、未履行报建手续，属违章建筑为由，通知军屯建材商场内的经营户搬迁到琼西建材市场经营。后原告不服向儋州市人民法院起诉。儋州市人民法院作出（2007）儋法行初字第38号行政判决书，认为儋州市建设局的理由不能成立，判决撤销儋州市建设局作出的《关于军屯建材市场搬迁的通知》。该判决已发生法律效力。这说明以军屯建材商场不符合儋州市城市规划要求、不履行报建等相关手续认为需要搬迁的理由已被法院生效判决否定，但被告还是以同一事实和理由作出不予受理的行政行为，违反了"不能以同一事实和理由作出相同具体行政行为"的法律规定。

2. 被告作出行政行为的依据是错误的。

《个体工商户登记程序规定》第5条规定，申请个体工商户设立登记，应当提交经营场所证明等材料。对于经营场所证明的进一步解释，国家工商行政管理总局没有相关规定，但被告对目前申请个体工商户登记的经营场所证明材料实际的做法是要求申请人提供租赁合同或居（村）委会出具的证明就给予登记。被告作出不予受理原告的个体经营开业申请所依据的都是儋州市政府颁发的文件、公告等，而不是依据法律、法规、规章，显然属于适用法律错误。

综上，请求撤销一审判决，并判决被告履行法定职责、给原告颁发《个体工商户营业执照》。

**原告为证明其观点，提交证据如下：**

1. 原儋州市规划局于2000年6月29日批准了《儋州市军屯新村修建性详细规划图》，该规划图当中包括有"军屯建材商城"；

2. 儋州市人民政府于2002年6月21日作出的《儋州市人民政府关于兴办军屯建材商场的批复》（儋府函〔2002〕147号）。

**被告二审辩称：**

1. 原告原在解放北路经营钢材，于2003年5月搬迁到军屯建材商场经营后，未及时办理经营场所变更登记，仍持原营业执照继续经营。2008年4月30日，原告向被告申请个体工商户开业登记，因原告所在的经营场地军屯建材商场不符合城乡建设规划，该商场内的建筑物建设未履行规划许可和建筑施工手续，属违章建筑。因原告无法提供合法场地证明，故被告根据《城乡个体工商户管理暂行条例》的有关规定，不给原告办理营业登记手续；

2. 变更登记和设立登记不同，是两个不同的法律事实，不是原告所说的"同一事实"。

综上，被告不受理原告的注册登记是有事实和法律依据的，请求二审法院驳回原告的上诉请求。

**律师观点：**

被告作为个体经营登记机关，对个体经营申请人申请开业登记提供的经营场地证明的审查仅限于证明手续是否完备，至于经营场地是否符合规划及是否属违章建筑不是工商行政管理机关审查的范围。且本案原告提供的经营场地即军屯建材市场是经儋州市人民政府批准开办的，也是经原儋州市规划局规划许可建设的，并不属违章建筑。儋州市建设局作出的责令军屯建材市场搬迁的决定被人民法院判决撤销后，至今儋州市人民政府或儋州市建设局并未作出要求军屯建材市场关闭或搬迁的决定，被告认定军屯建材市场属违章建筑属越权行为，亦不符合事实。故被告对原告的开业登记申请不予受理属不履行法定职责的不作为行为。

另，军屯建材市场和琼西建材市场均是平等的市场主体投资开办的，属商业行为。被告作为市场管理行政机关，依法应当平等保护市场主体的平等竞争，而不能利用行政职权限制市场主体的公平竞争权。故被告在申请人提供了完备的登记申请所需证据材料的情况下，作出不予受理申请人的登记申请，是没有事实和法律依据的。被告应对原告的登记申请在法定期限内履行其法定职责。

综上，一审以原告不能提供合法的经营场地证明判决驳回原告的诉讼请求属认定事实不清，证据不足，应予撤销。

**二审判决：**

1. 撤销一审判决；

2. 限被告在本判决生效后的法定期限内对原告提出的工商登记申请履行其法定职责。

### 382. 工商行政管理机关作出错误的行政许可登记行为，应对起诉人承担什么样的法律责任？

工商行政管理机关是否需要承担法律责任分为以下三种情形：

（1）被告在实施行政许可过程中，与他人恶意串通共同违法侵犯原告合法权益的，应当承担连带赔偿责任；

（2）被告与他人违法侵犯原告合法权益的，应当根据其违法行为在损害发生过程和结果中所起作用等因素，确定被告的行政赔偿责任；

（3）被告已经依照法定程序履行审慎合理的审查职责，因他人行为导致行政许可决定违法的，不承担赔偿责任。

**【法律依据】**

**行政法类**

(一)法律

❖《公司法》第32条

❖《行政诉讼法》第11条、27条、39条、41条、42条

❖《行政许可法》第12条

(二)行政法规

❖《公司登记管理条例》第9~21条、26~43条、69条、73条

(三)部门规章

❖《工商行政管理机关行政处罚程序规定》第16~19条

(四)司法解释

❖《最高人民法院关于执行〈中华人民共和国行政诉讼法〉若干问题的解释》第1条、12条、24条、39条、42条、43条

❖《最高人民法院印发〈关于依法保护行政诉讼当事人诉权的意见〉的通知》法发〔2009〕54号

❖《最高人民法院关于审理行政许可案件若干问题的规定》第13条

# 第七章　股权转让纠纷

【宋律师释义】

> 股权转让纠纷,是指公司股东转让股权而引发的股权转让合同效力、股权转让合同履行、瑕疵出资股东转让股权等纠纷。
>
> 以公司性质作为划分标准,该案由可区分为有限责任公司与股份有限公司(包括上市公司)的股权转让纠纷。
>
> 以股权性质作为划分标准,该案由可区分为一般股权转让纠纷、国有股权转让纠纷、外商投资企业股权转让纠纷。
>
> 该类纠纷发生的主要原因包括:股东行使优先购买权、股权转让合同履行中的一般违约行为、"一股多卖"、瑕疵出资股权的转让、国有股权交易未履行必要程序、外商投资企业股权转让未履行批准程序、夫妻一方处分共有股权及另一方股权、其他人冒用股东签字转让股权、隐名股东转让或受让股权等。

【关键词】股东优先购买权　限售股　股权收购　资产收购　股权支付　非股权支付　国有创业投资企业　实质经营性资产

❖ **股东优先购买权**:指在有限责任公司中,股东对股东以外的第三人转让股权时,其他股东可以享有以同等条件优先购买该拟转让股权的权利。

❖ **限售股**:限售股包括两类:

(1)上市公司股权分置改革完成后股票复牌日之前股东所持原非流通股股份,以及股票复牌日至解禁日期间由上述股份孳生的送、转股;

(2)2006年股权分置改革新老划断后,首次公开发行股票并上市的公司形成的限售股,以及上市首日至解禁日期间由上述股份孳生的送、转股(以下简称新股限售股);

- ❖ **资产收购**：指一家企业（以下简称受让企业）购买另一家企业（以下简称转让企业）实质经营性资产的交易。受让企业支付对价的形式包括股权支付、非股权支付或两者的组合。

- ❖ **股权收购**：指一家企业（以下简称收购企业）购买另一家企业（以下简称被收购企业）的股权，以实现对被收购企业控制的交易。收购企业支付对价的形式包括股权支付、非股权支付或两者的组合。

- ❖ **股权支付**：指企业重组中购买、换取资产的一方支付的对价中，以本企业或其控股企业的股权、股份作为支付的形式。

- ❖ **非股权支付**：指以本企业的现金、银行存款、应收款项、本企业或其控股企业股权和股份以外的有价证券、存货、固定资产、其他资产以及承担债务等作为支付的形式。

- ❖ **国有创业投资企业**：指在我国境内注册设立的，在发改委备案的主要从事创业投资的国有企业组织。其中，创业投资系指向创业企业进行股权投资，以期所投资创业企业发育成熟或相对成熟后主要通过股权转让获得资本增值收益的投资方式。而创业企业，系指在我国境内注册设立的处于创建或重建过程中的成长性企业，但不含已经在公开市场上市的企业。

- ❖ **实质经营性资产**：指企业用于从事生产经营活动、与产生经营收入直接相关的资产，包括经营所用各类资产、企业拥有的商业信息和技术、经营活动产生的应收款项、投资资产等。

# 第一节　立　　案

### 383. 如何确定股权转让纠纷的诉讼当事人？

一般的股权转让合同纠纷，应当以合同一方当事人为原告，以其主张应当履行义务或承担责任的另一方或多方为被告。

非合同当事人主张股权转让合同无效或可撤销的诉讼，则应当以转、受让各方为共同被告。

### 384. 如何确定股东主张优先购买权的诉讼当事人？

股东主张优先购买权诉讼的原告应当为行权股东，应当以转让人、受让人为被告，公司为第三人。

此外，与诉讼有利害关系的公司其他股东应当以第三人身份参加诉讼。

**385. 股权转让纠纷中,受让人以转让的股权存在出资瑕疵为由提起诉讼,应当如何确定诉讼当事人?**

出资瑕疵股权的转让所引起的纠纷,应当以转让人为被告,由于股权出资瑕疵,诉讼结果可能导致公司出资义务的主体发生变化,间接对公司利益产生影响,故可将公司列为无独立请求权的第三人。如公司或者公司其他股东以转让人拖欠出资为由,主张以股权转让款补足出资并请求参加诉讼的,人民法院应将案件合并审理。

**386. 股份有限公司发起人、董事、监事、高级管理人员转让股份违反《公司法》的限制性规定,如何确定诉讼当事人?**

公司及与股份转让有利害关系的当事人可以作为原告提起诉讼,请求确认上述人员与受让人签订的股份转让协议无效或者部分股份转让无效。

但是需要注意的是,如果在诉讼中,《公司法》限制股东转让股份的时间已经届满或者转让人的情况发生变化导致《公司法》限制股份转让的情形消灭了,法院将驳回原告的诉讼请求。

**387. 外商投资企业股权转让合同成立后,转让人和外商投资企业不履行报批义务,受让人起诉主张转让人及企业履行报批义务,如何确定诉讼当事人?**

受让人应以转让人为被告、以外商投资企业为第三人提起诉讼,请求转让人与企业在一定期限内共同履行报批义务。另外,受让人还可以同时请求,在转让人和外商投资企业于生效判决确定的期限内不履行报批义务时,由受让人自行报批。

## 【案例175】不执行生效判决的报批义务　可判由受让人自行报批[①]

**原告(反诉被告):** 文喜公司

**被告(反诉原告):** 荐田株式会社

**被告:** 富康公司

**诉讼请求:**

1. 判令被告荐田株式会社继续履行合同义务,向原告支付剩余的股权转让款人民币412,692.11元;

2. 被告荐田株式会社承担违约责任,向原告支付违约金人民币47,872元;

3. 确认被告富康公司在合营公司的全部出资是由原告垫付的,被告荐田株式会社在判决生效后1个月内将被告富康公司的股权变更至原告名下。

---

[①] 参见广东省高级人民法院(2009)粤高法民四终字第285号判决书。

**争议焦点：**

1. 股权转让合同是否必须经董事会同意；

2. 未经有关审批机关审批的股权转让合同是否无效；

3. 股权转让中受让方是否承担协助报批的义务；

4. 股权转让受让方不配合办理报批手续，法院是否可以径行判决转让方自行报批；

5. 如何证明、处置代股东垫付股本金的问题；

6. 在行政机关审批前，尚未支付的股权转让价款是否应继续履行，已支付的股权转让款是否属于不当得利应退还。

**基本案情：**

2000年10月，经盐城市城区对外经济贸易局审批同意，被告荐田株式会社、原告、被告富康公司分别出资10万美元、3.4万美元、1.6万美元成立拓诚公司，注册资本计15万美元，三股东分别占有66.7%、22.6%、10.7%的股份。公司章程约定，董事会由三方股东分别派员组成；合营公司注册资本的增加、转让需经董事会一致通过。

2000年11月22日，原告经银行转账人民币14万元至被告富康公司账户，双方均认可该笔款项系代被告富康公司垫付的股本金。

经过一段时间经营后，拓诚公司股东磋商将该企业由合资改造为日方独资。2005年5月30日，被告富康公司出具了一份《股权转让同意书》，同意原告将其22.6%的股权转让给被告荐田株式会社，"股权转让后，被告荐田株式会社在拓诚公司的出资额为13.4万美元，占注册资本的89.3%，被告富康公司在拓诚公司的出资额为1.6万美元，占注册资本的10.7%"。

2005年6月24日，被告荐田株式会社与原告签订了《关于拓诚公司由合资变更为独资的协议书》，双方约定：

1. 被告荐田株式会社以人民币120万元收购原告的所有股权；

2. 2005年6月30日以后，原告终止对拓诚公司的经营管理；

3. 2005年7月1日以后，即使变更独资公司的手续未完成，原告对于新公司的经营管理不负一切责任。

此后，原告依约退出了合营公司的经营管理，被告荐田株式会社分两次于2005年7月和2005年9月支付原告股权转让款人民币787,307.89元。原告于2006年5月29日向被告荐田株式会社出具收到上述款项的收据一份。

2006年9月21日，被告荐田株式会社与原告经过磋商又签订了一份协议，约定：

1. 如果有证据证明被告富康公司10.7%的出资款是由原告出资的,则原告的出资比例为33.3%;

2. 拓诚公司的资产评估,委托盐城市内的会计师事务所进行,其费用由被告荐田株式会社承担;

3. 尽快进行评估,双方向解除合资的方向努力;

4. 此协议书优先于之前签订的所有协议书。

新协议签订后,被告荐田株式会社以拓诚公司名义,委托会计师事务所,以2006年8月31日为基准日,对拓诚公司的资产作了整体评估,评估资产总额为人民币421.18万元,负债总额为人民币291.87万元,净资产为人民币129.31万元。

此后,因各方未能就股权转让款项达成一致。

**原告诉称:**

原告根据协议向被告荐田株式会社提供了垫付被告富康公司出资款的证据后,被告荐田株式会社却拒不履行承诺,没有向原告支付剩余的股权转让款。被告荐田株式会社的行为侵犯了原告的利益。

**被告荐田株式会社辩称:**

1. 原告所汇的14万元款项非投资款。

原告汇给被告富康公司的人民币14万元款项,按2000年11月人民币折合美元的汇率8.2774计算,则应折合1.69万美元,与被告富康公司1.6万美元的投资款不一致,而且转账单上也未注明是代垫投资款,所以原告在2000年11月汇给被告富康公司的人民币14万元不能证明确系投资款。

2. 股权转让未经董事会一致同意通过,因此转让协议尚未生效。

2006年9月21日的"协议书"表明,协议双方仍在就合资变独资进行磋商,对于股权转让价格、交割期限等核心问题均未明确;被告富康公司作为拓诚公司的三股东之一,一直未参与协商股权转让;拓诚公司章程第17条规定,"合营公司注册资本的增加、转让经董事会一致通过后,报盐城市城区对外贸易局批准,并向盐城市工商行政管理部门办理变更登记手续",第30条规定,"合营公司的注册资本增加、转让须董事会一致通过",但原告股权转让一事从未经董事会研究。

3. 该股权转让协议未经审批机关审批,所以该股权转让协议不是合法有效的协议。

**被告荐田株式会社反诉称:**

原告无合法根据取得被告荐田株式会社已支付的款项人民币787,307.89

元,属于不当得利,应当返还。请求判令原告返还被告荐田株式会社不当得利款项 787,307.89 元。

被告富康公司同意原告的诉讼请求。

**一审认为:**

1. 关于被告富康公司的股本金是否系原告垫付。

原告称为被告富康公司垫支了人民币 14 万元股本金,有银行进账单佐证,对此,被告富康公司当庭予以确认,并无异议,垫付股本金是原告和被告富康公司双方间的资金借用行为,既不影响经行政审批认定的股东资格,也不影响各股东注册的股份份额,在资金借用双方意思表示真实一致的情况下,只要汇款金额不低于被告富康公司应投入的股本金,就可以作为事实予以认定。被告荐田株式会社关于银行汇款单上未注明款项用途及汇款金额略高于股本金额的抗辩理由不能成立,不予采纳。

2. 关于股权转让协议是否必须经董事会研究同意。

中外合资经营企业的股东是其股权的所有人,对于股权是否转让拥有处分权。根据《中外合资经营企业法》第 4 条的规定,合营者的注册资本如果转让必须经合营各方同意。因此,合营公司股东间转让股权依法必须经全体股东同意并经审批机构审批方为有效。虽然董事会是合营企业的最高权力机构,但董事作为各股东委派到合营企业的经营管理代表,应当如实代表其股东发表意见。本案中,三方股东均在不同文件中同意原告将全部股权转让给被告荐田株式会社,在此情况下,拓诚公司章程第 30 条关于公司注册资本的转让需经董事会一致通过的规定,已经成为一种形式,是否经董事会通过不影响股权转让合同的效力,被告荐田株式会社关于股权转让协议未经董事会研究通过故而无效的抗辩理由不能成立,不予采纳。

3. 关于原告与被告荐田株式会社签订的股权转让协议是否系有效协议。

《中外合资经营企业法实施条例》第 14 条规定,合营企业协议、合同和章程经审批机构批准后生效;《最高人民法院第二次全国涉外商事海事审判工作会议纪要》第 88 条规定,外商投资企业的股权转让合同,应当报经有关审查批准机关审查批准,在一审法庭辩论终结前当事人未能办理批准手续的,人民法院应当认定该合同未生效。原告与被告荐田株式会社的股权转让协议,虽系双方真实意思表示,但未经审批机关审查批准,且在一审法庭辩论终结前也未能办理批准手续,属于未生效合同,故被告荐田株式会社关于合同未经审批因而未生效的抗辩理由成立,予以采纳。

本案经一审法院主持调解,原告与被告荐田株式会社多次协商,仍无法就股权价值认定达成一致,合资变独资事宜已无法继续推进。由于原告与被告荐田株式会社签订的股权转让协议未生效,故协议内容对双方当事人不具有法律约束力。原告按双方约定自2005年7月起退出拓诚公司经营而造成的实际损失,不在本案诉讼请求范围之内,由当事人案外协商解决或通过其他途径处理。

综上所述,原告要求确认垫付股本金的诉讼请求予以支持,要求被告荐田株式会社继续履行未支付的股权转让款、支付违约金,并将被告富康公司10.7%的股权变更至原告名下的诉讼请求不予支持;被告荐田株式会社要求原告返还已支付股权转让款的反诉请求符合法律规定,予以支持。

**一审判决:**

1. 确认被告富康公司在拓诚公司的全部股本金系原告垫付;
2. 原告在判决生效后30日内返还被告荐田株式会社股权转让款人民币787,307.89元;
3. 驳回原告的其他诉讼请求。

原告不服一审判决,向上级人民法院提起上诉。

**原告二审上诉称:**

1. 一审判决认定事实错误。

一审判决认定《附属协议书》系复印件否定双方股权转让的事实错误。一审判决确认被告富康公司在拓诚公司的全部股本金系原告垫付,却未判令"被告荐田株式会社将被告富康公司的股权变更至原告名下"错误。一审判决依据《第二次全国涉外商事海事审判工作会议纪要》认定股权转让协议未生效错误。

2. 一审判决程序违法。

一审法院应判令被告荐田株式会社继续履行合同,办理审批及工商变更手续。本案股权转让合同未生效的法律后果,不等于合同无效。一审法院没有告知双方当事人可以在一审法庭辩论终结前办理批准手续,而径行判决返还已经收取的转让款是错误的。一审法院未告知当事人会议纪要的内容以及办理审批手续程序违法。

**被告荐田株式会社二审辩称:**

原告与其之间的股权转让仍在磋商之中,没有达成合意,也未经审批机关批准,系未生效协议,原告无权要求其支付款项。

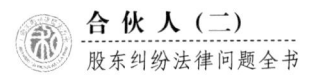

**被告富康公司二审辩称：**

我公司在拓诚公司的出资确实是原告垫付的，我公司同意将股权转让到原告名下。

**律师观点：**

1. 本案股权转让合同应适用《最高人民法院关于适用〈中华人民共和国合同法〉若干问题的解释(二)》的规定。

根据《最高人民法院关于适用〈中华人民共和国合同法〉若干问题的解释(一)》第9条的规定，依照《合同法》第44条第2款的规定，法律、行政法规规定合同应当办理批准手续，或者办理批准、登记等手续才生效，在一审法庭辩论终结前当事人仍未办理批准手续的，或者仍未办理批准、登记等手续的，人民法院应当认定该合同未生效。

本案中，被告荐田株式会社与原告所签订的关于转让22.6%股权的合同未经有关审批机关审批，因此，一审判决涉案股权转让合同未生效并无不当。但是，在一审判决之后，《最高人民法院关于适用〈中华人民共和国合同法〉若干问题的解释(二)》颁布。根据该解释第8条的规定，依照法律、行政法规的规定经批准或者登记才能生效的合同成立后，有义务办理申请批准或者申请登记等手续的一方当事人未按照法律规定或者合同约定办理申请批准或者未申请登记的，属于《合同法》第42条第3项规定的"其他违背诚实信用原则的行为"，人民法院可以根据案件的具体情况和相对人的请求，判决相对人自己办理有关手续。另外，根据该解释第30条的规定，《合同法》施行后成立的合同发生纠纷的案件，本解释施行后尚未终审的，适用本解释。因此，本案股权转让合同应适用该解释的规定。

2. 合同成立但未生效，应当依法先行报批。

原告与被告荐田株式会社签订了股权转让合同，该股权转让合同得到了第三方股东被告富康公司的书面认可，至此，拓诚公司的全部股东均同意涉案股权转让合同，据此应认定该股权转让合同已成立。该合同虽未经有关审批机关审批而尚未生效，但并不等于该合同对合同当事人没有约束力。根据诚实信用原则，各方应按照合同约定办理审批手续，促成合同生效。负有义务一方当事人未履行办理审批手续的，另一方当事人有权要求人民法院判决相对人自己办理有关手续。因此，原告要求被告荐田株式会社继续履行合同，其中包含了要求被告荐田株式会社履行办理合同的审批手续内容。该主张符合法律规定，应当予以支持。

3. 被告荐田株式会社对于原告支付给被告富康公司10.7%的出资款具有协助报批义务。

被告荐田株式会社与原告约定,如果原告有证据证明被告富康公司的10.7%的出资款是由原告出资的,则原告的出资比例为33.3%。本案中,原告提供了相应的证据,被告富康公司对此事实亦予以确认并且同意将其名下的股权变更至原告名下。因此,被告荐田株式会社亦负有协助申请办理该股权审批以及登记的义务。

4. 股权转让合同未生效,原、被告关于支付还是返还剩余款项的请求应待审批后另案主张。

原告提出的被告荐田株式会社应支付剩余的人民币412,692.11元股权转让款以及承担违约责任的诉讼请求和被告荐田株式会社提出的原告应返还人民币787,307.89元不当得利款项的反诉请求,因涉案股权转让合同未生效,需经有关审批机关审批后确认其法律效力。原告和被告荐田株式会社的诉讼请求需待股权转让合同效力能否获得审批确定后方能裁决,应当待涉案股权转让合同经行政机关决定是否审批后,当事人再另案主张。

5. 被告如在本案判决后,仍拒不履行报批义务的,原告可自行报批。

如上所述,原告提出要求继续履行合同,报批义务即属于履行范围之内,如被告在本案判决后,拒不履行报批义务,法院可在判决中赋予原告自行报批的权利。

**法院判决:**

1. 维持一审判决第1项。

2. 撤销一审判决第2、3项。

3. 被告荐田株式会社、被告富康公司于判决生效之日起30日内协助原告办理转让22.6%股权于被告荐田株式会社、转让10.7%股权于原告的审批及登记手续;被告荐田株式会社、被告富康公司逾期不办理审批及登记手续的,原告可持本判决自行申请办理该审批及登记手续。

4. 驳回原告其他诉讼请求。

5. 驳回被告荐田株式会社一审反诉请求。

**388. 股权转让合同一方自行报批时,另一方或外商投资企业又拒不提交必需材料时,受让人应当如何救济?**

此时需要审批机关的配合。如果审批机关在此情形下仍拘泥于原有的审批流程及方式,不进行灵活变通,则无异于放任转让人及外商投资企业的不当行为。另外,法院也可在判令外商投资企业及合同相对人限期办理报批手续的同时,通过判决书明确受让人在没有转让人及企业配合的情况下自行报批的替代措施。

**389. 其他股东以转让人侵犯其优先购买权为由,要求撤销股权转让变更登记行为的,应当如何确定诉讼当事人?**

对此法律并无明确规定,借鉴上海市的司法实践,应当以转让人、受让人和公司为被告。

**390. 股权转让纠纷案件由何地法院管辖?**

如由股权转让合同的当事人提起诉讼,且合同中并未对管辖法院作出约定的,则应当由被告住所地或者股权转让合同履行地法院管辖,其中合同履行地应当确认为公司实际营业所在地或注册地。

但股权转让合同可约定被告住所地、合同履行地、合同签订地、原告住所地、公司所在地中一处的人民法院管辖。

如由非合同当事人提起股权转让纠纷诉讼的,则应当由被告住所地法院管辖。

**391. 股权转让纠纷按照什么标准交纳案件受理费用?**

如原告主张确认合同效力的,则应当按件收取案件受理费,即案件受理费为50元至100元。

如果原告主张被告履行支付股权转让款义务的,则应当依照诉讼标的额比例收取案件受理费。

**392. 股东主张优先购买权的诉讼按照什么标准交纳案件受理费?**

股东主张优先购买权的诉讼请求一般为请求确认优先购买权,应适用按件收费,受理费应为50元至100元。

**393. 股权转让纠纷是否适用诉讼时效?**

适用。股权转让合同纠纷的诉讼时效适用一般时效2年。

**394. 股东主张优先购买权的诉讼请求应如何表述?**

借鉴上海市的司法实践,诉讼请求可表述为:

"请求判令原告××对被告(转让人)××与被告(受让人)××转让的××公司的股权享有优先购买权;原告××对××公司股权优先购买权的行使条件,与被告(转让人)××与被告(受让人)××签订的股权转让合同约定的转让条件相同。"

**395. 在股东主张优先购买权的诉讼中,原告是否需要提供财产担保?数额如何确定?**

转让人可以要求原告提供担保,具体数额应该相当于转让股东与受让人签订的股权转让合同价款或者受让人已经实际支付的股权转让款数额。

## 第二节 有限责任公司股权转让纠纷的裁判标准

### 一、股权转让纠纷一般裁判标准

**396. 股权转让时,可否仅转让股权中的部分权能?**

股权的权能包括知情权、表决权、分红权等。实践中,可否仅向受让人转让部分权能,而不转让股东资格呢?《公司法》并无明确规定。

笔者对此持否定意见。

(1)股权的权能依附于股东资格,在股东资格未发生变化时,股权权能不具有可转让性;

(2)当部分财产性权能被具体化后已经表现为普通的债权,即使转让亦只是转让普通债权,并不代表股权的权能发生转让。如公司通过盈余分配方案后,股东将其应得的盈余转让给受让人,其实质只是转让自己对于公司的债权,而并未转让其盈余分配请求权。

**397. 股权转让合同何时成立、生效?是否可以约定办理工商变更登记手续后生效?**

一般情况下,股权转让合同自合同各方签订之日起成立、生效,但以下两种情况除外:

(1)依法须经批准、登记等方能生效的合同,如国有股权转让合同、外商投资企业股权转让合同等①;

(2)合同各方对合同的生效附条件或附期限的,如约定"合同自公证机关公证之日起生效"或"合同自某年某月某日起生效"。

此外需要注意的是,如果在合同中约定股权转让合同待办理工商变更登记后生效是无效的。

合同双方对股权转让合同的生效时间可以附条件,但实践当中常有股东对合同附上"本合同自合同双方办理工商变更登记之日起生效"的条件。此种条件违反了法律逻辑,即合同生效本就是双方及公司办理工商变更登记的前提,合同一方配合另一方及公司办理工商变更登记是合同的附属义务,如果合同自办理工商变更登记之日起生效,则办理工商变更登记反而没有了依据。

---

① 详见本章第四节国有股权转让的裁判标准、第五节外商投资企业股权转让的裁判标准。

## 398. 股权转让合同应当具备哪些必备条款？

实践中，有限责任公司的股权转让合同应当包含下列内容：

(1) 转让标的；

(2) 转让价款；

(3) 支付期限及方式；

(4) 股权转让基准日；

(5) 债权债务；

(6) 利润或亏损；

(7) 登记手续；

(8) 合同中止与解除；

(9) 违约责任与争议解决；

(10) 通知；

(11) 生效。

## 399. 股权转让合同撤销及无效的法定事由有哪些？

如果股权转让合同有下列情形之一的，应认定合同无效：

(1) 一方以欺诈、胁迫的手段订立合同，损害国家利益；

(2) 恶意串通，损害国家、集体或者第三人利益；

(3) 以合法形式掩盖非法目的；

(4) 损害社会公共利益；

(5) 违反法律、行政法规的强制性规定。

如果股权转让合同有下列情形之一的，应认定合同可撤销：

(1) 因重大误解订立的；

(2) 在订立合同时显失公平的；

(3) 一方以欺诈、胁迫的手段或者乘人之危，使对方在违背真实意思的情况下订立的合同，受损害方有权请求人民法院或者仲裁机构变更或者撤销。

## 400. 股权转让合同被确认无效或者撤销之后，有何法律后果？

无效的合同或被撤销的合同自始没有法律约束力，因该合同取得的财产，应当予以返还，并赔偿损失：

(1) 返还财产，无论转让人或受让人，都应当将受让的财产进行返还，从而将利益关系还原至交易前的状态。同时需要注意的是，公司在此时有义务配合转让人办理股权恢复原状的相关手续，包括但不限于：修改章程、变更股东名册、办理工商变更登记；如果不能返还或没有必要返还的，应当折价补偿。

(2)赔偿损失,转让人与受让人应当分别根据自身过错大小,对另一方承担损失赔偿责任。

**401. 股权转让合同被确认无效或者被撤销后,对受让人实际参与公司经营管理期间的公司盈亏如何处理?**

对此问题须分情况讨论:

(1)如受让人尽到了对公司的忠实义务与勤勉义务,公司的经营亏损不能归责于受让人的,则公司的损失不能要求受让人来承担;

(2)如受让人违背对公司的诚信义务,并由此给公司造成损失,甚至恶意为之,导致公司出现经营亏损的,则公司可向该受让人提起侵权诉讼,请求其承担对公司的损害赔偿责任;

(3)对于盈利,即使受让人对公司的经营管理认真负责,并给公司带来了良好的收益,该盈利仍应归公司所有,受让人无法向公司"请功"。

当然,受让人如作为公司董事和经理,当然有权根据商事习惯要求公司支付合理的经营管理报酬。

## 【案例176】股权变更未登记即再次转让　应视为无权处分合同无效[①]

**原告**:华融公司

**被告**:北银公司

**诉讼请求**:被告向原告退还600万元股权转让款。

**争议焦点**:未办理工商变更登记的股权转让受让人是否取得股东资格。未取得股东资格即再转让股权的行为是否有效。

**基本案情**:

1998年11月19日,被告分别与宁波保税区华鑫进出口公司、北京信中纬投资咨询服务有限公司、海南华银国际信托投资公司、海南国富实业开发总公司、深圳市华立森贸易发展有限公司签订股权转让协议书,约定上述公司分别将其所拥有的中软公司股权转让给被告,但至今有关上述股权转让应在工商行政管理机关办理的变更登记事宜尚未办理完毕。

1999年7月22日,原告与被告签订一份股权转让合同,合同规定:鉴于中软公司系1997年8月12日在北京注册登记成立的有限责任公司,注册资本1000万元人民币;华新公司系1997年8月6日在苏州登记注册成立的有限责任公司,注

---

① 参见北京市第一中级人民法院(2001)一中经终字第621号民事判决书。

册资本5000万元人民币;被告对中软公司的出资占注册资本的70%;中软公司对华新公司出资2000万元人民币,占注册资本的40%。双方达成如下协议:被告向原告转让其在中软公司拥有的51%股权及中软公司拥有的华新公司40%的权益,转让费合计5500万元人民币;所转让的股权连同其附属的其他权益一并转让。被告在合同中向原告保证:被告已经完成对中软公司的全部出资义务并合法成为中软公司的股东,被告还保证中软公司其他股东已完成了对中软公司的出资义务并合法成为了中软公司的股东;如果中软公司任何股东未完成其出资义务,则被告将与未完成出资义务的股东一起承担连带责任。双方还约定,被告向原告转让的其在中软公司所拥有的股权是合法的、完整的;被告向原告转让的中软公司在华新公司的权益,能够取得中软公司全体股东的同意,该转让权益是合法、完整的。

原告受让的股权及权益应付转让价款合计5500万元人民币,其中被告同意原告支付价款3500万元,剩余价款2000万元被告以每股1元价格认购,作为对原告新增股份的出资;原告应于1999年7月23日向被告支付转让价款600万元人民币;被告应于1999年8月20日前向原告提交中软公司及被告同意被告将中软公司51%的股权及华新公司权益转让给原告的股东会决议、经原告认可的会计师事务所和资产评估机构对华新公司和中软公司出具的审计报告和评估报告,且该审计报告和资产评估报告表明中软公司的净资产值不低于其注册资本金的80%,华新公司资产状况符合原告的要求。被告负责将华新公司变更名称为信息港公司。原告于1999年8月20日向被告支付转让价款2000万元人民币,于1999年9月30日前向被告支付转让价款900万元人民币,于1999年12月31日前进行以被告为发行对象的定向增资扩股,其应向被告支付的受让剩余价款2000万元人民币,转为被告认购新增股份的出资,折合2000万股,每股1元人民币。双方还约定,如果被告未能履行合同规定的义务,原告有权停止支付剩余价款,并终止本合同,被告应将原告已支付的款项加上同期银行贷款利息退还原告,并支付违约金,其金额为本合同约定总价款的10%;如果原告未按合同规定履行相关义务,原告向被告支付违约金,其金额为本合同约定总价款的10%。

合同签订之后,原告即向被告支付转让价款600万元。1999年8月,财务公司对中软公司出具一份资产评估报告。该评估报告确认:评估资产总额为982.68万元,负债总额为944万元,其中无形资产为58.97万元,所有者权益为38.68万元,截至评估基准日,中软公司净资产为人民币30.34万元。该报告还指出,中软公司作为高科技企业,拥有多项在国内外具有影响的网络技术、软件技术产品,其中有的已经投入生产。但由于中软公司对这些网络技术、软件技术相关法律证明文件重视不够,这些网络技术、软件产品均未在相关部门办理版权、著作权登记,由于权属存在缺陷,财务公司在征得原告、中软公司一致同意的基础上,本次评估不将该公司拥有的自行开发的无形资产纳入本次评估范围。同月,财务公司还向原告出具一份关于中软公司中文全文检索系统的咨询报告,称对上述检索系统的估算价值为1460.21万元,并称该估算结果的成立是基于以下事实:中软公司独家拥有合法产权、中软公司持续经营、中软公司提供的各项资料真实合法、中软公司对检索系统软件将不断进行改进完善。

1999年8月20日,原告致函被告,称由于中软公司净资产值低于股权转让合同所规定的占注册资本金的80%的规定,且被告收购中软公司70%的股权事项尚未履行完毕,未经工商行政管理部门办理股权变更登记,被告尚不具备出让中软公司股权的资格。故原告决定停止支付转让款。

**原告诉称:**

在原告与被告签订的股权转让协议中,明确约定被告转让的股权需是合法完整的,现由于被告收购中软公司70%的股权事项还未办理工商变更登记,股权转让合同应为无效合同。被告应返还原告股权转让款600万元。

**被告辩称:**

被告拥有中软公司的股权,原、被告之间的股权转让协议合法有效。原告的诉讼请求于法无据,请求法院予以驳回。

**律师观点:**

1. 被告不具有中软公司股东资格,原、被告间所签订的股权转让协议无效。

被告与宁波保税区华鑫进出口公司等中软公司股东签订股权转让协议书后,至今未就股权转让事项在工商行政管理机关办理股权的变更登记,即被告在有关中软公司的法律文件上尚未取得股东身份,故其不具备向原告转让中软公司股份的主体资格,因而,也不具备向原告转让中软公司股权的权利。故被告与原告所签订的股权转让合同中就转让中软公司股份的约定应是无效的。另外,由于被告不具有中软公司股东身份,被告亦不具备华新公司股东的身份,故其与原告就转让华新公司股权的约定亦是无效的。因此,被告与原告所签订的股权转让合同应是无效合同。

2. 被告应对合同无效承担主要责任。

被告在其不具备股东资格的情况下,与原告签订股权转让合同,对造成合同无效应承担主要责任。在被告与原告签订股权转让合同后,现原告提出终止合同,被告予以同意,但以受让价款已给付其他企业为由表示不能立即退还转让价款,该理由不能成立,被告应将所收取的600万元股权转让款退还原告。

**法院判决:**

被告于判决生效后10日内退还原告600万元。

### 402. 在什么情况下,当事人可以单方解除股权转让合同?

根据《合同法》第94条规定,合同约定解除情形的,如转让方迟延或拒绝履行支付义务;转让方迟延或拒绝办理工商变更登记的情况等,守约方可以单方解除合同。

需要注意的是,如果有限责任公司股权转让中,受让人依照合同支付部分价款,并已进行工商变更登记,但剩余款项始终未予支付。因转、受让双方都已经依照合同履行了主要义务,且双方对于合同的主要条款均无争议,故转让人一般不能以剩余款项未支付而直接提出解除合同,但转让人可以受让人不履行合同义务为由,要求受让人继续履行合同,并承担相应的违约责任。

当然在以下两种情况下转让人可提出解除合同:

(1)股权转让合同约定此时可以解除合同;

(2)受让人明确表示不支付该笔款项或事实上其已无支付该笔款项的能力,转让人可在知晓上述情况后的1年内,行使合同解除权。

转让人在解除合同后,可申请将工商登记恢复至转让前的状态。

### 403. 股权转让合同解除后,出让方已分得的红利如何处置?

出让方可主张受让方返还股权时一并返还其持有该股权在公司所获得的红利、配送新股及因该股份而认购的新股等股东权益,但是如果受让方为此支付对价的,出让方也应当一并予以补偿。

### 404. 有限责任公司中,如股权转让导致股东人数超过50人,是否影响股权转让合同的效力?

笔者认为,公司人数超过50人,并不导致股权转让合同无效。理由如下:

(1)有限责任公司人数上限50人的规定存在于《公司法》关于公司设立的章节内容中,严格而言并不适用于公司存续及日后经营活动当中。而且,该法也并未将公司人数超过法定上限作为公司依法解散的理由。

(2)《公司法》并未阻止股东将股权转让给多名股东,基于股东的意思自治,股东将自有股权切割成任意份数转让给任意数量的受让人皆为法律所许可。

综上可知,经过股权转让导致公司人数超过50人不会也不应导致股权转合同无效,同样的,也并不会导致公司解散。

其实,在 2005 年《公司法》颁布前,由于禁止有限责任公司股东少于 2 人,对于股权转让导致公司仅有 1 名股东的情况下,股权转让合同效力如何也曾有过争议,但是即使是在当时的司法实践中,也普遍认为股权转让合同的效力不应受到任何影响。

**405. 公司解散后,转让股权的合同效力如何认定?**

对此问题应分情况讨论:

(1) 如果受让人明确知道公司已经解散,只要公司尚未经清算从而注销,该股权转让合同仍应认定为有效合同,可由双方依约履行;

(2) 如果转让人隐瞒公司已经解散的事实,以欺诈的手段与受让人签订股权转让合同的,受让人可自知道或者应当知道该欺诈事由之日起 1 年内,主张撤销合同;

(3) 如果公司已经经过清算合法注销,那么由于公司法人主体资格已经丧失,该股权转让合同应被视为无效合同。

### 【案例177】委托他人处分股权不同于"冒名处分" 应认定有效[①]

**原告:** 黄素梅

**被告:** 李忠

**诉讼请求:** 确认 2006 年 3 月 17 日签订的《股权转让协议》无效。

**争议焦点:** 如何判断授权转让股权委托书的真实性。

**基本案情:**

2003 年 1 月,搜房公司经核准设立,公司注册资本 50 万元,股东为九天飞鹰公司和贡铭。其中九天飞鹰公司出资 40 万元,占出资比例 80%;贡铭出资 10 万元,占出资比例 20%。

2004 年 2 月 6 日上午,搜房公司作出股东会决议,同意九天飞鹰公司将其 40 万元的股权转让给原告,吸收被告作为新股东,免去案外人王小培监事职务。同日下午,搜房公司召开股东会,该会形成决议:同意被告成为新股东;公司注册资本由 50 万元增加到 500 万元,其中原告出资 250 万元,占注册资本 50%,被告出资 150 万元,占注册资本 30%,贡铭出资 100 万元,占注册资本 20%。股东会决议上有贡铭、被告、原告的签字。之后办理了工商变更登记,搜房公司的注册资本增

---

[①] 参见北京市第二中级人民法院审理(2007)二民终字第 17906 号民事判决书。

加到500万元，股东为原告、被告、贡铭三人。

2006年3月17日，搜房公司作出股东会决议，内容为：原告将所占有公司的50%的股份即250万元转让给被告，转让后被告占公司80%的股份即400万元，贡铭占公司股份的比例和金额不变；同意修改公司章程。同日签订了《股权转让协议》，搜房公司持上述文件向工商行政管理机关核准搜房公司股东变更为被告和贡铭。

工商变更登记的所有手续，包括2006年3月17日的《股东会决议》《股权转让协议》中"原告"的签名非原告本人所写，都是贡铭代替原告所签。

此外原告曾在一份授权委托说明上签字，其内容为：由于搜房公司原告没有实际出资，同时也未能履行实缴注册资本的出资义务，从未参加过公司的工作和活动，所以原告不享有公司的股东资格和权利。因此授权委托给贡铭全权办理签署公司的股权变更、股权转让、变更登记等工商及其他一切变更手续，全权代原告在股东会决议、股权转让协议等相关手续上签名。一切公司相关手续由其或其指定代理人代为签字办理，并愿意承担一切法律后果，以后无任何异议。

**原告诉称：**

2006年3月17日，被告被告仿冒其签名，伪造了将原告50%股权转让给被告的《股权转让协议》，并另行仿冒原告签字，伪造了搜房公司股东会决议，作出了同意将原告50%股权转让给被告的虚假文件，并以此办理了工商变更登记。被告的行为侵犯了原告的合法权益。

**被告辩称：**

原告没有实际出资，也未参与公司的经营，且贡铭替原告签字系基于原告的授权。2006年3月17日的股权转让协议是有效的，故不同意原告的诉讼请求。

**律师观点：**

搜房公司是依法设立的有限责任公司，受该公司章程、我国公司法及其他法律、行政法规的调整与规范，其公司的股东之间可以相互转让其全部或部分股权。原告认可授权委托书上"原告"签名的真实性，但辩称其从未在授权委托书上签字，只是在其夫案外人王小培给过的空白纸上签过字，故否认授权委托的真实性。且原告代理人当庭表示对本次股权转让之前，贡铭代替原告所签的工商档案材料都予以认可，故对授权委托说明的内容予以确认，因此，原告的说法难以得到采信。依据原告向贡铭出具的授权委托说明，贡铭有权代原告在股权转让协议等相关手续上签名，并办理签署公司的股权变更、股权转让、变更登记等工商及其他一切变更手续。故2006年3月17日股权转让协议的形成不违反公司章程与公司法的规定,应属有效。

**法院判决:**

驳回原告的诉讼请求。

**406. 公司章程可否约定股东离职或在其他情况下,其股权由其他股东受让?该强制股权转让交易是否有效?**

对此《公司法》及相关法律法规并无明确规定,司法实践观点不一。

一种观点认为,股东自由转让股权系其股东权利的基础,不容动摇。2005年《公司法》第72条针对公司股权转让允许章程作出不同于《公司法》规定的程序,但章程的约定不能损害自由转让股权的基本权利。因此强制股东离职时应当转让股权系无效的约定,相应的转让行为也归于无效。

另一种观点认为,股东离职或在其他情况下以一定条件转让股权,系附条件的股权转让。只要股东在公司章程签字确认,或以其他方式认可公司章程的约定,该约定即为有效。

对此,笔者认为上述两种观点并不矛盾。如果公司章程虽经2/3以上股东表决通过的,但并非每一位股东均签字予以确认,那么约定离职后股东必须转让股权的约定对于未签字认可的股东不产生效力。相反,如果股东曾作出意思表示认可章程该类约定,则在满足一定条件下其转让股权就是股东意思自治的表现,法律、司法机关不应予以干涉。

该类约定常见于公司股权激励方案当中,企业在制作公司章程时,如果有该类条款,则应当确保每一位股东均予以签字确认。此外,股权激励多为公司创始人、出资人向技术骨干或高管赠与股权,所以在被激励对象退出时回购的价格也常为零元或远低于公司净资产的价格,为了进一步保障在该价格下受让被激励对象股权的有效性,建议在给予股权时务必通过零价款转让的方式。

**【案例178】约定股权激励回购不影响股权转让合同效力**

**原告:** 明日中铁公司

**被告:** 睿力公司

**第三人:** 林雨雷

**诉讼请求:** 判令被告就第三人向原告转让22.5万股股权,并办理工商变更。

**争议焦点:**

1. 股权转让协议及补充协议的法律效力;

2. 被告公司改制前的股权与改制后的股份是否具有一致性。

**基本案情：**

2008年7月9日，被告与第三人签订《劳动合同书》，第三人在被告产品部工作，合同于2008年7月9日生效，于2012年12月31日终止。

2010年6月21日，原告与第三人签订《股权转让协议》，约定：原告同意依据本协议条款向乙方转让原告所持有的被告0.375%的股权及与该股权相关的权益、利益、主张及依法享有的全部权利。双方商定本次股权转让价格为304,500元人民币。乙方在本协议生效后10日内向原告支付本次股权转让价款。协议签订后，第三人支付304,500元转让款，被告变更了工商登记手续。

2010年10月21日，原告与乙方第三人又签订一份《补充协议》，约定原告与乙方之间的股权转让是被告员工股权激励计划的一部分，双方约定：在被告首次公开发行人民币普通股股票并上市前，未经原告同意，其不得向任何第三方转让、质押或以其他方式处置其持有的被告股权；被告与乙方之间的劳动合同终止，乙方应在劳动合同终止后5个工作日内将其所持有的被告全部股权转让给原告，转让价格为乙方受让被告股权时的价格。为此，双方同意，在签订本补充协议的同时再行签署本协议附件一之《股权转让协议》，该等股权转让协议应自被告与乙方之间的劳动合同终止时自动生效。

2011年6月23日，被告进行改制，公司名称由北京睿力恒一科技发展有限公司变更为北京睿力恒一物流技术股份公司，被告在工商登记中载明的第三人认缴及变更时实际缴付情况均为22.5万股，出资方式为净资产折股，出资比例为0.375%。之后，被告两次增资，现被告的注册资本为6300万元，第三人的持股数为22.5万股，持股比例为0.357%。

2011年10月24日，第三人向被告提出申请，休病假4个月。2012年12月31日第三人与被告的劳动合同终止后，双方未续签新的劳动合同。2012年7月20日，科技公司向第三人汇款304,500元，作为第三人持有的被告的22.5万股股份的股权转让款。被告向第三人分配2011年股利6万元，2012年股利38,250元。该院2013年11月20日最后一次开庭时止，被告尚未公开发行人民币普通股股票并上市。

**原告诉称：**

根据《股权转让协议》及《补充协议》的约定，第三人与被告之间的劳动合同在被告首次公开发行人民币普通股票并上市前终止的，则第三人应以其受让股权时的价格向原告转让其持有被告的22.5万股股份。原告已于2012年7月19日先行向第三人支付了股份转让价款 304,500 元,但被告由于第三人不予配合至今未办理完成工商变更登记手续。

**被告辩称:**

同意变更,因为第三人不配合,不愿重新签订股权转让协议,故无法办理工商变更登记。

**第三人辩称:**

第一,原告诉被告变更第三人所持有的 22.5 万股股份的工商登记,没有合法有效的依据。虽然申请变更工商登记的主体是被告,但 22.5 万股股份的所有权人是第三人,第三人并未同意将股份转让给原告,原告亦没有有效证据证明第三人同意以 304,500 元的价格转让股份,故原告的请求没有任何依据,被告在未经股东第三人书面认可的情况下亦没有权利处置第三人所持有的股份,应驳回原告的诉讼请求。

第二,第三人受让被告 0.375% 股权时,股权包括全部股东权益一并转让,第三人已经支付合理对价 304,500 元人民币,并办理工商变更登记。被告所称股权激励计划并不存在,一方面,被告并无证据证明所谓的股权激励计划,另一方面,第三人受让 0.375% 股权时,被告的注册资本仅为 800 万元,0.375% 换算成注册资本金只有 3 万元,但第三人当时支付了 304,500 元股权转让款,属于合理对价;第三人受让该 0.375% 股权并办理工商登记后,其享有法律上规定的股东地位,理应享有股权及所有股东权益;22.5 万股股份是被告整体改制过程中,以未分配利润和盈余公积金等股东权益转增资本而来,依据税法等相关规定这部分股东权益属于股东个人所得,且第三人确实缴纳了相应的个人所得税。

第三,原告所提供的 2010 年 10 月 21 日签订的《补充协议》及《股权转让协议》并未生效。此两份协议属于附生效条件的协议,条件为第三人与被告解除劳动合同,该条件至今未成就,但一直未有解除劳动合同的书面证据,且第三人开始病休的时间是 2012 年 2 月,此时被告已经整体改制,合同标的已经不存在;此两份协议约定的合同标的已经不存在,即便条件成就,该协议也不能生效。协议约定的合同标的为被告 0.375% 的股权,但被告已于 2011 年 6 月 23 日整体改制,0.375% 的股权已经不存在,第三人现在持有的被告 22.5 万股的股份,是由第三人享有的股东权益转增资本得来,因此,22.5 万股股份与之前 0.375% 股权完全不同;原告汇给第三人的 304,500 元不是股权转让款,仅是原告一方意思表示,股权转让需要转让人与受让人就股权转让达成一致意见,并签署有效的股权转让协议方可,原告自行打款的行为不能证明第三人同意以 304,500 元价格转让所持有的被告 22.5 万股的股份,仅是科技公司单方意愿。

第四,第三人所持有的被告 22.5 万股股份是由第三人的个人股东权益转增股本得来,其价值远远大于被告 0.375% 的股权,两者不能等同。

**一审认为:**

公司应当将股东的姓名或者名称及其出资额向公司登记机关办理登记,登记事项发生变更的,应当办理变更登记。科技公司与第三人于 2010 年 10 月 21 日签订的《股权转让协议》约定,本协议自双方签字或盖章后与被告与第三人之间的劳动合同终止时自动生效,被告与第三人签订的劳动合同于 2012 年 12 月 31 日终止,且双方未再续签新的劳动合同,故该《股权转让协议》已生效。同时《补充协议》约定:"如果被告首次公开发行人民币普通股股票并上市前之任何时候,被告与第三人之间的劳动合同终止,第三人应在劳动合同终止后 5 个工作日内将其所持有的被告全部股权转让给科技公司。"由此,双方应按该协议约定,第三人应将其持有的被告的 0.375% 的股权以协议约定的价格转让给科技公司,因科技公司于 2012 年 7 月 20 日向第三人支付了协议约定的股权转让款 304,500 元,科技公司已履行了该协议中约定的义务,第三人亦应按约定履行其义务。关于第三人称其所持有的被告 22.5 万股股份与 0.375% 的股权不能等同,故不同意转让的抗辩意见,因科技公司主张的第三人持有的 22.5 万股股份系基于科技公司转让给第三人的被告 0.375% 的股权而产生,涉案的股权名称虽有变化,但该 22.5 万股的股份仍系《补充协议》及两份《股权转让协议》约定的转让标的,即被告的 0.375% 的股权。

**一审判决:**

被告于判决生效 10 日内就第三人股权转让事宜办理工商变更。

**第三人上诉称:**

1. 被告注册资本为 800 万元,0.375% 股权对应的注册资本为 3 万元,第三人是以被告的净资产作价 30.45 万元购买的上述股权,高于科技公司出资成本 10 倍,故第三人高价购买被告的股权,并非以优惠价格购买,应享有全部股东权益,其股东权益并未受到限制,第三人购买被告股权时并不存在股权激励的说法,只是在购买股权 4 个月后被告迫使员工签订协议时才说明是股权激励。

2. 一审法院认定事实错误,被告改制前第三人享有的 0.375% 股权,与改制后第三人享有的 22.5 万股不是同一个标的物。被告改制时各股东均未再实际出资,而是以公司盈余公积金和未分配利润转增资本,属于股东个人所得,故上述资金转增资本实际是向股东支付股息和分配红利,股东缴纳个人所得税后,再以分得的股息和红利增加注册资本。第三人在被告改制过程中缴纳了个人所得税,并由被告代扣代缴,如第三人在公司改制过程中不同意认购,则被告应将第三人个人所得转增资本的资金已股息红利的形式向第三人发放。第三人受让被告0.375%股权时,其股东权益并未受到限制,该股权相当于原物,该股权产生的股息、红利等股东权益相当于孳息,且依据第三人与科技公司的约定以及相关法律的规定,股东权益归第三人个人所有。2010年10月21日《股权转让协议》中收购的标的物是0.375%股权,不是0.375%股权和基于该股权产生的股息、红利,也不是22.5万股股份。第三人现在持有的被告22.5万股股份包括被告原注册资本0.375%的股权和基于该股权产生的股息、红利等股东个人所得转增资本,这两部分均应属于第三人个人所有。

3. 被告掌握第三人账号,科技公司与被告实际控制人为同一人,第三人对科技公司向其账户转账30.45万元一事不知情,且第三人一直没有动用该笔款项。同时,该协议以第三人与被告解除劳动合同为生效条件,而被告一审期间并未提供证据证明其与第三人解除了劳动合同关系。一审法院认定科技公司履行完毕合同义务,并要求第三人履行股权转让的合同义务与事实不符。

4. 2010年10月21日《股权转让协议》约定,在被告首次发行人民币普通股股票并上市前,第三人与被告劳动合同终止,第三人应在劳动合同终止后5日内将其持有的被告的股份转让给科技公司,该约定变相剥夺了第三人平等就业和选择职业的权利,违反了《中华人民共和国劳动法》第3条的规定,该《股权转让协议》应属无效,同时,科技公司在劳动合同终止前即向第三人支付转让价款,属于不正当促成合同条件的成就。

**原告二审辩称:**

1. 第三人受让股权的价格是公平合理的,是按照净资产的账面价值来定价的,并非按照评估价格确定。王×是投资者,并非被告员工,与第三人所参与的员工股权激励计划无关。科技公司和第三人对于《补充协议》的签订都是认可的,不存在第三人所称受到胁迫的情况。

2. 被告在2011年6月由有限责任公司改制为股份有限公司,第三人持有被告0.375%股权折为22.5万股股份。

3. 第三人与被告的劳动合同于2012年12月31日到期,且双方未续签,故该劳动合同已经终止,2010年10月21日《股权转让协议》已经生效,第三人应将其持有的被告的股份向科技公司转让,在科技公司已支付该协议约定转让款的情况下,第三人应配合办理工商登记手续。

**律师认为：**

1. 股权转让合同中约定股权回购条款，不违反法律法规禁止性规定，应属有效。

本案系原告基于第三人与原告之间股权转让事宜提起的请求变更公司登记之诉。上述协议约定，第三人在合同约定的特定情况下离职时，应将其持有的被告的股权回转给原告。该约定并非对第三人平等就业和选择职业的权利进行限制，而是对第三人与被告劳动关系终止后相关权利义务如何处理作出的约定，不违反法律法规的强制性规定。另外，第三人一审诉讼期间并未请求一审法院确认其与科技公司之间《股权转让协议》和《补充协议》无效，亦未申请撤销或变更上述协议。故该股权转让协议对双方均具有法律约束力。

2. 职工是否参加股权激励计划，并不以持股员工获得股权价格是否优惠作为唯一的判断标准。

员工股权激励计划制度的设立，旨在由企业员工持有本公司股权或股份，以激励持股员工勤勉尽责地为公司提供长期服务，通常情况下，实施股权激励计划的企业会对参与计划员工所持公司股权或股份的转让作出一定限制，职工是否参加股权激励计划，并不以持股员工获得股权价格是否优惠作为唯一的判断标准。第三人与原告签订的《补充协议》中明确约定，第三人与原告之间的股权转让是被告员工股权激励计划的一部分，且《补充协议》中对第三人转让其所持被告股权作出限制性的规定，原告和第三人均在该协议上盖章或签字，应为各方真实意思表示。

3. 第三人持有的22.5万股股份系由被告改制前的0.375%股权转化而来，属按原有出资比例享有的折股后股本，虽然数字表述上不一致，但实为同一标的。

根据各方在《股权转让协议》及《补充协议》中对于公司公开上市后方可自由转让股权的约定，第三人应当知悉被告计划公开发行股票一事，其对被告需进行改制，以及改制后其所持被告股权相应变更为被告股份，且该股份的转让可能会受到限制应有预见。公司股权或股份所对应的注册资本的数额并非确定股权转让价格的唯一标准，出让方与受让方通常综合考虑公司的资产数额、盈利能力等因素，对股权转让价款的数额进行协商并达成一致。本案中，被告改制前，第三人所持0.375%的股权对应的注册资本为3万元，其受让上述股权支付的对价为30.45万元，该数额以第三人受让上述股权时，被告的账面净资产值约为8000万元而定，而根据第三人签字的被告2011年5月21日股东会临时会议的记载，截至2011年2月28日，被告经审计的账面净资产为人民币88,620,306.51元，由此可见,被告的净资产数额在改制前后并未发生明显变化,结合被告改制时并未将全部净资产折股的情况,被告改制增资的方式为净资产折股,第三人在此之外并未投入其他资金;再次,被告改制前,第三人持有被告0.375%股权,被告改制完成时,第三人持有该公司22.5万股股份,对应被告总股份的比例为0.375%,且第三人在诉讼中亦认可,其持有的被告22.5万股基于其持有的改制前被告0.375%股权形成,据此可以认定第三人系按原有出资比例持有被告的股份。

4. 第三人与被告劳动合同已经终止,股权回购条款生效,第三人应将相应股份及相关权益转给原告。

根据《股权转让协议》的约定,该协议于被告与第三人之间劳动合同终止时自动生效。现第三人与被告的劳动合同于2012年12月31日终止,故一审法院认定第三人与被告的劳动合同终止及2010年10月21日《股权转让协议》已经生效并无不当。如前述,第三人持有的被告22.5万股股份属按原有出资比例享有的折股后股本,系上述协议中约定的股权,在上述协议生效后,第三人应依约将该22.5万股股份以及相关权益向原告转让,上述协议明确约定股权转让价款的数额为30.45万元,原告亦已实际将款项支付第三人,故第三人负有将相应股份及权益转给原告的义务。

**二审判决:**

驳回上诉,维持原判。

## 【案例179】章程约定的股本原始价格回购离职员工股权有效①

**原告:** 建筑设计院有限公司

**被告:** 张秋生

**诉讼请求:** 被告按照章程约定价款将其持有的原告股权转让给原告。

**争议焦点:** 公司章程关于员工离职应以不高于股本原始价格将股权转让给公司或原股东的约定,是否剥夺了股东自由转让股权的权利,是否有效。

**基本案情:**

原告公司章程约定:

1. 公司名称为原告,注册资本300万元人民币,企业类型为有限责任公司,由职工个人共同出资组建。

2. 公司注册资本300万元人民币,全部由股东出资构成,每股为1元,总股本

---

① 参见株洲市中级人民法院(2010)株中法民二终字第72号民事判决书。

为 300 万元,股东必须是本公司员工,公司设立后,股东不得抽回出资,股东是公司资产的所有权人,享受公司章程所规定的权利,并承担公司章程所规定的义务,同股同权,同股同利。

3. 公司股权按照岗位、职称设置,股东岗位变动时,确定岗位股的转让价格,协商不成的,由董事会按上一年度末公司账面净资产结合股权比例确定转让价格,股权转让价格不影响股权所占的份额。

4. 公司个人股实行自愿认购的原则,第一次股权认购后,不再增加一般职工股东,在此以后聘任的人员,必须具备一级注册资格或高级职称时,才可以吸纳为股东并认购相应股份。

5. 发生以下事由时,持股人必须自事由发生之日起 30 日内转让其全部股权:

(1)劳动合同期满未续签合同的;

(2)员工死亡的;

(3)辞职或辞退的;

(4)其他事项离开公司的。

上述事由发生后持股人未在 30 日内转让股权,30 日期限届满停止分红,如 30 日内无受让人,由董事会按下列规定接受股权:

(1)劳动合同期满或退休、内退、死亡的,按公司上一年度末账面净资产结合股权比例确定股本受让价格。

(2)辞职、辞退或其他事项离开公司的,按公司上一年度末账面净资产结合股权比例确定股本受让价格,但不高于股本原始价格。董事会受让股权后,可由董事会成员分摊或转为技术股。

6. 公司为发展和留住、引进人才的需要,公司可增设技术股,技术股作为集体股由工会代表集体持有。

7. 股东的按出资比例分得红利,优先获得其他股东转让的出资等权利,同时要履行遵守公司章程、服从和执行董事会决议,以所持出资承担公司的亏损和债务等义务。

8. 股东会是公司的最高权力机构,董事会是公司股东会的执行机构,董事会为公司的法定代表人,董事会对股东负责。

9. 公司员工有辞职的自由,但必须在辞职前 30 日提出申请,经公司总经理建议后报董事会批准后履行手续。

10. 公司在每一会计年度(每年 1 月 1 日至 12 月 31 日)结束时,编制财务会计报告,并依法审计验证,公司分配红利,每年支付一次,按股分配,在公司年度财务决算完毕,并经股东会审议通过后进行。

11. 公司股东大会通过的有关公司章程的补充决议和其他文件,均为本公司章程的组成部分,本章程的解释权属公司董事会,未尽事宜按《公司法》的有关规定办理或由董事会研究决定;公司按本章程制定相关内部管理细则,内部管理细则经股东会表决通过,所制定的内部管理细则与本章程具有同等效力。

12. 本章程须经全体股东会议通过,并由股东签名或盖章。

章程制定后,原告公司的显名股东及部分隐名股东在章程上签了字。被告认购的股权额为1.8万元,被告没有直接在章程上签名,但被告为行使股东权利,出具一份授权委托书,委托其所在部门的同事谢辉就其所持的1.8万元股权份额,在公司进行注册登记及召开股东大会时行使表决权,有效期为3年。谢辉以自己的名义代被告在章程上签了名。

2007年12月20日,被告与原告签了一份劳动合同,合同约定的劳动期限为2008年1月1日至2010年12月31日,工作岗位为设计师,从事设计工作。

2008年11月6日,被告向原告递交辞职报告要求辞职,原告同意后,于2008年12月19日出具《解除终止劳动合同证明书》,证明与被告的劳动合同从2008年12月31日起解除。

原告与被告解除劳动合同后,双方就被告持有公司股权是否应按公司章程转让产生争议,在被告未按公司章程转让所持股权的情况下,原告遂就此事召开董事会会议,并于2010年1月13日形成决议:

1. 公司按照章程规定垫资回购辞职人员的股份,将辞职人员的股本金交由工会保管,通知辞职人员领取;

2. 所回购的股份作为技术股,暂时由工会为持股人,待辞职人员办理好股权转让手续后,再将回购股份用于引进人才。

原告形成决议后,于2010年1月22日以书面形式将决议内容通知了被告,被告收到通知后,于2010年1月27日书面回复,陈述股权自由转让是股东的法定权利,原告未经被告本人同意擅自处分被告所持股权的行为无效。如原告同意被告提出的转让条件及转让价格,被告才同意转让股权。

被告在原告公司工作期间,根据公司章程的约定,以股本原始价格受让了离职员工的公司股权,被告持有的原告公司的股权增为6万股。

原告委托会计师事务所对公司的净资产价值进行了评估,该评估基准日为2007年12月31日,评估结果为公司净资产为315.05万元。

此后,原、被告就股权转让事宜未能达成一致协议,原告遂诉至法院。

**原告诉称:**

被告委托谢辉在3年内代为行使其股东权利,谢辉在章程上签字就应代表被告对章程的认可,同时,被告于2006年4月依照公司章程的规定受让了离职股东转让的股份,且受让的价格就是按照章程规定的"股本原始价格"。所以说被告以其行为表明已认可公司章程,被告应当按照章程约定将其名下原告的股权转让给原告。

**原告为证明其观点,提交证据如下:**

1. 企业注册登记资料。证明2008年6月,被告进入公司注册股东名册。

2. 原告第一届第二次股东大会会议纪要、股权管理办法。证明2005年3月27日,被上诉方召开股东代表大会,谢辉作为被告的委托人出席了会议,行使了表决权,通过了股权管理办法。

3. 培训记录表。证明2007年9月19日,公司组织相关规章制度学习,被告参加了这次培训。

4. 原告第一届第六次股东大会会议通知及参加会议股东名册。证明2008年3月28日,公司召开全体股东代表大会,会议审议2007年度公司预、决算报告方案和利润分配方案,被告作为股东代表参加了这次会议。

5. 原告股东名册及授权委托书。证明谢辉系被告等8人股东小组的代表,股东小组另7人在2004年9月均出具了授权委托书,委托谢辉在以后3年内代为行使股东权利。

**被告辩称:**

1. 股权自由转让是被告作为原告股东的基本权利之一,原告以章程规定为由,剥夺被告的基本权利违反法律规定;

2. 被告仅委托谢辉进行注册登记,参加股东大会行使表决权,没有授权谢辉可以代表被告承诺公司在被告离开公司后可以强行转让被告股权的权利。

**被告对原告所提供的证据发表质证意见如下:**

1. 对企业注册登记资料没有异议;

2. 对原告第一届第二次股东大会会议纪要、股权管理办法的真实性有异议,认为该书证的纸张偏新,不像保存5年以上的资料,另从内容看也与公司章程存在矛盾,因为章程中明确了股权管理的详尽规定参照《股东股权设置、转让、增股、变更持股的管理办法》,这说明管理办法应制定在先,章程在后,但按照该纪要及该次会议通过的管理办法,管理办法制定在后,章程制定在先,所以第二份证据存在虚假。

3. 对培训记录表的关联性有异议,培训记录表上没有记载培训的具体内容,不能说明被告学习了股权管理办法和公司章程。

4. 对原告第一届第六次股东大会会议通知、参加会议股东名册、原告股东名册及授权委托书的关联性有异议,认为不能证明被告签字认可公司股权管理办法,不能证明授权委托书的权限包括同意公司股权转让办法。

**被告为证明其观点,提交证据如下:**

出资证明书,证明出资6万元的时间系2006年1月。

**针对被告的上述证据,原告认为:**

承认出资证明书上的时间系当时书写错误,被告在2006年4月接受他人转让的股份后,共持有公司6万元股份,公司出具出资证明书的准确时间应是2006年4月。

**一审认为:**

1. 公司章程对被告具有约束力。

公司章程是规定公司名称、宗旨、资本、组织机构等对内对外事务的基本法律文件,是规范公司的组织和活动的基本规则,公司章程经全体股东同意并签字即生效。

原告系一家有限责任公司,在公司成立时由全体股东共同制定公司章程,全体股东同意并在章程上签名,公司章程依法生效,对公司股东均具有约束力。

被告虽没有直接在章程上签名,但被告在公司成立过程中委托其所在部门的同事谢辉代为行使股东权利,该授权系被告的真实意思表示,故谢辉在公司章程上的签名视为被告对公司章程的同意,该公司章程对被告具有约束力,被告认为其没有在公司章程上签名,公司章程对其没有约束力的抗辩理由,法院不予支持。

原告的公司章程明确规定是由公司职工共同出资组建的有限责任公司,限定只有该公司的职工才能成为原告的股东,该规定并没有违反法律法规的强制性规定,该规定合法有效,对原告的股东均有约束力。

2. 原告要求被告按公司章程的规定以股本原始价格转让股权的理由正当。

2008年12月31日,被告因辞职离开原告,失去了原告的职工身份,按公司章程的规定,被告丧失了原告的股东资格,而且根据《公司法》(2005年修订)第72条第4款的规定"公司章程对股权转让另有规定的,从其规定"。故被告应按公司章程的规定将所持股权予以转让。按原告的章程规定,赋予了被告在一定期限内向公司其他股东自由转让股权的权利,但被告没有自由转让。

公司章程同时规定,因辞职离开公司,在辞职后30日内没有转让股权的,由公司董事会按不高于股本原始价格受让股权。

公司董事会是有限责任公司的业务执行机关,是一般有限责任公司的必设机关和常设机关,享有公司业务执行权和日常经营决策权,公司章程明确董事会的相关职权实质上代表公司行使执行权,由董事会受让辞职股东的股权,实质上由原告受让、收购该股权。原告在被告未按公司章程转让股权的情况下,暂将被告持有的股权收购交由公司工会持有和管理,并最终将按公司章程的规定将股权转让给公司其他股东,由此原告受让、收购被告的股权是为了防止公司股份的外部流转,并没有造成资本的减少。

综上,原告要求被告按公司章程的规定以股本原始价格转让股权的理由正当,对原告要求被告按公司章程的规定向原告转让股权的诉讼请求,依法予以支持。

**一审判决:**

原告按章程的规定以6万元的价格受让被告应转让的其所持有原告的6万股股权。

被告不服一审判决,向上级人民法院提起上诉。

**被告上诉称:**

1. 股东转让股权必须经股东本人同意,由本人自由行使,不得强制剥夺或限制,原告的章程违反公司法的规定,系无效条款;

2. 被告仅委托谢辉进行注册登记,参加股东大会行使表决权,没有授权谢辉可以代表被告承诺公司在被告离开公司后可以强行转让被告股权的权利;

3. 一审判决认定原告可以强行收购被告的股权,没有事实和法律依据。

请求二审法院撤销一审法院的判决,驳回原告的诉讼请求或将本案发回重审。

**原告二审辩称:**

原判认定事实清楚,适用法律正确。被告授权他人行使股东权利,对公司章程签字认可,应按公司章程规定处置自己的股份。

**律师观点:**

1. 谢辉的签名应视为代表被告对章程的认可。

被告作为委托人与受委托人谢辉共同填写的"授权委托书"注明了"委托内容除双方另有商议外,仅指受委托人代表委托人进行注册登记,参加股东大会行使表决权,有效期为3年"。所以本焦点的关键在于如何理解该委托内容。

被告委托谢辉参加的股东大会为公司成立的第一次股东大会，会议核心内容就是制定通过公司章程。根据《公司法》的规定：有限责任公司股东应当在公司章程上签名、盖章。也就是说，股东在章程上的签名应视为股东对章程通过的认可。谢辉作为被告的委托人参加了股东大会，参与审核制定公司章程，对章程的通过与否行使了表决权，最后在章程上签了名。所以谢辉的签名应视为代表被告对章程通过的认可，对章程内容的认可。

2006年4月，被告依照公司章程的规定受让了离职股东转让的股份，且受让的价格就是按照章程规定的"股本原始价格"。所以说被告以其行为表明已认可公司章程，那么他作为公司股东，必须受公司章程约束，其辞职后股权的处理办法也应遵照章程规定。所以被告辩称章程对股东股权转让的规定不能约束自己的理由不成立。

2. 原告章程关于离职股东股权转让的规定合法有效。

被告认为原告章程对股权转让的规定违反公司法法理，剥夺了小股东自治权。《公司法》第71条对有限责任公司的股权转让的规定分四款列举：

第1款"有限责任公司的股东之间可以相互转让其全部或者部分股权"；

第2款"股东向股东以外的人转让股权，应当经其他股东过半数同意……视为同意转让"；

第3款"经股东同意转让的股权，在同等条件下，其他股东有优先购买权……"；

第4款"公司章程对股权转让另有规定的，从其规定"。

前3款规定了有限责任公司股权转让的3种情形，其关系是平等和并列的，而第4款规定应视为兜底性条款，也就是说，如果公司章程对股权转让有特别约定，只要该约定不违反法律禁止性规定，那么该公司的股权转让就要遵守特别约定，章程的效力高于一切。这符合民法民事活动自治自愿的原则。

本案原告公司章程及《股东股权设置、转让、增股、变更持股的管理办法》对股东身份、股权额度、股权转让均作了条件性、限制性规定，作为一技术性企业，吸收本公司职工作为股东，初衷是为引进技术人才，稳定职工队伍，促进公司可持续发展。所以对公司新引进的高级技术人员，可以按相应职位认购公司股份，公司股东每年按股份份额享受分红，公司发展了，为公司作出贡献的人员可以享受利益。但对辞职离开公司的高级技术人员，公司的态度是否定的，因为人才的流失对公司带来的影响是负面的，巨大的。所以公司对其股权转让的规定是惩罚性的，"不得高于原股本价值"。

有限责任公司是人合性与资合性相统一的企业，其规定是公司从其自身特点出发,为其本身发展设置的,其章程只要不违反法律禁止性规定就是合法的。被告的上诉理由不成立。

**法院判决:**

驳回上诉,维持原判。

**407. 人民法院拍卖上市公司的国有股和社会股时,应当履行哪些程序?**

人民法院应当遵循以下程序:

(1)拍卖股权之前,人民法院应当委托具有证券从业资格的资产评估机构对股权价值进行评估。资产评估机构由债权人和债务人协商选定。不能达成一致意见的,由人民法院召集债权人和债务人提出候选评估机构,以抽签方式决定。

(2)人民法院收到资产评估机构作出的评估报告后,须将评估报告分别送达债权人和债务人以及上市公司。债权人和债务人以及上市公司对评估报告有异议的,应当在收到评估报告后7日内书面提出。人民法院应当将异议书交资产评估机构,要求该机构在10日之内作出说明或者补正。

(3)对股权拍卖,人民法院应当委托依法成立的拍卖机构进行。

①拍卖机构的选定,参照选定评估机构的方法进行。

②拍卖股权,人民法院应当委托拍卖机构于拍卖日前10日,在《中国证券报》《证券时报》或者《上海证券报》上进行公告。

③股权拍卖保留价,应当按照评估值确定。

第一次拍卖最高应价未达到保留价时,应当继续进行拍卖,每次拍卖的保留价应当不低于前次保留价的90%。经三次拍卖仍不能成交时,人民法院应当将所拍卖的股权按第三次拍卖的保留价折价抵偿给债权人。

人民法院可以在每次拍卖未成交后主持调解,将所拍卖的股权参照该次拍卖保留价折价抵偿给债权人。

④拍卖成交后,人民法院应当向证券交易市场和证券登记结算公司出具协助执行通知书,由买受人持拍卖机构出具的成交证明和财政主管部门对股权性质的界定等有关文件,向证券交易市场和证券登记结算公司办理股权变更登记。

(4)国有股权竞买人应当具备依法受让国有股权的条件。

(5)股权拍卖过程中,竞买人已经持有的该上市公司股份数额和其竞买的股份数额累计不得超过该上市公司已经发行股份数额的30%。如竞买人累计持有该上市公司股份数额已达到30%仍参与竞买的,须依照《证券法》的相关规定办理,在此期间应当中止拍卖程序。

**408. 股东转让其正在被执行的独资开办的企业（被执行人），人民法院能否追加该股东为被执行人？**

不能。股东转让股权的行为，是依据《公司法》规定合法转让的行为，股东转让被执行人股权的行为，因该转让既不改变被执行人的独立法人地位，也未造成被执行人资产的减少，不属抽逃注册资本；且股东转让被执行人而获益是股东通过转让股权获得的对价款，该对价款也不是股东在被执行人获得的投资权益或投资收益。因此，不能据此追加股东为被执行人。

**409. 股权转让纠纷胜诉后，公司拒绝将股东名册或工商登记中的股东由转让人变更为受让人的，受让人应如何救济？**

受让人合法受让股权，但公司拒绝办理工商变更登记或股东名册变更的，受让人可以公司为被告提起请求变更公司登记纠纷或股东名册记载纠纷诉讼，请求公司更改股东名册或工商登记记载事项。①

当然，实践中为了保证效力，可以一并提起股权转让纠纷以及请求变更公司登记纠纷、股东名册记载纠纷，并申请中止审理请求变更公司登记纠纷、股东名册记载纠纷的诉讼。

## 二、股权转让的对价确定

**410. 股权转让纠纷中，出现多个对价时，应当如何判断合同当事人的真实意思表示并确定股权转让价格？**

出现多个对价时，股权转让价格的确定应当从以下四个方面入手：

（1）尊重市场交易一般规则。

市场交易的一般规则，即是"一分价钱一分货"，当股权转让中出现多个对价时应当依据股权的价值判断何为真实意思表示。

（2）当事人的真实意思表示。

合同是当事人意思表示一致的结果，诉讼中应尽量寻找证据，并组成证据链以证明某一个交易价格是双方当事人的真实意思表示，并证明将该价格认定为双方真实意思表示符合逻辑及经验法则。

（3）工商登记材料。

工商登记材料中所记载的股东持股状况、出资数额和股权价值是公司债权人向公司和股东主张权利的重要依据，也是股东承担相应民事责任的依据之一。

---

① 具体内容详见本书第五章股东名册记载纠纷及第六章请求变更公司登记纠纷。

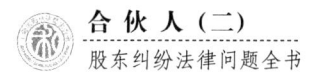

(4)合法有效的合同。

实践中常存在着当事人签订"阴阳合同"以逃避税收等法定义务,该类合同应属无效合同,因此确定股权转让价款时,不应以此类合同的价格作为转让价格。

### 【案例180】根据净资产状况推断价款获法院支持①

**原告**:张庆

**被告**:张广大、莎宏公司

**诉讼请求**:被告张广大向原告支付股权转让款人民币325万元及相应利息。

**争议焦点**:

1. 约定对价为325万元的股权转让协议书是否系仅为办理工商登记所用,是否系原、被告之间的真实意思表示;

2. 原告是否对所出让的股权支付了相应的对价;

3. 两被告主张股权转让价格应为股份转让协议书中约定的借款80万元,该主张是否有相应依据。

**基本案情**:

被告莎宏公司注册资本人民币500万元,其中原告认缴出资额325万元,出资比例65%;案外人陈志强出资175万元,占35%。

根据会计师事务所出具的工商年检审计报告载明,截至2004年12月31日,被告莎宏公司所有者权益为1,441,107.73元。

2005年1月15日,被告莎宏公司召开股东会,并形成股东会决议。主要内容是:

1. 同意原告将其持有的本公司65%的股权转让给被告张广大。其他股东放弃优先购买权。

2. 股权转让后,公司股东案外人陈志强出资额175万元,出资比例35%;被告张广大出资额325万元,出资比例65%。

同日,原告与被告张广大签订股权转让协议书,原告将持有的公司65%的股权作价325万元转让给张广大;受让人于协议签订之日起30日内向转让人付清全部股权转让价款。被告莎宏公司在该股权转让协议书上加盖了印章。

同日,原告、被告张广大、案外人陈志强另签订一份股份转让协议书。主要内容是:

---

① 参见潘福仁主编:《股权转让纠纷》,法律出版社2010年版,第155~159页。

1. 原告占公司65%股份，转让给张广大。

2. 公司原向原告借款债务80万元，由被告张广大和债务人陈志强共同连带偿还给原告，应于2005年6月20日前偿还40万元，12月30日前偿还40万元。

3. 协议签订后，公司的一切资产债权债务以及全部经营管理权依约定转让给被告张广大和案外人陈志强享有，原告不再承担任何责任。

被告莎宏公司在该协议书上加盖印章。案外人刘胜作为担保人承诺为被告张广大和案外人陈志强履行第2条义务提供连带责任保证。同日，原告、案外人陈志强、被告张广大又签订协议书，除重申案外人陈志强、被告张广大欠原告80万元外，还做了防腐厂过户给原告等约定，上述股权转让协议办理了工商登记备案。

现莎宏公司章程约定的股东为陈志强，认缴出资额175万元，出资比例35%；张广大，认缴出资额325万元，占65%。后被告张广大未能向原告支付股权转让款。

被告莎宏公司设立时，原告及被告张广大各出资175万元，案外人黄志坚及案外人黄谨各出资75万元，注册登记事宜由股东原告、案外人陈志强、案外人黄谨、案外人黄志坚委托上海宏裕经济发展有限公司办理。2003年12月3日，宏创公司向华夏银行上海分行申请了2张金额为175万元的本票，收款人分别为案外人陈志强及原告。同日，宏创公司还申请了2张金额均为75万元的本票，收款人分别为案外人黄志坚及案外人黄谨，上述4张本票款共计500万元，均解入被告莎宏公司在华夏银行上海分行闸北支行开设的账户。

2003年12月4日，被告莎宏公司申请了2份金额分别为220万元及280万元的本票，共计500万元，收款人分别为若林及王岳。经若林、王岳背书，本票款解入了宏创公司在华夏银行上海分行闸北支行开设的账户。

此前，在2004年5月27日，被告莎宏公司召开股东会，并形成《股东会纪要》，该纪要载明原告应出资126万元，已实际出资120余万元，其余股东中案外人陈志强、案外人黄志坚已履行了出资义务，案外人黄瑾亦履行了部分出资义务。2004年5月31日，被告莎宏公司原4名股东在该纪要上签字确认。

**原告诉称：**

原告与被告签订的股权转让协议书合法有效，但被告张广大未依据协议约定向原告支付股权转让款，其行为严重侵犯了原告的合法权益，被告张广大应立即向原告支付相应款项及利息，被告莎宏公司应承担连带责任。

**二被告辩称：**

原告诉请没有依据，股权转让协议书仅为原被告双方办理工商登记所用，原告并未出资,股份转让协议书系各方当事人真实意思表示,请求驳回原告诉讼请求。

证人刘胜为二被告作证陈述转让款对价是 80 万元而非 325 万元。

**一审认为：**

本案 325 万元合同及 80 万元合同形式上都是真实的,前者办理了工商登记,而后者未办理。鉴于工商登记并非合同成立和生效的要件,因此 325 万元合同并不因登记而当然具有比 80 万元合同优先的效力。解决本案的关键在于辨别哪一份合同是双方的真实意思表示。

从形式上来看,原 80 万元合同将"公司原向原告个人借款债务 80 万元"作为股权转让对价颇难理解。对该 80 万元,原告并不否认真实性,但认为与本案属不同的法律关系。而被告认为原告真实出资 80 万元,以公司负债的形式予以记载。基于以下理由,应采纳被告的辩解：

(1) 公司设立时 500 万元资金的流向足以表明原告等 4 名发起股东的出资款来源于宏创公司,以后又回到宏创公司。这就形成了原告在以后的经营中向公司"出借"资金的前提条件。

(2) 被告张广大除应付股权转让款 325 万元外,其与案外人陈志强还应额外代公司向原告归还借款 80 万元,显然不符合生活常理。

比较两份合同,不难看出 80 万元合同才是双方真实意思表示：

(1) 从证据证明力来看,证人刘胜作为签约见证人,其作证陈述转让款对价是 80 万元而非 325 万元。作为无利害关系的第三方,刘胜证言具有很高的证明力。

(2) 从出资情况来看,前已述及,500 万元源自宏创公司,又回到宏创公司。原告 65% 的股权折价 325 万元实则根据注册资本计算得出,而注册资本并不等同于实际出资。

(3) 从公司财务状况来看,截至 2004 年 12 月 31 日,工商年检审计报告记载的公司所有者权益为 1,441,107.73 元。65% 的股权按此折算,与 325 万元相差甚远。此外,结合 80 万元要求担保而 325 万元不要求担保,80 万元分期履行而 325 万元签约 30 日内一次履行,股东会决议载明附股份转让协议书而非股权转让协议书等情节,均可以印证 80 万元合同系双方真实意思表示。

必须指出,股东向公司缴纳出资是其法定义务,出资并不构成股东对公司的债权,本案莎宏公司将原告出资 80 万元记载为公司负债的行为违反了法律规定。然而,股权以 80 万元转让是允许的,80 万元作为转让的对价是真实的,被告张广大应依此向原告支付股权转让款。

325万元合同系当事人恶意串通骗取工商登记所签订,应属无效合同,原告依此协议而提出的诉讼请求缺乏事实依据,不符合法律规定,不予支持。鉴于原告明确表示80万元合同与本案不属同一法律关系,不愿意在本案中主张80万元的合同权利,要求另案处理,这是原告对自己权利的处分,予以准许。

**一审判决:**

驳回原告的诉讼请求。

原告不服一审判决,向上级人民法院提起上诉。

**原告二审上诉称:**

被告莎宏公司成立时投资即已全部到位,原告此后又出资受让了另两股东的股权,故原告出让的股权已支付了相应对价,股权转让协议书将股权转让价格确定为325万元符合真实情况,原告的主张应得到支持。

股权转让协议书与股份转让协议书均约定股权转让价格为325万元,两份协议书之间并不存在矛盾,且股东会决议亦约定张广大受让股份后的出资为325万元,据此应认定股权转让价格为325万元,原审法院对此认定有误。

被告莎宏公司存在大量资产,有关年检报告不能反映真实的股权价值,股份转让协议书中约定的80万元系另一法律关系,与本案无关,有关证人证言缺乏证明力,原审法院认定80万元为股权转让价格缺乏依据。原告据此请求撤销原判,改判支持其原审诉讼请求。

**被告张广大二审辩称:**

股份转让协议书系各方当事人真实意思表示,股权转让协议书仅为办理工商登记所用,原告并未实际出资,且其在股权转让后已分得了相应资产,有关证人证言具有证明力,请求驳回上诉,维持原判。

**被告莎宏公司二审辩称:**

股权转让协议仅是虚拟的协议,股份转让协议书约定的80万元才是股权转让真实价格,原告在公司成立时并未实际出资,公司亦实际一直亏损,故原告的上诉理由不能成立。

**律师观点:**

1. 股权转让协议书为原被告双方的真实意思表示,合法有效。

从各方当事人的书面约定来看,股权转让协议书中已约定转让价格为325万元,虽然两被告辩称该份协议书并非当事人真实意思表示,但之后的股份转让协议书中亦有被告"投资325万元占公司65%股份"的约定,相应股东会决议中亦记载被告张广大受让系争股权后,其相应出资额为325万元,鉴于上述公司文件均确认原告出让的股权对应价值为325万元,而两被告亦已确认上述公司文件的真实性,故应认定股权转让协议书中约定的转让价格即为各方当事人真实意思表示。

从实际出资情况看,虽然各方当事人均确认,在被告莎宏公司设立时股东并未实际出资,但莎宏公司2004年5月27日的股东会纪要已载明原告履行了120余万元的出资义务,其余股东也均履行了相应出资义务,故应认定原告已实际向莎宏公司投入了资金120余万元。同时,原告出让的股权中,部分系其此前通过受让黄志坚等案外人的股权而获得,原告亦已举证证明其受让该部分股权支付了相应对价150万元,故应认定原告出让的股权具有其相对应价值,且其价值大于两被告辩称的80万元,原告据此主张股权转让价格为325万元并无不当。

2. 被告张广大支付325万股权转让款,应承担相应的责任。

系争股权转让行为发生在原告与被告张广大之间,被告张广大作为系争股权的受让人应承担相应付款义务,现被告张广大未能举证证明其履行了上述义务,应承担相应民事责任,原告的相关诉请应予支持,但被告莎宏公司并非股权转让关系的当事人,其不应承担相应付款义务,故原告对于被告莎宏公司的诉请缺乏依据,不予以支持。

3. 股份转让协议中约定的80万元借款事项与股权转让关系为不同的法律关系。

股份转让协议书中虽然约定了借款80万元的相关事项,但借款关系与股权转让关系为不同的法律关系,在两被告未能进一步举证的情况下,认定上述借款80万元即系股权转让价款显然缺乏依据。两被告在原审期间对此仅提供了相关证人证言,但该证人同时即系股份转让协议书的担保人,与本案存在利害关系,其证人证言缺乏相应证明力,故被告对股权转让价格为80万元的主张,缺乏依据。同时,有关协议书中虽然约定了被告莎宏公司的部分资产由原告使用经营,但两被告并未举证证明该部分资产已从被告莎宏公司分离,且已过户到原告名下,由原告所有,故应认定相关防腐厂仍系被告莎宏公司资产的一部分,并未转移至原告所有,两被告据此主张系争股权转让价格应为80万元缺乏依据,亦不应予以采信。

**二审判决:**

撤销原判,改判被告张广大支付原告股权转让款人民币325万元及相应利息。

**411. 股权转让合同如未约定转让价款的,且无任何证据证明双方当时的真实意思表示,应如何确定对价?**

如无相应证据可供参考,合同当事人又各执一词,一般按照"有利于债务人"的合同解释精神,认定股权转让无对价。

但是如果认定合同无对价又将造成合同显失公平的,人民法院应当认定股权转让合同不成立。

### 【案例181】未明确股权转让价格　合同无对价但有效[①]

**原告:** 孙桂香

**被告:** 张旭

**诉讼请求:** 判令被告支付原告股份转让款15万元,并承担本案的诉讼费用。

**争议焦点:** 原告与被告之间签订的股权转让协议中约定的股份15万元是股权对价还是出资份额,若该15万元系出资份额,则股权转让的价格如何确定,无法确定股权转让价格的情况下合同效力如何。

**基本案情:**

恒辰公司注册资本30万元。2003年8月19日,股东变更为赵永萍、原告,二人各拥有15万元出资,股权比例均为50%。

2005年1月19日,被告(赵永萍之子)与原告签订股权转让协议书,约定恒辰公司股东原告同意将所持有的股份15万元转让给被告,被告同意受让,并以其出资额为限对公司承担责任。

同日,恒辰公司作出第二届第二次股东会决议,被告、赵永萍、原告参加了会议,内容为:原告同意将15万股额转让给被告;全体股东一致同意赵永萍原公司执行董事、经理职务不变,公司监事由被告担任;免去原告监事职务。

在上述股权转让协议书和股东会决议形成之后,被告受恒辰公司委托到工商机关办理了股权变更登记手续。

在案件审理过程中,赵永萍曾另案提起诉讼,以恒辰公司第二届第二次股东会决议中的"赵永萍"签名不是其本人所签为由,要求确认恒辰公司第二届第二次股东会决议无效,故案件依法中止。在法院委托鉴定机关进行鉴定期间,赵永萍撤回起诉,案件随即恢复审理。

---

[①] 参见北京市朝阳区人民法院(2008)朝民初字第14618号民事判决书。

**原告诉称：**

原告将所持有的恒辰公司的股份15万元转让给被告，然而，被告至今没有向原告支付股权转让款项。被告的行为严重侵犯了原告的合法权益。

**被告辩称：**

不同意原告的诉讼请求。因为双方签订的股权转让协议书是为了办理工商变更，从内容上看是格式化合同，对标的、价格等无法约定，从效果上看没有对价，不具备合同的必备要素，不是一个完整的合同。另外，原告的诉讼请求已过诉讼时效。

**律师观点：**

1. 股权转让协议合法有效。

基于赵永萍与被告为母子关系，且在本案诉讼过程中，赵永萍以不是其本人签名为由提出确认恒辰公司第二届第二次股东会决议无效的诉讼导致本案依法中止，并在委托鉴定期间撤诉使得本案恢复审理，可以推定赵永萍对恒辰公司第二届第二次股东会决议的内容不持异议。因此，被告与原告签订的股权转让协议书，是当事人的真实意思表示，内容不违反法律、行政法规的强制性规定，系合法有效。

2. 原、被告双方未就股权转让款项的具体数额达成合意。

2005年1月19日签订的股权转让协议书仅记载，"恒辰公司股东原告同意将所持有的股份15万元转让给被告，被告同意受让，并以其出资额为限对公司承担责任"，并无股权对价的约定。其中的15万元系出资份额的约定，而非股权转让款的约定。股权转让款的数额系当事人合意事项，在目前没有证据证明存在合意的情况下，原告要求被告支付15万元股权转让款，难以得到法院的支持。

**法院判决：**

判决驳回原告的诉讼请求。

## 412. 股权转让合同签订后，在履行过程中请求变更股权转让款是否允许？其行为如何定性？

对股权转让价格要求变更的请求，在性质上仍属于对合同撤销权的行使。

既然请求变更的性质等同于行使合同撤销权，那么该权利的行使期限也应当以1年的除斥期间为限，无中断、中止及延长。

另外，行使撤销权，必须满足可撤销合同的法定情形：

(1) 因重大误解订立的；

(2) 在订立合同时显失公平的；

(3) 一方以欺诈、胁迫的手段迫使另一方订立的；

(4) 一方乘人之危，使对方在违背真实意思的情况下订立的。

**413. 股权转让时，原股东捏造虚假信息，欺骗受让人以较高的价格购买股权，受让人购得公司股权后应如何救济？**

受让人可采取下列两种方法：

(1) 由于转让人对受让人进行了欺诈，受让人可向人民法院提起诉讼主张对合同价款进行变更；

(2) 基于欺诈签订的合同，受让人可主张撤销该合同，并要求转让人承担相应的损害赔偿责任。

但受让人还须注意如下两点：

(1) 主张变更股权转让价款或撤销合同都应当在1年的除斥期间内行使，否则将丧失请求变更或撤销的权利；

(2) 为保障新股东的利益，在诉讼前或诉讼中，新股东可向人民法院提出财产保全，防止转让人恶意转移资产，逃避执行。

## 【案例182】已确认股权转让价款且超过1年　转让人主张变更价款被驳回①

**原告：**黄倩

**被告：**新风公司

**诉讼请求：**判令被告在维持原股权转让价格的基础上给付遗漏股权转让金（暂计10,000元）。

**争议焦点：**

1. 原告能否基于股权转让合同无效而主张被告向其返还不当得利；

2. 假设原告系对股权转让合同行使撤销权，该权利行使是否已过除斥期间；

3. 对饮片厂因股权转让所涉及的全部资产和负债进行的资产评估报告是否存在未评、少评的情形，股权转让协议是否因此而归于无效。

**基本案情：**

饮片厂原系国有企业，截至2003年11月30日，该厂股本结构为被告占30%

---

① 参见黄倩诉上海新风商业（集团）有限公司股权转让纠纷上诉案。

股份,饮片厂退管会占14.09%股份,该厂104名职工占55.91%股份,其中原告的股份比例为0.56%。

饮片厂在拟改制为有限责任公司期间,于2003年9月就全体股东股权转让事宜进行了信息告知和转让价格的书面征询活动。该厂全体职工股东除1人弃权外,其余103人均一致同意将股权进行转让,并以资产评估结果作为股权转让价格的参考依据。为此,饮片厂委托众华公司对该厂因股权转让所涉及的全部资产和负债进行资产评估,其目的是"饮片厂股东方拟股权转让,为此需对股权转让所涉及的全部资产及负债进行评估,并以评估确认后的价值为上述经济行为提供价值参考依据"。

2003年10月31日,众华公司对该厂因股权转让所涉及的全部资产和负债出具了资产评估报告,该评估的基准日为2002年12月31日,评估确认饮片厂净资产为26,213,018.97元。评估报告中对存在瑕疵的资产做了特别事项说明。之前,众华公司出具过征求意见稿,饮片厂就该征求意见稿进行了公示,2003年10月28日,众华公司专门就职工股东对资产评估中提出的意见和疑问进行了解释和答疑,饮片厂104名职工股东中对该评估征求意见稿结果表示同意的有103名(含本案原告),弃权1名。

2003年11月24日,上海市有关国有资产管理机构对饮片厂的上述整体资产评估结果予以确认。

2003年12月17日,饮片厂全体股东召开股东会议,经股东方讨论、研究,同意以评估确认的净资产26,213,018.97元,扣除不实资产1,618,355.40元及2003年已分的2002年红利720,555.76元,加上2003年1月至11月利润596,230.86元的余额24,470,338.67元作为转让价格依据,按照总股本520万股计算,每股净资产值为4.71元;其中104名职工股东一致同意将其全部股份转让给被告。同日,饮片厂作出了企业改制方案。

2003年12月23日,104名职工股东、饮片厂退管会作为转让人,与受让人被告、上海汇丰医药药材有限责任公司签订了股权转让协议。

2003年12月24日,各方在上海联合产权交易所签订了上海市产权交易合同,并办理了产权转让交割。

2003年12月29日,经国有资产管理机构同意,饮片厂由股份合作制转制为有限责任公司,股东为被告和上海汇丰医药药材有限责任公司,其中被告占90%的股份,新公司名称为饮片公司。被告已经根据股权转让协议将股权转让款全部支付完毕。

**原告诉称：**

饮片厂资产评估不实。

饮片厂四处网点的房屋因系租赁房屋，无所有权，故未纳入评估范围，但收益权亦未进行评估；土地使用权因尚未依法取得，故对土地未评估，对已支付的购买该土地使用权及厂房的180万元款项，仍按账面原值在原科目中列示，未考虑增值部分；砖木结构房屋使用权因未取得产权和土地使用权，故评估未考虑土地使用权价值，仅按成本法计算建筑物价值；因徐汇中药贸易经营部未能提供评估基准日库存商品明细表，故评估仍按原账面值在原科目中列示。饮片厂应收款和应付款存在少评，但其并未对该相关事实予以具体说明。所有网点出租取得的收益均应是网点的使用价值，应当纳入被告应向其给付的款项范围。因此，被告隐匿资产导致评估不实。被告作为饮片厂的大股东，滥用其决策权和经营权等权利，以非法手段将未评、少评的资产（包括收益）占为己有，显然是不当得利的行为，理应返还。

**被告辩称：**

原告认为本案存在不当得利，是基于股权转让协议。而系争股权转让协议合法有效，所有程序都经过国资委确认，并进行公示，所有股东亦表示同意。饮片厂整体资产评估征求意见稿经公示并由评估公司向自然人进行解释和答疑，在获得全体股东确认后通过该评估报告，包括评估报告中对瑕疵资产的特别说明。本案中不存在漏评和少评的资产。被告不是评估报告的委托人。原告提出的是给付之诉，但基于的事实和理由是不当得利，现原告要求重新确认股权转让价格，就应撤销原股权转让协议，在没有撤销原股权转让协议的情况下，其无权要求确定新的股权价格。据此请求驳回原告诉讼请求。

**律师观点：**

1. 原告不能基于股权转让协议主张不当得利，原告的撤销权也因超过除斥期间而消灭。

原告在本案中的诉讼请求是要求被告返还不当得利、支付漏评、少评资产的股权转让款。但原告以股权转让协议为基础关系所提起的显然是股权转让合同之诉。故称其所主张的不当得利显然超越了其诉讼请求所依据的股权转让合同法律关系的范畴，不属于本案审理的范围。

原告虽否认其所行使的请求权系对股权转让合同的撤销权，但从权利性质上说，其请求支付遗漏股权转让款的权利属于对股权转让价格变更和撤销的请求权。饮片厂整体资产评估报告中对其所称的漏评少评的资产作出了特别说明。

原告作为饮片厂的职工和股东,在知晓该评估报告所涉及的饮片厂资产状况的情况下,仍与被告签订了股权转让协议,并完成了股权转让,亦未在法定的 1 年除斥期间内行使撤销权,其请求变更股权转让价格的权利已依法消灭。

此外,从本案系争股权转让的程序来看,饮片厂向全体股东就股权转让事宜进行了充分的信息告知和征询,股权价格的参照依据和最终确定均是全体股东一致同意的结果。原告认为股权转让的程序违法,但其举证并不足以证明此点。

2. 评估报告对饮片厂的资产不存在少评和漏评的情形。

至于原告所称漏评少评的资产,饮片厂虽是 4 个商业网点的原租赁者即使用权人,但该 4 个网点在评估基准日即 2002 年 12 月 31 日之前即变更至被告名下,由被告作为租赁人,拥有使用权至今,故评估报告未将上述 4 个网点及其收益列入评估范围。但对于饮片厂当初取得该 4 个网点使用权时所支付的款项,仍纳入评估范围,列于长期待摊费用科目中。系争土地使用权的权利人在评估基准日前后及至今,始终为另一公司,并未变更至饮片厂名下,更未变更至被告名下,故评估报告亦未将该土地使用权列入评估范围。但双方当事人均确认饮片厂为履行其关于该土地使用权转让合同所支付的人民币 180 万元,在评估报告中被列入其他应收款科目,亦即被作为评估内容。由于评估报告明确其评估的基准日为 2002 年 12 月 31 日,基准日后发生的债权债务与评估报告评估的资产之间并无联系,而本案双方当事人均确认系争 210 万元在 2003 年下半年至 2004 年上半年期间支付给饮片厂以及其后的饮片公司。故对评估报告而言,此笔款项并不具有被列入评估资产范围的可能性。

砖木结构房屋因未取得房屋产权和土地使用权,故评估未考虑土地使用权价值,按成本法计算建筑物价值;在评估报告附件《固定资产——房屋建筑物清查评估明细表》中有反映,评估价值为 10,000 元。虽然该处房屋现由饮片公司使用,但在评估基准日,饮片厂确未取得该处房屋的产权证,故评估报告对该项资产的评估方式及评估结果并未违反相关的法律规定和行业规则。但土地及其地面建筑物尚未取得房地产权证。饮片厂虽然出资在申南路 101 号建造厂房,而由于土地使用权不属于饮片厂,故饮片厂对其在该土地上出资建造的房屋拥有产权,评估报告中亦将其排除在评估范围外。但评估报告将该建造费用评入了其他科目,评估净值为 9,855,291.70 元,并体现在评估报告附件《固定资产——房屋建筑物清查评估明细表》中。评估报告将徐汇中药贸易经营部库存商品纳入了评估范围,但指出,因该部未能提供评估基准日库存商品明细表,故仍按原账面值在原科目中列示。可见,原告称评估报告对饮片厂的资产存在少评和漏评的情形,缺乏事实与法律依据。

**法院判决:**

驳回原告的诉讼请求。

### 414. 如何证明股权转让合同是基于欺诈而签订的?

证明股权转让合同基于欺诈而签订,须注意以下四点:

(1)欺诈行为人进行欺诈所进行的表述,如宣传材料、书面材料、口头描述的录音等;

(2)受欺诈一方对股权转让合同的标的尽到了注意义务;

(3)一方基于欺诈而签订合同,而非因为其他目的;

(4)由于一方的欺诈行为,导致另一方在合同履行过程中蒙受损失。

### 【案例183】未尽注意义务　主张欺诈不成立[①]

**原告:** 徐某

**被告:** 隆某

**诉讼请求:** 被告继续依照股权转让合同支付剩余股权转让款,并承担违约金。

**争议焦点:** 被告作为华亚公司董事长是否清楚公司财务状况及确定股权转让价格,其能否以公司财务混乱、严重亏损为由主张股权转让合同无效。

**基本案情:**

原告与被告等4人共同出资成立华亚公司,原告持有30%股权并任财务总监,被告持有40%股权并任董事长。

后原告与被告签订华亚公司股权转让合同,约定原告将其持有的华亚公司30%股权转让给被告,转让价格为45,000元。后被告拖欠部分股权转让款未支付。

**原告诉称:**

股权转让合同系原被告直接的真实合意,合同合法有效。被告不履行合同于法无据,请求法院支持原告的诉讼请求。

**被告辩称:**

被告是在原告声称公司运营尚可的情况下才接受了原告的股权转让,但原告

---

[①] 参见江苏省苏州市中级人民法院(2005)苏中民二终字第305号民事判决书。

离开公司后,被告发觉原告在作为财务总监及会计时没有作账,财务报表极为混乱,公司当时已到了严重亏损状态。因此,自己是在受到原告欺骗的情况下签订的股权转让合同,属无效合同,请求驳回原告的诉讼请求。

**被告为证明其观点,提交证据如下:**

1. 金桥警务站的证明材料,该证明材料反映了2004年9月1日至9月11日期间华亚公司职工、供应商发生闹事的情况;

2. 会计师事务所出具的专项审计报告,该审计报告结论意见为因未能提供经营期间的账册、凭证、会计报表及相关财务资料,不能确定自2003年10月22日至2004年9月21日的经营盈亏状况。该审计报告只是华亚公司未审计经营期间的盈亏状况所制作的。

**律师观点:**

公司股东之间可以转让其全部或者部分出资。原告作为华亚公司股东之一有权与该公司另外一名股东被告达成股权转让合同将其所持股权全部转让给被告。在签订股权转让合同过程中,被告作为该公司董事长应当清楚且有权审查公司财务状况及确定股权转让价格,其本人具备完全民事行为能力,应能预见到其签订股权转让合同带来的法律后果,且在合同签订后被告实际支付了部分股权转让金。故该股权转让合同真实合法有效,被告应按月支付全部股权转让金。

**法院判决:**

被告继续依照股权转让合同支付剩余股权转让款,并承担违约金。

## 三、"一股多卖"及出质股权转让的裁判标准

**415. 有限责任公司中,股东将自有股权重复出卖给多个股东的,各受让人应如何主张权利?**

此种行为俗称"一股二卖"或"一股多卖"。由于股权的变动规则需要通过形式要件及实质要件综合判断,因此实践中,应当以履行完毕股权转让合同,实际享有股东权利,并办理了股东名册、工商变更登记的受让人为公司股东。而其他受让人只能向转让人主张违约责任。

如果所有受让人均未进行股东名册、工商登记的变更,也未实际享有股东权利,则处理方式与实践中"一房多卖"的方法相同,各合同并无时间先后的位序之分,而只由各受让人依照各自合同向转让人主张继续履行或违约责任,转让人只得择一履行,并对其他履行不能的合同承担违约责任。

此外,如果已经有一名受让人实际享有股东权利并进行股东名册、工商登记的变更,则其他受让人仅能主张转让人承担股权转让合同约定的违约责任。

**416. 转让人一股多卖,其中一名受让人经过法院判决取得股权,但另一受让人已经实际享有股东权利、履行股东义务,则通过诉讼获得股东资格的受让人可否主张行使股东权利的受让人在公司作出的行为无效?**

"一股多卖"交易如图7-1所示。

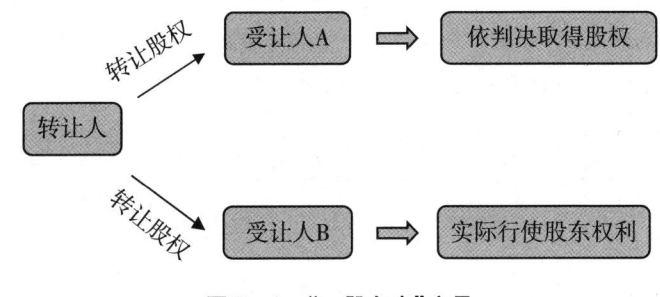

图7-1 "一股多卖"交易

如公司转让人先后与非股东受让人A、B签订股权转让合同,重复转让其股权。签订合同后,B遂以公司股东的名义享有权利并履行义务,期间B对公司事项进行表决,并以所持表决权通过了公司的分红方案。A基于其与转让人之间签订的股权转让合同,诉至法院,经判决获取了公司的股权,则股权由谁所有?

首先,此时股权应当依照判决由A所有。但是基于保护商事交易安全,不溯及既往的基本原则,A不能主张B所作行为无效。当然,A可以要求B将其作为股东期间所获得的利益向A返还。而B只能基于股权转让合同向转让人主张违约责任。

### 【案例184】一股二卖引发旷日持久连环案[①]

热电公司成立于1995年,其股权结构如下:张可夫拥有78%的股份,置地集团拥有其15%的股份,其他2名股东分别拥有5%、2%的股权。但在2006年,大股东(系自然人张可夫)决定转让其78%的股份后,却使得这家热电公司陷入了无休止的纷争之中(见图7-2)。

---

① 参见网易博客 http://blog.163.com/wvping2007@126/blog/static/37503710201011385453495/,2012年8月15日访问;临沂生活网 http://lyok.com/2009/linyi_1019/19446.html,2012年8月15日访问;东南网 http://www.fjsen.com/j/2009-10/19/content_1240379_2.htm,2012年8月15日访问。

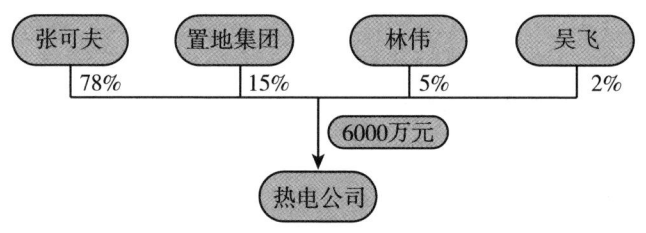

**图7-2 转让前股权结构**

2006年,由于公司运营状况不佳,大股东(系自然人张可夫)决定转让其78%的股权。为了转让股份,张可夫先后与不同的受让人签订了两份协议(见图7-3)。

**图7-3 股权转让**

2006年9月,张可夫与宏立公司共同约定以3430万元将其全部股权转让给后者。当月,张可夫又授权后者处理热电公司一切事务。

2006年12月,张可夫又与同为股东的置地集团签订了另一份协议,约定转让全部股份。

短短3个月内,同样的股份转让了两次,无疑在两家受让企业之间挑起了争端,一审,抗诉再审;一审(本诉、反诉、第三人申请参加诉讼),二审;又是一审,二审;还有股东代表诉讼,十八般武艺齐上阵。

1. 置地集团的股权转让协议有效。

2007年1月,置地集团向杭州市上城区法院起诉张可夫,要求确认双方股权转让协议有效,并由张可夫依法履行工商变更登记手续。上城法院的生效判决支持了该诉请。

2. 宏立公司的股权转让协议有效。

2007年6月,张可夫向杭州中院起诉宏立公司,要求确认双方间的协议无效。宏立公司则反诉,要求确认协议有效,并由张可夫协助办理股权过户手续。后杭州中院判决仅确认协议有效,其他诉请均予驳回。

3. 再审撤销张可夫协助置地集团办理工商变更登记。

宏立公司知悉昔日的股权转让方张可夫将自己给告了的原因为:2006年11月张可夫又与置地集团签订了一份《股权转让协议》,又将其持有的热电公司全部股权转让给了置地集团。张可夫的依据为置地公司在2007年第一次诉讼中的获得的一纸支持其诉请的生效判决。

宏立公司随后向杭州市检察院提出了申诉。杭州市检察院审查后,认为杭州市上城区法院的判决不当,遂向杭州市中级人民法院提出了抗诉。上城法院的再审判决在确认协议有效的同时,撤销了由张可夫协助置地集团办理工商变更登记手续的原审判决事项。

4. 置地集团的优先购买权问题应另案解决。

就杭州中院仅确认张可夫与宏立公司的股权转让协议有效的判决,不支持其变更登记的诉请,宏立公司不服,提起上诉。2008年9月24日,浙江省高级人民法院作出终审判决:驳回宏立公司上诉,维持原判。

浙江省高级人民法院认为,主体合格、内容合法、意思表示真实是民事行为的生效要件,宏立公司与张可夫签订的转让协议,符合上述民事法律行为的构成要件,杭州市中级人民法院原审判决确认该协议有效,并无不当,应予维持。根据《公司法》的规定,股东向股东以外的第三人转让股权,同等条件下其他股东具有优先购买权。鉴于置地集团作为阳城热电的股东,其在诉讼中明确表示要主张优先购买权,而置地集团的优先购买权是否成立问题,在其未得到司法机关的终局裁决之前,宏立公司现在提出有关办理股权变更登记的诉讼请求,依据不足。

对置地集团的优先购买权是否成立问题,当事人可另行解决。若另案确认置地集团的优先购买权不成立,则置地集团关于张可夫与宏立公司办理股权变更登记的请求成立。

置地集团的优先购买权是否成立之诉,可作为独立的诉讼,且置地集团和宏立公司均可提起诉讼,并在该诉讼中充分行使有关举证和辩论等诉讼权利,另案解决置地公司的优先购买权,更加有利于保护当事人诉讼权利和实体权利。

5. 置地集团优先购买权诉讼被驳回。

2008年10月,宏立公司根据高院的判决向萧山法院提起诉讼,要求确认置地集团的优先购买权不成立。

萧山法院认为,虽然置地集团享有优先购买权,但其与张的协议中无具体的转让价格,故不应视为置地集团行使优先购买权,且置地集团主张优先购买权已超过合理期限。此外,宏立公司实际经营热电公司已达两年多,更换实际经营者不利于热电公司的稳定经营,客观上也不能履行。

对此,置地集团特别指出,其与张可夫协议时已经确定3580万元的价格,他们曾在庭审中提供了多项证据证明,但萧山法院在审理中并未述及这些证据及其效力。

6. 置地集团上诉请求确定优先购买权被驳回。

2009年8月,置地集团向杭州中院提起上诉。置地集团指出,其以较高的价格受让股权已为此前生效的判决所认定,系不争的事实,但萧山法院却在没有任何相反证据的情况下作出了完全背离协议双方意思表示的认定,粗暴地干预了当事人的私法自治。此外,萧山法院以超过合理期限为由否定其优先购买权,但是所谓的"合理期限"并无任何法律依据。

置地集团还表示,由于生效判决确认了两份股权转让协议均为有效合同,因此本案争讼的焦点已非优先购买权是否成立,而是在"一股二卖"的情况下究竟应当履行哪一份协议。根据合同当事人意思自治原则及有限公司股东的人合性特点,在"一股二卖"的情形下,只能履行张可夫与置地集团间的股权转让协议。

置地集团的诉讼代理人指出,宏立公司在被取消委托的情况下,继续经营热电公司,使得热电公司股东的合法权利遭到了非法剥夺,但萧山法院却以该非法经营长达两年、更换实际经营者不利于稳定经营为由否定股东的法定权利,这一做法让人匪夷所思。

后置地集团撤回上诉,宏立公司获得了热电公司股权。旷日持久的股权转让案最终以宏立公司大获全胜落下帷幕。

7. 股东代表诉讼,一件案中之案。

2008年4月28日,置地集团向萧山法院起诉宏立公司及其法定代表人,请求判令两被告立即停止经营热电公司的侵权行为,2被告返还公司的公章、财务章、合同章、营业执照正本、营业执照副本、财务账册等所有证章和财物。

**宏立公司答辩认为:**

(1)从置地集团向萧山法院提交的致热电公司监事会《关于请求公司监事会提起诉讼、制止侵权行为的函》来看,热电公司董事会没有《公司法》(2005年修订)第150条规定的情形,因此,置地集团书面请求热电公司监事会对本案2被告提起诉讼的前提条件不存在,也即意味着置地集团提起股东代表诉讼的前提条件不具备。

(2)被告宏立公司派人经营管理热电公司具有法律和合同依据。两被告没有损害热电公司的主观过错、侵权行为和损害事实。宏立公司与张可夫签订的股权转让协议第4条特别约定:"4.1本协议成立后,甲方同意乙方派员进入公司,甲乙双方共同对公司进行管理。4.2本协议成立后,由乙方组织对公司的董事会进行调整。在基准日后,乙方有权对公司的财务人员等进行调整,公司的财务由乙负责管理。甲方予以配合。"

(3)热电公司的公章、财务章、合同章、营业执照正本、财务账册等所有证章和财物至今仍由该公司的经营管理人员管理,不存在返还的情况。

2009年12月28日,置地集团向萧山法院申请撤诉,同日,萧山法院裁定准许置地集团撤回起诉。

## 【案例185】被执行人名下股权已协议转让 未变更工商登记仍可被冻结①

**申请执行人:**甲公司

**被执行人:**乙公司

**异议人:**丙大厦

**执行请求:**执行法院对申请执行人与被执行人价款纠纷一案作出的民事判决。

**争议焦点:**

1. 执行中,被冻结股权公司是否有权提起执行异议;
2. 被执行人与丁集团等5家企业签订的《债权转让协议》是否合法有效;
3. 执行中,执行法院是否可以冻结、变现登记在被执行人名下,但以协议转让的股权。

**基本案情:**

申请执行人诉被执行人债权债务纠纷一案,法院经审理后,于2005年2月23日作出一审判决:被执行人于判决生效起10日内返还申请执行人借款人民币700万元。在提起诉讼的同时,申请执行人认为被执行人已不再从事经营活动,而以处理遗留问题为主,为了保证裁判能够得以执行,遂向法院申请诉前保全。由于被执行人没有动产或不动产可供保全,审理法院于2004年11月24日作出保全裁定,冻结了被执行人在异议人的股权价值700万元。一审判决后,被执行人未提起上诉也未按照判决履行义务。2005年6月20日,申请执行人向法院申请强制执行,同日,执行法院立案执行。

在执行过程中,异议人于2006年2月20日向执行法院提出执行异议。异议人系被执行人于1988年筹建,在筹建中使用的资金和建材大都由丁集团等5家企业提供。1994年9月,异议人建设完毕后,被执行人以其向丁集团等5家企业的借款3000万元转为对异议人的长期投资,同时,确认了被执行人欠丁集团等5

---

① 虞政平:《公司法案例教学》,人民法院出版社2012年版,第1471~1478页。

家企业债务3000万元。2003年9月，被执行人与丁集团等5家企业在征得异议人的同意后签订《债权转让协议》，协议约定：经双方核对账目，截至2003年8月，乙公司共欠下丁集团等5家企业债务计4750万余元，双方同意以乙公司在异议人享有的投资权益3000万元及其对异议人享有的债权1750万余元予以偿还，丁集团等5甲企业成为异议人的实际投资人，乙公司在异议人不再享有任何权益，两法人之间不再有任何债权债务关系。《债权转让协议》达成后，该协议上报至省国资委予以备案。

被执行人、异议人、丁集团等5家企业均系国有企业。2004年11月24日，审理法院诉前财产保全裁定冻结被执行人享有的异议人的股权时，根据工商资料记载，被执行人为异议人的出资单位，投资金额为人民币3000万元。

**执行申请人认为：**

法院已就借款纠纷作出民事判决，同时采取了诉前财产保全措施，应强制执行保全的股权，偿还被执行人欠下的借款。

**被执行人认为：**

诉前财产保全冻结的股东实际上已经不属于本公司，不能强制执行。

**异议人认为：**

被执行人将其在异议人的投资及其享有的债权转让给丁集团等5家企业的行为合法有效，被执行人在异议人不再享有任何权益，执行法院冻结异议人价值700万元的股权系错误，申请予以解冻。

**律师观点：**

1. 股权属于股东所有，丙集团作为执行异议主体不适格。

本案中，执行法院冻结的是被执行人在丙集团的价值700万元的股权。该股权的所有人为被执行人，即使认定被执行人与丁集团等5家企业的《债权转让协议》合法有效，该部分股权所有人也应是丁集团等5家企业。异议人对这部分股权并不享有权益，执行法院也并没有对异议人的财产采取执行措施，因此，丙集团作为执行异议主体不适格，其无权对冻结股权提出异议。

2. 被执行人与丁集团等5家企业签订的《债权转让协议》违反法律规定，应认定无效。

被执行人向丁集团等5家企业转让其对异议人享有的3000万元股权时，一方面，只是向省国资委备案而非经其决定；另一方面，也未按照转让程序规定对股权价值进行评估。由于被执行人、异议人均系国有企业，根据《企业国有产权转让管理暂行办法》应该进行评估。因此,该转让协议违法行政法规的规定,应该认定无效,不能产生股权转让效力。

3. 执行过程中,执行法院有权冻结已经转让,但仍登记在被执行人名下的股权。

《最高人民法院关于人民法院民事执行中查封、扣押、冻结财产的规定》第2条第1款规定,人民法院可以查封、扣押、冻结被执行人占有的动产、登记在被执行人名下的不动产、特定动产及其他财产权。因此,即使登记在被执行人名下的财产已经转让给其他人,但只要该财产仍登记在被执行人名下,执行法院就可以查封、扣押或者冻结。本案中,在执行法院采取诉前保全措施时,被冻结股权仍登记在被执行名下。因此,即使被执行人与丁集团等5家企业的《债权转让协议》合法有效,但因为其没有办理股权变更登记手续,不能对抗申请执行人,执行法院仍可以冻结被执行人在异议人所享有的股权以偿还其所欠申请执行人的700万元债务。

**法院裁定:**

驳回执行异议,继续执行。

**417. 股权质押如未经工商登记,是否有效?**

以其他股权出质的,质权自工商行政管理部门办理出质登记时设立。因此未经工商登记的股权质押不发生法律效力,当然,股权质押合同在当事人之间仍然成立并生效。

**四、股权转让所涉资产、资质、控制权转让问题**

**418. 股权转让中,如果因公司实物资产存在质量瑕疵,该瑕疵的相应责任可否要求股权转让人承担?**

股权转让人只应当对所转让的股权的真实性、合法性负责,股权转让也只是导致公司股东的变更,公司的财产等并未发生变化,因此如果受让人因为受让股权后,发现公司实物资产存在质量瑕疵,应当向资产的销售方或其他过错方主张赔偿责任。

当然,如果股权转让合同中,转让人向受让人对公司的资产价值作出质量担保的,则受让人可依据股权转让合同向转让人主张违约责任。

### 【案例186】股权转让人对公司资产质量问题不承担赔偿责任[①]

**原告**:三九啤酒厂

**被告**:卞成居、顾家店镇政府

**诉讼请求**:判令被告卞成居偿付经济损失216,810.89元。

**争议焦点**:

1. 被告卞成居对于股份转让后公司的资产及经营情况的变化是否负有义务和责任;

2. 原告作为矿泉水公司的股东是否有权直接对外索赔矿泉水公司生产经营中的产生损失。

**基本案情**:

矿泉水公司系被告卞成居以资金投入、被告顾家店镇政府以矿泉水井投入共同组建的有限责任公司。

1996年1月23日,矿泉水公司召开股东大会,同意被告卞成居将其在该公司的股份全部转让给原告。次日,被告卞成居与原告签订转让、购买股权的协议,约定将被告卞成居在矿泉水公司所占78.1%的全部股份折价为105万元(含银行转贷40万元)转让给原告,股权自双方签约之日起一次性转让,被告卞成居应积极配合原告办理矿泉水公司的财产清理及交接手续,保证完好的生产、经营设备。协议并对付款方式、双方责任、债权债务的处理等均作了约定。

原告接受该股权后,与被告顾家店镇政府签订了联合经营协议书,调整矿泉水公司的股东出资比例,原告出资为65万元,占整个出资额的68.9%;被告顾家店镇政府出资29.4万元,占整个出资额的31.1%,并委托原告全权负责矿泉水公司的生产经营。

原告在组织矿泉水公司的生产经营中,客户反映矿泉水质量有问题。1996年7月,经有关部门水源采样检测,亚硝酸盐超标,属年检不合格水源地。矿泉水公司即停止生产,打开矿泉水井进行检查,发现于井孔深15.95米井管连接处未密封,致使地表层水渗入水井,污染了矿泉水源。矿泉水公司停产半年,对矿泉水井进行维修,经济损失达312,574.74元,原告按所占股权(68.9%),其损失为215,364元。

---

[①] 参见宜昌市中级人民法院(2009)二中民终字第06645号民事判决书。

**原告诉称：**

1996年1月，我方与被告卞成居签订股权转让协议，被告卞成居将其拥有的矿泉水公司78.1%的股权以105万元转让给我方，被告卞成居保证生产设备的完好。后我方在生产经营中，因转让的设备有瑕疵，致使生产的矿泉水质量不合格，给我方造成了经济损失。

**被告卞成居答辩称：**

造成损失的根本原因是水井不合格，应由水井的所有权人矿泉水公司主张索赔权利，原告无请求权，应予驳回。组织建井是被告顾家店镇政府，施工队是武汉地质勘查院三峡分院，故本人不应是被告。

**被告顾家店镇政府辩称：**

原告没有起诉资格，应由矿泉水公司行使索赔权利。我方是矿泉水公司的出资者，不应是本案的被告。

**一审认为：**

原告与被告卞成居之间的股权转让协议规定的权利义务明确，双方诉讼主体资格合法。被告卞成居对出让的财产质量不符合协议的规定，造成受让人的经济损失应负赔偿责任。被告顾家店镇政府虽是矿泉水井的原所有人，在本案中不承担民事责任。

**一审判决：**

被告卞成居赔偿原告的经济损失215,364元。

被告卞成居不服一审判决，向上级人民法院提起上诉。

**被告卞成居二审诉称：**

本案系股权转让合同纠纷，而原告诉称转让的设备有瑕疵，要求赔偿损失的请求系另一法律关系，依法应由矿泉水公司主张权利，请求二审撤销原判，依法驳回原告的诉讼请求。

**原告二审辩称：**

一审判决正确，应予维持。

**律师观点：**

1. 股权转让协议合法有效。

被告卞成居与原告之间签订的转让、购买矿泉水公司部分股权的协议，是在该公司召开股东大会，其他股东放弃优先购买权的前提下，自愿达成的协议，系双方当事人真实意思的反映，合法有效。

2. 被告卞成居对于股权转让后公司的资产及经营情况的变化不负有任何义务和责任。

原告依据该股权转让协议,取代被告卞成居成为矿泉水公司的股东,享有股东的权利,并承担股东的义务。虽然被告卞成居与原告签订的股权转让协议中有"被告卞成居应保证完好的生产、经营设备"的条款,但依照《合同法》的有关规定,股权出让人只对所转让的股权的真实性、合法性负责,股权转让的法律后果只是公司股东的变更,而公司及其财产并未发生变更。出让人与受让人只能根据各自对股权转让时矿泉水公司的资产、经营状况、商誉、市场前景等进行综合考察的情况协商确定股权转让的价款,出让人被告卞成居对于股权转让后公司的资产及经营情况的变化不负有任何义务和责任。

3. 对公司生产经营中的损失进行索赔的权利应由公司行使。

原告诉请的矿泉水公司生产经营中的损失,若需对外索赔,只能由财产所有权人矿泉水公司依法行使,原告作为矿泉水公司的一个股东无权直接行使,而被告卞成居与原告的股权转让系另一个法律关系。

一审判决将被告卞成居出让股权或转让出资认定为出让财产,进而判令被告卞成居对出让财产的质量不符合出让协议的规定承担赔偿责任,混淆了两个不同的法律关系,属适用法律错误。

**二审判决:**

1. 撤销一审判决。
2. 驳回原告的诉讼请求。

### 419. 股权转让合同中,约定公司资产归股东所有是否有效?

无效。

《合同法》明确规定,恶意串通损害第三人利益的合同属于无效合同。公司资产依法应当由公司所有,股权转让的只是公司的股东权益,如在合同中约定公司资产归股东所有,无异于恶意侵占了公司的资产,自然应当认定无效。

**【案例187】股权转让不得一并转让公司资产**①

原告:马俊丽

被告:赵禔、甘泗海

---

① 参见北京市朝阳区人民法院(2008)朝民初字第23274号民事判决书。

**诉讼请求：** 确认两被告于 2007 年 8 月 9 日签订的《北京瓦控电气技术有限公司资产暨股权转让协议》无效。

**争议焦点：** 两被告签订的《股权转让协议》是否对瓦控公司资产进行了非法处置；是否侵犯了原告的权益，效力如何。

**基本案情：**

瓦控公司系有限责任公司，公司注册资本 100 万元。

2007 年 4 月，公司股东变更为原告及两被告，其中被告赵褆出资 79 万元，占股权比例 79%，被告甘泗海出资 20 万元，占股权比例 20%，原告出资 1 万元，占股权比例 1%。

2007 年 8 月 9 日，被告赵褆为股权转让人（甲方）、被告甘泗海为股权受让人（乙方）签订《股权转让协议》，内容为：甲、乙双方均为瓦控公司实际股东，对公司的资产及股权做分置清算后，被告赵褆将目前公司资产转移，同时将其所持有的全部公司股权转让给甘泗海；瓦控公司账面所有剩余资金归被告赵褆所有，库存商品清算后归被告赵褆所有，一年内收回的货款，在缴纳增值税及附加后的货款支付给被告赵褆等。两被告同意另行签订股权及资产转让合同，以备工商变更及资产交割之用，但该合同与本协议不同之处以本协议为准。

另外，此前在 2007 年 7 月 31 日，被告赵褆为转让人，被告甘泗海为受让人签订《股权转让协议》，约定：被告赵褆将其在瓦控公司的出资 79 万元，占总注册资本 79% 的股权出让给被告甘泗海；被告甘泗海接受被告赵褆在瓦控公司的出资 79 万元，占总注册资本 79% 的股权；本协议自签字之日起生效；签字前债权债务由转让人负责，签字后债权债务由受让人负责。同日，被告赵褆、被告甘泗海、原告签订《章程修正案》等。后瓦控公司根据上述文件办理了工商变更登记，瓦控公司股东变更为被告甘泗海、原告。

2008 年 7 月，被告赵褆以被告甘泗海为被告向法院提起股权转让纠纷的诉讼，要求被告甘泗海按照 2007 年 7 月 31 日双方签订的《股权转让协议》向被告赵褆支付股权转让的对价 79 万元。在该案的审理中，被告甘泗海对被告赵褆提交的 2007 年 8 月 9 日的《股权转让协议》的真实性表示认可，并曾以此协议作为己方证据提交法庭；原告作为被告甘泗海的证人出庭作证，其明确表示本案诉争协议是被告甘泗海交给她的。

**原告诉称：**

2007 年 8 月 9 日，被告赵褆与被告甘泗海签订了《股权转让协议》，约定将瓦控公司的全部账面资金、应收账款、办公用品、办公家具、全部库存商品、全部固定

资产非法处置给被告赵禔所有,系对公司财产进行的非法处置,既违反了法律的强制性规定,也侵害了原告作为股东的合法权益。

**被告甘泗海辩称:**

对原告所述的事实不予否认,被告赵禔与被告甘泗海确实签订过资产处置协议,但是不能确定原告所出示的复印件是否为两被告之间签订的那份资产处置协议的复印件,且复印件上被告甘泗海的签名不清楚,不能确定是否为被告甘泗海的亲笔签名,要求原告提供原件。

被告赵禔同意原告的诉讼请求。

**律师观点:**

瓦控公司作为依法设立的有限责任公司,其设立、变更、终止等事项均应受该公司章程、《公司法》及其他法律、行政法规的调整与规范。被告赵禔与被告甘泗海签订的《股权转让协议》,对瓦控公司资产进行了非法处置,既违反了《公司法》的强制性规定,也侵犯了原告作为公司股东的合法权益,应属无效。

关于被告甘泗海否认原告提交法庭的《股权转让协议》真实性,要求原告提供原件的答辩意见,因原告不是缔结诉争协议的双方当事人无法提供原件,且在法院审理案件中被告甘泗海曾以此协议作为己方证据提交,原告也证实诉争协议的复印件来源于被告甘泗海,现被告甘泗海既不申请对原告提交法庭的《股权转让协议》予以鉴定又无相反证据予以证明,故被告甘泗海的答辩意见缺乏事实和法律依据,不应予采纳。

**法院判决:**

确认被告赵禔与被告甘泗海签订的《股权转让协议》无效。

## 五、瑕疵股权转让的裁判标准

### 420. 出资瑕疵的股东可否对外转让股权?

可以。

瑕疵出资的股东虽然未对公司完全履行出资义务,但是并不直接导致其失去股东资格,转让股权作为股东的基本权利仍应允许其享有。

## 【案例188】出资瑕疵股东仍可对外转让股权[①]

**原告：**中信银行上海分行

**被告：**宏勤公司、宏置公司、华龙公司、宝安公司、申星公司、东上海公司、实华公司

**诉讼请求：**宝地公司的新老股东对宝地公司拖欠原告的债权承担连带清偿本金及利息的责任。

**争议焦点：**

1. 宝地公司先后两次股权转让都未支付相应股权转让款，是否影响股权转让合同的效力；

2. 被告宏勤公司和被告宏置公司在实际控制、经营宝地公司期间，是否滥用宝地公司的法人人格损害公司债权人利益，其是否需对系争债务承担连带责任；

3. 被告华龙公司、被告宝安公司、被告申星公司作为发起人是否应就其瑕疵转让股权的行为对债务承担清偿责任，该责任系连带责任还是补充连带责任。

**基本案情：**

1993年，被告华龙公司、被告宝安公司、被告申星公司合作经营成立宝地公司，注册资金人民币2000万元。其中，被告华龙公司占注册资金的15%；被告宝安公司占45%，被告申星公司占40%。但被告华龙公司、被告宝安公司与被告申星公司实际均无任何出资。

宝地公司成立后，先后发生两次股权转让：

第一次股权转让发生在1994年3月，原股东被告华龙公司、被告宝安公司、被告申星公司与被告东上海公司、被告实华公司签订《股权转让协议书》。协议约定：被告华龙公司、被告宝安公司将其在宝地公司的股权转让给被告东上海公司和被告实华公司；股权转让后，宝地公司的股东构成为被告东上海公司占50%股权，被告申星公司占40%股权，被告实华公司占10%股权；根据法律法规，股东对公司债权、债务所负权利、义务随股权转让而转让，但上述协议未在工商部门备案，各方股东也未在工商部门办理相应的变更手续，被告东上海公司与被告实华公司均未支付股权转让款。

第二次股权转让发生在1996年12月20日，宝地公司股东被告东上海公司、

---

[①] 参见潘福仁主编：《股权转让纠纷》，法律出版社2010年版，第145~147页。原告中信银行股份有限公司上海分行与被告上海宝安企业有限公司、上海宝安大酒店有限公司等赔偿纠纷案。

被告申星公司、被告实华公司与被告宏置公司、被告宏勤公司签订《股东转让出资协议书》。协议约定：被告东上海公司、被告申星公司、被告实华公司将其在宝地公司的股权转让给被告宏置公司和被告宏勤公司；调整后的宝地公司股东组成为被告宏置公司占60%的股本，被告宏勤公司占40%的股本。在完成宝地公司股权转让后，原股东和现股东的相互经济关系由转让人和受让人作相应处理；在协议生效前，宝地公司原有的债权、债务，除由被告宏勤公司和被告宏置公司承担部分债务外，仍由原股东承担；协议生效后，宝地公司发生的新债权、债务均由调整后的股东承担，与调整前的原股东方无关。但上述协议未在工商部门登记备案，有关各方也未在工商部门办理相应变更登记手续。被告宏置公司与被告宏勤公司均未支付股权转让款。

1999年，宝地公司在一起票据纠纷中被法院判决应向原告给付214万元。但宝地公司本身没有可供执行的资产，并在2000年1月10日被吊销营业执照。

**原告诉称：**

依据之前生效的法院判决，宝地公司应当向原告给付214万元款项，经原告多次催讨之后宝地公司仍未支付相应款项。经查，宝地公司已无可供执行财产，而被告宏置公司、被告宏勤公司作为公司股东，滥用股东法人人格，应当对相应债务承担连带责任。被告华龙公司、被告宝安公司与被告申星公司作为最初设立宝地公司的股东，实际上均无任何出资，存在出资瑕疵，应当对宝地公司的债务承担补充连带责任。

**被告辩称：**

原告请求的债务应由宝地公司承担，与宝地公司股东无关，原告的请求于法无据，请法院予以驳回。

**律师观点：**

1. 本案涉及的两次股权转让均应认定为有效。

虽然转让各方均未对宝地公司履行出资义务，但是受让各方对此均知情，在该公司章程未作出明确规定时，出资瑕疵并不能剥夺转让人的股东资格，股权的自由转让权作为股东权利的一部分，也同样不应被剥夺。

2. 被告宏置公司、宏勤公司滥用法人人格，需对公司债务承担连带责任。

根据1996年12月的第二份股权转让协议，宝地公司发生的新债权、债务均由调整后的股东承担，与调整前的原股东方无涉。本案系争的宝地公司的债务发生在第二份股权转让协议之后，故按该股权转让约定应由被告宏勤公司、被告宏置公司对宝地公司的债务承担责任。宝地公司的开办单位未履行出资义务和受让股东均未补缴出资,故其法人人格始终不存在。因此,被告宏勤公司和被告宏置公司在实际控制、经营宝地公司期间,滥用宝地公司的法人人格,严重损害公司债权人利益,系争债务应由两被告承担连带责任。

3. 被告华龙公司、被告宝安公司和被告申星公司对债务负有补充连带责任。

被告华龙公司、被告宝安公司和被告申星公司作为宝地公司的开办单位,未履行在组建宝地公司的章程中承诺的出资义务,使得宝地公司从登记成立时即为无独立财产的空壳。其后,该三家开办单位分别转让了股权,但不能因为其已将瑕疵股权转让而完全免除其对宝地公司应负的责任。在实际控制股东不能偿还宝地公司债务时,该三家开办单位仍应连带负补充清偿责任。

**法院判决:**

1. 被告宏勤公司与被告宏置公司连带给付原告本金2,111,150元及其利息;

2. 被告宝安公司、被告宝安大酒店、被告申星公司、被告华龙公司对被告宏勤公司和被告宏置公司不能履行上述第1项判决义务的部分向原告连带承担补充清偿责任。

**421. 出资瑕疵的股东转让股权,受让人可否以转让人出资瑕疵为由主张合同无效,或拒绝履行合同?**

该问题须分情况讨论:

(1)如果受让股东在受让股权时明知转让人出资瑕疵的,则其不得以出资瑕疵为由主张合同无效,或撤销合同,且其仍应当依照合同履行付款义务。

(2)如果转让人隐瞒出资瑕疵事实的,则受让股东可以转让人欺诈为由,主张撤销股权转让合同。

(3)如果转让人与受让人均不知晓转让股权存在出资瑕疵的,又应当分两种情况进行讨论:

①若受让人可以举证证明其与转让人订立该合同时存在"重大误解"的,那么其可以主张撤销或变更该合同。"重大误解"是指,行为人因对行为的性质、对方当事人、标的物的品种、质量、规格和数量等发生错误认识,使行为的后果与自己的意思相悖,并造成较大损失的行为。

②若受让人无法举证签订该合同存在"重大误解"的,其亦可通过主张转让人对于标的物瑕疵的担保责任,提出解除合同、要求转让人补缴出资或承担违约责任等。

## 【案例189】股权明知瑕疵仍受让 拖欠股权转让款需偿还①

**原告**：竺银辉

**被告**：陈立德

**诉讼请求**：被告支付股权转让款21万元，赔偿逾期付款利息损失372元。

**争议焦点**：

1. 签订股权转让协议时，被告是否在明知原告股权存在瑕疵；有瑕疵的股权是否可以转让；

2. 被告提供的借条中关于应收款项的内容对原告是否具有约束力，该证据是否与本案有关联。所欠股权转让款是否已转化为借款，借条关于还款条件是否对债权人有约束力。

**基本案情**：

科莱尔公司系原告、被告及另一股东王建伟共同设立，其中原告出资额105万元，占注册资本的25%。注册公司所需的全部注册资本原系三股东委托某投资公司垫资完成。原告与被告在2008年9月17日，被告受让原告持有的25%股权，转让价为26万元，其中5万元在协议签订当日支付，剩余转让款于2009年2月之前分次付清。

此后，双方办妥股权变更登记手续，被告亦已支付首期转让款5万元。

**原告诉称**：

2008年9月17日，原、被告签订股权转让协议一份。协议约定原告在科莱尔公司25%的股权以26万元的价格转让给被告；签约当日被告支付5万元，余款在2009年2月前支付。签约后，被告仅支付5万元，剩余转让款拒绝支付。

**被告辩称**：

科莱尔公司注册所需的300万元注册资本是三股东共同委托某投资公司代为办理，通过验资手续后已由投资公司收回。公司运行过程中，被告及王建伟已补缴了各自应承担的出资额，但原告未履行出资义务。

被告认为本案的法律关系为借款关系。理由如下：

2008年9月17日被告出具给原告的借条，能够证明双方的法律关系已经转化为借款法律关系，而股权转让款转化为借款，并不违反法律的强制性规定。借条作为债权凭证，对双方当事人均有约束力。根据该借条的约定，被告支付款项

---

① 参见浙江省宁波市中级人民法院(2009)浙甬商终字第1146号民事判决书。

的前提为"春节之前原告将公司应收款结清",现原告未与公司结清应收款项,故其无权要求支付款项。

**律师观点:**

1. 被告明知原告股权存在瑕疵仍签订股权转让协议,协议合法有效。

原告转让股权时即使存在出资瑕疵,但因其当时具备股东资格,有权转让自己的股权,被告作为受让人是在明知原告转让的股权存在出资瑕疵情形下受让。由此,原告与被告于2009年9月17日签订的股权转让协议系双方真实意思表示,亦不违反法律、法规的禁止性规定,合法有效。

被告抗辩根据会议纪要、落款时间为2008年9月9日的股东协议以及原告提供的借条中载明的内容,被告支付股权转让款的前提是原告补足出资款并与公司结清应收款;但是,被告不能举证证明股东协议中原告签名的真实性以及会议纪要、借条载明的付款条件是原告的真实意思表示,被告对此应承担举证不能的不利后果。据此,原告与被告应根据经工商管理部门备案的股权转让协议来确定各自的权利和义务。

2. 被告应据股权转让协议向原告支付剩余股权转让款项。

根据协议,被告应于协议签订当日即2008年9月17日支付5万元,其余21万元将于2009年2月之前分次付清。现原告与被告既已根据股权转让协议办理变更登记手续,被告也支付首期转让款5万元,被告理应依约支付剩余转让款。被告以原告未履行出资义务等为由抗辩无须向原告支付股权转让款,缺乏事实及法律依据。

3. 原告与被告关于应收款的约定与本案没有关联。

被告虽在当日又向原告出具了一份借条,但从该借条内容分析,该借条并非被告向原告借款,而是被告对其股权转让款进行确认的一份欠条。故被告关于股权转让款已经转化为借款的主张,难以成立。该借条中虽有"春节之前在原告将公司应收款结清的前提下付清"的约定,但该约定是附条件和附期限的,而期限的到来是确定的,即春节之前;而条件的成就,取决于公司应收款的收回。而对具体的应收款项双方没有达成一致意见,故该约定是被告单方的意思表示,对原告没有约束力。倘若原告经手的应收款未收回,也与本案没有关联。

**法院判决:**

被告在判决生效之日起3日内一次性支付原告股权转让款21万元,并赔偿延期付款利息损失371.70元。

## 六、隐名股东股权转让的裁判标准

**422. 隐名股东通过股权转让的方式显名，代持股股东拒不交付股权，却起诉要求隐名股东履行付款义务，如何处理？**

实践中此类问题比比皆是，试举一例如下：

A 为公司的实际出资人，B 作为名义股东代 A 持股，现 A 欲显名，故与 B 签订股权转让协议，约定由 B 将股权转让给 A，A 支付一定对价（实际履行中并不真实支付）。但如果 B 不讲信用，反而要求 A 依照股权转让协议支付对价，则 A 应如何应对？

此时，诉讼中包含了隐名股东确权的审理内容。隐名股东须举证证明如下内容：

（1）隐名股东实际投资；

（2）显名股东以外的其他股东认可隐名股东的股东身份；

（3）与显名股东之间签有代持股协议。

通过上述举证，实际出资人可主张合同中的支付价款并非真实意思表示，双方的真实意思表示基于经验法则判断，应当为零价款转让。

笔者建议，实践中如果实际出资人试图通过股权转让的方式实现显名，签订的股权转让合同可直接约定为零对价。但对于这种方式显名，还应当考虑相应的税负问题。①

## 【案例 190】隐名投资证据不足　为"显名"支付转让款②

**原告：**郑峻

**被告：**丑宇红

**诉讼请求：**判令被告支付股权转让款 24 万元。

**争议焦点：**被告提供与案外人资金往来的证据，是否足以证明其与原告之间存在隐名投资锐思公司的关系。

**基本案情：**

锐思公司于 2003 年经工商核准设立，原告系锐思公司的登记股东，出资 24 万元，占注册资本金的 8%。

---

① 关于隐名股东显名的税负问题，详见本章第六节股权转让的税务问题。
② 参见上海市第一中级人民法院(2009)沪一中民三(商)终字第 1025 号判决书。

经审计,截至 2003 年 10 月 20 日,锐思公司已收到全体股东缴纳的注册资本,原告缴纳 24 万元,于 2003 年 10 月 14 日缴存华夏银行重庆分行的锐思公司账户,相应的 2003 年 10 月 14 日进账单显示由川顺公司将 101 万元(包含了原告的 24 万元)汇入了锐思公司的账户。

2007 年 8 月 18 日,原、被告签订《股权转让协议》,约定:原告将其持有的锐思公司 8% 的股权以转让价格 24 万元转让给被告;支付时间为 2007 年 8 月 30 日前;本次股权转让后,被告即成为锐思公司的股东,享受相应的股东权利并承担义务,原告不再享受相应的股东权利和承担义务等。合同签订后,锐思公司已经至工商局办理了变更股权转让登记,被告至今未支付股权转让款。

**原告诉称:**

原、被告之间签订的《股权转让协议》是双方的真实意思表示,被告应当按照协议的约定向原告支付股权转让款。

**被告辩称:**

原告在锐思公司 8% 的股份是被告出资的,原告是代实际出资人被告持股,被告在锐思公司成立之初已经是该公司的隐名股东。双方签订的股权转让协议只是让被告成为登记股东,而没有股权转让款的问题。

**被告为证明其观点,提交证据如下:**

1. 由黄山量银科技投资有限公司、长沙市正事科技有限公司、川顺公司、重庆圆成河科技发展有限公司出具的情况证明共 4 份以及付款凭证,说明 2004 年至 2009 年被告至少委托上述 4 家公司向锐思公司转账数百万元,以弥补锐思公司经营亏损;

2. 案外人杜蔚(被告的妹夫)出具的借款情况说明一份以及相关财务凭证,说明被告通过案外人杜蔚无偿提供给锐思公司多笔钱款;

3. 锐思公司会议纪要 3 份,案外人沈之愚(被告的丈夫)和案外人丑晓雁(被告的妹妹)出具的证明各一份,说明沈之愚、丑晓雁受被告委托,参与锐思公司经营。以上证据材料均用以证明被告作为股东参与锐思公司经营。

**律师观点:**

1. 被告提供的证据不足以证明其与原告之间为隐名投资关系。

由于根据锐思公司股东(发起人)名录、验资报告的内容,可以认定在锐思公司成立时,原告认缴的 24 万元注册资本已缴足,其持有锐思公司 8% 的股权,是该公司的股东。虽然被告已提供证据欲证明原告的出资是由被告委托川顺公司支付的,但该证据不能证明出资的责任人即为被告。被告提供的证据材料说明其通过案外人与锐思公司存在资金往来,沈之愚与丑晓雁承认自己在锐思公司的活动和行为系受被告的委托进行的。但尚不足以证明被告以股东身份参与了锐思公司的管理。故根据现有证据尚不能认定原告、被告之间为隐名投资关系,锐思公司成立时被告是实际出资的隐名股东,原告只是名义股东。

2. 股权转让协议合法有效,被告应按约履行支付转让款义务。

2007年8月18日,原告与被告签订了股权转让协议,同年8月27日锐思公司股东会也形成决议,同意原告将其持有锐思公司8%的股份转让给被告。上述股权转让协议合法、有效,在该协议中约定了具体的股权转让款付款期限、违约责任等,双方也未有其他协议约定股权转让协议仅为工商登记之用、股权转让款实际不需支付,故双方当事人应当按照股权转让协议的约定履行自己的义务。现股权转让登记手续已经办理完毕,被告成为锐思公司的股东,其应按约支付原告股权转让款。

**法院判决:**

判决被告应于判决生效之日起10日内支付原告股权转让款24万元。

### 423. 隐名股东直接以自己名义与他人签订股权转让合同,效力如何认定?

隐名股东转让股权的效力认定需要从两方面进行考虑:

(1)隐名股东能否证明其实际投资行为;

(2)受让人是否知晓或应当知晓其为隐名股东。

如受让人知晓转让人为隐名股东,并且隐名股东也能证明自己的实际出资,且该转让行为并不侵害其他股东的优先购买权,那么股权转让合同应当认定有效,否则受让人可以转让人不具备股东资格为由,请求确认合同无效。

### 【案例191】实际出资且其他股东认可 隐名股东转让股权有效[①]

**原告:** 江颖民、苏耀民

**被告:** 马中飞

**第三人:** 黄伶俐、宋玉琳、孙克智、张海英、熊旺林、杜韩忠、金敏伟

**诉讼请求:** 判令被告马中飞给付原告苏耀民3万元及利息。

**争议焦点:**

1. 实际参与公司经营管理并持有公司出具的出资收据能否确认隐名股东资格;

---

[①] 参见广东省广州市中级人民法院(2010)穗中法民二终字第294号民事判决书。

2. 未在工商登记的隐名股东是否具备转让股权的主体资格。

**基本案情：**

2004年5月11日，两原告与本案被告及第三人签订《合作协议书》，约定共同出资建立咖啡厅公司，其中两原告出资40万元（各一半），占注册资本20%。工商登记显示，除原告苏耀民外，其余投资人均备案登记，公司成立后，原告参与了实际经营活动。公司出具了出资收据。

2004年9月16日，两原告与被告、第三人熊旺林、第三人杜韩忠、第三人张海英、第三人宋玉琳签订《股东协议》，约定：被告用14万元购买原告苏耀民在网络咖啡厅的股权，同时将金橹西餐厅10%的股权作价10万元卖给第三人张海越、第三人杜韩忠、原告江颖民；被告购买原告苏耀民的股份14万元，被告只支付4万元给原告江颖民，余款10万元由第三人张海英、第三人杜韩忠、原告江颖民负责支付，与被告无关；被告用金橹西餐厅30%的股权置换第三人张海英、第三人杜韩忠、原告江颖民在网络咖啡厅30%的股权。2005年4月29日，被告向原告苏耀民支付转让款4万元中的1万元，原告苏耀民向被告出具收据一张，确认收到该款。被告至今未向两原告支付余款3万元。

**原告诉称：**

被告应当按照《股东协议》的约定向原告支付剩余股权转让款。

**被告辩称：**

工商登记的股东中并无原告苏耀民，涉案《股东协议》中约定的转让股权主体原告苏耀民不具有转让主体资格。根据《股东协议》第2条的约定，被告购买原告苏耀民的股份14万元，而依据被告提供的合作协议、咖啡厅章程、工商行政管理局出具的变更登记核准通知书等证据材料，已充分证实原告苏耀民根本没有咖啡厅的股权，不具有咖啡厅股东身份因此，《股东协议》关于原告苏耀民转让股权的内容因主体不具备转让主体的资格而无效，原告不应承担履行责任。

**律师观点：**

1. 原告苏耀民为清水居咖啡厅的隐名股东。

涉案咖啡厅被工商登记部门核准登记为股份合作制的法人企业，可参照《公司法》相关规定调整相关法律问题。

工商登记资料显示该咖啡厅的股东为被告、原告江颖民、第三人张海英、第三人杜韩忠、第三人孙克智，但两原告、被告与第三人金敏伟在庭审中均确认股权转让时，4人与第三人熊旺林、第三人杜韩忠、第三人张海英、第三人宋玉琳为该咖啡厅的实际股东，其余原审第三人未提出异议；虽然工商登记资料中没有登记原告苏耀民,但该咖啡厅向原告苏耀民出具了出资收据,原告苏耀民也参与了该咖啡厅的经营。因此,原告苏耀民是该咖啡厅的隐名股东,只是其股东身份不得对抗第三人。两原告在股东内部转让其股权,全体股东均一致同意由被告受让,因此,该转让行为有效。

2. 被告应依据股东协议约定向原告苏耀民支付余款。

被告在2005年9月16日的股东协议中承诺以股权置换、支付价款4万元的方式,受让原告苏耀民的股份,并在此后向原告苏耀民支付了4万元中的1万元,原告江颖民对余款不主张权利,同意由原告苏耀民主张权利,因此,被告应遵守其承诺,支付原告苏耀民余款3万元及迟延履行期间的利息。

**法院判决:**

判令被告于判决生效之日起3日内,给付原告苏耀民3万元及利息。

### 424. 未经隐名股东同意,名义股东擅自对外转让股权的,隐名股东可否直接主张股权处分行为无效?

一般情况下不可以。

显名股东将股权转让且受让人在公司登记机关办理了股权变更登记,实际出资人除非能够证明受让人为恶意,否则受让人已经基于善意而取得股权。

此时,实际出资人可依据代持股协议向名义股东主张返还股权转让款,并要求其承担损害赔偿责任或违约金。

**[案例192]名义股东擅自转让代持股份　恶意受让代持股股权协议无效**[①]

**原告:** 潘尚钞

**被告:** 周崇海、周崇河

**诉讼请求:** 两被告签订的股权转让协议无效。

**争议焦点:**

1. 名义股东未经实际投资人同意是否有权处分所代持股权;

2. 股权转让前未进行评估资产,转让款也没有实际支付,受让人是否系善意第三人,合同是否有效。

**基本案情:**

被告周崇海与原告系连襟关系,与被告周崇河系兄弟关系。

---

① 参见温州市中级人民法院审理(2009)浙温商终字第374号民事判决书。

2003年4月20日,原告与被告周崇海签订协议书,约定原告在被告周崇海名下的荣兴钢业15股股份中投入4股(周崇海11股、潘尚钞4股),协议订立后,原告陆续向被告周崇海支付了投资款200万元。

2008年4月28日,被告周崇海未经原告同意将8.02%股权以4,956,400元转让给被告周崇河,被告周崇河未付款。

此外,被告周崇海转让股权时恰逢其与妻子(原告胞妹)关系紧张而分居期间。

另外,荣兴钢业注册资本6180万元,8.02%股权对应的注册资金数额为495.64万元。

**原告诉称:**

被告周崇海未经原告同意恶意串通将原告所有股权转让,且未支付对价,该行为严重侵犯了原告的合法权益,股权转让协议应属无效。

**被告周崇海辩称:**

由于公司经营不善,原告投资款已由200万元折价为40万元,后被告周崇海将其名下股权转让给案外人余建友和被告周崇河,并无恶意串通压低转让价,损害原告的利益,被告周崇河已支付了转让股权的对价,并已办理了工商登记,具有公示力。原告称股权转让协议无效与事实和法律不符,请求驳回其诉讼请求。

**被告周崇河辩称:**

工商登记中没有原告的名字,被告周崇河受让被告周崇海的股权是善意取得,不存在恶意串通的情形。其已经向被告周崇海支付了全部股权转让款,已经该公司全部股东同意并经工商登记。原告的起诉缺乏事实和法律依据,应予以驳回。

**律师观点:**

因出让人被告周崇海未经实际出资人原告允许,擅自将股权转让给他人,其行为属于无权处分,除非被告事后追认或受让人善意取得,否则转让行为无效。被告周崇海与被告周崇河系同胞兄弟关系,股权转让行为发生在被告周崇海与其妻子因关系紧张而分居期间,并且双方转让股权前未对公司资产进行评估以确定转让股权的实际价值,而简单以股权对应的注册资金额作为转让金额,转让款也没有实际支付。综上理由,本案无法推定受让人被告周崇河系善意、有偿取得股权,因此,法院应以确认股权转让协议无效的方式来保护其实际投资人的合法权益。

**法院判决：**

周崇海与周崇河于2008年4月28日签订的荣兴钢业公司股权转让协议无效。

**【案例193】显名股东擅自转让股权　隐名股东主张转让溢价款获支持**①

**原告：** 甲公司

**被告：** 乙公司

**诉讼请求：** 被告按照同股同权原则，支付其450万元股权下的转让溢价计人民币168万余元。

**争议焦点：**

1. 隐名投资协议是否有效，可否确认原告权益；

2. 隐名股东可否对股权转让溢价款主张权利；

3. 原告主张股权溢价款的诉讼时效应从何时起算；

4. 隐名股东将某年度未分配利润请求权转让给第三人的行为，是否视为丧失股东资格。

**基本案情：**

被告曾因与原告之间的项目合作关系而欠原告450万元。1995年6月，被告与另一公司共同组建饮水公司，其中被告出资1590余万元，占51%股权，另一公司占49%股权。

1996年9月，被告与原告签订协议，双方约定：原告同意被告将所欠其款450万元投入饮水公司，以此作为原告在饮水公司中的出资金额；原告出资的上述资金，同意以被告名义出资于饮水公司；原告在饮用水公司注册资金中的出资比例为：被告在饮水公司注册资金中的出资额（含原告的450万元）所占的出资比例乘上原告出资额在被告出资额中的比例。饮用水公司的盈利额或亏损额，在被告按注册资金中的出资比例分享或分担后，再按原告在被告出资额的出资比例。由被告向原告分给利润或分担亏损。饮用水公司每次董事会会议讨论的内容，在会议举行前由被告用书面形式通报原告，会议讨论通过的书面决议和其他书面文件报表，由被告分送原告一份。

1997年7月，饮水公司的注册资金增加为4300余万元，被告出资3070余万元，占出资比例的70%，另一公司则占出资比例的30%。同年12月饮水公司首

---

① 虞政平：《公司法案例教学》，人民法院出版社2012年版，第945~953页。

届董事会临时会议形成决议,同意被告向 A 公司转让其在饮水公司的 70% 的股权,该 A 公司为上市公司。

半个月后,A 公司在《上海证券报》刊登首届董事会决议公告,发布了其收购被告在饮水公司 70% 股权的消息。

10 天后,被告与 A 公司正式签署《股权转让协议书》,明确被告将其持有的饮水公司 70% 股权全部转让给 A 公司,转让价格为 4230 余万元。

3 天后,A 公司再次在《上海证券报》刊登收购饮水公司 70% 股权的补充公告,A 公司在之后的 2 个月内即 1998 年 2 月前全部付清了上述转让款。

近一年后,1999 年 1 月 19 日,原、被告签订《股金转让合同》,约定:原告在饮水公司的全部股金 450 万元在 1999 年 1 月 1 日按原额全部转让给被告,被告支付此转让款的日期为合同签订后 3 日内支付 250 万元,1999 年 2 月 10 日、3 月 30 日、4 月 30 日、5 月 30 日前各支付 50 万元,若逾期支付应按未付金额的延期期限支付每日 5‰ 的违约金,或解除本合同,终止股金转让。该协议签订后,被告至 1999 年 12 月 1 日才将上述款项全部付清。

2000 年 4 月,原告因上述转让款逾期支付以及 1996 年度、1997 年度饮水公司净利润之事,曾向法院状告过被告,2000 年 12 月法院判决被告应支付原告 1996 年、1997 年度利润款 5 万余元以及股金转让款逾期支付违约金 6 万余元,该判决现已生效。

2001 年 8 月,原告因欠案外人 B 公司借款 70 万元,曾将其在被告处的饮水公司 1998 年度利润 67 万余元及相关从权利转让给 B 公司,该 B 公司因向本案被告催收无着落,于 2001 年 11 月向法院起诉,要求本案原、被告共同偿还 70 万元借款。人民法院于 2002 年 1 月曾作出判决,认定从 1998 年起,被告已不是饮水公司股东,不再享有饮水公司的利润,故原告与该 B 公司之间的债权转让协议不能成立,判决原告单独偿还 B 公司借款 70 万元,该判决也已生效。

据此,原告得知被告已于 1997 年 12 月将包含其 450 万元股权在内的全部股权转让给 A 上市公司一事,并得知被告因该转让获得相应溢价,遂以被告转让股权给 A 上市公司未征得其同意以及之后双方《股金转让合同》系被告隐瞒事实所为提起本案诉讼,再次状告被告。

**原告诉称:**

被告在饮水公司持有的股权中,450 万元股本金对应的部分应属于原告所有。被告将其持有的全部股份转让给 A 公司时获得了股权溢价款,原告认为对 450 万元股本金部分对应的溢价款被告应属原告所有,被告应当支付给原告。

**被告辩称：**

1. 450万元应是借款，而非原告的投资款。

之所以双方曾约定为投资款，是为了规避法律，故原告不是饮水公司股东，不享有股东权益。因此，也就不享有股权转让溢价的权利，其向A上市公司转让股权与原告无任何关系；何况，在1999年12月，被告即已全部归还了450万元，且对该笔还款逾期还承担了相应的违约金。

2. 原告对被告转让股权一事系明知，被告不存在欺瞒行为。

另外，其于1997年2月向A上市公司转让股权时依法进行了公告，原告于公告之时知道或应当知道股权转让之事，但原告在知道后又与被告于1999年1月签订450万元的股金转让合同，表明原告已对自己的权利进行了处分。

3. 原告提起本案诉讼已超时效。

无论从1997年12月起算，还是从1999年1月起算，至原告提起本案诉讼时，皆已超过诉讼时效。

4. 原告并非本案适格主体。

原告曾将所谓应当得到的1998年度利润转让给B公司，现原告没有撤销该转让，又来主张权利，故也不具备合格的原告主体资格。

**律师观点：**

1. 原、被告代持股关系成立，被告在饮水公司的投资中有原告的股份。

原、被告双方曾明确以协议方式约定，由原告将450万元以被告名义投入饮水公司，并共享利润、共担亏损。从该约定来看，原、被告之间设定的是一种隐名投资关系，原、被告之间的这一隐名投资协议是双方真实意思表示，没有违反我国法律和行政法规的强制性规定，所以双方之间的隐名投资不具备无效合同的要件，可以确定被告在饮水公司的投资中有原告的股份。

2. 原告作为隐名股东，对股权溢价款享有请求权。

隐名投资中，隐名合伙人对外不参加企业的管理，不具有经营者的身份，不能对外行使权利。但隐名合伙人与显名合伙人之间的权利义务受双方的隐名投资协议的约束，被告将其在饮水公司中投资款3070余万元以4230余万元的价格转让给A上市公司，其中也包括了原告的投资款450万元，故原告在4230余万元的转让款中也享有相应的份额。原告诉请被告支付相应比例溢价168万余元的理由成立。

3. 原告已实际享受饮水公司股东的权益，被告辩称原告非饮水公司股东不成立。

至于被告辩称，其与原告之间的450万元是借款而非投资款，之所以约定为投资款意在规避法律,所以原告不是饮水公司的股东,被告就此并未提供相应的证据来证实其主张,反之,被告实际已按另案判决将 1996 年度、1997 年度饮水公司的利润分给了原告,原告已实际享受了饮水公司股东的权益,故被告该项辩称不能成立。

4. 被告辩称原告已自己处分其权利,且已超过诉讼时效的主张不成立。

原、被告双方签订《股金转让合同》确在 A 上市公司刊登股权收购公告后,但双方在该合同中,仅是对 450 万元股本金进行了处理,并未对该股本金下的转让溢价款作出处理。诉讼时效期间系从知道或应当知道权利被侵害时起计算,在被告未向原告作出拒绝支付股权转让溢价款的明确表示前,不能认为原告的权利受到了侵害,只有被告明确表示不同意给付溢价款,才能视为原告知道或应当知道自己的权利受到了侵犯,所以被告抗辩原告起诉溢价款超过诉讼时效一说也不能成立。

至于被告认为原告曾向案外人 B 公司转让 1998 年利润款,因而原告不具备本案适格主体之说,因法院已于另案判定,原告的该项债权转让不能成立,且原告转让的是利润而非股权转让溢价款,故被告此说亦不能成立。

**法院判决:**

被告应于判决生效之日起 10 日内支付原告应得股权转让溢价款计人民币 168 万元。

## 七、股东优先购买权的裁判标准

**425. 内部股东之间转让股权时,其他股东是否享有优先购买权?**

股东内部转让股权不适用优先购买权制度。

股东优先购买权旨在保护公司的人合性,而股东内部转让股权并不导致公司股东的变化,因此内部转让不应适用优先购买权制度,公司章程特别约定的除外。

**【案例194】内部转让股权　其他股东无优先购买权**[①]

**原告:** 李胜荣

**被告:** 李光、王洪

---

① 上诉人李胜荣与被上诉人王洪、李光股权转让侵权纠纷上诉案,上海市高级人民法院审理。

**诉讼请求：**

1. 确认两被告签订的股权转让协议无效；
2. 请求以同等条件下按出资比例受让上述股权。

**争议焦点：** 对于股东之间相互转让股权的情形下，其他股东是否具有优先购买权，其他股东是否能够以侵犯其股东优先购买权为由主张股权转让协议无效。

**基本案情：**

全宏公司注册资本100万元。股东为案外人顺昌公司及含原告、两被告在内的9名自然人。原告及两被告分别出资7万元、13万元及20万元。

2005年9月26日，全宏公司召开股东会，并形成以下决议：同意股东被告李光将其持有的公司13%股权转让给被告王洪；股权转让后，被告王洪出资额上升至33万元，持股比例为33%。参加这次股东会的股东共7人，持股比例68%。同日，被告李光与被告王洪签订股权转让协议，约定被告李光将持有的公司13%的股权作价13万元转让给被告王洪；附属于股权的其他权利随股权的转让而转让；受让方应于协议签订之日起10日内，向出让方付清全部股权转让款。

同日，全宏公司召开新股东会，通过了在章程中删去被告李光姓名、出资额及被告王洪出资改为33万元、注册资本改为33%的章程修正案。上述股权转让相关事宜，全宏公司已向工商部门登记备案。

**原告诉称：**

股东无论对内或对外转让股权时，其他股东在同等条件下均有优先购买权，在多个股东同时要求行使优先购买权时，如果公司能够形成股东会决议的，从其决议，没有股东会决议的，可按各个股东的出资比例进行配售。按照上述规定，只要发生股权转让，其他股东就可以行使优先购买权，在多个股东要求行使优先购买权时，应该召开股东会作出决议，现两被告间股权转让，原告有权行使优先购买权，且两被告亦未履行股东会的通知义务，存在过错。

**被告辩称：**

原告的诉讼请求于法无据，《公司法》（2005年修订）规定的股东优先购买权仅限于股东对外转让股权的情况，对于对内转让股权时，其他股东并不享有优先购买权，现请求法院驳回原告诉请。

**律师观点：**

原告与两被告均系公司股东，公司内部股东进行股权转让，原告不具有优先购买权。

1. 从法律规定及公司章程约定进行判断。

股东的优先购买权属于法定权利,只应适用于股东向股东以外的人转让股权的情形。对于股东之间相互转让股权法律并无限制规定,此种情形下,其他股东并无优先购买权。原告认为优先购买权无对内和对外转让之分既不符合法律规定,也缺乏章程的依据。

2. 从股东优先购买权的立法用意来看。

有限责任公司具有封闭性和人合性的特征,这种特征使股东间建立一种信赖关系,基于信赖关系,才会实现股东之间资金的联合。但当股东向非股东转让股权时,这一信赖关系可能被打破。对于这种公司人合因素的影响,法律有必要将其控制在一个合理的范围内,故立法规定了对外转让时其他股东的优先购买权。但是,股东内部的转让并不影响公司的封闭性和人合性,不涉及第三人利益和公共利益,立法和司法无须对其进行强制性干预。虽然股东之间的股权转让可能涉及公司内部治理结构的调整和公司控制权的可能性变更,但这属于公司内部事务,非法律应该保护和干预的范围。

3. 从股东会职权与股权转让之关系来看。

原告认为,因其未收到通知而未能出席股东会,知情权被剥夺。否则股权转让可能不会通过。但按照章程规定,对股东向股东以外的人转让出资属于股东会的职权,而股权内部转让并不在此列。因此,原告是否接到通知、是否参加股东会与被告李光、被告王洪间的股权转让行为无关。原告以此作为协议无效理由并无依据。当然,全宏公司形成股东会决议以符合登记的要求,也未违反法律规定。从出让人的意思表示来看,被告李光作为原股权持有人,对于自己将股权转让给被告王洪并无异议。这是被告李光对自己权利的处分,理应受到他人的尊重。

**法院判决:**

驳回原告的诉讼请求。

**426. 股东向公司以外的第三人转让股权,是否需要其他股东同意?**

股东向股东以外的人转让股权,应当经其他股东过半数同意。

过半数股东不同意转让的,该股权不得对外转让,但不同意转让的股东必须购买拟转让的股权,如不购买,则视为同意转让。

## 【案例195】损害股东优先购买权转让股权　工商股东变更后协议仍被撤销[①]

**原告：** 郭良清

**被告：** 莱恩药业公司、朱行发、汤峰

**诉讼请求：** 撤销被告朱行发与被告汤峰之间的股权转让协议，由原告按同等价格行使优先购买权。

**争议焦点：**

1. 关于股权转让的股东会决议是否有效；

2. 是否履行了股权转让的通知义务；

3. 股东会决议与股权转让协议关于转让价格不一致，其他股东的优先购买权如何实现。

**基本案情：**

原告与被告朱行发均系被告莱恩药业公司的股东，原告出资3万元，被告朱行发出资245万元。

朱新华系被告莱恩药业公司的董事长，2010年7月1日，其作为召集人通知全体股东于2010年7月15日召开股东会议，会议性质为临时，通知方式为电话。会议形成决议，被告莱恩药业公司的原股东被告朱行发、案外人刘钢、案外人韩正华、案外人蒯志安等股东将所持股权全部或部分转让给被告汤峰，股权转让份额占被告莱恩药业公司股份的50%。被告莱恩药业公司共有49名股东，48名股东在决议上签名同意转让，原告未签名。

当日，被告朱行发向被告汤峰出据收条2张，内容为：今收到股权转让金计490万元和171.5万元。

2010年7月15日，被告莱恩药业公司及被告朱行发向徐州市工商行政管理局申请办理股东变更登记。

2010年7月21日，被告朱行发与被告汤峰达成股权转让协议，内容如下：出让方（被告朱行发）与受让方（被告汤峰）经协商一致，达成协议。出让方将其持有的被告莱恩药业公司245万元的股权以人民币245万元的价格转让给受让方。受让方于2010年7月21日前将股权转让款以现金的方式一次性直接交付给出让方。落款为双方签名。

2010年7月27日，案外人朱新华以被告莱恩药业公司的名义向原告邮寄特

---

[①] 参见江苏省徐州市中级人民法院(2012)徐商终字第0025号民事判决书。

快专递一封,封面标明内容为"购买转让股权通知书"。原告收到特快专递并在专递回单上注明"内容为空"。

2010年7月29日,原告向案外人朱新华邮寄特快专递一封,内容为:"朱新华董事长你好:目前被告莱恩药业公司的股权转让是非法的,我作为公司股东是不同意的,我坚持内部股东在同等条件下有优先购买的权利。我要求收购你及所有股东愿意出让的股权。"落款为原告。并且原告在公司告示栏中张贴了同样内容的告示。

2010年9月14日,徐州市工商局准予了被告莱恩药业公司的变更申请。

**原告诉称:**

原告认可股权转让的股东会决议合法有效,但原告除在2010年7月27日收到一份封面标明内容为"购买转让股权通知书"但实际内容为空的特快专递外,并未收到任何其他股权转让的通知。

在原告了解到存在股权转让的事实后,原告表示行使股东优先购买权,但被告朱行发、被告汤峰、被告莱恩药业公司无视原告的购买意思表示,仍然继续办理工商变更登记,严重侵害了法律赋予原告的优先购买权。

**被告莱恩药业公司辩称:**

1. 被告莱恩药业公司不是股权转让协议的当事人,作为该案当事人不适格;

2. 原告要求撤销股权转让协议无事实和法律依据,要求按同等价格行使优先购买权也没有事实和法律依据,《公司法》(2005年修订)没有规定同等价格优先购买应当具备的条件。

请求驳回原告对被告莱恩药业公司的诉讼请求。

**被告朱行发辩称:**

1. 原告未在合理期限内行使权利视为放弃,且其购买条件明显低于被告汤峰。

股权变更登记前原告既没有向其提出购买价格的意向,也没有实际支付相应的价款,原告与被告汤峰的购买条件不属于同一购买条件,被告汤峰的购买条件明显优于原告的购买条件。原告在被告朱行发通知约定的期间内没有实际行使法律规定的权利,等于主动放弃权利,原告的诉讼请求没有事实和法律依据。

2. 被告朱行发与被告汤峰之间的股权转让已履行了法定的程序,并且在工商局办理了变更登记,实际收取了被告汤峰的股权转让款661.5万元。

3. 原告要求行使优先购买权没有达到法律规定的条件,原告至今没有实际支付相应的股权转让款,并且其不具备购买力,也没有购买意愿。

请求驳回原告对被告朱行发的诉讼请求。

**被告汤峰辩称:**

被告汤峰购买被告朱行发的股权已实际支付了价款,并在工商局办理了变更登记,根据有关法律规定,被告汤峰已实际出资并善意取得股权,原告要求撤销股权转让协议并由其行使优先购买权的主张既与法律规定不符,也无事实依据,故请求驳回原告对被告汤峰的诉讼请求。

**律师观点:**

1. 股东会形成的股权转让决议有效。

因被告莱恩药业公司于2010年7月15日召开股东会时,该公司共有49名股东,除原告外,其余48名股东均在此次股东会形成的对外转让股权决议上签字确认,并且原告对于该股权转让决议的合法性、有效性亦予以认可,因此,上述股东会形成的股权转让决议有效。

2. 被告莱恩药业公司及转让双方均未依法向原告履行通知义务。

根据《公司法》(2005年修订)的规定,经股东同意转让的股权,在同等条件下,其他股东有优先购买权。

在2010年7月15日形成的股东会决议的当日,非股东被告汤峰即给付了被告朱行发所持股权的股金,并向工商局申请股东变更登记。

7月21日,被告汤峰与被告朱行发签订股权转让协议。

在此过程中,被告莱恩药业公司及转让双方均未依法向原告履行通知义务。

3. 在明知原告表示行使优先购买权的情况下,三被告的行为损害了原告利益。

直至7月27日,被告莱恩药业公司方通知原告公司股权转让事宜,原告于7月29日明确表示要求购买后,被告莱恩药业公司、被告朱行发和被告汤峰仍继续向工商局申请办理变更登记,其行为侵害了法律赋予的股东原告在同等条件下的优先购买权。

综上,原告有权主张撤销被告朱行发与被告汤峰之间的转让协议。

4. 讼争股权是否继续转让,以何种价格转让由公司股东另行协商。

因被告朱行发与被告汤峰之间的股权转让协议被撤销,该协议自始没有法律约束力。而股东会决议中转让的价格与被告朱行发和被告汤峰主张的转让价格不符,因此,转让价格如何确定,被告朱行发是否继续转让,其他股东是否购买等问题在该案中无法确定,应由该公司股东另行协商决定。

**法院判决:**
1. 撤销被告朱行发与被告汤峰之间的股权转让协议。
2. 驳回原告其他诉讼请求。

**427. 股东对外转让股权须经"过半数股东"同意中的"过半数",指的是表决权过半数还是人头过半数?**

人头过半数。

根据《公司法》的立法原意,凡影响公司资合性的事项采"表决权过半数",凡影响公司人合性的事项采"人头过半数"。由于股权转让将影响公司人合性,因此此时的"过半数股东"指人头过半数。

**428. 转让人向其他股东通知转让事宜必须注意哪些问题?应包括哪些通知内容?**

《公司法》明确规定,通知需要以书面形式作出。

如果转让人以口头、电子邮件等其他方式进行通知,并不必然导致通知无效,但是转让人须举证证明其对股权转让事项进行了通知,且其他股东已经明确知晓了所有股权转让的相关事项。

通知应包括拟受让人的有关情况、拟转让股权的数量、价格及履行方式等主要转让条件。在满足下列两项条件时,该通知可以被视为向其他股东发出的要约:

(1)通知具备合同的基本要素,即标的、价款、履行方式等;
(2)通知明确询问其他股东是否行使优先购买权。

股东对外转让股权时,转让人或受让人不可以股权转让未经过公司其他股东同意为由,主张撤销该合同或主张该合同无效。未通知公司股东导致的转让无效或可撤销诉讼,应当由公司的其他享有优先购买权的股东行使,而不应当由合同当事人提出。此种观点已在外商投资企业相关司法解释中得以明确规定。

### 【案例196】通知构成要约　判定转让人与其他股东形成合同关系①

**原告:** 汇江公司
**被告:** 仪化公司、袁海平

---

① 参见江苏省高级人民法院(2002)苏民二字第212号民事判决书。

**诉讼请求：**

1. 确认被告仪化公司与被告袁海平之间的股权转让合同无效；
2. 判令被告仪化公司履行与原告的股权转让合同。

**争议焦点：**

1. 被告仪化公司与原告之间的往来传真是否构成要约与承诺，股权转让合同是否成立；
2. 被告仪化公司未在股东会上公开其与被告袁海平之间的合同内容，该行为是否侵犯了原告的优先购买权，合同是否因此无效。

**基本案情：**

香江公司股东为原告、被告仪化公司、纺织公司、江波公司，注册资本855.5万元，其中原告占13.32%；被告仪化公司占75.98%；纺织公司占2.52%；江波公司占8.18%。

2001年11月23日，香江公司召开股东大会暨第四届一次董事会，被告仪化公司、纺织公司、江波公司三家股东均提出转让其在香江公司股权的意向。同时董事会纪要载明，转让股权应严格按照《公司法》操作，股东有优先受让权，原告如无意收购香江公司股份，可向其他法人或自然人转让。

2001年12月7日，原告致函被告仪化公司，告知股权转让的经济测算前提，提出受让其在香江公司股权的两种方案，请其研究答复。

2002年1月10日，被告仪化公司以传真回复原告，提出三种转让方案。

2002年2月4日，原告复函被告仪化公司及总经理陈鹏，表示决定按1月10日来函中的第一方案购买其在香江公司中的全部股权，并提及已获悉其又将股权转让他人的消息，希其按照公司章程将股权优先转让给原告。

2002年2月6日，被告仪化公司总经理陈鹏以传真答复原告董事长佘德聪，表示对于原告迟到的决定感到十分遗憾。

2002年2月8日，香江公司召开临时股东会，就被告仪化公司向被告袁海平转让其在香江公司的全部股权及相应修改香江公司章程的事项进行表决，并拟定了决议，载明由到会的股东单位盖章后生效。被告仪化公司、江波公司、纺织公司均表示同意，并分别在决议上加盖了公司印章。原告董事长佘德聪在会上发表了意见，表示对仪化公司转让股权的决定予以理解和支持，但对被告仪化公司向股东以外的人转让股权时没有书面告知其他股东提出异议，认为不符合法定程序，因而转让结果无效。原告作为香江公司的股东，可以优先受让且仍有意购买仪化公司在香江公司的股权。

**原告诉称:**

2002年2月3日,原告向被告仪化公司承诺按其中第一方案购买其在香江公司的股权,但被告仪化公司却与被告袁海平签订了股权转让合同,使原告的合法权益受到损害。

原告依照《公司法》(2004年修正)第35条的规定,享有优先购买权;被告仪化公司与原告之间的往来传真构成要约与承诺;被告仪化公司要约已经撤销一说无事实依据,将股权另转非股东的他人更是违法行为;被告仪化公司要约中提及的付款时间并非合同生效条件,合同未履行乃是因为被告仪化公司违约所致。

**被告仪化公司辩称:**

其所发传真提出的三种转让方案并非股权转让合同完整的实质性条款,不构成《合同法》第14条所规定的要约;原告系多方股东组成的中外合作企业,在决定购买仪化公司转让的股权时没有履行法定程序召开股东会或征求其他股东的意见;根据《对外贸易经济合作部、国家工商行政管理局关于外商投资企业境内投资的暂行规定》第5条的规定,外商企业应符合下列条件方可投资:(1)注册资本金已经缴纳;(2)开始盈利;(3)依法经营,无违法经营记录。汇江公司至少不具备第(2)、(3)两条,故其不具备购买股权的资格。而我方与被告袁海平的股权转让协议合法有效,请求驳回原告的诉讼请求。

**被告袁海平辩称:**

其购买被告仪化公司在香江公司股权的行为符合《公司法》(2004年修正)及香江公司章程的规定,属于善意取得;原告严重亏损,且有非法集资等违法经营记录;原告不能证明被告袁海平与被告仪化公司转让股权的条件,和原告与被告仪化公司转让股权的条件是否同等;原告与被告仪化公司之间的传真不构成承诺;被告袁海平与被告仪化公司转让股权的行为得到了香江公司股东会及全体职工的一致支持。综上所述,被告袁海平受让仪化公司股权的行为合法有效,请求驳回原告的诉讼请求。

**律师观点:**

1. 被告仪化公司与原告之间的往来传真构成要约与承诺。

被告仪化公司2002年1月10日发给原告的传真内容包含了股权转让合同的主要条款,构成了完整的要约,且并无撤销的情形;在原告作出愿按第一种方案受让股权的承诺后,双方之间的合同关系已经成立,而被告仪化公司提出的付款期限,并不构成合同生效条件。

原告曾经存在违法经营记录和至今尚未盈利的事实,并不能导致其丧失受让股权的资格。工商行政管理机关所作的股权转让变更登记所起到的是公示作用,对最初签订的股权转让合同的效力不产生法律上的影响,故双方应当按约履行合同。

2. 被告仪化公司与被告袁海平之间的合同因侵犯了原告的优先购买权而无效。

被告仪化公司向香江公司股东以外的第三人转让出资,必须符合《公司法》(2004年修正)第35条的规定。被告仪化公司在香江公司临时股东会上提出向被告袁海平转让其持有的出资时,即应公开双方之间的合同内容,以使全体股东了解转让条件。而被告仪化公司没有履行上述义务,致使原告无法行使优先购买权,故其与被告袁海平之间的合同应为无效。

**法院判决:**

1. 确认被告仪化公司与被告袁海平之间的股权转让合同无效;
2. 判令被告仪化公司履行与原告的股权转让合同。

### 429. 转让人向公司其他股东发出的通知主要转让条件不明确时,如何处理?

如通知中主要转让条件不明确,无法通过合同解释和补充方法予以明确的,视为未发出过书面通知。

### 430. 其他股东接到转让人的书面通知,应在多少日内给予答复?

30日。如其他股东在30日内不予答复,则视为同意转让。至于其是否仍享有优先购买权,笔者认为,既然转让人已经给该股东表态的机会而其没有进行任何表态,根据公平公正的原则,同时也为了保护股权交易的效率,应当认定其同意转让的同时,放弃了优先购买权。

而对于股东对外转让股权时,不同意转让的股东,以及同意转让但要求行使优先购买权的股东,应当在公司章程规定的行使期间内主张优先购买权,公司章程没有规定或者规定不明的,在合理期限内答复,30日内为宜。

### 431. 转让人未依法履行通知义务,即对外签订股权转让合同,该合同效力如何认定?

对此问题,各地司法实践不一:

(1)北京、成都等地司法实践中认为该股权转让合同无效;

(2)上海司法实践则认为由于其他股东主张优先购买权,股权转让合同已履行不能,故合同应当依法解除;

(3)山东、江西等地司法实践则认为,其他股东可向人民法院主张撤销股权转让合同。

根据最高人民法院对于外商投资企业最新的司法文件,现行立法偏向于认定股权转让合同可撤销。

### 【案例197】擅自对外转让股权　其他股东行使优先购买权①

**原告:** 狮贸公司

**被告:** 青岛一百、禹王公司

**诉讼请求:**

1. 确认两被告之间43.31%(所涉10,105.95万元)股权转让行为无效;
2. 判令原告以同等条件优先受让上述股权。

**争议焦点:**

1. 原告与另一股东同属一个集团,另一股东收到股权转让通知是否意味着原告知晓股权转让事宜;
2. 两被告约定的付款期限延后,是否构成更优惠的转让条件,转让条件的改变,是否导致原告仍有权行使优先购买权;
3. 原告请求在同等条件的价款应该适用12,714.08万元还是7200万元。

**基本案情:**

青岛百盛公司股东为原告(2.6%)、被告青岛一百(47.4%)及案外人金狮百盛(50%),各持50%股权。

合资合同及青岛百盛公司章程均约定:合营任何一方如向第三者转让出资额,需经合营另一方同意;另一方有购买该要出让股权的优先权;如另一方在收到处分通知后3个月内未表示其要购买处分方要出让的股权的意向,或者在6个月内未就转让条件达成书面协议,处分方可向第三方转让股权,但不得比向另一方提出的转让条款和条件更加优惠。青岛百盛的公司章程作出了相同的规定。

此后,被告禹王公司、被告青岛一百、建行市南支行、青岛市商业企业托管中心签订《债务重组协议书》,内容为:被告青岛一百将其拥有的在青岛百盛的101,056,498元股权转让予被告禹王公司,山东省高级人民法院(1999)鲁经终字第589号民事判决和青岛市中级人民法院(2000)青民初字第67号民事判决中确认的被告青岛一百应向建行市南支行偿付的债务同时转让予被告禹王公司;建行市南支行同意上述转让。

被告青岛一百于2005年1月27日给中国百盛集团总部发了特快专递,收件

---

① 参见山东省高级人民法院(2006)鲁民四终字第2号民事判决书。

人为周福盛。信函的内容为：致金狮百盛、狮贸公司、被告禹王公司同意以承接被告青岛一百所欠建行青岛分行全部债务为条件，受让被告青岛一百拥有的青岛百盛 10,105 万元股权；建行青岛分行和被告禹王公司向被告青岛一百支付下岗职工分流安置费用 450 万元；请回复是否同意以上述股权转让条件行使优先受让权。

金狮百盛于 2005 年 2 月 3 日向被告青岛一百回函，并于 2005 年 3 月 21 日表示不行使优先购买权。

2005 年 5 月 15 日，股权转让事宜登载于青岛产权交易网。网页显示：转让内容为青岛百盛 47.4% 国有股权；受让方须一次性付清转让价款；参考价格为 13,914.7 万元。同年 5 月 17 日，青岛百盛召开董事会，一致同意股权转让事宜，包括周福盛、钟廷森、钟荣俊、刘嘉益在内的 7 名董事签署了董事会决议。6 月 27 日，青岛市国有资产监督管理委员会批复同意股权转让。7 月 7 日，被告青岛一百与被告禹王公司签订《企业产权转让合同》，约定国有股权转让收入全部款项付清后，方可办理股权转移手续。

上述股权转让款共计 12,714.08 万元，被告禹王公司已支付了 7200 万元。建行市南支行与被告禹王公司约定余款 5514.08 万元由建行市南支行予以垫付，被告禹王公司在工商行政管理部门办妥股权转让注册登记手续后再支付。

**原告诉称：**

2005 年 7 月 7 日，在未通知原告更未征得原告同意的情况下，被告青岛一百与被告禹王公司签订股权转让合同，将被告青岛一百在青岛百盛持有的 43.31% 股权，即 10,105.95 万元股股权让与被告禹王公司。两被告的股权转让行为违反了中外合资经营企业法相关规定及合营合同约定，侵害了原告的优先购买权。且被告禹王公司至今仅支付股权转让款 7200 万元，该受让条件比股权转让合同约定的条件优惠，受让条件变更后原告更应享有优先购买权。

**被告青岛一百辩称：**

原告应当知道并且实际知道本案所涉股权转让的行为和事实，应当视为其已同意转让并放弃优先购买权。理由如下：

1. 青岛百盛的两个外方股东即金狮百盛和原告均是马来西亚金狮集团的全资附属公司，同属于百盛中国集团，一直是以马来西亚金狮集团和百盛中国集团总部的名义实施各种行为。

2. 合资企业谈判阶段是中方与马来西亚金狮集团商谈和达成协议的。

3. 在原告成为合资一方时，原告没有委派董事，也表明青岛百盛外方实际是马来西亚金狮集团一家。

4. 金狮百盛收到了股权转让的通知并表示放弃优先购买权,应视为原告知道股权转让的事实。在本案所涉股权转让后,马来西亚金狮集团、百盛中国集团等与被告禹王公司进行过接触,但外方包括原告一直没有提出过关于优先购买权问题。

5. 被告青岛一百在征得青岛百盛外方人员的同意后,按照青岛百盛外方解释和告知的地址,于2005年1月26日发函并发传真至中国百盛集团总部,就本案所涉股权转让事宜征求金狮百盛和原告是否行使优先购买权。百盛中国集团首席执行官周福盛确认在2005年1月31日收到该函件。

6. 2004年6月代表原告签署文件的是周福盛,2004年1月代表原告签署文件是钟廷豪,2003年11月代表原告签署文件的是钟荣俊。在互联网上查询得知,钟廷森为马来西亚金狮集团董事局主席、董事长;钟荣俊为金狮集团董事、百盛集团董事总经理;周福盛为金狮集团中国公司首席执行官、中国百盛集团总裁、马来西亚金狮集团常务董事、金狮集团百盛事业部中国区总裁;钟廷豪为马来西亚金狮集团董事、中国区总裁。周福盛、钟廷豪、钟荣俊三人的共同身份是马来西亚金狮集团的董事。在2005年5月17日的青岛百盛董事会决议上,钟荣俊、周福盛、钟廷森签字同意本案所涉股权转让事宜。原告作为青岛百盛的股东,同意包括上述三人在内的人员作为委派代表,其组成的董事会权限包括"公司注册资本的增加和转让",董事会的行为也是股东的意思表示。

综上,原告应当知道并且实际知道本案所涉股权转让的行为和事实。原告在收到处分方通知后3个月内,未按照合资合同的约定表示其要购买股权的意向,互联网上进行公示后在公示期内并没有参加竞买,应当视为其已经放弃了优先购买权。

关于原告提出的被告禹王公司仅支付股权转让款7200万元,为受让条件的变更问题。按照重组协议,被告禹王公司一次性承担了被告青岛一百欠建设银行的债务,取得本案所涉股权,符合一次性付款的要求,受让条件并未变更,原告并不因此享有优先购买权。故法院应驳回原告的诉讼请求。

**被告禹王公司辩称:**

原告签署的青岛百盛《章程》修改协议,已经证明其已同意并授权其他股东委派的7名董事代表其利益作出决策并为其负责。青岛百盛董事周福盛、钟廷森、钟荣俊在多份文件中均互为代表签字,证明了原告对股权转让的知情权的实现和同意。钟廷豪是青岛百盛两外方股东的法定代表人,他本人或他委派授权的董事的职务行为既代表金狮百盛同时也代表原告。我公司有理由相信，外方两股东确已放弃了优先购买权。我公司诚信、善良的受让行为，应当受到保护。

关于受让条件是否变更的问题。本案股权转让的实质是债务转移，即被告青岛一百作为建设银行的债务人，在执行程序中通过变卖股权，变更债务人为被告禹王公司，被告禹王公司与建设银行形成新的债权债务关系。被告禹王公司与建设银行达成协议，被告禹王公司向建设银行如何还债，以什么形式、数额还债与被告青岛一百和原告均无任何关系。青岛市中级人民法院作出（2000）青执二字第372-7和336-10号解除查封裁定和《协助执行通知书》，理由是"本案已实际履行完毕"，这是对被告青岛一百偿还建设银行12,714.08万余元债务事实的确认。故法院应驳回原告的诉讼请求或驳回其起诉。

**律师观点：**

1. 被告青岛一百和被告禹王公司关于原告已经放弃了优先购买权的抗辩理由没有事实和法律依据。

被告青岛一百和被告禹王公司主张原告已放弃本案所涉股权的优先购买权，须举证证明原告收到股权转让事宜的通知并表态，或收到处分通知后3个月内未表示购买要出让的股权。两被告未举证证明存在上述情况。

青岛百盛工作人员指示将征询函发往中国百盛集团总部，但没有证据证明青岛百盛工作人员经原告授权作出该项指示，也没有证据证明中国百盛集团总部能够代表原告，因此从征询函发给中国百盛集团总部，不能得出原告收到上述征询函的结论。金狮百盛和原告为各自独立的企业法人，同样，并不能从其他公司同意或知道股权转让事宜推定原告同意或知道。

原告没有在青岛百盛中委派董事，也没有证据证明其授权董事会成员代理或代表原告作出意思表示。被告青岛一百关于原告同意董事会成员作为委派代表的主张没有事实依据。青岛百盛董事会决议同意股权转让，并不影响该公司的股东依照法律规定及合同约定主张优先购买权。

钟荣俊在2003年曾经作为原告的代表，签署青岛百盛股权变更协议书、《合同》修改协议书和《章程》修改协议书。本案所涉的股权转让行为发生于2005年，没有证据证明钟荣俊、周福盛、钟廷森就股权转让事宜曾经得到原告的授权。被告禹王公司关于其受让股权是善意的，应予保护的主张没有依据。综上，被告青岛一百和被告禹王公司关于原告已经放弃了优先购买权的抗辩理由没有事实和法律依据。

2. 付款期限的延后,构成更优惠的转让条件,转让条件的改变,导致原告仍有权行使优先购买权。

在本案所涉股权转让款的支付过程中,转让条件发生了变更。被告禹王公司向建设银行支付的是股权转让款,因此被告禹王公司向建设银行付款的条件,应视为被告禹王公司支付股权转让款的条件。2005年5月16日青岛产权交易网显示:受让方须一次性付清转让价款;被告青岛一百与被告禹王公司签署的《企业产权转让合同》约定,国有股权转让收入全部款项付清后,方可办理股权转移手续,因此转让合同约定的股权转让款付款时间应为办理股权转移手续之前。而在此后的《企业产权转让合同》履行中,被告禹王公司与建设银行约定债权人建设银行为债务人被告禹王公司垫付款项用来偿付债权人,在实际效果上是债务人在工商行政管理部门办妥股权转让注册登记手续后再向建设银行支付余款。付款期限的延后,构成更优惠的转让条件,转让条件的改变,导致原告仍有权行使优先购买权。

3. 同等条件应为一次性支付12,714.08万元。

原告请求在同等条件下优先购买本案所涉股权,对于"同等条件",被告青岛一百与被告禹王公司签订的《企业产权转让合同》约定的转让价款是12,714.08万元,原告以7200万元为条件购买的主张不应支持。又因如分两期付款须由建设银行同意,所以同等条件应为一次性支付12,714.08万元。

综上所述,原告以一次性支付12,714.08万元价款对本案所涉股权行使优先购买权的诉讼请求,符合法律规定。被告青岛一百与被告禹王公司之间的股权转让合同无效。

**法院判决:**

1. 确认两被告之间43.31%所涉10,105.95万元股权转让行为无效;

2. 判令原告有权以一次性支付12,714.08万元价款的条件对被告青岛一百43.31%即10,105.95万元股股权行使优先购买权。

**432. 股东对外转让股权,其他股东是否可对部分股权主张优先购买权?**

不能就部分股权主张优先购买权。股东行使优先购买权的前提条件之一是与拟受让人处于"同等条件",也即在同等条件下股东才享有受让股权时的在先权利。若允许股东对部分股权主张优先购买权,则不符合"同等条件"的要求。法律规定"同等条件"的目的在于维护转让人的利益,限制主张优先购买权人的权利滥用。

**433. 股东对外转让股权时,如过半数股东同意转让,是否股权就可以转让给拟受让人？过半数股东不同意转让时,是否股权就无法转让？**

股东对外转让股权时的同意程序,及优先购买权的行权结果如图7-4所示：

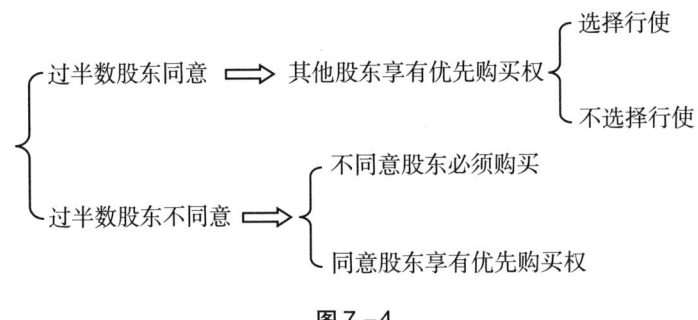

图7-4

(1)在过半数同意转让的情况下,除转让人以外的其他股东均享有优先购买权。如所有其他股东均不行使优先购买权,则转让人可将股权对外转让；

(2)在过半数不同意转让的情况下,不同意转让的股东必须购买拟转让的股权,以保证该股权得以转让,如其他股东既不同意又不购买的,视为同意转让。

同意转让的股东享有优先购买权,可以主张在同等条件下购买拟转让的股权。当然,上述视为同意转让的股东,与在收到通知30日内不作表态的股东一样,应视为放弃优先购买权。

**【案例198】外滩地王之争:间接转让无法规避优先购买权　合法形式掩盖非法目的转让合同被判无效①**

**原告:** 复星商业

**被告②:** 绿城公司、嘉和公司、证大五道口、证大置业、长昇公司、长烨公司

---

① 参见上海市第一中级人民法院(2012)沪一中民四(商)初字第23号民事判决书。在该案二审中,双方达成调解意见。2015年9月23日,SOHO中国有限公司与复星国际有限公司双双发布公告,公布了重组上海海之门房地产投资管理有限公司的股东协议。重组之后,复星国际将通过上海证大外滩国际金融服务中心置业有限公司(外滩置业)持有外滩8-1地块的全部股权。

② 本案涉及的各方诉讼主体以及合同参与主体,按照资产权益归属关系,分别隶属于四个核心利益集团:原告和复星集团、复星国际有限公司为一方；被告长烨、长昇和SOHO中国有限公司为一方；被告嘉和公司、绿城公司和绿城中国控股有限公司为一方；被告证大置业、证大五道口和证大房地产公司为一方。

**诉讼请求:**

1. 确认被告长烨公司与被告嘉和公司、被告证大置业签署的《框架协议》及《框架协议之补充协议》中关于被告嘉和公司、被告证大置业向被告长烨公司转让被告绿城公司、被告证大五道口100%股权的约定无效;

2. 确认被告嘉和公司与被告长昇公司签署的《股权转让协议》无效;

3. 确认被告证大置业与被告长昇公司签署的《股权转让协议》无效;

4. 判令六被告将被告绿城公司、被告证大五道口的股权状态恢复至转让前,即由被告嘉和公司持有被告绿城公司100%股权,被告证大置业持有被告证大五道口100%股权;

5. 判令六被告承担本案的全部诉讼费用。

**争议焦点:** 未经其他股东同意,通过间接转让方式对外转让股权是否侵犯其他股东优先购买权,间接转让股权的合同效力如何认定。

**基本案情:**

2010年2月1日,被告证大置业公司通过公开竞买方式竞得外滩8-1地块,由其全资控股的项目公司负责签订土地出让合同并对外滩8-1地块进行开发。其后,被告证大置业将其持有的项目公司100%股权转让给海之门公司。

经多次股权结构调整后,海之门公司各股东股权比例为:原告持股50%,案外人磐石投资持股5%,被告证大五道口持股25%,被告绿城公司持股10%,案外人新华信托持股10%。此外,被告证大置业持股被告证大五道口100%股权,被告嘉和公司持股被告绿城公司100%股权(如图7-5)。

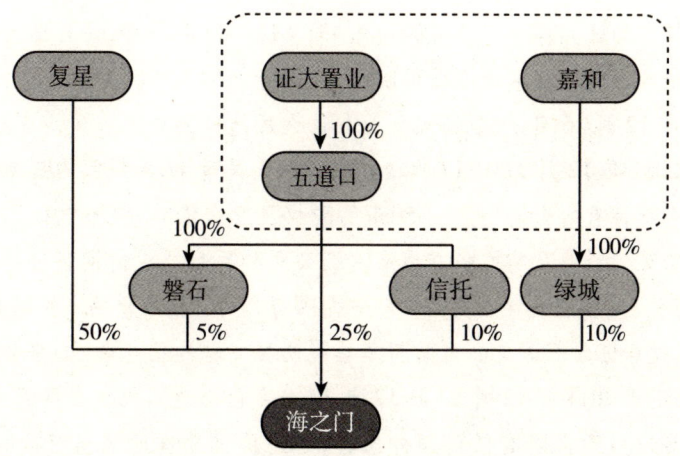

图7-5 转让前海之门公司股权结构

《海之门公司章程》第6.2条和6.3条约定:"6.2 股东向股东以外的人转让股权,应当经其他股东过半数同意。股东应就其股权转让事项书面通知其他股东征求同意,其他股东自接到书面通知之日起满30日未答复的,视为同意转让。其他股东半数以上不同意转让的,不同意的股东应当购买该转让的股权;不购买的,视为同意转让。""6.3 经股东同意转让的股权,在同等条件下,其他股东有优先购买权,但本章程另有规定的除外。两个以上股东主张行使优先购买权的,应协商确定各自的购买比例;协商不成的,按照转让时各自的出资比例行使优先购买权。股东将其在公司的全部或部分股权转让给其母公司、子公司的,不适用第6.3条规定的在同等条件下其他股东有优先购买权的规定。"

被告长烨公司唯一投资人系上海长茂投资管理有限公司;被告长昇公司唯一投资人系上海长鼎投资管理有限公司。

2011年12月22日,被告证大置业致函原告,同意原告可以在2011年12月28日之前决定以人民币42.5亿元的总对价购买证大方股东合计持有的海之门公司50%的股权及股东借款;原告如同意购买,应当不迟于2011年12月28日17点30分之前送达正式书面同意决定,且该等书面决定应当不得附有任何额外条件;总对价付款进度应当至迟不晚于:2012年1月31日前完成支付人民币17亿元,2012年2月28日前完成支付人民币12.75亿元,剩余对价在2012年3月31日之前完成支付;如原告适当发出同意购买的正式书面决定,则被告证大置业进一步同意:被告证大置业将促使被告绿城公司、被告证大五道口、案外人磐石投资分别同意和配合按照本函规定出售其在海之门公司持有的股权及股东借款,就原告关联方持有的证大房地产公司的约2,431,815,000股股份,被告证大置业将促使证大房地产公司以成本价格进行回购。

2011年12月26日,被告证大置业与证大房地产公司联合致函原告,同意原告可以在2011年12月27日17点之前决定以人民币42.5亿元的总对价购买证大方股东合计持有的海之门公司50%的股权及股东借款,但不包括证大房地产公司和被告证大置业及其关联方为海之门公司和项目公司前期垫付费用人民币2079.71万元、被告证大置业及其关联方向项目公司直接提供的人民币2600万元流动资金、被告证大五道口公司向新华信托所要支付的信托收益;原告如决定购买,应当不迟于2011年12月27日17点30分之前送达正式书面同意决定,且该等书面决定应当不得附有任何额外条件;总对价付款进度应当符合以下规定:2011年12月28日前完成支付人民币16亿元;2012年1月31日前完成总对价扣除以下两项后金额的支付;2012年4月26日之前支付人民币等值于新华信托发行信托计划的回购价款;等值于证大房地产公司以成本价格向原告关联方收购持有的证大房地产公司的 2,431,815,000 股股份的金额于相关方进一步约定的时间和方式支付;如原告适当发出同意购买的正式书面决定,则被告证大置业和证大房地产公司进一步同意:被告证大置业将促使被告绿城公司、被告证大五道口公司、磐石投资分别同意和配合按照本函规定出售其在海之门公司持有的股权及股东借款,就原告关联方持有的证大房地产公司的约 2,431,815,000 股股份,被告证大置业和证大房地产公司同意以成本价格每股价格港币 0.33 元向原告关联方进行回购。

2011 年 12 月 29 日,被告长烨公司与被告嘉和公司、被告证大置业签署了《框架协议》,约定被告长烨公司受让被告证大置业、被告嘉和公司分别持有的被告证大五道口、被告绿城公司 100% 股权,转让价款分别为人民币 701,430,000 元、130,330,000 元,合计人民币 831,760,000 元;受让被告证大置业、被告嘉和公司对海之门公司所提供的股东借款债权的转让价款合计人民币 2,189,800,000 元;代被告证大五道口向新华信托支付信托受益权转让对价人民币 978,440,000 元,上述交易价款共计人民币 40 亿元;被告绿城公司、被告证大五道口除上述股权及债权外,尚持有的其他资产或权益,应当剥离至其关联公司名下;《框架协议》中关于签署《框架协议》的目的具有如下描述:"转让方(被告嘉和公司、被告证大置业)一致同意,按本协议约定方式向被告长烨公司转让其所持目标公司(被告证大五道口、被告绿城公司)100% 股权。被告长烨公司亦同意按照本协议约定方式,收购转让方所持的目标公司 100% 股权,从而实现间接持有海之门公司 50% 股权以及项目公司 50% 股权的收购目的,被告长烨公司进行本次收购的基础是通过目标公司一次性间接持有海之门公司和项目公司 50% 的股权及权益……"《框架协议》中对被告绿城公司、被告证大五道口持有的,除海之门公司股权外其他资产的处理及被告长烨公司受让被告绿城公司、被告证大五道口公司 100% 股权的先决条件,作出了如下约定:"被告绿城公司已将剥离资产全部剥离完毕,除本协议另有约定外未对被告绿城公司造成任何义务或负债;被告证大五道口以被告长烨公司满意方式将剥离资产剥离完毕,除本协议另有约定外未对被告证大五道口造成任何义务或负债;被告证大置业的控股股东证大房地产公司股东大会批准本协议项下交易。"

2012 年 1 月 9 日,被告长烨公司与被告嘉和公司、被告证大置业公司签署了《框架协议之补充协议》,对被告证大置业公司出让被告证大五道口 100% 股权和债权的对价分配进行了调整,即股权转让价款为人民币 624,216,511 元,债权转让价款为人民币 1,357,025,494 元,并对受让被告绿城公司、被告证大五道口100% 股权的主体作出了如下变更约定:"被告长烨公司有权指定第三方适格主体分别自被告证大置业和被告嘉和公司处受让被告证大五道口 100% 股权和相关债权和被告绿城公司 100% 股权和相关债权。本补充协议签署之前被告长烨公司分别与被告证大置业和被告嘉和公司就被告证大五道口 100% 股权和相关债权、被告绿城公司 100% 股权和相关债权已经签订的股权转让协议和债权转让协议项下的被告长烨公司权利与义务,自本补充协议签署之日起一并概括转让予被告长烨公司指定的第三方适格主体,被告证大置业与被告嘉和公司同意在本补充协议签署之日与被告长烨公司指定的第三方适格主体重新签署相关股权和债权转让协议"。

2011 年 12 月 29 日,SOHO 中国有限公司与绿城中国控股有限公司通过香港联合交易所分别发布《须予披露交易》。SOHO 中国有限公司发布的《须予披露交易》声明:"本公司(SOHO 中国)全资附属公司长烨公司与卖方订立股权及债权转让框架协议(《框架协议》),以收购证大五道口公司及绿城公司的全部股权及该等股东贷款的所有权利及拥有权,对价人民币 40 亿元……于完成后,长烨公司将透过证大五道口公司及绿城公司间接拥有海之门公司 50% 股权,另于完成项目公司转让协议后,海之门公司将成为项目公司的唯一股东,而项目公司拥有外滩 8-1 项目地块的土地使用权,而长烨公司将间接拥有项目公司及外滩 8-1 地块 50% 权益"。绿城中国控股有限公司发布的《须予披露交易》与 SOHO 中国有限公司发布的《须予披露交易》对以上事实所述吻合。

2011 年 12 月 29 日,被告证大置业与被告长昇公司签署了《股权转让协议》,约定由被告长昇公司受让被告证大置业持有的被告证大五道口 100% 股权,转让价款人民币 624,216,511 元。2012 年 1 月 12 日,被告嘉和公司与被告长昇公司签署了《股权转让协议》,约定由被告长昇公司受让被告嘉和公司持有的被告绿城公司 100% 股权,转让价款人民币 1500 万元。

2012 年 1 月 12 日,杭州市工商行政管理局核准将被告绿城公司的股东变更为被告长昇公司。2012 年 1 月 17 日,上海市工商行政管理局浦东分局核准被告证大五道口公司的股东变更为被告长昇公司。

至此,海之门公司的股权结构如图 7-6、图 7-7 所示:

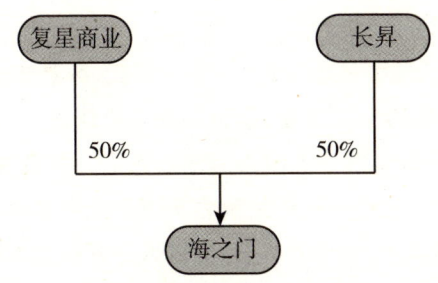

图 7-6 如直接收购海之门公司的股权结构

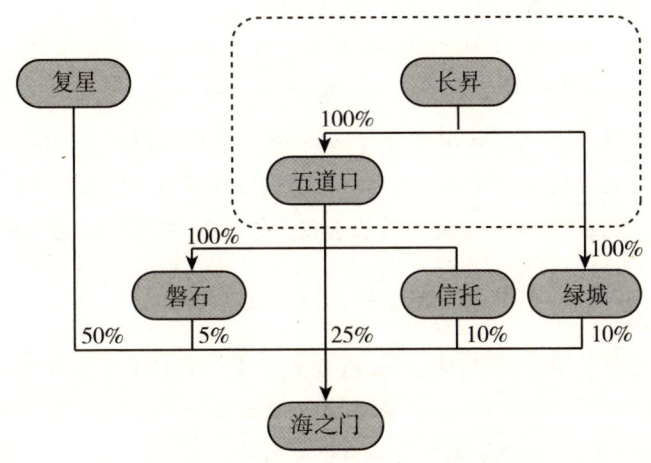

图 7-7 实际间接收购后海之门公司的股权结构

**原告诉称：**

六被告之间关于股权收购的交易，明显旨在规避《公司法》（2005 年修订）第 72 条关于股东优先购买权的规定及《合资公司章程》第 6.2 条、6.3 条的约定，企图达到侵害原告合法权益的目的；违反了成立合资公司的目的和约定；属于恶意串通，损害原告利益，故应为无效。

**被告长烨公司、长昇公司、绿城公司及证大五道口均辩称：**

1. 被告绿城公司、被告证大五道口与本案交易行为无关；

2. 原告及其关联方明知并与被告长烨公司、被告长昇公司的关联方协商过股权收购事宜，后因价格原因未能达成一致；

3. 四被告之间的股权交易不涉及海之门公司，亦未改变海之门公司的股权结构，故原告对此不享有优先购买权；

4. 四被告之间的股权交易不违背法律规定，不存在恶意串通，亦未损害原告的合法权益，且相关法定程序已经履行完毕。

**被告嘉和公司辩称：**

被告嘉和公司及其关联方是基于公司内部原因，愿意与被告证大置业采取捆绑方式转让海之门公司50%的权益，原告与被告长烨公司的关联方均表示愿意购买，但原告一直在压价，故被告嘉和公司及其关联方与被告证大置业以利益最大化为目标，最终与被告长烨公司的关联方达成转让合意；被告嘉和公司出让的是被告绿城公司100%股权，属有权处置，交易本身不涉及海之门公司，未改变海之门公司的股权结构，故原告对此不享有优先购买权。

**被告证大置业辩称：**

项目公司及外滩8-1地块均由被告证大置业取得，后成立海之门公司，原告享有50%权益，对于另50%权益的出让事宜，被告证大置业所属关联方最先是与原告关联方协商，协商时间长达半年之久，但因原告的压价和消极而未果；被告证大置业最终决定与被告绿城公司捆绑出让予被告长烨公司所属关联方，完全系出于商业利益考虑；原告对于涉案交易的股权不享有优先购买权，原告因此并未发生损害，不具有请求权基础。

**律师观点：**

本案法律事实清楚，证据确凿充分，各方当事人亦均不存在争议。本案争议的焦点在于依据现行的法律，对六被告之间的交易行为之法律效力如何进行评判，是否如原告所诉，应依法确认系争协议为无效。

综观本案被告间交易行为的目的，旨在控制海之门公司50%的权益。交易前，海之门公司的原有股权结构实际由三方核心利益集团构成，即原告所属方持有50%，被告绿城公司所属方持有10%，被告证大五道口所属方持有40%，原告处于相对控股地位，海之门公司内部的人合性、股权结构的合理性、股东之间的信赖关系相对稳定，经营管理相对正常。交易发生后，仅从形式上研判，被告嘉和公司、被告证大置业、被告长昇公司作为股权交易的主体，与海之门公司并无直接关联，原告与上述交易主体亦不具有同一阶梯的关联关系。但是，从交易行为的实质上判断，上述交易行为结果具有一致性，且最终结果直接损害了原告的利益，即原告对于海之门公司的相对控股权益受到了实质性地影响和损害，海之门公司股东之间最初设立的人合性和内部信赖关系遭到了根本性的颠覆。

有限公司的稳定性决定了公司的发展，也决定了公司股东权益和社会公众利益的实现。为了确保有限公司的人合性和封闭性，《公司法》(2005年修订)第71条第2款、3款明确规定："股东向股东以外的人转让股权，应当经其他股东过半数同意。股东应就其股权转让事项书面通知其他股东征求同意，其他股东自接到书面通知之日起满 30 日未答复的,视为同意转让。其他股东半数以上不同意转让的,不同意的股东应当购买该转让的股权;不购买的,视为同意转让。经股东同意转让的股权,在同等条件下,其他股东有优先购买权。两个以上股东主张行使优先购买权的,应协商确定各自的购买比例;协商不成的,按照转让时各自的出资比例行使优先购买权。"换言之,股东优先购买权具有法定性、专属性,是一种附条件的形成权和期待权。六被告对于上述法律规定应当是明知的,本案中,被告绿城公司、被告证大五道口共同出让其合计持有的海之门公司 50%股权的意思表示是清晰完整的,并由被告证大置业代表被告绿城公司、被告证大五道口作为联合方发函询问原告是否决定购买之一节事实,亦充分证明了被告绿城公司、被告证大五道口明知法律赋予股东优先购买权的履行条件和法律地位。但嗣后,被告绿城公司和被告证大五道口并未据此继续执行相关股东优先购买的法定程序,而是有悖于海之门公司的章程、合作协议等有关股权转让和股东优先购买的特别约定,完全规避了法律赋予原告享有股东优先购买权的设定要件,通过实施间接出让的交易模式,达到了与直接出让相同的交易目的。据此,被告绿城公司和被告证大五道口实施上述交易行为具有主观恶意,应当承担主要的过错责任。上述交易模式的最终结果,虽然形式上没有直接损害原告对于海之门公司目前维系的 50%权益,但是经过交易后,海之门公司另 50%的权益已经归于被告长烨公司、被告长昇公司所属的同一利益方,客观上确实剥夺了原告对于海之门公司另 50%股权的优先购买权。显然,上述交易后果的发生,不利于海之门公司以及项目公司的实际经营和运作,也难以保障外滩 8-1 地块项目的正常开发。

《合同法》第 52 条规定:"有下列情形之一的,合同无效:……(三)以合法形式掩盖非法目的。"依据上述法律规定并结合本案基本法律事实,被告绿城公司、被告证大五道口系海之门公司的直接股东,被告嘉和公司、被告证大置业公司又系被告绿城公司、被告证大五道口的唯一出资人,被告嘉和公司、被告证大置业公司与被告长昇公司之间实际实施的关于被告嘉和公司、被告证大置业持有的被告绿城公司、被告证大五道口股权的转让行为,旨在实现一个直接的、共同的商业目的,即由被告长烨公司、被告长昇公司所归属的同一利益方,通过上述股权收购的模式,完成了对被告绿城公司、被告证大五道口的间接控股,从而实现对海之门公司享有 50%的权益,最终实现对项目公司享有 50%的权益。综上所述,被告之间关于股权交易的实质,属于明显规避了《公司法》第 71 条之规定,符合《合同法》第 52 条第 3 项规定之无效情形,应当依法确认为无效,相应的《框架协议》及《框架协议之补充协议》中关于被告嘉和公司、被告证大置业向被告长烨公司转让被告绿城公司、被告证大五道口 100% 股权的约定为无效,被告嘉和公司与被告长昇公司、被告证大置业与被告长昇公司签署的《股权转让协议》亦为无效。同时,基于《合同法》第 58 条之规定:"合同无效或者被撤销后,因该合同取得的财产,应当予以返还……"上述交易行为亦应当予以恢复原状。被告之间因无效而产生的财产返还事宜,可自行协商解决。据此,原告的诉讼请求,具有事实和法律依据,应当依法予以支持。

**一审判决:**

1. 确认被告长烨公司与被告嘉和公司、被告证大置业签署的《框架协议》及《股权及债权转让框架协议之补充协议》中关于被告嘉和公司、被告证大置业向被告长烨公司转让被告绿城公司、被告证大五道口 100% 股权的约定为无效;

2. 确认被告嘉和公司与被告长昇公司签署的《股权转让协议》为无效;

3. 确认被告证大置业与被告长昇公司签署的《股权转让协议》为无效;

4. 被告嘉和公司、被告证大置业应于判决生效之日起 15 日内将被告绿城公司、被告证大五道口公司的股权状态恢复至转让前,即由被告嘉和公司持有被告绿城公司 100% 股权,被告证大置业持有被告证大五道口 100% 股权。

原告不服一审判决,向上级人民法院提起上诉。在该案二审中,双方达成调解意见。

**434. 如争议的股份已经被处分,导致股东优先购买权无法实现,主张优先购买权的股东可否要求转让人或公司承担赔偿责任?**

如出让股东或公司有过错的,应当对享有优先购买权的股东承担相应的损害赔偿责任,但主张优先购买权的股东需要对出让股东的过错举证,并证明损害赔偿的数额是合理的。

**435. 股东对外转让股权,不同意转让的股东必须购买股权,如何确定"同等条件"?**

借鉴山东省的司法实践及最高人民法院的最新立法精神,在双方不能对购买价格达成一致时,应当以评估确认的市场公允价格购买。

同等条件,是指转让人与股东以外的第三人之间合同确定的主要转让条件。包括但不限于转让人与受让人约定的投资、业务合作、债务承担等条件。

## 【案例199】债务承担也应视为同等条件的组成部分[①]

**原告：** 投资发展有限公司

**被告：** 王某、设备制造公司、林某

**诉讼请求：** 确认股权转让协议无效，由原告以2元价格优先受让股权。

**争议焦点：**

1. 股东会决议上印章虚假，对外转让股权的行为是否侵犯股东优先购买权，合同效力如何；

2. 如何确定主张优先购买权的合理期限；

3. 如何确定转让股权的同等条件，原告可否仅以2元价格行使优先购买权。

**基本案情：**

原告、被告王某及案外人黄某系建材公司股东，2003年4月签署的股东会决议上约定：同意被告王某将其在建材公司83%的股权转让给被告设备制造公司和被告林某，其他股东放弃优先购买权。同年5月12日，三被告签订股权转让协议约定：被告王某将49.8%的股权作价1元转让给被告某设备制造公司，将33.2%的股权作价1元转让给被告林某。某建材公司的债权债务由变更后的股东按出资比例全部继承。之后，该建材公司履行了工商变更登记手续。

经查明股东会决议上的原告公司印章样式，与原告工商备案登记的印章样式不同。

**原告诉称：**

关于股权转让的股东会决议上原告的盖章系三被告伪造的，被告王某对外转让股权之前，未依法履行通知义务，亦未征求原告是否同意，侵犯了原告的优先购买权，由于股权转让价款为2元，原告也可以依此行使优先购买权购买拟转让股权。

**被告辩称：**

股东会决议上的印章虽然与工商备案登记不同，但不代表该印章即三被告所伪造。原告同意被告王某转让股权的意思表示是真实的，且其也同意放弃优先购买权，故股权转让协议已经依法成立生效，原告的诉讼请求不应得到法院的支持。

---

[①] 某投资发展有限公司诉王某等股权转让侵权纠纷案，上海市高级人民法院审理。

**律师观点：**

1. 股权转让合同侵犯了原告的优先购买权，应被撤销。

虽然被告王某转让股权已经过半数股东同意，但由于股东会决议上的印章并非原告公司印章，而且原告的起诉行为也表明其不同意被告王某向外转让股权。故三被告在此情形下所实施的股权转让行为，不符合《公司法》规定的股权转让条件。鉴于股东优先购买权是一种法定权利，而非股东善意受让权则是一种合同约定的权利，结合我国公司法保护有限责任公司人合性的立法意旨，故在两者发生冲突的情况下，股东若在合理期限内及时主张优先购买权，应予优先保护。

本案中，原告在完成股权变更登记两个月之后寻求司法救济应认定原告系在合理期限内主张权利，应予优先保护，故被告签订的股权转让合同应当依法撤销。

2. 优先购买权包括债权债务的承担。

原告诉请以2元价格优先受让系争股权。对此，《公司法》虽明确规定股东行使优先购买权应以"同等条件"为前提，且实践中对"同等条件"的认定一般也以股权转让当事人之间商定的转让价格为基准，但不能据此将转让价格简单等同于"同等条件"，譬如当事人之间会因为存在业务关系或利益关系等因素确定一个相对优惠的价格，故此类因素在认定"同等条件"时应予以综合考量。

本案中，原告仅以2元价格请求优先受让股权，而无视三被告之间除约定该转让价格之外，还约定受让方须按照出资比例承担公司债权债务，故显然与"同等条件"要求不符。

**法院判决：**

1. 撤销系争股权转让协议。
2. 驳回原告其他诉讼请求。

### 436. 股东主张优先购买权后，转让人解除股权转让合同，其他股东的优先购买权还能否继续行使？

在转让人与受让人之间的股权转让合同未签署之前，转让人主张放弃转让的或者拒绝履行向第三人转让股权的，则其他股东不能请求法院确认转让合同项下的股权转为其所有，该优先购买权无法继续行使。

在转让人与受让人之间已达成股权转让合同，其他股东主张优先购买权的，则其与转让股东之间应于其作出购买意思表示时产生强制性缔约效力，形成了优先权人与转让人之间新的股权转让合同，在先股权转让合同解除与否不影响新合同的生效和履行。对于在先的股权转让合同,由于履行不能,受让人可以要求转让人承担违约责任。

## 【案例200】诉讼中解除转让协议　优先购买权被驳回①

**原告:** 姚某

**被告:** 科技公司、信息公司

**第三人:** 孙某、胡某

**诉讼请求:**

1. 撤销两被告签订的《股权转让协议》;

2. 确认原告对被告科技公司向被告信息公司转让的工程公司的股权享有优先购买权;原告对工程公司股权优先购买权的行使条件,除去1362万元或以工程公司截止股权转让时的所有者权益确定的股权转让价款购买外,其他股权转让条件和两被告签订的《股权转让协议》约定的转让条件相同。

**争议焦点:** 股东主张优先购买权后,转让方解除转让合同,优先购买权能否继续行使。

**基本案情:**

原告与被告科技公司及两第三人系工程公司股东,被告科技公司出资270万元,占90%股权,原告、两第三人分别出资10万元,各占3.33%股权。

2010年10月7日,两被告签订《股权转让协议》,约定被告科技公司将其所持有的工程公司90%股权作价270万元转让给被告信息公司。

同月10日,两第三人签署承诺书,同意被告科技公司将其所持有的工程公司90%的股权作价270万元转让给被告信息公司,并承诺放弃优先购买权。

2010年10月12日,原告以被告科技公司擅自与被告信息公司签订《股权转让协议》,侵犯其所享有的优先购买权为由向法院提起诉讼。

两被告、案外人投资公司、案外人化工公司系关联公司。

诉讼期间,被告科技公司召开临时董事会,形成如下决议:被告科技公司持有的工程公司90%股权不再转让,解除与被告信息公司签订的《股权转让协议》,并与被告信息公司签订《股权转让解除协议》。

**原告诉称:**

1. 被告科技公司擅自与被告信息公司签订《股权转让协议》,将其在工程公

---

① 参见成都市金牛区人民法院(2010)金牛民初字第3982号民事判决书。

司90%的股权以270万元价格转让给被告信息公司,违反了《公司法》相关规定及工程公司章程第11条规定,侵犯了原告的优先购买权。

2. 股东优先购买权系形成权,自原告行权起即形成了其与被告科技公司间的股权转让合同关系,被告解除(撤销)《股权转让协议》不影响原告与被告科技公司之间的新合同关系。由于被告解除《股权转让协议》的行为发生在原告主张优先购买权之后,基于优先购买权系形成权。自原告通过诉讼手段主张优先购买权之日起,即形成了原告与被告科技公司之间同等条件的股权转让合同关系,此后无论被告解除或撤销《股权转让协议》,都不应影响原告与被告科技公司之间股权转让合同的履行。

**两被告均辩称:**

1. 原告不是《股权转让协议》的当事人,请求撤销《股权转让协议》无法律依据;

2. 被告科技公司已终止股权转让并与被告信息公司解除《股权转让协议》,原告要求行使优先购买权无事实及法律依据。

**两第三人述称:**

原告主张优先购买权,如其主张成立,则第三人不愿放弃优先购买权;如仍是被告科技公司将股权转让给被告信息公司,则可以放弃优先购买权。

**一审认为:**

1. 关于原告要求撤销《股权转让协议》的诉讼请求。

在本案诉讼期间,被告科技公司与被告信息公司协商解除《股权转让协议》,根据《合同法》第93条第1款规定:"当事人协商一致,可以解除合同",二被告解除《股权转让协议》具有法律效力。因原告请求撤销的《股权转让协议》已经解除,故法院对原告的该项请求不应再作出处理。

2. 二被告解除《股权转让协议》是否影响原告行使优先购买权。

根据《公司法》(2005年修订)第72条规定,股权转让时,其他股东行使股东优先权的前提条件是股东向股东以外的人转让股权。本案二被告签订的《股权转让协议》在原告提出异议后已经解除,被告科技公司并形成董事会决议终止股权转让行为,原告行使股东优先权的前提条件已不具备,故原告要求行使优先购买权的诉讼请求不能得到支持。

**一审判决:**

驳回原告诉讼请求。

原告不服一审判决,向上级人民法院提起上诉,二审法院以一审事实不清发回重审,在重审期间,原告与两被告达成协议,由被告科技公司收购原告所持有的工程公司全部股权,本案调解结案。

**437. 当多名股东行使优先购买权时,如一名股东表示愿意以更高的价格购买全部或者部分股权,并导致其他股东无法按照各自出资比例行使优先购买权的,应如何处理?**

此问题在《公司法》立法时就存有争议:

(1)第一种观点认为,应当采取投标或者竞争性谈判的方式,由其余股东分别向转让人报价,由转让人选择出价最高的股东转让股权;

(2)第二种观点认为,坚持由其余股东按其持股比例分别行使优先购买权。

两种观点相较,前者能够最大限度满足转让人的利益,但其余股东间的现有利益和权力格局会发生变化,并且转让人如与某一股东达成交易后,其真实履行情况其他股东也将不得而知,不利于保护其他股东。后者则照顾到了其余股东间的现有利益格局,但未必能够最大限度满足转让人的利益。

笔者认为,为避免产生争议,应在公司章程中明确采用第一种观点或第二种观点。

**438. 股东的优先购买权是否适用于股权赠与的情况?如果适用,如何确定同等条件?**

笔者认为股权赠与时同样适用股东优先购买权,理由如下:

(1)转让本身即包括有偿转让与无偿转让;

(2)股东拟将自己所持股权赠与他人时,如果禁止其他股东行使优先购买权,则可能出现转让人利用名义上赠与,实际上出售的方式规避其他股东的优先购买权。

而对于此时同等条件的确定,我们认为应当由转让人与主张优先购买权的股东先行协商,在协商不成的情况下依照转让股权的评估值确定。

**439. 夫妻离婚时,对财产进行分割,股东一方将股权的部分或者全部转让给配偶时,其他股东可否优先购买?**

此时的处理方式与有限责任公司股东对外转让股权时的处理方法一致:

(1)如过半数股东同意,且其他股东均明确表示放弃优先购买权的,该股东的配偶可以成为该公司的股东;

(2)过半数股东不同意转让,但愿意以同等价格购买该股权的,法院将对此转让的价款进行分割;

(3)如过半数股东不同意转让,也不愿意以同等价格购买股权的,视为同意转让,该股东的配偶可以成为该公司股东。

### 【案例201】离婚分割股权侵害其他股东优先购买权　被判无效①

**原告**:李爱珍

**被告**:詹卫国、韩锁玲

**诉讼请求**:确认被告詹卫国与被告韩锁玲的离婚协议书中关于"女方分得松子公司股份10%"的约定无效。

**争议焦点**:离婚协议书中对股权的分割是否需要征得其他股东的同意;未通知其他股东,是否损害其他股东优先购买权,是否有效。

**基本案情:**

原告与被告詹卫国系母子关系。

两人于2006年8月设立松子餐饮公司,注册资本10万元,其中原告出资8万元,被告詹卫国出资2万元。

被告詹卫国与被告韩锁玲于2006年4月结婚,于2006年11月30日协议离婚。两人在离婚协议书中约定:"松子餐饮公司女方分得股份10%。"

至诉讼时,松子餐饮公司未形成股权变更的股东会议决,也未办理变更登记。

**原告诉称:**

2008年3月,原告得知被告詹卫国在未经原告同意的情况下,在离婚协议书中约定"女方分得松子餐饮公司10%",擅自将松子公司10%的股权转让给被告韩锁玲。上述转让行为未经原告同意,侵犯了原告的优先购买权。

**被告詹卫国辩称:**

离婚时没有向原告及时告知,在签订离婚协议书时没有考虑到公司法以及公司章程的规定,同意原告的诉讼请求,同时愿意将10%股权的对价(大约1万元)支付给被告韩锁玲。

**被告韩锁玲辩称:**

1. 被告詹卫国与被告韩锁玲离婚协议中约定松子公司"女方分得股份10%",该约定自愿真实,是合法有效的。离婚是分割财产,是夫妻双方正当行使权利,该权利有排他性,不需要征得他人同意。

2. 离婚协议的约定是财产分割,不是有偿转让,未侵犯原告的"优先购买权"。

---

① 参见北京市第二中级人民法院(2009)二中民终字第06645号民事判决书。

3. 被告詹卫国与被告韩锁玲只是对股份分割,没有价格,不是购买。

4. 被告詹卫国与被告韩锁玲离婚及离婚约定,作为被告韩锁玲婆婆的原告知情。但是因为是婆婆、儿子、儿媳的关系,实际生活中不可能预留证据。根据常理判断,原告应当知情并同意。

**律师观点:**

1. 离婚协议分割的是松子公司的股权,不能侵犯原告的优先购买权。

依法设立的有限责任公司,其股东与公司、股东之间的权利义务关系受相关法律以及公司章程的相关内容调整。

公司法及松子公司章程均规定,股东向股东以外的人转让股权,应当经其他股东过半数同意。经股东同意转让的股权,在同等条件下,其他股东有优先购买权。松子公司股东被告詹卫国与被告韩锁玲在离婚协议书中约定:"松子公司女方分得股份10%",从形式上看,确为夫妻双方离婚时对财产的分割,但分割的是松子公司的股权,即股东被告詹卫国在处分自己持有的股权。这种处分的结果,是被告韩锁玲将成为松子公司的股东。这种处分股权的行为与股东转让股权性质相同。在被告韩锁玲无证据证明原告认可离婚协议书中的内容,且原告明确表示放弃优先购买权的情况下,离婚协议书中处理松子公司10%股权的约定,既违反了公司法的有关规定,也违反了松子公司章程的内容。上述约定,侵犯了松子公司股东原告的"优先购买权"。故被告韩锁玲关于离婚协议书中的约定是财产分割,不是有偿转让,未侵犯原告的"优先购买权"的主张不能成立。

2. 被告的行为侵犯了原告的优先购买权。

根据《最高人民法院关于适用〈中华人民共和国婚姻法〉若干问题的解释(二)》第16条规定,"人民法院审理离婚案件,涉及分割夫妻共同财产中以一方名义在有限责任公司的出资额,另一方不是该公司股东的,按以下情形分别处理:(一)夫妻双方协商一致将出资额部分或者全部转让给该股东的配偶,过半数股东同意、其他股东明确表示放弃优先购买权的,该股东的配偶可以成为该公司股东;(二)夫妻双方就出资额转让份额和转让价格等事项协商一致后,过半数股东不同意转让,但愿意以同等价格购买该出资额的,人民法院可以对转让出资所得财产进行分割。过半数股东不同意转让,也不愿意以同等价格购买该出资额的,视为其同意转让,该股东的配偶可以成为该公司股东。用于证明前款规定的过半数股东同意的证据,可以是股东会决议,也可以是当事人通过其他合法途径取得的股东的书面声明材料。"

上述司法解释明确了夫妻离婚涉及转让股权问题时的处理原则。被告韩锁玲认为原告对离婚协议书中处分股权的约定知道并认可,但被告韩锁玲未提交相关证据予以佐证。故被告韩锁玲关于离婚协议分割股权具有排他性,不需要征得他人同意,未侵犯原告"优先购买权"的主张亦不能成立。

**法院判决：**

确认被告詹卫国与被告韩锁玲于2006年11月30日签订的离婚协议书中关于"松子公司女方分得股份10%"的约定无效。

### 440. 当股权发生继承时,是否允许其他股东行使优先购买权？

从《公司法》来看,以继承人继承股东资格为原则,以章程规定为例外。因此对该问题应当分情况讨论：

(1)公司章程约定此时其他股东享有优先购买权的,则按章程进行操作；

(2)公司章程未作规定,则继承人直接继承股权,其他股东不得行使优先购买权,只能就继承股权的购买事宜向继承人发出要约,进行磋商。

另外,对于股东遗赠股权的,应当参照股权继承制度处理。

### 441. 人民法院在强制执行程序中决定拍卖有限责任公司股权时,其他股东的优先购买权如何保护？

人民法院依照法律规定的强制执行程序转让股东的股权时,应当通知公司及全体股东,其他股东在同等条件下有优先购买权。其他股东自人民法院通知之日起满20日不行使优先购买权的,视为放弃优先购买权。

根据最新立法趋势,在通知公司及全体股东之前,法院应当委托中介机构评估确定股权价值；公司或者公司其他股东不同意以拍卖方式变价的,应当以评估价格购买该股权。公司其他股东在法院规定的期限内不予购买的,法院应当以拍卖方式对股权变价。拍卖股权时,应当通知公司和公司其他股东参加。拍卖成交后,公司其他股东不得主张以成交价格行使优先购买权。

## 八、夫妻共有股权转让的裁判标准

### 442. 夫妻一方与他人签订股权转让协议,转让夫妻共有股权,如何认定股权转让合同效力？

在夫妻关系存续期间,丈夫或者妻子的公司股份是双方共同共有的财产,夫妻作为共同共有人,对共有财产享有平等的占有、使用、收益和处分的权利。根据《最高人民法院关于适用〈中华人民共和国婚姻法〉若干问题的解释(一)》规定：夫或妻非因日常生活需要对夫妻共同财产做重要处理决定,夫妻双方应当平等协商,取得一致意见。他人有理由相信其为夫妻双方共同意思表示的,另一方不得以不同意或不知道为由对抗善意第三人。而转让夫妻一方股权的行为属于对夫妻共同财产做重要处理。

因此,夫妻双方共同共有公司股权的,夫或妻一方与他人订立股权转让协议的效力问题,应当从以下三个方面进行分析:

(1)另一方对股权转让是否明知;

(2)受让人是否支付合理对价;

(3)股权转让是否办理了工商变更登记手续。

如果能够认定受让人是基于善意且支付了合理价款,并办理了工商变更登记手续的,则股权转让协议有效,对于另一方具有约束力。

当然,如果非转让一方系明知另一方转让的,且未作任何表示,应当视为其同意转让股权,不论受让人是否善意,该股权转让行为都应当认定为有效。

## 【案例202】丈夫代妻子签约转让共同股权有效　妻诉称侵权对抗善意第三人被驳回①

**原告:**彭丽静

**被告:**梁喜平、金海岸公司、王保山

**诉讼请求:**

1. 确认被告梁喜平与被告王保山签订的股权转让合同书及其附件中有关将原告在被告金海岸公司20%的股权以1224万元转让给他人的约定侵犯原告合法权益,对原告无约束力;

2. 确认被告梁喜平与被告王保山签订的股权转让合同书及其附件中有关将被告梁喜平在被告金海岸公司的80%的股权以4896万元转让给被告王保山的约定侵犯了原告的优先购买权等合法权益,属无效约定;

3. 判令三被告采取办理公司变更登记等必要手续,将被告王保山受让的被告梁喜平在被告金海岸公司的80%股权过户至原告,保障原告依法实现优先购买权,确保原告的股权价值不受损害。

**争议焦点:**

1. 如何认定公司股权系夫妻个人财产,还是共有财产;

2. 对夫妻一方转让夫妻共有股权,如何判断善意取得的受让人有合理理由相信其为夫妻共同意思表示,丈夫代妻子签订的股权转让协议是否有效。

---

① 参见最高人民法院审理(2007)民二终字第219号民事判决书。

**基本案情：**

被告金海岸公司于 2005 年 1 月 27 日成立，注册资金 800 万元。被告梁喜平和原告系夫妻关系，分别出资 640 万元和 160 万元，各自持有 80% 和 20%。

2005 年 11 月 7 日，原告和被告梁喜平作为甲方，与作为乙方的被告王保山和案外人王军师签订了一份合同书，就转让被告金海岸公司股权及其相关事宜达成协议，约定：

1. 被告金海岸公司与预备役师签订《军用土地转让合同》，受让了预备役师 277,014.3 平方米土地（拆除房屋 38,232 平方米）。目前转让手续正在办理之中，被告金海岸公司已缴纳土地转让费及定金共 864.03 万元，仍尚需再支付 2043.24 万元的土地转让费，并负责处理承租（住）户清退等遗留问题。

2. 股权转让价款为 6120 万元（含尚需再支付预备役师 2043.24 万元土地转让费），其中被告梁喜平持有 80% 价值为 4896 万元，原告持有 20% 价值 1224 万元。

3. 合同签订后 20 日内被告梁喜平及被告王保山开始履行 80% 股权转让手续，被告梁喜平、原告协助被告王保山进行被告金海岸公司的工商登记变更。变更后公司法定代表人为被告王保山。同时被告梁喜平按双方认可的交接清单内容，将被告金海岸公司所有账目、报表、印章、中标通知书等有关资料交被告王保山处理。

4. 当被告王保山和案外人王军师支付最后一笔转让款时，原告与案外人王军师进行被告金海岸公司 20% 的股权转让手续。原告协助案外人王军师进行被告金海岸公司的工商登记变更，费用由案外人王军师承担。

5. 合同签订后，双方严格执行，如有违约，违约方除应赔偿守约方的直接损失外，另处 200 万元的罚金。

6. 合同签订后 20 日内，被告王保山和案外人王军师以被告金海岸公司的名义支付预备役师土地转让费 1500 万元（包括前期已打入预备役师指定账户的 200 万元），支付此款之日起合同生效，剩余 543.24 万元由被告王保山代表被告金海岸公司直接与预备役师协商。

7. 土地使用权证变更至被告金海岸公司名下后，10 日内被告王保山向被告梁喜平支付 1000 万元的债款，其余 3076.76 万元（含欠甲方原告的 1224 万元），被告王保山在支付给被告梁喜平 1000 万元后每 3 个月支付 1000 万元，最后一笔为 1076.76 万元，于 2006 年 12 月 30 日前结清。

被告梁喜平、被告王保山在合同上签字，原告、王军师没有在合同书上签字。

2005年11月8日,被告金海岸公司召开股东会,通过了变更股东和转让出资额的决议和章程修正案,决议及章程修正案上有被告梁喜平、原告、被告王保山三人签字和手印,但原告签字和手印实际为被告梁喜平代签和代按的。

2005年11月23日,双方变更了公司工商登记,将原股东被告梁喜平变更为被告王保山,占公司80%的股权,原告仍持有公司20%的股权。

被告王保山先后向被告梁喜平夫妇二人支付了股权转让款4944万元。其中,以被告金海岸公司的名义在2005年9月28日、9月29日、12月1日分3次向预备役师支付土地转让金2043.24万元,向被告梁喜平夫妇二人支付股权转让金2900.76万元(含2005年9月30日原告借款10万元),合计4944万元。

2005年11月9日,原告与被告梁喜平在之前被告金海岸公司住所地新注册成立了河北海岸房地产开发有限公司,注册资金800万元,原告占公司的20%股份,被告梁喜平占公司的80%股份,原告任执行董事,是该公司的法定代表人。

**原告诉称:**

原告在最初参与了股权转让的协商,但后来由于存在分歧就中止了谈判。最后的股权转让合同是在原告不知情的情况下签订的,合同的履行及款项往来均由被告梁喜平其一人经手。原告与王军师均未签字,不具有法律效力。原告对于股权转让完全不知情,被告梁喜平系无权处分,该转让行为应当予以撤销。

**被告梁喜平答辩称:**

1. "股权转让协议书"上原告的签字及手印,确非原告本人所出,是其与被告王保山共同伪造,签字时被告梁喜平、被告王保山在场,原告和王军师都没有到场,原告对此协议内容并不知情。

2. "股东会决议"上原告的签字也是虚假的,当时就在被告王保山处,原告并没有到场,由被告梁喜平当着被告王保山面签的字,按的手印,签字内容和手印不是原告的,三人都知道。

3. 办理工商登记一系列文件上的签字、手印都是三人商量着伪造的,被告王保山对此非常清楚。

4. 原告在股权转让之前,向被告王保山借了10万元钱,上面原告的签字是真实的,此10万元与股权转让无关,是个人借款。欠条上原告的签字与协议上的签字完全不同,被告王保山对此明知。

5. 在三人私下办理股权转让期间,原告因有孕在身,所以一直在家休养,并没有参与任何一个公司的经营管理。

综上,被告梁喜平确实对不住原告,股权转让过程她确不知情,伪造签字也主

要是听了被告王保山的意见,被告梁喜平和被告王保山都不是善意第三人,请法院公正判决。

**被告王保山辩称:**

股权转让合同书是双方当事人的真实意思表示,内容不违反法律法规,为有效约定。

在《合同书》订立之前,原告明知被告王保山已先行以被告金海岸公司的名义向预备役师支付土地转让款200万元而其并未提出任何异议,被告王保山已经实际履行了合同的主要义务。被告王保山向原告、被告梁喜平夫妇支付4944万元的转让款原告是明知的。原告、被告梁喜平夫妇的另外两个夫妻共同共有的公司远大公司、海岸公司收取了被告王保山后续股权转让款2890.76万元。远大公司、海岸公司收取被告王保山巨额股权转让费,原告当然应当知道股权转让的事实。

**被告金海岸公司辩称:**

1. 原告将其作为本案的被告没有事实依据和法律依据。原告起诉的是股权转让侵权纠纷,本案中转让人是原告、被告梁喜平夫妇,受让人为被告王保山、王军师,而非被告金海岸公司。被告金海岸公司根据转让双方签订的股权转让协议等法律文件,依法办理股权变更登记的行为不存在侵犯原告权利的事实,没有过错。

2. 原告、被告梁喜平夫妇将被告金海岸公司的全部股权转让给被告王保山是双方的真实意思表示,其转让行为合法有效,应受到法律保护。

3. 被告金海岸公司同意被告王保山的所有答辩意见。

**律师观点:**

1. 原告明知股东在办理股份转让和公司变更手续方面存在瑕疵,并未提出异议,因此,该瑕疵不影响合同的效力。

本案股权转让合同的内容和形式并不违反法律法规的强制性规定,股权转让已经实际履行,并办理了公司变更登记手续,应当认定股权转让合同合法有效。原告未在股权转让合同上签名,只是股东在办理股份转让和公司变更手续方面存在的瑕疵,而这一瑕疵并未影响股权转让合同的实际履行。原告对此明知,且并未提出异议,因此,股权转让的瑕疵不影响股权转让合同的效力。

2. 被告梁喜平代原告订立股权转让合同、签署股东会决议、公司章程修正案有效。

本案的原告与被告梁喜平系夫妻关系,被告金海岸公司是其夫妻二人共同开办的,丈夫被告梁喜平占80%的股份,妻子原告占20%的股份。夫妻二人共同出资设立公司,应当以各自所有的财产作为注册资本,并各自承担相应的责任。因此,夫妻二人登记注册公司时应当提交财产分割证明,但是本案当事人夫妻二人在设立公司时并未进行财产分割,应当认定是以夫妻共同共有财产出资设立公司。

原告和被告梁喜平用夫妻共同共有财产出资成立公司,在夫妻关系存续期间,丈夫或者妻子的公司股份是双方共同共有的财产,夫妻作为共同共有人,对共有财产享有平等的占有、使用、收益和处分的权利。根据《最高人民法院关于适用〈中华人民共和国婚姻法〉若干问题的解释(一)》第17条第2款规定:"夫或妻非因日常生活需要对夫妻共同财产做重要处理决定,夫妻双方应当平等协商,取得一致意见。他人有理由相信其为夫妻双方共同意思表示的,另一方不得以不同意或不知道为由对抗善意第三人。"

原告与被告梁喜平转让被告金海岸公司股权的行为属于对夫妻共同财产做重要处理,二人均应在股权转让合同、股东会决议、公司章程修正案上签名。但是对于被告梁喜平代原告订约、签名的效力问题应当综合本案事实,根据原告对于股权转让是否明知、被告王保山是否为善意等因素予以分析认定。本案查明的事实是,原告与被告梁喜平夫妻二人共同协商股权转让事宜;被告王保山在签订股权转让协议前,通过其夫妇提供的部队账户,以被告金海岸公司的名义向预备役师支付土地出让金200万元;在签订股权转让协议时,夫妇共同开办的远大公司提供保证;在股权转让协议签订后,向夫妇共同开办的远大公司和海岸公司交付股权转让款;被告王保山持有原告的身份证复印件,办理股权变更的工商登记;被告王保山持有被告金海岸公司的全部证照、印章、资料原件,被告金海岸公司的住所地进行变更;被告王保山已经支付了4944万元的股权转让款,变更了被告金海岸公司的股东手续,股权转让合同履行后实际控制了被告金海岸公司。

上述事实证明原告参与股权转让的签订和履行,转让股权是夫妻二人的真实意思表示。被告王保山有理由相信被告梁喜平能够代表妻子原告签订股权转让合同、股东会决议、公司章程修正案。被告梁喜平陈述原告曾中途停止谈判,股权不再转让。但是,原告不能举证证明其是否通知被告王保山终止股权转让。原告知道股权转让的事实,并未提出异议和阻止其丈夫被告梁喜平转让其股份,应当视为同意转让,被告梁喜平代原告订约、签名转让股权,对于原告有约束力。原告主张股权转让合同的当事人被告梁喜平和被告王保山恶意串通,侵犯了其优先购买权,但是,原告并没有提供证据证明被告王保山与被告梁喜平恶意串通构成侵权的事实。

**法院判决:**

判决驳回原告的诉讼请求。

## 【案例203】恶意串通转让夫妻共有股权　股权转让被判无效①

**原告:** 胡某

**被告:** 李甲、李乙、欧某

**第三人:** 海洋食品有限公司

**诉讼请求:** 确认三被告之间签订转让第三人股权的协议无效。

**争议焦点:**

1. 诉争股权是否为夫妻共同财产;
2. 妻子不经丈夫同意转让登记于其名下的股权,是否有效。如何判断属于恶意串通转让行为。

**基本案情:**

原告与被告李甲系夫妻关系,两人于1999年3月19日登记结婚,婚后,被告李甲和其父亲李翠福注册成立第三人,案外人李翠福逝世后,第三人没有办理变更登记手续。被告李乙系被告李甲与其前夫所生之子。

2010年5月25日至2011年6月27日期间被告李甲与原告因感情不和发生离婚纠纷在法院进行诉讼。在此期间,被告李甲与其子被告李乙签订了股权转让协议,将其名下的第三人的股份以46.8万元的价格转让给了被告李乙,实际上并没有交付价款。同日,案外人李翠福名下的股权以3.2万元的价格转让给了被告欧某,并办理了变更登记手续。

**原告诉称:**

第三人系夫妻共同投资成立的,也是夫妻共同经营发展起来的,应属于夫妻共同财产。被告李甲为转移、侵占财产,与被告李乙、被告欧某相互恶意串通,签署虚假文件,进行虚假交易,严重损害了原告的合法权益。

**被告辩称:**

1. 第三人系由被告李甲及其父亲李翠福设立,原告无权干涉。

被告李甲与其父亲李翠福于2001年3月15日投资成立了第三人,公司的股

---

① 参见长沙市芙蓉区人民法院(2011)芙民初字第2779号民事判决书。

东系被告李甲与其父亲李翠福。

根据《公司法》(2005年修订)第3条"公司是企业法人,有独立的法人财产,享有法人财产权"的规定,原告既不是公司的股东也不是公司法定代表人,根本无权利干涉公司的决策与股权转让。

2. 股权转让系基于经营需要、迫于无奈,并非恶意损害原告利益。

近年来,公司业绩也急剧恶化,特别是2010年公司甚至严重资不抵债,没有任何流动资金,向银行也申请不了贷款,但公司需要生存,有这么多员工需要工资,没办法被告李甲只得与被告李乙达成转让公司协议,由被告李乙向公司注资,并以个人名义向银行贷款100万元,维持第三人的经营。

总之,转让第三人是被告李甲的无奈选择,是公司正常的经营行为,不存在故意损害原告的利益的行为。

3. 原告仅在与被告李甲离婚之时才享有提出本诉讼的权利。

本案的原告与被告李甲现仍处于婚姻存续期间,其财产仍没有分割,原告现在应无权以财产共有人的身份来主张股权转让无效,应当在起诉离婚并将财产分割之后才能提出。

综上,第三人作为独立于被告李甲与原告的家庭之外的独立法人主体,应当享有自己本身的独立的财产权利,不应当受到股东家庭成员的干涉。且在夫妻财产未得到分割前,原告无权对此股权转让协议主张无效。

第三人陈述意见同被告的答辩意见。

**律师观点:**

1. 第三人股权系原告与被告李甲的夫妻共同财产。

根据《婚姻法》的规定夫妻关系存续期间一方生产、经营的收益应归夫妻共同所有。第三人的设立时间是2001年3月15日,是在原告与被告李甲婚姻关系存续期间,故被告李甲在该公司股权系夫妻双方共同财产。

2. 被告李甲转让第三人股权给被告李乙的行为系恶意串通转让夫妻共同财产。

被告李甲在与原告婚姻关系存续期间,在没有征得其丈夫同意的情况下擅自与其儿子被告李乙于2010年12月31日签订了股权转让协议,且协议签订后被告李乙并没有按协议约定支付相应的对价。故被告李甲与被告李乙签订的股权转让协议系恶意串通转移夫妻共同财产的行为,应认定为无效。

3. 李翠福与被告欧某的股权转让协议涉及死亡股东李翠福的个人财产的继承问题,应另行处理。

**法院判决：**
确认被告李甲与被告李乙签订的股权转让协议无效。

**443. 如何有效防止夫妻共有股权被擅自处分？**

实践中，夫妻一方转让共有股权的情形较为常见，由此引起的纠纷也不在少数。对于非转让股权的夫妻一方而言，另一方的转让行为固然损害了其财产利益，作为受让方而言，哪怕通过善意取得受让股权，往往也因诉讼受累，大费周章。为避免该类情况的发生，笔者认为实践中应当注意如下两点：

（1）夫妻双方可以对共有股权进行权属约定，明确财产归属（如可以约定夫妻双方各按一定比例拥有股权）。同时，为了对抗善意第三人，在公司的股东名册、章程和工商登记中也应当以同样的比例列明各自股权。该做法可以公示夫妻双方的持股情况，也就不会产生第三人善意取得一方股权的情况。

（2）对于受让方而言，在受让股权之前应尽到合理审慎的了解义务，可以通过查询股东名册及工商登记等方式审查转让人的出资情况及受让股权的性质，并请转让方夫妻共同确认转让合同，从而慎重作出受让决定，有效避免纠纷的发生。

## 第三节　股份有限公司股份转让的裁判标准

### 一、股份转让流程及限制

**444. 股份有限公司股份应当如何转让，有何限制？**

区分以下情况：

（1）对于记名股票，由股东以背书方式转让；转让后由公司将受让人的姓名或者名称及住所记载于股东名册。但在股东大会召开前20日内或者公司决定分配股利的基准日前5日内，不得进行股东名册的变更登记。

（2）对于无记名股票，由股东将该股票交付给受让人后即发生转让的效力。

**445. 股份有限公司成立前是否可以向股东交付股票？**

《公司法》明确规定，股份有限公司成立前，不得向股东交付股票。

**446. 股份有限公司的股份转让是否必须在证券交易所进行？**

不是。

目前，只有上市公司的股份转让需要在沪、深两地证券交易所进行。对于未上市的股份有限公司当然不受证券交易所交易规则和中国证监会相关规章的约束,股权转让的法律依据是《公司法》及公司的章程,故只需依法并按照章程转让股权即可,无须在证券交易所进行交易。

**447. 股份有限公司的股东转让股份,是否需要经过董事会或股东大会决议和同意?**

股份有限公司的股份可以自由转让,无须经过董事会或股东大会决议,只需按照《公司法》程序转让即可。

但当公司控股股东拟转让股份,为保护其他股东利益,公司最好进行审计、评估,以免大股东侵害其他股东情况发生,亦需董事会、股东大会对大股东进行定性、评价。①

**448. 股份有限公司发起人、董事、监事、高管转让本公司股份有何限制?**

根据《公司法》规定,有以下限制:

(1)发起人持有的本公司股份,自公司成立之日起1年内不得转让。公司公开发行股份前已发行的股份,自公司股票在证券交易所上市交易之日起1年内不得转让。

(2)公司董事、监事、高级管理人员应当向公司申报所持有的本公司的股份及其变动情况,在任职期间每年转让的股份不得超过其所持有本公司股份总数的25%;所持本公司股份自公司股票上市交易之日起1年内不得转让。上述人员离职后半年内,不得转让其所持有的本公司股份。

值得注意的是,公司章程仅能对公司董事、监事、高级管理人员转让其所持有的本公司股份作出较《公司法》更为严格的限制性规定,而不能作出任意性规定。

**449. 股份有限公司股东在限售期内转让股份,约定待股份解禁后再行办理过户是否有效?**

有效。

因为该行为并不会免除转让股份的发起人的法律责任,也不能免除其股东责任。因此,上述股权转让合同应认定为合法有效。

---

① 吴庆宝主编:《最高人民法院专家法官阐释民商裁判疑难问题(2009~2010年卷)》,中国法制出版社2009年版。

## 【案例204】约定解禁后再行过户　股份转让合法有效①

**原告**：张桂平

**被告**：王华

**诉讼请求**：

1. 判令被告继续履行双方签订的《股份转让协议》和《过渡期经营管理协议》；
2. 判令被告依照《股份转让协议》中的约定向原告支付特别赔偿金人民币41,500万元。

**争议焦点**：

1. 《股份转让协议》及《过渡期经营管理协议》是否违反了发起人自公司成立之日起3年内不得转让本人持有股份的规定,是否有效;
2. 被告代理人赴原告处收款时作出的余款结算承诺是否为被告授权行为;是否视为对股份转让款支付方式的重新约定;
3. 如何判断违约金金额是否过高,应当如何调整。

**基本案情**：

原、被告都是2002年9月20日成立的浦东公司的发起人、股东。经协商,双方于2004年10月22日签署了《股份转让协议》《过渡期经营管理协议》,约定:原告以每股2.44元,合计8300万元的价格受让被告持有的浦东公司3400万股份。同时,被告须向原告提供包括全部转让款的税务发票。合同生效后10日内,原告向被告支付4300万元。2004年12月31日前,原告支付其余股份转让金4000万元。被告则承诺在过渡期,即股份转让手续办理完毕前,授权原告代行其作为股东、董事的一切权利,承担一切义务。如任何一方有违约行为,均应向对方支付4.15亿元特别赔偿金。《股份转让协议》还约定,双方签署之日,协议即生效,并依照《公司法》规定,合法有效地将被告所持有的股份转让于原告名下之日终止。如遇法律和国家政策变化,修改了股份有限公司发起人股份的转让条件和限制,将按照新的法律和政策的规定相应调整合同的生效时间。双方过渡期协议还约定,被告如违约,应双倍返还原告交付的定金。双倍返还定金仍不能弥补给原告造成的损失的,应再行按双方特别约定的赔偿金数额进行赔偿。

上述协议签订同日,被告即签署了向浦东公司董事会提出辞去该公司董事职务的申请,并依约向原告出具了《授权委托书》,全权委托原告代为行使被告在浦

---

① 张桂平诉王华股权转让合同纠纷案,由江苏省高级人民法院审理。

东公司股份项下可享有的一切权利,还确认,在委托人将其名下股份全部转让给原告之前始终有效并不得撤销。

原告于2004年10月22日以转账支票向被告支付了2000万元定金,同年10月29日原告又以转账支票向被告支付股份转让金2300万元,由案外人陈影签收。协议签订后10日内,连同2000万元定金,原告共向被告支付了4300万元股份转让金,被告确认收到。

2004年12月30日,原告向被告发出《付款通知》,要求被告于2004年12月31日,来苏宁环球大厦17楼其办公室领取股份转让金4000万元,并办理其已支付完全部股份转让金的确认手续。

次日,金盛公司(被告担任该公司法定代表人)职员张轶、陈影作为经办人,向原告出具《收条》,确认"今收到苏宁公司代原告支付的股份转让金叁仟捌佰万元整(转账支票)。尚余贰佰万元股份转让金,待股份转让手续完备确认后结算。经办人陈影、张轶代被告",该收据上还加盖了金盛公司财务专用章。

2005年1月8日,被告向原告发出《关于收回股份的通知》。该通知声明,原告应在2004年12月31日前支付股份转让金4000万元整。然而,直到2005年1月4日,原告才向被告支付3800万元。鉴于原告已迟延支付且尚欠人民币200万元整,已构成根本性违约。从即日起终止双方于2004年10月22日签订的《股份转让协议》和《过渡期经营管理协议》,与此同时,被告依《股份转让协议》所签发的所有授权委托书等法律文件亦同时作废,被告仍持有浦东公司17%的股份,并享有该股份所包含的所有股东权利。

另合同签订前,双方谈判期间,被告用两个手机发了同一条信息给原告:"张总,昨日商谈股份转让事宜,我认为按曾水沙转让比例17%×4=6800万元+1700万元=8500万元,我投入这么长时间并对增资起很大作用。"2004年3月11日,《南方周末》大幅报道了浦东公司土地升值,部分股东因此发生纠纷情况,报道中还有对被告本人的采访。报道明确指出,浦东公司当时股东内部纠纷的另一起因是"浦东公司那4500亩土地价格的急速蹿升。……4500亩土地地价升值近3倍,仅地价升值带来的潜在收益就高达16亿元,当然这还没算上在4500亩土地上建成住宅后更大的收益"。

**原告诉称:**

双方签订的《股权转让协议》和《过渡期经营管理协议》合法有效,原告依约履行了两份协议内容,但被告却拒不进行股权变更,被告的行为构成违约。

关于2004年12月31日《收据》中"200万元余款待股份转让手续完备后

结算"是否经过被告认可的问题。原告认为被告的委托代理人是经过向被告口头请示,得到被告确认后才承诺上述内容,该承诺是被告及其代理人的真实意思表示。

关于2004年12月31日是否需要办理股份转让金履行完毕的确认手续。原告认为2004年12月31日4000万元交付对方即可认为股份转让金已交付,但需要办理股份转让金履行完毕的确认手续,因此,收条上的确认手续符合合同约定及目的。

**被告辩称:**

双方签署的《股份转让协议》和《过渡期经营管理协议》均为违法无效协议。原告虽认为被告存在违约行为并给其带来损失,但未提供证据。因此,请求依法驳回原告全部诉讼请求。理由是:

1. 上述股份转让协议及相关法律文件中特别是关于违约责任的约定中,存在显失公平条款。原告仍欠被告股权转让款200万元未付。根据《股份转让协议》,协议的任何修改或补充须经甲乙双方书面签订协议方能生效。被告委派人员无权同意"尚余200万元留待股份转让手续完备确认后结算"。

2. 《股份转让协议》及《过渡期经营管理协议》违反了法律强制性规定和《浦东公司章程》规定,系属规避法律的无效协议。其授权行为的实质就是股权移交行为。

**被告反诉请求:**

判令《股份转让协议》及《过渡期经营管理协议》无效。

**被告反诉称:**

原告在与其签署协议过程中,故意仅向被告出示未反映浦东公司真实价值的财务报表,隐瞒了能反映浦东公司真实价值的《盈利预测报告》,致使被告将实际价值超过4.64元/股的浦东公司股份仅以2.44元/股的价格转让,故《股份转让协议》及《过渡期经营管理协议》还是原告以欺诈手段订立的、内容显失公平的协议。

关于2004年12月31日《收据》中"200万元余款待股份转让手续完备后结算"是否经过被告认可的问题。被告认为其仅授权经办人去取款,并未作其他授权,协议的任何修改和变更,必须双方书面约定。经办人是在原告的胁迫下为取得3800万元转账支票,依照原告的要求,写下的上述内容,被告不认可"200万元余款待股份转让手续完备后结算",但被告未能提供相应的证据。

关于2004年12月31日是否需要办理股份转让金履行完毕的确认手续。被告认为2004年12月31日4000万元必须到账才算股份转让金履行完毕,但并不需要办理股份转让金履行完毕的确认手续。

**律师观点：**

1. 原、被告所签订的《股份转让协议》和《过渡期经营管理协议》是双方当事人真实意思表示，内容合法有效，双方均应依约履行。

《公司法》第141条规定，"发起人持有的本公司股份，自公司成立之日起一年内不得转让……公司董事、监事、经理应当向公司申报所持有的本公司的股份，及其变动情况，在任职期间每年转让的股份不得超过其所持有本公司股份总数的百分之二十五；所持本公司股份自公司股票上市交易之日起一年内不得转让……"该规定的立法目的在于防范发起人利用公司设立谋取不当利益，并通过转让股份逃避发起人可能承担的发起人责任。该法条所禁止的发起人转让股份应是对股份变动行为的禁止，而不是对签订合同行为的禁止。只要1年内未实际交付股份，则承担责任的仍是原发起人，因此，双方当事人间订立合同的行为并不违反《公司法》第141条的立法本意。上述过渡期经营管理协议性质属于股权的托管协议，双方形成事实上的股权托管关系，对此，《公司法》并无禁止性规定。被告认为双方间所签订的《股份转让协议》和《过渡期经营管理协议》违反法律禁止性规定的答辩理由不予支持。

上述协议签订时，也不存在原告对被告进行价格欺诈或者显失公平时情形。协议签订时所确定的价格，是根据被告向原告所发出的股权转让价格计算方案等要约内容，经双方协商适当调整后所确定；被告和原告一样，均是长期从事实业经营的企业家，不存在一方当事人利用优势或者利用对方没有经验，致使双方的权利义务明显违反公平、等价有偿原则，从而显失公平等情形。

2. 被告代理人赴原告处收款时作出的余款结算承诺应视为被告授权行为，原告并未违约。

合同履行过程中，被告委托陈影、张轶前去原告处取款，后陈影、张轶代表被告确认收到3800万元转账支票并承诺"余款贰佰万元股份转让金，待股份转让手续完备确认后结算"，应视为被告授权行为，该约定为双方当事人对股份转让款支付方式的重新约定，因而原告依上述约定未向被告支付剩余200万元股份转让余额，不构成违约。原告于2004年12月31日以支票方式向被告支付3800万元，并不违反双方合同约定，也不构成违约。被告认为原告构成根本违约，没有事实和法律依据，其单方解除双方间《股份转让协议》和《过渡期经营管理协议》，不符合法律规定，被告的行为已构成违约，应承担违约责任。

由于原告不能对被告违约行为给其造成损失的有关事实进一步举证证明，其直接要求被告按股份转让金数额的5倍即41,500万元向其支付特别赔偿金，在被告持有异议的情况下,不予支持。根据被告的调整违约金请求,结合本案实际,以8100万元由被告占用期间的流动资金贷款利息为相应参考依据,认定被告应向原告支付违约金500万元。

**法院判决：**

1.《股份转让协议》和《过渡期经营管理协议》有效；
2. 被告在判决生效后10日内依合同约定与原告办理股权转让的相关手续；
3. 上述股份转让手续办理完备后,原告立即给付被告200万元股份转让金；
4. 被告应于判决生效后10日内向原告支付500万元违约金。
5. 驳回原告其他诉讼请求。
6. 驳回被告的反诉请求。

**450. 股份有限公司可否通过公司章程规定股权转让的条件,限制股东转让股份？**

不能。

《公司法》明确规定"股东持有的股份可以依法转让"。判断公司章程可否对股东转让股份进行限制的关键是该法条是否是效力性强制性规范,如是,则章程不能对股份自由转让加以限制。

由于股份有限公司的大多数股东很难有能力与公司管理层协商并对公司管理层进行有效监督和制约,中小股东很容易被边缘化和外部化,其利益也更容易受到侵害,法律需要制定更多的强制性规定对中小股东予以保护。股份有限公司是资合性公司,股份自由流通是其生命,关涉到公司和第三人利益,因而,股份有限公司股权转让是一个外部性问题。如果公司章程对公司股份转让进行限制,则构成对股份有限公司资合性的破坏,可能会对包括公司股东、债权人在内的利益相关者权益造成侵害。因此,关于股份转让的规定属于法律的强制性规定,公司章程不能对股东自由转让股份的行为进行限制。①

**451. 股权转让合同解除后,转让人是否可以起诉主张受让人在返还股权时一并返还其持有该股份在公司所获得的红利、配送新股及因该股份而认购的新股等股东权益？**

可以,一旦股权转让合同解除,受让人所取得的上述财产系属于不当得利,应予返还,而受让人因上述股东权益支付对价的,可以同时请求转让人予以补偿。

---

① 张海棠主编：《公司法适用与审判实务》,中国法制出版社2009年版,第285页。

**452. 国有单位受让上市公司股份有哪些方式?**

国有单位可以通过以下两种方式受让上市公司股份:

(1)证券交易系统购买;

(2)通过协议方式受让。

国有单位系指各级国有资产监督管理机构监管范围内的国有及国有控股企业、有关机构、事业单位等。

**453. 公司内部职工股的交易有何限制?**

内部职工持有的股份在公司配售3年内不得转让,3年后也只能在内部职工之间转让,不得在社会上转让交易。

**454. 公司内部职工股在持有人脱离公司或死亡时如何处理?**

内部职工持有的股份,在持有人脱离公司、死亡或其他特殊情况下,可以不受转让期限限制,转让给本公司其他内部职工,也可以由公司收购。

**455. 公司内部职工股的转让价格如何确定?**

内部职工股的转让价格或公司收购价格,应以公司每股净资产额为基础,由转让、收售双方协商确定。公司委托的证券经营机构可通过提供参考价格给予指导。

## 二、非上市公众公司股份转让的流程

**456. 什么是非上市公众公司?**

非上市公众公司是指有下列情形之一且其股票未在证券交易所上市交易的股份有限公司(以下简称公众公司):

(1)股票向特定对象发行或者转让导致股东累计超过200人;

(2)股票以公开方式向社会公众公开转让。

特定对象的范围包括下列机构或者自然人:

(1)公司股东;

(2)公司的董事、监事、高级管理人员、核心员工;

(3)符合投资者适当性管理规定的自然人投资者、法人投资者及其他经济组织。

**457. 非上市公众公司股票应当在哪里登记?公开转让在哪里进行?**

公众公司股票应当在中国证券登记结算公司集中登记存管。公开转让应当在依法设立的证券交易场所进行。

**458. 进行非上市公众公司收购的条件是什么？收购的股份多长时间可以转让？**

进行公众公司收购，收购人或者其实际控制人应当具有健全的公司治理机制和良好的诚信记录。收购人不得以任何形式从被收购公司获得财务资助，不得利用收购活动损害被收购公司及其股东的合法权益。

在公众公司收购中，收购人持有的被收购公司的股份，在收购完成后12个月内不得转让。

**459. 非上市公众公司信息披露文件主要包括哪些？**

公众公司信息披露文件主要包括公开转让说明书、定向转让说明书、定向发行说明书、发行情况报告书、定期报告和临时报告等。具体的内容与格式、编制规则及披露要求，由中国证监会另行制定。

**460. 公开转让与定向发行的非上市公众公司应当如何进行信息披露？**

公开转让与定向发行的公众公司应当在每一会计年度的上半年结束之日起2个月内披露记载中国证监会规定内容的半年度报告，在每一会计年度结束之日起4个月内披露记载中国证监会规定内容的年度报告。年度报告中的财务会计报告应当经具有证券期货相关业务资格的会计师事务所审计。

**461. 股票向特定对象转让导致股东累计超过200人的非上市公众公司应当如何进行信息披露？**

股票向特定对象转让导致股东累计超过200人的公众公司，应当在每一会计年度结束之日起4个月内披露记载中国证监会规定内容的年度报告。年度报告中的财务会计报告应当经会计师事务所审计。

**462. 非上市公众公司披露信息应当由公司的什么机构发布？**

公众公司披露的信息应当以董事会公告的形式发布。董事、监事、高级管理人员非经董事会书面授权，不得对外发布未披露的信息。

**463. 非上市公众公司可否在公司章程中约定信息披露方式？**

股票向特定对象转让导致股东累计超过200人的公众公司可以在公司章程中约定其他信息披露方式；在中国证监会指定的信息披露平台披露相关信息的，应当符合前述要求。

**464. 非上市公众公司披露信息应当如何公布？**

公司及其他信息披露义务人依法披露的信息，应当在中国证监会指定的信息披露平台公布。公司及其他信息披露义务人可在公司网站或者其他公众媒体上刊登依本办法必须披露的信息，但披露的内容应当完全一致，且不得早于在中国证监会指定的信息披露平台披露的时间。公司及其他信息披露义务人应当将信息披露公告文稿和相关备查文件置备于公司住所供社会公众查阅。

**465. 股票向特定对象转让导致股东累计超过 200 人的股份有限公司应当如何进行股票转让？**

股票向特定对象转让导致股东累计超过 200 人的股份有限公司,应当自上述行为发生之日起 3 个月内,按照中国证监会有关规定制作申请文件,申请文件应当包括但不限于:定向转让说明书、律师事务所出具的法律意见书,会计师事务所出具的审计报告。股份有限公司持申请文件向中国证监会申请核准。在提交申请文件前,股份有限公司应当将相关情况通知所有股东。股票向特定对象转让应当以非公开方式协议转让。在 3 个月内股东人数降至 200 人以内的,可以不提出申请。

**466. 非上市公众公司向社会公众公开转让股票时应当如何作出决议？其决议包括哪些内容？**

公司申请其股票向社会公众公开转让的,董事会应当依法就股票公开转让的具体方案作出决议,并提请股东大会批准,股东大会决议必须经出席会议的股东所持表决权的 2/3 以上通过。

董事会和股东大会决议中还应当包括以下内容:

(1)按照中国证监会的相关规定修改公司章程;

(2)按照法律、行政法规和公司章程的规定建立健全公司治理机制;

(3)履行信息披露义务,按照相关规定披露公开转让说明书、年度报告、半年度报告及其他信息披露内容。

**467. 申请股票向社会公众公开转让应提交哪些申请文件？**

申请其股票向社会公众公开转让的公司,应当按照中国证监会有关规定制作公开转让的申请文件,申请文件应当包括但不限于:公开转让说明书、律师事务所出具的法律意见书,具有证券期货相关业务资格的会计师事务所出具的审计报告、证券公司出具的推荐文件,证券交易场所的审查意见。公司持申请文件向中国证监会申请核准。公开转让说明书应当在公开转让前披露。公司及其董事、监事、高级管理人员,应当对公开转让说明书、定向转让说明书签署书面确认意见,保证所披露的信息真实、准确、完整。

**468. 非上市公众公司定向发行包括哪些情形？**

公众公司定向发行包括向特定对象发行股票导致股东累计超过 200 人,以及股东人数超过 200 人的公众公司向特定对象发行股票两种情形。

公司确定发行对象时,公司的董事、监事、高级管理人员、核心员工、符合投资者适当性管理规定的自然人投资者、法人投资者及其他经济组织等投资者合计不得超过35名。核心员工的认定,应当由公司董事会提名,并向全体员工公示和征求意见,由监事会发表明确意见后,经股东大会审议批准。

**469. 非上市公众定向发行时应当满足哪些条件?**

(1)公司应当对发行对象的身份进行确认,有充分理由确信发行对象符合本办法和公司的相关规定。

(2)公司应当与发行对象签订包含风险揭示条款的认购协议。

**470. 非上市公众公司定向发行股票时,公司应当如何作出决议?**

公司董事会应当依法就本次股票发行的具体方案作出决议,并提请股东大会批准,股东大会决议必须经出席会议的股东所持表决权的2/3以上通过。

申请向特定对象发行股票导致股东累计超过200人的股份有限公司,董事会和股东大会决议中还应当包括以下内容:

(1)按照中国证监会的相关规定修改公司章程;

(2)按照法律、行政法规和公司章程的规定建立健全公司治理机制;

(3)履行信息披露义务,按照相关规定披露定向发行说明书、发行情况报告书、年度报告、半年度报告及其他信息披露内容。

**471. 非上市公众定向发行股票的申请文件包括哪些?**

申请文件应当包括但不限于:定向发行说明书、律师事务所出具的法律意见书,具有证券期货相关业务资格的会计师事务所出具的审计报告,证券公司出具的推荐文件。

**472. 非上市公众公司可否向证监会申请分期定向发行股票?应履行何种程序?**

公司申请定向发行股票,可申请一次核准,分期发行。自中国证监会予以核准之日起,公司应当在3个月内首期发行,剩余数量应当在12个月内发行完毕。超过核准文件限定的有效期未发行的,须重新经中国证监会核准后方可发行。首期发行数量应当不少于总发行数量的50%,剩余各期发行的数量由公司自行确定,每期发行后5个工作日内将发行情况报中国证监会备案。

股票发行结束后,公众公司应当按照中国证监会的有关要求编制并披露发行情况报告书。申请分期发行的公众公司应在每期发行后按照中国证监会的有关要求进行披露,并在全部发行结束或者超过核准文件有效期后按照中国证监会的有关要求编制并披露发行情况报告书。

**473. 非上市公众公司在什么情况下可以豁免向中国证监会申请核准,定向发行股票?**

公众公司向特定对象发行股票后股东累计不超过 200 人的,或者公众公司在 12 个月内发行股票累计融资额低于公司净资产的 20% 的,豁免向中国证监会申请核准,但发行对象应当符合定向发行股票的规定,并在每次发行后 5 个工作日内将发行情况报中国证监会备案。

豁免向中国证监会申请核准定向发行的公众公司,应当在发行结束后按照中国证监会的有关要求编制并披露发行情况报告书。

**474. 非上市公众公司以欺骗手段骗取核准的,或报送的报告有虚假记载、误导性陈述或者重大遗漏的,应当承担何种行政责任?**

公司以欺骗手段骗取核准的,公司报送的报告有虚假记载、误导性陈述或者重大遗漏的,除依照《证券法》有关规定进行处罚外,中国证监会可以采取终止审查并自确认之日起在 36 个月内不受理公司的股票转让和定向发行申请的监管措施。

**475. 非上市公众公司未按规定擅自转让或发行股票的,应当承担何种行政责任?**

公司未按照规定,擅自转让或者发行股票的,按照《证券法》规定,责令停止发行,退还所募资金并加算银行同期存款利息,处以非法所募资金金额 1% 以上 5% 以下的罚款;对擅自公开或者变相公开发行证券设立的公司,由依法履行监督管理职责的机构或者部门会同县级以上地方人民政府予以取缔。对直接负责的主管人员和其他直接责任人员给予警告,并处以 3 万元以上 30 万元以下的罚款。

**476. 证券公司、证券服务机构出具的文件有虚假记载、误导性陈述或者重大遗漏的,应当承担何种行政责任?**

证券公司、证券服务机构出具的文件有虚假记载、误导性陈述或者重大遗漏的,除依照《证券法》及相关法律法规的规定处罚外,中国证监会可视情节轻重,自确认之日起采取 3 个月至 12 个月内不接受该机构出具的相关专项文件,36 个月内不接受相关签字人员出具的专项文件的监管措施。

**477. 非上市公众公司及其他信息披露义务人未按照规定披露信息,或者所披露的信息有虚假记载、误导性陈述或者重大遗漏的,应当承担何种行政责任?**

公司及其他信息披露义务人未按照规定披露信息,或者所披露的信息有虚假记载、误导性陈述或者重大遗漏的,依照《证券法》规定,责令改正,给予警告,并处以30万元以上60万元以下的罚款。对直接负责的主管人员和其他直接责任人员给予警告,并处以3万元以上30万元以下的罚款。

发行人、上市公司或者其他信息披露义务人未按照规定报送有关报告,或者报送的报告有虚假记载、误导性陈述或者重大遗漏的,责令改正,给予警告,并处以30万元以上60万元以下的罚款。对直接负责的主管人员和其他直接责任人员给予警告,并处以3万元以上30万元以下的罚款。

发行人、上市公司或者其他信息披露义务人的控股股东、实际控制人指使从事前两款违法行为的,依照前两款的规定处罚。

**478. 公司向不符合规定条件的投资者发行股票的,应当承担何种行政责任?**

公司向不符合规定条件的投资者发行股票的,中国证监会可以责令改正,并可以自确认之日起在36个月内不受理其申请。

**479. 非上市公众公司内幕信息知情人或非法获取内幕信息的人,在对公众公司股票价格有重大影响的信息公开前,泄露该信息、买卖或者建议他人买卖该股票的,应当如何对其进行处罚?**

公众公司内幕信息知情人或非法获取内幕信息的人,在对公众公司股票价格有重大影响的信息公开前,泄露该信息、买卖或者建议他人买卖该股票的,依照《证券法》规定,责令依法处理非法持有的证券,没收违法所得,并处以违法所得1倍以上5倍以下的罚款;没有违法所得或者违法所得不足3万元的,处以3万元以上60万元以下的罚款。单位从事内幕交易的,还应当对直接负责的主管人员和其他直接责任人员给予警告,并处以3万元以上30万元以下的罚款。证券监督管理机构工作人员进行内幕交易的,从重处罚。

### 三、上市公司股份转让的特殊规则

**480. 如何认定尚未履行必要程序的收购上市公司股份合同的效力?**

《公司法》《证券法》及其司法解释对此尚无明确规定,但根据最新立法趋势,该类合同应认定为未生效,如果在诉讼终结前当事人依法履行了必要程序的,可以认定股份收购协议发生法律效力。

**481. 如何认定尚未履行证券监督管理机构股东变更报批手续的转让证券公司股份合同的效力?**

应认定股权转让合同未生效,在诉讼终结前股权变更获得批准的,可以认定股权转让合同发生法律效力。

**482. 哪些人员买卖上市公司股份存在 6 个月内不得进行买卖的特殊时间限制？有无例外情况？**

上市公司董事、监事、高级管理人员、持有上市公司股份 5% 以上的股东，不得将其持有的该公司的股票在买入后 6 个月内卖出，或者在卖出后 6 个月内又买入，否则由此所得收益归该公司所有，公司董事会应当收回其所得收益。

但是，证券公司因包销购入售后剩余股票而持有 5% 以上股份的，卖出该股票不受 6 个月时间限制。

**483. 如果上市公司董事会未依照规定没收频繁交易的董事、监事、高管及股东收益时，应当如何处理？**

公司董事会不依法没收频繁交易的董事、监事、高管及股东收益时，股东有权要求董事会在 30 日内执行。公司董事会未在上述期限内执行的，股东有权为了公司的利益以自己的名义直接向人民法院提起股东代表诉讼。

未按照规定执行的董事会中负有责任的董事应当依法承担连带责任。

**484. 国有单位受让上市公司股份应遵循哪些程序？**

不论采取何种方式受让上市公司股份，国有单位应当做好可行性研究，按照内部决策程序进行审议，并形成书面决议。

**485. 国有单位通过证券交易系统受让上市公司股份有何程序要求？**

对此应当区分不同情况，适用不同程序：

国有单位在一个会计年度内通过证券交易所的证券交易系统累计净受让上市公司的股份（所受让的股份扣除所出让的股份的余额）未达到上市公司总股本 5% 的，由国有单位按内部管理程序决策，并在每年 1 月 31 日前将其上年度通过证券交易系统受让上市公司股份的情况报省级或省级以上国有资产监督管理机构备案；

如果达到或超过上市公司总股本 5% 的，国有单位应将其受让上市公司股份的方案事前报省级或省级以上国有资产监督管理机构备案后方可组织实施。

需要注意的是，如果国有单位通过其控制的不同受让主体分别受让上市公司股份的，其受让比例应合并计算。

国有单位通过证券交易系统受让上市公司股份需要报国有资产监督管理机构备案的，其报送的材料主要包括：

（1）国有单位受让上市公司股份的方案及内部决议；

（2）国有单位受让上市公司股份的可行性研究报告；

（3）国有单位的基本情况、最近一期财务审计报表；

(4)上市公司的基本情况、最近一期的年度报告和中期报告。

**486. 国有单位通过证券交易系统受让上市公司股份,并向国有资产监督管理机构报送可行性研究报告,该报告的内容应当包括哪些?**

可行性研究报告应主要包括以下内容:

(1)受让股份的原因;

(2)受让股份是否有利于加强主业,是否符合企业发展规划;

(3)受让股份的价格上限及确定依据;

(4)受让股份的数量及受让时限;

(5)受让股份的资金筹措;

(6)受让股份后对企业经营发展的影响分析;

(7)关于上市公司未来的发展规划和重组计划(适用于受让股份后成为上市公司控股股东的)。

国有资产监督管理机构收到备案材料后,将在10个工作日内对该事项出具备案意见。

**487. 国有单位通过协议受让的方式受让上市公司股份,应履行哪些程序?**

应按以下程序进行:

(1)如果国有单位通过协议受让方式受让上市公司股份,则应当聘请在境内注册的专业机构担任财务顾问,针对本单位受让上市公司股份的方式、受让价格、对本单位及上市公司的影响等方面发表专业意见。该财务顾问应当具有良好的信誉且近3年内无重大违法违规记录;

(2)对于决策程序,应当区分不同情况适用不同程序:

①如果国有单位通过协议方式受让上市公司股份后不具有上市公司控股权或上市公司国有控股股东通过协议方式增持上市公司股份的,则应当由国有单位按内部管理程序决策;

②如果国有单位通过协议方式受让上市公司股份后具有上市公司控股权的,应在与转让人签订股份转让协议后逐级报省级或省级以上国有资产监督管理机构审核批准。

关于报批机构的确定,应当遵循如下规则:

国有单位为中央单位的,其受让上市公司股份由中央单位逐级报国务院国有资产监督管理机构批准;国有单位为地方单位的,其受让上市公司股份由地方单位逐级报省级国有资产监督管理机构批准。

**488. 国有单位通过协议受让方式受让上市公司股份需要报国有资产监督管理机构审批时，应当报送哪些材料？是否须至证券交易所及中国证券登记结算有限责任公司办理股份过户手续？**

报送的材料主要包括：
（1）国有单位受让上市公司股份的请示及内部决议文件；
（2）关于受让上市公司股份的可行性研究报告及受让股份价格的专项说明；
（3）上市公司股份转让协议；
（4）国有单位基本情况、上一年经审计的财务审计报告；
（5）上市公司基本情况、最近一期的年度报告及中期报告；
（6）财务顾问出具的财务顾问报告；
（7）律师事务所出具的法律意见书。

协议通过后，还需办理过户手续，并且如协议受让上市公司股份需要报国有资产监督管理机构审核批准的，国有资产监督管理机构的批复文件是证券交易所和中国证券登记结算有限责任公司办理上市公司股份过户手续及工商管理部门办理上市公司章程变更的必备文件。

## 第四节　国有股权转让的裁判标准

### 一、国有股权转让的程序规定

**489. 国有股权转让应当履行哪些程序？**

转让国有股权的整体审批程序如下。

（1）初步审批

转让人就股权转让的数额、交易方式等基本情况制定《转让方案》，申报国有资产主管部门进行审批。国有资产监督管理机构决定所出资企业的国有产权转让。其中，转让企业国有产权致使国家不再拥有控股地位的，应当报本级人民政府批准。

（2）清产核资

由转让人组织进行清产核资（转让所出资企业国有产权导致转让人不再拥有控股地位的，由同级国有资产监督管理机构组织进行清产核资），根据清产核资结果编制资产负债表和资产移交清册。

(3) 审计评估

委托会计师事务所实施全面审计,在清产核资和审计基础上,委托资产评估机构进行资产评估。(评估报告经核准或者备案后作为确定企业国有股权转让价格的参考依据)

(4) 内部决策

国有产权转让应当做好可行性研究,按照内部决策程序进行审议,并形成书面决议。

根据企业性质的不同,内部决策机构也有所不同:

①国有独资企业的产权转让,应当由总经理办公会议审议;

②国有独资公司的产权转让,应当由董事会审议;没有设立董事会的,由总经理办公会议审议;

③国有控股及国有参股公司转让股权,应当按照公司章程的约定由股东(大)会或者董事会进行决议。

如果转让涉及职工合法权益的,应当听取企业职工代表大会的意见,对职工安置等事项应当经职工代表大会讨论通过。

(5) 申请挂牌

选择有资格的产权交易机构,申请上市交易,并提交转让人和被转让企业法人营业执照复印件、转让人和被转让企业国有产权登记证、被转让企业股东会决议、主管部门同意转让股权的批复、法律意见书、审计报告、资产评估报告以及交易所要求提交的其他书面材料。

(6) 签订协议

转让成交后,转让人和受让人签订股权转让合同,由产权交易机构出具产权交易凭证。

(7) 审批备案

转让人将股权转让的相关文字书面材料报国有资产主管部门备案登记。

(8) 产权登记

转让人和受让人凭产权交易机构出具的产权交易凭证以及相应的材料办理产权登记手续。

(9) 变更手续

交易完成,标的企业修改《公司章程》以及股东名册,到工商行政管理部门进行变更登记。

**490. 清产核资应当由谁组织？**

企业国有股权转让事项经批准或者决定后，转让人应当组织转让标的企业按照有关规定开展清产核资，根据清产核资结果编制资产负债表和资产移交清册，并委托会计师事务所实施全面审计。

但是，如果转让所出资企业国有股权导致转让人不再拥有控股地位的，应当由同级国有资产监督管理机构组织进行清产核资，并委托社会中介机构开展相关业务。

**491. 国有股权转让的价格，应当以何为依据？价款支付有何限制？**

应当以核准或者备案后的评估报告作为转让价格确定的参考依据。

在清产核资和审计的基础上，转让人应当委托具有相关资质的资产评估机构依照国家有关规定进行资产评估。

如果在股权交易过程中，当交易价格低于评估结果的90%时，应当暂停交易，在获得相关转让批准机构同意后方可继续进行。

企业国有股权转让的全部价款，受让人应当按照股权转让合同的约定支付。

转让价款原则上应当一次付清。如金额较大、一次付清确有困难的，可以采取分期付款的方式。采取分期付款方式的，受让人首期付款不得低于总价款的30%，并在合同生效之日起5个工作日内支付；其余款项应当提供合法的担保，并应当按同期银行贷款利率向转让人支付延期付款期间利息，付款期限不得超过1年。

**492. 国有股权转让应当如何进行公告？公告期为多少日？公告内容有哪些？**

转让人应当将国有股权转让公告委托产权交易机构刊登在省级以上公开发行的经济或者金融类报刊和产权交易机构的网站上，公开披露有关企业国有股权转让信息，广泛征集受让人。转让公告期为20个工作日。

转让人披露的企业国有股权转让信息应当包括下列内容：

(1) 转让标的的基本情况；
(2) 转让标的企业的股权构成情况；
(3) 转让行为的内部决策及批准情况；
(4) 转让标的企业近期经审计的主要财务指标数据；
(5) 转让标的企业资产评估核准或者备案情况；
(6) 受让人应当具备的基本条件；
(7) 其他需披露的事项。

**493. 国有股权转让经公开征集后,仅有一个受让人应当如何处理?有两个以上受让人拟购买转让股权时应当如何处理?**

经公开征集后只产生一个受让人时,可以采取协议转让的方式转让股权。

经公开征集产生两个以上受让人时,转让人应当与产权交易机构协商,根据转让标的的具体情况采取拍卖或者招投标方式组织实施产权交易。

**494. 企业国有股权转让中,应当于何时办理变动产权登记?**

企业应当自政府有关部门或企业出资人批准、企业股东大会或董事会作出决定之日起30日内,向工商行政管理部门申请变更登记前,向原产权登记机关办理变动产权登记。

**495. 企业办理变动产权登记需要提交哪些材料?**

企业申办变动产权登记应当填写《企业国有资产变动产权登记表》,并提交下列文件、资料:

(1)政府有关部门或出资人的母公司或上级单位的批准文件、企业股东大会或董事会作出的书面决定及出资证明;

(2)修改后的企业章程;

(3)各出资人的企业法人营业执照、经注册会计师审计的或财政部门核定的企业上一年度财务报告和提供保证、定金或设置抵押、质押、留置以及资产被司法机关冻结的相关文件;其中,国有资本出资人还应当提交产权登记证副本;

(4)本企业的《企业法人营业执照》副本、经注册会计师审计的或财政部门核定的企业上一年度财务报告和提供保证、定金或设置抵押、质押、留置以及资产被司法机关冻结的相关文件和企业的产权登记证副本;

(5)经注册会计师审核的验资报告,其中以货币投资的应当附银行进账单;以实物、无形资产投资的应当提交经财政(国有资产管理)部门合规性审核的资产评估报告;

(6)企业发生国有资本额增减变动或企业国有资本出资人发生变动,且出资人是事业单位和社会团体法人的,应当提交《中华人民共和国国有资产产权登记证(行政事业单位)》和出资人上级单位批准的非经营性资产转经营性资产的可行性研究报告;

(7)企业兼并、转让或减少国有资本的,应当提交与债权银行、债权人签订的有关债务保全协议;

(8)经出资人的母公司或上级单位批准的转让国有产权的收入处置情况说明及有关文件;

(9)申办产权登记的申请；

(10)产权登记机关要求提交的其他文件、资料。

**496. 转让国有股权应由哪个机构批准？**

一般情况下，应当由国有资产监督管理机构决定所出资企业的国有产权转让。如转让企业国有产权致使国家不再拥有控股地位的，应当报本级人民政府批准。此外，出资企业应当决定其子企业的国有产权转让。其中，重要子企业的重大国有产权转让事项，应当报同级国有资产监督管理机构会签财政部门后批准。如果涉及政府社会公共管理审批事项的，需预先报经政府部门审批。

**497. 决定或者批准企业国有股权转让，应当审查哪些书面文件？**

审查的书面文件如下：

(1)转让企业国有产权的有关决议文件；

(2)企业国有产权转让方案；

(3)转让人和转让标的企业国有资产产权登记证；

(4)律师事务所出具的法律意见书；

(5)受让人应当具备的基本条件；

(6)批准机构要求的其他文件。

**498. 国有股权转让中转让方案应当包括哪些内容？**

转让方案应当包括如下内容：

(1)转让标的企业国有产权的基本情况；

(2)企业国有产权转让行为的有关论证情况；

(3)转让标的企业涉及的、经企业所在地劳动保障行政部门审核的职工安置方案；

(4)转让标的企业涉及的债权、债务(包括拖欠职工债务)的处理方案；

(5)企业国有产权转让收益处置方案；

(6)企业国有产权转让公告的主要内容；

(7)转让企业国有产权导致转让人不再拥有控股地位的，应当附送经债权金融机构书面同意的相关债权债务协议、职工代表大会审议职工安置方案的决议等。

**499. 如果转让人对国有股权转让的受让人有特殊要求，或在资产重组中拟将股权转让给所控股企业从而拟进行协议转让的，应当由哪个部门进行批准？**

此时应当经省级以上国有资产监督管理机构批准。

**500. 经国有资产监督管理机构批准后,股权转让双方又对转让方案进行调整的,是否还须重新报批?**

如股权转让双方调整转让的股权比例或者有其他重大变化的,如受让人、转让价款的变化等,应当重新报批。

## 二、国有股权转让合同的效力认定

**501. 转让的国有股权未履行批准手续或其他法定程序的,合同效力如何?**

合同应认定为成立但未生效,但在诉讼中办理了相关手续或者履行了其他法定程序的,股权转让合同即发生法律效力。

### 【案例205】国有股转让未获批 百亿市值瞬间蒸发①

**原告:** 陈发树

**被告:** 红塔集团

**诉讼请求:**

1. 确认《股份转让协议》合法有效,判令被告全面继续履行;

2. 确认被告未恰当履行合同义务;

3. 确认被告因违约给原告已经造成和可能造成的损失,判令被告将因拖延本案争议股份过户所获股息11,846,502.16元及其利息和转增股份19,744,173.6股赔偿给原告。

**争议焦点:**

1.《股份转让协议》签订后至审批完成期间,股价大幅升值是否可视为"国有资产流失";

2. 转让国有股权应由谁审批。

**基本案情:**

2009年,根据国家烟草局对烟草行业提出的回归主业的政策要求,被告作出了将其持有的6581.39万股云南白药股权转让的决定。

2009年1月4日,作为被告国资监管机构的烟草总公司作出了《关于云南红塔集团转让持有的云南白药集团股份有限公司股份事项的批复》(中烟办〔2009〕9号),同意被告转让其持有的云南白药股权,股份转让完成后7个工作日内报烟草总公司备案。随即,被告将拟转让股权的消息对外发布。

---

① 参见经济观察网 http://www.eeo.com.cn/2013/0511/243944.shtml,2014年1月15日访问。

经公开征集受让方,2009年9月10日,原告与被告签署了《股份转让协议》,双方约定原告以33.54元/股的价格,购买被告持有的6581.39万股(占当时总股本的12.32%),股权转让总价达22.08亿元。

根据《股份转让协议》约定,原告应在转让协议生效之日起5个工作日内一次性以货币方式全部支付给被告。此外,协议第26条显示:"如本协议得不到相关有权国有资产监督管理机构的批准,甲方(被告)应及时通知乙方(原告),并将乙方支付的全部款项不计利息退还给乙方,甲乙双方互不承担违约责任,且本协议自乙方收到甲方退还的全部款项之日起解除。"

2009年9月16日,原告按照合同约定,将22.08亿元的股权转让款全部支付给被告。其后,被告未公开披露股份转让信息,也未办理股权转让变更手续。

2011年4月27日,原告向被告出具《办理股份过户登记催促函》。

2011年5月10日,被告出具《回函》称,本次股份转让事宜必须获得有权国资监管机构的批准后方能实施,公司积极向上级主管机构进行了相关报批工作,现并未收到任何书面批复意见。

2012年1月17日,中国烟草总公司批复,"为确保国有资产保值增值,防止国有资产流失,不同意本次股份转让。"(中烟办〔2012〕7号)

2012年1月19日,被告告知原告,由于未能获得国资监管机构的批准,被告与原告间关于云南白药的股权转让合同将按约定解除,而原告付出两年半的22.08亿元股权转让款将被无息退回。

截至2013年12月5日,争议股票的市值已涨至88.5亿元。

**原告诉称:**

《股份转让协议》签订后,被告一直未按规定对外披露股份转让信息,始终未主动向原告通报转让协议的报批及审批情况,并一直以"尚未收到办理股份过户所需国有资产监督管理机构的书面批复意见"为由,未办理股权转让变更手续。被告的行为严重损害了原告的合法权益,对原告造成了极大损失,请求法院支持原告的诉讼请求。

**被告辩称:**

被告早在2009年12月2日就已经向烟草总公司上报了请求批转该股权转让的书面请示,烟草总公司一直未就该事项进行批复非被告原因所致,被告已依据合同履行了其所有的合同义务,请求法院驳回原告的诉讼请求。

**一审认为:**

《股权转让协议》合法有效,但根据《股份转让协议》第30条"本协议自签订之日起生效,但须获得有权国有资产监督管理机构的批准同意后方能实施"的约定,本案的股份转让只有在获得有权国有资产监督管理机构批准同意后方能实施,但目前,本案的《股份转让协议》并未获得有权国有资产监督管理机构的批准,因此,对原告诉请判令被告继续全面履行该《股份转让协议》的请求,本院不予支持。

**一审判决:**

1. 原告与被告2009年9月10日签订的《股份转让协议》合法有效;
2. 驳回原告的其他诉讼请求。

原告不服一审判决,向上级人民法院提起上诉。

**原告上诉称:**

1. 股权转让不会造成国有资产流失。

在股权转让中,正常的市场波动不能被认作国资流失,因为股价上升或下降属于资本市场正常情况,签订协议时谁也无法准确预判股份的变动情况。股价上涨是造成中烟总公司最终否决交易的根本原因,同时中烟也以流失为借口,逃避该负的法律责任。

2. 本案审批主管部门应为财政部,烟草总公司无权批准。

2004年6月14日,财政部发布的《财政部关于烟草行业国有资产管理若干问题的意见》中对中烟总公司下属企业的产权转让有具体规定:"中国烟草总公司所属烟草单位向非烟草单位的产权转让,业主评估价值在1亿元以上、多种经营在2亿元以上的,由各单位逐级上报到中国烟草总公司,由中国烟草总公司报财政部审批。"

本案股权交易标的金额超过22亿元,有权审批本案所涉及股权转让的国有资产监督管理机构是财政部,而不是中国烟草总公司。

一审判决是以未经财政部批准不能过户为由驳回原告将过户申请报送财政部的诉讼请求,判非所请;是无视被告的合同义务将过户申请报送财政部,将被告与其母公司之间的内部报批行为视为履约,混淆概念。

3. 被告未履行报送财政部审核批准的合同义务。

无论根据合同约定还是暂行办法的规定,本案股份转让只有得到财政部批准之后才能实施(办理股份过户手续)。因此,对原告诉请判令被告继续全面履行合同的诉讼请求,只能理解为要求被告及时将股份转让申请报送到财政部审核批准,而不是立即将股份过户到原告名下。一审判决错误地理解原告的一审诉讼请求,混淆了原告诉请判令被告全面继续履行合同义务中"履行合同所有报批手续"和"批准后配合办理股份过户手续"两个不同义务,按其错误理解"全面继续履行合同"就是"配合办理股份过户手续",而"本案的《股份转让协议》并未获得有权国有资产监督管理机构的批准",据此判决驳回原告诉请判令被告"履行合同所有报批手续"的义务(将本案《股份转让协议》报送财政部审核批准)的诉讼请求,实属判非所请。

综上,请求法院:

(1)维持原判决第一项,即原告与被告2009年9月10日签订的《股份转让协议》合法有效;

(2)改判被告继续全面履行其与原告2009年9月10日签订的《股份转让协议》,立即采取有效措施,就本案股份转让事项报送至财政部审批;

(3)改判确认被告因违约给原告已经造成的和可能继续造成的损失,判令其将违约所得的股息11,846,504.16元及其利息和转增股份19,744,173.6股赔偿给原告,并且赔偿截至争议股份过户时原告因此继续遭受的其他损失,包括针对争议股份(含已转增股份)继续发生的利润分配、派送红股、资本公积金转增股份等权益损失,以及争议股份过户时可能发生的贬值价差损失(截至2011年12月8日上午10点,总损失以当时每股58.45元计,共计1,165,893,450元)。

**被告二审辩称:**

按照《企业国有产权转让管理暂行办法》第9条,财政部可以授权所出资企业制定所属企业的国有产权转让管理办法,因此中国烟草总公司具有否决此次股权转让的权力。

虽然国有资产监管机关需要财政部批,但前提是上级主管单位说需要过户才需要批。如果上级主管单位说不过户了,那就不需要财政部批。他们自己的上级主管单位就可以批了。

此外,中烟总公司与原告之间没有任何合同关系,其在这笔交易中没有任何过失行为,它只是在履行保护国有资产的股东行为,而不是行政行为。

**本案审理过程中,原告请求追加中烟总公司、云南中烟公司及红塔烟草集团有限责任公司为第三人,针对原告的请求,法院处理如下:**

本案当事人因2009年9月10日《股权转让协议》的履行而发生的合同纠纷,该协议的双方当事人为被告及原告,中烟总公司、云南中烟公司及红塔烟草集团有限责任公司并不是该协议的当事人,且《股权转让协议》也为约定三单位的权力义务。而该三单位对《股份转让协议》的审判则属于按照相关法律法规的规定行使国有资产出资人的权利和履行相应国有资产监管职责的行为,与本案当事人争议的合同纠纷属于不同行的法律关系。因此,对于该追加申请不予准许。

**案件进展:**

继2013年4月27日最高院二审第一次开庭后,2013年12月5日,最高人民法院再次开庭审理该案。该案历时2年多,涉及标的已从最初的22亿元升至最高时近百亿元,堪称国内迄今为止最大的股权纠纷案。

庭审当天,法院组织进行调解,被告表示愿意退还原告的22亿元本金和利息,但其强调,利息部分是"补偿"而非"赔偿",也就是说,其只接受在没有任何法律责任范围内的和解,对此,原告表示完全不能接受。原告认为,其已经作出了让步,对云南白药股权从签订股权转让协议至今的增值部分,过去要求是原告拿70%,被告拿30%,这次原告的调解方案为一家一半,对此被告也表示无法接受。2014年7月24日,最高人民法院作出终审判决,云南红塔集团有限公司应返还陈发树22亿元人民币本金及利息,陈发树的其他诉讼请求被驳回。

**502. 如内部决策程序有瑕疵,股权转让协议效力如何认定?善意受让人能否适用善意取得制度?**

如国有股权转让前未经过内部程序决策,或决策存在瑕疵时,国有资产监督管理机构一旦发现,将要求转让人终止产权转让活动,同时可以向人民法院提起诉讼,请求确认转让行为无效。

由于国有股权的内部决策程序属于公开文件,并牵涉到国家、社会的公共利益,因此,如果股权转让的受让人未对内部决策书面文件提出审查要求,则不能适用善意取得制度。如果受让人提出进行审查,但在尽到充分的注意义务后仍未能发现决议瑕疵的,仍可适用善意取得。

**503. 签订国有股权转让合同后,未对股权价值进行评估的,该股权转让行为效力如何确定?诉讼过程中应如何处理?**

对该问题应当分情况讨论:

(1)如转让双方恶意串通,逃避法定的评估程序,或隐匿应评估财产的,应当认定股权转让行为无效;

(2)若国有企业的经营者擅自越权,对应纳入评估范围的财产未履行评估程序,甚至未依法报国有资产监督管理机构审批的,应当认定为无权处分行为,合同效力待定;

(3)如国有股权转让已向管理机构报批,但由于非主观原因导致部分资产未履行评估程序的,导致受让人以过低的价格受让股权,则应当认定合同显失公平,国有股权转让单位可在1年时间内行使撤销权撤销合同,或主张增加股权转让价款。

在具体实践中,为维护交易效率及诉讼效率,借鉴《公司法》司法解释的最新立法精神,如国有股权未经评估引起纠纷的,人民法院应委托中介机构进行评估;如合同约定的转让价格显著低于评估价值的,以评估价值确定股权转让的价格。

**【案例206】未经批准、评估转让国有股权被认定无效**[①]

**原告**:海南公司

**被告**:南宁公司

**诉讼请求**:判令被告全面履行《股份转让协议》,并赔偿损失。

**争议焦点**:

1. 国有企业股权转让是否需要有关部门审批;联审办是否具有审批权限,其关于同意股权转让的批文是否有效;

2. 《股份转让协议》因未经审批而无效,转让方应当承担何种责任。

**基本案情**:

1996年5月15日,原告与被告原法定代表人张坚签订《股份转让协议》。该协议约定:被告将其在中磊公司的全部51%股权以590万元一次性转让给原告,被告从此退出中磊公司;原告接受被告提出的转股价格,并接替被告承担作为中磊公司股东所应承担的一切权利义务,包括债权债务和双方确认移交的合同等文件中所载明的责任。原告应在协议签订后即付100万元作为保证金,在被告办理完中磊公司移交手续并获政府批准后,一次性付清余款;被告则应于协议签字后,委托审计师事务所对中磊公司进行清产核资和交接工作,双方应尽最大努力在协议签字后15日内完成;如被告未能协助原告办理需政府有关部门审批的各项文件,应退还原告已付订金100万元,支付违约金300万元;如原告未能在双方商定的时限内如期支付应付的款项,被告不退还原告已付资金,同时扣除违约金300万元。协议签订后,中磊公司董事会于当日作出决定,同意被告将其在中磊公司的投资金额转让给原告。

1996年6月14日,联审办批准被告与原告股权转让,并同意中磊公司新的董

---

[①] 参见海南国际租赁有限公司诉南宁新兴房地产公司股权转让纠纷案,广西壮族自治区南宁市中级人民法院审理。

事会名单。嗣后,由于被告与其主管部门企业管理局的内部关系尚存在争议,联审办于1996年6月25日通知中磊公司收回其此前批文,并声明:在被告与企业局理顺关系之前,暂不进行中磊公司中方的变更。

1996年7月3日,被告的主管部门企业局致函原告声明:联审办已撤销此前批文,希望其立即停止转让合同的执行,否则造成的一切后果,概不负责。原告在7月23日出具了收到此函件的收据,并于同日支付100万元保证金给被告。

1996年8月23日,联审办又同意被告退出中磊公司,并要求按《中外合资经营企业法实施条例》的规定办理有关中方退出手续;同时要求原告与合营外方合资经营中磊公司的具体事宜,按规定办理审批及工商登记手续。

1996年9月5日,原告在工商行政管理局办理了中磊公司的中方合营者董事长及公司住所地等变更手续。

1996年11月25日,原告向被告支付180万元转让金。由于被告没有将其在中磊公司的债权债务资料及有关财务手续移交给原告,原告曾多次去函去电,要求被告履行合同规定的义务。被告则以其原法定代表人张坚擅自转让其在中磊公司的国有资产,违反国家关于国有资产管理有关法律规定,转让无效为理由,拒绝移交有关债权债务,遂引起纠纷。

**原告诉称:**

原告与被告签订《股份转让协议》后,已按协议的规定向被告支付了全部转让金280万元,转让协议已获联审办批准,并依法向工商部门办理了变更登记手续。但被告迟迟不将其在中磊公司的有关资料和手续移交本公司,造成本公司无法开展正常经营活动,蒙受巨大经济损失。

**被告辩称:**

被告性质属军办国有企业,被告在中磊公司的全部股份属国有资产,按国务院有关国有资产管理的规定,转让国有资产必须报主管部门批准并必须对转让的国有资产进行评估,但被告原法定代表人在其已被主管部门免职,转让的国有资产未进行评估和经主管部门批准情况下,与原告签订了转让协议,应是无效的。联审办是地方政府设立的引进外资的临时机构,没有国有资产管理职能,其下发的批文不属股权转让的规范性文件。故请求确认转让协议无效,驳回原告的诉讼请求。

**律师观点:**

原、被告于1996年5月15日签订的《股份转让协议》,因事先未经转让人主管部门同意及报请国有资产管理部门的审核评估,违反国务院关于国有企业产权交易管理的有关规定,协议无效。原告以转让已经联审办同意为由,主张转让有效,因该文不属于批准股权转让的实质性文件,不能作为原、被告转让国有资产的依据,故原告的主张理由不能成立。造成协议无效的主要原因在被告,被告应将其依协议取得的原告的保证金及转让费退还给原告,并按银行贷款利率承担占用原告上述款项期间的利息。

**法院判决:**

1. 驳回原告的诉讼请求;

2. 被告应于判决生效后10日内返还原告保证金100万元和转让金180万元及其利息。

**504. 如何进行国有资产转让评估?**

国有资产转让评估的相关要求如下。

(1)评估范围

国有资产评估范围包括:固定资产、流动资产、无形资产和其他资产。

(2)评估程序

国有资产评估的程序应包括申请立项、资产清查、评定估算、验证确认、异议程序五个步骤。

①申请立项

a. 国有资产的占有单位,在经过其主管部门审查同意后,向同级国有资产管理部门提交资产评估立项申请书,并附财产目录和有关会计报表等资料。

b. 在经国有资产管理部门授权后,国有资产占有单位的主管部门可以审批资产评估立项申请。

c. 收到立项申请书之日起10日内,国有资产管理部门将进行审核,并作出是否准予资产评估立项的决定,并通知申请单位及其主管部门。如果国务院决定对全国或者特定行业进行国有资产评估的,应视为已经准予资产评估立项。

②资产清查

a. 申请的单位在收到准予资产评估立项通知书后,可以委托资产评估机构评估资产。

b. 国有资产占有单位委托的资产评估机构应当在对委托单位的资产、债权、债务进行全面清查的基础上,核实资产账面与实际是否相符,经营成果是否真实,据以作出鉴定。

③评定估算

受国有资产占有单位委托的资产评估机构应当对委托单位被评估资产的价值进行评定和估算,并向委托单位提出资产评估结果报告书。

④验证确认

a. 委托单位收到资产评估机构的资产评估结果报告书后,应当报其主管部门审查。主管部门审查同意后,报同级国有资产管理部门确认资产评估结果。

b. 经国有资产管理部门授权或者委托,占有单位的主管部门可以确认资产评估结果。

c. 国有资产管理部门应当自收到占有单位报送的资产评估结果报告书之日起45日内组织审核、验证、协商,确认资产评估结果,并下达确认通知书。

⑤异议程序

a. 占有单位对确认通知书有异议的,可以自收到通知书之日起15日内向上一级国有资产管理部门申请复核。上一级国有资产管理部门应当自收到复核申请之日起30日内作出裁定,并下达裁定通知书。

b. 占有单位收到确认通知书或者裁定通知书后,应当根据国家有关财务、会计制度进行账务处理。

**505. 如国有股权转让后,受让人不依照双方约定的职工安置方案履行合同,国有股权的转让人可否主张合同无效?**

不能。

虽然我国关于国有股权转让的司法文件中将转让人、转让标的企业未按规定妥善安置职工、接续社会保险关系、处理拖欠职工各项债务以及未补缴欠缴的各项社会保险费,侵害职工合法权益列为使合同无效的行为,但是由于该法律文件本身既非法律亦非行政法规,故因此直接认定股权转让合同无效缺乏法律依据。

但实践中,转让人可依据股权转让合同向受让人主张违约责任、要求损害赔偿或解除合同。事实上,通过合同主张违约责任或赔偿责任往往较确定合同无效能起到更好的效果。

**506. 国有股权转让未进场交易,合同效力如何确定?**

应当认定合同无效。

国务院国有资产监督管理机构可以制定企业国有资产监督管理的规章、制度。企业国有产权转让应当在依法设立的产权交易机构中公开进行,企业国有产权转让可以采取拍卖、招投标、协议转让等方式进行。企业未按照上述规定在依法设立的产权交易机构中公开进行企业国有产权转让,而是进行场外交易的,其交易行为违反公开、公平、公正的交易原则,损害社会公共利益,应依法认定其交易行为无效。

### 【案例207】国有股权转让未进场交易　合同无效①

**原告:** 巴菲特公司

**被告:** 自来水公司

**第三人:** 金槌拍卖公司、上海水务公司

**诉讼请求:** 判令被告履行《光大银行法人股股权转让协议》,将16,985,320股光大银行国有法人股转让给原告。

**争议焦点:** 未履行国有产权交易程序,但通过拍卖公司拍卖的国有股权是否有效。

**基本案情:**

被告于2006年12月26日召开董事会会议并形成决议,载明:被告持有的16,985,320股光大银行法人股,经财瑞资产评估公司评估并报国资委备案,截至2005年5月31日价值为28,365,484.40元。为规避该笔投资可能带来的风险,使公司有足够现金获得发展,自即日起,公司全权委托第三人上海水务公司办理转让该笔投资有关事宜,委托期限3个月。转让结束,公司完全收回该笔投资,高于或低于此价部分完全由上海水务公司承担。

2007年1月24日,第三人上海水务公司就被告名下的16,985,320股光大银行法人股,以委托人身份与第三人金槌拍卖公司签订委托拍卖合同,合同载明委托人对拍卖标的拥有完全的处分权。同年2月6日,第三人金槌拍卖公司对上述股权进行了拍卖,并由原告以最高价买受。拍卖成交确认书载明的拍卖单价为3.1元,成交总价为52,654,492元。2月12日,原告向第三人金槌拍卖公司交付全部拍卖佣金2,632,724.6元;原告通过金槌拍卖公司向第三人上海水务公司交付全部股权款52,654,492元。

根据拍卖结果,第三人上海水务公司与原告于2007年2月12日签订《光大银行法人股股权转让协议》一份。该协议载明:上述股权的合法股东系被告,出让方保证其有权转让本协议项下的股权,并已取得转让股权所必需的全部授权;出让方应在本协议签订之日起及受让方向出让方提交了为受让上述股权所需的全

---

① 参见巴菲特公司诉上海自来水投资建设有限公司股权转让纠纷,上海市高级人民法院审理。

部文件起 5 个工作日内,向光大银行董事会办公室提交股权转让所有资料,办妥股权转让申请手续。

2007 年 2 月 15 日,中国水务公司致函被告,认为系争股权处置应由股东会决定,要求设法中止股权交易。同日,中国水务公司致函第三人上海水务公司,希望不转让股权。3 月 1 日,被告向光大银行发出《关于中止股权变更有关事宜的函》称:"先前因公司改制需委托第三人上海水务公司办理股权变更有关事宜,目前由于情况发生变化,我公司尚未递交转让方股权转让申请,根据我公司上级主管机构的意见,决定中止我公司光大银行股权变更手续。"3 月 8 日,第三人上海水务公司向被告发出《关于光大银行股权转让有关事宜的告知函》,认为被告向光大银行出具的中止函违背董事会决议,将造成国有资产巨大损失,要求被告立即撤销"中止函"。4 月 18 日,第三人上海水务公司向光大银行董事会发出《关于尽快办理光大银行股权过户手续的函》。4 月 19 日,原告向光大银行发出《要求尽快办理股权过户手续的函》。4 月 23 日,光大银行董事会办公室致函原告,要求补齐股权过户的相关文件(股东单位的股权转让申请函)。

2007 年 9 月 15 日,被告股东会决议载明:各股东一致同意,从公司利益出发,继续保留光大银行法人股股权,并一致对外。该决议由中国水务公司、第三人上海水务公司等三方现有股东代表签字。同年 11 月 30 日,被告致函原告称:第三人上海水务公司无权处分我司财产,第三人上海水务公司与原告签订的股权转让协议不予追认。被告同时致函第三人上海水务公司称:立即采取补救措施,撤销与原告签署的股权转让协议;对第三人上海水务公司将我司董事会决议泄露给拍卖公司、原告的行为保留赔偿请求权。原告以被告不予办理股权变更手续为由,诉请被告履行《光大银行法人股股权转让协议》。

**原告诉称:**

《股权转让协议》合法有效,被告应根据约定完成股权转让。

**被告辩称:**

第三人上海水务公司无权处分我司财产,第三人上海水务公司与原告签订的股权转让协议不予追认。

讼争股权为国有产权,应当在依法评估后进场交易,而不能擅自拍卖。

被告反诉请求:确认股权转让协议无效。

**律师观点:**

第三人上海水务公司虽然取得被告的授权,可以代理自来水公司转让讼争股权,但在实施转让行为时,应当按照国家法律和行政规章所规定的程序和方式进行。讼争股权的性质为国有法人股,其无疑是属于企业国有资产的范畴。对于企业国有资产的转让程序和方式,国务院、省级地方政府及国有资产监管机构均有相应的规定。根据《企业国有产权转让管理暂行办法》第4条、5条的规定,企业国有产权转让应当在依法设立的产权交易机构中公开进行,企业国有产权转让可以采取拍卖、招投标、协议转让等方式进行。根据《上海市产权交易市场管理办法》的规定,本市所辖国有产权的交易应当在产权交易市场进行,根据产权交易标的的具体情况采取拍卖、招标或竞价方式确定受让人和受让价格。规定企业国有产权转让应当进场交易的目的,在于通过严格规范的程序保证交易的公开、公平、公正,最大限度地防止国有资产流失,避免国家利益、社会公共利益受损。

《企业国有产权转让管理暂行办法》《上海市产权交易市场管理办法》的上述规定,符合上位法的精神,不违背上位法的具体规定,应当在企业国有资产转让过程中贯彻实施。本案中,第三人上海水务公司在接受被告委托转让讼争股权时,未依照国家的上述规定处置,擅自委托第三人金槌拍卖公司拍卖,并在拍卖后与原告订立股权转让协议,其行为不具合法性。被告认为第三人上海水务公司违法实施讼争股权的拍卖,并依拍卖结果与原告订立的股权转让协议无效的观点成立。

**法院判决:**

1. 确认原告与第三人上海水务公司于2007年2月12日签订的《光大银行法人股股权转让协议》无效;

2. 对原告的诉讼请求不予支持。

### 三、国有股权拍卖的特殊规定

**507. 国有股权进场交易时,如采用拍卖程序转让股权,则其他股东的优先购买权如何行使?**

我国关于国有产权转让相关法律法规及《公司法》等均未对此作出明确规定,这也是《公司法》制度与《拍卖法》制度的矛盾之处,既要保护拍卖中"价高者得"的公信力,同时又不宜损害其他股东的优先购买权。

笔者认为,实践中应当在拍卖前告知所有竞买人,当以最高价成交时其他股东可以同等价格行使优先购买权,如全体竞买人不持异议,则进入拍卖程序,其他股东可以最后的拍卖最高价行使优先购买权。

**508. 国有股权被强制拍卖时,其拍卖是否必须确定保留价?保留价应当如何确定?如拍卖最高价未到达保留价应如何处理?**

我国仅对上市公司的国有股强制拍卖进行了规定。

(1)国有股拍卖必须确定保留价,保留价应按评估价格确定;

(2)确定的评估结果应当在股权拍卖前报财政部备案。国有股东授权的代表单位属地方管理的,同时抄报省级财政机关。对国有股拍卖的保留价,有关当事人或知情人应当严格保密。

如果第一次拍卖最高价未达到保留价时,应当继续进行拍卖,每次拍卖的保留价应当不低于前次保留价的90%。经3次拍卖仍不能成交时,人民法院应当将所拍卖的股权按第3次拍卖的保留价折价抵偿给债权人。

为提高交易效率,人民法院可以在每次拍卖未成交后主持调解,将所拍卖的股权参照该次拍卖保留价折价抵偿给债权人。

**509. 如国有资产监督管理部门怠于履行或拒绝履行职责,哪个部门可以代替国有资产监督管理部门成为代表国家提起股权转让纠纷诉讼的主体?**

对此,我国法律法规并无明确规定,但笔者认为应当由检察机关代为提起诉讼。检察机关是我国的法律监督机关,当国家利益无人代表时,检察机关应代表国家,维护国家利益。

### 四、国有创业投资企业股权投资的退出

**510. 国有创业投资企业是否可以协议方式转让股权?**

是的。国有创业投资企业转让股权必须经过联交所的严格审查,但不同于一般国有股权转让,国有创业投资企业的股权转让可以事前约定转让条件。

**511. 国有创业投资企业与其他股东事前约定股权转让条件应注意哪些问题?**

对股权退出有特殊要求的,应在公司章程中明确条件,并在投资协议中对转让方式、转让条件、转让价格、转让对象等一项或若干项进行事前约定。事前约定股权转让事项的,在国有创业投资企业决定后,应通过第一大股东逐级上报出资监管企业或区(县)国资委备案后方可实施。国有股东并列第一大股东的,由股东协商后确定上报主体。

**512. 国有创业投资企业对股权转让的事前约定应当怎样办理备案手续?**

国有创业投资企业应当提供如下文件申请备案:

(1)《创投项目投资备案登记申请书》;

(2)市发改委出具的《备案通知》和有效期内的《年检通过通知》；

(3)出资监管企业或区(县)国资委出具的备案材料；

(4)投资协议(包含退出投资时的转让方式、转让条件、转让价格、转让对象等事项)；

(5)国有创投企业的主体资格文件；

(6)被投资企业的主体资格文件、章程；

(7)被投资企业最近一期财务报表；

(8)联交所要求的其他材料。

国有创业投资企业提交上述材料后，出资监管企业或区(县)国资委将进行初审和复审：

初审对材料的合规性进行初步审核。对材料数据准确性、文件形式合规性负责，并对备案情况、主体资格等提出初步审核意见。

复审负责对初审人员的意见进行核实和确认，并对材料的合规性进行全面审核。对备案情况、主体资格等对外出具审核意见。

出资监管企业或区(县)国资委审核通过后进行备案，并每半年将备案情况向市发展改革委和市国资委报告。

**513. 国有创业投资企业股权转让应当遵循怎样的决策程序？**

国有创业投资企业转让股权的，应当由国有创业投资企业股东会、董事会、投资决策委员会依照章程或内部其他规定进行决定，对股权转让项目的转让方式、转让价格、价款收取等重要事项进行审议并作出书面决议。

如果投资协议中对转让事项事前约定并按规定履行备案的，可按事前约定依法决策。如果没有事前约定的，应当以独立的具备相关资质的中介机构出具的估值报告为依据定价。

**514. 国有创业投资企业转让股权如何报批？如何审批？**

国有创业投资企业股权转让应当在联交所公开进行。

符合事前约定实施转让的，提交如下材料：

(1)产权交易申请书；

(2)联交所出具的投资备案登记单；

(3)市发改委出具的有效期内的《年检通过通知》；

(4)国有创业投资企业的主体资格文件、章程、内部决策文件；

(5)被投资企业的主体资格文件、章程、内部决策文件；

(6)受让方的主体资格文件、章程、内部决策文件(自然人只需提供身份证明)；

(7)估值报告(未对股权转让价格事前约定的提供);

(8)产权交易合同;

(9)联交所要求的其他材料。

审批程序同样包括初审和复审,两次审查的模式与备案审查基本一致。

由于目前尚处在制度试行阶段,投资备案登记暂不收费,但股权转让交易的收费参照审批协议转让的收费标准执行。

对于没有事前约定,或约定不明的,应按照正常国有股权转让的程序进行交易。

### 515. 何为创业投资引导基金?

创业投资引导基金(以下简称引导基金)是指由市政府设立并按照市场化方式运作的政策性基金。引导基金主要是发挥财政资金的杠杆放大效应,引导民间资金投向重点发展的产业领域,特别是战略性新兴产业,并主要投资于处于种子期、成长期等创业早中期的创业企业,促进优质创业资本、项目、技术和人才集聚。

引导基金投资运作可采用参股创业投资企业和跟进投资等方式。

### 516. 引导基金形成的股权应如何退出?

如何退出问题,各地的处理方式有所不同。上海地区,区分股权形成的方式不同,引导基金转让方式及转让价格具体如下:

(1)引导基金参股创业投资企业形成的股权,在有受让人的情况下可随时退出。自引导基金投入后4年内转让的,转让价格可按照引导基金原始投资额与股权转让时人民银行公布同期的存款基准利率计算的收益之和确定;超过4年的,转让价格以市场化方式协商确定。

(2)引导基金跟进投资形成的股权,可由作为受托人的创业投资企业约定回购,转让价格以市场化方式协商确定。

(3)向引导基金扶持的创业投资企业股东以外的投资人转让股权,或向受托创业投资企业以外的投资者转让被跟进投资企业股权的,按照公共财政的原则和引导基金运作要求,确定退出方式和退出价格,经引导基金理事会同意或授权,可按照市场价格直接向特定对象转让。

北京地区规定如下:

(1)引导基金在参股创投企业稳定运营后,可通过下列途径完成退出,以实现引导基金的良性循环:

①将股权优先转让给其他股东;

②公开转让股权;

③参股创投企业到期后清算退出。

(2)参股创投企业应当在《投资人协议》和《企业章程》中明确下列事项：

①在有受让方的情况下,引导基金可以随时退出；

②参股创投企业的其他股东不先于引导基金退出。

(3)参股创投企业其他股东或投资者自引导基金投入后3年内购买引导基金在参股创投企业中的股权的,转让价格参照引导基金原始投资额；

(4)超过3年的,转让价格参照引导基金原始投资额与按照转让时中国人民银行公布的1年期贷款基准利率计算的收益之和。

## 第五节 外商投资企业股权转让的裁判标准

### 一、外商投资企业股权转让合同的效力

**517. 外商投资企业的股权转让合同何时生效？**

外商投资的股权转让合同应当经外商投资企业审批机关批准后才生效,未经批准的,该合同成立但未生效,合同当事人也不得请求确认该合同无效。

由于合同虽未生效,但已成立,故对于合同当事人应当产生约束力,未报批也就不应当影响报批条款的履行及相应违约条款的履行。

**【案例208】未经批准 外资股权转让合同已成立但未生效**[①]

**原告**:仙源公司

**被告**:中鑫公司、远兴公司、理财公司

**诉讼请求**：

1. 三被告立即办理将被告中鑫公司所持有的被告远兴公司28.5%的权益变更至原告名下的工商登记变更手续；

2. 被告中鑫公司按每天1‰的标准支付逾期履行违约金至办理工商登记变更手续之日。

**争议焦点**：

1.《股权转让及项目合作合同》是股权转让合同还是借款合同；

2. 未经审批的合同是否具有效力,对合同当事人是否有约束力；

---

① 参见最高人民法院(2009)民申字第1068号民事判决书。

**3. 经批准才生效的合同,有义务办理审批手续的当事人不履行义务的,法院如何处理。**

**基本案情：**

被告远兴公司系中外(香港)合作经营房地产开发有限责任公司。其成立时合作双方分别为二轻房产和香港卓康。

2007年1月9日,二轻房产、香港卓康、被告中鑫公司、被告理财公司,在产交所的见证下签订了一份《出资额及权益转让合同》。合同称,鉴于二轻房产作为被告远兴公司的中方出资人,香港卓康作为外方出资人,基于其所投入的注册资金和土地使用权等合作条件而分别取得标的公司"环球大厦"项目建成后二轻房产占40%、香港卓康占60%建筑面积的分配权利,被告中鑫公司、被告理财公司愿意受让二轻房产、香港卓康两方对标的公司的全部出资额及权益,并同意按照法律规定和合同约定履行义务;转让标的为被告远兴公司中外合作双方全部出资额与权益及其在被告远兴公司的章程和合作合同及其相应修改文件项下的全部权利和义务;转让价格为8500万元,被告中鑫公司、被告理财公司同意于合同签订后20日内付清该款,其中合同签订后10日内付清该款的50%,即人民币4250万元;为保证交易的顺利进行,合同4方特委托产交所对交易资金进行监管结算,被告中鑫公司、被告理财公司应按照约定时间将应付款划入产交所的监管账户;除支付转让价款外,被告中鑫公司、被告理财公司还须承担标的公司的债务250万元和支付之前由香港卓康垫支的标的公司档案保证金和市政管理费,合计人民币76.8万元;企业移交日(被告中鑫公司、被告理财公司付清款后3个工作日内,由产交所组织合同4方办理企业移交手续之日)到产权交割日(标的公司在工商登记机关登记变更出资人之日)期间,受让方对标的公司的管理和安全负责,标的公司的公章(包括但不限于公章、合同章和财务章)暂交产交所保管;产权交割日起3个工作日内,产交所及二轻房产、香港卓康结束对标的公司的监管,并向被告中鑫公司、被告理财公司移交公章和证照等。此外,合同还就转让的其他条件、职工安置、资产、债权债务和所有者权益的处理等问题作了约定。

2007年4月28日,被告中鑫公司为股权出让方,原告为股权受让方,被告理财公司为项目合作方共同签订《股权转让及项目合作合同》,称被告中鑫公司和被告理财公司经产交所在公开市场合法竞拍获得被告远兴公司100%的股权,被告中鑫公司与被告理财公司共同支付该拍卖款项人民币4280万元,出现资金缺口人民币4591.8万元,经三方协商一致同意实行股权转让,原告受让被告中鑫公司所占28.5%的被告远兴公司股份,形成新的被告远兴公司股权结构,即原告占被告远兴公司28.5%股权,被告中鑫公司占11.5%股权,被告理财公司占60%股权;由于被告中鑫公司、被告理财公司转让标的时出现资金缺口,为了能从产交所将全部股权过户到被告中鑫公司、被告理财公司,原告代被告中鑫公司一次性垫付人民币4300万元,并作为原告受让被告中鑫公司28.5%股权的对价,该笔资金由被告中鑫公司及被告理财公司的股权作质押担保并将有关房地产项目的有关证照原件交给原告作为履约的另一保证,待过户完毕后3日内,被告中鑫公司、原告、被告理财公司三方另行签订《股权转让协议》并到市工商行政部门办理股权变更手续,上述质押同时解除;被告中鑫公司、被告理财公司双方保证公司及项目用地手续的合法性和产权的清晰性,负责对该项目用地手续及产权纠纷所引起的一切责任;被告中鑫公司、被告理财公司应在被告远兴公司产权交易完成后,将被告中鑫公司所占的28.5%股权转让给原告,并负责将被告中鑫公司的股权转让到原告名下;被告中鑫公司、被告理财公司应在本合同签订后20日内完成被告远兴公司的整体股权变更手续,以保证被告中鑫公司与原告的股权转让行为得以尽快履行;被告中鑫公司、原告、被告理财公司三方按约定完成本次股权转让的全部法律文件,并到市工商行政部门办理股权变更手续,由原告根据有关法律及被告远兴公司章程的规定,按照其所受让的股权比例享有权利并承担相应的义务;若被告中鑫公司、被告理财公司不能按约定完成原告办理股权转让的全部法律手续,视为被告中鑫公司、被告理财公司违约,被告中鑫公司无条件退还原告投资款并承担原告出资总额每天1%的违约金,并赔偿原告由此遭受的一切直接和间接损失,而原告在该公司中占有被告中鑫公司股份自动转归被告中鑫公司所有;原告、被告理财公司办理银行贷款后,根据贷款发放金额人民币1亿元,按原告占45%的比例及被告理财公司股东占55%的比例归还投资款项,具体返还金额为被告中鑫公司不少于人民币3000万元,原告不少于人民币2500万元,余款留作开发项目之用;项目验收完工后,原告按成本单价5900元/平方米的价格分享建筑面积11,000平方米,包括商业2000平方米、写字楼9000平方米;被告中鑫公司、原告双方任何一方未履行约定的权利及义务时,均为违约,守约方有权追究违约方的责任,违约方须赔偿守约方的一切经济损失;若被告中鑫公司在本合同签订并实施后未使原告与被告中鑫公司签订股份转让协议的,原告有权单方终止本合同并追究被告中鑫公司、被告理财公司经济责任;若原告不能按本合同约定投入投资款的,被告中鑫公司有权单方终止本合同及股份转让协议;与本合同有效性、履行、违约及解除等有关争议,各方应友好协商解决,如果协商不成,可向原告所在地人民法院提起诉讼。

次日,被告中鑫公司、原告和被告理财公司还与3名案外人肖雨田、梁俊贤、何少流签订了《补充协议(保证函)》,约定该三个自然人作为前述股权转让及项目合作的连带责任保证人承担连带保证责任。

以上《股权转让及项目合作合同》及相关补充协议签订后,未报请对外经济贸易主管部门审查批准。

2007年4月30日,原告自行划款或通过案外人高鑫公司代为付款的方式向被告中鑫公司指定的产交所账户划付了人民币4300万元。同年7月20日,被告中鑫公司向原告开具收据,确认收到原告投资款4300万元。

2007年6月4日,对外贸易经济合作局批准二轻房产、香港卓康与被告中鑫公司、被告理财公司签订的《出资额及权益转让合同》以及被告远兴公司相应的合作合同修正案、章程修正案生效。

同年7月24日,工商行政管理局向被告远兴公司颁发了新的营业执照,被告远兴公司的合作方由二轻房产和香港卓康变更为被告中鑫公司和被告理财公司,公司的法定代表人和董事会成员也作了相应变更。

由于上述股权变更登记手续完成后,被告中鑫公司和被告理财公司并未按照《股权转让及项目合作合同》的约定将被告中鑫公司所受让40%股权中的28.5%过户到原告名下,原告遂委托广东晟晨律师事务所于2007年8月23日向被告中鑫公司、被告理财公司发出律师函,认为后者的行为已构成违约,要求接函后马上着手办理与原告的股权转让手续,并将讼争房产项目已有的证照原件交给原告,尽快推进合作合同的履行。

2007年9月2日,被告中鑫公司和被告理财公司向原告复函,认为《股权转让及项目合作合同》约定的股权转让存在一定法律障碍,包括:被告远兴公司作为中外合作经营企业分别是由外方提供注册资本,中方提供土地使用权作为合作条件,公司章程及批准成立文件未对合作各方在公司中所占股权(股份)进行约定或划分,故中方合作者在项目建成后享有物业分配权但不享有股权,因此实际操作中无法向原告转让"股权",而只能转让项目建成后的部分物业分配权;《股权转让及项目合作合同》未对原告可分享物业的具体楼层、方位、坐向等进行约定,另外有关贷款及分配事项的约定不清楚,缺乏可操作性,对开发资金的来源等问题也未作明确约定等。但原告认为该合同合法有效,是可以履行的,被告中鑫公司和被告理财公司应先为其办理股权转让手续,故未就复函中提出的相关问题与后者再行协商。

此外,被告远兴公司原章程记载的合作双方为二轻房产和香港卓康,公司注册资本为720万美元,其中二轻房产提供场地,香港卓康投入注册资本720万美元;该章程第17条规定:"董事会由7名董事组成,其中二轻房产委派3名,香港卓康委派4名,董事任期为4年,经委派方继续委派,可以连任。"第18条规定:"董事会设董事长一人,由二轻房产委派;副董事长一人,由香港卓康委派。"第42条规定:"大厦建成后,二轻房产、香港卓康双方按大厦建成后的实际建筑总面积(含地下室面积在内)各占50%比例进行分配。"第43条规定:"在分配时以整座大厦的南北方向垂直中线对称划分,面积对等,二轻房产分给北面部分,香港卓康分给南面部分。"第65条规定:"有关资财、债权、债务的清理责任,各种用具、设施的归属处理,均按双方签订的合同条款执行。"被告中鑫公司和被告理财公司从二轻房产和香港卓康受让取得在被告远兴公司的投资权益后,被告远兴公司的章程进行了相应修改,由被告中鑫公司作为合作甲方,被告理财公司作为合作乙方,公司注册资本仍为720万美元,其中被告中鑫公司提供土地使用权为合作条件,被告理财公司出资720万美元现金;同时章程的第17条修改为:"董事会由3名董事组成,其中被告中鑫公司委派2名,被告理财公司委派1名,董事任期为3年,经委派方继续委派,可以连任。"第18条修改为:"董事会设董事长1人,由被告理财公司委派。"第42条修改为:"大厦建成后,被告中鑫公司、被告理财公司双方按大厦建成后的实际建筑总面积(含地下室面积在内)按4:6的比例进行分配,其中被告中鑫公司占40%,被告理财公司占60%。"第43条修改为:"在分配时以整座大厦的南北方向垂直按6:4划分,被告中鑫公司分给北面部分,被告理财公司分给南面部分。"第65条修改为:"有关资产、债权、债务的清理责任,其财产划分归属按双方签订合同的有关条款执行。合作公司的债权、债务按中国的中外合作经营企业的有关法规和本合同规定,由被告中鑫公司、被告理财公司双方按5:5的比例承担相关责任。"

2007年1月9日,被告中鑫公司、被告理财公司与被告远兴公司原股东二轻房产、香港卓康签订《出资额及权益转让合同》,前者分别从后者受让被告远兴公司40%、60%的股份后,依据被告远兴公司修订后的公司章程,被告中鑫公司委派何少流、何祖祖启祎任被告远兴公司董事,被告理财公司委托梁俊贤到被告远兴公司任董事长。2007年7月24日,被告远兴公司领取了新的营业执照,法定代表人为梁俊贤。2007年11月17日,被告远兴公司向工商部门提出变更法定代表人申请,将原法定代表人梁俊贤变更为林邦。2008年1月14日,广州市工商行政管理局出具的企业注册基本资料显示:被告远兴公司法定代表人为林邦。

**原告诉称：**

被告中鑫公司和被告理财公司于 2007 年 1 月 9 日经竞拍获得被告远兴公司 100% 的出资额及权益，并在产交所的见证下，与被告远兴公司的原出资人签订了《出资额及权益转让合同》。被告中鑫公司受让上述权益后，于 2007 年 4 月 28 日与原告签订了《股权转让及项目合作合同》，约定被告中鑫公司将其持有的被告远兴公司的 28.5% 的股权转让给原告，并在被告中鑫公司与被告远兴公司原股东的过户手续完成后 3 日内办理相关的工商登记变更手续，如逾期办理，违约金为每天 1%。以上合同签订后，原告依约支付了受让股权价款，被告中鑫公司与被告远兴公司原股东的股权过户手续亦于 2007 年 7 月 24 日办理完毕，但被告中鑫公司经原告多次催促，却一直未办理股权变更手续，给原告造成了严重经济损失。

**被告中鑫公司辩称：**

1. 《股权转让及项目合作合同》本质上是借款合同。

从缔约背景和目的来看，签订《股权转让及项目合作合同》本意是通过向原告借款来解决被告中鑫公司、被告理财公司在竞拍时出现的资金缺口，以完成受让被告远兴公司的权益。

合同第 5 条第 2 款并非为原告抽逃出资作出的约定，实际上是原告回收借款的保底条款，保底条款说明该合同本质上是一个借款合同。

《担保法》第 2 条第 1 款规定："在借贷、买卖、货物运输、加工承揽等经济活动中，债权人需要以担保方式保障其债权实现的，可以依照本法规定设定担保。"可见担保的设定是为了保障债权的实现，而不是为了保障股权转让的实现。《补充协议（保证函）》约定由肖雨田等人对合同的履行承担连带保证责任，也说明《股权转让及项目合作合同》是借款合同。

2. 若将《股权转让及项目合作合同》认定为股权转让合同，则须经审查批准机关批准才生效，否则，因违反法律强制性规定而无效。

3. 林邦使用假公章伪造变更登记申请资料骗取了被告远兴公司法定代表人的地位，其委托的代理人不能代表被告远兴公司。

**被告远兴公司辩称：**

鉴于梁俊贤的种种行径，被告理财公司依照章程和法律撤销了对其董事的委派，另行委派林邦为被告远兴公司的董事和法定代表人，并依法办理了变更手续，在工商部门正式登记。梁俊贤在知道其被撤换后，向法院提交了一份伪造的董事会决议。该决议中被告理财公司的印章早已作废，且被告理财公司表示没有参加董事会或作出决议。被告中鑫公司是希望空手套白狼,相反原告一直积极参与被告远兴公司的运营。

**被告理财公司辩称:**

梁俊贤在参与被告远兴公司项目的过程中,采取欺诈和不正当手段,使合作方的权益收到严重损害,将追究其责任。

**律师观点:**

1. 关于《股权转让及项目合作合同》的性质。

当事人争议的是该合同是股权(权益)转让合同还是借款合同。该合同名称为股权转让和项目合作合同,其内容也是原告受让被告中鑫公司持有的28.5%股权,股权需变更至原告名下,并约定了未按期完成股权变更的违约责任,故该合同是典型的股权(权益)变更合同。

被告中鑫公司称从《股权转让及项目合作合同》订立的背景和目的看,该合同是借款合同。该合同签订的背景是被告中鑫公司在竞拍被告远兴公司权益时出现资金缺口,这是事实。但在现实经济生活中,通过借款来解决资金困难不是唯一的方式,当事人还可以通过转让股权(权益)等方式来筹资。本案当事人选择了转让股权(权益)这种方式来筹资,并无借款的意思表示。

被告中鑫公司称《股权转让及项目合作合同》第5条第2款为保底条款,由此可推断该合同只能是借款合同。按照该合同条款,被告中鑫公司和原告在被告远兴公司获得的贷款中提取一部分先行收回投资,该条款是提前收回出资的条款,而不是保底条款,更不能据此认定整个合同是借款合同。

被告中鑫公司称他人为该合同履行提供了担保,故该合同就是借款合同,这是对法律的误解。《担保法》第2条第1款规定:"在借贷、买卖、货物运输、加工承揽等经济活动中,债权人需要以担保方式保障其债权实现的,可以依照本法规定设定担保。"该条仅列举了适用担保的部分情形,不能根据该款规定得出只能为借贷、买卖、货物运输、加工承揽提供担保的结论。根据《民法通则》第89条,可以为各类债务的履行设定担保。股权(权益)转让合同属于民法上的债,为其履行设定担保符合法律规定。

因此,不能根据肖雨田等人为《股权转让及项目合作合同》的履行提供了担保就认定该合同只能是借款合同。

2. 关于《股权转让及项目合作合同》的效力。

《中外合作经营企业法》第10条规定:"中外合作者的一方转让其在合作企业合同中的全部或者部分权利、义务的,必须经他方同意,并报审查批准机关批准。"对于未经批准的,效力如何,该法没有明确规定。但《合同法》第44条规定:"依法成立的合同,自成立时生效。法律、行政法规规定应当办理批准、登记等手续生效的,依照其规定。"依照合同法该条规定,此类合同虽已成立,但不像普通合同那样在成立时就生效,而是成立但未生效。

《最高人民法院关于适用〈中华人民共和国合同法〉若干问题的解释(一)》第9条对此类合同的效力则有更明确的解释,即"依照合同法第44条第2款的规定,法律、行政法规规定合同应当办理批准手续,或者办理批准、登记等手续才生效,在一审法庭辩论终结前当事人仍未办理批准手续的,或者仍未办理批准、登记等手续的,人民法院应当认定该合同未生效"。因此,《股权转让及项目合作合同》因未按法律规定办理批准手续而未生效。

3. 关于被告中鑫公司是否有义务将其对被告远兴公司28.5%的股权过户到原告名下的问题。

由于该合同未生效的原因是未经批准,而批准的前提是当事人报批,促成合同生效的报批义务在合同成立时即应产生。否则,当事人可肆意通过不办理或不协助办理报批手续而恶意阻止合同生效,显然违背诚实信用原则。《最高人民法院关于适用〈中华人民共和国合同法〉若干问题的解释(二)》第8条规定:经批准才能生效的合同成立后,有义务办理申请批准手续的一方当事人未按照法律规定或者合同约定办理申请批准的,属于《合同法》第42条第3项规定的"其他违背诚实信用原则的行为",人民法院可以判决相对人自己办理有关手续;对方当事人对由此产生的费用和给相对人造成的实际损失,应当承担损害赔偿责任。既然"相对人"可以自己办理有关手续,而"对方当事人"应对由此产生损失给予赔偿,那么,"相对人"自然也可以要求"对方当事人"办理申请批准手续。

因此,被告中鑫公司应配合原告、被告理财公司履行《股权转让及项目合作合同》报批手续。

4. 关于被告中鑫公司向原告支付违约金的问题。

《股权转让及项目合作合同》第5条第1款的内容为:若被告中鑫公司、被告理财公司不能按约定完成办理股权转让的全部法律手续,视为违约,被告中鑫公司应无条件退还原告投资款并承担出资总额每天1%违约金。被告中鑫公司称该条款仅约定了解除合同的违约金,属于理解错误。根据该违约责任条款,只要被告中鑫公司违约,就应按每日1%支付违约金,原告还可以要求解除合同,至于是选择解除合同还是选择要求继续履行合同,则是原告的法定权利。原告在起诉时主动将违约金标准降低为每天1‰,是对自身权利的处分,不违反意思自治原则。

**法院判决:**

1. 被告中鑫公司就其与原告、被告理财公司共同签订的《股权转让及项目合作合同》项下的股权转让事宜,报请审查批准机关批准;并在审查批准机关批准之日起10日内,到工商行政管理部门办理该股权变更的登记手续。被告理财公司、被告远兴公司对此应予配合。

2. 被告中鑫公司向原告支付截至判决生效之日的违约金,被告中鑫公司应在股权变更的工商登记手续办理完毕之日一次性给付。

### 518. 上海地区办理外商投资企业股权转让审批所需提交哪些材料?

需要提交的材料如下:

(1) 企业股权转让及修改合同、章程相应条款的申请报告;

(2) 企业原批准证书、营业执照(复印件);

(3) 企业股东会或董事会关于股权转让及修改合同、章程相应条款的决议;

(4) 股东会或董事会成员名单;

(5) 企业投资各方法定代表人签署的合同修正案(独资企业无须提供);

(6) 企业投资各方法定代表人签署的章程修正案;

(7) 会计师事务所出具的企业注册资本已到位的验资报告(复印件);

(8) 原合同、章程及历次修正案(复印件);

(9) 股权受让人为境外投资者的需提供经公证和认证的境外投资者的主体资格证明或身份证明及中文翻译件、资信证明;股权受让人为境内投资者的需提供境内投资方的营业执照复印件;

(10) 国资部门出具的有关批准文件或备案文件(涉及国有资产的项目根据国有资产管理的有关规定提供);

(11) 股权转让协议;

(12) 审批机关要求的其他文件。

### 519. 如当事人对已经签订且经批准的股权转让合同签订补充协议,该补充协议是否需要报批?如未报批,该补充协议是否无效?

补充协议并非都需要报批。只有当补充协议对已获批准的合同构成重大或实质性变更时,才需要报批。

一般而言,股权转让合同的重大或实质性变更包括转让人、受让人、股权份额、转让价格、对价支付方式的变更等。

除非发生上述重大或实质性变更而未报批,否则合同当事人不得主张该补充协议无效或未生效。

**520. 如合同当事人签订"阴阳合同",以阳合同进行报批及工商变更登记,而实际按照未报批的阴合同履行,此两份合同的效力如何确定?**

如合同当事人同时签订"阴阳合同","阳合同"并非双方真实意思表示,仅为规避法定义务而进行报批和登记,而"阴合同"为双方真实意思表示,但未经报批,则此时"阳合同"由于非双方真实意思表示且存在损害国家、社会、他人利益的情形应认定无效,而"阴合同"也由于未报批而未生效。

**521. 经过审批通过的外商投资企业股权转让合同是否即为合法合同?该合同是否可以被确认无效或被撤销?确认无效或撤销前是否需要先行撤销审批结果?**

外商投资企业的股权转让合同经过审批并不意味着合同必然合法有效,如合同存在《合同法》所规定的无效情形,人民法院仍可认定无效,如合同签订双方存在意思表示的瑕疵而导致合同存在可撤销的情形,合同当事人仍可行使撤销权撤销该合同。

另外,确认经批准的合同无效或撤销该合同无须先行撤销审批结果。

**522. 外商投资企业股权转让中的报批义务人是转让人还是外商投资企业?或者两者都是?如果转让人或企业不履行报批义务,受让人可否请求解除合同?是否可请求赔偿损失?**

基于合同相对性,受让人只得向转让人主张履行报批义务,但是由于现行报批制度下,仅依靠转让人往往无法完成报批手续,因此,外商投资企业也负有配合转让人办理报批手续的义务,从广义上讲,转让人与外商投资企业均为报批义务人。

受让人对转让人或外商投资企业催告后,其在合理期限内仍未履行报批义务的,受让人可向人民法院起诉请求解除合同,并由转让人返还其已支付的转让款、赔偿因未履行报批义务而造成的实际损失。受让人在给予"合理期限"和进行催告时,应当一并通知转让人或外商投资企业。

需要注意的是,即使是转让人、企业明确表示不会履行报批义务,受让人仍不能直接主张解除合同。因为我国外商投资企业股权转让合同相关法律法规及司法解释对外商投资企业股权转让合同的解除作了较《合同法》更为严格的规定,即使转让人或外商投资企业在催告前明确表示将不履行报批义务,但是基于报批义务虽至关重要,但毕竟只是程序性的要求,仍应当给予转让人或外商投资企业一定的合理期限,故受让人必须进行催告,并给予合理时间。

外商投资企业作为广义理解上的报批义务人,是受限于现行报批制度的结果,是对合同相对性原则有条件的突破。但在主张返还股款、赔偿损失时,仍应当严格依据合同相对性的原则,只得向转让人主张,或在外商投资企业也存在过错的情况下,请求两者共同承担赔偿责任。

## 【案例209】经催告未履行报批义务　外商增资合同依法解除①

**原告:**黄志豪

**被告:**毅鸿公司、沈相恩、周锐斌

**诉讼请求:**

1. 确认2005年7月5日原告与被告周锐斌、被告沈相恩签订的《协议书》解除;

2. 判令被告毅鸿公司支付占用投资款港币100万元的利息港币55,000元。

**争议焦点:**

1. 合同各方未能办理内资转外资的审批手续,该涉案《协议书》是否生效;

2. 合同当事人不愿进行报批及工商变更登记,是否构成根本违约,原告可否解除《协议书》,违约方是否应当承担返还股款及赔偿利息的责任。

**基本案情:**

原告系香港居民,被告毅鸿公司为内资有限责任公司,登记股东为被告沈相恩和被告周锐斌,各投资25万元,各占50%股权,但实际上被告沈相恩系挂名股东,未实际出资,所有资金系被告周锐斌一人投入。

2005年7月5日,被告周锐斌、被告沈相恩与原告签订了一份关于投资入股被告毅鸿公司的协议书。

根据协议,原告曾分次向被告毅鸿公司投入港币100万元,三方确认原告对被告毅鸿公司的出资义务已经完成,同时确认,自2004年11月1日起,被告沈相恩不再具有被告毅鸿公司股东身份,公司的股东为被告周锐斌和原告各占50%的股权。

**原告诉称:**

原被告之间签订关于投资入股东被告毅鸿公司的协议书后依约履行了协议,但被告拒不履行登记及提供资料的责任,已构成根本违约。

---

① 参见广东省高级人民法院(2009)粤高法民四终字第285号民事判决书。

**被告辩称：**

被告毅鸿公司业已停业，无法履行相应的责任。

**律师观点：**

1. 涉案《协议书》应属未生效合同。

在我国内地设立合营企业，必须经我国对外经贸主管部门审查批准，合营企业的协议、合同和章程须经审批机构批准方能生效。现合同各方当事人均未能办理审批手续，该涉案《协议书》应当认定为未生效合同。

2.《协议书》未生效的责任应当由过错方承担。

由于涉案的《协议书》未经法定的批准程序而未生效，则由此造成的损失应当由有过错的一方向另一方承担损害赔偿责任。本案中，被告毅鸿公司、被告周锐斌明确表示不愿进行工商变更登记，其不配合进行审批登记手续的意思表示是清楚的，也并非由于任何客观原因，因此，被告周锐斌及被告毅鸿公司应当承担返还股款及赔偿利息的责任。

**法院判决：**

1. 确认2005年7月5日原告与被告周锐斌、被告沈相恩签订的《协议书》未生效，判令被告周锐斌及被告毅鸿公司返还投资款港币100万元；

2. 判令被告周锐斌及被告毅鸿公司支付占用投资款港币100万元的利息港币55,000元。

## 523. 如转让人及外商投资企业在法院判令的期限内拒不办理报批手续，除受让人诉请自行报批外，是否可在诉讼中一并申请解除合同，主张损害赔偿责任？

不可以。

除诉请自行报批外，受让人自然可以主张解除合同，但该诉讼需要另行起诉。此时，原告仍为受让人，被告应为转让人，至于外商投资企业是否参与诉讼则不必然，因为合同关系仅存在于转让人与受让人之间。

至于损害赔偿责任，此处的赔偿责任与受让人在催告及合理期限后直接主张解除合同时的损害赔偿责任不同。

直接主张解除合同时的损害赔偿责任为缔约过失责任，而此时另行起诉主张的损害赔偿责任为相对方应当承担的违约责任，内容更为广泛、具体，包括但不限于股权的差价损失、股权收益及其他合理损失。

**524. 如果受让人起诉转让人及外商投资企业办理报批手续,或受让人依法院判决自行办理报批手续时,审批未获通过的,转、受让人各应承担何种责任?**

此种情况的赔偿责任既不同于不履行报批义务导致解除合同的缔约过失责任,也不同于判决后拒不履行报批义务导致的违约责任,此时的赔偿责任应当根据转、受让人是否存在过错及过错的大小确定损害赔偿责任。

相较上述的缔约过失责任及违约责任,此处最大的不同在于如果受让人存在过错,同样需要承担一定的赔偿责任。

**525. 外商投资企业股权转让合同约定受让人支付转让款后转让人才办理报批手续,受让人迟迟不支付转让款,转让人如何救济?**

转让人须先行向受让人发出催告,如受让人在合理期限内仍不履行付款义务,转让人可主张解除股权转让合同,并要求受让人就迟延履行造成的实际损失承担赔偿责任。

## 【案例210】外商股权转让合同未经审批不生效　转让人不付款受让人有权解除合同[①]

**原告:** 蔡凤荣

**被告:** 蔡国镜

**诉讼请求:**

1. 解除原、被告签订的《公司股权转让合同》;
2. 被告归还原告开办的长隆公司印章等材料。

**争议焦点:**

1.《股权转让合同》未进行审批登记,合同效力如何确定;
2. 在股权转让合同未生效的情况下,受让人未依约支付转让款,转让人否有权解除合同。

**基本案情:**

2002年10月25日,原告创办外商独资企业长隆公司,聘任被告为该公司的总经理。

2006年7月31日,原告与被告签订一份《公司股权转让合同》协议,主要内容为:被告必须先支付190万元后,原告将该公司全部股权转让给被告经营。支付款项金额与日期分别为:2006年7月31日支付20万元、8月31日支付30万

---

① 参见福建省高级人民法院(2010)闽民终字第528号民事判决书。

元、9月30日支付50万元、11月30日支付60万元；签约后公司一切事务由被告全权负责处理，包括承建公司工程、支付工程款、办理土地使用证、企业年检、税费缴纳等，如政府有关部门需要，原告应予以配合；被告利用原告的企业名称、证件及印章办理相关手续；如被告有存在未依约支付款项、对外销售土地之事实、出现工程质量、严重违纪等问题，视为违约，原告有权终止合同，没收地上物，并要求被告赔偿原告损失。

合同签订后，被告支付第一期转让费20万元，并接收了公司的印章、私章、证件及相关材料。2007年3月27日，原告向被告发出催款函，要求被告在10天内，付清全部款项。同年4月5日，被告回函，以因无法办理土地使用权证为由，拒绝"付清全部款项"。

此外，该公司自2006年始未年检。被告已在公司土地上投建了部分基础建设；案外人詹喜山、詹金堂分别于2009年3月、9月向法院递交起诉状，分别请求判令长隆公司、被告返还已支付的定金和购房款40万元、20万元及利息。

2009年11月4日，投资项目服务中心给市规划局作出说明，该公司已办理建设用地许可证，土地证还在办理中。

**原告诉称：**

双方签订的《公司股权转让合同》第1条约定：被告必须先支付原告190万元后……才能办理股权转让手续，但因被告未依约支付股权转让款，股权转让未报审查批准机关批准，造成本案合同未生效。本案合同签订后，被告仅支付20万元给原告，余额170万元未依约支付，根据合同的约定，原告有权终止合同。

**被告辩称：**

原告违约在先，才导致被告无法履行支付余下的转让款。被告在签订转让合同后，立即支付原告第一期转让款20万元，但被告在合同签订后的第三天去政府部门办理土地使用权证手续时，被告方知不能办理，在被告多次请求原告配合协调、原告置之不理的情况下，被告才没有支付第二期以后的转让款。

**律师观点：**

1. 《公司股权转让合同》尚未生效。

《合同法》第44条规定，依法成立的合同，自成立时生效。法律、行政法规规定应当办理批准、登记等手续生效的，依照其规定。《最高人民法院关于适用〈中华人民共和国合同法〉若干问题的解释（一）》第9条第1款规定："依照合同法第四十四条第二款的规定，法律、行政法规规定合同应当办理批准手续，或者办理批准、登记等手续才生效，在一审法庭辩论终结前当事人仍未办理批准手续的，或者仍未办理批准、登记等手续的,人民法院应当认定该合同未生效。"双方签订的《公司股权转让合同》未报审查批准机关批准,根据上述司法解释的规定,应认定《公司股权转让合同》尚未生效。

2. 原告依法有权解除合同。

《最高人民法院关于审理外商投资企业纠纷案件若干问题的规定(一)》第8条规定,外商投资企业股权转让合同约定受让人支付转让款后转让人才办理报批手续,受让人未支付股权转让款,经转让人催告后在合理的期限内仍未履行,转让人请求解除合同并赔偿因迟延履行而造成的实际损失的,人民法院应予支持。本案讼争双方签订的《公司股权转让合同》约定被告必须先支付被原告190万元后才能办理股权转让手续,但至今被告尚有140万元转让款未依约支付,根据上述司法解释的规定,原告依法有权解除合同。

对于被告提出的无法办理土地证事宜,由于投资项目服务中心已经作出说明,长隆公司土地证正在办理中,故法院对于被告的抗辩不应予以采纳。

**法院判决:**

1. 解除原、被告于2006年7月30日签订的《公司股权转让合同》;
2. 被告归还原告开办的长隆公司印章等材料。

**526. 外商投资企业股权转让合同约定受让人支付转让款后转让人才办理报批手续,受让人迟迟不支付转让款,转让人可否直接向人民法院提起诉讼,主张受让人支付股权转让款?**

不能。

在股权转让合同未经审批通过之前,合同处于未生效状态,而支付转让款属于合同的主义务,因此在合同未生效前,转让人不具有该债权请求权。

此时转让人所享有的权利有两项:

(1)先履行抗辩权,即在受让人主张转让人履行报批义务时,转让人可以以受让人未支付股款为由,拒绝办理报批手续。

(2)解除股权转让合同。

**527. 外商投资企业股权转让合同成立后,合同未进行报批,但受让人支付部分股款后已经实际接管公司,并掌握公司印鉴等重要材料,此时转让人已经不具备办理报批手续的实际能力,法院应如何处理?**

在该种情况下,如仅指令转让人办理报批手续,不能真正处理报批问题,也不利于其后实体程序的审理。基于合同法上诚实信用原则的适用,如果受让人不予配合转让人办理报批手续,则此时已构成一项可诉事项,可由法院先行以判决的形式责令受让人履行协助义务。

## 【案例211】外资股权转让合同成立未生效　法院先判配合报批后判支付转让款①

**原告**:谢民视

**被告**:张瑞昌、金刚公司

**诉讼请求:**

1. 判令两被告到政府有关部门办理因股东、股权变化所引起的一切法律手续。

2. 判令被告张瑞昌立即向原告支付股权转让款40万美元或按1:8.279的比例折算的人民币3,311,600元;

3. 判令被告金刚公司连带清偿被告张瑞昌的上述债务。

**争议焦点:**

1. 原告与被告张瑞昌签字确认的董事会决议性质如何认定,是否包含股权转让关系;

2. 股权转让关系未经审批是否生效,如未生效,法院可否先行判令被告配合办理审批手续。

**基本案情:**

被告金刚公司于1997年5月29日经批准成立,注册资本为300万美元,被告张瑞昌拥有被告金刚公司100%股权。被告金刚公司成立后,被告张瑞昌因无法注入资金,向原告提出将其在被告金刚公司中20%的股权以40万美元的价格转让给原告。原告遂向被告金刚公司汇入392,908.64美元。

原告注资后,被告张瑞昌及被告金刚公司申请增加原告为被告金刚公司的投资人,并在变更后的营业执照上列明原告为被告金刚公司的副董事长。

1999年9月,被告张瑞昌因需处理其他事务而邀请原告来上海暂时管理公司,原告到任后才发现被告张瑞昌并未按合同、章程的约定缴纳出资。此外,原告还发现被告张瑞昌在经营管理期间有违规操作及侵害其他股东权益的情形。因此原告于1999年10月17日向被告张瑞昌书面致函质疑,被告张瑞昌也于当月22日书面回复解释,但原告认为被告张瑞昌的行为已极大侵害了原告的股东权

---

① 参见上海市第二中级人民法院(2000)沪二中经初字第670-2号民事判决书。

益,遂提出退出金刚公司,由被告张瑞昌购回其出让给原告的20%股权,被告张瑞昌当即口头表示同意,但要求分期付款。

同年11月10日,原告与被告张瑞昌就股权回购事宜进行谈判,双方初步达成协议,草拟了《股权让渡协议书》,约定原告将在金刚公司中的20%股权以40万美元的价格出让给被告张瑞昌,出让款自协议签订后10日内开始支付,最末一期款于2000年7月30日前付清,但在行将签约之时,被告张瑞昌又变更付款条件,致签约未成。双方最终确定以被告金刚公司董事会决议案的方式代替股权转让合同。

2000年3月13日,被告金刚公司董事会曾作出两个决议,同意原告将其拥有的被告金刚公司20%股权以40万美元的价格转让给被告张瑞昌。由于被告张瑞昌实际拥有金刚公司100%股权,因此被告张瑞昌对原告的付款行为即为被告金刚公司向原告的付款行为。两被告同意在决议签署后两日内将公司购买的金沙江路××弄××号××室之房产作价421,145元人民币过户给原告,同时将金沙江路69号底层店面出售款中的150万元人民币先支付给原告。余款由被告金刚公司向原告开出远期银行汇票每月支付一次,若有任何一期透支或被退票,原告有权主张全部未到期债权。

**原告诉称:**

原告与被告张瑞昌通过董事会决议的形式转让其所有的股权,然而决议作出后,虽未到政府相关部门办理变更登记手续,但已经是依法成立的合同,具有法律约束力。被告张瑞昌并未将金沙江路××弄××号××室之房产过户给原告,被告金刚公司也未向原告开出远期银行票据支付余款,两被告的行为均已构成违约。

**被告张瑞昌辩称:**

原告列被告张瑞昌为被告无事实依据。

1. 原告为参股事宜共向被告金刚公司汇入资金392,908.64美元。被告金刚公司确于2000年3月13日作出董事会决议,全体董事同意被告张瑞昌承购原告的20%股权,但原告与被告张瑞昌未订立承购协议。《经济合同法》(1999年被《合同法》取代)规定,经济合同除即时清结以外,应当采取书面形式。原告与被告张瑞昌的权利转让额达人民币300万元以上,未订立书面合同是不符法律规定的。根据《中外合作经营企业法》的规定,公司股权的变更,必须经审批机关批准和登记机关变更登记,光有董事会决议是无效的。

2. 董事会决议本身也有违法之处,如将属于被告金刚公司的两处房产作价支付股权转让款,此举付诸实施,将会造成合作公司注册资本减少,这也有悖法律规定。

基于以上事实和理由,请求驳回原告的诉讼请求。

**被告金刚公司辩称：**

本案属股东之间的股权纠纷,与被告金刚公司并无关联。

**律师观点：**

1. 关于原告是否与被告张瑞昌形成股权转让关系。

原告为退出被告金刚公司的合作经营事宜,与被告张瑞昌达成了"3·13决议",该决议不但议定了金刚公司股东间转让股权的方案,还对受让人如何向转让人支付转让款等问题作出规定。"3·13决议"具有董事会决议和股权转让合同的双重属性,张瑞昌在"3·13决议"上签字时,双方的股权转让合同即已成立。仅就合同的效力而言,该股权转让合同是双方当事人的真实意思表示,且该意思表示符合法律,应当认定具有法律效力。

2. 关于股权转让关系是否依法生效。

《中外合作经营企业法》第10条规定："中外合作者的一方转让其在合作企业合同中的全部或者部分权利、义务的,必须经他方同意,并报审查批准机关批准。"原告虽与被告张瑞昌达成了股权转让合同,并且该股权转让行为已经得到被告金刚公司董事会的同意,但依法还应报经审查批准机关批准。由于金刚公司未按"3·13决议"申报股权变更手续,致股权至今不能转让,股权转让合同未能发生当事人预期的法律效果。

3. 关于法院是否能够判决被告张瑞昌履行申报审批义务。

《民事诉讼法》第139条规定："人民法院审理案件,其中一部分事实已经清楚,可以就该部分先行判决。"本案原告的原诉讼请求是判令被告张瑞昌支付股权转让款,而股权转让款的支付必须以股权转让行为得到审查批准机关的批准为前提。鉴于原告与被告张瑞昌之间订立股权转让合同的事实已查清,原告也已提出关于判令被告张瑞昌和被告金刚公司办理股权转让手续的诉讼请求,法院对原告这一诉讼请求应先行判决。至于原告关于支付股权转让款的诉讼请求,待先行判决生效后视审查批准机关的审批结果再行处理。

**法院判决：**

被告张瑞昌、被告金刚公司应于本判决生效之日起10日内,就原告与被告张瑞昌之间的股权转让事宜,至审批机关办理相关股权变更手续。

判决后,当事人均未提起上诉,被告张瑞昌、被告金刚公司于判决生效后至审批机关办理了股权变更手续,审批机关业已将被告金刚公司之投资者变更为张瑞昌,先行判决条款已执行完毕。上海市第二中级人民法院其后就股权转让款支付争议进行审理,并判决:

1. 被告张瑞昌向原告支付股权转让款40万美元或人民币331,160元。

2. 对于被告张瑞昌在前款中的债务,被告金刚公司应以各方约定的财产(上海市金沙江路××弄××号××室、上海市金沙江路69号底层店面房)为限承担连带清偿责任。具体履行方式为:

(1)被告金刚公司将上海市金沙江路××弄××号××室之房产过户给原告,该房屋作价人民币421,145元。

(2)被告金刚公司出售上海市金沙江路69号底层店面房,以所得款项偿付被告张瑞昌在本判决第一款中的债务。

3. 对原告谢民视的其余诉讼请求不予支持。

**528. 外商投资企业股权转让合同成立后,受让人已实际参与外商投资企业的经营管理并获取收益,但合同未获审批机关批准的,由此产生的收益如何处理?**

由于股权转让合同未经审批通过,因此合同效力应当归于无效。

转让人可起诉至法院请求受让人退出外商投资企业的经营管理并将受让人因实际参与经营管理而获得的收益在扣除相关成本费用后支付给转让人。

如果由于受让人的经营管理极为出色,使企业产生大量增值利益,基于公平原则的考虑,可以适当地分配部分利益给受让人,尤其是在受让人自投资金的情况下,可参照受让人投入资金量的大小确定其可分利益的多寡。

**529. 转让人以股权转让合同未经批准通过为由,诉讼请求受让人退出公司经营并返还经营管理收益时,举证责任如何分配?**

根据"谁主张,谁举证"的原则,转让人应当就受让人取得经营管理收益进行举证,但是实践中,由于转让人可能已经退出公司的实际经营,其举证困难,此时,转让人只需就受让人获得经营管理收益承担初步举证责任。

## 二、外商投资企业股权转让中优先购买权

**530. 外商投资企业一方股东将股权全部或部分转让给股东之外的第三人,是否应当经过其他股东同意?如未征得其他股东同意,其他股东如何救济?**

外商投资企业一方股东将股权全部或部分转让给股东之外的第三人,应当经

其他股东一致同意,而内资企业则仅需过半数股东同意即可。

如果未征得其他股东的同意,其他股东可主张撤销股权转让合同。但有以下情形之一的除外:

(1)有证据证明其他股东已经同意;

(2)转让人已就股权转让事项书面通知,其他股东自接到书面通知之日起满30日未予答复;

(3)其他股东不同意转让,又不购买该转让的股权。

(外商投资企业股东对外转让股权时,其他股东的优先购买权规定应基本适用《公司法》对有限责任公司中优先购买权的规定。此处只对两者不同部分进行问答式阐述)

**531. 外商投资企业转让股权,是否必须经过董事会的决议通过?**

从现行立法来看,只有中外合资企业在股权转让时要求董事会作出决议。因此,中外合资企业股权转让如未经董事会作出决议的,应认定合同无效。

但是,如果受让人系善意的第三人,且已支付合理对价受让股权并办理了工商变更登记,则该受让人可善意取得股权。

**532. 外商投资企业股东对外转让股权前欲书面通知其他股东,但部分股东下落不明,难以送达的,转让人应当如何进行通知?**

如通过书面方式无法送达时,转让人应当采取公告送达的方式,并应当公告一定期间方能视为送达,不能将公告之日视为其他股东收到通知之日。

## 【案例212】公告信息不全不视为股权转让通知　国有股权转让未依法审批不生效①

**原告:** 白水泥集团

**被告:** 经贸局、威利冠公司

**第三人:** 国资中心

**诉讼请求:** 确认被告威利冠公司与横县白水泥厂签订的《产权转让合同书》无效。

**争议焦点:**

1. 出资瑕疵的股东是否享有股东权利,是否有权主张优先购买权;

---

① 参见广西壮族自治区高级人民法院(2008)桂民四终字第27号民事判决书。

2. 国有产权转让合同由哪级部门审批,未审批合同效力如何;

3.《产权转让合同书》是否侵犯原告的优先购买权。以报刊公告形式发布股权转让信息是否视为通知其他股东,是否侵犯了其他股东的优先购买权。

**基本案情:**

云燕公司系中外合资企业,注册资本4444万元,原告以现金出资2444万元,占55%股权,横县白水泥厂出资2000万元。

横县白水泥厂为国有企业,资产包括"云燕""银象"牌注册商标使用权,在云燕公司、峦城白水泥厂、横县彩色水泥厂的股份,以及厂区土地、房屋建筑物、构筑物、厂区道路等。

2003年6月26日、30日,横县白水泥厂即在《广西日报》上刊登《产权转让公告》,向社会公开转让产权。该公告的具体内容为:"横县白水泥厂产权公开转让,有意者请于2003年7月5日17时前带有关证件与我厂联系洽谈。"同年7月5日,被告威利冠公司报名参加横县白水泥厂产权转让。随后,经双方多次磋商、洽谈,被告威利冠公司于同年9月16日向横县白水泥厂提交《横县白水泥厂整体资产受让方案》。

2004年12月19日,横县人民政府批复同意将横县白水泥厂整体资产转让给被告威利冠公司。同日,横县财政局批复同意前述事项。

2004年12月20日,被告威利冠公司遂与横县白水泥厂签订《产权转让合同书》,约定:横县白水泥厂将整体资产转让给被告威利冠公司,转让的标的物中包括横县白水泥厂在云燕公司的实际出资及相关权益,"云燕""银象"牌注册商标等。转让资产的方式为:被告威利冠公司承接横县白水泥厂的所有债务后,零价受让横县白水泥厂合法资产;被告威利冠公司依据合同约定受让横县白水泥厂属下的合法资产,必须同时全额接收安置横县白水泥厂的所有在册职工,并按劳动法律、法规、政策办理有关企业用工手续和经济补偿;被告威利冠公司受让横县白水泥厂在峦城白水泥厂、彩色水泥厂、云燕公司的股权,由被告威利冠公司根据《民法通则》《合同法》《公司法》和企业章程、合作合同条款的约定办理股权转移的相关手续,并依法行使权利和履行义务。

上述合同签订后,被告威利冠公司与横县白水泥厂进行资产交接,其中包括将横县白水泥厂也将"云燕"牌注册商标专用权移交给被告威利冠公司,并于2005年10月7日经国家工商总局商标局核准并予以公告,将该商标专用权人由横县白水泥厂变更为被告威利冠公司。横县白水泥厂进行资产移交后,经被告经贸局批准,于 2005 年 5 月 16 日经工商部门核准注销。

因横县白水泥厂在产权改制过程中未召开过职工代表大会或职工大会审议改制方案,也未制定有明确的、具体的职工安置方案供职工代表大会或职工大会审议,部分职工对此次产权转让持有异议,多次上访有关部门要求解决,并阻止被告威利冠公司接管横县白水泥厂的资产,被告威利冠公司实际只接收了横县白水泥厂在峦城白水泥厂、横县彩色水泥厂的股权以及"云燕"牌注册商标专用权。被告威利冠公司在签订《产权转让合同书》后,至诉讼时尚未履行过横县白水泥厂所欠的债务,也没有对外主张过横县白水泥厂的债权。

鉴于上述情况,横县人民政府于 2005 年 12 月 31 日决定通知被告威利冠公司,决定中止横县白水泥厂产权转让活动,但因被告威利冠公司对中止产权转让有异议,横县人民政府又于 2006 年 2 月 22 日决定通知被告威利冠公司,撤销此前决定,但随后横县人民政府同日又作出通知,认为横县白水泥厂产权转让活动不符合《企业国有产权转让管理暂行办法》的有关规定,通知横县财政局依法解除被告威利冠公司与横县白水泥厂签订的《产权转让合同书》。随后,横县财政局于 2006 年 3 月 8 日给被告威利冠公司出具函件,要求终止、解除《产权转让合同书》。同年 4 月 10 日,横县财政局再次发函,要求依法终止《产权转让合同书》。同年 4 月 18 日,被告威利冠公司给横县财政局发出《关于不同意终止〈产权转让合同书〉的异议书》,认为《产权转让合同书》合法有效,受法律保护,不同意终止《产权转让合同书》,后因协议未果。

横县人民政府于 2002 年 2 月 7 日下发通知:第三人为横县财政局的二层机构(事业单位),"负责管理国有企业改制剥离的非经营性资产、非银行债权、债务;拟订国有资本金的运行计划,并负责实施"。第三人领有横县事业单位登记管理局核发的《事业单位法人证书》,第三人《事业单位法人证书》载明的"宗旨和业务范围"与上述职能相同。2006 年 11 月 1 日,横县人民政府出具《证明》,证明第三人"有权监督、管理、接收涉及横县白水泥厂的所有资产及相关权益"。

此外,1993 年 12 月至 1999 年 11 月,原告的控股股东为远东公司(注册地:香港),此后,该公司股份持有人又发生两次变更,2002 年 11 月至今,该公司控股股东为 MODERN WORKFORCE CONSULTANTS LTD.。根据云燕公司 1992 年度工商登记材料记载:该公司外方股东名称栏填写为远东公司,但此后的年检报告又填写为原告及 CTF 公司,但并未经该合资公司成立时的原审批机关及工商机关专门就云燕公司股东名称变更办理过审批及登记手续。

## 第七章 股权转让纠纷

**原告诉称:**

被告威利冠公司与横县白水泥厂签订的《产权转让合同书》转让了横县白水泥厂在云燕公司45%的股权,但未依据《公司法》规定履行通知义务,该行为侵犯了原告作为云燕公司股东的优先购买权,《产权转让合同书》中关于股权转让部分应属无效。

**被告威利冠公司辩称:**

1. 原告在云燕公司出资没有到位,不具备股东资格,且云燕公司1992年度工商登记材料记载外方股东为远东公司,因此原告无权提起本案诉讼,至少应当追加远东公司参与本案。

2. 被告威利冠公司与横县白水泥厂签订《产权转让合同书》,以承债方式受让横县白水泥厂整体资产,是依法定、依程序、依约在完全公开的状态下进行的,没有违反法律、行政法规的强制性规定,没有损害国家、集体或第三人的利益,故该合同合法有效。

横县白水泥厂在《广西日报》上曾发布资产转让公告,该公告即是对原告的通知,原告未在合理期限内行使优先购买权,则横县白水泥厂自然有权转让股权。

3. 第三人诉讼主体不适格,不是本案有独立请求权的第三人,其与本案无利害关系,故无须作为本案当事人参加诉讼。

**律师观点:**

1. 关于原告是否是本案适格原告,以及应否追加远东公司。

原告系云燕公司股东,而横县白水泥厂转让的产权中恰有云燕公司股权,因此原告作为利害关系人,在认为横县白水泥厂产权转让将损害其利益的情况下提起诉讼,是适格原告。原告在云燕公司的出资是否到位与原告取得云燕公司的股东资格无关。

"三资企业"股东及其股权份额应当根据外商投资企业批准证书记载的股东名称及股权份额确定。远东公司只是原告阶段性控股股东,并非直接股东,故该公司与本案无直接利害关系,无须追加其参与本案诉讼。

2. 关于第三人国资中心是否是本案有独立请求权第三人。

第三人国资中心是经人民政府批准在财政局设置的事业单位法人,领有事业单位登记管理局核发的《事业单位法人证书》,故依据《民事诉讼法》第三人国资中心可以作为民事诉讼的当事人,且第三人的职能是"负责国有企业改制剥离的非经营性资产、非银行债权、债务;拟订国有资本金的运行计划,并负责实施",可见第三人是具有监督管理国有资产职能的机构,作为本案有独立请求权的第三人并无问题。

3. 关于被告威利冠公司与横县白水泥厂签订的《产权转让合同书》效力如何。

根据1999年2月国家经济贸易委员会、财政部、中国人民银行联合下发的国经贸中小企业[1999]89号《关于出售国有小型企业中若干问题的意见的通知》第3条的规定:"……出售县(旗、区、市)属企业,由县级人民政府提出方案,报地级市人民政府(含州、盟,下同)审批,并由地级市人民政府报省级人民政府备案,省级人民政府认为不宜出售的企业,不得出售……"《最高人民法院关于审理与企业改制相关的民事纠纷案件若干问题的规定》(法释[2003]1号)第17条的规定:"以协议转让形式出售企业,企业出售合同未经有审批权的地方人民政府或其授权的职能部门审批的,人民法院在审理相关的民事纠纷案件时,应当确认该企业出售合同不生效"。

本案中,横县白水泥厂为县属国有小型企业,且是采用协议转让的方式出售给被告威利冠公司的。根据规定,应由横县人民政府提出方案,报南宁市人民政府审批,但被告威利冠公司与横县白水泥厂签订的《产权转让合同书》没有依照规定履行审批手续,该《产权转让合同书》并没有报南宁市人民政府批准。根据《最高人民法院关于适用〈中华人民共和国合同法〉若干问题的解释(一)》第9条:"依照合同法第44条第2款的规定,法律、行政法规规定合同应当办理批准手续,或者办理批准、登记等手续才生效,在一审法庭辩论终结前当事人仍未办理批准手续的,或者仍未办理批准、登记等手续的,人民法院应当认定该合同未生效……"的规定,被告威利冠公司与横县白水泥厂签订的《产权转让合同书》至今仍没有取得有审批权的审批机关批准,因而应为未生效合同。

因《产权转让合同书》不生效,被告威利冠公司依据《产权转让合同书》取得横县白水泥厂的财产没有法律依据,应当返回给横县白水泥厂,但横县白水泥厂已经注销,且横县人民政府已授权第三人国资中心监督、管理、接收涉及横县白水泥厂的所有资产及相关权益,因此,被告威利冠公司依据《产权转让合同书》取得的财产应当返回给第三人国资中心。

4. 退一步而言,即使《产权转让合同书》生效,也侵犯了原告的优先购买权。

《中外合资经营企业法》第4条第4款规定"合营者的注册资本如果转让必须经合营各方同意",《中外合资经营企业法实施条例》第20条第1款规定"合营一方向第三者转让其全部或者部分股权的,须经合营他方同意,并报审批机构批准,向登记管理机构办理变更登记手续",第2款规定"合营一方转让其全部或者部分股权时,合营他方有优先购买权",第3款规定"合营一方向第三者转让股权的条件,不得比向合营他方转让的条件优惠",第4款规定"违反上述规定的,其转让无效"。可见,对于合营企业的股东向第三者转让股权,法律规制的要点在于是否征得其他股东的同意,及是否损害其他股东的优先购买权,只有当其他股东放弃该权利后,受让方才有权受让股权。在本案中,云燕公司是原告与横县白水泥厂共同组建的中外合资经营企业,原告从未同意过横县白水泥厂将其在云燕公司的股权转让给第三者。

横县白水泥厂在《广西日报》上发布资产转让公告,是向不特定的人发出的,且公告中也不含有转让条件,故该公告不能视为向原告的告知。

因此,横县白水泥厂及被告威利冠公司未征得原告的同意,也没有将其与被告威利冠公司达成的受让条件告知原告,就擅自将其在云燕公司的全部股权转让给被告威利冠公司,侵犯原告的同意权和优先购买权,即便《产权转让合同书》经合法批准,亦应当归于无效。

**法院判决:**

1. 被告威利冠公司将已接收取得的横县白水泥厂在峦城白水泥厂、横县彩色水泥厂的股权及其项下权益以及"云燕"牌注册商标专用权返还给第三人国资中心;

2. 被告威利冠公司尚未实际接收的横县白水泥厂的资产,由第三人国资中心接管;

3. 被告威利冠公司与横县白水泥厂签订的《产权转让合同书》不生效;

4. 驳回原告的诉讼请求。

**533. 外商投资企业股东之间转让股权,是否必须经过其他股东一致或多数股东同意?**

根据我国关于中外合作企业股东之间股权转让的规定,中外合作各方之间相互转让或者合作一方向合作他方以外的他人转让属于其在合作企业合同中全部或者部分权利的,须经合作他方书面同意。

中外合资企业及其他外商投资企业则无此规定。

**534. 外商投资企业转让股权,是否必须由董事会作出决议?**

从现行立法来看,只有中外合资企业在股权转让时要求董事会作出决议,中外合作经营企业及外资企业均与内资企业相同,依照公司章程履行内部决策程序。

## 第六节 股权转让的税务问题

### 一、自然人转让股权的税务问题

**535. 自然人转让股权,如何计征个人所得税?**

应按以下方法确定:

(1)国家税务总局《股权转让所得个人所得税管理办法(试行)》规定,个人转让股权,以股权转让收入减除股权原值和合理费用后的余额为应纳税所得额,按"财产转让所得"缴纳个人所得税。合理费用是指股权转让时按照规定支付的有关税费。海南省公布的《自然人股权转让个人所得税管理办法(试行)》(2014年第16号)同时规定,申报的股权转让收入低于计税成本和合理税费之和的,应纳税所得额为零。

(2)股权计税成本,是指自然人投资入股时向企业实际交付的出资金额,或购买该项股权时向该股权的原转让人实际支付的股权转让金额。

自然人转让部分股权的,转让股权的计税成本按转让比例确定。即:

转让股权的计税成本 = 全部股权的计税成本 × 转让比例

纳税义务人未提供完整、准确的财产原值凭证,不能正确计算财产原值的,由主管税务机关核定其财产原值。

(3)自然人转让股权应缴纳的个人所得税按照"财产转让所得"项目缴税,适用20%的比例税率。即:

股权转让所得应纳个人所得税额 = 股权转让应纳税所得额 × 20%

值得注意的是,个人转让上市公司股票取得的所得暂免征收个人所得税。

**【案例213】股权转让个人所得税处理案**[①]

**股权转让方:** 田国龙、叶友堂

**股权受让方:** 山东黄金

**标的公司:** 中宝公司

**转让基准日:** 2012年2月20日

---

[①] 参见巨潮资讯网 http://www.cninfo.com.cn/finalpage/2012-03-09/60646057.PDF,2012年11月21日访问。

**基本案情：**

被收购方中宝公司注册资本为1000万元，其股权结构为：田国龙出资510万元，持股比例为51%；叶友堂出资490万元，持股比例为49%。截至收购基准日，公司净资产评估值为104,654.20万元（含探矿权评估值112,366.34万元）。中宝公司及其全资子公司天龙公司拥有甘肃省国土资源厅核发的"西和县四儿沟门金矿详查（勘查许可证号T62120090202028946）、西和县小东沟金矿详查（勘查许可证号T62120090202028948）、西和县元滩子金矿普查（勘查许可证号T62120090202028947）"三个探矿权。

2012年3月，山东黄金分别以527,126,528.57元、196,380,471.43元收购田国龙持有的51%股权、叶友堂持有的19%股权。收购后，中宝公司的股权结构变更为：中宝公司出资700万元，持股比例为70%；叶友堂出资300万元，持股比例为30%。

**律师观点：**

本次交易涉及的税收主要包括营业税、印花税、个人所得税。

1. 营业税

根据《财政部、国家税务总局关于股权转让有关营业税问题的通知》（财税〔2002〕191号文）的规定，"对股权转让不征收营业税"，因此股权转让方田国龙与叶友堂无须缴纳营业税。

2. 印花税

本次交易采用股权收购方式，山东黄金和中宝公司的两个自然人股东应当以各自的股权交易价格为计税依据以万分之五的税率缴纳印花税，山东黄金应缴纳361,753.5元；田国龙应缴纳263,563.26元，叶友堂应缴纳98,190.24元。

3. 个人所得税

此次股权转让方的两名自然人股东应当根据股权转让所得缴纳个人所得税。田国龙此次股权转让所得为522,026,528.57元，应缴纳税款104,405,305.71元。叶友堂此次股权转让所得为194,480,471.43元，应缴纳税款38,896,094.29元。

**536. 自然人转让股权，应当于何时何地缴纳个人所得税？当自然人年所得超过12万元，其任职单位与股权变更企业所在地不一致时，自然人应如何选择纳税地？**

自然人转让股权所得个人所得税以发生股权变更的企业所在地税务机关为主管税务机关。

根据国家税务总局的意见,股权交易各方在签订股权转让协议并完成股权转让交易以后至企业变更股权登记之前,负有纳税义务或代扣代缴义务的转让方或受让方,应到主管税务机关办理纳税(扣缴)申报,并持税务机关开具的股权转让所得缴纳个人所得税完税凭证或免税、不征税证明,到工商行政管理部门办理股权变更登记手续。

个人所得税主要实行代扣代缴税款的征收方式,对个人所得税课税对象是实行每"次",即每次发生所得时,就应缴纳所得税。自行申报地与纳税地是两个概念,二者并不冲突,也就是说,年收入超过12万元的个人可以自行选择一处地点作为纳税申报地,而发生股权转让时应在发生股权变更的企业所在地地税机关纳税。

**537. 纳税义务人自行申报或扣缴义务人进行股权转让纳税申报,需要提交哪些材料?**

根据《股权转让所得个人所得税管理办法(试行)》(国家税务总局公告2014年第67号)的规定,纳税人、扣缴义务人向主管税务机关办理股权转让纳税(扣缴)申报时,还应当报送以下资料:

(1)股权转让合同(协议);

(2)股权转让双方身份证明;

(3)按规定需要进行资产评估的,需提供具有法定资质的中介机构出具的净资产或土地房产等资产价值评估报告;

(4)计税依据明显偏低但有正当理由的证明材料;

(5)主管税务机关要求报送的其他材料。

**538. 个人纳税义务人转让其在境外股权取得的所得,如果这部分所得在境外已经缴税,在境内是否还需要缴税?**

个人在境内缴税时,准予其在应纳税额中扣除已在境外缴纳的个人所得税税额。但扣除额不得超过该纳税义务人境外所得依照《个人所得税法》规定计算的应纳税额。

其中,已在境外缴纳的个人所得税税额,是指纳税义务人从中国境外取得的所得,依照该所得来源国家或者地区的法律应当缴纳并且实际已经缴纳的税额。

**539. 两个或者两个以上自然人共同取得同一股权转让收入的,应如何纳税?**

应当对每个人取得的收入分别按照《个人所得税法》的规定减除费用后计算纳税。

**540. 自然人转让股权,其计税明显偏低,税务机关是否可以调整?如何调整?**

自然人转让股权,其计税依据应按照公平交易价格计算并确定计税依据。

计税依据明显偏低且无正当理由的,主管税务机关可参照每股净资产或自然人享有的股权比例所对应的净资产份额核定。

核定方法具体如下:

(1)参照每股净资产或纳税人享有的股权比例所对应的净资产份额核定股权转让收入。对知识产权、土地使用权、房屋、探矿权、采矿权、股权等合计占资产总额比例达50%以上的企业,净资产额须经中介机构评估核实。

(2)参照相同或类似条件下同一企业同一股东或其他股东股权转让价格核定股权转让收入。

(3)参照相同或类似条件下同类行业的企业股权转让价格核定股权转让收入。

(4)以企业同时期转让股权的资产评估价值核定股权转让收入。

(5)纳税人对主管税务机关采取的上述核定方法有异议的,应当提供相关证据,主管税务机关认定属实后,可采取其他合理的核定方法。

**541. 如何判断股权转让所得计税依据明显偏低?计税依据明显偏低的正当理由包括哪些?**

根据《股权转让所得个人所得税管理办法(试行)》(国家税务总局公告2014年第67号)规定,符合下列情形之一,视为股权转让收入明显偏低:

(1)申报的股权转让收入低于股权对应的净资产份额的。其中,被投资企业拥有土地使用权、房屋、房地产企业未销售房产、知识产权、探矿权、采矿权、股权等资产的,申报的股权转让收入低于股权对应的净资产公允价值份额的;

(2)申报的股权转让收入低于初始投资成本或低于取得该股权所支付的价款及相关税费的;

(3)申报的股权转让收入低于相同或类似条件下同一企业同一股东或其他股东股权转让收入的;

(4)申报的股权转让收入低于相同或类似条件下同类行业的企业股权转让收入的;

(5)不具合理性的无偿让渡股权或股份;

(6)主管税务机关认定的其他情形。

符合下列条件之一的股权转让收入明显偏低,视为有正当理由:

(1)能出具有效文件,证明被投资企业因国家政策调整,生产经营受到重大影响,导致低价转让股权;

(2)继承或将股权转让给其能提供具有法律效力身份关系证明的配偶、父母、子女、祖父母、外祖父母、孙子女、外孙子女、兄弟姐妹以及对转让人承担直接抚养或者赡养义务的抚养人或者赡养人;

(3)相关法律、政府文件或企业章程规定,并有相关资料充分证明转让价格合理且真实的本企业员工持有的不能对外转让股权的内部转让;

(4)股权转让双方能够提供有效证据证明其合理性的其他合理情形。

### 542. 自然人转让分期投入获得的股权,主管税务机关将如何审核其股权转让成本?

对于分期投入获得的股权,在部分转让时应以股份加权平均计算转让成本(转让部分股权计税成本=全部股权计税成本×转让比例)。

涉及非货币性资产投入取得的股权,转让时一般以工商注册登记的出资数额为转让成本,但评估价格明显偏高的,主管地方税务机关可以采用合理方法核定转让成本。

### 543. 主管地方税务机关核定股权转让应纳税所得额时,应考虑哪些因素?

主管税务机关要全面、正确计算股权转让价格和股权计税成本,应考虑以下因素:

(1)"资本公积""未分配利润""盈余公积"累计结余情况,对于应分配未分配的所有者权益应考虑其对价格的影响。

(2)债权债务清偿情况,如:应收账款、应付账款、长期借款和长期投资等。

(3)资产、存货的增值和减值等情况。

(4)股权计税成本的真实性。按照税收政策,根据企业财务状况对其股权转让价格进行纳税调整,该调增的调增,该调减的调减,填制股权转让纳税调整表,经主管领导审批后,调整纳税行为。

### 544. 自然人股东将股权赠与他人,是否需要缴纳所得税?什么情形下不需要缴纳所得税?需要提交哪些材料?

国家税务总局关于《股权转让所得个人所得税管理办法(试行)》规定:

(1)特定亲属间无偿赠与股权,无须缴纳个人所得税

继承或将股权转让给其能提供具有法律效力身份关系证明的配偶、父母、子女、祖父母、外祖父母、孙子女、外孙子女、兄弟姐妹以及对转让人承担直接抚养或者赡养义务的抚养人或者赡养人,无须缴纳个人所得税。

(2)特定亲属间无偿赠与取得的股权,再转让时,按取得股权发生的合理税费与原持有人的股权原值之和确认股权原值

(3) 正常的股权转让,按"财产转让所得"缴纳20%个人所得税

(4) 个人股权溢价转让,转让方为纳税人,受让方为扣缴义务人

上述申报材料包括:公正机构出具的赠与人与受赠人亲属关系公证书、抚养关系或者赡养关系公证书;填写提交《个人股东变动情况报告表》。

**545. 如何确定个人转让因受赠获得的股权的应纳税额?**[①]

以股权转让收入减除受赠股权过程中缴纳的税金及有关合理费用后的余额为应纳税所得额,按20%的适用税率计算缴纳个人所得税。即:

应纳税额 = (股权转让收入 - 相关税费) × 20%

**546. 企业股权置换过程中个人股权转让,应如何缴纳个人所得税?**

应区分自然人转让股权和购买股权两种行为进行管理。其中,自然人的股权转让收入应当以转让时换入股权的公允价格确认;如涉及以货币、实物或其他经济利益等形式支付对价补差的,应以换入股权的公允价格与对价补差之和确认转让收入。

**547. 在企业变更股权登记之前,负有纳税义务或代扣代缴义务的转让方或受让方,应履行哪些义务?**

应到主管税务机关办理纳税(扣缴)申报,并持税务机关开具的股权转让所得缴纳个人所得税完税凭证或免税、不征税证明,到工商行政管理部门办理股权变更登记手续。

股权交易各方已签订股权转让协议,但未完成股权转让交易的,企业在向工商行政管理部门申请股权变更登记时,应填写《个人股东变动情况报告表》(表格式样和联次由各省地税机关自行设计)并向主管税务机关申报。

**548. 对个人在上海证券交易所、深圳证券交易所转让从上市公司公开发行和转让市场取得的上市公司股票所得,是否需要计征个人所得税?**

不需要。

**【案例214】华孚色纺公司股东减持股改限售股份**[②]

**减持股东:**廖煜

**被减资公司:**华孚色纺公司

---

[①] 关于股权赠与税收问题详见本书第四章股东资格确权纠纷。

[②] 参见巨潮网 http://www.cninfo.com.cn/finalpage/2009-09-17/57061417.PDF,2012年11月28日访问。

**减持方式：**二级市场集中竞价

**减持时间：**2009年7月16日至9月15日

**基本案情：**

截至2009年7月16日，华孚色纺公司股权结构如图7-8所示：

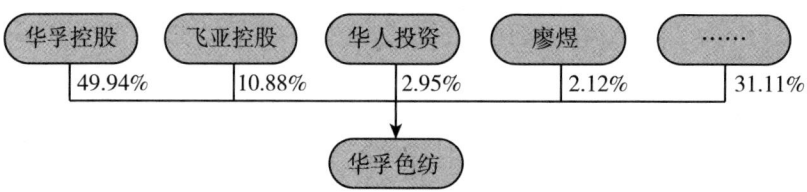

图7-8 减持前股权架构示意

廖煜持有华孚色纺499限售股万股，占总股本比例为2.12%。2009年7月16日到9月15日，廖煜通过二级市场集中竞价交易的方式，出售238万股，累计减持公司总股本的1.01%。在减持完成之后，廖煜仍持有公司261万股，占总股本比例为1.11%。在其减持之后，公司股权结构如图7-9所示：

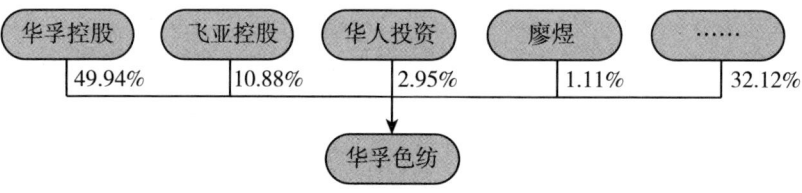

图7-9 减持后股权架构示意

**律师观点：**

本次资产重组涉及的税收主要是个人所得税与印花税。

(1) 个人所得税

《财政部、国家税务总局关于个人转让股票所得继续暂免征收个人所得税的通知》(财税字〔1998〕61号)的规定，对个人转让上市公司股票取得的所得继续暂免征收个人所得税。因此，对于廖煜在二级市场上减持转让股份所得免征个人所得税。①

---

① 此文已于2010年1月1日被《财政部、国家税务总局、证监会关于个人转让上市公司限售股所得征收个人所得税有关问题的通知》(财税〔2009〕167号)废止。根据财税〔2009〕167号规定，自2010年1月1日起，对个人转让限售股取得的所得，按照"财产转让所得"，适用20%的比例税率征收个人所得税。所以，如果廖煜减持华孚色纺公司限售股的行为发生在2010年1月1日后，应当就股权转让所得扣除成本后，缴纳个人所得税。

(2)印花税

根据深圳证券交易所《关于做好证券交易印花税征收方式调整工作的通知》,应当对廖煜转让股份的总金额,按照千分之一的税率,征收1.01万元印花税①,对受让该部分股票的交易另一方不征收印花税。

**549. 全体股东,通过签订股权转让协议,以转让公司全部资产方式将股权转让给新股东,协议约定时间以前的债权债务由原股东负责,协议约定时间以后的债权债务由新股东负责。此时,原股东如何计征个人所得税?**

原股东应缴纳的个人所得税的确认方法如下:

(1)原股东取得股权转让所得,应按"财产转让所得"项目征收个人所得税;

(2)应纳税所得额的计算:

①对于原股东取得转让收入后,根据持股比例先清收债权、归还债务后,再对每个股东进行分配的,应纳税所得额的计算公式为:

应纳税所得额=(原股东股权转让总收入−原股东承担的债务总额+原股东所收回的债权总额−注册资本额−股权转让过程中的有关税费)×原股东持股比例

其中,原股东承担的债务不包括应付未付股东的利润(下同)。

②对于原股东取得转让收入后,根据持股比例对股权转让收入、债权债务进行分配的,应纳税所得额的计算公式为:

应纳税所得额=原股东分配取得股权转让收入+原股东清收公司债权收入−原股东承担公司债务支出−原股东向公司投资成本

其中,"原股东清收公司债权收入"(原股东所收回的债权总额)与"原股东承担公司债务支出"(原股东承担的债务总额)均指原股东清收债权或承担债务的实际数额,而非协议约定的账面数额。

**550. 集体所有制企业在改制为股份合作制企业过程中个人取得的量化资产,如何计征个人所得税?**

区分以下情况:

(1)对职工个人以股份形式取得的仅作为分红依据,不拥有所有权的企业量化资产,不征收个人所得税。

(2)对职工个人以股份形式取得的拥有所有权的企业量化资产,暂缓征收个

---

① 此处计算计税依据采用的单价为华孚色纺2009年7月至9月均价4.23元。

人所得税;待个人将股份转让时,就其转让收入额,减除个人取得该股份时实际支付的费用支出和合理转让费用后的余额,按"财产转让所得"项目计征个人所得税。

(3)对职工个人以股份形式取得的企业量化资产参与企业分配而获得的股息、红利,应按"利息、股息、红利"项目征收个人所得税。

**551. 股权转让合同被撤销,退还的股权转让款是否需要缴纳个人所得税?如何缴纳?**

应视具体情况而定:

(1)股权转让合同履行完毕、股权已作变更登记,且所得已经实现的,则转让人取得的股权转让收入应当依法缴纳个人所得税。转让行为结束后,当事人双方签订并执行解除原股权转让合同、退回股权的协议,是另一次股权转让行为,对前次转让行为征收的个人所得税款不予退回。

(2)股权转让合同未履行完毕,因执行仲裁委员会作出的解除股权转让合同及补充协议的裁决,停止执行原股权转让合同并原价收回已转让股权的,由于其股权转让行为尚未完成、收入未完全实现,随着股权转让关系的解除,股权收益不复存在,根据《个人所得税法》和征管法的有关规定,以及从行政行为合理性原则出发,纳税人不应缴纳个人所得税。

**552. 股权成功转让后,转让方个人因受让方个人未按规定期限支付价款而取得的违约金收入,是否需要缴纳个人所得税?**

需要。转让方个人取得的该违约金应并入财产转让收入,按照"财产转让所得"项目计算缴纳个人所得税,税款由取得所得的转让方个人向主管税务机关自行申报缴纳。

**553. 个人因各种原因终止投资、联营、经营合作等行为,从被投资企业或合作项目、被投资企业的其他投资者以及合作项目的经营合作人取得股权转让收入、违约金、补偿金、赔偿金及以其他名目收回的款项等,是否需要缴纳个人所得税?如需缴纳,如何缴纳?**

上述款项均属于个人所得税应税收入,应按照"财产转让所得"项目适用的规定计算缴纳个人所得税。

应纳税所得额的计算公式如下:

应纳税所得额 = 个人取得的股权转让收入、违约金、补偿金、赔偿金及以其他名目收回的款项合计数 − 原实际出资额(投入额) − 相关税费

**554. 外籍个人转让其在境内持有的股权,是否需要缴税?**

需要。其应纳税额以及缴纳方式依照境内居民股权转让税收政策执行。

**555. 对个人(包括个体工商户及其他个人)从事外汇、有价证券、非货物期货和其他金融商品买卖业务取得的收入,是否需要缴纳营业税?个人转让股权是否需要缴纳营业税?**

均暂免征收营业税。

**556. 个人转让股权是否需要缴纳印花税?如果股权转让合同签署后又被撤销或终止的情况下,已经完税的贴花能否回转?**

分析如下:

(1)转让股权需缴纳印花税,转让方与受让方均需以股权转让价款为计税依据按照万分之五的税率缴纳印花税。如果转让的是上市公司股票,则转让方应按千分之一的税率征收证券(股票)交易印花税,受让方无须缴税。

(2)合同签订时即应贴花,履行完税手续。因此,不论合同是否兑现或能否按期兑现,都一律按照规定贴花。也就是说,即便是股权转让合同签署后被撤销或终止,没有实际履行,已经完税的贴花也不能回转。

## 二、法人股东转让股权的税务问题

### (一)居民企业转让股权的所得税问题

**557. 如何确认和计算企业因转让股权取得的所得?如何进行会计处理?**

按以下方法确认和计算:

(1)企业转让股权收入,应于转让协议生效且完成股权变更手续时,确认收入的实现。转让股权收入扣除为取得该股权所发生的成本后,为股权转让所得。企业在计算股权转让所得时,不得扣除被投资企业未分配利润等股东留存收益中按该项股权所可能分配的金额。

(2)企业取得股权转让收入,不论是以货币形式还是非货币形式体现,除另有规定外,均应一次性计入确认收入的年度计算缴纳企业所得税。

**558. 企业股权投资转让所得和损失的所得税应如何处理?**

按以下方法处理:

(1)企业股权投资所发生的损失,自 2010 年 1 月 1 日后,在经确认的损失发生年度,作为企业损失在计算企业应纳税所得额时一次性扣除;

(2)2010 年 1 月 1 日以前,企业发生的尚未处理的股权投资损失,准予在 2010 年度一次性扣除。

**559. 核定征收企业所得税的企业,取得的转让股权(股票)收入等转让财产收入,是否适用企业所得税核定征收方式?如果适用,如何征税?**

适用。如果转让股权的公司的适用核定应税所得率征收企业所得税,那么股权转让收入应全额计入应税收入额,按照主营项目(业务)确定适用的应税所得率计算征税;若主营项目(业务)发生变化,应在当年汇算清缴时,按照变化后的主营项目(业务)重新确定适用的应税所得率计算征税。也就是说,对一个纳税人同一纳税年度的企业所得税,不应同时采用两种征收方式。

专门从事股权(股票)投资业务的企业,不得核定征收企业所得税。

**560. 投资企业撤回或减少投资的税务应如何处理?**

按以下方法处理:

(1)投资企业从被投资企业撤回或减少投资,其取得的资产中,相当于初始出资的部分,应确认为投资收回;

(2)相当于被投资企业累计未分配利润和累计盈余公积金按减少实收资本比例计算的部分,应确认为股息所得;

(3)其余部分确认为投资资产转让所得。

被投资企业发生的经营亏损,由被投资企业按规定结转弥补;投资企业不得调整减低其投资成本,也不得将其确认为投资损失。

**561. 被投资企业对投资方的分配支付额,如果超过被投资企业的累计未分配利润和累计盈余公积金而低于投资方的投资成本的,投资方应如何进行税务处理?**

应视为投资回收,应冲减投资成本;超过投资成本的部分,视为投资方企业的股权转让所得,应并入企业的应纳税所得,依法缴纳企业所得税。

**562. 股权转让人应分享的被投资方累计未分配利润或累计盈余公积金应如何定性?**

应确认为股权转让所得,不得确认为股息性质的所得。

**563. 被投资企业有未分配利润等股东留存收益,在转让股权前进行利润分配,能否降低税负?**

企业在计算股权转让所得时,除非是在被投资企业清算的情况下,否则不允许扣除其在被投资企业中应分配而未分配的利润。

根据《企业所得税法》及其实施条例的规定,居民企业从直接投资于其他居民企业取得的投资收益免征企业所得税。因此,有人建议,为了降低税负,可以先行进行红利分配,再转让股权。这种方案真的能降低税负吗?下面将以案例说明。

A公司有三名股东,分别为B企业、C自然人与D自然人。公司注册资本为100万元,其中:股东B出资60万元,占注册资本的比例为60%;股东C公司出资

25万元,占注册资本的比例为25%;股东D公司出资15万元,占注册资本的比例为15%。

现B欲转让其持有的全部股权,公司目前净资产为500万元。(暂不考虑其他费用,假设企业所得税税率为25%)

第一种方案:B公司直接转让股权。此时,

企业所得税=(500×60%-60)×25%=60万元

第二种方案:B公司与其他股东达成一致意见,先行分配红利,再转让股权。

根据税法规定,B企业作为居民企业从A公司取得的红利无须缴纳企业所得税。

企业所得税=0万元。

从数据上看,先分配红利,再转让股权,能有效降低税负。但这一方案有效实施的前提在于B公司是A公司的大股东,其能通过盈余分配方案,可以先行分配红利,再转让股权。如其非大股东,其他股东不同意分配红利,此方案就无从实施。而且个人投资者取得的红利需要按照20%的税率缴纳个人所得税,先行分配红利从税负角度来说对A公司另外两名自然人股东没有意义。

### 564. 法人股东低价转让股权,税务局是否会核定企业所得税?

法人股东申报的计税依据明显偏低,又无正当理由的,税务机关应根据法人股东具体情况,核定征收企业所得税。对核定征收企业所得税的纳税人,核定应税所得率或者核定应纳所得税额。

具有下列情形之一的,核定其应税所得率:

(1)能正确核算(查实)收入总额,但不能正确核算(查实)成本费用总额的;

(2)能正确核算(查实)成本费用总额,但不能正确核算(查实)收入总额的;

(3)通过合理方法,能计算和推定纳税人收入总额或成本费用总额的。

纳税人不属于以上情形的,核定其应纳所得税额。

税务机关采用下列方法核定征收企业所得税:

(1)参照当地同类行业或者类似行业中经营规模和收入水平相近的纳税人的税负水平核定;

(2)按照应税收入额或成本费用支出额定率核定;

(3)按照耗用的原材料、燃料、动力等推算或测算核定;

(4)按照其他合理方法核定。

采用前款所列一种方法不足以正确核定应纳税所得额或应纳税额的,可以同时采用两种以上的方法核定。采用两种以上方法测算的应纳税额不一致时,可按测算的应纳税额从高核定。

核定征收企业所得税的,应纳所得税额计算公式如下:

应纳所得税额 = 应纳税所得额 × 适用税率

应纳税所得额 = 应税收入额 × 应税所得率

或:应纳税所得额 = 成本(费用)支出额/(1 - 应税所得率) × 应税所得率

应税所得率按表 7 - 1 规定的幅度标准确定:

表 7 - 1　企业应税所得率

| 行业 | 应税所得率(%) |
| --- | --- |
| 农、林、牧、渔业 | 3 ~ 10 |
| 制造业 | 5 ~ 15 |
| 批发和零售贸易业 | 4 ~ 15 |
| 交通运输业 | 7 ~ 15 |
| 建筑业 | 8 ~ 20 |
| 饮食业 | 8 ~ 25 |
| 娱乐业 | 15 ~ 30 |
| 其他行业 | 10 ~ 30 |

**565. 法人股东将其持有的股权无偿赠与他人是否需要征收所得税?**

要征收。对于企业股权赠与行为,尚无专门的规定。根据《国家税务总局关于企业处置资产所得税处理问题的通知》(国税函〔2008〕828 号)和《企业所得税法》的规定,企业将资产对外捐赠应视同销售确定收入,缴纳所得税。但企业发生的公益性捐赠支出,在年度利润总额 12% 以内的部分,准予在计算应纳税所得额时扣除。

**566. 办理股权转让税务变更登记需要提交哪些材料?**

股权转让税务登记变更所需要的材料如下:

(1)法人营业执照。

(2)组织机构代码证书。

(3)外资企业还需提供外资批准证书,分支机构提供总机构的外资批准证书。

(4)投资者为单位提交税务登记证件,投资者为自然人提交身份证。

(5)税务登记证正副本。

(6) 变更税务登记申请表(3份)。

(7) 凡由其他有限责任公司、国有、集体企业改制为私营有限责任公司或个人合伙、独资企业的,必须提供产权产割单、验资报告、修改后的章程;无国有成分的单位、自然人之间的股权转让则只需提供董事会决议或股东会决议、修改后的章程、股权转让书。除合伙企业和个人独资企业外,企业自然人股东出让股权需由综合管理所出具《股权转让纳税情况证明》原件。

以上文件没有特别说明,均为复印件加盖企业公章。

**567. 个人独资、合伙企业转让投资股权如何缴纳所得税?**

合伙人是自然人的,按照5%~35%五级累进税率缴纳个人所得税;合伙人是法人的,由合伙人按《企业所得税法》规定缴纳企业所得税。

(二)非居民企业转让股权的所得税问题

**568. 对非居民企业取得来源于中国境内的股息、红利等权益性投资收益和利息、租金、特许权使用费所得、转让财产所得以及其他所得应当缴纳的企业所得税,如何确定扣缴义务人?扣缴义务人应当如何履行扣缴税款登记义务与税款扣缴义务?扣缴义务人未按照规定办理扣缴税款登记的,可能会承担哪些行政法律风险?应如何确定主管税务机关与纳税时间?**

对上述所得实行源泉扣缴,以依照有关法律规定或者合同约定对非居民企业直接负有支付相关款项义务的单位或者个人为扣缴义务人。

(1) 扣缴义务人应当履行的税款扣缴登记义务如下:

①扣缴义务人与非居民企业首次签订有关的业务合同或协议(以下简称合同)的,扣缴义务人应当自合同签订之日起30日内,向其主管税务机关申报办理扣缴税款登记。

②扣缴义务人每次与非居民企业签订有关的业务合同时,应当自签订合同(包括修改、补充、延期合同)之日起30日内,向其主管税务机关报送《扣缴企业所得税合同备案登记表》、合同复印件及相关资料。文本为外文的应同时附送中文译本。

(2) 扣缴义务人应当履行的税款扣缴义务如下:

扣缴义务人在每次向非居民企业支付或者到期应支付的所得时,应从支付或者到期应支付的款项中扣缴企业所得税。

所谓到期应支付的款项,是指支付人按照权责发生制原则应当计入相关成本、费用的应付款项。

扣缴义务人每次代扣代缴税款时,应当向其主管税务机关报送《扣缴企业所得税报告表》(以下简称扣缴表)及相关资料,并自代扣之日起 7 日内缴入国库。

(3)扣缴义务人未按照规定办理扣缴税款登记的,可能承担的行政责任如下:

①扣缴义务人未按照规定办理扣缴税款登记的,税务机关应当自发现之日起 3 日内责令其限期改正,并可处以 200 元以下的罚款;

②纳税人、扣缴义务人违反本办法规定,拒不接受税务机关处理的,税务机关可以收缴其发票或者停止向其发售发票。

(4)扣缴时间:扣缴义务人未依法扣缴或者无法履行扣缴义务的,非居民企业应于扣缴义务人支付或者到期应支付之日起 7 日内,到所得发生地主管税务机关申报缴纳企业所得税。

(5)主管税务机关的确定:非居民企业在中国境内存在多处所得发生地,可以选定其中之一申报缴纳企业所得税的,之后应向申报纳税所在地主管税务机关如实报告有关情况。申报纳税所在地主管税务机关在受理申报纳税后,应将非居民企业申报缴纳所得税情况书面通知扣缴义务人所在地和其他所得发生地主管税务机关。

扣缴义务人所在地与所得发生地不在一地的,扣缴义务人所在地主管税务机关应自确定扣缴义务人未依法扣缴或者无法履行扣缴义务之日起 5 个工作日内,向所得发生地主管税务机关发送《非居民企业税务事项联络函》,告知非居民企业的申报纳税事项。

**569. 如何确定非居民企业股权转让所得?其税率为多少?如何计算股权转让的应纳税额?**

转让所得按以下方法确定:

(1)股权转让所得,是指股权转让价减除股权成本价后的差额。该股权转让所得,是指非居民企业转让中国居民企业的股权(不包括在公开的证券市场上买入并卖出中国居民企业的股票)所取得的所得。所谓"在公开的证券市场上买入并卖出中国居民企业的股票",是指股票买入和卖出的对象、数量和价格不是由买卖双方事先约定而是按照公开证券市场通常交易规则确定的行为。

(2)股权转让价是指股权转让人就转让的股权所收取的包括现金、非货币资产或者权益等形式的金额。如被持股企业有未分配利润等股东留存收益,不得从股权转让价中扣除。

(3)股权成本价是指股权转让人投资入股时向中国居民企业实际交付的出资金额,或购买该项股权时向该股权的原转让人实际支付的股权转让金额。股权

成本价确定原则如下:

①以非居民企业向被转让股权的中国居民企业投资时或向原投资方购买该股权时的币种计算股权转让价和股权成本价;

②如果同一非居民企业存在多次投资的,以首次投入资本时的币种计算股权转让价和股权成本价,以加权平均法计算股权成本价;

③多次投资时币种不一致的,则应按照每次投入资本当日的汇率换算成首次投资时的币种。

(4)应纳税额=应纳税所得额×实际征收率。

《企业所得税法》规定非居民企业企业所得税的实际征收率为10%,如果税收协定规定的税率更低,实际征收率为协定规定的税率。

**570. 在计算非居民企业股权转让所得时,计算股权转让价以及股权成本价时应采用何币种？扣缴义务人对外支付或者到期应支付的款项为人民币以外货币的,在申报扣缴企业所得税时,应当采用何种币种计算应纳税所得额?**

以非居民企业向被转让股权的中国居民企业投资时或向原投资方购买该股权时的币种计算股权转让价和股权成本价。如果同一非居民企业存在多次投资的,以首次投入资本时的币种计算股权转让价和股权成本价,以加权平均法计算股权成本价;多次投资时币种不一致的,则应按照每次投入资本当日的汇率换算成首次投资时的币种。

扣缴义务人在申报扣缴企业所得税时,应按照扣缴当日国家公布的人民币汇率中间价,折合成人民币计算应纳税所得额。

**571. 扣缴义务人与非居民企业签订有关的业务合同时,凡合同中约定由扣缴义务人负担应纳税款的,应如何确定非居民企业的应纳税所得额?**

应将非居民企业取得的不含税所得换算为含税所得后计算征税。

**572. 如果非居民企业拒绝代扣税款的,扣缴义务人应如何处理?**

扣缴义务人应当暂停支付相当于非居民企业应纳税款的款项,并在1日之内向其主管税务机关报告,并报送书面情况说明。

**573. 非居民企业转让股权,如何确定税务征管机关?**

(1)扣缴义务人未依法扣缴或者无法履行扣缴义务。非居民企业应在规定时间内,到被转让股权的中国居民企业所在地主管税务机关(负责该居民企业所得税征管的税务机关)申报缴纳企业所得税。

(2)同时间接转让两个及以上不同省(市)居民企业股权。应选择向其中一个居民企业所在地主管税务机关按照《通知》第5条规定提供资料,由该主管税务机关所在省(市)税务机关与其他省(市)税务机关协商确定是否征税,并向国家税务总局报告;如果确定征税的,应分别到各中国居民企业所在地主管税务机关缴纳税款。

(3)交易双方为非居民企业且在境外交易。由取得所得的非居民企业自行或委托代理人向被转让股权的境内企业所在地主管税务机关申报纳税。被转让股权的境内企业应协助税务机关向非居民企业征缴税款。

**574. 非居民企业未依照规定申报缴纳企业所得税,税务主管机关应如何处理?**

由申报纳税所在地主管税务机关责令限期缴纳,逾期仍未缴纳的,申报纳税所在地主管税务机关可以收集、查实该非居民企业在中国境内其他收入项目及其支付人(以下简称其他支付人)的相关信息,并向其他支付人发出《税务事项通知书》,从其他支付人应付的款项中,追缴该非居民企业的应纳税款和滞纳金。

其他支付人所在地与申报纳税所在地不在一地的,其他支付人所在地主管税务机关应给予配合和协助。

**575. 非居民企业到期应支付而未支付的所得如何扣缴企业所得税?**

居民企业和非居民企业签订与利息、租金、特许权使用费等所得有关的合同或协议,如果未按照合同或协议约定的日期支付上述所得款项,或者变更或修改合同或协议延期支付,但已计入企业当期成本、费用,并在企业所得税年度纳税申报中作税前扣除的,应在企业所得税年度纳税申报时按照企业所得税法有关规定代扣代缴企业所得税。

如果企业上述到期未支付的所得款项,不是一次性计入当期成本、费用,而是计入相应资产原价或企业筹办费,在该类资产投入使用或开始生产经营后分期摊入成本、费用,分年度在企业所得税前扣除的,应在企业计入相关资产的年度纳税申报时就上述所得全额代扣代缴企业所得税。

如果企业在合同或协议约定的支付日期之前支付上述所得款项的,应在实际支付时按照企业所得税法有关规定代扣代缴企业所得税。

**576. 股权转让交易双方为非居民企业且在境外交易的,是否需要进行申报纳税? 如需要,应向何地主管税务机关申报纳税?**

由取得所得的非居民企业自行或委托代理人向被转让股权的境内企业所在地主管税务机关申报纳税。被转让股权的境内企业在依法变更税务登记时,应将股权转让合同复印件报送主管税务机关,协助税务机关向非居民企业征缴税款。

**577. 境外投资方(实际控制方)通过境外企业间接转让中国居民企业股权,因股权转让购买方、交易均在境外,并且转让的是境外公司的股权而非境内企业的股权,是否因此在中国不负有纳税义务?**

非居民企业通过滥用组织形式等安排间接转让中国居民企业股权,且不具有合理的商业目的,规避企业所得税纳税义务的,主管税务机关层报税务总局审核后可以按照经济实质对该股权转让交易重新定性,否定被用作税收安排的境外控股公司的存在。一旦被否定,转让方应依照规定缴纳企业所得税。

**【案例215】境外间接转让境内股权 境内征收1.73亿元税款**①

**基本案情:**

扬州某公司是由江都一家民营企业与外国一家投资集团合资成立。其中,该投资集团通过其香港全资子公司持有扬州某公司49%股权。

2009年年初,江都市国税局获悉,该投资集团可能转让扬州某公司股权。经推测,江都市国税局认为该投资集团最可能通过整体转让香港公司来间接转让扬州公司股权。而对于间接转让,因其超越国内税收管辖权,对其征税国内并无相关税收法律法规规定。

江苏省、扬州市国税局国际税收管理部门调研并向国家税务总局提出对间接转让股权进行规范的政策建议,同时组成省、市、县联合专家小组,跟踪分析企业的股权转让行为。

2010年1月14日,江都市国税局得到信息,扬州公司外方股权转让采用间接转让的方式在境外交易完毕。

2010年2月1日、2月9日、3月2日,江都市国税局先后向间接转让交易的股权购买方公司、转让方投资公司发出税务文书,在几经周折后,取得了该笔股权转让的协议和交易相关资料。

2010年2月16日,江都市国税局收到投资集团提交的3份文件。

江都市国税局还从交易购买方的美国母公司网站上获悉,2010年1月14日,该公司正式宣布收购扬州某公司49%股份交易已经完成。新闻稿件详尽介绍了扬州某公司的相关情况,却未提及香港公司,间接证明该公司购买香港公司仅仅是形式,而交易的实质是为了购买扬州公司49%的股份(见图7-10、图7-11)。

---

① 参见中国税网 http://www.ctaxnews.com.cn/xinwen/sshg/201006/t20100609_1560956.htm,2012年8月5日访问。

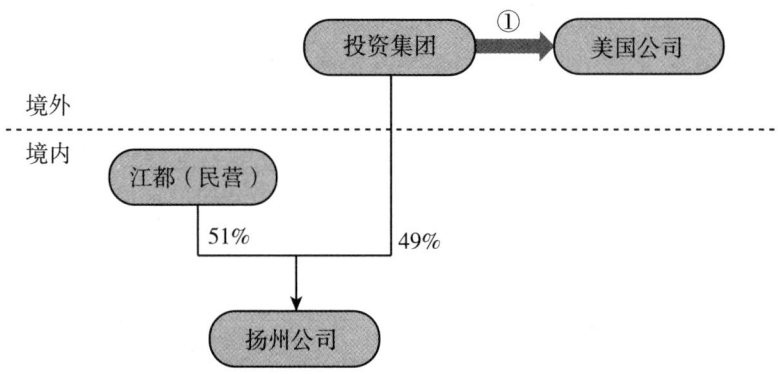

注：①投资集团持有扬州公司49%股权，若直接转让给美国公司，预提税率将为10%。

图7-10 真实股权转让示意

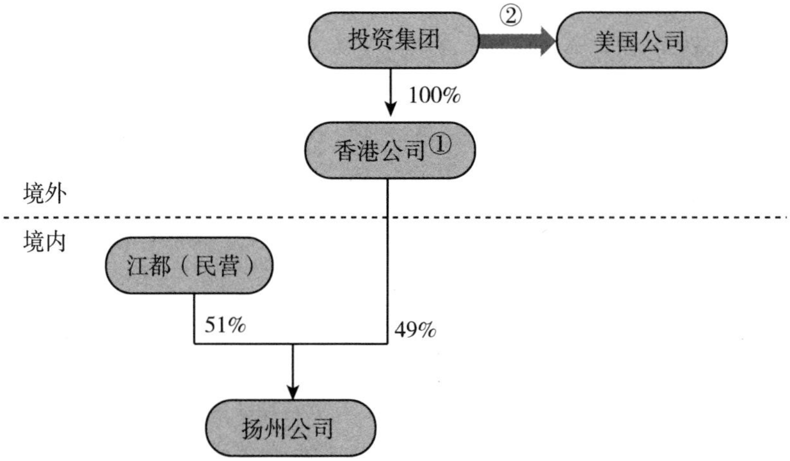

注：①设立特殊目的公司（香港公司）。
②通过转让香港公司100%股权间接转让扬州公司49%股权，达到转让过程发生在境外的假象，实现预提税率降至5%的目的。

图7-11 避税股权转让示意

**企业观点：**

该股权转让购买方、交易均在境外，并且转让的是境外香港公司的股权而非境内企业的股权，因此在中国不负有纳税义务。

**律师观点：**

香港公司"无雇员；无其他资产、负债；无其他投资；无其他经营业务"，这次股权转让尽管形式上是转让香港公司股权，但实质是转让扬州某公司的外方股权。

根据《企业所得税法》及其实施条例和《国家税务总局关于加强非居民企业股权转让所得企业所得税管理的通知》有关规定指出,非居民企业通过滥用组织形式等安排间接转让中国居民企业股权且不具有合理的商业目的,规避企业所得税纳税义务的,税务机关可按照经济实质对该股权转让交易重新定性,否定被用作税收安排的境外控股公司的存在。

故,扬州某公司应在中国负有纳税义务,予以征税。

**处理结果:**

5月18日上午,扬州某公司向税务局缴税1.73亿元。

**【案例216】转让标的实质在境内　多层间接持股难逃税**[①]

**基本案情:**

2010年11月,汕头市国税局通过查阅互联网上公开的第三方信息获悉,香港某上市公司(香港H公司)透过其全资子公司维尔京W公司向外国某集团公司(外国P公司)的全资子公司维尔京A公司间接收购汕头市某公司(汕头S公司)100%的股本权益,涉及金额8000万元人民币,而外国P公司是香港H公司的主要及控股股东。非居民企业之间的股权转让往往涉及国家税收权益大事,而且"稍纵即逝",汕头市国税局立即组织税务人员进行调查核实。

与几个公司联系后,汕头市国税局要求相关境外公司报送该笔股权交易的协议和资料,同时从香港H公司网站上了解有关该笔股权交易的报道和背景。

汕头S公司成立于2004年6月。

2008年2月香港G公司通过股权收购成为汕头S公司的唯一投资方,又经系列股权变更,形成了外国P公司通过其属下的4个逐层100%控股的子公司、孙公司,即维尔京A公司、维尔京AA公司、维尔京AAA公司和香港G公司,间接拥有汕头S公司100%股权的股权结构。

2010年11月,维尔京W公司与维尔京A公司签订协议,收购维尔京AA公司、维尔京AAA公司、香港G公司及汕头S公司的100%股本权益。

维尔京W公司于2010年11月和12月支付了股权转让价款(见图7-12、图7-13)。

---

① 参见投行先锋论坛 http://www.touhangbbs.cn/forum.php?mod=viewthread&tid=27816,2012年8月5日访问。

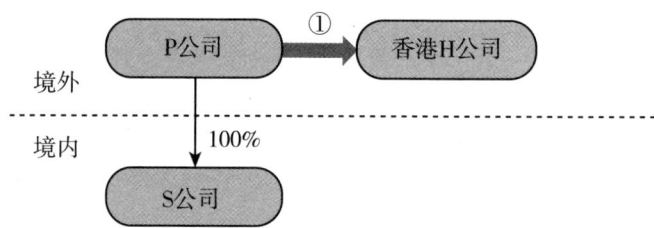

注：①香港H公司欲收购S公司，若P公司直接转让，预提税率为10%。

图7-12 真实股权转让示意

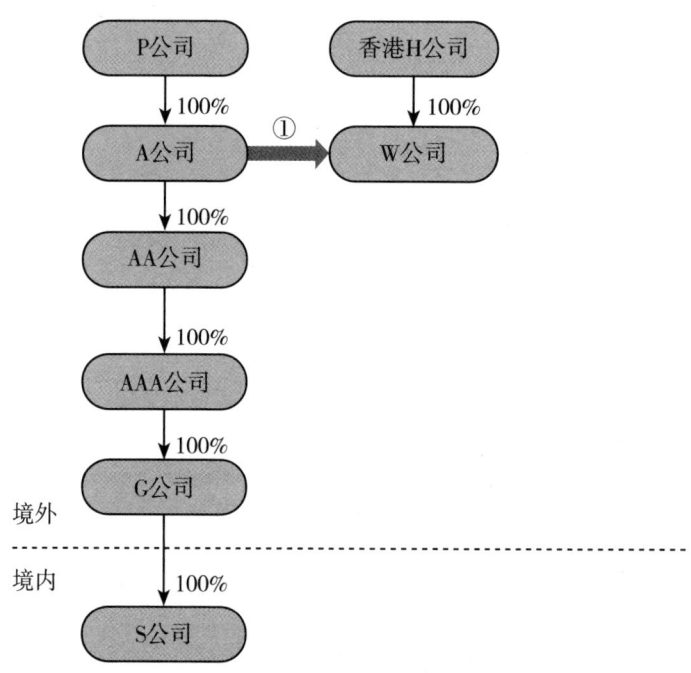

注：①P公司通过成立层层全资子公司，转让A公司股权，间接转让AA、AAA、G、S公司股权，将预提税率降低。

图7-13 避税股权转让示意

**企业观点：**

本次股权交易是境外公司间转让另一境外公司的股权，买方、卖方、买卖标的物，都是境外公司，交易过程和价款支付也均发生在境外；对汕头 S 公司而言，其投资方也并没有发生变化，因此其不应在中国境内负有纳税义务。

**律师观点：**

维尔京 W 公司从维尔京 A 公司收购的资产是 4 个逐层 100% 控股的公司股权，其中维尔京 AA 公司、维尔京 AAA 公司和香港 G 公司，其居民国（地区）均对其居民的境外所得不征所得税；3 个公司均是境外控股公司，除了层层 100% 控股，对外无其他投资；维尔京 AA 公司和维尔京 AAA 公司均是 2009 年 7 月才在维尔京群岛注册成立，企业不能提供证据证明其合理商业目的，因此存在被用作税收安排的嫌疑。

根据"实质重于形式"的原则，上述股权交易的实质是维尔京 A 公司向维尔京 W 公司转让汕头 S 公司的 100% 的股权，出让方维尔京 A 公司在中国负有纳税义务，要求维尔京 A 公司就其本次股权转让收益在中国缴纳企业所得税。

根据《企业所得税法》及其实施条例和《国家税务总局关于加强非居民企业股权转让所得企业所得税管理的通知》有关规定指出，非居民企业通过滥用组织形式等安排间接转让中国居民企业股权且不具有合理的商业目的，规避企业所得税纳税义务的，税务机关可按照经济实质对该股权转让交易重新定性，否定被用作税收安排的境外控股公司的存在。

上述股权交易的买卖标的物实际上就是汕头 S 公司的股权，卖方的股权转让所得来源于汕头 S 公司的所在地即中国，因此中国对该所得依法享有征税权。

**处理结果：**

2011 年 3 月 29 日，维尔京 W 公司以扣缴义务人身份，委托汕头 S 公司向汕头市国税局报送了扣缴企业所得税报告表，并于 3 月 30 日从境外将 720 万元税款汇入中国国库待缴库税款专户。

**【案例 217】避税地设立公司无正当商业目的　难逃 3.8 亿元缴税义务**[①]

**基本案情：**

2011 年 3 月，吉林省通化市国税局在分析税收收入时，发现当月企业所得

---

① 参见中国税网 http://www.ctaxnews.com.cn/syxw/csjd/201208/t20120803_1587466.htm，2011 年 8 月 5 日访问。

收入增长异常。主要原因是梅河药业缴纳企业所得税1000多万元,但该企业并不是重点税源监控企业,名称也很陌生。通过调取综合征管软件Ｖ2.0系统数据,查询到该企业是梅河口市局管辖的一户外商独资企业,去年同期缴纳的企业所得税只有30多万元,而且2011年1月刚变更名称。

梅河药业是梅河控股的全资子公司,实际控制人是梅河海外,注册地均在英属维尔京群岛。

梅河药业的产品市场占有率高,市场前景好,几年来企业利润呈几何级数增长。

梅河控股即将进行股权转让,实际收购方为香港药业。

2011年8月,香港药业收购股权的公告显示,2010年11月24日,香港药业的全资子公司香港国际与梅河海外签订股权收购协议,约定香港国际以不超过24亿元人民币收购梅河控股。

公告中提到,此次收购主要看中"该等目标公司"产品组合、销售网络和市场前景,但从公布的产品名称看全部是梅河药业的主打产品,从公布的财务数据看与当期梅河药业的数据完全一致,说明梅河控股本身没有经营业务。

但是在调查进行的时点,这笔股权转让交易还没有完成,因为根据转让协议,香港国际以梅河药业2011年度净利润的12倍、总金额不超过24亿元人民币的价格收购,股权转让交易需要在2012年年初完成。虽然香港国际支付了预付款,仍不满足确认收入和所得的条件,也不存在马上缴税问题。

由于企业股权转让交易没有完成,不满足确认所得的条件,在工作暂时无法深入时,专家组通过查询香港药业的公告,继续关注股权转让交易的进展。

专案组在查询公告时,得到信息:2011年9月,香港药业转让通化药业50%的股权,受让方是国内某药业公司,这属于非居民企业直接转让我国企业股权的行为。

通化药业是一家外商独资企业,单一股东是通化控股,既然通化控股有通化药业100%的股权,香港药业怎么有权出售通化药业50%股权呢?

经调查,2011年6月22日,香港药业收购了通化控股100%股权,收购价格为7.75亿元人民币,因此,也就成为通化药业的实际控制人。而通化控股也是注册于维尔京群岛的一家公司。

经深一步调查发现,通化药业和梅河药业注册地址相近,位置毗邻,并且都是从一家公司分立出来的(见图7-14、图7-15)。

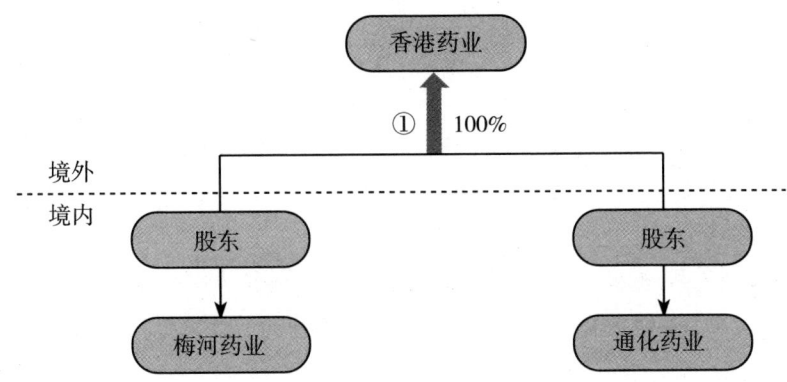

注：①本案股权转让的实质为香港药业收购内地两家药业公司。

图7-14 真实股权转让示意

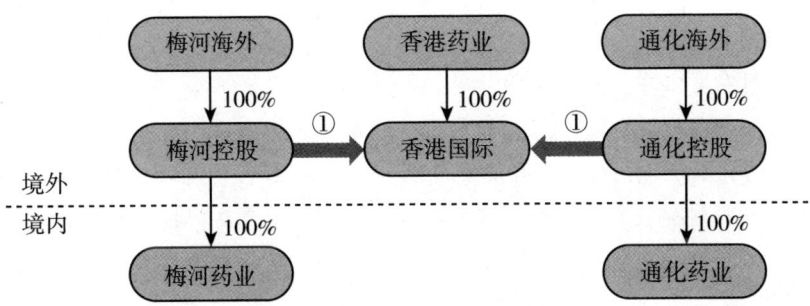

注：①通过在避税地区注册设立特殊目的公司，将股权转让所发生的预提税率降低。

图7-15 避税股权转让示意

**企业观点：**

这次转让与梅河药业无关，交易双方均为境外公司，交易标的也是境外公司，中国没有征税权。

此次转让为平价转让，没有转让收益，不涉及纳税问题。

**律师观点：**

通化控股与梅河控股均注册资本很少，没有实质的商业目的，没有实际经营活动，属于无雇员、无其他资产、无负债、无其他投资、无其他经营业务的经济组织。

本案实际是这两家药厂的实际控制人——梅河海外和通化海外分别通过间接股权转让，以转让位于避税地的两家公司为名，实质上转让了梅河口市两家药厂的100%股权，其目的就是规避在中国的纳税义务。

从梅河药业企业经营状况分析,梅河控股有梅河药业100%的股权,那么梅河海外转让梅河控股股权的交易价格,必然包括梅河药业的现有资产和未来盈利预期。通过对梅河药业财务状况和经营情况的了解,梅河药业的产品市场占有率高,市场前景好,几年来企业利润呈几何级数增长。因此,从该企业看不可能以平价的方式转让。

**处理结果:**

2012年3月,梅河口市国税局对通化海外间接股权转让所得追缴企业所得税7267万元。同时,香港药业完成了对梅河药业2011年业绩审计工作,以上限24亿元间接收购梅河药业,股权交易完成。

随着最后一笔税款成功划入国库,30,767万元税款终于找到了应有的归宿。

## 【案例218】重庆国税成功征收98万人民币预提所得税①

**基本案情:**

A为注册在境内的一家公司。

B公司为一家新加坡公司,C公司是B公司的全资子公司。

D公司为注册在境内的一家合资公司,C公司持有D公司31.6%的股权。

现B公司通过转让C公司的全部股权给A公司以达到将间接持有的D公司股权转让给A公司的目的(见图7-16、图7-17)。

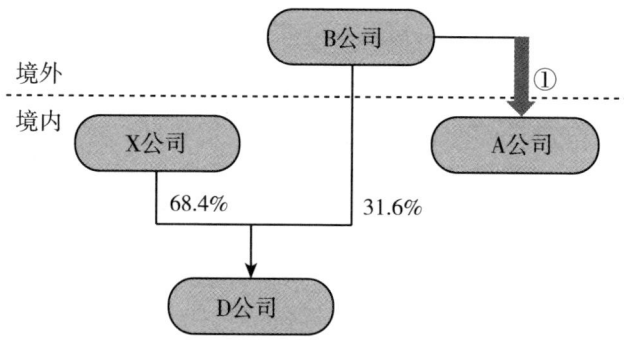

注:①本案股权转让本质为B公司转让其持有的D公司31.6%股权。

图7-16 真实股权转让示意

---

① 参见重庆市国家税务局2008年11月27日基层税讯。

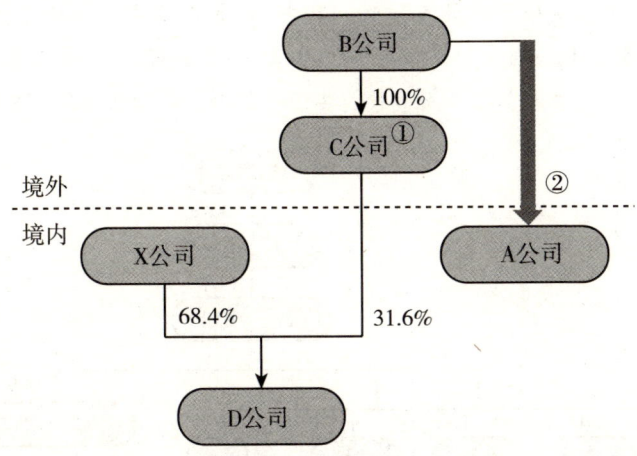

注：①设立特殊目的公司（C公司）。
②通过转让C公司100%股权间接转让D公司31.6%股权，达到转让过程发生在境外的假象，实现预提税率降低目的。

**图7-17 避税股权转让示意**

**企业观点：**

由于目标公司(C公司)是一家新加坡公司,而且有关股权转让交易并未涉及对重庆合资公司(D公司)股权的任何直接转让,所以从技术上来讲,该交易的转让所得并不是来源于中国,并无须在中国缴纳预提所得税。

**律师观点：**

C公司除了在转让时持有D公司31.6%的股权外,没有从事任何其他经营活动,且股权转让的本质即为转让重庆合资公司的股权。所以,B公司的股权转让所得来源于中国。中国有权对B公司股权转让所得征税。

**处理结果：**

重庆国税成功征收98万元人民币预提所得税。

## 【案例219】境外多层空壳企业间接转让股权　被征2.99亿元①

**基本案情：**

A地产集团公司是中国最大的房地产开发企业之一,注册于开曼群岛,并于香港联交所主板上市。该公司于2007年1月通过多层间接持股方式,在某市设

---

① 参见国家税务总局国际税务司编著:《非居民企业税收管理案例集》,中国税务出版社2012年版,第136页。

立了7家公司,从事房地产开发项目。其中,某市 A 公司注册资本为2990万美元,已到位;某市 B 公司注册资本为7490万美元,实到资本3890万美元。

股权转让前,涉及某市公司股权的集团公司内部架构如图7-18所示:

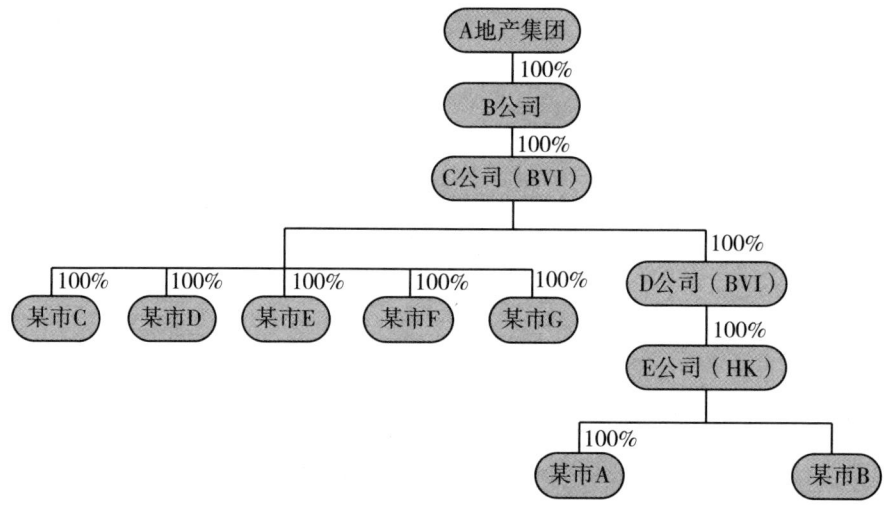

图7-18 涉及集团公司内部架构

2011年5月,A 地产集团公司公告称,C 公司将其持有 D 公司49%的股权转让给第三方企业,转让价格为5亿美元。交易于6月完成。

股权转让后,涉及某市 A、B 公司的集团公司内部架构变化如图7-19所示:

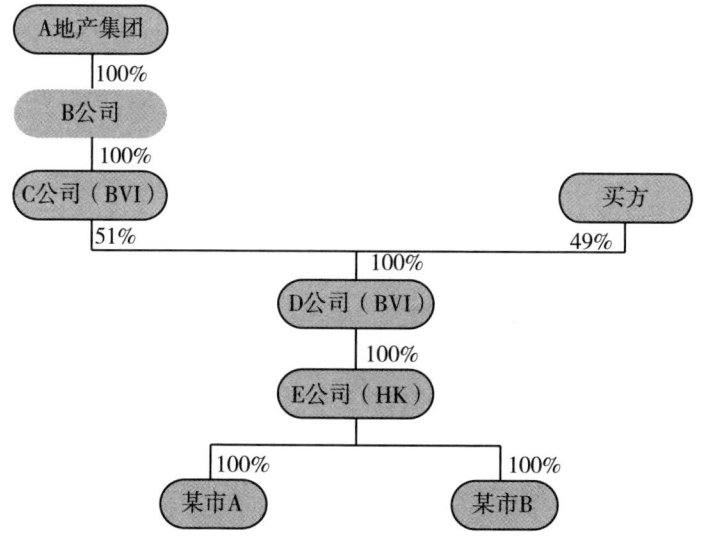

图7-19 涉及某市 A、B 公司的集团公司内部架构

税务人员通过收集、分析 A 地产集团公司的"招股说明书"、财务报告和公告等公开信息,以及某市 A 公司和某市 B 公司的户管档案资料和申报信息,了解情况如下:

(1)境外控股公司的基本情况

①股权转让方 C 公司为 A 地产集团公司注册于英属维尔京群岛的公司,2007年 1 月 29 日成立,实缴股本 100 美元。②被转让方 D 公司为注册于英属维尔京群岛的公司,2008 年 1 月 16 日成立,实缴股本 1 美元。③被转让方子公司 E 公司为注册于中国香港的公司,2008 年 4 月 24 日成立,实缴股本 10 港元。

(2)股权转让标的

买方在其公告中称,D 公司之主要资产为其与某市 A 公司及某市 B 公司之100% 间接股本权益,而上述两家公司则拥有所开发土地之土地使用权,该土地之总地盘面积为 133.5 万平方米。显而易见,买卖双方股权转让标的的实质为某市A 公司和某市 B 公司的股权。

**案件处理:**

(1)第一轮税企约谈

由于转让方 C 公司在境外,该市国税机关无法直接联系到该公司,因此于2011 年 6 月初对某市 A、B 公司的负责人进行了约谈,向其宣传了有关税收政策,并请其转交税务机关向 C 公司发出的《税务事项通知书》,即要求 C 公司按照《国家税务总局关于加强非居民企业股权转让所得企业所得税管理的通知》(国税函[2009]698 号)第 5 条的规定提供相关资料。在经过多次联系和敦促后,企业于 7月下旬提交了股权转让协议及书面说明资料。经过对 C 公司提交资料的详细分析研究,税务机关发现:①C 公司提供的股权转让协议也说明股权转让标的实质为中国两家居民企业;②C 公司提供的关于境外公司的资料不完整。因此,税务机关于 8 月底再次向 C 公司发出《税务事项通知书》,要求其继续提供 D、E 公司的相关资料。

(2)第二轮约谈

同年 9 月下旬,税务机关与 C 公司再次进行了约谈。C 公司向税务机关提交了补充资料,但是税企争议的焦点主要集中在被转让方 D 公司及其子公司 E 公司是否为特殊目的公司,以及该项安排是否有合理商业目的。

企业认为,D、E 公司不是特殊目的公司,理由如下:D、E 公司的设置并不是为本次股权转让而刻意为之,上述公司早在 A 集团公司上市之前就已存在;设立上述公司主要是从避免法律纠纷的角度考虑,而不是为避税设立;集团公司为确保管控能力,对海外的所有子公司都采取集中管理的模式,D、E 公司在整个集团公司海外市场开拓和品牌经营方面具有较强的功能和作用;D、E 公司虽未独立设置管理人员,但由集团公司的管理人员进行集中管理,不能判定两家公司为无机构、无人员的特殊目的公司。

根据企业提供的资料,调查组主要从注册资本、人员、经营和资产四个方面对 D、E 公司是否为特殊目的公司进行了论证:

①从注册情况来看:"招股说明书"披露被转让方 D、E 公司分别注册于英属维尔京群岛和中国香港,但均在中国经营业务的特殊目的公司,实缴股本分别为 1 美元和 10 港元。

②从"人员"来看,D、E 公司无专职人员。因为"书面说明"中声称"集团公司对包括 D、E 公司在内的所有 20 多个境外公司实施集中管理的模式,有十几位管理人员"。

③从"经营"来看,C 公司仅在"书面说明"中提到 D、E 公司在境外负责品牌宣传、资金筹措等业务,但未提供具有商业实质的各种合同、协议等相应的证明材料。

④从"资产"来看,C 公司并未提供 D、E 公司的财务报表来证明其在境外有资产。

本轮税企谈判的结果是:C 公司同意根据税务机关要求继续提供可以证明 D、E 公司具有商业实质且转让交易具有合理商业目的的说明,及 D、E 公司拥有工作人员的应付工资明细账、财务状况等相关的证明材料。

(3) 第三轮约谈

9 月底,税务机关与 C 公司进行了第三轮约谈。C 公司未能提供可以说明 D、E 公司具有商业实质的合同等证明材料,以及应付工资明细账,仅提供了 D、E 公司 2009~2010 年度的合并会计报表。

D、E 公司 2009 年度、2010 年度的合并会计报表显示 D、E 公司有大额的资产、负债、所有者权益。因此,企业认为不能判定 D、E 公司为特殊目的公司。但是,税务机关发现:

①D、E 公司的合并利润表显示其营业收入为 0;

②D、E 公司的注册资本仅 1 美元和 10 港元,那么其资产负债表何来如此大额的资产、负债、所有者权益?税务机关人员通过对 D、E 公司 2009 年度、2010 年度合并会计报表的仔细分析研究,对照某市 A 公司和某市 B 公司 2009 年度、2010 年度的资产负债表,终于发现:D、E 公司 2009 年度、2010 年度合并资产负债表显

示的资产、负债、所有者权益总额竟然与某市 A 公司和某市 B 公司 2009 年度、2010 年度的合计数相同。

疑惑终于解开,D、E 公司除控股某市 A、B 公司外,无其他实质性经营活动,是特殊目的公司。C 公司间接转让中国居民企业某市 A 公司和某市 B 公司 49% 股权的行为,其实质和主要目的是规避我国的企业所得税税收管辖,应按照经济实质对该股权转让交易重新定性,否定被用作税收安排的境外控股公司 D 公司和 E 公司的存在,并对 C 公司从该笔股权转让中取得的收益征收企业所得税。

**处理结果:**

企业表示接受税务机关的处理意见,并于 2012 年 1 月缴纳税款及滞纳金 2.99 亿元。

**律师观点:**

海外上市企业的资本运作日益普遍,多数海外上市的国内企业在设立其组织架构时会将上市主体设在海外,同时在开曼、英属维尔京群岛、中国香港等地设立多层控股公司,一旦发生股权转让,其交易基本都被安排在境外。对于实质为转让我国居民企业股权,缺乏足够和合理商业目的的交易,非居民企业应按照我国税法的相关规定,提交资料并配合税务机关的调查。

**578. 非居民企业向其关联方转让中国居民企业股权,其转让价格不符合独立交易原则而减少应纳税所得额的,税务机关是否有权进行调整?**

税务机关有权按照合理方法进行调整。[①]

**579. 境外投资方(实际控制方)同时转让境内或境外多个控股公司股权的,被转让股权的中国居民企业应如何向主管税务机关进行备案登记?**

被转让股权的中国居民企业应将整体转让合同和涉及本企业的分部合同提供给主管税务机关。如果没有分部合同的,被转让股权的中国居民企业应向主管税务机关提供被整体转让的各个控股公司的详细资料,准确划分境内被转让企业的转让价格。如果不能准确划分的,主管税务机关有权选择合理的方法对转让价格进行调整。

境外投资方同时间接转让两个及两个以上且不在同一省(市)中国居民企业股权的,可以选择向其中一个中国居民企业所在地主管税务机关,按照《国家税务

---

① 具体调整方式详见本书第二十四章公司关联交易损害责任纠纷第三节关联交易的税务问题。

总局关于加强非居民企业股权转让所得企业所得税管理的通知》第5条的规定提供资料,由该主管税务机关所在省(市)税务机关与其他省(市)税务机关协商确定是否征税,并向国家税务总局报告;如果确定征税的,应分别到各中国居民企业所在地主管税务机关缴纳税款。

**580. 非居民企业转让境内股权适用特殊性税务处理应当提交哪些文件?**

股权转让方、受让方或其授权代理人(以下简称备案人)办理备案时应填报以下资料:

(1)《非居民企业股权转让适用特殊性税务处理备案表》;

(2)股权转让业务总体情况说明,应包括股权转让的商业目的、证明股权转让符合特殊性税务处理条件、股权转让前后的公司股权架构图等资料;

(3)股权转让业务合同或协议(外文文本的同时附送中文译本);

(4)工商等相关部门核准企业股权变更事项证明资料;

(5)截至股权转让时,被转让企业历年的未分配利润资料;

(6)税务机关要求的其他材料。

以上资料已经向主管税务机关报送的,备案人可不再重复报送。其中以复印件向税务机关提交的资料,备案人应在复印件上注明"本复印件与原件一致"字样,并签字后加盖备案人印章;报送中文译本的,应在中文译本上注明"本译文与原文表述内容一致"字样,并签字后加盖备案人印章。

**581. 非居民企业直接转让中国境内居民企业股权,如果股权转让合同或协议约定采取分期付款方式的,如何确认收入实现时间?扣缴义务人应于何时办理扣缴税款清算手续?**

确认收入实现的时间为合同或协议生效且完成股权变更手续时。

对多次付款的合同项目,扣缴义务人应当在履行合同最后一次付款前15日内,向主管税务机关报送合同全部付款明细、前期扣缴表和完税凭证等资料,办理扣缴税款清算手续。

**582. 在什么情形下,非居民企业适用核定征收方式?核定应纳税所得额有哪些方式?**

非居民企业因会计账簿不健全,资料残缺难以查账,或者其他原因不能准确计算并据实申报其应纳税所得额的,税务机关有权采取以下方法核定其应纳税所得额。

(1)按收入总额核定应纳税所得额:适用于能够正确核算收入或通过合理方法推定收入总额,但不能正确核算成本费用的非居民企业。计算公式如下:

应纳税所得额＝收入总额×经税务机关核定的利润率

税务机关可按照以下标准确定非居民企业的利润率：

①从事承包工程作业、设计和咨询劳务的，利润率为15%～30%；

②从事管理服务的，利润率为30%～50%；

③从事其他劳务或劳务以外经营活动的，利润率不低于15%。

税务机关有根据认为非居民企业的实际利润率明显高于上述标准的，可以按照比上述标准更高的利润率核定其应纳税所得额。

(2)按成本费用核定应纳税所得额：适用于能够正确核算成本费用，但不能正确核算收入总额的非居民企业。计算公式如下：

应纳税所得额＝成本费用总额/(1－经税务机关核定的利润率)×经税务机关核定的利润率

(3)按经费支出换算收入核定应纳税所得额：适用于能够正确核算经费支出总额，但不能正确核算收入总额和成本费用的非居民企业。计算公式：

应纳税所得额＝经费支出总额/(1－经税务机关核定的利润率－营业税税率)×经税务机关核定的利润率

**583. 非居民企业是否可以享受小型微利企业所得税优惠政策？**

小型微利企业是指企业的全部生产经营活动产生的所得均负有我国企业所得税纳税义务的企业。因此，仅就来源于我国所得负有我国纳税义务的非居民企业，不适用该条规定的对符合条件的小型微利企业减按20%税率征收企业所得税的政策。

**584. 何为外国企业常驻代表机构？外国企业常驻代表机构需要缴纳哪些税收？各个税种的缴纳时间为何时？**

代表机构是指按照国务院有关规定，在工商行政管理部门登记或经有关部门批准，设立在中国境内的外国企业(包括港澳台企业)及其他组织的常驻代表机构(以下简称代表机构)。

代表机构应当就其归属所得依法申报缴纳企业所得税，就其应税收入依法申报缴纳营业税和增值税。

代表机构应当按照有关法律、行政法规和国务院财政、税务主管部门的规定设置账簿，根据合法、有效凭证记账，进行核算，并应按照实际履行的功能和承担的风险相配比的原则，准确计算其应税收入和应纳税所得额，在季度终了之日起15日内向主管税务机关据实申报缴纳企业所得税、营业税，并按照《增值税暂行条例》及其实施细则规定的纳税期限，向主管税务机关据实申报缴纳增值税。

增值税纳税义务发生时间具体如下:

(1)销售货物或者应税劳务,为收讫销售款项或者取得索取销售款项凭据的当天;先开具发票的,为开具发票的当天。

(2)进口货物,为报关进口的当天。

增值税扣缴义务发生时间为纳税人增值税纳税义务发生的当天。

**585. 代表机构应于何时办理税务登记?办理登记手续时,应当提交哪些材料?**

代表机构应当自领取工商登记证件(或有关部门批准)之日起30日内,持以下资料,向其所在地主管税务机关申报办理税务登记:

(1)工商营业执照副本或主管部门批准文件的原件及复印件。

(2)组织机构代码证书副本原件及复印件。

(3)注册地址及经营地址证明(产权证、租赁协议)原件及其复印件;如为自有房产,应提供产权证或买卖契约等合法的产权证明原件及其复印件;如为租赁的场所,应提供租赁协议原件及其复印件,出租人为自然人的还应提供产权证明的原件及复印件。

(4)首席代表(负责人)护照或其他合法身份证件的原件及复印件。

(5)外国企业设立代表机构的相关决议文件及在中国境内设立的其他代表机构名单(包括名称、地址、联系方式、首席代表姓名等)。

(6)税务机关要求提供的其他资料。

**586. 在哪些情形下,税务机关将对代表机构的应纳所得额采取核定征收方式?如何核定?**

对账簿不健全、不能准确核算收入或成本费用,以及无法按照上述规定据实申报的代表机构,税务机关有权采取以下两种方式核定其应纳税所得额:

(1)按经费支出换算收入:适用于能够准确反映经费支出但不能准确反映收入或成本费用的代表机构。

①计算公式:

收入额 = 本期经费支出额/(1 - 核定利润率 - 营业税税率)

应纳企业所得税额 = 收入额 × 核定利润率 × 企业所得税税率

代表机构的核定利润率不应低于15%。采取核定征收方式的代表机构,如能建立健全会计账簿,准确计算其应税收入和应纳税所得额,报主管税务机关备案,可调整为据实申报方式。

②代表机构的经费支出额包括:在中国境内、外支付给工作人员的工资薪金、

奖金、津贴、福利费、物品采购费(包括汽车、办公设备等固定资产)、通信费、差旅费、房租、设备租赁费、交通费、交际费、其他费用等。

a. 购置固定资产所发生的支出,以及代表机构设立时或者搬迁等原因所发生的装修费支出,应在发生时一次性作为经费支出额换算收入计税。

b. 利息收入不得冲抵经费支出额;发生的交际应酬费,以实际发生数额计入经费支出额。

c. 以货币形式用于我国境内的公益、救济性质的捐赠、滞纳金、罚款,以及为其总机构垫付的不属于其自身业务活动所发生的费用,不应作为代表机构的经费支出额。

d. 其他费用包括:为总机构从中国境内购买样品所支付的样品费和运输费用;国外样品运往中国发生的中国境内的仓储费用、报关费用;总机构人员来华访问聘用翻译的费用;总机构为中国某个项目投标由代表机构支付的购买标书的费用,等等。

(2)按收入总额核定应纳税所得额:适用于可以准确反映收入但不能准确反映成本费用的代表机构。计算公式:

应纳企业所得税额 = 收入总额 × 核定利润率 × 企业所得税税率

(三)企业转让股权所涉其他税种

**587. 企业转让股权是否需要缴纳印花税?如果股权转让合同签署后又被撤销或终止的情况下,已经完税的贴花能否回转?**

分析如下:

(1)企业转让股权需要缴纳印花税,以股权转让价款为计税依据按照万分之五的税率缴纳印花税。

(2)合同签订时即应贴花,履行完税手续。因此,不论合同是否兑现或能否按期兑现,都一律按照规定贴花。也就是说,即便是股权转让合同签署后被撤销或终止,没有实际履行,已经完税的贴花也不能回转。

**588. 企业转让股权是否要缴纳营业税?企业买卖股票取得的收入,是否需要缴纳营业税?**

企业转让股权无须缴纳营业税。企业买卖股票取得的收入,应按规定缴纳营业税。

**589. 企业以转让股权名义转让房地产的,是否需要缴纳土地增值税?**

企业一次性共同转让其持有的目标公司100%的股权,且这些以股权形式表现的资产主要是土地使用权、地上建筑物及附着物,对此应按土地增值税的规定征税。

**590. 企业转让股权涉及企业土地、房屋权属发生变化的,是否需要缴纳契税?**

股权转让后企业法人存续,企业不需办理变更和新设登记,或仅办理变更登记的,单位、个人承受企业股权,企业土地、房屋权属不发生转移,不征收契税。

如果企业注销后新设企业,由新设企业承受原企业的土地、房屋权属应征收契税。

### 三、转让限售股的所得税问题

**591. 发生哪些限售股交易行为,需要计征个人所得税?**

对具有下列情形的,应按规定征收个人所得税:

(1)个人通过证券交易所集中交易系统或大宗交易系统转让限售股;

(2)个人用限售股认购或申购交易型开放式指数基金(ETF)份额;

(3)个人用限售股接受要约收购;

(4)个人行使现金选择权将限售股转让给提供现金选择权的第三方;

(5)个人协议转让限售股;

(6)个人持有的限售股被司法扣划;

(7)个人因依法继承或家庭财产分割让渡限售股所有权;

(8)个人用限售股偿还上市公司股权分置改革中由大股东代其向流通股股东支付的对价;

(9)其他具有转让实质的情形。

**【案例220】陈发树减持紫金矿业股份税务处理案**①

**基本案情:**

陈发树减持前,截至2004年6月30日,紫金矿业股权结构如图7-20所示:

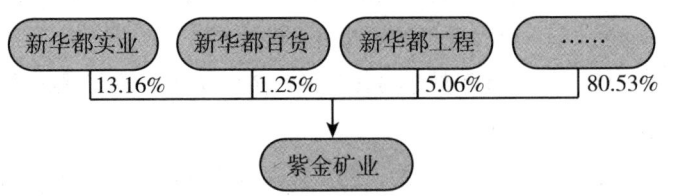

图7-20 紫金矿业股权结构示意

---

① 参见巨潮网 http://www.cninfo.com.cn/finalpage/2009-05-26/52878807.PDF,2012年11月28日访问。

其中新华都实业、新华都百货、新华都工程的实际控制人都是陈发树,他们之间的关联关系可以如图7-21所示:

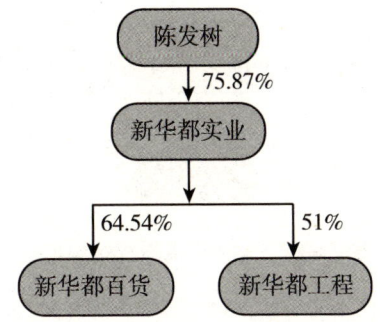

图7-21 陈发树和关联公司的关系示意

在股权变更以前,陈发树并不直接持有紫金矿业股份,而是通过新华都实业、新华都百货和新华都工程,间接持有紫金矿业19.47%的股份。

2007年2月5日,新华都百货以0.1元每股的价格将其持有的紫金矿业8756.16万股股票转让给陈发树。同日新华都工程以0.1元每股的价格将其持有的紫金矿业27,132.00万股股票转让给陈发树。通过操控旗下的新华都百货和新华都工程向其本人转让紫金矿业股份,陈发树实现对紫金矿业的直接持股。这部分股票的性质也由法人股变为自然人股。具体交易信息如表7-2所示:

表7-2 陈发树与两公司股票交易信息

| 出让方 | 数量(万股) | 转让价格(元/股) |
| --- | --- | --- |
| 新华都工程 | 27,132 | 0.1 |
| 新华都百货 | 8756 | 0.1 |
| 合计 | 35,888 万股 | |

在交易完成后①,陈发树持有紫金矿业35,888万股,新华都实业持有紫金矿业19,019万股,新华都百货和新华都工程不再持有紫金矿业股份。

---

① 2004年6月30日至2007年5月2日之间,紫金矿业股本经历多次资本公积转增和变更。

截至2009年4月27日[①],陈发树持有紫金矿业44,860.20万股,占紫金矿业总股本的3.09%;新华都市夜持有紫金矿业172,900.00万股,占紫金矿业总股本的11.90%,如图7-22所示:

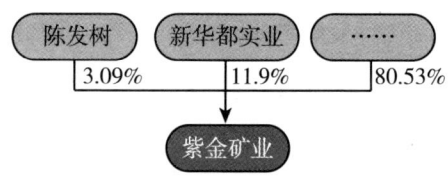

**图7-22 紫金矿业股权结构示意**

自2009年4月27日至2009年11月24日,陈发树通过二级市场多次减持股份。

2009年4月27日至2009年5月22日,陈发树通过上海证券交易所大宗交易系统减持公司无限售条件流通股15,700,000股,通过上海证券交易所竞价交易系统累计减持公司无限售条件流通股131,494,423股,合计减持股份147,194,423股,占公司股份总数的1.01%,获得股权转让所得约80,220.96万元。[②]

2009年5月25日至2009年7月1日,陈发树先生通过上海证券交易所竞价交易系统减持公司无限售条件流通股147,344,544股,占公司股份总数的1.01%,获得股权转让所得约88,259.38万元。[③]

2009年7月2日至2009年11月24日,陈发树先生通过上海证券交易所竞价交易系统减持公司无限售条件流通股133,005,505股,占公司股份总数的0.915%,获得股权转让所得约80,202.32万元。[④]

2009年,陈发树累计减持紫金矿业427,544,472股,共计获得股权转让所得约248,682.66万元。经过上述减持后,陈发树先生持有公司无限售条件流通股21,057,527股,占公司股份总数的0.145%(见表7-3)。

---

[①] 2007年5月2日至2009年4月27日之间,紫金矿业股本经历了一次资本公积转增。但自2008年4月25日,紫金矿业A股上市后至2009年4月27日,陈发树所持股份未发生其他变动。
[②] 这里所用单价为紫金矿业2009年4月至5月均价5.45元。
[③] 这里所用单价为紫金矿业2009年5月至6月均价5.99元。
[④] 这里所用单价为紫金矿业2009年7月至11月均价6.03元。

表7-3 陈发树股份减持

| 减持时间 | 减持数量（股） | 减持比例 | 减持均价（元/股） | 减持所得（万元） |
| --- | --- | --- | --- | --- |
| 4月27日至5月22日 | 15,700,000 | 1.01% | 5.45 | 80,220.96 |
| 5月25日至7月1日 | 147,344,544 | 1.01% | 5.99 | 88,259.38 |
| 7月2日至11月24日 | 133,005,505 | 0.92% | 6.03 | 80,202.32 |
| 合计 | 427,544,472 | 2.93% |  | 248,682.66 |

**律师观点：**

本案例中股权减持涉及的税负主要是所得税、印花税。

1. 所得税

根据《财政部、国家税务总局关于个人转让股票所得继续暂免征收个人所得税的通知》（财税字〔1998〕61号）的规定，对个人转让上市公司股票取得的所得继续暂免征收个人所得税。因此，对于陈发树在二级市场上减持转让股份所得免征个人所得税。

新华都工程转让27,132万股，作价0.1元每股，每股成本0.0188元，应按照25%的税率，缴纳550.78万元企业所得税。①

新华都百货转让8,756万股，作价0.1元每股，每股成本0.0214元，应按照25%的税率，缴纳172.06万元企业所得税。②

通过两次关联方股权交易，陈发树增加了直接持有紫金矿业股权的比重，降低了间接持股的比重，即增加自然人直接持股比重，降低了法人代持股比重。经过这样的操作，减持完成后的实际税负合计为973.32万元。

如果并没有采用上述方式，而直接由新华都工程和新华都百货抛售减持，再通过利润分配的形式分配给陈发树本人，那么就会产生巨额税负。其中，最显著的是企业所得税。在假定情况下，新华都工程和新华都百货直接抛售时将产生不可避免的6145.95万元企业所得税③。仅此企业所得税一项便远远超过转换持股

---

① 27,132万股×(0.1元-0.0188元)×0.25=550.78万元。
② 8,756万股×(0.1元-0.0214元)×0.25=172.06万元。
③ 根据《企业所得税法》，企业转让股权的，应当按照25%的税率，缴纳企业所得税。在假定情况下，新华都百货和新华都工程减持427,544,472股紫金矿业股份所得应为25,438.90万元。该部分股份的成本约为427,544,472股×0.02元=8,550,889.44元，合855.09万元。应纳税所得为25,438.90万元-855.09万元=24,583.81万元，应缴纳企业所得税=24,583.81万元×0.25=6145.95万元。

方式后减持的总税负,因而,就抛售获利目的而言,法人代持股模式转为自然人直接持股模式是十分有利的,能实现大幅节税。

陈发树的减持行为催生了《财政部、国家税务总局、证监会关于个人转让上市公司限售股所得征收个人所得税有关问题的通知》(财税[2009]167号)的出台。根据财税[2009]167号规定,自2010年1月1日起,对个人转让限售股取得的所得,按照"财产转让所得",适用20%的比例税率征收个人所得税。所以,如果陈发树减持紫金矿业股权的行为发生在2010年1月1日后,应当就股权转让所得缴纳约48,881.44万元个人所得税①,将不能实现节税目的。

2. 印花税

根据《深圳证券交易所关于做好证券交易印花税征收方式调整工作的通知》,对于陈发树转让股份所得248,682.66万元,应当按照千分之一的税率,征收248.68万元印花税,对受让该部分股票的交易另一方不征收印花税。

根据《国家税务总局关于印花税若干具体问题的解释和规定的通知》(国税发[1991]155号),"财产所有权"转移书据的征税范围包括企业股权转让所立的书据,应当按照万分之五的税率征收印花税。新华都工程转让27,132万股,应缴纳13,566元印花税;新华都百货转让8756万股,应缴纳4378元印花税。

### 592. 个人转让限售股,如何确定纳税义务人、纳税范围、扣缴义务人?

以限售股持有者为纳税义务人,以自然人开户的证券机构为扣缴义务人。

个人转让限售股或发生具有转让限售股实质的其他交易,取得现金、实物、有价证券和其他形式的经济利益均应缴纳个人所得税。

限售股个人所得税由证券机构所在地主管税务机关负责征收管理。

### 593. 个人转让限售股,如何确定应纳税额?

自2010年1月1日起,对个人转让限售股取得的所得,按照"财产转让所得",适用20%的比例税率征收个人所得税。

个人转让限售股,以每次限售股转让收入,减除股票原值和合理税费后的余额,为应纳税所得额。即:

应纳税所得额 = 限售股转让收入 - (限售股原值 + 合理税费)

应纳税额 = 应纳税所得额 × 20%

限售股转让收入,是指转让限售股股票实际取得的收入。

---

① 248,682.66万元 - 42,754.45万股 × 0.1元 × 0.2 = 48,881.44万元。

限售股原值,是指限售股买入时的买入价及按照规定缴纳的有关费用。

合理税费,是指转让限售股过程中发生的印花税、佣金、过户费等与交易相关的税费。

如果纳税人未能提供完整、真实的限售股原值凭证,不能准确计算限售股原值的,主管税务机关一律按限售股转让收入的15%核定限售股原值及合理税费。

## 【案例221】杭齿前进自然人出售限售股税务处理案[①]

**基本案情:**

杭齿前进于2010年9月9日经中国证券监督管理委员会证监许可〔2010〕1233号文件核准,首次向社会公众发行人民币普通股10,100万股,并于2010年10月11日在上海证券交易所上市交易。根据公司招股书,81名自然人股东承诺:自公司股票上市交易之日起十二个月内,不转让或者委托他人管理已持有的公司股份,也不由公司收购该部分股份。自2011年10月11日起上述12个月的锁定期满。81名自然人股东出资共计77,932,800元,认购股份共27,060,000股,每股价格为2.88元/股。

2011年12月16日,褚建明通过二级市场卖出45,000股,平均价格为9.91元/股,转让价款总额为445,950元。褚建明变动前持股180,000股,变动后持股135,000股。

**律师观点:**

1. 印花税

根据《上海证券交易所关于做好调整证券交易印花税税率相关工作的通知》规定,应当对褚建明转让股份的总金额,按照千分之一的税率,征收印花税445.95元,对受让该部分股票的交易另一方不征收印花税。

2. 个人所得税

《财政部、国家税务总局、证监会关于个人转让上市公司限售股所得征收个人所得税有关问题的通知》(财税〔2009〕167号)规定,自2010年1月1日起,对个人转让限售股取得的所得,按照"财产转让所得",适用20%的比例税率征收个人所得税。褚建明所持限售股属于首次公开发行股票并上市的公司形成的限售股,其转让股权所得应当缴纳个人所得税。

---

[①] 参见巨潮资讯网 http://www.cninfo.com.cn/finalpage/2011-12-20/60343858.PDF,2012年12月5日访问。

财税〔2009〕167号规定,个人转让限售股,以每次限售股转让收入,减除股票原值和合理税费后的余额,为应纳税所得额;如果纳税人未能提供完整、真实的限售股原值凭证的,不能准确计算限售股原值的,主管税务机关一律按限售股转让收入的15%核定限售股原值及合理税费。褚建明转让股权实际转让收入为445,950元,转让部分股票原值为129,600元,印花税为445.95元,假设其他税费为0,则褚建明应缴纳个人所得税63,180.81元[①]。

**594. 个人转让限售股,如何确定征收方式?**

限售股转让所得个人所得税采取证券机构预扣预缴、纳税人自行申报清算和证券机构直接扣缴相结合的方式征收。

根据证券机构技术和制度准备完成情况,对不同阶段形成的限售股,采取不同的征管办法。

(1)证券机构技术和制度准备完成前形成的限售股,其转让所得应缴纳的个人所得税,采取证券机构预扣预缴和纳税人自行申报清算相结合的方式征收;

(2)证券机构技术和制度准备完成后新上市公司的限售股,纳税人在转让时应缴纳的个人所得税,采取证券机构直接代扣代缴的方式征收。

**595. 纳税人同时持有限售股及该股流通股的,如何确定其限售股转让所得?**

按照限售股优先原则,即转让股票视同为先转让限售股,按规定计算缴纳个人所得税。

**596. 限售股在解禁前被多次转让的,如何缴纳个人所得税?**

转让方对每一次转让所得均应按规定缴纳个人所得税。

**597. 个人转让限售股,限售股所对应的公司在证券机构技术和制度准备完成前上市的,应如何计算应纳税所得额?**

证券机构技术和制度准备完成前形成的限售股,证券机构按照限售股股改复牌日收盘价,或新股限售股上市首日收盘价计算转让收入,按照计算出的转让收入的15%确定限售股原值和合理税费,以转让收入减去原值和合理税费后的余额,适用20%税率,计算预扣预缴个人所得税额。

**598. 个人转让限售股,限售股所对应的公司在证券机构技术和制度准备完成后上市的,如何确定其应纳税所得额?**

证券机构技术和制度准备完成后新上市公司的限售股,按照证券机构事先植

---

① [445,950元 − (129,600元 + 445.95元)] × 20% = 63,180.81元。

入结算系统的限售股成本原值和发生的合理税费,以实际转让收入减去原值和合理税费后的余额,适用20%税率,计算直接扣缴个人所得税额。

**599. 个人通过证券交易所集中交易系统或大宗交易系统转让限售股,如何确定转让收入?**

该转让收入以转让当日该股份实际转让价格计算,证券公司在扣缴税款时,佣金支出统一按照证券主管部门规定的行业最高佣金费率计算。

**600. 个人用限售股认购或申购交易型开放式指数基金(ETF)份额,如何确定转让收入?**

该转让收入,通过认购ETF份额方式转让限售股的,以股份过户日的前一交易日该股份收盘价计算,通过申购ETF份额方式转让限售股的,以申购日的前一交易日该股份收盘价计算。

**601. 个人用限售股接受要约收购,如何确定转让收入?**

该转让收入以要约收购的价格计算。

**602. 个人行使现金选择权将限售股转让给提供现金选择权的第三方,如何确定转让收入?**

该转让收入以实际行权价格计算。

**603. 个人协议转让限售股的,如何确定转让收入?**

该转让收入按照实际转让收入计算,转让价格明显偏低且无正当理由的,主管税务机关可以依据协议签订日的前一交易日该股收盘价或其他合理方式核定其转让收入。

### 【案例222】绿大地股东协议转让限售股税务处理案[①]

**基本案情:**

2011年11月28日,何学葵与云投集团签订了《附条件生效股份转让协议》,将所持有绿大地限售流通股30,000,000股,占绿大地总股本的19.86%,转让给云投集团。转让价格为绿大地首次公开发行股票时发行价格9.16元人民币,转让价款总额为274,800,000元。云投集团承诺,自本次股份过户登记之日起3年内(2012年2月14日至2015年2月13日)不减持或转让本次受让的绿大地股份。

---

① 参见巨潮资讯网 http://www.cninfo.com.cn/finalpage/2011-12-31/60393148.PDF,2012年12月5日访问。

**律师观点：**

1. 个人所得税

《财政部、国家税务总局、证监会关于个人转让上市公司限售股所得征收个人所得税有关问题的补充通知》(财税〔2010〕70号)规定，限售股在解禁前被多次转让的，转让方对每一次转让所得均应按规定缴纳个人所得税。《财政部、国家税务总局、证监会关于个人转让上市公司限售股所得征收个人所得税有关问题的通知》(财税〔2009〕167号)规定，个人转让限售股，以每次限售股转让收入，减除股票原值和合理税费后的余额，为应纳税所得额；如果纳税人未能提供完整、真实的限售股原值凭证的，不能准确计算限售股原值的，主管税务机关一律按限售股转让收入的15%核定限售股原值及合理税费。因此，何学葵在解禁前协议转让限售股应当缴纳个人所得税，其实际转让收入为274,800,000元，扣掉股票原值和合理税费后，按20%的税率计算所得税。若不能计算原值及合理税费，按实际转让收入的15%计算，即应缴纳个人所得税 = (274,800,000 - 274,800,000 × 15%) × 20% = 46,716,000元。

2. 印花税

根据《深圳证券交易所关于做好调整证券交易印花税税率相关工作的通知》规定，应当对何学葵转让股份的总金额，按照千分之一的税率，征收印花税274,800元，对受让该部分股票的交易另一方不征收印花税。

**604. 个人持有的限售股被司法扣划的，如何确定转让收入？**

该转让收入以司法执行日的前一交易日该股收盘价计算。

**605. 个人因依法继承或家庭财产分割让渡限售股所有权、个人用限售股偿还上市公司股权分置改革中由大股东代其向流通股股东支付的对价，如何确定转让收入？**

该转让收入以转让方取得该股时支付的成本计算。

**606. 个人转让因协议受让、司法扣划等情形取得未解禁限售股的，如何计算成本？**

成本按照主管税务机关认可的协议受让价格、司法扣划价格核定，无法提供相关资料的，按照证券机构技术和制度准备完成前形成的限售股规定执行；个人转让因依法继承或家庭财产依法分割取得的限售股的，应按规定缴纳个人所得税，成本按照该限售股前一持有人取得该股时实际成本及税费计算。

**607. 在证券机构技术和制度准备完成后形成的限售股,自股票上市首日至解禁日期间发生送、转、缩股的,其原值应如何调整?**

证券登记结算公司应依据送、转、缩股比例对限售股成本原值进行调整;而对于其他权益分派的情形(如现金分红、配股等),不对限售股的成本原值进行调整。

**608. 当出现个人协议转让限售股、个人持有的限售股被司法扣划、个人因依法继承或家庭财产分割让渡限售股所有权、个人用限售股偿还上市公司股权分置改革中由大股东代其向流通股股东支付的对价情形之一的,纳税人应如何缴纳个人所得税?**

此时,采取纳税人自行申报纳税的方式。纳税人转让限售股后,应在次月7日内到主管税务机关填报《限售股转让所得个人所得税清算申报表》,自行申报纳税。主管税务机关审核确认后应开具完税凭证,纳税人应持完税凭证、《限售股转让所得个人所得税清算申报表》复印件到证券登记结算公司办理限售股过户手续。纳税人未提供完税凭证和《限售股转让所得个人所得税清算申报表》复印件的,证券登记结算公司不予办理过户。

纳税人自行申报的,应一次办结相关涉税事宜。对个人持有的限售股被司法扣划情形,如国家有权机关要求强制执行的,证券登记结算公司在履行告知义务后予以协助执行,并报告相关主管税务机关。

**609. 个人持有在证券机构技术和制度准备完成后形成的拟上市公司限售股,在公司上市前,应如何确定其原值?**

个人应委托拟上市公司向证券登记结算公司提供有关限售股成本原值详细资料以及会计师事务所或税务师事务所对该资料出具的鉴证报告。逾期未提供的,证券登记结算公司以实际转让收入的15%核定限售股原值和合理税费。

**610. 证券机构技术和制度准备完成前形成的限售股,如何计征个人所得税?**

应采取证券机构预扣预缴和纳税人自行申报清算相结合的方式征收。

(1)证券机构的预扣预缴申报

证券机构应将已扣的个人所得税款,于次月7日内向主管税务机关缴纳,并报送《限售股转让所得扣缴个人所得税报告表》及税务机关要求报送的其他资料。《限售股转让所得扣缴个人所得税报告表》应按每个纳税人区分不同股票分别填写;同一只股票的转让所得,按当月取得的累计发生额填写。

(2)纳税人的自行申报清算

纳税人按照实际转让收入与实际成本计算出的应纳税额,与证券机构预扣预缴税额有差异的,纳税人应自证券机构代扣并解缴税款的次月1日起3个月内,到证券机构所在地主管税务机关提出清算申请,办理清算申报事宜。纳税人在规定期限内未到主管税务机关办理清算事宜的,期限届满后税务机关不再办理。

纳税人办理清算时,按照当月取得的全部转让所得,填报《限售股转让所得个人所得税清算申报表》,并出示个人有效身份证照原件,附送加盖开户证券机构印章的限售股交易明细记录,相关完整、真实的财产原值凭证,缴纳税款凭证(《税务代保管资金专用收据》或《税收转账专用完税证》),以及税务机关要求报送的其他资料。

限售股交易明细记录应包括:限售股每笔成交日期、成交时间、成交价格、成交数量、成交金额、佣金、印花税、过户费、其他费等信息。

纳税人委托中介机构或者他人代为办理纳税申报的,代理人在申报时,除提供上述资料外,还应出示代理人本人的有效身份证照原件,并附送纳税人委托代理申报的授权书。

税务机关对纳税人申报的资料审核确认后,按照上述原则重新计算应纳税额,并办理退(补)税手续。重新计算的应纳税额,低于预扣预缴的部分,税务机关应予以退还;高于预扣预缴的部分,纳税人应补缴税款。

**611. 证券机构技术和制度准备完成后新上市公司的限售股,纳税人在转让时应缴纳的个人所得税,其征收方式如何确定?**

采取证券机构直接代扣代缴的方式征收。

证券机构技术和制度准备完成后,证券机构按照限售股的实际转让收入,减去事先植入结算系统的限售股成本原值、转让时发生的合理税费后的余额,计算并直接扣缴个人所得税。

证券机构应将每月所扣个人所得税款,于次月7日内缴入国库,并向当地主管税务机关报送《限售股转让所得扣缴个人所得税报告表》及税务机关要求报送的其他资料。

**612. 证券机构技术和制度准备完成前形成的限售股,其转让所得应缴纳的个人所得税采取证券机构预扣预缴、纳税人自行申报清算方式征收,其具体的征缴方式有哪些?**

各地税务机关可根据当地税务代保管资金账户的开立与否、个人退税的简便与否等实际情况综合考虑,在下列方式中确定一种征缴方式。

(1)纳税保证金方式

证券机构将已扣的个人所得税款,于次月7日内以纳税保证金形式向主管税务机关缴纳,并报送《限售股转让所得扣缴个人所得税报告表》及税务机关要求报送的其他资料。主管税务机关收取纳税保证金时,应向证券机构开具有关凭证(凭证种类由各地自定),作为证券机构代缴个人所得税的凭证,凭证"类别"或"品目"栏写明"代扣个人所得税"。同时,税务机关根据《限售股转让所得扣缴个人所得税报告表》分纳税人开具《税务代保管资金专用收据》,作为纳税人预缴个人所得税的凭证,凭证"类别"栏写明"预缴个人所得税"。纳税保证金缴入税务机关在当地商业银行开设的"税务代保管资金"账户存储。

(2)预缴税款方式

证券机构将已扣的个人所得税款,于次月 7 日内直接缴入国库,并向主管税务机关报送《限售股转让所得扣缴个人所得税报告表》及税务机关要求报送的其他资料。主管税务机关向证券机构开具《税收通用缴款书》或以横向联网电子缴税方式将证券机构预扣预缴的个人所得税税款缴入国库。同时,主管税务机关应根据《限售股转让所得扣缴个人所得税报告表》分纳税人开具《税收转账专用完税证》,作为纳税人预缴个人所得税的完税凭证。

**613. 采取证券机构预扣预缴、纳税人自行申报清算方式下的税款结算和退税管理如何进行?**

区分以下情况。

(1)采用纳税保证金方式征缴税款的结算

证券机构以纳税保证金方式代缴个人所得税的,纳税人办理清算申报后,经主管税务机关审核重新计算的应纳税额低于已缴纳税保证金的,多缴部分税务机关应及时从"税务代保管资金"账户退还纳税人。同时,税务机关应开具《税收通用缴款书》将应纳部分作为个人所得税从"税务代保管资金"账户缴入国库,并将《税收通用缴款书》相应联次交纳税人,同时收回《税务代保管资金专用收据》。经主管税务机关审核重新计算的应纳税额高于已缴纳税保证金的,税务机关就纳税人应补缴税款部分开具相应凭证直接补缴入库;同时税务机关应开具《税收通用缴款书》将已缴纳的纳税保证金从"税务代保管资金"账户全额缴入国库,并将《税收通用缴款书》相应联次交纳税人,同时收回《税务代保管资金专用收据》。纳税人未在规定期限内办理清算事宜的,期限届满后,所缴纳的纳税保证金全部作为个人所得税缴入国库。横向联网电子缴税的地区,税务机关可通过联网系统办理税款缴库。

(2)采用预缴税款方式征缴税款的结算

证券机构以预缴税款方式代缴个人所得税的,纳税人办理清算申报后,经主管税务机关审核应补(退)税款的,由主管税务机关按照有关规定办理税款补缴入库或税款退库。

**614. 企业转让限售股,如何确定纳税义务人?**

转让限售股取得收入的企业(包括事业单位、社会团体、民办非企业单位等),为企业所得税的纳税义务人,即办理法律变更手续的企业,即在证券登记机构登记的企业。

**615. 企业转让因股权分置改革造成原由个人出资而由企业代持有的限售股,是否需要缴纳企业所得税?企业将税后收入转付给实际所有人是否需要缴税?**

区分情况处理:

(1)因股权分置改革造成原由个人出资而由企业代持有的限售股,企业在转让时按以下规定处理:

①企业转让上述限售股取得的收入,应作为企业应税收入计算纳税。上述限售股转让收入扣除限售股原值和合理税费后的余额为该限售股转让所得。企业未能提供完整、真实的限售股原值凭证,不能准确计算该限售股原值的,主管税务机关一律按该限售股转让收入的15%,核定为该限售股原值和合理税费。

②对税后转付额不再重复缴纳个人所得税。将完成纳税义务后的限售股转让收入余额转付给实际所有人时不再纳税。

③依法院判决、裁定等原因,通过证券登记结算公司,企业将其代持的个人限售股直接变更到实际所有人名下的,不视同转让限售股。所谓法院判决、裁定方式即是通常所指的隐名股东确权之诉。

(2)企业转让其他形式的限售股,无特殊情况,需缴纳企业所得税。

**【案例223】何种方式转让限售股税负最低**

上市公司限售股转让主要涉及企业所得税、个人所得税以及营业税。代持限售股转让方式有两种:一是企业直接转让限售股,缴纳所得税后的余额交付给个人;二是通过确权诉讼方式将代持股协议显名化,再行转让限售股。现在就让我们通过案例说明采用何种方式税负最低。

假设A出资取得M公司因股权分置造成的限售股,购买成本为10万元,由于监管限制,这笔限售股由B企业代持,限售股解禁后,A决定作价500万元将限售股抛售,暂不考虑其他费用。

1. 企业直接转让限售股,缴纳所得税后的余额交付个人过程中所涉税负。

该过程涉及两个环节,各个环节所得税情况如下:

(1) 企业转让限售股：

①企业所得税：

根据国税局公告〔2011〕39号文件，企业转让因股权分置改革造成的限售股取得的收入，应作为企业应税收入计算纳税。只有在特殊情况，如国家重点扶持的高新技术企业适用15%的优惠税率，企业所得税基本税率为25%。

企业所得税额 =（500 – 10）×25% = 122.5 万元

②营业税：企业转让限售股需要缴纳5%的营业税。

营业税额 = 500 × 5% = 25 万元

③缴纳税款后限售股转让收入余额 = 500 – 122.5 – 25 = 352.5 万元。

(2) 企业完成纳税义务后的限售股转让收入余额转付给实际所有人时不再纳税。

通过上述方式，总税额 = 122.5 + 25 = 147.5 万元

2. 提起确权诉讼，依法院判决、裁定等原因，通过证券登记结算公司，企业将其代持的个人限售股直接变更到实际所有人名下的，个人取得限售股后，自行转让限售股过程中所涉税负。

(1) 依法院判决、裁定等原因，企业将其代持的个人限售股直接变更到实际所有人名下的，不视同转让限售股，无须缴纳企业所得税与营业税。

(2) 个人自行转让限售股。

①个人所得税：按照20%的税率缴纳个人所得税。

个人所得税额 =（500 – 10）× 20% = 98 万元

②营业税：根据《财政部、国家税务总局关于个人金融商品买卖等营业税若干免税政策的通知》（财税〔2009〕111号）第1条规定："对个人（包括个体工商户和其他个人）从事外汇、有价证券、非货物期货和其他金融商品买卖业务取得的收入暂免征收营业税。"

通过上述方式，应纳税额为98万元。

通过比较不难看出，依法院判决、裁定等原因，企业将其代持的个人限售股直接变更到实际所有人名下的，个人取得限售股后自行转让限售股的方式税负更低。

**616. 企业在限售股解禁前转让限售股的，如何计征所得税？**

按以下规定处理：

(1) 企业应按减持在证券登记结算机构登记的限售股取得的全部收入，计入企业当年度应税收入计算纳税；

(2)企业持有的限售股在解禁前已签订协议转让给受让方,但未变更股权登记、仍由企业持有的,企业实际减持该限售股取得的收入,依照第(1)条纳税后,其余额转付给受让方的,受让方不再纳税。

如A公司将持有的M公司限售股股票(购买成本为20万元),协议转让给B公司,作价400万元,B公司又作价600万元卖给了C公司,两次转让均为证券结算机构过户。限售股解禁后,A公司将限售股抛售,取得收入900万元。

此时的税收由A公司统一缴纳,应纳税所得额 = 900 - 20 = 880万元。

### 四、股权收购与资产收购的所得税问题

**(一)适用特殊性税务处理的一般条件及流程**

**617. 何为企业重组?符合哪些条件,发生在境内的企业重组事项适用特殊性税务处理?**

企业重组,是指企业在日常经营活动以外发生的法律结构或经济结构重大改变的交易,包括企业法律形式改变、债务重组、股权收购、资产收购、合并、分立等。

国家税务总局《关于企业重组业务企业所得税征收管理若干问题的公告》(国家税务总局公告2015年第48号)规定:

(1)重组各方应在该重组业务完成当年,办理企业所得税年度申报时,分别向各自主管税务机关进行申报,并提交相关资料;

(2)重组主导方申报后,其他当事方向其主管税务机关办理纳税申报。合并、分立中重组一方涉及注销的,应在尚未办理注销税务登记手续前进行申报;

(3)重组各方年度申报时,还应向主管税务机关提交重组前连续12个月内有无与该重组相关的其他股权、资产交易情况的说明,并说明这些交易与该重组是否构成分步交易,是否作为一项企业重组业务进行处理。

**618. 跨境重组适用所得税特殊性税务处理必须满足哪些条件?**

企业发生涉及中国境内与境外之间(包括港澳台地区)的股权和资产收购交易,包括三种类型:

第一种类型:非居民企业将其持有的境内股权转让给非居民企业;

第二种类型:非居民企业将其持有的境内股权转让给居民企业;

第三种类型:居民企业将其持有的境内股权转让给非居民企业。

三种类型的跨境重组除应符合居民企业适用特殊性税务处理的条件外,还应同时符合下列条件,才可选择适用特殊性税务处理规定。

(1)第一种类型应同时满足下列条件:
①收购方为被收购方100%直接控股持股的子公司;
②此次股权转让没有造成以后该项股权转让所得预提税负担变化;
③转让方非居民企业向主管税务机关书面承诺在3年(含3年)内不转让其拥有受让方非居民企业的股权。

(2)第二种类型应同时满足下列条件:
收购方为非居民企业100%直接控股持股的子公司。

(3)第三种类型应同时满足下列条件:
①居民企业以其拥有的资产或股权向其100%直接控股的非居民企业进行投资;
②居民企业的资产或股权转让收益如选择特殊性税务处理,可以在10个纳税年度内均匀计入各年度应纳税所得额。

该规定主要是防止利用跨境重组将境内资产潜在增值转移至境外避税。例如,我国居民企业甲公司将持有的居民企业乙公司的100%股权转让给100%直接控股香港丙公司,该股权计税基础1亿元,评估价11亿元,增值10亿元。如适用特殊性税务处理,甲公司不确认股权转让收益,该收益的纳税义务递延由丙公司股权再转让时承担。由于丙公司股权再转让时只按10%缴预提所得税,我国可征收税款为1亿元,而如由甲公司负担税款,则可征收税款2.5亿元。显然,这将导致我国税收权益的流失。

(4)财政部、国家税务总局核准的其他情形。

## 【案例224】香港晋明集团跨境重组税务处理案[①]

**基本案情:**

湖北恒盛公司由香港晋明集团投资成立的全资子公司。2011年2月,为整合资源与品牌,香港晋明集团决定以恒盛公司为核心组建恒隆集团。此次重组中,香港晋明公司作为股权转让方,以其持有的控股子公司的股权(以下简称被收购股权)向恒盛公司增资。

**律师观点:**

本次跨境重组涉及的税收主要包括增值税、营业税和企业所得税。

---

① 参见楚网 http://www.cnchu.com/viewnews-80558.html,2012年11月29日访问。

1. 增值税、营业税等流转税

根据《国家税务总局公告2011年第13号——关于纳税人资产重组有关增值税问题的公告》的规定,纳税人在资产重组过程中,通过合并、分立、出售、置换等方式,将全部或者部分实物资产以及与其相关联的债权、负债和劳动力一并转让给其他单位和个人,不属于增值税的征税范围,其中涉及的货物转让,不征收增值税。根据《财政部、国家税务总局关于股权转让有关营业税问题的通知》的规定,对股权转让不征收营业税。

故此次重组无须缴纳增值税和营业税等流转税。

2. 企业所得税

根据《财政部、国家税务总局关于企业重组业务企业所得税处理若干问题的通知》(财税〔2009〕59号)第7条的规定,企业发生涉及中国境内与境外之间(包括港澳台地区)的股权和资产收购交易,除应符合本通知第五条规定的条件外,还应同时符合下列条件,才可选择适用特殊性税务处理规定:"(二)非居民企业向与其具有100%直接控股关系的居民企业转让其拥有的另一居民企业股权"。

本次香港晋明集团的跨境重组属于第二种情形,恒盛公司是香港晋明集团的全资子公司,晋明集团向恒盛公司转让其持有的控股子公司股权。同时,恒盛公司以自身股份为对价,全部采用股权支付的方式,向非居民企业香港晋明集团收购其持有的标的公司股权,满足59号文规定的特殊税务处理的支付条件,由于并无恒盛公司股权收购的比例,根据来自湖北省税务机关的信息来推断,其收购股权的比例也满足了特殊性税务处理的要求。因此,本次跨境重组适用特殊性税务处理。具体如下:

(1)恒盛公司取得被收购股权的计税基础以其原计税基础确定;

(2)香港晋明公司取得恒盛公司股权的计税基础以被收购股权的原有计税基础确定。

## 【案例225】跨境股权转让　申请特殊税务处理获批①

**基本案情:**

(1)RD集团重组交易背景

2009年,日本RD集团决定对集团的管理架构进行调整重组,重组完成后,

---

① 参见国家税务总局国际税务司编著:《非居民企业税收管理案例集》,中国税务出版社2012年版,第136页。

RD集团将拥有五大地区性投资控股公司,从而增强RD集团在各地区的竞争力,重组完成后集团的经营架构如图7-23所示。

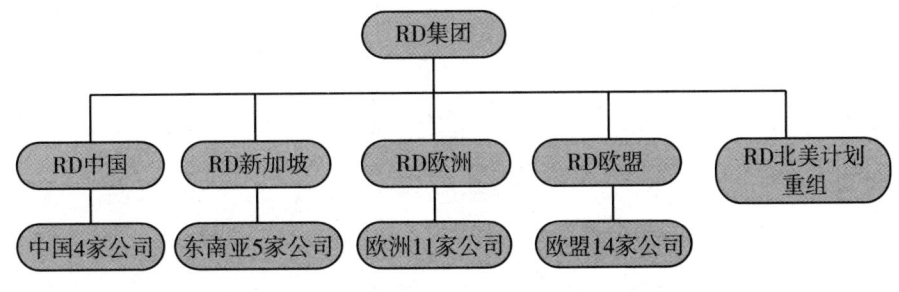

图7-23　重组完成后集团的经营架构

(2) RD集团重组涉及在华公司的基本情况介绍

RD集团是在日本登记注册成立的企业,其在中国境内独资设立了投资性公司RD中国,并与RD中国一起联合投资了RD桂林、RD西安、RD信息、RD卓越4家企业,其中RD集团对4家公司所持股权比例分别为81%、81%、90%、90%;RD中国对4家公司所持股权比例分别为19%、19%、10%、10%。股权结构如图7-24所示。

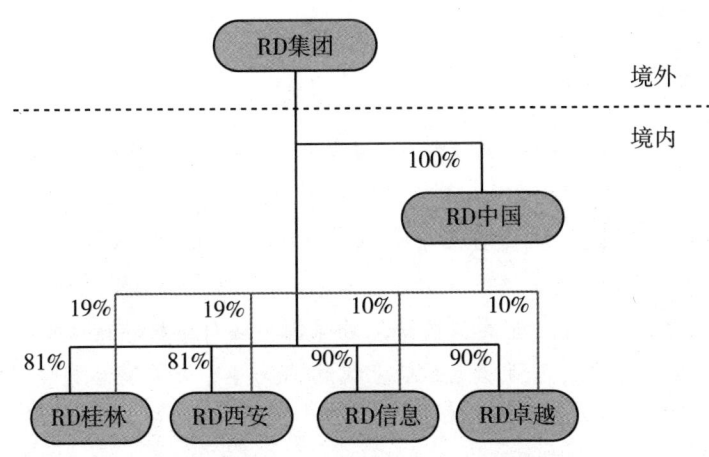

图7-24　RD中国对4家公司所持股权结构

(3) RD集团在华重组交易方式介绍

本次RD集团内部管理架构调整涉及在华子公司的重组活动形式为:RD集团将其直接投资所持的4家中国子公司,即RD桂林、RD西安、RD信息、RD卓越的全部股权转让给其100%控股的RD中国,并换取RD中国的股权,即用原持有

4家公司的股权增资RD中国,使得4家公司变为RD中国100%控股的全资子公司。调整后股权结构如图7-25所示。

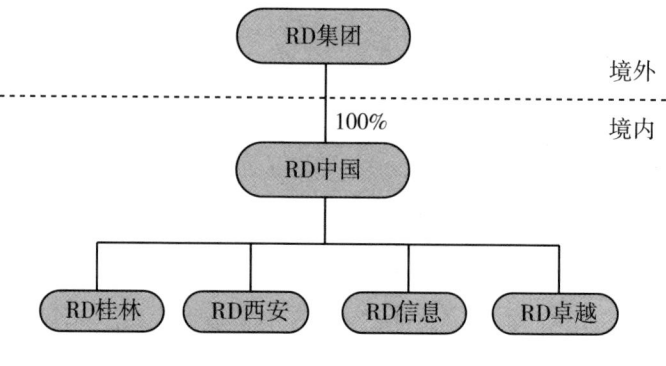

图7-25 调整后股权结构

本次重组交易,RD集团将其持有的RD桂林、RD西安、RD信息、RD卓越4家公司的股权按拟定交易日的评估值转让给RD中国,RD中国以自身股份向其支付对价;实质上为RD集团将其持有的4家公司的股权向其已100%控股的RD中国进行非货币增资。整个过程可以分为两个步骤:①RD集团将4家国内公司股权转让给RD中国;②RD集团对RD中国进行非货币增资。

**案件处理:**

(1)收集、审核企业相关材料

税务机关审核了以下资料:

①企业重组特殊性税务处理备案申请书;②重组特殊性税务处理合理商业目的说明;③股权收购情况说明及股权转让价格、成本情况汇总表;④商务局对RD中国公司增资的批复;⑤商务局增资批复有关增资数额的说明材料;⑥承诺书——12个月不改变4家国内公司资产原实质性经营活动;⑦承诺书——12个月内原主要股东不转让所取得的股权;⑧4家国内公司股权转让相关资料(股权转让合同、股权变更批复、更改后的营业执照、股权转让资产评估报告,被转让股权计税基础审核报告);⑨RD中国公司取得的长期股权投资的入账凭证;⑩关于RD集团在华企业重组背景及重组目的说明;⑪关于日本RD集团股权增资RD中国公司所涉及4家被转让公司历年利润分配的说明;⑫关于RD中国成立以来经营情况和盈利状况的说明。

通过对资料的审核,根据《财政部、国家税务总局关于企业重组业务企业所得税处理若干问题的通知》(财税〔2009〕59号)和《国家税务总局关于发布〈企业重组业务企业所得税管理办法〉的公告》(国家税务总局公告2010年第4号)规定,

税务机关首先确认了文件规定的几个条件,并有了以下初步判断:

a. RD 集团被初步判断具有合理的商业目的,且没有证据证明其存在减少、免除或者推迟缴纳税款的目的。

b. RD 集团向其直接 100% 控股的居民企业 RD 中国公司转让其拥有的其他居民企业的股权,符合财税〔2009〕59 号文件第 7 条第 2 款对非居民企业参与重组适用特殊性税务处理的条件。

c. RD 集团所转让的 4 家国内公司股权均高于被转让企业全部股权的 75%,且全部用受让公司(RD 中国公司)的自身股权进行支付,符合财税〔2009〕59 号文件第 6 条第 2 款的股权收购比例(不低于被转让企业全部股权比例 75%)和股权支付比例(股权支付比例不低于全部支付金额的 85%);交易后,被收购企业的股东取得收购企业的股权计税基础以本次被收购企业的原有计税基础确定,收购企业取得本次被收购企业股权的计税基础以被收购股权的股东原有计税基础确定。

d. 4 家国内公司是实体工厂,RD 中国公司承诺重组完成后,4 家公司将继续其正常的生产经营活动,重组后 12 个月内不改变其被收购公司的实质经营活动,符合财税〔2009〕59 号文件第 5 条第 3 款的规定。

e. 日本 RD 集团承诺其对 RD 中国公司转让股权重组完成后,日本 RD 集团将会长期持有交易所取得 RD 中国公司股份,即在重组完成后的 12 个月内不会转让其所取得的股份,符合财税〔2009〕59 号文件第 5 条第 5 款规定。

(2)讨论、甄别潜在税收风险

在进行深入审核研究的过程中,税务人员与企业进行过多次交锋,逐一排除各环节的税收风险,深入研究此案股权转让的商业实质,甄别潜在税收风险点,挖掘事后是否存在管理漏洞。

问题一:国内 4 家被转让公司存在 2008 年以后的未分配利润(约人民币 9000 万元),重组后,4 家公司向 RD 中国公司分配重组前形成的利润,无须就股息缴纳所得税(若不进行重组,4 家公司向日本 RD 集团分配利润时需要缴纳预提所得税)。

问题二:重组业务发生在 2009 年年底,但 2009 年 6 月,RD 桂林向日本 RD 集团分配过 3500 万元的股息(2008 年以前的股息,因为金融危机导致日本股东需要资金),不需要缴纳非居民企业所得税,4 家公司累计剩下的 2008 年前未分配利润总额为 1.41 亿元,这种情况是否符合具有合理商业目的的条件?

问题三:RD 中国公司目前利润总额亏损 7.8 亿元,重组后会源源不断取得国内公司向其分配的利润,出现盈亏相抵,并且进行再投资,是否存在税收风险?

经综合多方意见,主管税务机关对以上三个问题的税收风险进行识别和评

价,最终得出以下结论:

针对问题一、问题二:均为4家目标企业留存收益的问题。4家目标企业存在2008年以前的利润1.41亿元,多于2008年以后的利润9000万元,而2008年以前形成的利润付出境外不需要扣缴非居民企业所得税。综观此案居民企业多年对股东的分利情况,RD集团并没有把获得子公司利润作为目的,不能推测日本RD集团利用重组来享受子公司分得的利润而少缴税款的意图,更不能推翻集团跨境重组不具有合理商业目的。

针对问题三:RD中国的巨额亏损是多年投资不善积累造成的,从财税〔2009〕59号文件出台的背景以及其他政策层面上看,外企在中国境内设立中国投资公司或其他有代表性的商业经营目的的公司及重组,应该通过包括允许延迟纳税等在内的优惠措施给予鼓励。而RD中国公司投资出现亏损,也是允许通过获得国内公司的利润实现盈亏相抵的。

**处理结果:**

税务机关对RD集团选择适用特殊性税务处理的情况进行详细备案,并强化后续跟踪监控。主管税务机关对重组当事方在重组完成下一年度报送的书面情况说明结合日常检查、纳税评估等进行重点审核,必要时可实地调查重组后的连续12个月内其实质性经营活动是否发生改变,取得股权支付的原主要股东在重组后连续12个月内是否转让股份。发现有问题的,将及时提请企业进一步说明或调整重组业务的纳税处理。

**律师观点:**

本案的非居民企业申请特殊重组涉及几个问题,如股权收购的受让方是投资性公司,重组时被收购企业有大量未分配利润,以及重组后有大量亏损等问题。其中,税务机关和纳税人对于重组的商业目的能否达成一致意见,常常是特殊重组能否批准的焦点问题。

## 【案例226】跨境重组特殊性税务处理申请被否 追缴712万元①

**基本案情:**

A公司是2006年在某市设立的外商独资企业,注册资本335万美元,主要经营箱包贸易。比利时B公司系A公司原股东,持有100%股权。

---

① 参见国家税务总局国际税务司编著:《非居民企业税收管理案例集》,中国税务出版社2012年版,第164页。

2009年9月,A公司与比利时B公司所在集团同13家金融机构签订贷款协议,借款3.2亿美元。贷款协议称集团成员公司均须将其持有的各子公司的股权质押给银行作为其履行贷款协议的担保,以便于银行能够更灵活地管理以及执行该质押担保。之后,比利时B公司在香港设立一家之间控股公司——香港C公司,并以换股的方式将A公司的全部股权转让给香港C公司。股权转让价格为转让方的成本价,即335万美元(见图7-26、图7-27)。

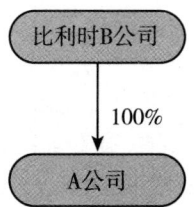

图7-26 股权转让前

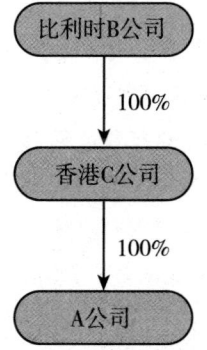

图7-27 股权转让后

2010年3月25日,A公司向主管税务机关申请税务登记变更,改变投资方信息。

**案件处理:**

1. 初步接触

税务机关在分析了A公司股权交割时期资产负债表,并进行了实地调查、约谈企业相关人员后,认为股权收购价格偏低,不符合独立交易原则。根据《国家税务总局关于加强非居民企业股权转让所得企业所得税管理的通知》(国税函[2009]698号)第7条,非居民企业向其关联方转让中国居民企业股权,其转让价格不符合独立交易原则而减少应税所得额的,税务机关有权按照合理方法进行调整。

2. 特殊性税务处理备案

2010年4月15日,A公司向主管税务机关提交税收优惠备案资料,申请就该股权收购事项进行特殊性税务处理。

主管税务机关认真审核企业提交的申请资料,提出以下几个疑问:①企业重组是否具有合理的商业目的?②财税〔2009〕59号文件第7条第1项同时规定,非居民企业之间转让居民企业股权选择适用特殊性税务处理,股权转让方应100%直接控股受让方,而企业提交的申请在资料上无法证明双方存在100%直接控股关系。具体情况到底如何?

税务机关多次约谈企业相关人员,但企业均未就以上疑问进行有效回应。主管税务机关于5月24日作出税收优惠备案无效告知,并送达企业。7月22日,比利时B公司委托A公司申报非居民企业所得税税款712万元和相应滞纳金。

3. 行政复议

A公司向该市国税局提起行政复议,称其根据股权交易的分析,认为比利时B公司为实现融资担保目的,应银行之商业要求,将A公司100%的股权转让给其100%控股的香港C公司,符合特殊性税务处理的条件。据此要求税务机关撤销税收优惠备案无效告知书,并退还已征收的税款和滞纳金。

在接到企业复议申请后,主管税务机关积极应对,税企双方进行了谈判,企业进一步提出该转让行为是企业全球性的战略部署,股权转让到香港C公司后,在香港实现股权质押获取贷款的执行手续和程序要比在内地简单得多。而税务机关认为,在香港设立一家公司进行股权质押本身就多了一道环节,而且需要走法律程序,合理的商业目的理由并不充分,需要进一步提供依据和资料。此外,转让双方100%直接控股关系的依据不足。并且,比利时B公司也未向主管税务机关提交3年内不转让其拥有C公司股权的书面承诺。

**处理结果:**

主管税务机关根据上述观点作出税务行政复议书面答复。该案也以企业申请撤销复议并接受税务机关的处理意见而告结束。

**律师观点:**

非居民企业转让股权申请适用特殊性税务处理,必须符合税收政策的规定,既要满足时间、比例等限制性条件,也要有合理商业目的,否则就无法享受税收优惠给企业带来的好处。

**619. 企业由法人转变为个人独资企业、合伙企业等非法人组织,或将登记注册地转移至境外,或企业注册名称、住所以及企业组织形式等发生改变(以下简称企业法律形式改变),如何进行税务处理?**

企业法律形式改变,税务处理原则如下:

(1)企业由法人转变为个人独资企业、合伙企业等非法人组织,或将登记注册地转移至中华人民共和国境外(包括港、澳、台地区),应视同企业进行清算、分配,股东重新投资成立新企业。企业的全部资产以及股东投资的计税基础均应以公允价值为基础确定,依法进行清算①。

企业在报送《企业清算所得纳税申报表》时,应附送以下资料:
①企业改变法律形式的工商部门或其他政府部门的批准文件;
②企业全部资产的计税基础以及评估机构出具的资产评估报告;
③企业债权、债务处理或归属情况说明;
④主管税务机关要求提供的其他资料证明。

(2)企业发生其他法律形式简单改变的,如企业注册名称、住所以及企业组织形式等改变,可直接变更税务登记,除另有规定外,有关企业所得税纳税事项(包括亏损结转、税收优惠等权益和义务)由变更后企业承继,但因住所发生变化而不符合税收优惠条件的除外。

## 【案例227】天玑科技有限公司折股变更为股份公司税务处理案②

**基本案情:**

2009年6月17日,上海天玑有限责任公司31名发行人召开公司创立大会,一致同意公司拟整体变更为上海天玑科技股份有限公司。经审计,截至2009年3月31日,公司净资产为59,695,433.81元,其中未分配利润为36,044,708.61元,扣除向股东分配的利润人民币8,939,086.76元(用于缴纳因折股产生的个人所得税),以余额50,756,347.05元为基础,按照1:0.985098的比例折为股份公司股份5000万股(每股面值1元),其余计入资本公积;公司股份由全体发起人(原有限公司全体股东)以各自持有的天玑有限的股权所对应的经审计的净资产(扣除因折股应代扣代缴个人所得税后的余额)认购。

---

① 企业清算的税务处理详见本书第十七章申请公司清算第三节公司清算的税务问题。
② 参见巨潮资讯网 http://www.cninfo.com.cn/finalpage/2011-07-01/59619498.PDF,2012年11月28日访问。

立信出具信会师报字[2009]第23778号《验资报告》,证明股东的出资已经足额缴纳。整体改制时,发行人将折合的股本50,000,000元计入"股本"科目,其余756,347.05元计入"资本公积——股本溢价"科目,向股东分配的利润8,939,086.76元用于缴纳由于公司整体改制所需要缴纳的个人所得税,因此发行人将该笔税款计入"应交税费——个人所得税"科目。

**律师观点:**

本次变更行为涉及的税务问题主要是纳税事项的承继与个人所得税。

1. 纳税事项的承继

根据《财政部、国家税务总局关于企业重组业务企业所得税处理若干问题的通知》(财税[2009]59号)规定,有限责任公司变更为股份有限公司属于企业法律形式的简单变更,可直接变更税务登记,除另有规定外,有关企业所得税纳税事项(包括亏损结转、税收优惠等权益和义务)由变更后企业承继。因此,公司组织形式发生变更后,纳税主体资格不变,只需至主管税务部门办理税务变更登记。

2. 个人所得税

有限责任公司整体变更为股份有限公司视同于利润分配行为。由于天玑科技的股东都是自然人股东,根据《国家税务总局关于进一步加强高收入者个人所得税征收管理的通知》(国税发[2010]54号)规定,对以未分配利润、盈余公积和除股票溢价发行外的其他资本公积转增注册资本和股本的,要按照"利息、股息、红利所得"项目,依据现行政策规定计征个人所得税。此次整体改制公司代扣代缴个人所得税8,939,086.76元。

## 620. 企业发生符合特殊性重组条件并选择特殊性税务处理的,应向主管税务机关履行哪些备案程序?

财政部、国家税务总局《关于企业重组业务企业所得税处理若干问题的通知》(财税[2009]59号)规定,对于改制、债务重组、股权收购、资产收购、合并、分立六类并购重组交易,符合一定条件的,重组各方可以选择适用递延纳税的特殊性税务处理优惠政策。

同时,《企业重组业务企业所得税管理办法》(国家税务总局公告2010年第4号)及《关于企业重组业务企业所得税征收管理若干问题的公告》(国家税务总局公告2015年第48号)对企业适用特殊性税务处理的备案程序及后续管理问题作出了明确规定。由于篇幅较多,读者可直接参照规定操作,不再赘述。

**621. 企业发生符合特殊性重组条件并选择特殊性税务处理,在备案或提交确认申请时,应从哪些方面说明企业重组具有合理的商业目的?**

企业重组业务适用特殊性税务处理的,申报时,应从以下方面逐条说明企业重组具有合理的商业目的:

(1)重组交易的方式;

(2)重组交易的实质结果;

(3)重组各方涉及的税务状况变化;

(4)重组各方涉及的财务状况变化;

(5)非居民企业参与重组活动的情况。

企业重组业务适用特殊性税务处理的,申报时,当事各方还应向主管税务机关提交重组前连续12个月内有无与该重组相关的其他股权、资产交易情况的说明,并说明这些交易与该重组是否构成分步交易,是否作为一项企业重组业务进行处理。

若同一项重组业务涉及在连续12个月内分步交易,且跨两个纳税年度,当事各方在首个纳税年度交易完成时预计整个交易符合特殊性税务处理条件,经协商一致选择特殊性税务处理的,可以暂时适用特殊性税务处理,并在当年企业所得税年度申报时提交书面申报资料。

在下一纳税年度全部交易完成后,企业应判断是否适用特殊性税务处理。如适用特殊性税务处理的,当事各方应按本公告要求申报相关资料;如适用一般性税务处理的,应调整相应纳税年度的企业所得税年度申报表,计算缴纳企业所得税。

**622. 企业在重组发生前后连续12个月内分步对其资产、股权进行交易,如何进行税务处理?**

按以下方法进行税务处理:

(1)应根据实质重于形式原则将上述交易作为一项企业重组交易进行处理。

(2)若同一项重组业务涉及在连续12个月内分步交易,且跨两个纳税年度,当事各方在第一步交易完成时预计整个交易可以符合特殊性税务处理条件,可以协商一致选择特殊性税务处理的,可在第一步交易完成后,适用特殊性税务处理。主管税务机关在审核有关资料后,符合条件的,可以暂认可适用特殊性税务处理。第二年进行下一步交易后,准备相关资料确认适用特殊性税务处理。

(3)上述跨年度分步交易,若当事方在首个纳税年度不能预计整个交易是否符合特殊性税务处理条件,应适用一般性税务处理。在下一纳税年度全部交易完

成后,适用特殊性税务处理的,可以调整上一纳税年度的企业所得税年度申报表,涉及多缴税款的,各主管税务机关应退税,或抵缴当年应纳税款。

**623. 当事方的其中一方在规定时间内发生生产经营业务、公司性质、资产或股权结构等情况变化,致使重组业务不再符合特殊性税务处理条件的,应如何处理?**

《关于资产(股权)划转企业所得税征管问题的公告》(国家税务总局2015年第40号公告)规定,重组方在划转重组完成日后连续12个月内不改变被划转股权或资产原来实质性经营活动,如发生生产经营业务、公司性质、资产或股权结构等情况变化,致使股权或资产划转不再符合特殊性税务处理条件的,重组方应在情况发生变化的30日内报告其主管税务机关并按照规定调整划转重组完成纳税年度的应纳税所得额及相应股权或资产的计税基础,向主管税务机关申请调整划转重组完成纳税年度的企业所得税年度申报表,依法计算缴纳企业所得税。

因此,企业在划转重组后的12个月内应督促重组方执行划转重组方案,特别要遵守12个月内不改变被划转股权或资产原来实质性经营活动的承诺,避免发生生产经营业务、公司性质、资产或股权结构等情况变化。如果不能避免发生改变原来实质性经营活动的情况,应协助重组方在情况发生变化的30日内报告其主管税务机关并提供相关法律文件,避免因未及时报告以及提供相关法律文件而受到税务处罚。

此外,划转重组中的增资、减资涉及有关资产的权属变更,企业应在划转重组后督促重组方及时办理有关划转资产或股权的权属变更手续,避免引发法律纠纷。

(二)股权收购的财税处理

**624. 一名或多名个人投资者以股权收购方式取得被收购企业100%股权,企业被收购之后,新股东将原有"资本公积、盈余公积、未分配利润"等盈余积累转增股本(注册资本、实收资本等),是否需要缴纳个人所得税?**

股权转让方原股东在股权交易时将盈余积累一并计入股权转让价格,原股东已经履行了所得税纳税义务。股权收购完成后,企业将原账面金额中的盈余积累转增股本。鉴于转增股本的盈余积累已全部或部分计入个人投资者(新股东)股权收购价格中,为避免重复征税,对新股东取得的已计入个人投资者股权收购价格中的盈余积累转增股本的部分,原则上不宜征收个人所得税。

实践中区分两种情形处理:

(1)新股东以不低于净资产价格收购股权的,企业原盈余积累已全部计入股权交易价格,新股东取得盈余积累转增股本的部分,不征收个人所得税。

(2)新股东以低于净资产价格收购股权的,企业原盈余积累中,对于股权收购价格减去原股本的差额部分已经计入股权交易价格,新股东取得盈余积累转增股本的部分,不征收个人所得税;对于股权收购价格低于原所有者权益的差额部分未计入股权交易价格,新股东取得盈余积累转增股本的部分,应按照"利息、股息、红利所得"项目征收个人所得税。对于新股东以低于净资产价格收购企业股权后转增股本按照下列顺序进行,即先转增应税的盈余积累部分,然后再转增免税的盈余积累部分。

新股东将所持股权转让时,其财产原值为其收购企业股权实际支付的对价及相关税费。

**625. 企业股权收购重组日、重组业务当事各方以及重组主导方如何确定?**

确定如下:

(1)股权收购,以转让协议生效且完成股权变更手续日为重组日;关联企业之间发生股权收购,转让合同(协议)生效后12个月内未完成股权变更手续的,应以转让合同(协议)生效日为重组日;

(2)股权收购中当事各方,指收购方、被收购方(转让方)及被收购企业;

(3)主导方为股权转让方,涉及两个或两个以上股权转让方,由转让被收购企业股权比例最大的一方作为主导方(转让股权比例相同的可协商确定主导方)。

**626. 股权收购如何进行一般性税务处理?**

处理原则如下:

(1)被收购方应确认股权转让所得或损失,即被收购企业的股东应当按照一般的股权转让来进行税务处理。

(2)收购方取得股权的计税基础应以公允价值为基础确定。

(3)被收购企业的相关所得税事项原则上保持不变。

**【案例228】四川双马股权收购税务处理案**①

**收购方:**四川双马

**被收购方:**都江堰拉法基

**被收购方主要股东:**拉法基中国、都江堰市建工建材

---

① 参见巨潮资讯网 http://www.cninfo.com.cn/finalpage/2011-01-31/58971046.PDF,2012年11月8日访问。

**收购方式**：股权收购

**收购基准日**：2008 年 8 月 8 日

**基本案情**：

收购方四川双马的主要股东为拉法基瑞安，持股比例为 56.81%。被收购方都江堰拉法基的主要股东为拉法基中国和都江堰市建工建材，持股比例分别为 75% 和 25%。拉法基瑞安是拉法基中国的全资子公司。各方之间的关系如图 7-28 所示：

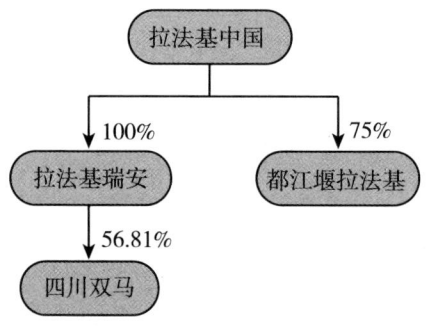

图 7-28 收购前股权架构

为了推动四川灾后重建工作，统一部署投资现有水泥生产线，扩大上市公司业务规模，提高上市公司资产质量，以及履行股权分置改革中作出的承诺，四川双马以其自身的股份作为对价，收购拉法基中国持有的都江堰拉法基 50% 的股权，该 50% 股权的评估价值为 234,415.02 万元，成本为 42,839.8 万元。

四川双马以 7.61 元/股的价格向拉法基中国增发 29,645.20 万股，发行总价为 225,599.97 万元。增发后，四川双马总股本为 61,586.20 万股，发行股份占发行后总股本的比例为 48.14%。拉法基中国持有的都江堰拉法基股权下降为 25%。拉法基中国承诺，此次认购的股票自发行结束之日起 36 个月内不上市交易或转让（见图 7-29）。

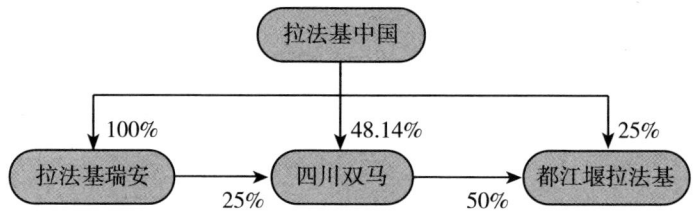

图 7-29 收购后股权架构

**律师观点：**

1. 企业所得税

本次交易的企业所得税应按一般性税务处理原则进行处理。

(1) 合理商业目的原则的判定

本次交易的商业目的为推动四川灾后重建工作，满足灾后重建的水泥市场需求，扩大上市公司业务规模，提高上市公司资产质量，履行股权分置改革中作出的承诺。因此本次交易具有合理商业目的。

(2) 权益连续性原则的判定

本次交易四川双马以自身股份作为唯一支付手段，即本次交易全部为股份支付，股权收购发生时的股权支付金额是其交易支付总额的100%，因此满足财税〔2009〕59号文中"收购企业在该股权收购发生时的股权支付金额不低于其交易支付总额的85%"的比例标准。

本次交易拉法基中国承诺，本次认购的股票自发行结束之日起36个月内不上市交易或转让，满足财税〔2009〕59号文中"取得股权支付的原主要股东，在重组后连续12个月内，不得转让所取得的股权"的规定条件。

(3) 经营连续性原则的判定

本次交易四川双马收购拉法基中国持有的都江堰拉法基50%股权，不满足财税〔2009〕59号文中"收购企业购买的股权不低于被收购企业全部股权的75%"的比例标准，因此不满足经营连续性原则。

综上所述，本次交易无法满足特殊性税务处理，因此，应按照一般性税务处理的规定处理所得税事项。具体如下：

(1) 假设相关税费为零，拉法基中国应该在股权协议生效且办理完工商变更手续时确认股权转让所得=225,599.97-42,839.8=182,760.17万元，进而确认，企业所得税=182,760.17×25%=45,690.04万元

(2) 四川双马取得股权的计税基础为225,599.97万元。

(3) 拉法基中国的相关所得税事项原则上保持不变。

2. 印花税

①根据《深圳证券交易所关于做好证券交易印花税征收方式调整工作的通知》规定，拉法基中国应就股权转让行为以225,599.97万元为计税基础按照千分之一征收印花税。

②根据《印花税暂行条例》规定，股权收购后，四川双马的"实收资本"和"资本公积"增加，应该就增加部分225,599.97万元征收印花税112.80万元。

3. 营业税

四川双马与拉法基中国的交易属于股权转让,根据《财政部、国家税务总局关于股权转让有关营业税问题的通知》(财税〔2002〕191号文)的规定,"对股权转让不征收营业税",因此无须缴纳营业税。

**627. 符合哪些条件,股权收购适用特殊性税务处理方式?**

股权收购发生在境内,同时符合下列条件的,适用特殊性税务处理处理:

(1)符合合理商业目的的原则

股权收购具有合理的商业目的,且不以减少、免除或者推迟缴纳税款为主要目的。

(2)符合权益连续性原则

①收购企业在该股权收购发生时的股权支付金额不低于其交易支付总额的85%;

②股权收购中取得股权支付的原主要股东,在重组后连续12个月内,不得转让所取得的股权。

(3)符合经营连续性原则

①收购企业购买的股权不低于被收购企业全部股权的75%;

②收购后的连续12个月内不改变重组资产原来的实质性经营活动。

**628. 交易各方应如何进行特殊性税务处理?**

特殊性税务处理方式具体如下。

(1)基本处理原则

①交易中的股权支付暂不确认有关资产转让所得或损失。

②交易中的非股权支付仍应在交易当期应确认相应的资产转让所得或损失,并调整相应资产的计税基础。

非股权支付对应的资产转让所得或损失=(被转让资产的公允价值－被转让资产的计税基础)×(非股权支付金额÷被转让资产的公允价值)

(2)收购企业的税务处理

①收购企业取得被收购企业股权的计税基础,以被收购股权的原有计税基础确定;

②收购企业的原有各项资产和负债的计税基础和其他相关所得税事项保持不变。

(3)被收购企业的税务处理

被收购企业的原有各项资产和负债的计税基础和其他相关所得税事项保持不变。

(4)被收购企业股东的税务处理

①被收购企业的股东暂不股权转让所得或损失;

②取得收购企业股权的计税基础,以被收购股权的原有计税基础确定。

## 【案例229】西单商场股权收购税务处理案[①]

**收购方**:西单商场

**被收购方**:新燕莎控股

**被收购方主要股东**:首旅集团

**收购方式**:股权收购

**收购基准日**:2010年9月1日

**基本案情**:

西单商场的主要股东为西友集团,持股比例为32.13%。被收购方新燕莎控股的股东为首旅集团,持股比例为100%。西友集团是首旅集团的全资子公司,实际控制人都是国资委。各方之间的关系如图7-30所示:

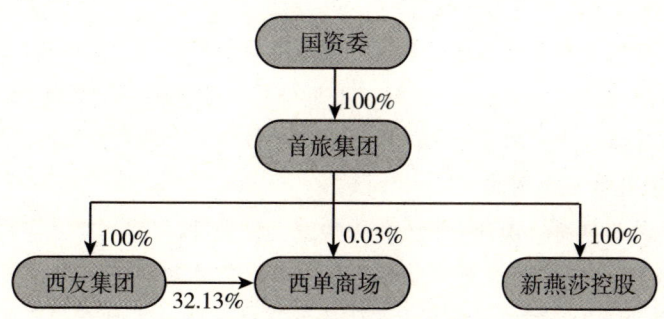

图7-30 收购前股权架构

西单商场拟以其自身的股份为对价,收购首旅集团持有的新燕莎控股100%的股权,该100%股权的评估价值为246,700万元。

---

① 参见巨潮资讯网 http://www.cninfo.com.cn/finalpage/2010-11-06/58632466.PDF,2012年12月6日访问。

西单商场以9.92元/股的价格向首旅集团增发248,689,516股,发行总价为246,700万元。增发后,西单商场总股本为658,407,554股,发行股份占发行总股本的比例为37.77%。首旅集团承诺自本次发行结束之日起36个月内不转让其拥有权益的股份(见图7-31)。

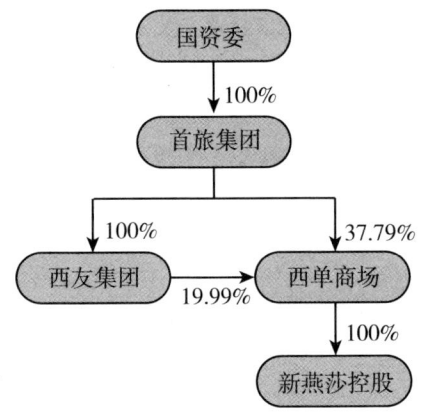

图7-31 收购后股权架构

**律师观点：**

1. 企业所得税

本次交易的企业所得税应按特殊性税务处理原则进行处理。

(1)合理商业目的原则的判定

本次交易的商业目的为进一步优化北京市属国有资产产业布局,显著提高上市公司的市场地位和竞争能力,有利于上市公司未来良好的业绩表现,实现首旅集团商业零售板块资产的证券化。因此本次交易具有合理商业目的。

(2)权益连续性原则的判定

本次交易西单商场以自身股份作为唯一支付手段,即本次交易全部为股份支付,股权收购发生时的股权支付金额是其交易支付总额的100%,因此满足财税〔2009〕59号文中"收购企业在该股权收购发生时的股权支付金额不低于其交易支付总额的85%"的比例标准。

本次交易首旅集团承诺,本次认购的股票自发行结束之日起36个月内不转让,满足财税〔2009〕59号文中"取得股权支付的原主要股东,在重组后连续12个月内,不得转让所取得的股权"的规定条件。

(3)经营连续性原则的判定

本次交易西单商场收购首旅集团持有的新燕莎控股100%股权,满足财税

〔2009〕59号文中"收购企业购买的股权不低于被收购企业全部股权的75%"的比例标准。

综上所述,本次交易满足特殊性税务处理,因此应按照特殊性税务处理的规定处理所得税事项。具体如下:

(1)首旅集团取得西单商场股权的计税基础,为新燕莎控股100%股权的原有计税基础;

(2)西单商场取得新燕莎控股100%的计税基础,为新燕莎控股100%股权的原有计税基础;

(3)西单商场、首旅集团的原有各项资产和负债的计税基础和其他相关所得税事项保持不变。

2. 印花税

(1)根据《深圳证券交易所关于做好证券交易印花税征收方式调整工作的通知》规定,首旅集团应就股权转让行为以246,700万元为计税按照千分之一的税率征收印花税246.7万元。

(2)根据《印花税暂行条例》规定,股权收购后,西单商场的"实收资本"和"资本公积"增加,应该就增加部分246,700万元按照万分之五的税率征收印花税123.35万元。

3. 营业税

西单商场与首旅集团的交易属于股权转让,根据《财政部、国家税务总局关于股权转让有关营业税问题的通知》(财税〔2002〕191号文)的规定,"对股权转让不征收营业税",因此无须缴纳营业税。

**629. 企业发生符合条件的股权收购业务,进行特殊性税务处理,应准备哪些文件?**

应准备以下文件:

(1)股权收购业务总体情况说明,包括股权收购方案、基本情况,并逐条说明股权收购的商业目的;

(2)股权收购、资产收购业务合同(协议),需有权部门(包括内部和外部)批准的,应提供批准文件;

(3)相关股权评估报告或其他公允价值证明;

(4)12个月内不改变重组资产原来的实质性经营活动、原主要股东不转让所取得股权的承诺书;

(5)工商管理部门等有权机关登记的相关企业股权变更事项的证明材料;

(6)重组当事各方一致选择特殊性税务处理并加盖当事各方公章的证明资料;

(7)涉及非货币性资产支付的,应提供非货币性资产评估报告或其他公允价值证明;

(8)重组前连续12个月内有无与该重组相关的其他股权、资产交易,与该重组是否构成分步交易、是否作为一项企业重组业务进行处理情况的说明;

(9)按会计准则规定当期应确认资产(股权)转让损益的,应提供按税法规定核算的资产(股权)计税基础与按会计准则规定核算的相关资产(股权)账面价值的暂时性差异专项说明。

(三)资产收购的财税处理

**630. 如何确定企业资产收购重组日、重组业务当事各方以及重组主导方?**

确定如下:

(1)资产收购,以转让合同(协议)生效且当事各方已进行会计处理的日期为重组日;

(2)资产收购中的当事各方,指收购方、转让方;

(3)资产收购中的主导方为资产转让方。

**631. 资产收购如何进行一般性税务处理?**

税务处理方式如下:

(1)被收购方应确认资产转让所得或损失,即按照一般性的资产转让进行税务处理。

(2)收购方取得资产的计税基础应以公允价值为基础确定。

(3)被收购企业的相关所得税事项原则上保持不变。

**【案例230】天坛生物资产收购一般性税务处理案**[①]

**收购方:** 天坛生物

**被收购方:** 成都所、北京所

**被收购方主要股东:** 成都所与北京所

**收购方式:** 股权收购与资产收购

---

① 参见金融界网 http://pg.jrj.com.cn/acc/CN_DISC/STOCK_NT/2009/10/23/600161_ls_57189091.PDF,2012年11月27日访问。

**收购基准日**：2008 年 6 月 30 日
**基本案情**：

收购方天坛生物的控股股东为中国生物，实际控制人为国务院国有资产监督管理委员会，成都所和北京所是中国生物的全资子公司，成都蓉生是成都所的控股公司。各方之间的关系如图 7-32 所示：

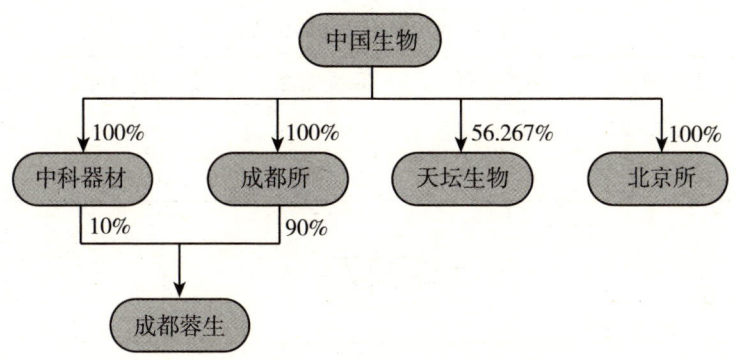

**图 7-32　收购前股权架构**

为了促进公司扩大生产经营规模，增强抗风险能力及核心竞争力，为公司可持续增长奠定基础，实现中国生物的战略部署，减少同业竞争和关联交易，规范上市公司运作，解决公司有关房产无法办理房产证问题，明确资产产权，提高公司资产的完整性和独立性，天坛生物以向成都所发行股票和支付现金的方式收购成都蓉生 90% 股份，以向北京所发行股票的方式收购北京所拥有的土地。

1. 向成都所收购成都蓉生股权

天坛生物以定向发行股票和支付现金方式收购成都所持有的成都蓉生 90% 的股权，其中，以 14.34 元/股的发行价格向成都所发行 21,851,485 股股份购买成都所持有的成都蓉生 51% 的股权，并在标的股权过户后的 12 个月内支付现金 239,620,818.79 元收购 39% 的股份。成都蓉生 90% 股权的评估价值为 552,971,120.29 元。成都所已承诺：本次发行完成后，其认购的股份自发行结束之日起 36 个月内不转让。

2. 向北京所收购土地

天坛生物以定向发行股票方式收购北京所拥有的京朝国用（2002 出）第 0008 号《国有土地使用证》项下位于北京市朝阳区三间房南里 4 号（东区）的 68,512.52 平方米工业出让用地的土地使用权。天坛生物以 14.34 元/股的发行价格向北京所发行 5,365,383 股股份，该土地的账面价值为 443.71 万元，评估价值为7,693.96万元,交易基准日北京所的总资产为14,652.05万元。交易完成后北京所持有天坛生物1.041%的股份。北京所已承诺:本次发行完成后,其认购的股份自发行结束之日起36个月内不转让。

天坛生物每股面值1.00元,交易后,公司的实缴注册资本为515,466,868元(见表7-4、图7-33)。

表7-4 天坛生物对价支付                                                    单位:元

|     | 发行股数    | 股份支付      | 现金支付        | 股份支付比例 | 持股比例 |
|-----|------------|--------------|----------------|------------|--------|
| 成都所 | 21,851,485 | 313,350,295  | 239,620,818.79 | 56.667%    | 4.239% |
| 北京所 | 5,365,383  | 77,422,476.7 | —              | 100%       | 1.041% |

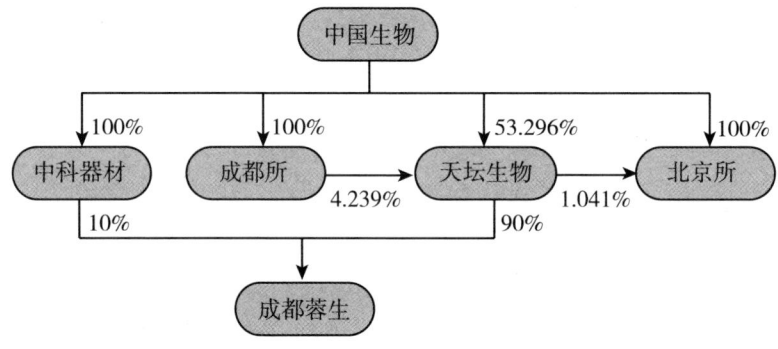

图7-33 收购前股权架构

**律师观点:**

1. 向成都所收购成都蓉生股权税务处理

(1)企业所得税

本次交易的企业所得税应按一般性税务处理原则进行处理。

①合理商业目的原则的判定

本次交易的商业目的是为促进公司扩大生产经营规模,增强抗风险能力及核心竞争力,为公司可持续增长奠定基础,实现中国生物的战略部署,减少同业竞争和关联交易,规范上市公司运作。可见本次交易具有合理的商业目的。

②权益连续性原则的判定

本次交易成都所承诺,本次发行完成后,其认购的股份自发行结束之日起36个月内不转让,满足财税[2009]59号文中"取得股权支付的原主要股东,在重组后连续12个月内,不得转让所取得的股权"的规定条件。

本次交易天坛生物的支付手段有股份支付和非股份支付,股份支付金额为313,350,295元,非股份支付金额即现金支付金额为239,620,818.79元,股权收购发生时的股份支付金额占其交易支付总额的比例是56.667%,不满足财税〔2009〕59号文中"受让企业在该资产收购发生时的股份支付金额不低于其交易支付总额的85%"的比例标准,因此不满足权益连续性原则。

③经营连续性原则的判定

本次交易天坛生物收购成都所持有的成都蓉生90%股权,满足财税〔2009〕59号文中"收购企业购买的股权不低于被收购企业全部股权的75%"的比例标准,因此满足经营连续性原则。

综上所述,本次交易无法满足特殊性税务处理,因此应按照一般性税务处理的规定处理所得税事项。具体如下:

①假设相关税费为零,成都所应该在股权协议生效且办理完工商变更手续时确认股权转让所得或损失,进而确认企业所得税。

②天坛生物取得资产的计税基础为552,971,120.29元。

③北京所的相关所得税事项原则上保持不变。

(2)印花税

根据《印花税暂行条例》规定,资产收购后,天坛生物的"实收资本"和"资本公积"增加,应该就增加金额21,851,485元征收印花税按照万分之五的比例征收印花税10,925.74元。

(3)营业税

天坛生物与成都所的交易属于股权转让,根据《财政部、国家税务总局关于股权转让有关营业税问题的通知》(财税〔2002〕191号文)的规定,"对股权转让不征收营业税",因此无须缴纳营业税。

2. 向北京所收购土地税务处理

(1)企业所得税

本次交易的企业所得税应按一般性税务处理原则进行处理。

①合理商业目的原则的判定

本次交易的商业目的是解决公司有关房产未能及时办理房产证问题,明确资产产权,提高公司资产的完整性和独立性。可见本次交易主要目的是解决"房地不合一"的问题,具有合理商业目的。

②权益连续性原则的判定

本次交易天坛生物以自身股份作为支付的唯一手段,即本次交易全部为股份支付,资产收购发生时的股份支付金额是其交易支付总额的100%,因此满足上文所述85%的比例标准。

本次交易北京所承诺,本次发行完成后,其认购的股份自发行结束之日起36个月内不转让,满足上文所述12个月的规定条件。

③经营连续性原则的判定

本次交易天坛生物收购北京所的该宗土地账面价值为443.71万元,而交易基准日北京所的总资产为14,652.05万元,交易资产占总资产的比例仅为3%,不满足上文所述75%的比例标准,因此不满足经营连续性原则。

综上所述,本次交易无法满足特殊性税务处理,因此应按照一般性税务处理的规定处理所得税事项。具体如下:

①北京所应当在土地使用权转让当期确认资产转让所得或损失,进而确认企业所得税。

②天坛生物取得资产的计税基础为77,422,476.7元。

③北京所的相关所得税事项原则上保持不变。

(2)土地增值税与契税

根据《财政部、国家税务总局关于土地增值税一些具体问题规定的通知》(财税字[1995]48号)第1条规定,投资、联营的一方以土地(房地产)作价入股进行投资或作为联营条件,将房地产转让到所投资、联营的企业中时,暂免征收土地增值税。北京所将土地投资入股至天坛生物,免征土地增值税。

土地受让方天坛生物应以77,422,476.7元为计税依据按照3%缴纳契税。

(3)印花税

①天坛生物应就"实收资本"和"资本公积"的增加部分77,422,476.7元按照万分之五税率征收印花税38,711元;

②北京所也应就转让的土地使用权以77,422,476.7元按照万分之五税率征收印花税38,711元。

(4)营业税

北京所将该宗土地转让,取得的是天坛生物的1.041%的股份,属于北京所以土地使用权对外投资行为,根据《财政部、国家税务总局关于股权转让有关营业税问题的通知》(财税[2002]191号文)的规定,"以无形资产、不动产投资入股,参与接受投资方利润分配,共同承担投资风险的行为,不征收营业税",因此,北京所无须缴纳营业税。

**632. 符合哪些条件,资产收购适用特殊性税务处理方式?**

资产收购发生在境内,同时符合下列条件的,适用特殊性税务处理处理:

(1)符合合理商业目的的原则

资产收购具有合理的商业目的,且不以减少、免除或者推迟缴纳税款为主要目的。

(2)符合权益连续性原则

①收购企业在该资产收购发生时的股权支付金额不低于其交易支付总额的85%;

②资产收购中取得股权支付的原主要股东,在重组后连续12个月内,不得转让所取得的股权。

(3)符合经营连续性原则

①收购企业购买的资产不低于被收购企业全部资产的75%;

②收购后的连续12个月内不改变重组资产原来的实质性经营活动。

**633. 资产重组中,交易各方应如何进行特殊性税务处理?**

特殊性税务处理方式具体如下:

(1)基本处理原则。

①交易中的股权支付暂不确认有关资产转让所得或损失。

②交易中的非股权支付仍应在交易当期确认相应的资产转让所得或损失,并调整相应资产的计税基础。

非股权支付对应的资产转让所得或损失=(被转让资产的公允价值－被转让资产的计税基础)×(非股权支付金额÷被转让资产的公允价值)

(2)收购企业取得被收购企业资产的计税基础,以被收购资产的原有计税基础确定。

(3)被收购企业的股东取得受让企业股权的计税基础,以被收购资产的原有计税基础确定。

**634. 企业资产收购,进行特殊性税务处理,应准备哪些文件?**

应准备以下文件:

(1)资产收购业务总体情况说明,包括资产收购方案、基本情况,并逐条说明资产收购的商业目的;

(2)资产收购业务合同(协议),需有权部门(包括内部和外部)批准的,应提供批准文件;

(3)相关资产评估报告或其他公允价值证明;

(4)被收购资产原计税基础的证明;

(5)12 个月内不改变资产原来的实质性经营活动、原主要股东不转让所取得股权的承诺书;

(6)工商管理部门等有权机关登记的相关企业股权变更事项的证明材料;

(7)重组当事各方一致选择特殊性税务处理并加盖当事各方公章的证明资料;

(8)涉及非货币性资产支付的,应提供非货币性资产评估报告或其他公允价值证明;

(9)重组前连续 12 个月内有无与该重组相关的其他股权、资产交易,与该重组是否构成分步交易、是否作为一项企业重组业务进行处理情况的说明;

(10)按会计准则规定当期应确认资产(股权)转让损益的,应提供按税法规定核算的资产(股权)计税基础与按会计准则规定核算的相关资产(股权)账面价值的暂时性差异专项说明。

## 【法律依据】

### 一、公司法类

(一)法律

❖《公司法》第 71~75 条、137~142 条

❖《民事诉讼法》第 139 条、227 条

❖《合同法》第 44 条、48 条、51 条、52 条、54 条、60 条、148 条、161 条

❖《民法通则》第 155 条

❖《公务员法》第 53 条第 14 项

❖《电子签名法》第 7 条

(二)行政法规

❖《公司登记管理条例》第 34 条、68 条

(三)部门规范性文件

❖《财政部、国家税务总局关于股权转让有关营业税问题的通知》第 2 条

❖《国务院国有资产监督管理委员会关于印发〈国有单位受让上市公司股份管理暂行规定〉的通知》

❖《国家发展改革委、科技部、财政部、商务部、中国人民银行、国家税务总局、国家工商行政管理总局、中国银监会、中国证监会、国家外汇管理局创业投资企业管理暂行办法》第 2 条

(四)司法解释

❖《最高人民法院关于审理公司纠纷案件若干问题的规定(一)》(征求意见

稿)第 27 条

❖《最高人民法院关于适用〈中华人民共和国公司法〉若干问题的规定(四)》

❖《最高人民法院关于审理公司纠纷案件若干问题的规定(四)》(征求意见稿)第 22~29 条

(五)地方司法文件

❖《北京市高级人民法院关于审理公司纠纷案件若干问题的指导意见(试行)》第 4 条、5 条、15 条

❖《山东省高级人民法院关于审理公司纠纷案件若干问题的意见(试行)》第 35 条、42 条、83 条、44~50 条、52~55 条

❖《上海市高级人民法院关于审理公司纠纷案件若干问题的解答》第 3 条

❖《上海市高级人民法院民二庭关于审理涉及有限责任公司股东优先购买权案件若干问题的意见》第 1~14 条

二、税法

(一)个人所得税

1. 法律

❖《个人所得税法》第 2 条、3 条、6 条、7 条

2. 行政法规

❖《个人所得税法实施条例》第 8 条、10 条、17 条、19 条、20 条、22 条、23 条、24 条、31~34 条

3. 部门规范性文件

❖《国家税务总局关于资产(股权)划转企业所得税征管问题的公告》(国家税务总局 2015 年第 40 号公告)

❖《关于企业重组业务企业所得税征收管理若干问题的公告》(国家税务总局公告 2015 年第 48 号)

❖《股权转让所得个人所得税管理办法(试行)》(国家税务总局公告 2014 年第 67 号)

❖《财政部、国家税务总局关于个人转让股票所得继续暂免征收个人所得税的通知》

❖《国家税务总局关于纳税人收回转让的股权征收个人所得税问题的批复》第 1 条、2 条

❖《国家税务总局关于个人股权转让过程中取得违约金收入征收个人所得税问题的批复》

❖《国家税务总局关于股权转让收入征收个人所得税问题的批复》第1条、2条

❖《财政部、国家税务总局、证监会关于个人转让上市公司限售股所得征收个人所得税有关问题的通知》第1~8条

❖《国家税务总局关于做好限售股转让所得个人所得税征收管理工作的通知》第1条

❖《国家税务总局关于限售股转让所得个人所得税征缴有关问题的通知》第1条、2条

❖《财政部、国家税务总局、证监会关于个人转让上市公司限售股所得征收个人所得税有关问题的补充通知》第1~6条

❖《国家税务总局关于个人终止投资经营收回款项征收个人所得税问题的公告》

(二)企业所得税

1. 法律

❖《企业所得税》第1~4条、6条、14条、16条、19条、23条、37条、39条

2. 行政法规

❖《企业所得税法实施条例》第7条、8条、13条、16条、25条、56条、66条、74条

3. 部门规范性文件

❖《国家税务总局关于股权转让不征收营业税的通知》

❖《财政部、国家税务总局关于股权转让有关营业税问题的通知》第1条、2条

❖《国家税务总局关于加强非居民企业股权转让所得企业所得税管理的通知》第1~4条、7条、8条

❖《国家税务总局企业重组业务企业所得税管理办法》第2条、11条、12条、20条、30条、36条、37条

❖《国家税务总局关于企业重组业务企业所得税征收管理若干问题的公告》

❖《国家税务总局关于企业股权投资损失所得税处理问题的公告》第1条、2条

❖《国家税务总局关于企业取得财产转让等所得企业所得税处理问题的公

告》第 1 条、2 条
- ❖《国家税务总局关于贯彻落实企业所得税法若干税收问题的通知》第 3 条
- ❖《国家税务总局关于纳税人资产重组有关增值税问题的公告》

4. 其他规范性文件

- ❖《国家税务总局关于以转让股权名义转让房地产行为征收土地增值税问题的批复》国税函〔2000〕687 号
- ❖《国家税务总局关于企业转让上市公司限售股有关所得税问题的公告》第 1~3 条

# 第八章 增资纠纷

【宋律师释义】

> 增资纠纷,是指公司增资内容违法、增资行为违反法定程序、增资协议无效,股东或投资人请求确认增资行为无效的纠纷。实践中,应注意与股东出资纠纷、新增资本认购纠纷的区别。
>
> 由于增资行为直接牵连着股东利益,因此增资无效的责任承担问题也成为司法实践中股东纠纷的频发地带。因此本章将对公司增资的程序进行全面介绍,并对各种原因导致的增资无效裁判标准及增资无效导致的责任承担问题逐一讲解。

【关键词】增资扩股　新浪模式　对赌条款　公积金　法定公积金　任意公积金　资本公积金

❖ **增资扩股**:指公司定向或向社会公开募集股份、发行股票,由新股东或原股东投资入股从而增加公司注册资本的行为。

实践中,一般会由股东或非公司股东投资者与公司签订的,约定对公司增加注册资本过程中所涉权利义务的法律文本。增资协议应当具体包括如下条款:

(1)各方股权情况;

(2)公司内部审批与认可;

(3)增资金额、出资方式及出资期限;

(4)增资扩股后注册资本与股本设置;

(5)后续手续;

(6)声明、保证和承诺;

(7)协议的终止;

(8)保密;

(9)免责补偿;
(10)其他。

❖ **新浪模式**:即通过协议控制的方式,以物权、债权控制方式代替股权控制,将境内实体公司与境外相应的海外上市公司绑定:以境内的实体公司作为可变利益实体(VIE),与境外公司合并报表并上市,最终实现规避了产业限制,实现海外融资的目的。

❖ **对赌条款**:即估值调整机制,也被称为"业绩驱动的价值评估",其核心为附条件的股权转让或由违约一方直接支付违约金。对赌条款是投资方与融资方在达成融资协议时,对于未来不确定的情况进行一种约定。如果企业未来的经营结果达到约定的水平,则融资方享有一定权利,用以补偿企业价值当初被低估的损失;否则,投资方享有一定的权利,用于补偿企业价值当初被高估的损失。由于结果是不确定的,与赌博有一些相似之处,因此被形象地称为"对赌"。

❖ **公积金**:又称准备金、储备金,是公司为了增强自身实力、预防意外亏损或者扩大营业规模、经营范围等,依照法律或者公司章程规定提取的后备资金。公积金按照其提取方式的不同,分为任意公积金、法定公积金与资本公积金。其中,任意公积金与法定公积金统称为盈余公积金。

❖ **法定公积金**:指依据法律规定必须强制提取的公积金。其提取比例(或数额)及用途都由法律直接规定。法定公积金亦称"强制公积金"。

❖ **任意公积金**:指公司根据公司章程或股东大会决议自由设置或提取的公积金。

❖ **资本公积金**:是指依照法律规定直接从公司有关收入中提取形成的公积金。其与盈余公积金不同之处在于,法定公积金与任意公积金是从公司税后利润中提取,而资本公积金根据法律规定直接将有关收入列入提取范围,并不以公司存在盈余为前提。

资本公积金的来源包括资本(或股本)溢价、接受捐赠资产、拨款转入、外币资本折算差额等,具体内容如下:

(1)资本(或股本)溢价,是指企业投资者投入的资金超过其在注册资本中所占份额的部分,或股份有限公司以超过股票票面价值发行股份所获得的股票溢价。

(2)接受非现金资产捐赠准备,是指企业因接受非现金资产捐赠而增加的资本公积。

(3)接受现金捐赠,是指企业因接受现金捐赠而增加的资本公积。

（4）股权投资准备，是指企业对被投资单位的长期股权投资采用权益法核算时，因被投资单位接受捐赠等原因增加的资本公积，企业按其持股比例计算而增加的资本公积。

（5）拨款转入，是指企业收到国家拨入的专门用于技术改造、技术研究等的拨款，按规定转入资本公积的部分。企业应按转入金额入账。

（6）外币资本折算差额，是指企业接受外币投资因所采用的汇率不同而产生的资本折算差额。

（7）其他资本公积，是指除上述各项资本公积以外所形成的资本公积，以及从资本公积各准备项目转入的金额。债权人豁免的债务也在本项核算。

## 第一节 立 案

**635. 股东请求确认增资无效应当如何确定诉讼当事人？**

应当由对增资有异议的股东作为原告提起诉讼，以公司和增资协议的签订人为共同被告。

**636. 向公司实际投入资金用于增资的股东或非公司股东投资者，主张公司返还投资款的诉讼当事人应当如何确定？**

该类诉讼应当以实际资金投入人为原告，以公司为被告。

但是，如果该笔款项并未交付于公司，而是由公司高管或其他人代为收取的，或者该款项的实际持有人不明的，可以款项的收取人和公司为共同被告。

**637. 增资纠纷诉讼是否适用诉讼时效？**

股东主张增资无效的实质是一种特殊的公司决议无效诉讼，其本身并非债权请求权，因此不适用诉讼时效的相关规定。

但是，当公司增资无效或投资人主张解除增资协议后，要求公司返还投资款的行为即属于债权请求权的范畴，应当适用一般诉讼时效两年的规定，自投资人知道或者应当知道之日起计算。

**638. 增资纠纷诉讼由何地法院管辖？**

增资纠纷的管辖法院应当为公司实际经营所在地或登记注册地的基层人民法院。

**639. 增资纠纷按照什么标准交纳案件受理费？**

对于主张增资无效的诉讼应当按件收费，受理费用为50~100元。而对于主张返还投资款的诉讼，则应当根据案件标的额收取案件受理费。

## 第二节　增资纠纷的裁判标准

### 一、增资的作用、方式、程序及增资无效的原因

**640. 实践中，公司增资的方式主要有哪些？**

对于股份有限公司而言增资主要有以下三种方式：

(1)增加票面价值。公司不改变原有股份总数，增加每股金额。如公积金、应分配股利留存以及股东新缴纳的股款，平均记入每一股份中，从而使票面价值增加。

(2)发行新股。为了扩大资本，股份有限公司可发行新股，可以向社会公众募集，也可以由原股东优先认购。

(3)债转股。上市公司将可转换公司债券转换为股份，公司负债消灭，公司股本增加，以及股份有限公司一般商业性的债转股。①

对于有限责任公司而言主要是增加出资。实践中，既可以按照原有股东的出资比例增加出资，也可以邀请原有股东以外的其他人出资。若原有股东认购出资，可以另缴股款，也可将资本公积金或应分配股利留存转换为出资。

非公司股东对有限责任公司进行增资实践中有如下两种常见方式：

(1)与公司签订增资协议，直接对公司进行增资；

(2)首先由投资人与公司股东签订股权转让协议，受让部分公司股权，之后以公司股东的身份参与公司增资。

**641. 公司增资一般需履行哪些程序？**

通常情况下公司增加注册资本需履行如下程序：

(1)董事会制定增资方案，具体包括但不限于：增资金额、增资方式、增资后股权比例。

(2)股东会决议通过增资方案。有限责任公司股东会对增加资本作出决议，必须经2/3以上表决权股东通过。股份有限公司增加资本，股东会作出决议，必须经出席会议的股东所持表决权的2/3以上通过。

(3)股东或非公司股东投资者与公司签订增资协议。

---

① 关于债权转股权的具体内容详见本书第三章股东出资纠纷第二节出资方式三、债权作价出资。

(4)公司变更章程。

(5)至工商行政管理部门办理注册资本、股东或股权变更登记。

需要注意的是,无论公司以外部出资进行增资,或以公司公积金进行增资,其内部程序是一致的。

**642. 公司增加注册资本时,原有股东享有哪些权利?**

股东有优先认缴出资的权利。

股东优先认缴出资需注意两个问题:

(1)股东应按照实缴出资比例行使优先认缴权;

(2)有限责任公司全体股东约定或股份有限公司章程约定不按照实缴出资比例优先认缴出资的从其约定。①

公司注册资本增加时,原有股东如果未同时对公司进行增资,则股权比例将被稀释,从而影响表决权、盈余分配权等权利。如股东试图保有原股权比例,仅有如下两种方式:

(1)同时对公司进行增资;

(2)受让公司内部其他股东的股权,以扩大股权比例。

**643. 公司增资行为何时生效?无效的原因有哪些?**

目前学界有以下三种观点:

(1)以是否办理了工商变更登记为准;

(2)以是否记载于公司章程为准;

(3)以股东是否实际交付出资为准。

笔者认为对外涉及公司与第三人的关系时应以工商登记为准,对内涉及股东分红、经营权等应以是否记载于公司章程和是否有增资协议以及是否实际出资为准进行综合判断。

增资无效的原因包括三大类:

(1)增资决议内容违法;

(2)增资程序违法;

(3)增资协议无效或被解除。

该三类原因的具体表现形式暂容下述。

---

① 关于股东主张优先认购权的相关内容详见本书第九章新增资本认购纠纷。

## 二、公积金转增股本的限制

**644. 法定公积金的提取有何法定要求？法定公积金有何作用？**

公司分配当年税后利润时，应当提取利润的10%列入公司法定公积金。公司法定公积金累计额为公司注册资本的50%以上的，可以不再提取。然而，如果公司的法定公积金不足以弥补以前年度亏损的，应当先用当年利润弥补亏损。

法定公积金可用于弥补公司的亏损、扩大公司生产经营或者转为增加公司资本。

**645. 哪些公积金可以用以增加公司注册资本？在以公积金增资时有何限制？**

无论何种公积金皆可以用以对公司进行增资。但是法定公积金转为资本时，所留存的该项公积金不得少于转增前公司注册资本的25%。

## 三、股份有限公司发行新股、可转换公司债券的程序

**646. 股份有限公司公开发行新股应当满足哪些条件？**

股份有限公司公开发行新股需满足以下条件：
(1)具备健全且运行良好的组织机构；
(2)具有持续盈利能力，且财务状况良好；
(3)最近三年财务会计文件无虚假记载，无其他重大违法行为；
(4)经证监会批准。

**647. 如何认定股份有限公司是否具备健全、良好的组织机构？**

认定公司组织机构是否健全、良好，应视其是否符合如下标准：
(1)公司章程合法有效，股东大会、董事会、监事会和独立董事制度健全，能够依法有效履行职责。
(2)公司内部控制制度健全，能够有效保证公司运行的效率、合法合规性和财务报告的可靠性；内部控制制度的完整性、合理性、有效性不存在重大缺陷。
(3)现任董事、监事和高级管理人员具备任职资格，能够忠实和勤勉地履行职务，不存在违反忠实、勤勉义务的行为，且最近36个月内未受到过中国证监会的行政处罚、最近12个月内未受到过证券交易所的公开谴责。
(4)上市公司与控股股东或实际控制人的人员、资产、财务分开，机构、业务独立，能够自主经营管理。
(5)最近12个月内不存在违规对外提供担保的行为。

**648. 如何认定股份有限公司是否具备持续盈利能力及拥有良好财务状况？**

上市公司的盈利能力具有可持续性的判断标准如下：

(1)最近3个会计年度连续盈利。扣除非经常性损益后的净利润与扣除前的净利润相比，以低者作为计算依据。

(2)业务和盈利来源相对稳定，不存在严重依赖于控股股东、实际控制人的情形。

(3)现有主营业务或投资方向能够可持续发展，经营模式和投资计划稳健，主要产品或服务的市场前景良好，行业经营环境和市场需求不存在现实或可预见的重大不利变化。

(4)高级管理人员和核心技术人员稳定，最近12个月内未发生重大不利变化。

(5)公司重要资产、核心技术或其他重大权益的取得合法，能够持续使用，不存在现实或可预见的重大不利变化。

(6)不存在可能严重影响公司持续经营的担保、诉讼、仲裁或其他重大事项。

(7)最近24个月内曾公开发行证券的，不存在发行当年营业利润比上年下降50%以上的情形。

所谓财务状况良好必须符合如下标准：

(1)会计基础工作规范，严格遵循国家统一会计制度的规定。

(2)最近3年及1期财务报表未被注册会计师出具保留意见、否定意见或无法表示意见的审计报告；被注册会计师出具带强调事项段的无保留意见审计报告的，所涉及的事项对发行人无重大不利影响或者在发行前重大不利影响已经消除。

(3)资产质量良好。不良资产不足以对公司财务状况造成重大不利影响。

(4)经营成果真实，现金流量正常。营业收入和成本费用的确认严格遵循国家有关企业会计准则的规定，最近3年资产减值准备计提充分合理，不存在操纵经营业绩的情形。

(5)最近3年以现金或股票方式累计分配的利润不少于最近3年实现的年均可分配利润的20%。

**649. 拟发行新股的公司"最近3年财务会计文件无虚假记载，无其他重大违法行为"中的虚假记载及重大违法行为应当如何认定？**

虚假记载及重大违法行为，具体是指：

(1)违反证券法律、行政法规或规章，受到中国证监会的行政处罚，或者受到刑事处罚；

(2) 违反工商、税收、土地、环保、海关法律、行政法规或规章,受到行政处罚且情节严重,或者受到刑事处罚;

(3) 违反国家其他法律、行政法规且情节严重的行为。

**650. 拟发行新股的公司募集资金的数额与使用有何一般性规定?**

募集资金的数额和使用应当符合下列规定:

(1) 募集资金数额不超过项目需要量;

(2) 募集资金用途符合国家产业政策和有关环境保护、土地管理等法律和行政法规的规定;

(3) 除金融类企业外,本次募集资金使用项目不得为持有交易性金融资产和可供出售的金融资产、借予他人、委托理财等财务性投资,不得直接或间接投资于以买卖有价证券为主要业务的公司;

(4) 投资项目实施后,不会与控股股东或实际控制人产生同业竞争或影响公司生产经营的独立性;

(5) 建立募集资金专项存储制度,募集资金必须存放于公司董事会决定的专项账户。

**651. 股份有限公司公开发行新股的方式有哪些?**

实践中股份有限公司公开发行新股的方式包括两种,即配股及增发。

配股,系仅向原股东配售股份。

增发,则一般指向不特定对象公开募集股份。

## 【案例231】厦门厦工公开增发 16,000 万股新股上市[①]

**发行主体:** 厦门厦工机械股份有限公司

**注册资本:** 798,969,989 元

**上市交易所:** 上海证券交易所

**主营业务:** 装载机、挖掘机、叉车、道路机械等工程机械产品及其配件的制造、加工和销售

**发行人主要股东和实际控制人情况:**

1. 控股股东基本情况

发行前海翼集团直接持有发行主体 371,522,859 股股票,并通过其全资子公司厦门厦工重工有限公司间接持有发行主体 69,993,067 股股票;海翼集团合并

---

① 参见厦门厦工机械股份有限公司公开增发股票上市公告书(临 2013-001 号)。

持有发行主体441,515,926股股票,占发行主体总股本的55.26%,为发行主体第一大股东及控股股东。

本次发行后,海翼集团直接持有发行主体393,022,859股股票,并通过其全资子公司厦门厦工重工有限公司间接持有69,993,067股股票;海翼集团合并持有发行主体463,015,926股股票,占总股本的48.28%,仍为第一大股东及控股股东。

海翼集团是厦门市直管国有企业集团,主要从事对授权范围内国有资产的经营和管理,以及投资、控股和参股企业等相关业务,除此之外,本身没有生产业务。

2. 实际控制人

发行主体的实际控制人为厦门市国资委。近三年,公司的控股权及实际控制人未发生变动。

**发行方案:**

1. 证券类型:境内上市人民币普通股(A股)。

2. 每股面值:1.00元。

3. 发行数量:16,000万股,占发行后公司总股本的16.68%。

4. 发行价格:本次发行的价格为6.42元/股,不低于招股意向书刊登日即2012年12月19日前20个交易日公司A股股票均价。

5. 发行方式:本次发行采取向原股东优先配售,其余部分以网下向机构投资者、网上向社会公众投资者定价发行相结合的方式进行。本次增发的股票采取余额包销方式,由保荐机构(主承销商)牵头组成的承销团包销剩余股票。

6. 募集资金:本次募集资金总额为人民币102,720万元,扣除发行费用后,本次发行募集资金净额为961,851,926.92元。

7. 发行费用总额及项目、每股发行费用:本次发行费用共计65,348,073.08元,具体包括:承销及保荐费、其他中介及相关发行费用。

每股发行费用为0.41元。

8. 发行后每股净资产:5.1635元(按2012年6月30日经审计的合并资产负债表中归属于母公司股东权益和本次募集资金净额合计数除以本次发行后总股本计算)。

9. 发行后每股收益:0.4672元(按2011年经审计的扣除非经常性损益前后孰低的归属于母公司股东的净利润除以本次发行后总股本计算)。

发行前后股本变化如表 8-1 所示：

表 8-1　厦门厦工 2013 年公开增发股票前后股本变化

| 股本类型 | 发行前 | | 发行后 | |
| --- | --- | --- | --- | --- |
| | 股份数（股） | 比例（%） | 股份数（股） | 比例（%） |
| 限售流通股 | 19,260,401 | 2.41 | 19,260,401 | 2.01 |
| 无限售流通股 | 779,709,588 | 97.59 | 939,709,588 | 97.99 |
| 合计 | 798,969,989 | 100.00 | 958,969,989 | 100.00 |

## 【案例232】川投能源优先配发 16,300 万股新股上市①

**发行主体：** 四川川投能源股份有限公司

**注册资本：** 932,921,505 元

**上市交易所：** 上海证券交易所

**主营业务：** 投资开发、经营管理电力生产为主的能源项目；开发和经营新能源项目，电力配套产品及信息、咨询服务；投资经营铁路、交通系统自动化及智能控制产品和光纤、光缆等高新技术产业。

**发行人主要股东和实际控制人情况：**

1. 控股股东基本情况

川投集团目前直接持有发行主体 604,109,456 股股票，并通过其全资子公司峨眉铁合金综合服务开发公司间接持有 11,016,955 股股票。川投集团合并持有 615,126,411 股股票，占总股本的 56.13%，为第一大股东及控股股东。

川投集团为四川省国资委持有 100% 股权的国有独资公司。

截至 2011 年 9 月 30 日，川投集团所持发行主体股份不存在质押、冻结等情况。

2. 实际控制人

发行主体的实际控制人为四川省国资委，主要负责对四川省国有资产运营、投资等方面的监督管理。

**发行方案：**

1. 证券类型：境内上市人民币普通股（A股）。
2. 每股面值：1.00 元。

---

① 参见四川川投能源股份有限公司公开增发股票上市公告书（2012-13号）。

3. 发行数量:16,300 万股,占发行后公司总股本的 14.87%。

4. 发行价格:12.22 元/股,不低于招股意向书刊登日 2012 年 3 月 7 日前 20 个交易日川投能源 A 股股票均价。

5. 发行方式:采取向原无限售条件股股东优先配售,其余部分以网下向机构投资者、网上向社会公众投资者定价发行相结合的方式进行。若有余额,则由承销团包销。

6. 募集资金:本次募集资金总额为 199,186 万元,本次募集资金净额为 190,702 万元。

7. 发行费用总额及项目、每股发行费用:共计 8484 万元,具体包括:承销及保荐费、信息披露费、股份登记费、律师费、审计验资费等。

每股发行费用为 0.52 元。

8. 发行后每股净资产:7.2196 元(按 2011 年 6 月 30 日经审计的合并资产负债表中归属于母公司股东权益和本次募集资金净额合计数除以本次发行后总股本计算)。

9. 发行后每股收益:0.3107 元(按 2010 年经审计的扣除非经常性损益前后孰低的归属于母公司股东的净利润除以本次发行后总股本计算)。

**发行前后股本变化如表 8－2 所示:**

表 8－2　川投能源 2012 年优先配发新股发行前后股本变化

| 股本类型 | 发行前 | | 发行后 | |
| --- | --- | --- | --- | --- |
| | 股份数(股) | 比例(%) | 股份数(股) | 比例(%) |
| 限售流通股 | | | | |
| 国有法人股 | 385,480,502 | 41.32 | 385,480,502 | 35.17 |
| 限售流通股 | 385,480,502 | 41.32 | 385,480,502 | 35.17 |
| 无限售流通股 | | | | |
| 流通 A 股 | 547,441,233 | 58.68 | 710,441,233 | 64.83 |
| 其他无限售流通股 | 547,441,233 | 58.68 | 710,441,233 | 64.83 |
| 合计 | 932,921,735 | 100.00 | 1,095,921,735 | 100.00 |

## 【案例233】宏图高科定向增发1.6亿股限售股上市流通①

**发行人：**江苏宏图高科技股份有限公司
**定向增发相关情况：**

公司2008年度非公开发行股票方案经2008年3月12日召开的2008年第一次临时股东大会审议通过,并于2008年7月31日经中国证监会发行审核委员会审核通过,2008年9月8日,公司收到中国证监会证监发行字〔2008〕1065号核准文件。公司于2008年12月24日至2009年1月7日采取非公开发行股票方式向9名特定投资者发行了125,000,000股股份,发行价为7.14元/股,募集资金总额892,500,000元(其中以资产认购574,069,930.14元,募集现金318,430,069.86元)。扣除发行费用后,实际募集资金净额874,935,000元(其中募集现金300,865,069.86元)。2009年1月14日,公司在中国证券登记结算有限责任公司上海分公司办理完毕新增股份登记及限售手续。本次发行完成后,公司股份总数变更为444,200,000股。上述具体内容详见公司在中国证券报、上海证券报、上海证券交易所网站刊登的临2008-015、临2008-029、临2008-033、临2009-001等公告。

**限售股份上市流通的有关规定：**

根据《上市公司证券发行管理办法》等有关规定,本次向三胞集团有限公司、南京盛亚科技投资有限公司、江苏苏豪国际集团股份有限公司和银威利实业(深圳)有限公司发行的股份(资产认购部分)自发行结束之日起36个月内不得转让,该部分新增股份预计可上市流通日为2012年1月14日;向其他特定投资者发行的股份(现金认购部分)自发行结束之日起12个月内不得转让,该部分新增股份已于2010年1月14日上市流通。

由于本次资产认购股份部分上市流通日为非工作日,自然顺延至2012年1月16日。

**限售股份上市流通情况：**

本次定向增发限售股份上市流通部分为2008年度定向增发资产认购股份部分,上市流通数量为160,803,902股(含送股及转增),占公司股份总数的14.20%,上市流通日为2012年1月16日。

本次解除限售后,公司股份全部为无限售条件流通股。

---

① 参见江苏宏图高科技股份有限公司定向增发限售股份上市流通公告(临2012-005号)。

## 652. 股份有限公司向原股东配售股份，有何特殊的条件限制？

向原股东配售股份，除符合发行新股的一般条件外，还应当符合下列规定：

(1)拟配售股份数量不超过本次配售股份前股本总额的30%；

(2)控股股东应当在股东大会召开前公开承诺认配股份的数量；

(3)采用合法的代销方式发行。

## 653. 如果控股股东不履行认购股份的承诺，或认购数额不满拟配售数量的，发行人有何责任？

控股股东不履行认配股份的承诺，或者代销期限届满，原股东认购股票的数量未达到拟配售数量70%的，发行人应当按照发行价并加算银行同期存款利息返还已经认购的股东。

## 654. 向不特定对象增发股份，有何特殊条件限制？

向不特定对象增发股份，除符合发行新股的一般规定外，还应当符合下列规定：

(1)最近3个会计年度加权平均净资产收益率平均不低于6%。扣除非经常性损益后的净利润与扣除前的净利润相比，以低者作为加权平均净资产收益率的计算依据；

(2)除金融类企业外，最近1期末不存在持有金额较大的交易性金融资产和可供出售的金融资产、借予他人款项、委托理财等财务性投资的情形；

(3)发行价格应不低于公告招股意向书前20个交易日公司股票均价或前1个交易日的均价。

## 655. 股份有限公司发行新股需履行哪些程序？

股份有限公司发行新股应当履行以下程序：

(1)必须公告新股招股说明书和财务会计报告，并制作认股书。

(2)向社会公开募集新股的，应由依法设立的证券公司承销，签订承销协议。

(3)应当同银行签订代收股款协议，且银行应按协议代收和保存股款，向缴纳股款的认股人出具收款单据，并向有关部门出具收款证明。

(4)公司发行新股，应根据经营状况和财务状况确定作价方案。

(5)发行新股募足股款后，必须向公司登记机关办理变更登记并且予以公告。

(6)股份有限公司以公开发行新股方式或者上市公司以非公开发行新股方式增加注册资本的，还应当提交国务院证券监督管理机构的核准文件。

## 656. 股份有限公司发行新股时,股东大会应对哪些事项作出决议?

主要有以下四项:

(1)新股的种类及数额;

(2)新股发行的价格;

(3)新股发行的起止日期;

(4)向原有股东发行新股的种类及数额。

## 657. 股份有限公司公开发行新股需向证监会报送哪些材料?

需报送的材料如下:

(1)公司营业执照;

(2)公司章程;

(3)股东大会决议;

(4)招股说明书;

(5)财务会计报告;

(6)代收股款银行的名称及地址;

(7)承销机构名称及有关的协议;

(8)保荐人出具的发行保荐书。

## 658. 何为可转换公司债券?发行可转换债券有何特殊限制?

可转换公司债券,是指发行公司依法发行,在一定期间内依据约定的条件可以转换成股份的公司债券。

公开发行可转换公司债券的公司,除应当符合发行新股的一般规定外,还应当符合下列规定:

(1)最近3个会计年度加权平均净资产收益率平均不低于6%。扣除非经常性损益后的净利润与扣除前的净利润相比,以低者作为加权平均净资产收益率的计算依据。

(2)本次发行后累计公司债券余额不超过最近1期末净资产额的40%。

(3)最近3个会计年度实现的年均可分配利润不少于公司债券1年的利息。

**【案例234】同仁堂配售、公开发行12亿可转换公司债券**[①]

**发行主体:** 北京同仁堂股份有限公司

**股本总额:** 130,206.5695万股

---

① 参见北京同仁堂股份有限公司可转换公司债券上市公告书(2012-024号)。

**上市交易所**：上海证券交易所

**发行基本情况**：

1. 发行核准：本次发行经公司 2011 年 11 月 14 日召开的第五届董事会第十五次会议审议通过，并经公司 2011 年 11 月 30 日召开的 2011 年第一次临时股东大会审议通过。本次发行已经中国证监会证监许可〔2012〕1396 号文核准。

2. 证券类型：可转换公司债券。

3. 发行规模：120,500 万元人民币。

4. 发行数量：120.50 万手，原股东优先配售同仁堂可转债 900,376 手，占本次发行总量的 74.72%。

5. 发行价格：按面值发行。

6. 发行方式：本次发行采取向公司原 A 股股东全额优先配售，原 A 股股东优先配售后余额（含原股东放弃优先配售部分）采用网下对机构投资者配售和通过上海证券交易所交易系统网上定价发行相结合的方式进行，认购金额不足 12.05 亿元部分，由承销团包销。

7. 募集资金量及募集资金净额：总额为 120,500 万元（含发行费用），募集资金净额 117,596 万元。

8. 募集资金用途：全部用于大兴生产基地建设项目。大兴生产基地建设项目总投资 11.76 亿元，拟全部使用募集资金投资建设。

9. 募集资金净额不足投资项目的资金缺口，公司将采用自有资金及银行贷款等方式解决。如本次募集资金不足或募集资金到位时间与项目进度不一致，公司可根据实际情况暂以自有资金或其他方式筹集的资金先行投入，募集资金到位后予以置换。

**发行条款**：

1. 票面金额：每张面值 100 元人民币。

2. 债券期限：自发行之日起 5 年，即自 2012 年 12 月 4 日至 2017 年 12 月 4 日。

3. 债券利率：第一年 0.50%，第二年 0.70%，第三年 1.30%，第四年 1.70%，第五年 2.00%。

4. 还本付息的期限和方式：每年付息一次的付息方式，到期归还本金和最后一年利息。

（1）年利息计算。

年利息的计算公式为：$I = B \times i$，其中，$I$ 指年利息额；$B$ 指本次发行的可转债持有人在计息年度(以下简称当年或每年)付息登记日持有的可转债票面总金额;i 指可转债当年票面利率。

(2)付息方式。

①每年付息一次,计息起始日为可转债发行首日,即 2012 年 12 月 4 日。可转债持有人所获得利息收入的应付税项由可转债持有人负担。

②付息日:每年的付息日为发行的可转债发行首日起每满一年的当日。如该日为法定节假日或休息日,则顺延至下一个工作日,顺延期间不另付息。每相邻的两个付息日之间为一个计息年度。

③付息债权登记日:每年付息日的前一交易日为付息债权登记日,公司将在每年付息日之后的 5 个交易日内支付当年利息。在付息债权登记日前(包括付息债权登记日)申请转换成公司股票的可转债,公司不再向其支付利息。

5. 担保事项:本次发行的可转债未提供担保。

6. 转股期限:本次可转债转股期自可转债发行结束之日满 6 个月后的第一个交易日起至可转债到期日止。即 2013 年 6 月 5 日至 2017 年 12 月 4 日。

7. 转股价格的确定:本次发行的可转债的初始转股价格为 17.72 元/股。即本可转债募集说明书公告日前 20 个交易日公司股票交易均价和前一交易日公司股票交易均价二者之间的较高者。

前 20 个交易日公司股票交易均价 = 前 20 个交易日公司股票交易总额/该 20 个交易日公司股票交易总量;

前一交易日公司股票交易均价 = 前一交易日公司股票交易总额/该日公司股票交易总量。

8. 转股价格的调整方法及计算公式:在本次发行之后,当公司因送红股、转增股本、增发新股(不包括因可转债转股增加的股本)、配股或派发现金股利等情况使公司股份发生变化时,将按下述公式进行转股价格的调整:

送股或转增股本:$P_1 = P_0/(1+n)$

增发新股或配股:$P_1 = (P_0 + A \times k)/(1+k)$

两项同时进行:$P_1 = (P_0 + A \times k)/(1+n+k)$

派发现金股利:$P_1 = P_0 - D$

上述三项同时进行:$P_1 = (P_0 - D + A \times k)/(1+n+k)$

其中:$P_0$ 为初始转股价,n 为送股率,k 为增发新股或配股率,A 为增发新股价或配股价,D 为每股现金股利,$P_1$ 为调整后转股价。当公司出现上述股份和/或股东权益变化情况时,将依次进行转股价格调整,并在中国证监会指定的上市公司信息披露媒体上刊登董事会决议公告,并于公告中载明转股价格调整日、调整办法及暂停转股时期(如需)。当转股价格调整日为本次发行的可转债持有人转股申请日或之后,转换股票登记日之前,则该持有人的转股申请按本公司调整后的转股价格执行。

当公司可能发生股份回购、合并、分立或任何其他情形使本公司股份类别、数量和/或股东权益发生变化从而可能影响本次发行的可转债持有人的债权利益或转股衍生权益时,本公司将视具体情况按照公平、公正、公允的原则以及充分保护本次发行的可转债持有人权益的原则调整转股价格。有关转股价格调整内容及操作办法将依法另行制订。

9. 转股价格向下修正条款。

(1) 修正权限与修正幅度。

在本可转债存续期间,当本公司股票在任意连续20个交易日中有10个交易日的收盘价低于当期转股价格的90%时,公司董事会有权提出转股价格向下修正方案并提交本公司股东大会表决。

上述方案须经出席会议的股东所持表决权的2/3以上通过方可实施。股东大会进行表决时,持有本可转债的股东应当回避。修正后的转股价格应不低于本次股东大会召开日前20个交易日本公司股票交易均价和前一交易日均价之间的较高者,同时修正后的转股价格不低于最近一期经审计的每股净资产和股票面值。

若在前述20个交易日内发生过转股价格调整的情形,则在转股价格调整日前的交易日按调整前的转股价格和收盘价计算,在转股价格调整日及之后的交易日按调整后的转股价格和收盘价计算。

(2) 修正程序。

如公司决定向下修正转股价格时,公司须在中国证监会指定的信息披露报刊及互联网网站上刊登股东大会决议公告,公告修正幅度和股权登记日及暂停转股期间。从股权登记日后的第一个交易日(转股价格修正日),开始恢复转股申请并执行修正后的转股价格。

若转股价格修正日为转股申请日或之后,转换股份登记日之前,该类转股申请应按修正后的转股价格执行。

10. 转股时不足一股金额的处理方法。

可转债持有人申请转换成的股份须是整数股。本可转债持有人经申请转股后,对所剩可转债不足转换为1股股票的余额,公司将在可转债持有人转股后的5个交易日内以现金兑付该部分可转债的票面金额以及利息。

## 第八章 增资纠纷

11. 赎回条款。

(1) 到期赎回条款。

在本次发行的可转债期满后 5 个交易日内,将以本次发行的可转债的票面面值上浮一定比率(含最后一期利息)的价格向投资者赎回全部未转股的可转债。具体上浮比率股东大会授权董事会根据市场情况与保荐人(主承销商)协商确定。

(2) 有条件赎回条款。

转股期内,当下述两种情形的任意一种出现时,公司有权决定按照债券面值的 103%(含当期利息)的价格赎回全部或部分未转股的可转债:

①在转股期内,公司股票在任何连续 30 个交易日中至少 20 个交易日的收盘价格不低于当期转股价格的 130%(含 130%);

②当本次发行的可转债未转股余额不足 3000 万元时。若在前述 30 个交易日内发生过转股价格调整的情形,则在调整前的交易日按调整前的转股价格和收盘价计算,调整后的交易日按调整后的转股价格和收盘价计算。

12. 回售条款。

(1) 有条件回售条款。

公司股票在最后两个计息年度任何连续 30 个交易日的收盘价格低于当期转股价格的 70% 时,可转债持有人有权将其持有的可转债全部或部分按债券面值的 103%(含当期利息)的价格回售给发行人。若在上述交易日内发生过转股价格因发生送红股、转增股本、增发新股(不包括因本次发行的可转换公司债券转股而增加的股本)、配股以及派发现金股利等情况而调整的情形,则在调整前的交易日按调整前的转股价格和收盘价格计算,在调整后的交易日按调整后的转股价格和收盘价格计算。如果出现转股价格向下修正的情况,则上述"连续 30 个交易日"须从转股价格调整之后的第一个交易日起重新计算。

最后两个计息年度可转债持有人在每年回售条件首次满足后可按上述约定条件行使回售权一次,若在首次满足回售条件而可转债持有人未在公司届时公告的回售申报期内申报并实施回售的,该计息年度不应再行使回售权。可转债持有人不能多次行使部分回售权。

(2) 附加回售条款。

若公司本次发行的可转债募集资金投资项目的实施情况与公司在募集说明书中的承诺情况相比出现重大变化,根据中国证监会的相关规定被视作改变募集资金用途或被中国证监会认定为改变募集资金用途的,可转债持有人享有一次回售的权利。可转债持有人有权将其持有的可转债全部或部分按债券面值的103%(含当期利息)的价格回售给公司。持有人在附加回售条件满足后,可以在公司公告后的附加回售申报期内进行回售,本次附加回售申报期内不实施回售的,不应再行使附加回售权。

13. 转股年度有关股利的归属。

因本可转债转股而增加的公司股票享有与原股票同等的权益,在股利分配股权登记日当日登记在册的所有股东均享受当期股利。

## 【案例235】南山铝业配售、公开发行60亿可转换公司债券①

**发行主体**:山东南山铝业股份有限公司

**股本总额**:1,934,154,495 股

**上市交易所**:上海证券交易所

**发行基本情况**:

1. 发行核准:本次发行经公司2011年12月9日召开的第七届董事会第八次会议形成决议,并经2011年12月26日公司2011年第四次临时股东大会审议通过。本次发行已经中国证监会证监许可〔2012〕1216号文核准。

2. 证券类型:可转换公司债券。

3. 发行规模:600,000万元人民币。

4. 发行数量:600万手,原股东优先配售南山转债568,980手,占本次发行总量的9.48%。

5. 发行价格:按面值发行。

6. 发行方式:本次发行采取向公司原A股股东全额优先配售,原A股股东优先配售后余额(含原股东放弃优先配售部分)采用网下对机构投资者配售和通过上海证券交易所交易系统网上定价发行相结合的方式进行,认购金额不足60亿元部分,由承销团包销。

7. 募集资金量及募集资金净额:总额为600,000万元(含发行费用),募集资金净额592,353.58万元。

8. 募集资金用途:本次发行可转债的募集资金扣除发行费用后用于建设年产20万吨超大规格高性能特种铝合金材料生产线项目,该项目需投入资金618,986万元。

---

① 参见山东南山铝业股份有限公司可转换公司债券上市公告书(临2012-041)。

本次发行实际募集资金净额低于拟投入项目的资金需求额,不足部分由公司自筹解决。本次募集资金到位之前,公司根据项目进度的实际情况以自有资金或其他方式筹集的资金先行投入,并在募集资金到位后予以置换。

**发行条款:**

1. 票面金额:每张面值100元人民币。

2. 债券期限:本可转债存续期限为自发行之日起6年,即自2012年10月16日至2018年10月16日。

3. 债券利率:第一年3.5%、第二年3.5%、第三年4%、第四年4%、第五年4%、第六年4%。

4. 付息方式:

(1)每年付息一次,计息起始日为可转债发行首日,即2012年10月16日。可转债持有人所获得利息收入的应付税项由可转债持有人负担。

(2)付息日:每年的付息日为本次可转债发行首日起每满一年的当日。

如该日为法定节假日或休息日,则顺延至下一个工作日,顺延期间不另付息。每相邻的两个付息日之间为一个计息年度。

(3)付息债权登记日:每年的付息债权登记日为每年付息日的前一交易日,公司将在每年付息日之后的5个交易日内支付当年利息。在付息债权登记日前(包括付息债权登记日)转换成股票的可转债不享受当年度及以后计息年度利息。

5. 转股期限:本次发行的可转债转股期自可转债发行结束之日满6个月后的第一个交易日起至可转债到期日止,即2013年4月17日至2018年10月16日。

6. 转股价格的确定和修正。

当公司可能发生股份回购、合并、分立或任何其他情形使公司股份类别、数量和/或股份权益发生变化从而可能影响本次发行的可转债持有人的债券利益或转股衍生权益时,公司将视具体情况按照公平、公正、公允的原则以及充分保护可转债持有人权益的原则调整转股价格。有关转股价格调整内容及操作办法将依据当时国家有关法律、法规及证券监管部门的相关规定来制定,调整转股价格的确定应经债券持有人会议通过方可生效。

(1)初始转股价格的确定依据。

初始转股价格为6.92元/股(不低于募集说明书公告日前20个交易日公司股票交易均价和前一个交易日公司股票交易均价)。前20个交易日公司股票交易均价=前20个交易日公司股票交易总额/该20个交易日公司股票交易总量；前一交易日公司股票交易均价=前一交易日公司股票交易总额/该日公司股票交易总量。

(2) 转股价格的调整方法及计算公式。

当公司发生送红股、转增股本、增发新股(不包括因本次发行的可转债转股而增加的股本)、配股以及派发现金股利等情况时,公司将按上述条件出现的先后顺序,依次对转股价格进行累积调整,具体调整办法如下。

设调整前转股价为 $P_0$,每股送股或转增股本率为 N,每股增发新股或配股率为 K,增发新股或配股价为 A,每股派发现金股利为 D,调整后转股价为 P(调整值保留小数点后两位,最后一位实行四舍五入),则:

派发现金股利: $P = P_0 - D$；

送股或转增股本: $P = P_0/(1 + N)$；

增发新股或配股: $P = (P_0 + A \times K)/(1 + K)$；

三项同时进行时: $P = (P_0 - D + A \times K)/(1 + N + K)$。

公司出现上述股份和/或股东权益变化时,将依次进行转股价格调整,并在中国证监会指定的上市公司信息披露媒体上刊登董事会决议公告,并于公告中载明转股价格调整日、调整办法及暂停转股时期(如需)。当转股价格调整日为本次发行的可转债持有人转股申请日或之后,转换股票登记日之前,则该持有人的转股申请按公司调整后的转股价格执行。

7. 转股价格向下修正条款。

(1) 修正条件及修正幅度。

在可转债存续期内,当公司股票在任意连续20个交易日中至少10个交易日的收盘价低于当期转股价格90%时,公司董事会有权在上述情形发生后20个交易日内提出转股价格向下修正方案并提交公司股东大会审议表决,该方案须经出席会议的股东所持表决权的2/3以上通过方可实施。股东大会进行表决时,持有公司本次发行可转债的股东应当回避。修正后的转股价格应不低于该次股东大会召开日前20个交易日公司股股票交易均价和前一交易日的公司股票交易均价,同时,修正后的转股价格不得低于最近一期经审计的每股净资产值和股票面值。

若在前述20个交易日内发生过转股价格调整的情形,则在调整前的交易日按调整前的转股价格和收盘价计算,调整后的交易日按调整后的转股价格和收盘价计算。

(2)修正程序。

如公司决定向下修正转股价格,公司须在中国证监会指定的信息披露报刊及互联网网站上刊登股东大会决议公告,公告修正幅度、股权登记日和暂停转股期间;从股权登记日后的第一个交易日(转股价格修正日),开始恢复转股申请并执行修正后的转股价格。

若转股价格修正日为转股申请日或之后,转换股份登记日之前,该类转股申请应按修正后的转股价格执行。

8. 赎回条款。

(1)到期赎回条款。

本次发行的可转债到期后5个交易日内,公司将以108元(含最后一期利息)的价格赎回未转股A股可转债。

(2)提前赎回条款。

转股期内,当下述两种情形的任意一种出现时,公司有权决定按照债券面值的104%(含当期利息)赎回全部或部分未转股的可转债。

①在转股期内,公司股票在任何连续30个交易日中至少20个交易日的收盘价格不低于当期转股价格的130%(含130%);

②当本次发行的A股可转债未转股余额不足3000万元时。

若在前述30个交易日内发生过转股价格调整的情形,则在调整前的交易日按调整前的转股价格和收盘价计算,调整后的交易日按调整后的转股价格和收盘价格计算。

(3)赎回程序及时限。

本次可转债到期日后的两个交易日内,公司将在中国证监会指定的上市公司信息披露媒体上披露本息兑付公告。公司将委托中登公司上海分公司代理支付兑付款项。

本次可转债存续期内,若公司股票价格或本次可转债未转股余额满足前述提前赎回条件,公司将在满足提前赎回条件的下一交易日内在中国证监会指定的上市公司信息披露媒体上发布公告,明确披露是否行使赎回权。如公司决定执行本项赎回权时,公司将在赎回期结束前至少发布3次赎回提示性公告,公告将载明赎回程序、赎回价格、付款方法、付款时间等内容。赎回日距首次赎回公告的刊登日不少于30日但不多于60日。当公司决定执行全部赎回时,在赎回日当日所有登记在册的可转债将全部被冻结。当公司决定执行部分赎回时,具体的执行办法视当时上交所的规定处理。公司将在赎回日后的3个交易日内,委托上交所通过其清算系统代理支付赎回款项。赎回期结束后,公司将公告赎回结果及其影响。

9. 回售条款。

(1)有条件回售条款。

在本可转债最后两个计息年度,如果公司股票在任何连续30个交易日的收盘价格低于当期转股价的70%时,可转债持有人有权将其持有的可转债全部或部分按债券面值的104%(含当期利息)回售给公司。若在上述交易日内发生过转股价格因发生送红股、转增股本、增发新股(不包括因本次发行的可转债转股而增加的股本)、配股以及派发现金股利等情况而调整的情形,则在调整前的交易日按调整前的转股价格和收盘价格计算,在调整后的交易日按调整后的转股价格和收盘价格计算。如果出现转股价格向下修正的情况,则上述"连续30个交易日"须从转股价格调整之后的第一个交易日起重新计算。

最后两个计息年度可转债持有人在每年回售条件首次满足后可按上述约定条件行使回售权一次,若在首次满足回售条件而可转债持有人未在公司届时公告的回售申报期内申报并实施回售的,该计息年度不应再行使回售权。可转债持有人不能多次行使部分回售权。

(2)附加回售条款。

若公司本次发行的可转债募集资金投资项目的实施情况与公司在募集说明书中的承诺情况相比出现重大变化,根据中国证监会的相关规定被视作改变募集资金用途或被中国证监会认定为改变募集资金用途的,可转债持有人享有一次回售的权利。可转债持有人有权将其持有的可转债全部或部分按债券面值加上当期应计利息的价格回售给公司。持有人在附加回售条件满足后,可以在公司公告后的附加回售申报期内进行回售,该次附加回售申报期内不实施回售的,不应再行使附加回售权。

当期应计利息的计算公式为:$IA = B \times i \times t/365$

其中,IA 指当期应计利息;

B 指本次发行的可转债持有人持有的可转债票面总金额;

i 指可转债当年票面利率;

t 指计息天数,即从上一个付息日起至本计息年度赎回日止的实际日历天数(算头不算尾)。

(3)回售程序及时限。

本次可转债存续期内,若公司股票价格满足有条件回售情形,公司将在满足有条件回售情形后的下一交易日内在中国证监会指定的上市公司信息披露媒体上发布回售公告,并在回售期结束前至少发布3次回售提示性公告,公告将载明回售程序、回售价格、付款方法、付款时间等内容。决定行使回售权的可转债持有人应按照回售公告的规定,在申报期限内通过上证所交易系统进行回售申报。公司将在申报期限届满后5个交易日内,委托中登公司上海分公司代理支付回售款项。在回售期结束后,公司将公告回售结果及其影响。

本次可转债存续期内,在公司变更本次可转债募集资金用途即满足附加回售条件时,公司将在股东大会通过决议后20个交易日内赋予可转债持有人一次回售的权利,有关回售公告至少发布3次。决定行使回售权的可转债持有人应按照回售公告的规定,在申报期限内通过上证所交易系统进行回售申报。公司将在申报期限届满后3个交易日内,委托上交所通过其清算系统代理支付回售款项。

在回售期结束后,公司将公告回售结果及其影响。

10. 转股时不足一股金额的处理方法。

可转债持有人申请转换成的股份须是整数股。转股时不足转换1股的可转债部分,公司将在转股日后的5个交易日内以现金兑付该部分可转债的票面金额以及利息。

11. 转股后的股利分配。

因本次发行的可转债转股而增加的本公司股票享有与原股票同等的权益,在股利发放的股权登记日当日登记在册的所有普通股股东(含因可转债转股形成的股东)均参与当期股利分配,享有同等权益。

### 【案例236】中国银行可转换债券转股18余万股[①]

**发行主体:** 中国银行股份有限公司

**可转债发行上市概况:**

经中国银监会银监复〔2010〕148号文和中国证监会证监许可〔2010〕723号文核准,公司于2010年6月2日公开发行了400,000,000张A股可转换公司债券,每张面值100元,发行总额400亿元。经上海证券交易所上证发字〔2010〕17号文同意,400亿元A股可转换公司债券于2010年6月18日起在上海证券交易所挂牌交易,债券简称"中行转债",债券代码"113001"。

---

① 参见中国人民银行股份有限公司可转债转股结果暨股份变动公告(临2013-001号)。

自2010年12月2日起A股可转换公司债券进入转股期,目前转股价格为3.44元/股。

**可转债本次转股情况:**

截至2012年12月31日,累计已有672,000元中行转债转为A股股票,累计转股股数为180,534股,占本行可转债转股前已发行股份总额的0.000066%。其中,自2012年10月1日至2012年12月31日共有10,000元中行转债转为本行A股股票,转股股数为2906股。

截至2012年12月31日,中行转债尚有39,999,328,000元未转股,占中行转债发行总量的99.9983%。

**股本变动情况(见表8-3):**

表8-3 中国银行2010年可转债资本转股前后股本变动情况

单位:股

| 股份类别 | 变动前(2012年9月30日) | 占总股本比例 | 本次可转债转股 | 变动后(2012年12月31日) | 占总股本比例 |
|---|---|---|---|---|---|
| A股 | 195,525,063,964 | 70.04% | 2906 | 195,525,066,870 | 70.04% |
| H股 | 83,622,276,395 | 29.96% | — | 83,622,276,395 | 29.96% |
| 总股本 | 279,147,340,359 | 100.00% | 2906 | 279,147,343,265 | 100.00% |

注:以上股份均为无限售条件流通股。

**659. 发行可转换公司债券的期限是多少?应按照怎样的程序发行?**

可转换公司债券的期限最短为1年,最长为6年。

公开发行可转换债券应当履行的程序如下。

(1)信用评级及跟踪评级

公开发行可转换公司债券,应当委托具有资格的资信评级机构进行信用评级和跟踪评级。资信评级机构每年至少公告一次跟踪评级报告。

(2)偿还余额本息

可转换公司债券期满后5个工作日内,上市公司应该办理完毕偿还债券余额本息的事项。

(3)债券持有人保护

公开发行可转换公司债券,应当约定保护债券持有人权利的办法,以及债券持有人会议的权利、程序和决议生效条件。

存在下列事项之一的,应当召开债券持有人会议:

①拟变更募集说明书的约定;

②发行人不能按期支付本息;

③发行人减资、合并、分立、解散或者申请破产;

④保证人或者担保物发生重大变化;

⑤其他影响债券持有人重大权益的事项。

(4) 提供担保

公开发行可转换公司债券,应当提供担保,但最近一期末经审计的净资产不低于人民币 15 亿元的公司除外。

提供担保的,应当为全额担保,担保范围包括债券的本金及利息、违约金、损害赔偿金和实现债权的费用。

以保证方式提供担保的,应当为连带责任担保,且保证人最近一期经审计的净资产额应不低于其累计对外担保的金额。证券公司或上市公司不得作为发行可转债的担保人,但上市商业银行除外。

设定抵押或质押的,抵押或质押财产的估值应不低于担保金额。估值应经有资格的资产评估机构评估。

(5) 转股期限及价格

可转换公司债券自发行结束之日起 6 个月后方可转换为公司股票,转股期限由公司根据可转换公司债券的存续期限及公司财务状况确定。

债券持有人对转换股票或者不转换股票有选择权,并于转股的次日成为发行公司的股东。

转股价格应不低于募集说明书公告日前 20 个交易日该公司股票交易均价和前一交易日的均价。

募集说明书应当约定转股价格调整的原则及方式。发行可转换公司债券后,因配股、增发、送股、派息、分立及其他原因引起上市公司股份变动的,应当同时调整转股价格。

(6) 转股价格向下修正

募集说明书约定转股价格向下修正条款的,应当同时约定:

①转股价格修正方案须提交公司股东大会表决,且须经出席会议的股东所持表决权的 2/3 以上同意。股东大会进行表决时,持有公司可转换债券的股东应当回避。

②修正后的转股价格不低于前项规定的股东大会召开日前 20 个交易日该公司股票交易均价和前一交易日的均价。

**(7)债券的赎回及回售**

募集说明书可以约定赎回条款,规定上市公司可按事先约定的条件和价格赎回尚未转股的可转换公司债券。募集说明书可以约定回售条款,规定债券持有人可按事先约定的条件和价格将所持债券回售给上市公司。募集说明书应当约定,上市公司改变公告的募集资金用途的,赋予债券持有人一次回售的权利。

**660. 擅自公开发行证券的,有何民事及行政责任?**

未经核准,擅自公开或者变相公开发行证券的,责令停止发行,退还所募资金并加算银行同期存款利息,处以非法所募资金金额1%以上5%以下的罚款。对擅自公开或者变相公开发行证券设立的公司,由依法履行监督管理职责的机构或者部门会同县级以上地方人民政府予以取缔。对直接负责的主管人员和其他直接责任人员给予警告,并处以3万元以上30万元以下的罚款。

**661. 什么是非公开发行股票?非公开发行股票的对象应当具备什么条件?**

非公开发行股票,是拟发行新股的公司采用非公开方式,向特定对象发行股票的行为。

非公开发行股票的特定对象应当符合下列规定:

(1)特定对象符合股东大会决议规定的条件;

(2)发行对象不超过10名。

需要注意的是,如果发行对象为境外战略投资者的,应当经国务院相关部门事先批准。

**662. 公司非公开发行股票,除了应当满足对象的要求外,对拟发行的公司本身有何要求?**

非公开发行股票,公司应当符合下列规定:

(1)发行价格不低于定价基准日前20个交易日公司股票均价的90%。

(2)本次发行的股份自发行结束之日起,12个月内不得转让;控股股东、实际控制人及其控制的企业认购的股份,36个月内不得转让。

(3)募集资金使用符合公开发行新股的一般性规定。

(4)本次发行将导致上市公司控制权发生变化的,还应当符合中国证监会的其他规定。

**663. 公司在何种情况下,不得非公开发行股票?**

存在下列情形之一的,不得非公开发行股票:

(1)发行申请文件有虚假记载、误导性陈述或重大遗漏。

(2)上市公司的权益被控股股东或实际控制人严重损害且尚未消除。

（3）上市公司及其附属公司违规对外提供担保且尚未解除。

（4）现任董事、高级管理人员最近36个月内受到过中国证监会的行政处罚，或者最近12个月内受到过证券交易所公开谴责。

（5）上市公司或其现任董事、高级管理人员因涉嫌犯罪正被司法机关立案侦查或涉嫌违法违规正被中国证监会立案调查。

（6）最近1年及1期财务报表被注册会计师出具保留意见、否定意见或无法表示意见的审计报告。保留意见、否定意见或无法表示意见所涉及事项的重大影响已经消除或者本次发行涉及重大重组的除外。

（7）严重损害投资者合法权益和社会公共利益的其他情形。

### 四、外商投资企业增资的程序

**664. 外商投资企业增资由哪个机关负责审批？**

外商投资企业的增资应当由企业设立时的审批机关进行审批，即对企业设立进行审批的商务部或商务委。

但是需要注意的是，如果企业因增加注册资本导致其投资总额已经超过原审批机关的审批权限的，则该次增资的审批应当报有权限的上级商务部或商务委进行审批。

至于外商投资企业审批权限的规定，其本质是根据企业增资后的总投资额及注册资本而定的。[①]

**665. 外商投资企业增资需符合哪些条件？**

需符合以下条件：

（1）外商投资企业增资用途应符合外商投资产业政策的规定；

（2）外商投资企业增资前的注册资本应全部到位；

（3）增资资金应有明确具体的用途。

**666. 外商投资企业增资办理程序如何规定？**

外商投资企业增资程序如下：

（1）外商投资企业按审批权限向商务主管部门报送增资的申请材料。

（2）商务主管部门根据相关规定作出是否批准的决定，予以批准的，换发《外商投资企业批准证书》；不予批准的，书面说明原因。

（3）通过批准后，企业可持批准证书至工商行政管理机关办理工商变更登记。

---

① 详见本书第一章公司设立纠纷。

### 667. 外商投资企业增资报批,需提交哪些材料?

需提交以下材料:

(1)企业增资及修改合同、章程相应条款的申请报告;

(2)企业原批准证书、营业执照(复印件);

(3)企业股东会或董事会关于增资及修改合同、章程相应条款的决议;

(4)股东会或董事会成员名单;

(5)企业投资各方法定代表人签署的合同修正案(独资企业无须提供);

(6)企业投资各方法定代表人签署的章程修正案;

(7)原合同、章程及审批机关要求的其他文件。

### 668. 外商投资企业增资时对于增资用途应当如何填写,与之对应的应当提交哪些材料?

由于我国对于通货膨胀的严密防范及"热钱"流入的高度警惕,商务部或商务委对于外商投资企业的增资用途有着严格的审核要求。该项内容的报批必须遵循明确、具体、合理的原则。如以企业扩大生产规模为例,一般需要提交如下材料:

(1)新购入生产设备或扩充场地的购销合同或场地租赁合同;

(2)公司扩大生产规模的详细时间计划及商业磋商情况说明;

(3)企业增资的可行性报告,其内容包括公司扩大生产规模的商业可行性、资金需求、资金投入计划等。

## 五、增资效力的裁判标准

### 669. 增资决议内容违法的表现形式有哪些?

实践中增资决议内容违法主要表现在如下两个方面:

(1)未全面维护股东的利益,存在利用低价扩股的方式损害小股东利益的行为。如在实践中,存在公司大股东利用资本多数决通过股东会决议,由非公司股东的投资者以极低的价格对公司进行增资,从而降低了小股东手中股权的价值,该类增资行为应被认定无效。

(2)增资决议侵犯了公司原有股东的优先认购权。[①]

---

[①] 关于优先认购权内容详见本书第九章新增资本认购纠纷。

## 第八章 增资纠纷

**【案例237】增资损害小股东利益　公司赔偿股东损失**[①]

**原告**：董某

**被告**：顺达公司、泰富公司

**第三人**：创立公司

**诉讼请求**：两被告赔偿原告直接经济损失 13,516,354 元。

**争议焦点**：

1. 被告泰富公司在净资产达到 155,360,385.3 元规模的情况下，增资是否有合理的理由。

2. 两被告与第三人之间是否存在关联关系；被告顺达公司及第三人对被告泰富公司的增资是否存在恶意。

3. 被告泰富公司增资前是否必须进行审计与资产评估；被告泰富公司依照注册资本进行增资是否可能降低原告股权的价值，从而损害原告的利益。

**基本案情**：

原告和被告顺达公司，均系被告泰富公司的股东，分别持有被告泰富公司 15%、85% 的股权。被告泰富公司成立于 1995 年 7 月 12 日，注册资本 2100 万元，系上海某区"都华名苑"房产项目的开发公司，至 2005 年 12 月 31 日，被告泰富公司未分配红利。

2005 年 5 月 20 日至 11 月 29 日间，被告泰富公司以解决公司流动资金为由四次召开股东会，形成决议：

1. 被告顺达公司同意向被告泰富公司增资 1900 万元；

2. 被告顺达公司同意引进第三人创立公司作为战略投资者向被告泰富公司增资 1000 万元。

原告在股东会决议中对增资持反对意见，但被告顺达公司以 85% 的表决权通过了增资协议。

2006 年 3 月 8 日，经工商登记核准被告泰富公司注册资本为 5000 万元，被告顺达公司出资 3685 万元，占 73.7% 股权；第三人创立公司出资 1000 万元，占 20% 股权；原告出资 315 万元，占 6.3% 股权。被告泰富公司在增资扩股前后均未对公司财产进行审计和评估。

---

[①] 参见国律网 http://www.chinalawyer.cc/qiye/20101008115423_459726.html#，2012 年 3 月 20 日访问。

截至2005年12月31日,被告泰富公司所有者权益118,208,098.19元,公司净资产评估值为155,360,385.30元(含注册资本5000万元)。

**原告诉称:**

1. 被告顺达公司以大股东"资本多数决"操纵和提议被告泰富公司召开股东会并作出了两项关于增资扩股的决议属于恶意增资。

被告泰富公司以解决公司流动资金为由进行增资,但是被告泰富公司资金非常充裕,房产销售状况良好,不缺资金;且被告顺达公司老总既是被告泰富公司老总,又是第三人创立公司的实际控制人,三者之间具有关联关系。

2. 被告泰富公司的增资行为严重损害了原告的利益,使原告的股权价值显著降低。

被告泰富公司在没有作财务审计,又没有作净资产评估的情况下,依据被告泰富公司的原注册资本比例增资,根本不能体现股权的价值,股东会增资决议和引进战略投资者决议是恶意的,其目的是大股东稀释小股东的股权,以掠夺小股东的利益。

**原告为证明其观点,提交证据如下:**

1. 2002~2005年被告泰富公司财务报告,证明被告泰富公司从2002年度至2005年度数据无变化;

2. 两被告及第三人的工商信息和档案材料,证明被告顺达公司老总既是被告泰富公司老总,又是第三人创立公司的实际控制人,证明三者属于关联关系。

**被告辩称:**

法律对公司增资是否应经过审计、评估未作强制性规定,增资的比价,应由股东协商,被告泰富公司召开股东会形成增资决议,在程序上、实体上均未违反章程、法律的规定,被告泰富公司的增资决议合法有效。

**第三人述称:**

第三人与被告顺达公司没有关联关系,被告泰富公司关于增资的规定、股东会决议程序、内容合法,未损害原告的权益,原告的诉请应予以驳回。

**律师观点:**

1. 虽然被告泰富公司的增资程序不存在瑕疵,但其不能说明增资的合理目的。

本案中,虽然被告泰富公司的股东会决议召集程序合法,内容也是根据"资本多数决"表决原则作出的,但是被告泰富公司的审计、评估报告显示,被告泰富公司股东会作出引进战略投资者,进行增资决定时公司的经营状况良好,经营利润丰厚,公司净资产已达155,360,385.30元的规模,而被告顺达公司和被告泰富公司均未能对公司的增资决策作出合理解释。

2.被告泰富公司依照远低于净资产的注册资本进行平价增资,严重损害了原告利益。

被告泰富公司的增资决定,并未按照当时公司的净资产额进行,而是按大大低于当时公司净资产的公司原注册资本进行增资,明显降低了小股东原告所持股权价值,不公平地侵害了原告的权益,造成了原告的损失。而被告顺达公司作为掌握被告泰富公司控制权的大股东,凭借其控制的多数表决权,将自己的增资意志拟制为公司的意志,致使原告的股权价值蒙受了巨大损失。被告顺达公司的行为属于滥用股东权利,也违反了大股东对小股东的信义义务,被告顺达公司对原告因此所受的损失应承担赔偿责任。

**法院判决:**

被告顺达公司于判决生效之日起10日内赔偿原告损失9,166,353.52元。

**670. 增资程序违法的表现形式有哪些?**

增资程序违法的表现形式主要包括:

(1)增资行为未经过公司股东会决议通过;

(2)关于增资的股东会决议程序违法。①

**671. 虽然未经股东会决议通过,但公司收取了第三人的增资款并与第三人签订增资协议,增资行为是否有效?如果公司进而为其办理了工商变更登记手续,并对股东名册进行了修改,该增资是否有效?**

无论公司是否与第三人签订增资协议,是否收取增资款,甚至无论公司是否为"新股东"办理了工商变更登记或变更股东名册,只要公司股东会未对增资进行决议通过,增资行为即为无效。除非公司股东会在事后对此进行了追认。

公司增资系公司的重大决策行为,股东作为公司的实际拥有者,对此有着直接决定权,忽略股东的意志而直接进行增资,不论在任何情况下都不应认定有效。

**672. 投资人履行了出资义务,但未办理工商变更登记,其增资行为是否有效?**

工商变更登记并非公司增资程序是否合法的判断标准,如果投资人实际出资,则应当认定该增资行为有效。

---

① 详见本书第二十章公司决议纠纷。

### 673. 国有独资公司的增资有何特殊程序?

国有独资公司的增资必须由国有资产监督管理机构决定,未经国有资产监督管理机构决定即进行增资,该增资行为无效。

### 【案例238】国有独资公司增资未经批准 决议被判无效[①]

**原告:** 古井集团公司

**被告:** 龙俊广告公司

**诉讼请求:**

1. 确认原、被告签订的合作协议无效;
2. 确认九方公司作出的股东会决议无效;
3. 本案诉讼费由被告承担。

**争议焦点:**

1. 在签订合作协议之前,中介机构对九方公司的净资产评估为22,461,425.58元,原被告合作协议中约定了九方公司折价1000万元与被告进行合资经营是否损害了国家利益,合作协议是否会因此导致无效;

2. 被告可否根据双方签订的合作协议中第13条"原告向被告提供国有资产授权经营的合法有效的复印件"得出原告本身是"国家授权的投资机构或国家授权的部门";

3. 被告是否应对合作协议未经国家授权部门批准承担部分责任,被告可否以增资申请审批义务人为原告为由不承担诉讼费。

**基本案情:**

原告与被告于2003年9月9日签订了关于九方公司的合作协议,在签订合作协议之前亳州市安阳会计师事务所所作的〔2003〕亳安会字第055号评估报告书,对九方公司的净资产评估为22,461,425.58元。双方签订合作协议时,原告与被告将九方公司的净资产确认为1639万元,折价1000万元进行合资经营,被告以现金1000万元对九方公司进行增资扩股,增资扩股后的九方公司总股本为2000万股,双方各占50%股权。合作协议签订后,九方公司于2003年12月3日据此作出股东会决议,通过增资扩股方案。之后,九方公司向工商机关申请了变更登记。

---

① 参见安徽法院网 http://www.ahcourt.gov.cn/gb/ahgy_2004/llyt/mssp/userobject1ai11036.html,2011年4月29日访问。

## 第八章 增资纠纷

**原告诉称：**

九方公司作为原告的全资子公司，系国有独资公司，九方公司增资扩股的行为应经国有资产监督管理机构审批，但九方公司上述增资扩股行为未办理相关批准手续，违反法律强制性规定，故原告诉至法院。

**被告辩称：**

1. 双方签订的合作协议第13条规定"甲方（指原告）向乙方（指被告）提供国有资产授权经营的合法有效的复印件"，可以看出原告本身是"国家授权的投资机构或国家授权的部门"，具有增资审批的决策权，因此，合作协议应为有效。

2. 双方签订的合作协议第6条规定"甲方有必要的权力和授权签订本协议及有关附件，并履行其项下的义务，且签署和履行本协议不会违反甲方有约束力的任何合同或其他法律文件"。第16款约定"甲方按本协议中的有关约定负责办理有关本协议下增资扩股的审批、工商变更登记等手续"。因此增资申请审批义务人为原告。且即使认定合同无效，也要考虑原告未尽合同义务导致合同无效的情形，被告不应承担诉讼费。

**律师观点：**

1. 原被告合作协议中约定的九方公司折价1000万元与被告进行合资经营损害了国家利益，合作协议无效。

原被告双方在签订合作协议时，对九方公司的国有资产进行了较大幅度的低价作价，降低了国有资产的实有价值，致使国有资产流失，损害了国家利益。根据《合同法》第52条规定，双方恶意串通，损害国家利益的合同无效，因此，原被告之间的合作协议应归于无效。

2. 被告无法证明原告是国家授权的投资机构或国家授权的部门。

《公司法》第66条规定，国有独资公司不设股东会，由国有资产监督管理机构行使股东会职权。国有资产监督管理机构可以授权公司董事会行使股东会的部分职权，决定公司的重大事项，但公司的合并、分立、解散、增加或者减少注册资本和发行公司债券，必须由国有资产监督管理机构决定；其中，重要的国有独资公司合并、分立、解散、申请破产的，应当由国有资产监督管理机构审核后，报本级人民政府批准。

被告虽以合作协议第13条的规定认为原告本身是"国家授权的投资机构或国家授权的部门"，但未举出原告是国家授权的投资机构或国家授权部门的授权文件，仅以双方的协议不能确认原告是国家投资的授权机构或国家授权的部门。被告未举出证据证明原告对九方公司增资扩股是由国有资产管理部门批准，且不能确认原告是国家授权的投资机构或国家授权的部门，根据《合同法》第52条规定,违反法律、行政法规的强制性规定的合同无效,因此,原被告之间的合作协议应归于无效。且由于该合作协议无效,原被告据此作出的九方公司股东会决议也属无效。

3. 被告应对合作协议未经国家授权部门批准承担部分责任,并相应的承担部分诉讼费。

从双方合作协议第13条规定"甲方向乙方提供国有资产授权经营的合法有效文件的复印件",第6条规定"甲方有必要的权力和授权签订本协议及有关附件,并履行其项下的义务,且签署和履行本协议不会违反甲方有约束力的任何合同或其他法律文件",第16款规定"甲方按本协议中的有关约定负责办理有关本协议下增资扩股的审批、工商变更登记手续,包括但不限于:向有关主管机关申请批准本协议下的增资扩股、在登记主管机关办理变更登记手续等"可以看出,双方在签订合作协议后,应由原告办理增资扩股的审批手续,原告未办理增资扩股的审批手续,具有主要过错,应承担主要责任。被告同时也应当知道该合作协议应当由国家授权部门批准,合作协议未经批准,不能生效。因此,被告对于合作协议无效应负适当的责任。原被告应根据各自应承担责任分担诉讼费。

**法院判决:**

1. 原告与被告签订的合作协议以及原、被告据此作出的九方公司的股东会决议无效;

2. 案件受理费141,800元,由原告承担113,440元,被告承担28,360元。

### 674. 国有资本控股公司、国有资本参股公司增资时,应当由哪个机构对增资行为进行决议?

国有资本控股公司、国有资本参股公司应当由公司股东会、股东大会对增资事项进行决议,但是区别于一般公司的是,该类公司中,国有资产监督管理机构委派的股东代表应当按照委派机构的指示提出提案、发表意见、行使表决权,并将其履行职责的情况和结果及时报告委派机构。

### 675. 外商投资企业的增资,如果未经商务部或商务委审批,是否有效?

外商投资企业的增资必须经过审批,否则该增资将由于程序违法而无效。

### 676. 增资协议无效的原因包括哪些?

实践中,如下原因将导致增资协议无效:

(1)增资协议签订主体不合法;

(2)投资人与公司恶意串通,损害公司股东利益。

## 【案例239】增资协议不合法、股东会决议未作出　投资人无法取得股权[①]

**原告**：张俊峰

**被告**：富金达公司、刘胜利

**第三人**：刘金栋、陈靖

**诉讼请求**：确认原告为被告富金达公司的股东，并占有该公司35%的股权。

**争议焦点**：

1. 本案中，原告提起的股权确认之诉的诉讼时效是从原告与被告刘胜利签订《入股协议》之日起计算，还是从被告刘胜利退还原告认缴款之日起计算；原告提起的股权确认之诉是否超过诉讼时效。

2. 原告以认购新股的方式入股被告，与被告富金达公司法定代表人被告刘胜利签订《入股协议》并向被告刘胜利支付了投资款97万元，原告是否能以此为由取得股东资格。

3. 被告富金达公司股东是否存在出资不实的情况；如果存在是否意味着原告可以不通过股东会决议对被告富金达公司增资。

**基本案情**：

被告富金达公司于2004年8月9日成立，公司成立时注册资本为100万元，有股东三人，其中被告刘胜利为法定代表人，占55%的股权，另外两名股东为钟光荣（占公司30%的股权）、刘中星（占公司15%的股权）。

2007年11月20日，该公司变更工商登记，股东通过股权转让的形式由原来的被告刘胜利、刘中星、钟光荣三人变更为被告刘胜利（占公司10%的股权）、第三人陈靖（占公司15%的股权）、第三人刘金栋（占公司75%的股权），第三人刘金栋为公司的法定代表人，注册资本仍为100万元。

2005年7月25日，在被告刘胜利担任被告富金达公司法定代表人期间，被告刘胜利与原告签订了入股协议，该协议约定由原告对公司投入150万元资金，其中50万元为公司前期开发补偿金，另100万元为股本金，公司注册资本由100万元变更为200万元，变更后新股东占35%，原股东占65%。资金交付时间为协议签字日交付56万元，余下在3个月内付完。新股东注入资金后公司应重新办理工商变更登记手续，确定新股东名单及股权比例。协议签订后，原告向被告刘胜

---

① 参见昆明市中级人民法院(2009)昆民五终字第65号民事判决书。

利交纳了人民币 97 万元。此后,被告刘胜利 2007 年 9 月开始分批向原告退回了人民币 97 万元。

**原告诉称：**

在被告富金达公司增资扩股后,其投入了相应的资金,应成为被告富金达公司的股东。根据其与被告刘胜利之间的协议,原告应享有被告富金达公司 35%的股权。但其股东身份一直未予落实。

**两被告辩称：**

1. 原告与被告刘胜利于 2005 年 7 月 25 日签订《入股协议》,至原告起诉之日,已经超过法定的 2 年诉讼时效。

2. 有限责任公司增加注册资本依程序应该召开股东会,由公司全体股东作出是否增加注册资本的股东会决议,而在本案中,原告并未提交被告富金达公司召开过股东会并作出同意原告作为公司新股东的决议,仅持有与被告刘胜利个人的入股协议,在该份入股协议中,无论是公司变更前的股东刘中星、钟光荣,还是公司变更后的股东第三人陈靖、第三人刘金栋均未签字同意原告作为公司股东,且原告也并未作为股东在工商局进行在册登记,原告交给被告刘胜利的钱,被告刘胜利也已经退还给原告。因此,现原告要求确认其是被告富金达公司的股东并占有该公司 35% 股权的诉请,不应予以支持。

**针对两被告的上述观点,原告认为：**

1. 因签约之时被告富金达公司股东存在虚假出资情况,公司增资不存在召开股东会这一操作环节,原告已取得公司股东资格,持有股权。

2. 原告于 2005 年 7 月、10 月交给公司投资款 97 万元,均由被告刘胜利签收,被告刘胜利代表公司出具了收款收据,被告刘胜利交给原告的 97 万元是原告作为股东的分红收益,并非被告刘胜利所称是对原告 97 万元投资款的退回。

第三人刘金栋、陈靖同意两被告的答辩意见。

**律师观点：**

1. 原告提起的股权确认之诉未过诉讼时效。

由于在被告刘胜利将人民币分批退还给原告时,原告才知道其权利被侵害,因此,诉讼时效应从退还人民币之日开始起算,并未超过法律规定的两年期限。

2. 原告以认购新股的方式入股被告,仅以与被告富金达公司法定代表人被告刘胜利签订《入股协议》并向被告刘胜利支付了投资款 97 万元为由不足以取得股东资格。

股权的取得方式分为原始取得和继受取得,原始取得是投资人直接向公司投入财产而取得股权的方式。原始取得中又有公司设立时取得和公司设立后取得之分,前者是指在公司设立时向公司认购出资或股权,从而取得初始股东的资格;后者是指公司成立后发行新股,认购新股后取得股东资格。

依据《公司法》规定,第三人在公司设立后通过增资取得股东资格,需满足以下条件:

(1)公司召开股东会对增加注册资本作出决议;

(2)增资决议作出后,如公司章程规定股东享有新股认购优先权,应由股东优先认购,如股东放弃优先认购权的,第三人才可认购;

(3)第三人与公司签订认购出资或股权协议,并向公司交纳款项,由公司将第三人记载于股东名册,并变更公司章程。

本案中,原告所提交支持其主张的《入股协议》并非被告富金达公司与原告签订,而是被告刘胜利与其所签。该协议上虽记载订约已经股东协商同意,并且在被告刘胜利所签姓名前冠以了"富金达公司原股东代表"的称谓,但对于被告富金达公司是否增加注册资本,是否同意原告以认购新股向公司出资的方式新增为股东等事宜,公司并未召开股东会进行决议,事后公司股东也未对此行为进行追认;另被告刘胜利是否作为被告富金达公司的股东代表参与签约也未见其余股东对其的授权,故该协议并不符合《公司法》关于第三人认购新股成为新增股东的规范要求,亦不在原告与被告富金达公司之间产生法律约束力,不能据此认定被告富金达公司有同意原告出资认购新股成为股东的意思表示。

原告虽交付了97万元的款项,但出具收条者系被告刘胜利,并非被告富金达公司,被告富金达公司也未在收条上加盖印章予以确认。其后也是被告刘胜利支付了97万元款项给原告。以上行为无法证实原告主张的其实际向被告富金达公司交纳出资的事实。

除此之外,被告富金达公司股东是否存在虚假出资与原告加入公司是否符合法律规范是两个互不关联影响的问题。即便被告富金达公司股东存在虚假出资情况,也只产生未实际出资股东承担出资填补责任的法律后果,并不影响《公司法》关于公司增资须召开股东会决议的规定。

综上,原告欲成为被告富金达公司股东的行为并不符合《公司法》相关规定,不具备成为公司股东的相应条件,对其诉讼请求,不应予以支持。

**法院判决:**

驳回原告的诉讼请求。

**677. 公司股东会决议增资,但投资人并未与公司之间形成明确的投资关系,此时是否能够认定增资行为生效?**

不能。

增资行为从公司内部而言,属于公司的重大决策行为,但从"出资人"的角度而言,是一般的民事法律行为,故应当尊重其真实意思表示,如果向公司支付款项并非对公司增资,则不能因为内部程序的通过即将他人支付的款项强行划分为增资款。

## 【案例240】未明确投资关系　公司增资不成立①

**原告**:张晓南

**被告**:梁农公司

**诉讼请求**:判令被告返还11万元投资款。

**争议焦点**:被告仅有加盖公章的原告投资款收据,是否足以证明原告是被告的股东。

**基本案情**:

被告为有限责任公司,成立于2007年3月26日,注册资本120万元。被告股东为魏寿奎、唐良东、李明美、陈民芳、谢亚玲5人,每位股东出资额均为24万元。原告并非被告股东。

2007年8月28日、2008年2月27日,被告未经股东会决议,先后收到原告支付的款项10万元和1万元。

**原告诉称**:

由于原告的投资款11万元未经被告股东会决议,被告该增资行为无效,该笔钱名为投资款实为借款,应返还给原告,但被告对该笔钱不予返还,原告诉至法院。

**被告辩称**:

原告是被告股东魏寿奎名下一名小股东。原告作为出资人,参与了经营管理,且公司章程中显示原告为被告的股东。原告的11万元投资款在没对被告资产清理的情况下不能退还。

**被告为证明其观点,提交证据如下**:

1. 证人陈民芳证实:原告是魏寿奎名下一名小股东;原告曾于2009年春节上班后的第一天来公司查账。

---

① 参见重庆市第二中级人民法院(2009)渝二中民终字第1371号判决书。

2. 证人王吉成证实：2009年春节后，原告夫妇来查账，魏寿奎介绍原告是他名下一名小股东。

3. 加盖了公章并注明原告的11万元是投资被告的投资款的收据。

**针对被告的上述证据，原告认为：**

原告否认其为魏寿奎名下小股东，其去被告查账是因要求被告还钱时被告称亏了没有钱才看的账。

**律师观点：**

被告收到原告11万元款项的事实，有被告出具并加盖了公章注明系原告投资被告的投资款的收据佐证，且当事人双方对此均无异议。虽然原告给被告提供该11万元款项的目的系投资于该公司，然而，被告在收取原告投资款后，没有与原告就投资事项达成具体协议。双方对原告所进行的投资将如何分取红利，如何承担亏损等决定投资关系成立的重要内容没有明确约定。因此，原告与被告的投资合同关系没有成立，原告主张返还投资款应予支持。

被告主张原告系魏寿奎名下一名小股东、原告与魏寿奎属合伙的事实，除有投资款收据、证人陈民芳、王吉成的证言、被告的陈述间接证明外，没有出示关键的投资协议或合伙协议，当事人原告亦予以否认，而且也没有证据证明被告的公司章程得到了原告签字认可，该章程不能当然约束原告，不能视为双方间的投资协议或合伙协议。

除此之外，有限责任公司增减注册资本必须经股东会决议，本案中，被告增加注册资本收取原告投资款11万元未经股东会决议，其增资行为违反法律规定，属无效。

综上所述，被告仅有加盖公章的原告投资款收据，不足以证明原告是被告的股东，原告要求被告返还投资款11万元符合法律规定。

**法院判决：**

被告在判决生效后10日内返还原告投资款11万元。

**678. 实践中，哪些情况下投资人可依法解除增资协议？**

实践中，导致投资人可依法解除增资协议的情况包括如下四种：

(1) 公司拒不办理工商变更登记手续；

(2) 增资行为未经过公司股东会决议通过，公司股东会亦不予追认；

(3) 公司股东主张投资人的认购行为侵犯其优先认购权；

(4) 工商变更登记手续未完成时，公司已注销，致使增资目的无法实现。

## 【案例241】公司拒不办理工商登记　投资人成功解除增资协议①

**原告**：高峰

**被告**：远洋公司

**诉讼请求**：判令被告退还7万元及自2005年4月18日起至给付之日止,按银行贷款利率计算的利息。

**争议焦点**：

1. 被告法定代表人翟春平收取原告7万元的行为是否为公司行为,被告是否系本案适格的诉讼主体;

2. 被告是否举证证明原告已将投资款通过借款和提走部分木材的方式取走;被告可否以此抗辩并拒绝向原告返还7万元股款及利息;

3. 被告始终未予办理工商变更登记,原告是否可要求被告返还7万元及相关利息。

**基本案情**：

2005年4月18日,被告法定代表人翟春平给原告出具收条1张,该收条载明,今收到原告交来股金款7万元整。同日,原告给被告出具借条1张,该借条载明今向被告借现金6万元整,2个月之内还清。

2006年8月18日,原告还从被告处提走部分木材。此后,被告未能将原告变更为被告的股东。

此外,2008年原告曾以同一事实起诉被告法定代表人翟春平,北京市东城区人民法院审理后认为,原告应是与案件有直接利害关系的公民、法人和其他组织。原告交付的7万元系向被告的入股款,翟春平作为被告法定代表人收取原告的7万元应为代表被告的职务行为,故原告起诉要求翟春平退还7万元及利息,不符合有关法律规定。北京市东城区人民法院作出(2008)东民初字第8977号民事裁定,驳回原告的起诉,该裁定已生效。

**原告诉称**：

被告邀请原告以入股形式参与被告经营,并可享受分红。当时被告要求原告出资20万元,但原告只筹集到7万元,并交给被告。此后,被告一直未能给原告办理股权变更,被告的行为严重损害了原告的利益。

---

① 参见北京市第二中级人民法院(2009)二中民终字第12286号判决书。

## 第八章 增资纠纷

**被告辩称:**

1. 被告从未就原告增资入股一事召开过股东会,也未将此事向翟春平授权。翟春平收取原告款项,是其个人行为,不是职务行为,不能代表被告。原告与被告之间不存在增资入股的法律关系,被告也从未收取原告的股金,原告要求被告返还股金的诉讼请求,无法律依据。

2. 即使原告交付的7万元为投资股金,原告于当日以家中有急事为由向被告借款6万元,并承诺在2个月内还清,此后一直未还此款。另,原告还于2006年8月18日从被告处提走价值8,871.84元的木材,货款一直未付,由于原告的股金已经基本取走,故被告不同意原告的诉讼请求。

**律师观点:**

1. 被告法定代表人翟春平收取原告7万元的行为为公司行为,被告符合诉讼主体资格。

企业法人应当对它的法定代表人的经营活动承担民事责任,翟春平作为被告的法定代表人,其收取原告股金的行为系职务行为,被告应当对此承担民事责任。

2. 被告以原告已将投资款通过借款和提走部分木材的方式取走为由,不同意退回原告出资款,该抗辩理由不成立。

被告以原告将股金借回,并且从被告处提走部分木材为由,不同意原告的诉讼请求。因被告所述与本案不属同一个法律关系,应另案解决,被告以原告已将投资款通过借款和提走部分木材的方式取走为由进行抗辩不成立。

3. 被告始终未予办理工商变更登记,原告可要求被告公司返还7万元及相关利息。

民事活动应当遵循诚实信用原则,原告交付被告7万元入股资金后,被告理应履行其承诺,为原告办理股权变更手续,因被告未履行其承诺,原告起诉要求被告退还7万元及利息,理由正当,应予支持。

**法院判决:**

被告于判决生效后10日内退还原告人民币7万元及利息。

**679. 投资人在主张解除增资协议,向公司主张返还股款的同时,要求公司承担利息损失应当具备哪些条件?投资人是否可以另外主张公司承担损害赔偿责任?**

实践中投资人主张公司承担利息损失的前提条件必须是公司对增资协议的解除负有过错。

对于损害赔偿责任的承担,应当区分以下两种情况:

(1)如果增资协议对于公司的违约行为约定了违约金,则投资人自然可以依照增资协议主张公司承担该违约金。

(2)如果增资协议对此并未明确规定,则股东可依据公司的过错程度及实际损失的数额请求公司赔偿。

### 六、投资人确权或主张公司依据增资决议履行义务的裁判标准

**680. 投资人向公司缴纳增资款后,如何保障其股东权益?**

投资人向公司缴纳增资款后,可以通过以下两种方式保障其股东权益:

(1)向人民法院提起诉讼请求确认其股东资格;

(2)向人民法院提起诉讼,主张公司依照增资决议配合办理验资手续、工商变更登记手续及内部股东名册变更。

**681. 投资人依法向公司缴纳增资款后,请求确认其股东资格的前提条件是什么?**

投资人请求确认股东资格的前提条件如下:

(1)公司股东会或者股东大会关于增加公司注册资本的决议合法有效;

(2)公司股东会或者股东大会决议新增资本已经全部认缴;

(3)有限责任公司股东主张认缴的份额符合《公司法》关于优先认购股权的规定;

(4)公司为投资人颁发的认股书、缴款凭证或者与投资人签订的认购合同真实、合法、有效;

(5)股份有限公司增加注册资本依法需要报经国务院证券监督管理机构核准的,已经核准。

### 【案例242】凭过期资产评估报告验资不真实 主张非货币财产出资享84%股权失败[①]

**原告**:厦门电化

**被告**:厦鹭电化

**第三人**:长泰厦广

---

① 参见福建工商时报 http://www.fjbt.net/mnews/NewsInfo/news/news20081016195603.htm,2011年4月29日访问。

# 第八章 增资纠纷

**诉讼请求：**确认原告在被告中享有84%的股权。

**争议焦点：**依据已经超过有效期的资产评估报告所作的验资报告能否客观反映非货币出资情况，原告是否全面履行了新增资本出资的义务。

**基本案情：**

原告与第三人于2002年共同投资设立被告，注册资本1000万元，双方各出资700万元和300万元，分占70%和30%股权。

2003年，双方决定将被告增资至2000万元，其中原告出资1200万元，第三人出资800万元，分占60%和40%股权。

2005年，被告第2次增资扩股。2005年3月18日，双方决定将被告注册资本增至5000万元，由原告以生产设备作价3000万元投入，加上原来出资的1200万元，原告以4200万元的总出资占有84%的股权，第三人占16%股权。之后，双方修改了公司章程。

然而，双方作出第2次增资扩股决议之后，被告一直没在工商局完成股权变更登记。

**原告诉称：**

2005年4月20日，相关会计师事务所出具了评估报告，对作为出资的机器设备估值3000万元左右；2005年11月24日，会计师事务所出具了验资报告，验证3000万元增资到位。2005年在办理工商变更登记过程中，由于缺少工商所需材料而未能变更。条件成熟后，原告多次函告被告配合办理工商变更登记，被告均予以拒绝。

原告认为无论变更登记是否完成，其3000万元增资事实上已经到位，即便评估报告及验资报告已过有效期，也不能认定原告未实际出资或出资不足。

**被告辩称：**

公司变更登记是公司法人的职责和义务，而被告的法人、总经理均为原告委派，且被告自2005年1月至2008年6月均由原告承包经营，因而原告故意拖延办理变更登记是有预谋的，是为了在原告承包期后提高承包金，才又提出增加注册资本的变更。

此外，2005年3月18日股东决议作出后，应在30日内办理变更登记才有效，而且出资设备的评估报告有效期为2004年10月1日至2005年9月30日，但原告直到2005年10月30日才办理以评估报告为基础的验资，直到2005年12月1日才出具办理变更登记的委托书，因此责任不在被告。

**律师观点：**

根据《公司法》的规定，股东以非货币财产出资的，应当评估作价，并依法办理其财产权的转移手续，股东缴纳出资后，必须经依法设立的验资机构验资并出具证明，因此认定股东出资额应以验资报告为准。资产评估报告有效期至2005年9月30日，原告于2005年11月16日委托验资，会计师事务所于2005年11月24日作出验资报告，该验资报告是以超过有效期的资产评估报告为基础作出的证明，因此无法客观真实反映原告的出资情况。

同时，资产评估报告也载明，评估目的在评估基准日后的1年内实现时，要以评估报告结果作为参考意见，如超过1年，需要重新进行评估。因此原告要求确认价值3000万元的出资已到位及股权比例的增加，依据不足，无法得到支持。

**法院判决：**

驳回原告的诉讼请求。

**682. 投资人主张公司依据增资协议履行办理工商变更登记义务应当举证证明哪些内容？**

投资人应当举证证明如下内容：

（1）投资人依法与公司签订增资协议，且该协议合法有效；
（2）公司股东会已经依法对增资行为作出决议，且决议合法有效；
（3）公司其他股东放弃优先认购权；
（4）投资人已经依据增资协议向公司缴纳了投资款。

## 第三节 新浪模式及对赌协议所涉纠纷的裁判标准

### 一、新浪模式的法律风险与效力

**683."新浪模式"的架构如何安排？**

"新浪模式"的架构具体安排方式如下：

境内实体公司，即可变利益实体（VIE）一般拥有限制行业的执照，是整个"新浪模式"中的利润来源；国际投资者在开曼或英属维尔京群岛设立特殊目的公司（SVP），该公司在香港（或日本）设立全资子公司，而后在境内设立外商独资企业（WFOE），由该外商独资企业与境内实体公司、自然人股东签订控制协议。境内实体公司获得资金,境外投资者通过合并财务报表的方式,获得实体公司的利润。如图8-1、图8-2所示。

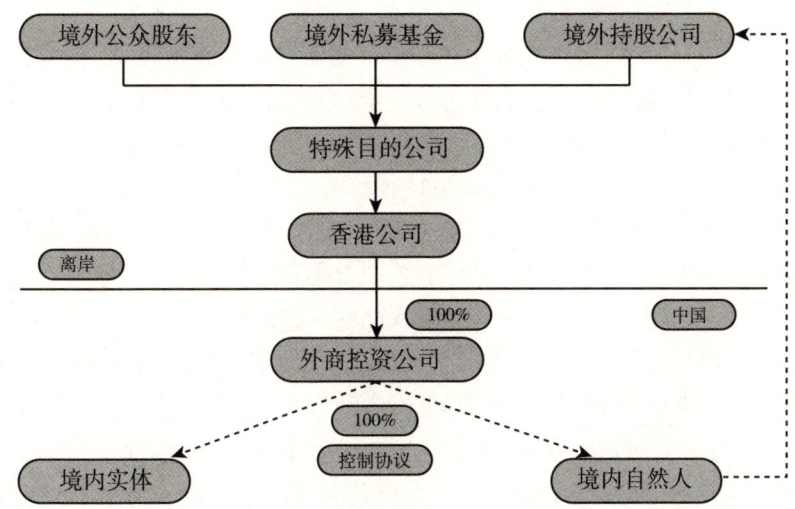

图8-1 "新浪模式"的架构

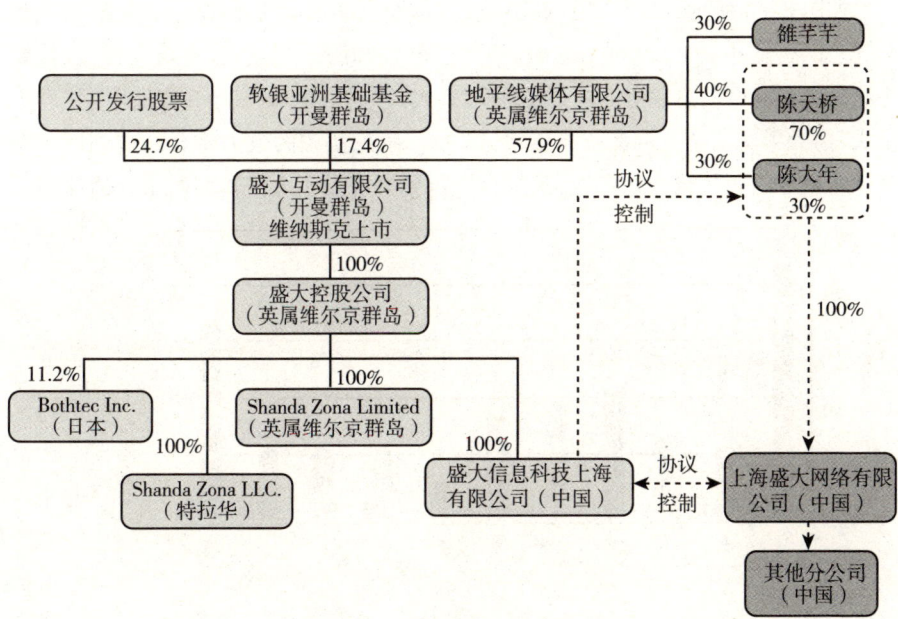

图8-2 盛大海外上市结构

**684. "新浪模式"的产生背景是什么?**

依据我国1993年的《电信法规》(禁止外商介入电信运营和电信增值服务),当时信息产业部的政策性指导意见是外商不能提供网络信息服务(Internet Content Provider,ICP)。新浪公司为了筹集早期发展资金,采用物权、债权控制方式代替股权控制,实现海外上市,这一方式也因此得名"新浪模式"。目前涉及的产业限制政策有:《电信条例》《外商投资电信企业管理规定》《互联网信息服务管理办法》《外商投资产业指导目录(2011年修订)》《网络游戏管理暂行办法》等。如互联网文化经营,根据上述规定,除音乐之外的互联网文化经营行业属于外商投资禁止目录之内,外商不得进入该行业;又如增值电信业务则属于外商投资限制目录,外资可以进入该行业,但是其股权比例不超过50%。

以互联网文化经营为例,前几年国内缺乏私募机构,且国内上市条件苛刻,大量私募行为均来自国外投行,导致早期的互联网文化经营企业无法在国内募集大量资金。随着协议控制海外上市方式的普遍应用,海外上市的企业享受到了大量的发展资金,带动了诸多互联网文化经营企业或者其他外资进入被禁的企业选择"新浪模式"。

**685. 国内企业采用"新浪模式"海外上市的现状如何?**

如图8-3所示,广泛应用"新浪模式"的企业主要集中在设定产业限制或禁止进入的行业中,如互联网信息服务行业、软件和服务行业、教育培训行业、传媒行业等。互联网信息服务企业,如搜狐、盛大、网易等的境外上市都采用了"新浪模式"海外筹集资金。因此,"新浪模式"中一系列协议的效力将会影响到诸多国内知名企业的股权结构稳定性,甚至会影响到海外投资人投资国内企业的评测。

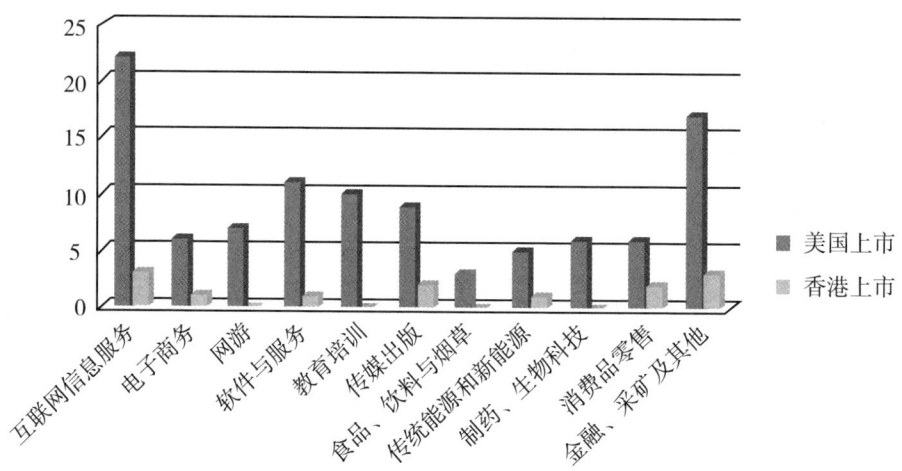

图8-3 截至2011年9月30日,采用VIE结构已实现境外上市的中国企业数量

#### 686. "新浪模式"涉及哪些控制协议?

"新浪模式"下的控制协议由特殊目的公司在境内设立的外商独资企业与境内实体公司的股东签订。

主要涉及两类协议。

(1) 有关企业控制权的协议

①股东表决权委托协议:境内实体公司股东授权外商独资企业指定的个人行使境内实体公司中股东的表决权。通过该协议,外商独资企业控制了境内实体公司的全部股东表决权,同时,境内实体公司的一名股东担任公司法定代表人、执行董事、经理,通过此种任命方式,外商独资企业控制了境内实体公司的经营权、管理权。

②股权质押协议:将境内实体公司股东持有的全部股权质押给外商独资企业。

③独家转股期权协议:外商独资企业安排境内实体公司的股东将公司的全部股权按照协议规定转让给外商独资企业或者其指定的任何其他实体或个人。一般而言,境内实体公司的股东需要为外商独资企业准备办理工商变更登记手续所需的空白文件,外商独资企业因此控制了境内实体公司的股份转让权。

(2) 有关资金流控制的协议

①借款协议:境内实体公司股东向外商独资企业借款,其目的用于增资。

②独家技术咨询和服务协议、独家商务咨询服务协议:前者主要以协议约定外商独资企业向境内实体公司提供有关的技术支持、技术咨询等其他服务;后者主要是外商独资企业向境内实体公司提供商务咨询。两者名为咨询协议,实为境内实体公司向外商独资企业及其母公司输送利润的方式。

#### 687. "新浪模式"中一系列控制协议是否有效?

如果相关的控制协议属于《国家外汇管理局关于境内居民通过特殊目的公司境外投融资及返程投资外汇管理有关问题的通知》(汇发〔2014〕37号,以下简称37号文)文中的返程投资行为,那么国家应是予以认可的。

但是一旦控制协议存在规避产业限制的情形,则有可能被认定无效。原因在于,境内实体公司与境外投资人签订控制协议、实现海外上市将存在以下问题:控制协议中的商务咨询协议、技术咨询协议均未真正履行。境内实体公司将大量利润汇入外商独资企业时,往往以外商独资企业为企业提供了独家技术咨询和商务咨询为由,但事实上,外商独资企业并未提供技术咨询和商务咨询,只是以"技术咨询和商务咨询"之名,行"投资获利"之实。所谓的商务咨询协议、技术咨询协议只是境内实体公司向外商独资企业输送利润的渠道,属于《合同法》第52条合同无效情形中的"以合法形式掩盖非法目的"。

因此,一旦境内实体公司提起确认控制协议无效的诉讼或者仲裁,因其违反《合同法》第52条第3款,以合法形式掩盖非法目的,将会被认定无效。

**688. 如何界别相关规定中"返程投资"与"新浪模式"?**

37号文中对返程投资作了如下规定:"返程投资",是指境内居民直接或间接通过特殊目的公司对境内开展的直接投资活动,即通过新设、并购等方式在境内设立外商投资企业或项目(以下简称外商投资企业),并取得所有权、控制权、经营管理权等权益的行为。

在该规定中,对返程投资行为,同样提到了"设立特殊目的公司""协议控制""协议购买",其内容如下:"特殊目的公司",是指境内居民法人或境内居民自然人以其持有的境内企业资产或权益在境外进行股权融资(包括可转换债融资)为目的而直接设立或间接控制的境外企业。"控制",是指境内居民通过收购、信托、代持、投票权、回购、可转换债券等方式取得特殊目的公司或境内企业的经营权、收益权或者决策权。

从形式上看,上述返程投资行为与"新浪模式"并无差异,均是设立特殊目的公司,继而海外上市。但从实质来看上述两种海外上市方式并不相同:是否突破产业限制。笔者认为,虽然37号文中也提到了"协议购买""协议控制"等,但是,一方面,返程投资行为主要采用股权并购的方式控制境内实体公司,须通过审查,一般不存在规避产业限制的情形,而"新浪模式"则采用协议控制的方式,绕过审查,规避了产业限制;另一方面,退一步讲,即便"新浪模式"也属于返程投资行为的一种,但37号文仅是部门规章,不应该理解为"新浪模式"规避产业限制、海外上市依据。

**689. "新浪模式"是否存在税务法律风险?**

*存在税务风险。*

(1)外商独资企业与境内实体公司现行的政策优惠,通过签订技术咨询协议以及商务咨询协议安排转移利润,巧妙地避开了税务。

(2)在该协议"有名无实"的情况下,根据《关于加强非居民企业股权转让所得企业所得税管理的通知国税函〔2009〕698号》的规定,境外投资方(实际控制方)通过滥用组织形式等安排间接转让中国居民企业股权,且不具有合理的商业目的,规避企业所得税纳税义务的,税务总局在审核后可以按照经济实质对该股权转让交易重新定性,否定被用作税收安排的境外控股公司的存在。

如果"新浪模式"中关于技术咨询协议、商务咨询协议等控制协议被认定为"滥用组织形式、安排间接转让中国居民企业股权,且不具有合理的商业目的,规避企业所得税纳税义务",将导致整个"新浪模式"被否定。

**690. "新浪模式"下如何尽量避免法律风险?**

境外投资者要在全面了解国内政策的基础上,把控好境内实体公司的利益以及控制权,否则一旦控制协议被确认无效、违反或终止,境内实体公司向上市公司输送利益的纽带被切断,境外投资者买到的只是上市公司的一个空壳,结局只能是血本无归。

境外投资者要控制上述风险,一方面,要全面了解国内的政策,熟悉国内《外商投资产业指导目录(2011年修订)》,若所投资的境内实体公司属限制投资的,则可以采用直接占有公司股份来确保投资利益;另一方面,通过保证境外上市公司和境内实体公司利益高度一致,即属于同一个实际控制人来确保"新浪模式"的稳定性。境外投资者可以安排具有中国国籍的雇员控股境内目标公司并通过雇佣协议的特殊约定对该雇员加以限制;也可以通过外商独资企业与该雇员签订股权质押协议,将该雇员持有的目标公司股权质押给境内设立外商独资企业,并根据《担保法》第78条的规定向证券登记机构办理出质登记,质押后的股权非经同意不能转让;还可以通过境内外商独资企业与境内目标公司签订知识产权转让等协议,削弱境内目标公司的独立自主性。

**691. 未来产业政策将带给"新浪模式"什么样的影响?**

目前,《电信条例》《外商投资电信企业管理规定》《互联网信息服务管理办法》《外商投资产业指导目录(2011年修订)》中有关产业限制的规定均为外商境内投资必须遵守的。并且,根据我国加入世贸组织时签订的议定书及附件9,目前"新浪模式"遇到的产业限制都不属于开放范围。未来与产业相关的规定将如何变化,并不明朗。2006年7月多哈贸易谈判的无期限中止,致使今后国内产业限制的取消或减少,将在很大程度上取决于国内产业的发展需要。

### 【案例243】可变利益主体股权变更　新东方市值蒸发逾三成[①]

根据2006年新东方(注册在开曼,以下简称开曼)向美国证券交易委员会(SEC)提交的招股说明书,上市前,新东方(开曼)81.1%股权由北京新东方的股

---

① 参见网易 http://money.163.com/12/0719/04/86OIFE0200253B0H.html,2012年7月20日访问。

东持有,剩余的18.9%则由Tiger Global拥有。新东方(开曼)上市沿用了国内企业海外上市常用的"新浪模式",即以国内的北京新东方作为可变利益实体(VIE),采用合并双方财务报表的形式实现投资并获取利润。

新东方(开曼)早在2002年就设立了北京新东方。到2006年上市时,北京新东方有11名股东,其中,创始人俞敏洪占53%的股权。近年来,11名股东中有10人已离开北京新东方,这些人不再或者仅持有少量的股份,且不参与到公司的日常运营中。

2011年12月,北京新东方调整启动。新东方(开曼)认为,北京新东方的股权只能由与公司利益有较大关联的股东所持有,新东方(开曼)要求北京新东方的10位股东将其权益转至创始人俞敏洪所控制的实体下。

2012年1月,调整结束,5月已在工商局注册变更,至此北京新东方已由俞敏洪100%控股。

虽然该次调整没有涉及新东方(开曼)的股权结构,但是新东方(开曼)公布的第四季度财报披露,7月13日还是收到了美国证券交易委员会的正式调查函:"北京新东方的股权整合是否有着充分依据,及合并报表的影响"。美国证券交易委员会的调查行动导致新东方(开曼)市值一夜蒸发逾三成。

近几年,新浪模式引起越来越多的注意,海外投资者担心中国方面可能针对可变利益实体采取行动。2011年,采用同样海外上市模式的阿里巴巴集团在未征求海外大股东雅虎批准的情况下,把旗下的支付宝转移到国内实际控制人马云旗下,导致海外上市的阿里巴巴进一步受到海外投资者的关注。新东方(开曼)总裁兼首席财务长谢东萤说,新东方(开曼)的情况跟马云当时的情况不一样。谢东萤说,他认为这次调查有可能是北京新东方的股权结构调整引发的。

美国证券交易委员会最近一直在要求,利用可变利益实体结构实现海外上市的中国公司,在年报中更加详尽地解释可变利益实体与上市公司之间的关系。密切关注中国会计问题的独立顾问奥奎斯特(Fredrik Oqvist)说,美国证券交易委员会关心的可能是,使用可变利益实体结构实现海外上市的公司是否满足将可变利益实体放进上市公司资产负债表的条件。他说,可变利益实体本应把利润转移给上市公司,但很多公司并没有这样做。据奥奎斯特所说,投资者对可变利益实体获得的利润本来应该有直接的申索权,这就意味着,这些利润需要划转到上市公司直接控制的某个地方。但他说,为了避税,利润常常被留在可变利益实体里面,这就有可能会损害投资者的利益。

## 【案例244】新浪模式下利润转移协议被确认无效

**原告:** A公司(内资企业)

**被告:** B公司(外商独资企业)

**诉讼请求:**

确认原告与被告签订下列协议无效:

1. 《独家商务咨询服务协议》
2. 《独家技术服务与咨询协议》
3. 《独家商务咨询服务协议之补充协议》
4. 《独家技术服务与咨询协议之补充协议》
5. 《独家商务咨询服务协议以及独家技术服务与咨询协议之补充协议》
6. 《独家商务咨询服务协议以及独家技术服务与咨询协议之补充协议(二)》

**争议焦点:**

双方签订的《独家商务咨询服务协议》与《独家技术服务与咨询协议》及其4份补充协议是否违反了《合同法》第52条第3款,即以合法形式掩盖非法目的。

**基本案情:**

原告为内资企业,从事互联网游戏运营业务,已经拥有运营网络业务的相关资格(主要为电信业务许可证、增值电信业务经营许可证、网络文化经营许可证)。

被告系B公司,成立于1999年,股东为Alan Way LIMITED(英属维尔京群岛公司)。被告为Alan Way LIMITED在中国境内的独资公司。

2003年,双方签订了《独家商务咨询服务协议之补充协议》和《独家技术服务与咨询协议之补充协议》,根据该两协议约定,原告2003年签订之日至2007年12月31日分别按收入的20%支付咨询服务费给被告,共计每年收入40%的咨询费。

2003年原告共向被告支付了人民币6000万元的咨询费(以下币种均为人民币)。

2004年1月1日,双方签订了《独家商务咨询服务协议以及独家技术服务与咨询协议之补充协议》,对2003年签订的两个协议的有关咨询服务费做了相应的调整:商务咨询费由原告营业额的20%调整为6%;技术咨询费由原告营业额的20%调整为6%,共计12%。

2004年又向被告支付了4500万元的咨询费。

2005年1月1日,双方签订了《独家商务咨询服务协议以及独家技术服务与咨询协议之补充协议（二）》，约定自 2005 年 1 月 1 日起，商务咨询服务费的金额为原告所有营业收入的 8%；技术服务费的金额为原告所有营业收入的 8%，共计 16%。

2005 年 11 月，向被告支付了 3000 万元；在 2010 年向被告支付了 6500 万元。

原告依据前述 6 份协议已总计向被告支付了 2 亿元的费用。除上述已支付的费用外，依据被告已向原告开具的发票，原告尚余 6000 万元费用尚未支付。

2007 年，原告注册地的税务机关以原告频繁将巨额资金支付被告且无法提供有效的合同履行凭证为由，向原告了解相关协议的履行及支付情况，并要求原告对此作出具体和有效的说明。

2007 年 3 月 15 日，原告公司股东、法定代表人、执行董事、经理将其向被告所借款项 200 万元归还；2007 年 5 月 31 日，原告公司员工将其向被告所借款项 1000 万元归还。

**原告诉称：**

1. 原告与被告签订的一系列协议从未履行过，却向被告支付了巨额"服务费"。《独家商务咨询服务协议》与《独家技术服务与咨询协议》及其 4 份补充协议被告从未履行过，从未提供过商务咨询、技术咨询服务。但原告碍于与被告签订的一系列控制协议，仍然将所谓"服务费"源源不断地支付给被告。被告通过前述六份协议及相关控制文件，将原告作为其 Variable Interest Entities（可变利益实体），根据相关会计准则，将原告的经营结果和财务状况合并至其合并财务报表中，参与境内企业的网络游戏运营业务，并获得了网络游戏运营的巨额利润。

2. 被告签订的协议违反了我国的法律、行政法规的强制性规定，属于以合法形式掩盖非法目的，应认定协议无效。

被告获得原告"服务费"的方式违反了包括但不限于如下的法律法规：2004 年 9 月 10 日修改的《外商投资电信企业管理规定》、2000 年 9 月 25 日起施行的《电信条例》和《互联网信息服务管理办法》、2005 年 7 月 6 日《文化部、国家广播电影电视总局、新闻出版署、国家发展和改革委员会、商务部关于文化领域引进外资的若干意见》第 4 条①、2009 年 9 月 28 日新闻出版署、国家版权局、全国"扫黄

---

① 该条规定："禁止外商投资设立和经营新闻机构、广播电台（站）、电视台（站）、广播电视传输覆盖网、广播电视节目制作及播放公司、电影制作公司、互联网文化经营机构和互联网上网服务营业场所（港澳除外）、文艺表演团体、电影进口和发行及录像放映公司。禁止外商投资从事书报刊的出版、总发行和进口业务，音像制品和电子出版物的出版、制作、总发行和进口业务，以及利用信息网络开展视听节目服务、新闻网站和互联网出版等业务。外商不得通过出版物分销、印刷、广告、文化设施改造等经营活动，变相进入频道、频率、版面、编辑和出版等宣传业务领域。"

打非"工作小组办公室《关于贯彻落实国务院〈"三定"规定〉和中央编办有关解释,进一步加强网络游戏前置审批和进口网络游戏审批管理的通知》第4条①、2002年8月1日起施行的《互联网出版管理暂行规定》。

原告与被告签订的相关协议违反了国家关于禁止外商投资互联网信息服务行业(网络游戏行业)、禁止外商从事互联网出版行业(网络游戏上线运营)的规定,属于《合同法》第52条第3款以合法形式掩盖非法目的,第5款违反法律、行政法规的强制性规定,当属合同无效。

为证明其观点,原告提供如下证据:

(1)被告的外商投资企业批准证书和营业执照;

(2)原告的营业执照;

(3)增值电信业务经营许可证;

(4)网络文化经营许可证;

(5)被告与原告签订了一系列的控制协议包括:

①《借款合同》;

②《独家转股期权协议》及附件《授权委托书》;

③《股东表决权委托协议》及附件《授权委托书》;

④《股权质押协议》及附件《授权委托书》;

⑤被告将原告财务数据并入其母公司的《审计报告》;

⑥《独家商务咨询服务协议》及其补充协议;

⑦《独家技术服务与咨询协议》及其补充协议;

⑧银行转账凭证、收款回单、明细清单、贷记凭证等。

**针对原告的上述证据,被告认为:**

被告对于原告提供的前述证据的真实性、关联性没有异议。

**被告辩称:**

1. 双方基于真实的意思表示签订上述协议。

双方均具有完全民事行为能力,在双方真实的意思表示下,签订上述协议,并未违背法律、行政法规的规定,也并非如原告所说的,双方没有履行上述协议,原

---

① 该条规定:"禁止外商以独资、合资、合作等方式在中国境内投资从事网络游戏运营服务。外商不得通过设立其他合资公司、签订相关协议或提供技术支持等间接方式实际控制和参与境内企业的网络游戏运营业务。也不得通过将用户注册、账号管理、点卡消费等直接导入由外商实际控制或具有所有权的游戏联网、对战平台等方式,变相控制和参与网络游戏运营业务。违反规定的,新闻出版总署将会同国家相关部门依法查处,情节严重者将吊销相关许可证、注销相关登记。"

告却将"服务费"源源不断地支付给被告。相反,"服务费"是有对价的,并且被告已向原告履行与"服务费"相应的对价。

2. 双方签订的协议并未违反效力性强制性规定。

《最高人民法院关于适用〈中华人民共和国合同法〉若干问题的解释(二)》(以下简称《合同法解释二》)第14条规定,《合同法》第52条第5款规定的"强制性规定",是指效力性强制性规定,即明确禁止或限制的是行为和程序,并且确定了违反该规定的行为无效。

原告援引的《外商投资电信企业管理规定》《电信条例》《互联网信息服务管理办法》《互联网出版管理暂行规定》等产业限制的规定属于强制性规定,但并非效力性强制性规定,故,不应根据上述规定来认定协议无效。

**律师观点:**

关于《独家商务咨询服务协议》《独家技术服务与咨询协议》及4份补充协议的效力问题。

本案原告为从事互联网游戏运营业务的互联网信息服务提供商,拥有增值电信业务经营许可证、网络文化经营许可证;被告为外商独资企业,在中国不具有经营网络游戏有关业务许可证,被禁止从事任何网络经营活动。根据国内的产业限制,原告与被告签订的上述协议及其补充协议属于《合同法》第52条第3款规定的,"以合法形式掩盖非法目的",应属无效。原因如下:

1. 上述协议及其补充协议并未实际履行。

虽然双方在签订《独家商务咨询服务协议》《独家技术服务与咨询协议》及4份补充协议时具有相应的民事行为能力;双方签订的《独家商务咨询服务协议》《独家技术服务与咨询协议》及4份补充协议对服务内容、费用标准及付款方式、双方责任、合同完整性及变更、适用法律及争议解决方式等都作了约定,各个条款系原告与被告协商一致达成,是双方真实意思的表示。但《独家商务咨询服务协议》与《独家技术服务与咨询协议》及4份补充协议项下的服务与咨询义务并未实际履行。

2. 签订上述协议的真正目的是规避国内产业限制,获取国内企业的巨额利润,应属无效。

被告通过与原告签订前述协议以及相关控制合同的方式,取得了对原告公司决策、收益等方面的控制权,意图通过这种方式控制、经营原告的互联网游戏运营业务,前述协议的本质实际上是外商通过签订协议或提供技术支持等间接方式实际控制和参与境内企业的网络游戏运营业务的行为,即被告与原告签订系列合同的目的是间接使本无网络游戏运营资格的被告能参与中国网络游戏的运营并获得相应收益,以上事实均由原告与被告确认,这一状况显然与现行中国法律、法规不符,违反了《电信条例》第7条:"国家对电信业务经营按照电信业务分类,实行许可证制度。经营电信业务,必须依照本条例的规定取得国务院信息产业主管部门或者省、自治区、直辖市电信管理机构颁发的电信业务经营许可证。未取得电信业务经营许可证,任何组织或者个人不得从事电信业务经营活动"的规定。

综上,双方之间的商务咨询协议及技术服务与咨询协议并未真正履行,但被告以此形式获取了原告的巨额利润,并违法了《电信条例》第7条,属于《合同法》第52条第3款合同无效情形,"以合法形式掩盖非法目的",故,《独家商务咨询服务协议》与《独家技术服务与咨询协议》及4份补充协议应予确认无效。

**一审判决:**

双方签订的《独家商务咨询服务协议》与《独家技术服务与咨询协议》及4份补充协议《独家商务咨询服务协议之补充协议》《独家服务与咨询协议之补充协议》《独家商务咨询服务协议以及独家技术服务与咨询协议之补充协议》《独家商务咨询服务协议以及独家技术服务与咨询协议之补充协议(二)》无效。

## 【案例245】新浪模式下股权控制协议被确认无效

**原告:**

A公司(内资企业)股东张某,持股比例5.55%

A公司(内资企业)股东李某,持股比例22.23%

**被告:**

B公司(外商独资企业)

**诉讼请求:**

确认与被告签订的下列协议无效:

1.《独家转股期权协议》及附件《授权委托书》;

2.《股东表决权委托协议》及附件《授权委托书》;

3.《股权质押协议》及附件《授权委托书》。

**争议焦点:**

双方签订的《独家转股期权协议》《股东表决权委托协议》《股权质押协议》及相关授权委托书是否违反了《合同法》第52条第3款,即以合法形式掩盖非法目的。

**基本案情：**

二原告系 A 公司两名股东。A 公司为内资企业，从事互联网游戏运营业务，已经拥有运营网络业务的相关资格（主要为电信业务许可证、增值电信业务经营许可证、网络文化经营许可证）。

A 公司增资前，二原告拥有 A 公司全部股份，其中原告张某持股比例为 20%，原告李某持股比例为 80%。增资后，原告张某的持股比例 5.55%，原告李某的持股比例 22.23%，其余股份为被告的母公司 Alan Way LIMITED 所持有。原告张某担任 A 公司的法定代表人、执行董事、经理（执行长），对外代表二原告行使职权。同时，增资前由二原告负责 A 公司的决策、经营、管理。

被告成立于 2002 年，股东为 Alan Way LIMITED（英属维尔京群岛公司）。被告为 Alan Way LIMITED 在中国境内投资的独资公司。

被告为了获取互联网游戏运营业务的高额回报，与二原告签订了一系列的控制协议包括：

(1)《借款合同》；
(2)《独家转股期权协议》及附件《授权委托书》；
(3)《股东表决权委托协议》及附件《授权委托书》；
(4)《股权质押协议》及附件《授权委托书》；
(5) 预留了关键内容空白、尚未成立的如下文件：

①原告张某签字并加盖 A 公司公章的《公司变更登记申请书》（变更事项空白）；
②二原告共同签署的《股权转让协议》（受让人敞口）；
③二原告共同签署的《股权转让款支付确认书》（受让人敞口）；
④二原告共同签署的《A 公司股东会决议》（会议召开日期空白）。

签订上述协议后，A 公司共向被告支付利润转移协议合同款共计人民币 100,000,000 元。

**二原告均诉称：**

根据《外资企业法》《外资企业法实施细则》《外商投资电信企业管理规定》《电信条例》《互联网信息服务管理办法》《互联网文化管理暂行规定》《出版管理条例》等，被告无法取得运营网络游戏的相关资格许可。

但是被告通过前述对 A 公司的各方面控制，实际从事了中国法律、行政法规禁止外资企业运营的互联网游戏业务（增值电信业务、经营性互联网信息服务、经营性互联网文化活动、互联网出版业务），并为此获取了利润。被告以控制协议和利润转移协议的形式掩盖外商投资企业实际控制、参与 A 公司的网络游戏运营业务,并获取利润的行为,属于《合同法》第 52 条第 3 款 "以合法形式掩盖非法目的",第 5 款 "违反法律、行政法规的强制性规定"的情形。故请求认定控制协议无效。

为证明其观点,二原告提供如下证据:

1. 被告的外商投资企业批准证书、企业法人营业执照;
2. 公司企业法人营业执照、增值电信业务经营许可证、网络文化经营许可证、公司章程及修正案;
3. 增资后的控制协议(现行版本):《借款合同》《独家转股期权协议》及附件授权委托书、《股东表决权委托协议》及附件授权委托书、《股权质押协议》及附件授权委托书;
4. 预留了关键内容空白、尚未成立的公司变更登记申请书、股权转让协议、股权转让款支付确认书和股东会决议;
5. 被告股东 Alan Way LIMITED 的审计报告及部分内容中文翻译件;
6. 二原告与被告关于借款和还款的贷记凭证、中国银行联网业务入账通知书、收款回单;
7. A 公司向被告支付款项明细清单及贷记凭证。

**针对原告的上述证据,被告认为:**

被告对于二原告提供的前述证据的真实性、关联性没有异议。

**被告辩称:**

1. 双方基于真实的意思表示签订上述协议。

双方均具有完全民事行为能力,在双方真实的意思表示下,签订上述协议,并未违背法律规定,也并不如二原告所说的,被告存在"控制"A 公司的情形,被告为获得 A 公司的上述权利,向二原告支付了巨额的款项。

2. 双方签订的协议并未违反效力性强制性规定。

《最高人民法院关于适用〈中华人民共和国合同法〉若干问题的解释(二)》第 14 条规定,《合同法》第 52 条第 5 款规定的"强制性规定",是指效力性强制性规定,即明确禁止或限制的是行为和程序,并且确定了违反该规定的行为无效。

二原告援引的《外商投资电信企业管理规定》《电信条例》《互联网信息服务管理办法》《互联网出版管理暂行规定》等产业限制的规定属于强制性规定,但并非效力性强制性规定,故不应根据上述规定来认定协议无效。

**律师观点：**

1. 被告通过一系列控制协议规避产业限制，参与网络游戏公司的运营。

被告不具有经营电信业务信息服务(互联网信息服务)资质。但被告采取签订《独家转股期权协议》及附件《授权委托书》《股东表决权委托协议》及附件《授权委托书》《股权质押协议》及附件《授权委托书》方式取得了对A公司决策、收益等方面的控制权，实现了间接参与中国网络游戏的运营并获得相应收益的目的。具体如下：被告通过控制协议控制了A公司的股东权、股份转让权、股东表决权、股东知情权；控制了A公司的法定代表人、执行董事、经理、监事，从而能代表和行使A公司的意志、决策权、经营、管理权，同时安排二原告将其所持有的A公司股权质押给了被告。被告以债权和物权控制代替股权控制、以《合同法》的形式来行公司法的实质，属于"以合法形式掩盖非法目的"。

2. 控制协议违反了《电信条例》《互联网信息服务管理办法》的相关规定。

《电信条例》第7条规定："国家对电信业务经营按照电信业务分类，实行许可制度。经营电信业务，必须按照本条例的规定取得国务院信息产业主管部门或者省、自治区、直辖市电信管理构颁发的电信业务经营许可证。未取得电信业务经营许可证，任何组织或者个人不得从事电信业务经营活动"；《互联网信息服务管理办法》第4条规定："国家对经营性互联网信息服务实行许可制度；对非经营性互联网信息服务实行备案制度。未取得许可或者未履行备案手续的，不得从事互联网信息服务"。

根据《合同法》第52条"有下列情形之一的，合同无效：……（3）以合法形式掩盖非法目的"的规定，笔者认为《独家转股期权协议》及附件《授权委托书》《股东表决权委托协议》及附件《授权委托书》《股权质押协议》及附件《授权委托书》以合法形式掩盖非法目的，应予确认无效。

**一审判决：**

《独家转股期权协议》及附件《授权委托书》《股东表决权委托协议》及附件《授权委托书》《股权质押协议》及附件《授权委托书》无效。

## 二、对赌条款的法律风险与分析

### 692. 对赌条款产生的原因有哪些？

在企业并购活动中，投资人与被投资企业管理层存在先天的信息不对称情况。在这样的困境下，为了解决未来不确定和信息不对称这两个问题，国外的经济学家就开始研究设计各类交易工具试图来消除这种风险,由此,便出现了对赌条款。对赌条款被认为是消除信息不对称引发的不确定性成本和风险的重要制衡器。

**693. 对赌条款的法律实质及效力如何?**

该问题司法实践中尚存在争议。在外商投资企业中,股权转让需履行对外经济主管部门的审批手续,未经审批的协议成立但不生效。因此外商投资企业融资协议中的对赌条款存在违反法律、行政法规强制性规定从而无效或未生效的法律风险。

但在内资企业当中,股权转让基于股东各方意思自治,如果合同系各方真实意思表示,一般应当认定对赌条款系有效条款。只要不属于《合同法》第52条规定的无效情形,就是合法有效的。

但从上市的角度,设置对赌条款会影响到未来股权的稳定性,违背了《首次公开发行股票并上市管理办法》对企业股权稳定清晰的要求,将构成上市的重大障碍。虽然没有明确的规定,但证监会在多次会议和培训上,明确上市期间股权对赌条款,业绩对赌条款都是IPO审核的禁区,在上市之前,都要清理。

**694. 对赌条款中的业绩承诺和估值调整的内容有哪些?**

对赌条款中的业绩承诺和估值调整一般为如下内容:

现有股东和被投资方共同承诺,投资方投资后_____,被投资方实际净利润合计达到人民币_____万元。

其中:

_____年合同销售收入承诺不低于_____万元;

_____年合同销售收入承诺不低于_____万元;

_____年净利润不做承诺,但承诺不亏损。

以上业绩承诺的达成条件为投资款在_____年_____月_____日前到达被投资方验资账户,如发生延迟,双方另行协商_____年的业绩承诺和估值调整。

被投资方启动第二轮融资前或者于_____年_____月_____日前,被投资方拥有以下权利:以第一轮融资价格溢价_____从投资方处获得最多_____的股权。

如果被投资方实际净利润没有达到上述业绩目标,则被投资方投资后的估值应根据以下公式调整:

_____年:_____年实际净利润×8

_____年:_____年实际净利润×4

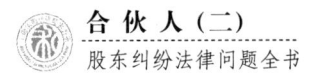

如果启动以上估值调整条款,投资方有权选择:

(1)被投资方现有股东无偿向投资方转让部分权益(或以法律允许的成本最低的其他方式),使投资方所占的股权比例反映被投资方的实际估值;

(2)被投资方现有股东无条件向投资方返还初步估值超过实际估值所对应的投资款。

在计算上述调整时所依据的净利润应为经投资方认可的具有证券从业资格的会计师事务所在上述年度截止后_____个月内出具的标准无保留意见的审计报告所确认的净利润(扣除非经常性损益)。

如_____年累积被投资方业绩达到承诺利润_____,合同销售收入达到承诺收入的_____,则不进行估值调整。

### 【案例246】只享收益不担风险　补偿条款被判无效①

**原告:** 海富投资公司

**被告:** 世恒公司、香港迪亚公司、陆波

**诉讼请求:** 请求三被告共同支付协议补偿款,共计1998.2095万元。

**争议焦点:**

1.《增资协议书》已经省商务厅批准生效,法院是否可以认定其无效;

2.《增资协议书》第7条第2项(以下称为补偿条款)关于"2008年实际净利润完不成3000万元,海富投资公司有权要求补偿"的规定是否有效,判定有无法律效力的依据是什么;

3. 补充条款如果无效,原告溢价投资款如何处理,如何判定双方过错程度和计算原告损失。

**基本案情:**

2007年11月1日前,原告、被告世恒公司、被告香港迪亚公司、被告陆波,分别签订一份《被告世恒公司增资协议书》(以下简称《增资协议书》)、《合资经营合同》《合资公司章程》,约定:被告世恒公司注册资本为2866万元,被告香港迪亚公司占投资的100%。现各方同意原告以现金2000万元人民币对被告世恒公司进行增资,其中114.7717万元为新增注册资本,1885.2283万元为资本公积金。增资后,被告世恒公司注册资本为2981万元,原告占3.85%,被告香港迪

---

① 参见甘肃省高级人民法院(2011)甘民二终字第96号民事判决书,以及最高人民法院(2012)民提字第11号民事判决书。

亚公司占 96.15%。合营企业合同及修订后的章程,在报经政府主管部门批准后生效。

2007年11月2日,原告依约缴存被告世恒公司银行账户人民币2000万元,原告在履行出资义务时,被告陆波承诺于2007年12月31日之前将四川省峨边县五渡牛岗铅锌矿过户至被告世恒公司名下。

本次募集的资金主要用于以下项目:
1. 收购甘肃省境内的一个年产能大于1.5万吨的锌冶炼厂;
2. 开发四川省峨边县牛岗矿山;
3. 投入500万元用于循环冶炼技术研究。

《增资协议书》第7条特别约定第2项:被告世恒公司2008年净利润不低于3000万元人民币。如果被告世恒公司2008年实际净利润完不成3000万元,原告有权要求被告世恒公司予以补偿,如果被告世恒公司未能履行补偿义务,原告有权要求被告香港迪亚公司履行补偿义务。补偿金额=(1-2008年实际净利润/3000万元)×本次投资金额。

《合资经营合同》和《合资公司章程》中,均就合资公司利润分配部分约定:合资公司依法缴纳所得税和提取各项基金后的利润,按合资方各持股比例进行分配。合资公司上一个会计年度亏损未弥补前不得分配利润。上一个会计年度未分配的利润,可并入本会计年度利润分配。

2008年2月29日,甘肃省商务厅甘商外资字〔2008〕79号文件《关于世恒公司增资及股权变更的批复》同意增资及股权变更,并批准"投资双方于2007年11月1日签订的增资协议、合资企业合营合同和章程从即日起生效"。

随后,被告世恒公司依据该批复办理了相应的工商变更登记。

另据工商年检报告登记记载,被告世恒公司2008年度生产经营利润总额26,858.13元,净利润26,858.13元。

**原告诉称:**

原告与被告就补偿协议款的约定十分明确,现被告并未完成业绩要求,按照《增资协议书》第7条第2项应承担违约责任,故三被告向原告支付协议补偿款1998.2095万元。

**被告均辩称:**

原告的诉请依法不能支持,《增资协议书》违反法律的规定,不符合我国法律对增资的规定,原告向被告投资,只享有利益却不承担风险,违背投资风险共担的法律规定,应认定为"名为投资实为借贷"。

**一审认为:**

1.《增资协议书》中,该条款属于《合同法》第52条规定的合同无效情形,因而不具有法律效力。

双方当事人为达到融资、投资目的而签订《增资协议书》,本案是因履行该协议条款引起的诉争,涉及对《增资协议书》条款法律效力的认定,因此,该协议条款内容不得违反合同成立、生效的规定,因其属于《合同法》第52条规定的合同无效情形,故不具有法律效力。

2. 合营各方的利润应该按照各方注册资本比例分配。

《增资协议书》条款内容涉及合资经营企业被告世恒公司,也要符合《公司法》及《中外合资经营企业法》等相关法律、法规的规定。经审查,《增资协议书》系双方真实意思表示,但补偿条款即被告世恒公司2008年实际净利润完不成3000万元,原告有权要求被告世恒公司补偿的约定,不符合《中外合资经营企业法》第8条关于企业净利润根据合营各方注册资本的比例进行分配的规定,同时,该条规定与《合营公司章程》的关于利润分配条款不一致,也损害公司利益及公司债权人的利益,不符合《公司法》第20条第1款关于"公司股东应当遵守法律、行政法规和公司章程,依法行使股东权利,不得滥用股东权利损害公司或者其他股东的利益;不得滥用公司法人独立地位和股东有限责任损害公司债权人的利益"的规定。

因此,根据《合同法》第52条第5款,合同违反法律、行政法规的强制性规定的,无效。该条由被告世恒公司对原告承担补偿责任的约定《中外合资经营企业法》第8条关于企业净利润根据合营各方注册资本的比例进行分配的规定,因此认定该约定无效,故原告依据该条款要求被告世恒公司承担补偿责任的诉请,依法不能支持。

3. 补偿条款无效之下,融资方纵然有违约行为,也不具有补偿责任。

由于原告要求被告世恒公司承担补偿责任的约定无效,因此,原告要求被告世恒公司承担补偿责任失去了前提依据。同时,《增资协议书》补偿条款与《合资经营合同》中利润分配内容不一致,依据《中外合资经营企业法实施条例》第10条第2款的规定,"合营企业协议与合营企业合同有抵触时,以合营企业合同为准。"故应以《合资经营合同》内容为准,原告要求被告香港迪亚公司承担补偿责任的依据不足,依法不予支持。

被告陆波虽是被告世恒公司的法定代表人,但其在被告世恒公司的行为代表的是公司行为及利益,并且《增资协议书》补偿条款中,并没有关于由被告陆波个人承担补偿义务的约定,故原告要求被告陆波个人承担补偿责任的诉请无合同及法律依据,依法应予驳回。至于被告陆波未按照承诺在2007年12月31日之前将四川省峨边县五渡牛岗铅锌矿过户至被告世恒公司名下,涉及对被告世恒公司及其股东的违约问题,不能成为本案被告陆波承担补偿责任的理由。

**一审判决:**

驳回原告全部诉讼请求。

原告不服一审判决,向上一级人民法院提起上诉。

**原告上诉称:**

1. 一审判决认定事实不清,即对《增资协议书》的性质及其分配企业收益的认定不清。

(1)《增资协议书》补偿条款是针对被告世恒公司不能完成净利润目标应承担何种责任的约定,该约定虽与企业净利润有关,但绝非合营企业利润分配的约定,一审判决认定此条款系对合营企业利润分配的约定,属于认定事实不清。

(2)《增资协议书》与《公司章程》《合资经营合同》不是针对同一种法律关系而前后形成的文件。《增资协议书》仅是名义上的"增资协议",其内容实际上是关于被告世恒公司募集资金进行公司股份制改造上市的"一揽子"协议书。并非《中外合资经营企业法实施条例》所指合营企业协议,从主体上而言,《合资经营合同》是原告与被告香港迪亚公司签订的,《增资协议书》却是四方签署的,一审判决将《增资协议书》等同为法律规定的合营企业协议,并进而认为《增资协议书》与《合资经营合同》有抵触属于认定法律事实不清。

2. 一审判决认定法律关系错误,即《增资协议书》不存在有失公正的情形,而是平等协商之下的一系列法律关系的总和,既不存在"保底条款"也不存在有违意思表示的情形。

(1)《增资协议书》补偿条款的约定是四方当事人的真实意思表示。其实质为四方当事人关于募集资金进行股份制改造并进而上市的文件,不是为了增资一种法律关系而设立,其包含了一系列的法律关系,但都是指向公司最终上市的目标,是除对增资外,原告的投资行为的约定和保障条款,未损害被原告的权益。

(2)《增资协议书》补偿条款的约定符合等价有偿的合同法原则,不存在权利义务失衡、有失公正等情形。原告以支付20倍的股权溢价形式向被告世恒公司投资,这种投资模式本身有别于普通的股权增资,而体现的是一种高风险投资,其最终追求的目标是被告一上市后原告作为原始股东的股价增长而获益。

(3)所谓保底条款,一般是指投资方无论融资方经营的结果亏盈,都有权收回出资和收取固定利润的条款。结合本案及《增资协议书》补偿条款并对照保底条款的法律概念,《增资协议书》对补偿条款的特别约定并非司法实践中的"保底条款"。

3. 一审判决适用法律明显错误,投资公司要求融资方的股东承担并不违背《公司法》。

一审判决援引《中外合资经营企业法》第 8 条关于企业净利润根据合营各方注册资本的比例进行分配的规定等条款进行判决,属于适用法律错误。《增资协议书》补偿条款的约定,不是关于"增资"的约定,而是关于"溢价"款未能按照约定的特定的用途进行投资而造成公司无法完成上市前期的企业业绩目标而应当承担责任的约定,《公司法》并没有禁止公司不可以对向公司投资的股东承担责任的条款,所以《增资协议书》补偿条款的约定是合法有效的。

综上,请求撤销一审判决,支持原告诉讼请求。

**被告均答辩称:**

1. 原判决适用法律正确,原告滥用股东地位,《增资协议书》补偿条款属于损害公司利益的条款。

一审判决认定《增资协议书》补偿条款的内容无效,符合《合同法》第 52 条合同无效情形的规定,适用法律正确。《增资协议书》补偿条款的内容,违反《公司法》第 20 条第 1 款"公司股东应当遵守法律、行政法规和公司章程,依法行使股东权利,不得滥用股东权利损害公司或者其他股东的利益;不得滥用公司法人独立地位和股东有限责任损害公司债权人的利益"的强制性规范,原原告滥用股东地位,为公司设定债务,损害被告世恒公司合法权益的条款,并且违反《中外合资经营企业法》及《实施条例》关于合资企业利润分配的强制性规定,实为不分担公司任何经营风险,固定地获取巨额收益,明显属于"保底条款",以合法形式掩盖非法目的,因此,应依法确认无效。

2. 文件虽已经批准,但法院依然可以认定无效。

该《增资协议书》虽然经甘肃省商务厅审查批准生效,但是,《关于审理外商投资企业纠纷若干问题的规定(一)》第 3 条的规定:"人民法院在审理案件中,发现经外商投资企业审批机关批准的外商投资企业合同具有法律、行政法规规定的无效情形的,应当认定合同无效;该合同具有法律、行政法规规定的可撤销情形,当事人请求撤销的,人民法院应予支持。"一审法院可以确认无效,不受审批机关审批的影响。

3. 原告主张被告陆波承担连带责任没有任何根据。

被告陆波个人依《合资经营合同》及《公司章程》规定,履行公司法定代表人职责,属于公司职务行为。而且,《增资协议书》《合资经营合同》或《公司章程》都没有为被告陆波个人设立权利义务。故原告要求被告陆波个人承担连带责任没有合同和法律依据。

综上,原告上诉请求不能成立,请求二审法院驳回上诉,维持原判。

**法院认为:**

1. 适用我国法律作为处理争议的准据法。

根据最高人民法院司法解释,涉港民事纠纷参照涉外程序进行审理,故涉港合同的当事人可以选择处理合同争议所适用的法律,但当事人在发生争议之前或之后均未作出选择,因此应当根据最密切联系原则确定应适用的法律。由于本案所涉《增资协议书》签订地、履行地均在内地,根据上述原则,应以法律作为处理争议的准据法。

2. 原告约定被告的最低净利润,且未涉及具体分配事宜,并不违背法律的相关规定;但原告要求被告在未达成目标时,须由被告支付一定补偿款则不具有法律效力,违背投资风险共担原则。

根据本案中,原告与三被告共同签订的协议书虽名为《增资协议书》,但综观该协议书全部内容,原告支付2000万元的目的并非仅享有被告世恒公司3.85%的股权(计15.38万美元,折合人民币114.771万元),期望被告世恒公司经股份制改造并成功上市后,获取增值的股权价值才是其缔结协议书并出资的核心目的。

基于上述投资目的,原被告等四方当事人在《增资协议书》补偿条款就业绩目标进行了约定,即"被告世恒公司2008年净利润不低于3000万元人民币。如果被告世恒公司2008年实际净利润完不成3000万元,原告有权要求被告世恒公司予以补偿,如果被告世恒公司未能履行补偿义务,原告有权要求被告香港迪亚公司履行补偿义务。补偿金额=(1-2008年实际净利润/3000万元)×本次投资金额"。

对于四方当事人就被告世恒公司2008年净利润不低于3000万元人民币的约定,因该约定仅是对目标企业盈利能力提出要求,并未涉及具体分配事宜;且约定利润如实现,被告世恒公司及其股东均能依据《公司法》《合资经营合同》《公司章程》等相关规定获得各自相应的收益,也有助于债权人利益的实现,故并不违反法律规定。而四方当事人就被告世恒公司2008年实际净利润完不成3000万元,原告有权要求被告世恒公司及被告香港迪亚公司以一定方式予以补偿的约定,则违反了投资领域风险共担的原则,使得原告作为投资者不论被告世恒公司经营业绩如何,均能取得约定收益而不承担任何风险。

参照《最高人民法院关于审理联营合同纠纷案件若干问题的解答》第4条第2项关于"企业法人、事业法人作为联营一方向联营体投资,但不参加共同经营,也不承担联营的风险责任,不论盈亏均按期收回本息,或者按期收取固定利润的,是明为联营,实为借贷,违反了有关金融法规,应当确认合同无效"之规定,《增资协议书》补偿条款该部分约定内容,因属于《合同法》第52条第5项,合同无效情形中违反法律、行政法规的强制性规定的,应认定无效。

原告除已计入被告世恒公司注册资本的114.771万元外,其余1885.2283万元资金性质应属名为投资,实为借贷。

3. 对补偿条款无效的后果救济,由过错方承担与过错相适应的责任,故应适用存款利息而非贷款利息。

虽然被告世恒公司与被告香港迪亚公司的补偿承诺亦归于无效,但原告基于对其承诺的合理信赖而缔约,故被告世恒公司、香港迪亚公司对无效的法律后果应负主要过错责任。根据《合同法》第58条的规定,"合同无效或者被撤销后,因该合同取得的财产,应予以返还;不能返还或者没有必要返还的,应当折价补偿。有过错的一方应当赔偿对方因此所受到的损失,双方都有过错的,应当各自承担相应的责任。"故,被告世恒公司与被告香港迪亚公司应共同返还原告1,885.2283万元及占用期间的利息,因原告对于无效的法律后果亦有一定过错,如按同期银行贷款利率支付利息则不能体现其应承担的过错责任,故被告世恒公司与被告香港迪亚公司应按同期银行定期存款利率计付利息。

4. 被告陆波承诺与本案无关。

因被告陆波个人并未就《增资协议书》所涉补偿问题向原告作出过承诺,且其是否于2007年12月31日之前将四川省峨边县五渡牛岗铅锌矿过户至被告世恒公司名下与本案不属同一法律关系,故原告要求被告陆波承担补偿责任的诉请无事实及法律依据,不应予以支持。

**二审判决:**

1. 撤销一审判决;

2. 被告世恒公司、被告香港迪亚公司于本判决生效后30日内共同返还原告1885.2283万元及利息(自2007年11月3日起至付清之日止按照中国人民银行同期银行定期存款利率计算)。如果未按本判决指定的期间履行给付金钱义务,应当依照《民事诉讼法》第229条,"被执行人未按判决、裁定和其他法律文书指定的期间履行给付金钱义务的,应当加倍支付迟延履行期间的债务利息。被执行人未按判决、裁定和其他法律文书指定的期间履行其他义务的,应当支付迟延履行金",即加倍支付迟延履行期间的债务利息。

被告世恒公司不服二审判决,向最高人民法院提起申诉。

**律师观点:**

1. 公司对股东的补偿承诺损害了公司和债权人利益,公司承诺无效。

原告海富公司作为企业法人,向被告世恒公司投资后与被告迪亚公司合资经营,故世恒公司为合资企业。被告世恒公司、原告海富公司、被告迪亚公司、被告陆波在《增资协议书》中约定,如果被告世恒公司实际净利润低于3000万元,则原告海富公司有权从被告世恒公司处获得补偿,并约定了计算公式。这一约定使得原告海富公司投资可以取得相对固定的收益,该收益脱离了被告世恒公司的经营业绩,损害了公司和债权人利益。

《公司法》第20条规定,公司股东应当遵守法律、行政法规和公司章程,依法行使股东权利,不得滥用股东权利损害公司或者其他股东的利益;不得滥用公司法人独立地位和股东有限责任损害公司债权人的利益。

《中外合资经营企业法》第8条规定,合营企业获得的毛利润,按税法规定缴纳合营企业所得税后,扣除合营企业章程规定的储备基金、职工奖励及福利基金、企业发展基金,净利润根据合营各方注册资本的比例进行分配。

《合同法》第52条第5款规定,违反法律、行政法规的强制性规定,合同无效。此处的"强制性规定"是指效力强制性规定,效力性强制性规定包含两种情况:

①法律、法规规定违反该规定,将导致合同无效或不成立的;

②法律、法规虽然没有规定"违反其规定,将导致合同无效或不成立",但违反该规定若使合同继续有效将损害国家利益和社会公共利益的。

《增资协议书》中有关补偿条款属于第二种效力强制性规定,因此该条款无效。

二审法院认定原告海富公司18,852,283元的投资名为联营实为借贷,并判决被告世恒公司和被告迪亚公司向原告海富公司返还该笔投资款,没有法律依据。

2. 股东对其他股东的补偿承诺并不损害公司和债权人的利益,股东承诺有效。

在《增资协议书》中,被告迪亚公司对于原告海富公司的补偿承诺并不损害公司及公司债权人的利益,不违反法律法规的禁止性规定,是当事人的真实意思表示,是有效的。被告迪亚公司对原告海富公司承诺了众星公司2008年的净利润目标并约定了补偿金额的计算方法。在众星公司2008年的利润未达到约定目标的情况下,被告迪亚公司应当依约应原告海富公司的请求对其进行补偿。被告迪亚公司对原告海富公司请求的补偿金额及计算方法没有提出异议,应予以确认。

3. 被告陆波并无承担补偿责任的合同义务。

《增资协议书》中并无由被告陆波对原告海富公司进行补偿的约定,原告海富公司请求被告陆波进行补偿,没有合同依据。此外,原告海富公司称被告陆波涉嫌犯罪,没有证据证明,应不予支持。

**最高人民法院再审判决:**

1. 撤销二审判决;
2. 被告香港迪亚公司向原告支付协议补偿款1998.21万元。

**695. 设置对赌条款应注意哪些问题?**

(1)制定合理价格的依据是,要认清自己的行业地位,对企业的团队协作、人才储备、市场占有率、资金到位、竞争对手、管理能力等方面做全面自查,制定符合企业自身的发展目标;另外结合融资环境的情况为企业定出合理的价格,避免漫天要价,避免引发投资方对企业未来盈利提出苛刻的要求。应在协议中锁定风险,保证其对企业的必要控股地位,尽量避免发生丧失企业控制权的情况。

(2)投融资双方要充分考虑宏观经济环境、整个行业趋势。近几年经济危机让很多投资企业不能完成对赌条款约定的各种指标,因而对企业未来业绩的预测,不能缺少宏观上的考量。

(3)应有专业机构的参与,风险投资人不仅有丰富的谈判经验和信息资源,而且背后往往有一流的会计师、律师全程陪伴。

(4)业绩标准的设置,对赌条款中应以扣除非经常性损益后的净利润作为衡量标准。非经常性损益是指公司发生的与经营业务无直接关系,以及虽与经营业务相关,但由于其性质、金额或发生频率,影响了真实、公允地反映公司正常盈利能力的各项收入、支出。非经常性损益会对企业当期利润产生较大影响,不能全面反映企业的持续经营能力、盈利能力。扣除非经常性损益后的净利润,能使企业当期盈利能力以及未来盈利能力更加公允和客观,可以避免企业实际控制人为了急功近利,体现短期良好业绩,而人为编制利润,从而影响对赌结果。

# 第八章
## 增资纠纷

**【案例247】永乐电器预测乐观　导致公司被收购**①

2005年1月,摩根士丹利和鼎晖斥资5000万美元收购当时永乐家电20%的股权,收购价格相当于每股约0.92港元。根据报道,摩根士丹利在入股永乐家电以后,还与企业形成约定:无偿获得一个认股权利,在未来某个约定的时间,以每股约1.38港元的价格行使约为1765万美元的认股权。为了使这个看涨期权价值兑现,摩根士丹利等机构投资者与企业管理层签署了一份"对赌条款"。招股说明书显示,如果永乐2007年(可延至2009年)的净利润高于7.5亿元人民币,外资股东将向永乐管理层转让4697.38万股永乐股份;如果净利润相等或低于6.75亿元,永乐管理层将向外资股东转让4697.38万股;如果净利润低于6亿元,永乐管理层向外资股东转让的股份最多将达到9394.76万股,这相当于永乐上市后已发行股本总数的约4.1%。净利润计算不能含有水分,不包括上海永乐房地产投资及非核心业务的任何利润,并不计任何额外或非经常收益。2005年永乐实现净利润2.89亿元,而2006年上半年仅0.16亿元,其不得不承认当初签订的协议中,预测过于乐观。2006年7月,国美电器以52.68亿港元收购乐上市仅9个月的永乐电器。上市和对赌条款让永乐在资本市场上走上了一条"不归之路"。

### 696. 对赌条款有哪些分散投资风险的条款?

除了以上对赌条款之外,投资者往往还通过以下条款分散投资风险,如涉及利润优先分配权、优先清算权、可转换债券、非竞争承诺、限制所得款项用途、投资者派出的董事的一票否决权、股权回购、反稀释条款、知情权条款等。

### 697. 何为利润优先分配约定? 利润优先分配约定的法律效力如何?

利润优先分配权即投资者和被投资者约定:投资者和其他股东相比,有优先于其他股东分配利润的权利。

约定利润优先分配有效。根据《公司法》第34条的规定,有限责任公司股东按照实缴的出资比例分取红利。但是,全体股东约定不按照出资比例分取红利的除外。《公司法》第166条规定,股份有限公司按照股东持有的股份比例分配,但股份有限公司章程规定不按持股比例分配的除外。

---

① 参见中国私募股权投资基金律师网 http://www.pelawyers.cn/old/newshow.asp?page=3&id=874,2012年7月11日访问。

从文义上分析,公司利润在缴纳税收、弥补公司亏损、提取法定公积金、提取任意公积金后,有限责任公司可以通过全体股东约定的方式,股份有限公司可以通过公司章程规定的方式确定利润优先分配权。因此约定利润优先分配没有法律障碍。

**698. 何为保底收益条款,其法律效力如何?**

保底收益条款即保底收益是投资者与被投资者约定:无论公司盈亏与否,投资者都会获得保底收益。

保底收益的约定违反了公司利润分配的顺序,即公司在缴纳税收、弥补公司亏损、提取法定公积金、提取任意公积金后方可分配利润,因此保底收益的约定不具有法律效力。在利润分配程序上,虽然《公司法》规定,有限责任公司股东可以约定不按照出资比例分红、股份有限公司章程可以规定不按持股比例分配利润,但是必须在缴纳税收、弥补公司亏损、提取法定公积金、提取任意公积金后才可分配公司利润。

**699. 利润优先分配权、保底收益条款有何区别?**

利润优先分配权是公司在缴纳税收、弥补公司亏损、提取法定公积金、提取任意公积金后投资者对剩余利润享有的优先于其他股东的分配权,这与不论盈亏,投资者都会获得保底收益不同。

**700. 何为剩余财产优先分配权?**

剩余财产优先分配权即投资者和被投资者约定:投资者和其他股东相比,有优先于其他股东分配剩余财产的权利。

**701. 优先清算权的法律效力如何?优先清算权的主要内容是什么?**

目前对该条款的认识有以下两种观点:

(1)《公司法》第186条规定,"公司财产在分别支付清算费用、职工的工资、社会保险费用和法定补偿金,缴纳所欠税款,清偿公司债务后的剩余财产,有限责任公司按照股东的出资比例分配。"在分配剩余财产时,公司股东须按照出资比例分配剩余财产,如果约定投资方享有优先获取清算财产的权利则违反按照出资分配剩余财产的规定,违背了公司股东收益共享、风险共担的基本原则。一旦发生纠纷,有很大的风险被认定为无效。

(2)《公司法》第186条虽然规定了有限责任公司按照股东的出资比例分配,但是根据《合同法》第52条的合同无效情形及《最高人民法院关于适用〈中华人民共和国合同法〉若干问题的解释(二)》第14条关于强制性规定的解释,导致合同无效的条款应是效力性强制性规范,管理型强制性规范并不必然导致合同无效。故股东之间就剩余财产的分配,如果约定有优先清算的,应认定为有效。

从尊重股东意思自治以及法律规范的角度出发,笔者认为:

(1)股东分配剩余财产必须先行支付清算费用、职工工资、社会保险费用和法定补偿金,缴纳所欠税款,股东之间对优先清算权的约定不得绕过前述的费用,否则将导致约定无效;

(2)对于剩余财产的如何分配,只要股东之间约定是基于真实的意思表示达成的,应该认定为有效。

优先清算权条款的主要内容如下:

在被投资方发行上市前,如被投资方解散进行清算,股东按照各自的持股比例参与剩余财产的分配;但如被投资方剩余财产不足分配的,投资方有权优先于现有股东以现金方式收回其全部投资本金加投资期每年_____%的年投资回报。

**702. 何为可转换债券,可转换债券的法律效力如何?**

可转换债券条款指投资协议中约定,为规避投资风险,持有人在发债后一定时间内有权依约定的条件将持有的债券转换成普通股票的条款,其具有法律效力。根据《公司法》第162条的规定,发行可转换为股票的公司债券的,公司应当按照其转换办法向债券持有人换发股票,但债券持有人对转换股票或者不转换股票有选择权,因此设定可转换债券并无法律障碍。

但是,根据《上市公司证券发行管理办法》第14条,可转换债券的发行主体目前只能是上市公司。因此,目前可转换债券的投资主体只能是上市公司,而不能投资于非上市公司。

**703. 何为非竞争承诺,其法律效力如何?**

这一条款旨在避免主管人员离开被投资企业,甚至在离开企业后建立类似企业与被投资企业形成竞争。

当劳动者与用人单位有约定,期限不超过2年的竞业限制条款是有效的。《劳动合同法》第24条规定:"竞业限制的人员限于用人单位的高级管理人员、高级技术人员和其他负有保密义务的人员。竞业限制的范围、地域、期限由用人单位与劳动者约定,竞业限制的约定不得违反法律、法规的规定。在解除或者终止劳动合同后,前款规定的人员到与本单位生产或者经营同类产品、从事同类业务的有竞争关系的其他用人单位,或者自己开业生产或者经营同类产品、从事同类业务的竞业限制期限,不得超过二年"。

**704. 何为限制投资款款项用途？如何理解限制投资款款项用途？其法律效果如何？**

限制所得款项用途条款即指投资者在投资协议中约定限制被投资者使用投资款项使用不被允许的其他用途。主要为投资者限制被投资者使用投资款项的目的。

《公司法》第37条、99条赋予有限公司、股份公司股东会"决定公司的经营方针和投资计划"的权力，故，能否限制所得款项用途，最终取决于股东会作出的决议。

**705. 何为一票否决权？投资者派出的董事是否享有一票否决权？**

一票否决权条款指投资者在投资协议中约定，在董事会或股东会表决时，投资者及其委派的董事享有一票否决权的条款。

《公司法》没有对董事一票否决权的禁止，但有争议。从法律角度来看，《公司法》第48条规定，有限责任公司董事会的议事方式和表决程序，除《公司法》有规定的外，由公司章程规定。董事会应当对所议事项的决定作成会议记录，出席会议的董事应当在会议记录上签名。董事会决议的表决，实行一人一票。《公司法》第111条规定，董事会会议应有过半数的董事出席方可举行。董事会作出决议，必须经全体董事的过半数通过。

从证监会官方网站公开的招股说明书（申报稿）中列明情况来看，有的明确董事没有一票否决权，有的列明董事对重大事项有一票否决权。投资方作为股东的，亦有明确有一票否决权的。

**706. 何为股权回购条款？股权回购约定的效力如何？股权回购条款的主要内容有哪些？**

股权回购条款即投资者为了规避退出风险，投资者与被投资者约定在一定情况下或某个时间点，投资者从被投资者处按某一价格回购投资者所持股份。

关于公司回购股东所持股权的约定不违反我国现有法律的强制性规定，对其效力应当予以认可。

《公司法》第74条规定了有限责任公司中异议股东的股权回购请求权及其行使的三大法定事由：

1. 公司连续5年不向股东分配利润，而公司该5年连续盈利，并且符合本法规定的分配利润条件的；

2. 公司合并、分立、转让主要财产的；

3. 公司章程规定的营业期限届满或者章程规定的其他解散事由出现，股东会会议通过决议修改章程使公司存续的。

自股东会会议决议通过之日起60日内,股东与公司不能达成股权收购协议的,股东可以自股东会会议决议通过之日起90日内向人民法院提起诉讼。

在对该条的理解上,有人认为,《公司法》上允许有限公司持有本公司股份的情形仅限于第74条所规定的异议股东请求回购的情形,即只有在第74条所列举的事由发生时,由异议股东提出请求,公司得进行回购,其他情况下,有限责任公司一概不得进行股权回购。这种观点并不正确。

《公司法》第74条所规定的情形,是公司有义务接受异议股东的回购请求的法定情形,当然,回购的价格应由股东与公司协商确定,但公司没有拒绝回购的权利;相反,若非发生第74条所规定的法定情形,除非公司与股东之间另有约定,公司没有义务应股东的请求进行股权回购。因此,关于公司回购股权的约定,不违反《公司法》第74条关于异议股东行使回购请求权事由的规定。

股权回购条款的主要内容如下:

若出现任何以下情形之一,投资方有权选择要求被投资方现有股东或实际控制人回购投资方拥有的被投资方股权。若任何投资方选择行使回购权,该投资方在此前从被投资方获得的所有分红将从被投资方应付的回购价款中扣除。

1. 乙方不能在_____年_____月_____日前达到上市资格并且已经上报证监会发审委。

2. 在_____年_____月_____日之前的任何时间,原股东明示放弃本协议项下的上市安排或工作。

3. 被投资方成功上市前的任何时候,被投资方的主业发生重大不利变化,即未达到承诺业绩的_____%。

4. 乙方提供的资料和信息与实际存在重大偏差或甲方在信息披露过程中存在隐瞒、误导、虚假陈述或涉嫌欺诈。

5. 乙方违反双方签订的协议或者章程,并自甲方提示之日起15日内仍未改进。

6. 乙方被依法吊销营业执照,责令关闭或者被撤销,因债权人申请进入破产清算程序或发生其他对丙方存续造成重大影响的事件。

7. 原股东所持有的乙方之股份因行使质押权等原因,导致公司所有权发生实质性转移或者存在此种潜在风险。

8. 乙方的生产经营、业务范围发生实质性调整,并且不能得到甲方的同意。

9. 其他根据一般常识性的、合理的以及理性的判断,因投资方受到不平等、不公正的对待等原因,继续持有乙方股份将给投资方造成重大损失或无法实现投资预期的情况。

股份回购价格按以下两者孰高者确定：

1. 投资方按年投资回报率_____%计算的投资本金和收益之和(减去支付给投资方税后股利)；

2. 回购时投资方股权对应的评估净资产值。

**707. 何为反稀释保护条款？其效力如何？其主要内容有哪些？**

反稀释保护条款即如果目标企业在本轮融资之后进行了后续融资，那么本轮投资方进入的价格就要随之调整，降低到后续融资的价格；如果后续以更低的价格发行一次或多次股票，本轮融资还要继续调整。目的是要保持本轮的价格是最低的。

如果被投资方是非国有、非外资的有限责任公司和股份有限公司，那么适用反稀释保护条款不存在法律障碍，因为《公司法》并未就股权转让的价格作出规定。但是，如果被投资方是国企或外资企业(独资、中外合资或中外合营企业)，会存在障碍。根据《关于外国投资者并购境内企业的规定》第14条、《企业国有资产法》第55条的规定，拟转让的股权都需要经过资产评估机构的评估，国有企业的股权转让价格还需要报本级人民政府核准。《关于外国投资者并购境内企业的规定》第14条规定，并购当事人应以资产评估机构对拟转让的股权价值或拟出售资产的评估结果作为确定交易价格的依据。并购当事人可以约定在中国境内依法设立的资产评估机构。资产评估应采用国际通行的评估方法。禁止以明显低于评估结果的价格转让股权或出售资产，变相向境外转移资本。外国投资者并购境内企业，导致以国有资产投资形成的股权变更或国有资产产权转移时，应当符合国有资产管理的有关规定。《企业国有资产法》第55条规定，国有资产转让应当以依法评估的、经履行出资人职责的机构认可或者由履行出资人职责的机构报经本级人民政府核准的价格为依据，合理确定最低转让价格。

反稀释保护条款的主要内容如下：(1)被投资方将来以任何方式引进新投资者，投资方享有在同等条件下的优先认购权。(2)被投资方以任何方式引进新投资者，应确保新投资者对被投资方的估值不得低于本合同投资方投资后的实际估值。如新投资者根据某种协议的最终估值低于本合同投资方的实际估值，则被投资方应将其间的差价返还投资人，或根据新的投资价格调整投资方的股份比例，使之能反映被投资方的新估值。(3)投资完成后，如被投资方给予任一股东(包括引进的新投资者)享有的股东权利优于本合同投资方享有的权利的，则本合同投资方将自动享有该等权利。

**708. 何为知情权条款？其效力如何？其主要内容如何？**

知情权是指投资者有权对目标企业的财务及其他信息有了解和获取的权利。《公司法》第 33 条、97 条、165 条明确赋予了股东知情权。

《公司法》第 33 条针对有限责任公司规定,股东有权查阅、复制公司章程、股东会会议记录、董事会会议决议、监事会会议决议和财务会计报告,可以要求查阅公司会计账簿。第 97 条针对股份有限公司规定,股东有权查阅公司章程、股东名册、公司债券存根、股东大会会议记录、董事会会议决议、监事会会议决议、财务会计报告。第 165 条规定,有限责任公司应当依照公司章程规定的期限将财务会计报告送交各股东。股份有限公司的财务会计报告应当在召开股东大会年会的 20 日前置备于本公司,供股东查阅;公开发行股票的股份有限公司必须公告其财务会计报告。

知情权条款的主要内容如下:在投资人仍然是公司的投资者的情况下,被投资方应当:

（1）以投资人可以接受的方式,向投资人提供下列与被投资方及其子公司相关的材料：

①在每财政年度之后 120 日内,经审计合并年度财务报告以及管理层报告；

②在每季度之后 60 日内,未经审计合并季度财务报告和管理层报告；

③发送给股东的全部文件或其他信息的副本；

④在每财政年度结束之前 30 日内,下一年的年度预算。

全部财务报告将按照中国通用会计原则编制。

（2）向投资人提供被投资方向证监会、证券交易所、监管机构或政府机构呈递的任何报告的副本；

（3）授权投资人察看被投资方及其子公司的设施、账目和记录,并与被投资方及其子公司各自的董事、雇员、会计师、律师和投资银行人员讨论其业务、运营和情况。

## 第四节　增资的税务问题

### 一、公积金转增资本的税务问题

**709. 资本公积有哪些明细项目？哪些公积金可以直接转增资本？**

资本公积明细项目包括"资本（或股本）溢价""接受捐赠非现金资产准备"

"股权投资准备""拨款转入""外币资本折算差额""关联交易差价""其他资本公积"等。

上述资本公积明细项目除了"接受捐赠非现金资产准备""股权投资准备"和"关联交易差价"三项外,其余项目均可直接转增资本。对于"接受捐赠非现金资产准备""股权投资准备"两个项目,可分别于接受捐赠非现金资产、长期股权投资资产价值实现时(如非现金资产领用、报废、处置时,长期股权处置时)转为"其他资本公积"项目,然后可以转增资本;对于"关联交易差价"项目,不能用于转增资本,应于企业清算时再作处理。

**710. 公司以资本公积金增资,自然人股东因此取得的股权是否需要缴纳个人所得税?**

长期以来,股份有限公司或有限责任公司,以资本公积金转增股本或注册资本,其个人股东一般都不需要缴纳所得税,主要依据是《国家税务总局关于股份制企业转增股本和派发红股征免个人所得税的通知》(国税发〔1997〕198号)。198号文第1条规定:"股份制企业用资本公积金转增股本不属于股息、红利性质的分配,对个人取得的转增股本数额,不作为个人所得,不征收个人所得税。"1998年,国税总局又通过国税函〔1998〕289号文对"资本公积金"进行了明确,指出198号文所称的"资本公积金"是指股份制企业股票溢价发行收入所形成的资本公积金。

2013年9月29日,财政部、国税总局联合发布了《关于中关村国家自主创新示范区企业转增股本个人所得税试点政策的通知》(财税〔2013〕73号),其中指出"企业以未分配利润、盈余公积、资本公积向个人股东转增股本时,应按照'利息、股息、红利所得'项目,适用20%税率征收个人所得税。对示范区中小高新技术企业以未分配利润、盈余公积、资本公积向个人股东转增股本时,个人股东一次缴纳个人所得税确有困难的,经主管税务机关审核,可分期缴纳,但最长不得超过5年。"所谓中小高新技术企业,是指"注册在示范区内实行查账征收的、经认定取得高新技术企业资格,且年销售额和资产总额均不超过2亿元、从业人数不超过500人的企业"。

2015年6月9日,财政部、国税总局发布《关于推广中关村国家自主创新示范区税收试点政策有关问题的通知》(财税〔2015〕62号),宣布自2015年1月1日起,将73号文的实施范围扩展至合芜蚌自主创新综合试验区和绵阳科技城。

这两份文件都明确指出,企业以资本公积向个人股东转增股本,需要缴纳个人所得税,并没有区分用于转增股本的资本公积是否属于股本溢价。只是由于转增过程中个人没有取得现金流入,所以可以分5年缴纳。

2015年10月23日,财政部、国税总局又发布《关于将国家自主创新示范区有关税收试点政策推广到全国范围实施的通知》(财税〔2015〕116号),宣布将73号文的实施范围推广至全国。

2015年11月16日,国家税务总局发布《关于股权奖励和转增股本个人所得税征管问题的公告》(国家税务总局公告2015年第80号)指出:"上市公司或在全国中小企业股份转让系统挂牌的企业转增股本(不含以股票发行溢价形成的资本公积转增股本),按现行有关股息红利差别化政策执行。"而对于其他企业,如果属于中小高新技术企业以未分配利润、盈余公积、资本公积向个人股东转增股本,可分5期缴纳个人所得税;如果属于非中小高新技术企业,应及时代扣代缴个人所得税(一次性缴纳)。116号文和80号公告都是从2016年1月1日开始执行。

**【案例248】首开股份资本公积金转增股本所得税处理案**[①]

**基本案情:**

2011年4月,首开股份股东大会审议通过2010年度利润分配及资本公积转增股本方案。

一、利润分配方案

以2010年年末总股本1,149,750,000股为基数,向全体股东每10股派发现金红利2.00元(含税),共计分配利润229,950,000元,剩余未分配利润结转下一年度。

二、资本公积金转增股本方案

以2010年年末总股本1,149,750,000股为基数,以资本公积金向全体股东每10股转增3股,共计344,925,000股。实施送红股后,按新股本总数1,494,675,000股摊薄计算的2010年每股收益0.9元。转增股本后,首开股份股本变动情况如表8-4所示:

---

① 参见巨潮资讯网 http://www.cninfo.com.cn/finalpage/2011-04-18/59283566.PDF,2012年11月27日访问。

表 8-4  首开股份股本变动情况　　　　　　　　　　单位:股

| 股份类别 | 变动前 | 变动数 | 变动后 |
| --- | --- | --- | --- |
| 无限售条件的流通股(A股) | 1,149,750,000 | 344,925,000 | 1,494,675,000 |

**律师观点:**

1. 利润分配税务处理

(1) 法人股东的税务处理

根据《企业所得税法》第 26 条以及《企业所得税法实施条例》第 83 条的规定,居民企业直接投资于其他居民企业取得的股息、红利等免征企业所得税。但如果该法人股东持有的股票系公开发行上市流通不足 12 个月,因该股票获得的红利需要缴纳企业所得税。

(2) 个人股东的税务处理

根据《财政部、国家税务总局关于股息红利个人所得税有关政策的通知》(财税[2005]102号)规定①,上市公司目前对个人投资者从上市公司取得的股利红利,暂减按 50% 计入个人应纳税所得额。

2. 资本公积金转增股本税务处理

本次资本公积转增股本的"资本公积"来源于股票溢价或是其他途径,其税务处理会所有不同。

(1) 法人股东的税务处理

根据《国家税务总局关于贯彻落实企业所得税法若干税收问题的通知》(国税函[2010]79号)规定,"被投资企业将股权(票)溢价所形成的资本公积转为股本的,不作为投资方企业的股息、红利收入,投资方企业也不得增加该项长期投资的计税基础",因此如果首开股份是以股票溢价形成的资本公积转增股本,法人股东没有纳税义务。

如果首开股份是以其他形式形成的资本公积金转增股本,法人股东负有纳税义务,但是由于居民企业从居民企业取得的红利免征企业所得税,因此也无须缴

---

① 本通知于 2013 年 1 月 1 日被《财政部、国家税务总局、证监会关于实施上市公司股息红利差别化个人所得税政策有关问题的通知》(财税[2012]85号)废止,新通知规定:个人从公开发行和转让市场取得的上市公司股票,持股期限在 1 个月以内(含 1 个月)的,其股息红利所得全额计入应纳税所得额;持股期限在 1 个月以上至 1 年(含 1 年)的,暂减按 50% 计入应纳税所得额;持股期限超过 1 年的,暂减按 25% 计入应纳税所得额。上述所得统一适用 20% 的税率计征个人所得税。即 2013 年 1 月 1 日后,个人持股者应根据持股期限确定个人所得税税额。

纳所得税。分析详见上文。

（2）个人股东的税务处理

根据《国家税务总局关于股份制企业转增股本和派发红股征免个人所得税的通知》（国税函〔1997〕198号）规定，"股份制企业用资本公积金转增股本不属于股息、红利性质的分配，对个人取得的转增股本数额，不作为个人所得，不征收个人所得税"，同时根据《国家税务总局关于原城市信用社在转制为城市合作银行过程中个人股增值所得应纳个人所得税的批复》（国税函〔1998〕289号）规定，"《国家税务总局关于股份制企业转增股本和派发红股征免个人所得税的通知》（国税发〔1997〕198号）中所表述的'资本公积金'是指股份制企业股票溢价发行收入所形成的资本公积金。将此转增股本由个人取得的数额，不作为应税所得征收个人所得税。而与此不相符合的其他资本公积金分配个人所得部分，应当依法征收个人所得税"。

因此如果首开股份是以股票溢价形成的资本公积转增股本，法人股东和个人股东均不需纳税。如果是以其他形式形成的资本公积转增股本，个人股东需要缴纳个人所得税。

**711. 公司以资本公积金增资，法人股东因此取得的股权是否需要缴纳企业所得税？**

对于此问题，应区分以下情况：

（1）被投资企业将股权（票）溢价所形成的资本公积转为股本的，不作为投资方企业的股息、红利收入，投资方企业也不得增加该项长期投资的计税基础。

（2）被投资企业以其他资本公积转为股本的，因居民企业之间的红利分配免征企业所得税，故居民企业股东因此取得的股权免征企业所得税。

（3）对于非居民企业，应统一按10%的税率代扣代缴企业所得税，非居民企业股东需要享受税收协定待遇的，依照税收协定执行的有关规定办理。①

**【案例249】"先减资，再增资，后转让"不能降低股权转让税负**

**基本案情：**

旭升公司是一家专业从事软件技术开发的企业，公司注册资本为2480万元。

---

① 关于红利分配税务处理方式详见本书第二十二章公司盈余分配纠纷第三节盈余分配的税务问题。

公司有三名股东,股权结构为:李昌出资 8,010,400 元,持股 32.3%;森华公司出资 8,779,200 元,持股 35.4%;郑达出资 8,010,400 元,持股 32.3%。现李昌欲将其持有的 21.1% 的股权转让给郑达。股权转让后,李昌持有 11.2% 股权,森华公司持有 35.4% 股权,郑达持有 53.4% 的股权。截至转让时公司的净资产为 35,177,714.92 元,公司净资产中有一部分是当初森华公司投资超出出资额部分形成的资本公积金。

由于公司目前的净资产高于注册资本,个人转让股权必然涉及个人所得税。本案中,若按照市场公允价值转让股权,李昌应缴纳的个人所得税 = (35,177,714.92 - 24,800,000) × 21.1% × 20% = 437,939.57 元。

为了不缴纳该笔税款,李昌想到了以下税务筹划:

先将公司的注册资本由 2480 万元减少至 8,675,000 元,减少的注册资本 16,125,000 元由三位股东按照各自的出资比例分配,其中:李昌与郑达各自分得 5,208,375 元,森华公司分得 5,708,250 元。

减资后,三方一致同意以旭升公司的资本公积金增资,使公司的注册资本达到 2000 万元,增资额为 11,325,000 元,其中李昌获得的股权份额为 1,268,400 元,森华公司获得的股权份额为 4,009,050 元,郑达获得的股权份额为 6,047,550 元。

通过减资、增资后,公司的净资产减少至 19,052,714.92 元。此时由于公司的净资产低于公司的注册资本,按照市场公允价值确定股权转让价格,无须缴纳个人所得税。

该方案真的能避税吗?

**律师观点:**

现在让笔者分减资、增资、股权转让三个环节分别分析各个阶段的税负。

1. 减资环节税收

减资是对注册资本的减少,即股东本身持有股权的减少,在此过程中,股东并无所得,因此无须缴纳个人所得税。

2. 资本公积转增股本环节税收

资本公积明细项目包括"资本(或股本)溢价""接受捐赠非现金资产准备""股权投资准备""拨款转入""外币资本折算差额""关联交易差价""其他资本公积"等。根据《国家税务总局关于股份制企业转增股本和派发红股征免个人所得税的通知》(国税发〔1997〕198 号)规定,股份制企业用资本公积金转增股本不属于股息、红利性质的分配,对个人取得的转增股本数额,不作为个人所得,不征收个人所得税。

而根据《国家税务总局关于进一步加强高收入者个人所得税征收管理的通知》(国税发〔2010〕54号)规定,公司采用除股票溢价之外形成的资本公积金以及盈余公积金增资,本国公民股东因此取得的股权按照"利息、股息、红利所得"项目,依据现行政策规定计征个人所得税。税款由公司在股东会议通过增资后代扣代缴。

由于旭升公司的资本公积金系股东投资增资形成的,个人股东因该部分资本公积金增资所得的股权视为"红利、股息",应按规定缴纳所得税。其中:

李昌应缴纳的个人所得税 = 1,268,400 × 20% = 253,680 元

郑达应缴纳的个人所得税 = 6,047,550 × 20% = 1,209,510 元

因企业之间的红利分配免交企业所得税,因此森华公司在增资环节中无税负。

资本公积金增资环节,需要缴纳的所得税共计为 1,463,190 元。

3. 股权转让环节税收

由于公司的净资产低于公司的注册资本,按照市场公允价值确定股权转让价格,无须缴纳个人所得税。

由此可见,经过上述一系列复杂的资产重组后,虽然李昌的个人所得税减少,但在直接转让情形下无须缴纳所得税的郑达却因此需要缴纳税收 1,209,510 元,李昌与郑达应缴纳的税收合计 1,463,190 元,反而比直接转让情形下李昌应承担的税收高出 1,025,250.43 元。

综上所述,"先减资,再资本公积转增股本,后股权转让"的方案不仅不能减少税负,反而增加了税负,而减资、增资程序烦琐、耗时长,无端地增加了公司的税务筹划成本,本身并不是好的税务筹划方案。

**712. 公司创始股东获得因投资者溢价增资形成的资本公积金转增资本是否需要缴纳所得税?**

法人股东免征企业所得税是没有争议的,但自然人股东是否应当缴税立法不明确,实践操作中亦存在争议。

《国家税务总局关于股份制企业转增股本和派发红股征免个人所得税的通知》(国税发〔1997〕198号)第1条规定,股份制企业用资本公积金转增股本不属于股息、红利性质的分配,对个人取得的转增股本数额,不作为个人所得,不征收个人所得税。

《国家税务总局关于原城市信用社在转制为城市合作银行过程中个人股增值所得应纳个人所得税的批复》(国税函〔1998〕289号)规定,国税发〔1997〕198号中所表述的"资本公积金"是指股份制企业用股票溢价发行收入所形成的资本公积金。而与此不相符合的其他资本公积金分配个人所得部分,则应当依法征收个人所得税。

实务中的争议焦点在于上述两个条文能否扩大适用主体,即有限责任公司以资本溢价形成的资本公积金转增股本是否缴纳个人所得税。

支持者的主要依据有两项:

第一,财政部、发改委于1992年出台的《股份制试点办法》规定,我国股份制企业主要有股份有限公司和有限责任公司两种组织形式。结合当时的法律环境,国税发〔1997〕198号、国税函〔1998〕289号规定的"股票溢价发行收入"包括有限责任公司,故以有限责任公司的资本溢价转增股本自然人股东不应当缴纳个人所得税。

第二,转股行为并没有导致公司净资产增加,或者说只是会计科目发生变化,股东并没有取得实际上的所得,因此,不应该纳入个人所得税的征收范围。

对上述两个理由,下文将分别给予剖析。

笔者认为,判断有限责任公司以资本溢价转增股本是否缴纳个人所得税要从股票溢价发行的概念、个人所得税征收的基本原理两方面考虑。

(1)股票发行是股份有限公司的权利

笔者认为国税发〔1997〕198号、国税函〔1998〕289号中所用的"股份制公司"是为了方便区别于计划经济时代的全民所有制企业,真正理解上述条文的关键不在于公司的类型,而在于正确理解股票溢价发行的概念。

①《公司法》第125条规定,股份有限公司的资本划分为股份,每一股的金额相等。公司的股份采取股票的形式。可见股票是股份有限公司的特有资本形式。

②《股票发行与交易管理暂行条例》(1993年发布)第7条规定,股票发行人必须是具有股票发行资格的股份有限公司。股份有限公司,包括已经成立的股份有限公司和经批准拟成立的股份有限公司。1998年版的《证券法》第11条规定,公开发行股票,必须依照《公司法》规定的条件,报经国务院证券监督管理机构核准。可见股票发行必须符合一定的条件,即只有股份有限公司才可以发行股票,且发行股票必须经证监会审批。有限责任公司显然不具备发行股票的条件。

由此可见,国税发〔1997〕198号、国税函〔1998〕289号中的"股票溢价发行收入"是指股份有限公司发行股票溢价所形成的收入,有限责任公司无权发行股票,显然也不可能存在溢价发行收入的问题。

(2)个人所得税征收的基本原理

个人所得税是以自然人取得的各类应税所得为征税对象而征收的一种所得税。如无法定的减免规定,个人取得的一切收入均应缴纳个人所得税。

《国家税务总局关于进一步加强高收入者个人所得税征收管理的通知》(国税发〔2010〕54号)明确,对以未分配利润、盈余公积和除股票溢价发行外的其他资本公积转增注册资本和股本的,要按照"利息、股息、红利所得"项目,依据现行政策规定计征个人所得税。

有限责任公司股东是以其对公司的出资额享有股东权益的。公司的一切权益,包括资本公积金、留存收益在正式分配给股东之前,都属于公司资产。资本溢价,尤其是PE、VC溢价投资形成的资本公积金转增股本,创始股东就该转股行为获取了所得,应当缴纳个人所得税。否则以留存收益转增股本缴纳个人所得税的依据何在?以留存收益转增股本不是同样没有导致公司净资产增加,或者说只是会计科目发生变化的情况吗,为什么需要缴纳个人所得税呢?

目前,国家税务总局的态度是"正在研究,请以正式文件为准"。笔者认为,既然个人所得税征收的基本原理是一切所得都应缴纳所得税,在国家税务总局出台正式文件明确免缴以前,应当依法缴纳。

对有限责任公司资本溢价转增股本缴纳个人所得税的确会加大创始股东的资金压力,但判断究竟是否缴纳应先从立法上考虑是否应缴纳,再从经济角度考虑是否该减免。

综上所述,笔者认为,股票溢价转增股本免征个人所得税的优惠政策不适用于有限责任公司,根据个人所得税征收的基本原理,在国家税务总局出台正式文件以前,应当按照税法规定缴纳个人所得税。值得注意的是,《大连市地方税务局关于明确个人所得税征收管理若干具体问题政策适用的通知》(大地税函〔2009〕211号)规定,股东因企业追加投资而从其他股东支付的溢价中取得个人收益时,按照"利息、股息、红利所得"项目征收个人所得税。上海地区虽无明文规定,但实务操作中是以征收为原则进行个人所得税处理的。

**713. 公司以盈余公积金以及未分配利润(以下简称留存收益)增资,自然人股东因此取得的股权是否需要缴纳所得税?**

以留存收益转增股本按照红利分配政策进行税务处理,具体如下:

(1)本国公民税务处理。

①对于有限责任公司,股东要按照"利息、股息、红利所得"项目,依据现行政策规定计征个人所得税。

②股份制企业在分配股息、红利时,以股票形式向股东个人支付应得的股息、红利(派发红股),应以派发红股的股票票面金额为收入额,按利息、股息、红利项目计征个人所得税。

③对于上市公司个人股东,自 2013 年 1 月 1 日起,个人从公开发行和转让市场取得的上市公司股票,持股期限在 1 个月以内(含 1 个月)的,其股息红利所得全额计入应纳税所得额;持股期限在 1 个月以上至 1 年(含 1 年)的,暂减按 50%计入应纳税所得额;持股期限超过 1 年的,暂减按 25% 计入应纳税所得额。

(2)外籍个人股东因此取得的股权免征个人所得税。

**714. 公司以留存收益增资,法人股东因此取得的股权是否需要缴纳所得税?**

以留存收益转增资本,在企业所得税处理上视同分配股息和再投资两步走处理。投资企业增加对被投资单位的长期股权投资计税基础。

(1)居民企业

免缴企业所得税,但应当根据相关规定在事后向主管税务机关报送相关资料备案。

(2)非居民企业

应统一按 10% 的税率代扣代缴企业所得税,非居民企业股东需要享受税收协定待遇的,依照税收协定执行的有关规定办理。

**【案例 250】转股送股方式不同 税务处理有差别**①

**基本案情:**

经审计,2009 年度中材国际实现净利润 194,534,213.18 元,按规定以当年净利润的 10% 提取法定盈余公积金 19,453,421.32 元,加上年初未分配利润 96,790,146.64 元,扣除 2009 年实施的 2008 年度利润分配方案和 2009 年中期利润方案分配的股利 173,358,479.89 元,2009 年可供股东分配的利润 98,512,458.61 元。截至 2009 年 12 月 31 日,中材国际资本公积金余额 2,187,400,248.69 元。

2010 年 4 月 29 日,中材国际召开 2009 年度股东大会,大会审议通过公司

---

① 参见巨潮资讯网 http://www.cninfo.com.cn/finalpage/2010-04-22/57850268.PDF,2012 年 11 月 28 日访问。

2009年度利润分配和资本公积金转增股本方案,利润分配预案为:以现有总股本421,796,782股为基数,每10股送红股2股,派现金0.3元,资本公积金每10股转增6股。可供股东分配的利润98,512,458.61元,其中送红股84,359,357股,派发现金红利12,653,903.46元(含税),剩余未分配利润转入下次分配;利用资本公积金253,078,069元转增股本253,078,069股。实施完成后中材国际总股本增加337,437,426股,总股本变更为759,234,208股,公司注册资本相应调整为759,234,208元。

**律师观点:**

中材国际此次红利分配采用三种方式:一是以未分配利润送股;二是以未分配利润派发现金红利;三是以资本公积金转增股本。转股送股涉及的税收主要包括印花税、个人所得税与企业所得税。

1. 以未分配利润送股、派发红利的税务处理

(1)个人所得税

根据《国家税务总局关于印发征收个人所得税若干问题的规定的通知》(国税发〔1994〕089号)规定,股份制企业在分配股息、红利时,以股票形式向股东个人支付应得的股息、红利(派发红股),应以派发红股的股票票面金额为收入额,按利息、股息、红利项目计征个人所得税。本次中材国际送红股总计84,359,357股,票面金额1元/股,计税依据为84,359,357元,按利息、股息、红利项目20%的税率对股东计征个人所得税。另外根据《财政部、国家税务总局关于股息红利个人所得税有关政策的通知》(财税〔2005〕102号)规定,上市公司目前对个人投资者从上市公司取得的股利红利,暂减按50%计入个人应纳税所得额。中材国际代扣代缴个人所得税 = 84,359,357 × 20% × 50% = 8,435,935.7元。

(2)企业所得税

根据《企业所得税法》第26条第2款以及《企业所得税法实施条例》第83条的规定,中材国际的法人股东获得的红利免交企业所得税,但如果该法人股东持有的股票系公开发行上市流通不足12个月,因该股票获得的红利需要缴纳企业所得税。

(3)印花税

根据《国家税务总局关于资金账簿印花税问题的通知》(国税发〔1994〕025号)规定,"实收资本"和"资本公积"两项的合计金额大于原已贴花资金的,就增加的部分补贴印花。中材国际应就以未分配利润转增股本(送红股方式)部分缴

纳印花税。该部分使得总股本增加 84,359,357 股,即 84,359,357 元,按照万分之五贴花,缴纳印花税 42,179.68 元。

2. 以资本公积金转增股本的税务处理

(1) 法人股东的税务处理

根据《国家税务总局关于贯彻落实企业所得税法若干税收问题的通知》(国税函〔2010〕79号)"被投资企业将股权(票)溢价所形成的资本公积转为股本的,不作为投资方企业的股息、红利收入,投资方企业也不得增加该项长期投资的计税基础"的规定,如果中材国际是以股票溢价形成的资本公积转增股本,法人股东没有纳税义务。

如果中材国际是以其他形式形成的资本公积金转增股本,法人股东负有纳税义务,但是由于居民企业从居民企业取得的红利免征企业所得税,因此也无须缴纳所得税。分析详见上文"以未分配利润送股、派发红利的税务处理"。

(2) 个人股东的税务处理

根据《国家税务总局关于股份制企业转增股本和派发红股征免个人所得税的通知》(国税函〔1997〕198号)规定,"股份制企业用资本公积金转增股本不属于股息、红利性质的分配,对个人取得的转增股本数额,不作为个人所得,不征收个人所得税",同时根据《国家税务总局关于原城市信用社在转制为城市合作银行过程中个人股增值所得应纳个人所得税的批复》(国税函〔1998〕289号)规定,"《国家税务总局关于股份制企业转增股本和派发红股征免个人所得税的通知》(国税发〔1997〕198号)中所表述的'资本公积金'是指股份制企业股票溢价发行收入所形成的资本公积金。将此转增股本由个人取得的数额,不作为应税所得征收个人所得税。而与此不相符合的其他资本公积金分配个人所得部分,应当依法征收个人所得税"。

不论中材国际以何种形式形成的资本公积转增股本,法人股东都无须缴纳企业所得税。对于个人股东,如果是以股票溢价形成的资本公积金转增股本,无须缴纳个人所得税;如果是以其他形式形成的资本公积转增股本,个人股东需要缴纳个人所得税。

(3) 印花税

中材国际因资本公积金转增股本使总股本增加 337,437,426 股,其中以资本公积转增股本 253,078,069 股,该部分并没有造成"实收资本(股本)"和"资本公积"两项之和的增加,无须缴纳印花税。

**715. 公积金转增资本是否需要缴纳印花税？如需要，计税依据如何确定？**

需要。被投资公司应就增加的"实收资本"与"资本公积"两项合计金额，按照万分之五税率缴纳印花税。

## 二、合伙企业的税务问题

**716. 如何确定合伙企业所得税的纳税义务人？**

合伙企业生产经营所得和其他所得并不由合伙企业作为纳税主体，而是采取"先分后税"的原则，以每一个合伙人为纳税义务人。合伙企业合伙人是自然人的，缴纳个人所得税；合伙人是法人和其他组织的，缴纳企业所得税。

**717. 个人独资企业、合伙企业自然人投资者的生产经营所得个人所得税应纳税额应如何确定？**

个人独资企业和合伙企业每一纳税年度的收入总额减除成本、费用以及损失后的余额，作为投资者个人的生产经营所得，比照《个人所得税法》的"个体工商户的生产经营所得"应税项目，适用5%~35%的五级超额累进税率，计算征收个人所得税。

收入总额，是指企业从事生产经营以及与生产经营有关的活动所取得的各项收入，包括商品（产品）销售收入、营运收入、劳务服务收入、工程价款收入、财产出租或转让收入、利息收入、其他业务收入、合伙企业分配给所有合伙人的所得和企业当年留存的所得（利润）。

**718. 合伙企业合伙人是法人和其他组织的，如何确定企业所得税应纳税额？**

应根据《企业所得税法》等有关法律法规的规定，缴纳企业所得税。合伙人在计算其缴纳企业所得税时，不得用合伙企业的亏损抵减其盈利。

**719. 如何确定合伙企业各个投资者的应纳税所得额？**

确定原则如下：

（1）合伙企业的合伙人以合伙企业的生产经营所得和其他所得，按照合伙协议约定的分配比例确定应纳税所得额；

（2）合伙协议未约定或者约定不明确的，以全部生产经营所得和其他所得，按照合伙人协商决定的分配比例确定应纳税所得额；

（3）协商不成的，以全部生产经营所得和其他所得，按照合伙人实缴出资比例确定应纳税所得额；

（4）无法确定出资比例的，以全部生产经营所得和其他所得，按照合伙人数量平均计算每个合伙人的应纳税所得额。

合伙协议不得约定将全部利润分配给部分合伙人。

**720. 如何确定个人独资企业、合伙企业自然人投资者的个人所得税费用税前扣除标准？**

计算合伙企业个人所得税时，相关费用税前扣除标准具体如下：

（1）个人独资企业和合伙企业自然人投资者本人的费用扣除标准统一确定为42,000元/年（3500元/月），投资者的工资不得在税前扣除，投资者兴办两个或两个以上企业的，由投资者选择在其中一个企业的生产经营所得中扣除；

（2）个人独资企业和合伙企业向其从业人员实际支付的合理的工资、薪金支出，允许在税前据实扣除；

（3）个人独资企业和合伙企业拨缴的工会经费、发生的职工福利费、职工教育经费支出分别在工资薪金总额2%、14%、2.5%的标准内据实扣除；

（4）个人独资企业和合伙企业每一纳税年度发生的广告费和业务宣传费用不超过当年销售（营业）收入15%的部分，可据实扣除；超过部分，准予在以后纳税年度结转扣除；

（5）个人独资企业和合伙企业每一纳税年度发生的与其生产经营业务直接相关的业务招待费支出，按照发生额的60%扣除，但最高不得超过当年销售（营业）收入的5‰。

**721. 个人独资企业和合伙企业自然人投资者兴办两个或两个以上企业的（包括参与兴办），应如何确定适用税率和应纳税款？**

个人独资企业和合伙企业自然人投资者兴办两个或两个以上企业的（包括参与兴办），年度终了时，应汇总从所有企业取得的应纳税所得额，据此确定适用税率并计算缴纳应纳税款。

**722. 个人独资企业、合伙企业的年度亏损，是否可以用下一年度的生产经营所得弥补？**

个人独资企业、合伙企业的年度亏损，允许用本企业下一年度的生产经营所得弥补，下一年度所得不足弥补的，允许逐年延续弥补，但最长不得超过5年。投资者兴办两个或两个以上企业的，企业的年度经营亏损不能跨企业弥补。实行查账征税方式的个人独资企业和合伙企业改为核定征税方式后，在查账征税方式下认定的年度经营亏损未弥补完的部分，不得再继续弥补。

**723. 个人独资企业、合伙企业自然人投资者缴纳个人所得税,何时进行预缴和清缴?**

按以下时间预缴和清缴:

(1)投资者应纳的个人所得税税款,按年计算,分月或者分季预缴,由投资者在每月或者每季度终了后 7 日内预缴,年度终了后 3 个月内汇算清缴,多退少补;

(2)企业在年度中间合并、分立、终止时,投资者应当在停止生产经营之日起 60 日内,向主管税务机关办理当期个人所得税汇算清缴。

企业在纳税年度的中间开业,或者由于合并、关闭等原因,使该纳税年度的实际经营期不足 12 个月的,应当以其实际经营期为一个纳税年度。

北京规定,凡实行核定征收的企业,年度终了时不再汇算。

**724. 个人独资企业、合伙企业自然人投资者如何申报缴纳个人所得税?**

投资者应向企业实际经营管理所在地主管税务机关申报缴纳个人所得税。投资者从合伙企业取得的生产经营所得,由合伙企业向企业实际经营管理所在地主管税务机关申报缴纳投资者应纳的个人所得税,并将个人所得税申报表抄送投资者。

投资者兴办两个或两个以上企业的,应分别向企业实际经营管理所在地主管税务机关预缴税款。年度终了后办理汇算清缴时,投资者兴办的企业中含有合伙性质的,投资者应向经常居住地主管税务机关申报纳税,办理汇算清缴,但经常居住地与其兴办企业的经营管理所在地不一致的,应选定其参与兴办的某一合伙企业的经营管理所在地为办理年度汇算清缴所在地,并在 5 年内不得变更。5 年后需要变更的,须经原主管税务机关批准。

**725. 个人独资企业、合伙企业自然人投资者缴纳个人所得税时,需要提交哪些文件?**

需要提交以下文件:

(1)投资者在预缴个人所得税时,应向主管税务机关报送《个人独资企业和合伙企业投资者个人所得税申报表》,并附送会计报表;

(2)年度终了后 30 日内,投资者应向主管税务机关报送《个人独资企业和合伙企业投资者个人所得税申报表》,并附送年度会计决算报表和预缴个人所得税纳税凭证;

(3)投资者兴办两个或两个以上企业的,向企业实际经营管理所在地主管税务机关办理年度纳税申报时,应附注从其他企业取得的年度应纳税所得额;其中含有合伙企业的,应报送汇总从所有企业取得的所得情况的《合伙企业投资者个人所得税汇总申报表》,同时附送所有企业的年度会计决算报表和当年度已缴个人所得税纳税凭证。

### 三、私募股权投资企业税务问题

**726. 创业投资企业有何优惠政策？申请该项优惠政策应满足哪些条件？**

创业投资企业是指依照《创业投资企业管理暂行办法》(以下简称《暂行办法》)和《外商投资创业投资企业管理规定》(商务部等5部委令2003年第2号)在中华人民共和国境内设立的专门从事创业投资活动的企业或其他经济组织。

创业投资企业采取股权投资方式投资于未上市的中小高新技术企业2年(24个月)以上,符合一定条件,可以按照其对中小高新技术企业投资额的70%,在股权持有满2年的当年抵扣该创业投资企业的应纳税所得额;当年不足抵扣的,可以在以后纳税年度结转抵扣。

享受上述优惠政策应满足下列条件：

(1)经营范围符合《暂行办法》规定,且工商登记为"创业投资有限责任公司""创业投资股份有限公司"等专业性法人创业投资企业。

(2)按照《暂行办法》规定的条件和程序完成备案,经备案管理部门年度检查核实,投资运作符合《暂行办法》的有关规定。

(3)创业投资企业投资的中小高新技术企业,除应按照《科技部、财政部、国家税务总局关于印发〈高新技术企业认定管理办法〉的通知》(国科发火〔2008〕172号)和《关于印发〈高新技术企业认定管理工作指引〉的通知》(国科发火〔2008〕362号)的规定,通过高新技术企业认定以外,还应符合职工人数不超过500人,年销售(营业)额不超过2亿元,资产总额不超过2亿元的条件。

(4)财政部、国家税务总局规定的其他条件。

中小企业接受创业投资之后,经认定符合高新技术企业标准的,应自其被认定为高新技术企业的年度起,计算创业投资企业的投资期限。该期限内中小企业接受创业投资后,企业规模超过中小企业标准,但仍符合高新技术企业标准的,不影响创业投资企业享受有关税收优惠。

该项优惠已延伸至有限合伙形式的创业投资企业,财政部、国家税务总局已在苏州及中关村开展试点工作。由于有限合伙企业无须缴纳企业所得税,因此上述所得税抵扣优惠政策由创业投资企业的法人合伙人享受。法人合伙人对未上市中小高新技术企业的投资额,按照有限合伙制创业投资企业对中小高新技术企业的投资额和合伙协议约定的法人合伙人占有限合伙制创业投资企业的出资比例计算确定。此处的法人合伙人,是指依照《企业所得税法》及其实施条例以及相关规定,实行查账征收企业所得税的法人居民企业。

**727. 个人独资、合伙企业对外投资分回利息、股息、红利,自然人投资者应如何缴纳个人所得税?**

个人独资企业、合伙企业对外投资分回的利息或者股息、红利,不并入企业的收入,而应单独作为投资者个人取得的利息、股利、红利所得,按"利息、股利、红利所得"应税项目计算缴纳个人所得税。

**728. 公司制股权投资企业和股权投资管理企业的股东如何缴税?**

公司制股权投资企业和股权投资管理企业(以下统称股权投资类企业)的股东依照《企业所得税法》与《个人所得税法》的规定缴税。

**729. 有限合伙制股权投资类企业的合伙人如何缴税?**

财税〔2015〕116号文件规定,自2015年10月1日起,全国范围内的有限合伙制创业投资企业采取股权投资方式投资于未上市的中小高新技术企业满2年(24个月,下同)的,该合伙企业的法人合伙人可按照其对未上市中小高新技术企业投资额的70%抵扣该法人合伙人从该有限合伙制创业投资企业分得的应纳税所得额,当年不足抵扣的,可以在以后纳税年度结转抵扣。

(1)享受投资抵免的主体

享受投资抵免企业所得税优惠的主体是合伙企业的法人合伙人,且必须为实行查账征收的居民企业。

(2)中小高新技术企业及投资期限的确定

①中小高新技术企业的标准及投资期限的确定,按公司制创业投资企业有关口径执行。

②投资"满2年"是指从2015年10月1日起,合伙企业投资于未上市中小高新技术企业的实缴期满2年,同时,法人合伙人对该合伙企业的实缴出资也应满2年。

(3)执行时间

从2015年10月1日起执行,是指法人合伙人、合伙企业、中小高新技术企业均符合税法规定,且投资"满2年"的第24个月在2015年10月(含)以后。

此处满2年需自被投资企业同时符合高新技术企业与中小企业标准之时点开始起算,持续持股满2年。投资当年,被投资企业已经取得高新技术企业证书,但超过中小高新技术企业标准,不能享受投资抵免。中小企业接受创业投资之后,经认定符合高新技术企业标准的,应自其被认定为高新技术企业的年度起,计算创业投资企业的投资期限。该期限内中小企业接受创业投资后,企业规模超过中小企业标准,但仍符合高新技术企业标准的,不影响创业投资企业享受有关税收优惠。

(4)法人合伙人"投资额"的计算

法人合伙人间接投资于未上市中小高新技术企业的投资额=合伙企业对中小高新技术企业的实缴出资额×(法人合伙人对合伙企业的实缴出资额÷该合伙企业的全部实缴出资额)。

(5)"应纳税所得额"的确定

合伙企业应纳税所得额的计算按照《个体工商户个人所得税计税办法》(国家税务总局令第35号)的有关规定执行,其中,合伙企业从被投资方取得的股息,自然人合伙人直接按照"利息、股息、红利所得"计征个人所得税,法人合伙人因不符合《企业所得税法》第26条关于直接投资的规定,不能享受免税优惠。法人合伙人自合伙企业取得的应纳税所得额,根据《财政部、国家税务总局关于合伙企业合伙人所得税问题的通知》(财税〔2008〕159号),按下列顺序确定:

①该合伙企业合伙协议约定的分配比例确定;

②合伙协议未约定或约定不明的,由合伙人协商确定;

③协商不成,由各合伙人按实缴出资比例确定;

④出资比例难以确定时,就生产经营所得和其他所得按合伙人人数平均计算分摊。

(6)投资于多个合伙企业的合并计算方法

为使创业投资企业所得税抵免优惠充分发挥,不因被投资项目长期亏损而减弱政策效用,国家税务总局2015年第81号公告明确:"法人合伙人投资于多个符合条件的合伙企业,可合并计算其可抵扣的投资额和应分得的应纳税所得额。当年不足抵扣的,可结转以后纳税年度继续抵扣;当年抵扣后有结余的,应按照企业所得税法的规定计算缴纳企业所得税。"即投资多个项目的法人合伙人,其所投项目的可抵扣投资额与应纳税所得额之间不需一一对应,可以合并计算,但只有符合上述"满2年"条件的投资,才可以纳入合并计算范畴。

**730. 投资于湖北省股份制改造、并购重组项目的股权投资企业可享受何种财政奖励?**

股权投资企业投资于湖北省内的企业或项目,由税务登记地财政部门按项目退出或获得收益形成的所得税地方分享部分的60%给予奖励。

**731. 湖北省股权投资管理企业可获得哪些地方财政奖励?**

股权投资管理企业自缴纳第一笔营业税之日起两年内,由税务登记地财政部门按照其缴纳的营业税给予等额奖励,第三年至第五年减半奖励。股权投资管理企业自获利年度起,前两年由税务登记地财政部门按照其缴纳的企业所得税地方分享部分给予等额奖励,后三年给予减半奖励。股权投资管理企业新购的自用办公房产,纳税有困难的,可按规定免征房产税和城镇土地使用税。

**732. 湖北省股权投资企业因收回、转让或清算处置股权投资而发生的权益性损失可否申报税前扣除?**

股权投资企业因收回、转让或清算处置股权投资而发生的权益性投资损失,符合《企业资产损失所得税前扣除管理办法》规定的,可在申报后税前扣除。

**733. 北京市合伙制股权基金的普通合伙人行为符合什么条件不征收营业税?**

北京市合伙制股权基金的普通合伙人,其行为符合下列条件之一的,不征收营业税:

(1)以无形资产、不动产投资入股,参与接受投资方利润分配,共同承担投资风险;

(2)股权转让。

**734. 北京市公司制股权投资管理企业可享受何种财政奖励?**

对符合下列条件的公司制管理企业,自其获利年度起,由所在区县政府前两年按其所缴企业所得税区县实得部分全额奖励,后三年减半奖励:

(1)其所发起设立的股权基金在北京市注册登记,符合国家有关规定,且累计实收资本在5亿元以上;

(2)投资领域符合国家和北京市产业政策。

**735. 北京市股权基金或管理企业有关人员有何个人所得税优惠政策?**

针对北京市政府给予股权基金或管理企业有关人员的奖励,依法免征个人所得税。

**736. 重庆市对于合伙制股权投资类企业有何地方财税优惠政策?**

在合伙制股权投资类企业出资1000万元人民币以上的出资者,其股权投资所得缴纳的税收市级留存部分,由市财政按40%给予奖励;所投资项目位于重庆市内的,按60%给予奖励。地方留成区县级部分的奖励办法,由有关区县(自治县)结合实际自行确定。

**737. 重庆市公司制股权投资企业可享受何种财税优惠政策?**

重庆市公司制股权投资类企业符合西部大开发政策的,按规定执行15%的企业所得税税率。

**【法律依据】**

一、公司法类

(一)法律

❖《公司法》第38条第1款第7项、第47条第1款第6项、第162条、163条、179条、180条第2款

(二)行政法规

❖《公司登记管理条例》第14条,第31条第1款、2款、3款,第32条

(三)部门规章

❖《国家工商总局关于中外合资经营企业注册资本与投资总额比例的暂行规定》第3条、5条、6条

❖《对外贸易经济合作部、国家工商行政管理局外商投资企业投资者股权变更的若干规定》第7条第2款

(四)地方司法文件

❖《山东省高级人民法院关于审理公司纠纷案件若干问题的意见(试行)》第33条、34条

❖《北京市高级人民法院关于审理公司纠纷案件若干问题的指导意见(试行)》第6条

❖《江苏省高级人民法院关于审理适用公司法案件若干问题的意见(试行)》第6条

二、税法类

(一)法律

❖《企业所得税法》第26条、31条

❖《个人所得税法》第2条、3条、6条

(二)行政法规

❖《企业所得税法实施条例》第83条、97条

❖《个人所得税法实施条例》第8条

❖《关于个人独资企业和合伙企业征收所得税问题的通知》

❖《国务院关于清理规范税收等优惠政策的通知》(国发〔2014〕62号)

(三)部门规章

❖《国家税务总局关于印发〈个体工商户个人所得税计税办法(试行)〉的通

知》(国税发〔1997〕43号)第3条、4条、6条、22条、26条、30条、32条

(四)部门规范性文件

❖《国家税务总局关于股份制企业转增股本和派发红股征免个人所得税的通知》(国税发〔1997〕198号)第1条、2条

❖《国家税务总局关于盈余公积金转增注册资本征收个人所得税问题的批复》(国税函〔1998〕333号)

❖《财政部、国家税务总局关于印发〈关于个人独资企业和合伙企业投资者征收个人所得税的规定〉的通知》(财税〔2000〕91号)第4条、7~10条、12~14条、16~21条

❖《国家税务总局关于〈关于个人独资企业和合伙企业投资者征收个人所得税的规定〉执行口径的通知》(国税函〔2001〕84号)第2~4条

❖《国家税务总局关于外商投资企业和外国企业原有若干税收优惠政策取消后有关事项处理的通知》(国税发〔2008〕23号)第1条

❖《财政部、国家税务总局关于合伙企业合伙人所得税问题的通知》(财税〔2008〕159号)第2~5条

❖《国家税务总局关于实施创业投资企业所得税优惠问题的通知》(国税发〔2009〕87号)第2~4条

❖《国家税务总局关于进一步加强高收入者个人所得税征收管理的通知》(国税发〔2010〕54号)第2条第2款

❖《国家税务总局关于贯彻落实企业所得税法若干税收问题的通知》(国税函〔2010〕79号)第4条

❖《国家税务总局关于企业股权投资损失所得税处理问题的公告》(国家税务总局公告2010年第6号)第1条

❖《财政部、国家税务总局关于调整个体工商户业主、个人独资企业和合伙企业自然人投资者个人所得税费用扣除标准的通知》(财税〔2011〕62号)第1条、3条

❖《国家税务总局关于企业所得税核定征收有关问题的公告》(国家税务总局公告〔2012〕27号)第1条、2条

❖《关于股权奖励和转增股本个人所得税征管问题的公告》(国家税务总局公告2015年第80号)

❖《关于将国家自主创新示范区有关税收试点政策推广到全国范围实施的通知》(财税〔2015〕116号)

❖《关于推广中关村国家自主创新示范区税收试点政策有关问题的通知》

(财税〔2015〕62号)

(五)其他规范性文件

❖《国家税务总局关于原城市信用社在转制为城市合作银行过程中个人股增值所得应纳个人所得税的批复》(国税函〔1998〕289号)第1条、2条

(六)地方性规范文件

❖《上海市地方税务局关于转发财政部、国家税务总局关于印发〈关于个人独资企业和合伙企业投资者征收个人所得税的规定〉的通知》的通知(沪税所二〔2001〕2号)第1条、3~5条、10条

❖《北京市发展和改革委员会、市财政局、市国家税务局等关于促进首都金融产业发展的意见实施细则》(京发改〔2005〕2736号)第3条、5条、7条

❖《上海市金融服务办公室、上海市工商行政管理局、上海市国家税务局、上海市地方税务局关于本市股权投资企业工商登记等事项的通知》(沪金融办通〔2008〕3号)第5条

❖《重庆市人民政府关于鼓励股权投资类企业发展的意见》(渝府发〔2008〕110号)第2条

❖《深圳市人民政府印发关于加强自主创新促进高新技术产业发展若干政策措施的通知》(深府〔2008〕200号)第28条、29条

❖《北京市金融服务工作领导小组办公室、市财政局、市国家税务局等关于促进股权投资基金业发展的意见》(京金融办〔2009〕5号)第3~6条、9条

❖《北京市金融工作局、市财政局、市国家税务局等关于促进股权投资基金业发展意见部分内容调整的通知》(京金融〔2009〕9号)第1条、2条

❖《天津市人民政府批转市发展改革委等六部门拟定的天津市促进股权投资基金业发展办法的通知》(津政发〔2009〕45号)第7条、8条

❖《北京市国家税务局关于进一步加强企业所得税减免税管理工作的通知》(京国税发〔2009〕47号)第2条

❖《上海市国家税务局、上海市地方税务局关于转发〈国家税务总局关于实施创业投资企业所得税优惠问题的通知〉及本市贯彻实施意见的通知》(沪国税所〔2009〕58号)第1条、2条

❖《深圳市地方税务局转发财政部、国家税务总局关于合伙企业合伙人所得税问题的通知》(深地税发〔2009〕18号)第1条

❖《北京市国家税务局转发国家税务总局关于实施创业投资企业所得税优惠问题的通知》(京国税发〔2009〕106号)

❖《深圳市地方税务局转发国家税务总局关于实施创业投资企业所得税优惠问题的通知》(深地税发〔2009〕266号)第1条

❖《北京市财政局、北京市地方税务局关于个人独资和合伙企业投资者核定征收个人所得税有关政策问题的通知》(京财税〔2010〕18号)第2条、4条

❖《深圳市人民政府办公厅关于进一步支持股权投资基金业发展有关事项的通知》(深府办〔2010〕100号)第1条、2条

❖《深圳市人民政府印发〈关于促进股权投资基金业发展的若干规定〉的通知》(深府〔2010〕103号)第3条、4条

❖《新疆维吾尔自治区人民政府办公厅关于印发〈新疆维吾尔自治区促进股权投资类企业发展暂行办法〉的通知》(新政办发〔2010〕187号)第19~21条

❖《深圳市人民政府金融发展服务办公室、深圳市财政委员会关于印发〈深圳市股权投资基金业发展资金申请操作规程〉的通知》(深府金发〔2011〕5号)第7~10条、12~19条

❖《上海市金融服务办公室、上海市工商行政管理局、上海市国家税务局、上海市地方税务局关于本市股权投资企业工商登记等事项的通知》(沪金融办通〔2011〕10号)第5条

**三、证券法类**

(一)法律

❖《证券法》第13条、14条

(二)部门规章

❖《中国证券监督管理委员会上市公司证券发行管理办法》第6~39条

**四、国资法类**

❖《企业国有资产法》第13条、30~33条

# 第九章 新增资本认购纠纷

【宋律师释义】

> 新增资本认购纠纷，是指有限责任公司、股份有限公司增资扩股时，原股东与新股东之间或原股东与公司之间就新增股权(份)的权利以及程序是否合法而产生的纠纷。主要包括以下三种类型纠纷：
> 
> (1)有限责任公司在增加注册资本时，侵犯原股东优先认购增资的权利而引发的纠纷；
> 
> (2)新股东主张确认其股东资格的纠纷；
> 
> (3)投资人主张公司配合办理工商变更登记、股东名册变更登记的纠纷。
> 
> 该纠纷与增资纠纷不同之处在于，增资纠纷着重于公司增资无效纠纷及增资无效后的责任承担问题，其研究主体为公司。但新增资本认购纠纷则着重于保护股东或非公司股东投资人在增资过程中的合法权益。实践中，还应注意与股东出资纠纷的区别。
> 
> 该案由系《最高人民法院关于修订〈民事案件案由规定〉的决定》(法〔2011〕41号)中"与公司有关的纠纷"中新增加的四个案由之一。

【关键词】优先认购权

❖ **优先认购权**：系指有限责任公司进行增资时，股东有权优先按照实缴的出资比例认缴出资。《公司法》之所以赋予有限责任公司股东以优先认购权，系为保护有限责任公司的人合性，通过尽可能保障有限责任公司的股东及股权结构不发生显著变化，从而保障公司股东关系的稳定。

关于股份有限公司股东是否享有优先认购权，《公司法》中并无明确规定，但实际操作中，股份有限公司发行新股时，可以约定原有股东享有新股优先认购权。股东大会应当对向原有股东发行新股的种类及数额作出决议。

## 第一节 立 案

**738. 如何确定新增资本优先认购权纠纷的诉讼当事人?**

股东主张新增资本优先认购权的诉讼应当以享有优先认购权的股东为原告,以公司为被告,以存在利益冲突的实际认购公司新增资本的股东或非公司股东投资者为诉讼第三人。

**739. 股东或非公司股东投资者主张公司依照股东会决议配合增资、办理工商变更登记手续的诉讼,如何确定诉讼当事人?**

该类诉讼中,应当以主张公司配合增资、办理工商变更登记手续的股东或非公司股东投资者为原告,以作为配合增资、工商变更登记义务人的公司为被告。如果公司其他股东对增资、工商变更登记负有配合义务的,也可以以该股东为共同被告或第三人。

**740. 新增资本认购纠纷按照什么标准缴纳案件受理费?**

按件收费,费用为50~100元。

**741. 新增资本认购所引发的诉讼是否适用诉讼时效?**

应根据案件类型不同有所区别:

(1)对于股东主张优先认购权的案件,由于我国法律并未对优先认购权的性质加以明确规定,因此对于该类诉讼,笔者认为应当适用一般诉讼时效2年的规定。

(2)对于投资者主张公司依照股东会决议履行增资配合义务及工商变更登记义务的,由于投资者的该项权利并非债权请求权,因此笔者认为对此不应适用诉讼时效的规定。

**742. 股东主张优先认购权的诉讼请求应当如何表述?**

一般而言,该类诉讼的诉讼请求应当包含如下两项:

(1)请求确认××有限公司于×××年××月××日作出的股东会决议中第×条无效;

(2)请求确认原告对该股权享有优先认购权。

## 第二节 股东主张优先认购权的裁判标准

**743. 股东之间可否约定不依照实缴出资享有优先认购权？**

可以，但是该项约定必须经全体股东一致同意。

值得注意的是，股东优先认购权属于个体的法定权利，不能由股东会多数决予以剥夺，因此约定不依照实缴出资享有优先认购权须经过全体股东同意，而非1/2或2/3以上表决权同意。

同时，即使公司章程约定依照实缴出资享有优先认购权，但是全体股东之间达成协议约定不依照公司章程执行的，只要股东之间的约定晚于章程约定，则该约定当然有效。

**744. 股份有限公司章程约定股东享有优先认购权，但公司股东大会决议由特定对象认购股份的，股东是否还享有优先认购权？**

不享有。

《公司法》并未明确股份有限公司股东享有优先认购权，如果章程有约定，则股东可以在公司增资时享有该权利。

需要注意的是，如果章程仅是原则性的约定股东享有优先认购权，但未明确在何种情况的增资时股东可优先认购，则股东的权利行使仍应以有明确约定的股东大会决议为准，股东大会决议也可以作出不同于公司章程的认购方案。

### 【案例251】定向增资股东会决议优于章程 股份公司股东诉请优先认购被驳回①

**原告**：胡国强

**被告**：慈溪进出口股份公司

**诉讼请求**：确认原告在被告3次增资过程中享有优先认购权，认购被告共861.5万元的股份。

**争议焦点**：股份公司股东大会决议是否能排除章程中规定的优先认购权。

**基本案情**：

被告成立于1991年1月9日，原告是被告发起人之一，出资20万元，认购20万股，占注册资本的1%。

---

① 参见浙江省慈溪市人民法院(2009)甬慈商初字第3114号民事判决书。

2002年3月，被告以2001年度未分配利润转增股本，配股按1:0.5的比例进行，将注册资本从2000万元增加至3000万元，原告也按同比例获得转增，从而持有被告30万元的股份。

2002年9月15日，被告股东大会经出席会议的股东一致表决通过了增加注册资本决议，将注册资本从3000万元增加至3620万元，同意案外人赛亿公司作为新股东，以1:1.37的比例，认购被告增加部分的注册资金。

2004年4月24日，被告股东大会经出席会议的股东一致表决通过了增加注册资本决议，将注册资本从3620万元增加至5300万元，新增部分股份按1:1.2的价格面向公司内部职工溢价发行，即认股职工以每股1.2元的价格向公司购买股份。

2007年4月21日，被告股东大会经出席会议的股东表决，以99.01%的赞成比例通过了增加注册资本决议，将注册资本从5300万元增加至8385万元，新增部分股份按1:1.25的价格面向公司内部职工溢价发行，即认股职工以每股1.25元的价格向公司购买股份。

被告公司章程第4章"股东和股东大会"规定，公司发行新股时股东有优先认购权，股东大会是公司的权力机构，对公司增加或减少注册资本等事项作出决议，行使职权等。

**原告诉称：**

按照被告公司章程，被告在发行新股时，公司股东有优先认购权，但在上述历次增资发行新股中，被告从未通知过原告，被告侵犯了原告在发行新股过程中的优先认购权。

**被告辩称：**

1. 被告主体不适格。因为优先认购权产生于被告内部股东之间，而不是原、被告之间，所以原告向被告主张优先认购权是错误的。

2. 原告主张的优先认购权无事实和法律依据。

因三次增资扩股的都是定向的，第一次是针对赛亿公司的，第二、三次是针对被告公司职工的，而定向增资扩股未被法律所禁止，且三次增发已经得到了股东大会的表决通过，是完全合法的，原告在这三次增资扩股期间，已不是被告的职工，因此，原告所谓的优先认购的条件、基础都不存在，因而也就不存在优先认购权。

**律师观点：**

1. 被告三次增资扩股合法有效，原告不属于增资扩股对象范围。

被告三次增资扩股均系定向增资扩股，且均由出席股东大会的股东依法表决通过,因此,被告三次增资扩股的程序合法,内容也不违反法律规定,符合公司章程的规定,应依法认定有效。故原告虽为被告公司股东,但原告不具有被告公司在职职工的身份,不属于上述三次增资扩股的对象范围。

2. 股东会决议已排除章程约定的优先认购权。

尽管被告公司章程规定公司股东对新股有优先认购权,但公司章程同时也规定股东大会作为公司权力机构,有权对增资或减资等公司重大事项作出决议。因此,被告上述三次增资扩股的股东会决议对全体股东具有约束力。实际上该三次股东会决议本身已排除了股东的优先认购权利,故原告不能以公司章程规定享有的优先认购权,对抗同样由公司章程规定的公司最高权力机构即股东大会作出的合法的决议。

**法院判决：**

驳回原告的诉讼请求。

**745. 股东会作出的股东不按照出资比例优先认购增资的决议被认定无效后,是否影响增资决议的整体效力？**

该决定无效不影响增资决议的其他内容,若其他内容合法,应继续有效,并且关于增资的具体认购,公司股东仍享有优先认购权。

**746. 股东行使优先认购权有何时间限制？**

对此《公司法》并无明确规定。

笔者认为,从权利性质上而言,股东优先认购权属于形成权,故其行使应当有除斥期间的限制,但是鉴于个案平衡的原则,应当由法官视个案的不同情况酌情认定股东行使优先认购权的期限是否合理,进行判断的标准无外乎以下四点：

（1）享有优先认购权的股东是否在知晓公司增资后主动积极地表达了优先认购的意愿；

（2）公司增资行为是否完成,完成后新进入公司的股东是否已经完成了工商登记及公司股东名册的变更登记,并实际享有了股东权利、履行了股东职责；

（3）主张优先认购权的股东对新进股东的实际权利享有及义务履行是否予以默认或予以配合；

（4）系争的增资股权是已经再次发生转让,受让人是否善意取得该股权。

## 【案例252】未在合理期限主张优先认购权　诉讼请求遭法院驳回[①]

**原告**:红日公司、蒋洋

**被告**:科创公司

**第三人**:固生公司、陈木高

**诉讼请求**:

1. 确认被告2003年12月16日股东会通过的吸纳第三人陈木高为新股东的决议无效；

2. 确认被告和第三人陈木高2003年12月18日签订的《入股协议书》无效；

3. 确认原告对800万元新增资本优先认购,被告承担其相应损失。

**争议焦点**:

1. 依据老公司法,公司股东会召开前未提前15天通知是否导致决议无效。

2. 在原告明确表示行使优先认购权的情况下,被告作出定向增资的该部分决议是否有效。

3. 被告与第三人陈木高签订的《入股协议书》是否存在恶意串通的情形。

4. 两原告主张优先认购权是否有时间限制;其主张是否已过合理期间。

**基本案情**:

2001年7月,被告成立,注册资本156万元,股东20人,均为自然人,原告蒋洋出资52万元,出资比例为33.33%,任董事长。

2003年1月20日,被告通过挂牌出让方式取得石桥铺325亩住宅项目用地,但没有支付土地出让金,没有取得土地使用权证。

2003年3月31日,被告与案外人林大业、第三人陈木高、案外人高新区管委会签订石桥铺项目合作协议书,约定由被告负责支付地价款,由第三人陈木高负责项目开发资金及建设。

同年9月,被告董事长变更为案外人李红,新增注册资本319.37万元,注册资本变更为475.37万元,变更后股东为23位,增加了自然人股东2人和法人股东原告红日公司。原告蒋洋出资从52万元变更为67.6万元,出资比例变为14.22%,原告红日公司新出资27.6万元,出资比例为5.81%。被告的章程规定:公司新增资本时,股东有优先认缴出资的权利;公司召开股东大会,于会议召开

---

[①] 参见最高人民法院(2010)民提字第48号民事判决书。

15日以前通知全体股东,通知以书面形式发送,并载明会议时间、地点、内容;股东大会对公司增加减少注册资本作出决议。

2003年12月5日,被告发出召开股东代表大会的通知,开会时间定于2003年12月16日下午4:00,议题是:

1. 关于吸纳第三人陈木高为新股东的问题;
2. 关于公司内部股权转让问题;
3. 新科创公司(被告)的新股东代表、监事、会计提名等。

2003年12月16日下午股东代表会表决票反映,原告蒋洋对上述三项议题的第二项投了赞成票,对第一项和第三项投了反对票;原告红日公司对第二项和新会计的提名投了赞成票,其余内容投了反对票,并在意见栏中注明:"应当按照《公司法》(1999年修正)第39条第2款规定先就增加资本拿出具体框架方案,按公司原股东所占比重、所增资本所占增资扩股后所占比重先进行讨论通过,再决定将来出资,要考虑原股东享有《公司法》规定的投资(出资)权利。"

该次股东会纪要中记载:应到股东代表23人,实到22人,以记名方式投票表决形成决议;讨论了第三人陈木高的入股协议,同意吸纳第三人陈木高为新股东(经表决75.49%同意,20.03%反对,4.48%弃权);同意被告内部股权转让(经表决100%同意)。纪要还记载了与第三人陈木高合作方式的6点建议和关于被告的新股东代表、监事、会计提名的表决情况及有股东代表建议应由大股东作为公司董事的意见等。此后原告蒋洋在被告的身份为监事。

2003年12月18日,被告与第三人陈木高签订了《入股协议书》,确定第三人陈木高以每股1.3元认购615.38万股股权,共计800万元人民币,并就董事会组成、抵押担保、财务管理、利润分配和盈亏分担等内容作了约定。

2003年12月22日,第三人陈木高以支付地款的名义向被告账户汇入购股款800万元。同日,原告红日公司向被告递交了《关于要求作为科创公司增资扩股增资认缴人的报告》,该报告的主要内容为:主张两原告享有优先认缴出资的权利,愿意在增资扩股方案的同等条件下,由两原告共同或由其中1家向被告认缴新增资本800万元的出资。

2003年12月25日,工商部门签发的被告的企业法人营业执照上记载:法定代表人为第三人陈木高、注册资本1090.75万元、营业期限自2003年12月25日至2007年12月24日。被告变更后的章程记载:第三人陈木高出资额615.38万元,出资比例56.42%;原告蒋洋出资额67.6万元,出资比例6.2%;原告红日公司出资额27.6万元,出资比例2.53%。

2003年12月26日,被告缴纳土地款800万元。同日,原告红日公司向绵阳高新区工商局递交了《请就绵阳高新区科创实业有限公司新增资本、增加新股东作不予变更登记的报告》。此后,第三人陈木高以被告董事长的身份对公司进行经营管理。

2005年2月1日,被告召开股东会形成决议,通过第三人陈木高将1万股赠与第三人固生公司的提案,原告红日公司和原告蒋洋参加会议,投弃权票。

2005年3月1日,第三人陈木高将614.38万股转让给第三人固生公司,第三人固生公司持有被告股权共计615.38万股。

2005年2月至2006年11月,第三人陈木高以每股1.2元的价格收购了其他自然人股东315.71万股。被告股东变更为:第三人固生公司615.38万股,占56.42%;第三人陈木高315.71万股,占28.94%;原告蒋洋67.60万股,占6.20%;原告红日公司27.60万股,占2.53%;其他自然人股东11人,共64.46万股,占5.91%。

目前,被告拟开发的石桥铺项目仅修了一条从城区公路通往项目所在地的200米左右的水泥路,整个项目因拆迁和规划等问题尚未破土动工。

**原告诉称:**

1. 被告召开股东会程序违法,应予撤销。

被告只提前11日通知各股东召开股东会,违反了1999年《公司法》第44条第1款"召开股东会议,应当于会议召开15日以前通知全体股东"的规定,且在增资扩股的问题上通知书也不明确。2003年12月16日被告股东会通过的吸纳第三人陈木高为新股东的决议应当依法撤销。

2. 《入股协议书》系被告与第三人陈木高恶意串通损害其股东利益而签订的,属于可撤销合同。

3. 原告对被告的800万元增资享有优先认购权。

按照1999年《公司法》第33条关于"股东按照出资比例分红。公司新增资本时,股东可以优先认缴出资"的规定,两原告作为被告股东,对公司新增资本享有优先认购权利。

**被告辩称:**

被告股东会会议通知、表决均符合法定程序,并不存在违反1999年《公司法》的情况,而且表决事项已经由2/3以上表决权的股东通过,系合法有效的决议。

被告与第三人陈木高的《入股协议书》是双方的真实意思表示,原告未举证证明其存在恶意串通的情形,原告的诉请不应得到法院的支持。

第三人均同意原告的诉讼请求。

**一审认为：**

1. 关于被告2003年12月16日股东会通过的吸纳第三人陈木高为新股东的决议的效力问题。

股东会决议是否有效，依照1999年《公司法》第39条第2款关于"股东会对公司增加或者减少注册资本、分立、合并、解散或者变更公司形式作出决议，必须经代表2/3以上表决权的股东通过"的规定，股东会决议的效力不取决于股东会议通知的时间及内容，而决定于股东认可并是否达到《公司法》的要求。

据本案事实分析，2003年12月16日吸纳第三人陈木高先生为新股东的决议中涉及被告增资扩股800万元和该800万元增资由第三人陈木高认缴的内容已在股东会上经被告75.49%表决权的股东通过。因此，吸纳第三人陈木高先生为新股东的决议符合上述规定，该决议有效。两原告以通知的时间不符合法律规定，内容讨论不符合议事程序主张决议无效的理由不成立。

2. 关于被告与第三人陈木高于2003年12月18日签订的《入股协议书》的效力问题。

两原告主张该协议是被告与第三人陈木高恶意串通损害其股东利益而签订的，但根据法院查明的事实，其并未提供证据证明该事实存在。经审查，该《入股协议书》的主体适格，意思表示真实，不违反法律或者社会公共利益，应为有效协议。故两原告关于《入股协议书》无效的主张不成立。

3. 关于两原告能否优先认缴被告2003年12月16日股东会通过新增的800万元资本，并由被告承担相应损失的问题。

按照1999年《公司法》第33条关于"股东按照出资比例分红。公司新增资本时，股东可以优先认缴出资"的规定，两原告作为被告的股东，对公司新增资本享有优先认购权利。但1999年《公司法》对股东优先认购权的期间未作规定。

2006年5月9日起施行的《最高人民法院关于适用〈中华人民共和国公司法〉若干问题的规定（一）》第2条规定："因公司法实施前有关民事行为或者事件发生纠纷起诉到人民法院的，如当时的法律法规和司法解释没有明确规定时，可以参照适用《公司法》的有关规定"。2005年修订后的《公司法》也未对股东优先认购权行使期间作规定，但《公司法》（2005年修订）第75条第1款规定"有下列情形之一的，对股东会该项决议投反对票的股东可以请求公司按照合理的价格收购其股权"、第2款规定"自股东会会议决议通过之日起60日内，股东与公司不能达成收购协议的，股东可以自股东会会议决议通过之日起90日内向人民法院提起诉讼"。该条虽然针对的是异议股东的股权回购请求权,但按照民法精神从对等的关系即公司向股东回购股权与股东向公司优先认缴出资看,后者也应当有一个合理的行使期间,以保障交易的安全和公平。

从本案查明的事实看,两原告在 2003 年 12 月 22 日就向被告主张优先认缴新增资本 800 万元,于 2005 年 12 月 12 日才提起诉讼,这期间,第三人陈木高又将占出资比例 56.42% 股权转让给第三人固生公司,其个人又陆续与其他股东签订了股权转让协议,全部办理了变更登记,从 2003 年 12 月 25 日起至今担任了被告董事长,被告的石桥铺项目前景也已明朗。因此两原告在 2005 年 12 月 12 日才提起诉讼不合理。

2003 年 12 月 16 日的股东会决议、《入股协议书》合法有效,两原告主张优先认购权的合理期间已过,故其请求对 800 万元资本优先认购并赔偿其损失不应予以支持。

**一审判决:**

驳回两原告的诉讼请求。

两原告不服一审判决,向上级人民法院提起上诉。

**两原告二审上诉称:**

被告只提前 11 日通知召开股东会违反了《公司法》(1999 年修正)规定提前 15 日通知的强制性法定义务,且通知内容没有公司增资扩股的具体方案和《入股协议书》草案,股东会中突袭表决,议事程序违法。

股东会上两原告投了反对票,提出同意增资 800 万元,但不放弃优先出资权。股东会决议中公司增资 800 万元有效,但吸纳第三人陈木高为新股东的决议和《入股协议书》因侵犯其优先认购权而无效。

《公司法》(1999 年修正)对股东行使优先认购权的诉讼时效没有规定,应适用《民法通则》规定的 2 年诉讼时效。两原告知道权利被侵害的时间是 2003 年 12 月 22 日,诉讼时效从此时起算直至 2005 年 12 月 22 日才届满,本案于 2005 年 12 月 12 日提起诉讼,未超过诉讼时效期间。一审判决参照适用《公司法》(1999 年修正)对公司回购股东股权所规定的 90 日,是适用法律错误。第三人陈木高是第三人固生公司法定代表人,第三人固生公司取得股权并非善意,其股东身份也不合法,因此不存在保护交易安全的问题。请求二审法院撤销原判,依法改判。

**被告及两第三人二审辩称:**

虽然被告召开股东会通知程序不符合《公司法》(1999 年修正)关于要提前 15 日通知的规定,但该条款是任意性规范,且公司股东均准时参加,不影响决议效力。被告所提吸纳第三人陈木高为新股东的含义是定向增资扩股,该议题已经 2/3 表决权的股东表决通过,第三人陈木高尽到了合理的注意义务,根据 1999 年《公司法》第 39 条的规定,该议题的决议合法有效。

公司增资扩股,由公司与新股东签订入股协议,法律并无禁止性规定,并且代表了公司绝大多数股东的意志,未违反 1999 年《公司法》第 33 条的规定。两原告提出优先认缴时,《入股协议书》已经成立并在履行过程中,应为有效。被告是因公司面临土地价款无法缴纳,土地将被政府收回的困境而吸收第三人陈木高入股,第三人陈木高出资 800 万元,以 1.3 元溢价购股,且承诺成为新股东后不得再以股东身份分享被告在合作协议项目中应分得的 35% 的盈利,该决议使公司利益最大化,保证了原股东利益。以后第三人陈木高将股权以赠与和转让方式转给第三人固生公司,第三人陈木高和第三人固生公司均是善意第三人。两原告在长达 2 年时间内多次参加第三人陈木高主持的董事会和股东会,没有就优先出资权进一步采取法律措施,却在公司稍有起色的情况下提起诉讼,缺乏合理性和正当性。请求驳回上诉,维持原判。

**二审认为:**

1. 关于 2003 年 12 月 16 日股东会决议的效力问题。

被告于 2003 年 12 月 16 日召开的股东会议所通过的关于吸纳第三人陈木高先生为新股东的决议,结合股东会讨论的《入股协议书》,其内容包括了被告增资 800 万元和由第三人陈木高通过认缴该 800 万元新增出资成为被告新股东 2 个方面的内容。

根据 1999 年《公司法》第 38 条第 1 款第 8 项关于"股东会行使对公司增加或者减少注册资本作出决议的职权",第 39 条第 2 款关于"股东会对公司增加或者减少注册资本、分立、合并、解散或者变更公司形式作出决议,必须经代表 2/3 以上表决权的股东通过"的规定,被告增资 800 万元的决议获代表被告 75.49% 表决权的股东通过,应属合法有效。

2. 关于原告是否放弃优先认购权。

根据 1999 年《公司法》第 33 条关于"公司新增资本时,股东可以优先认缴出资"的规定以及被告章程中的相同约定,两原告享有该次增资的优先认购权。在股东会议上,两原告对由第三人陈木高认缴 800 万元增资股权并成为新股东的议题投反对票并签注"要考虑原股东享有《公司法》规定的投资(出资)权利"的意见,是其反对第三人陈木高认缴新增资本成为股东,并认为公司应当考虑其作为原股东所享有的优先认购权,明确其不放弃优先认购权的意思表示。紧接着在同月 22 日和 26 日，两原告又分别向被告递交了关于要求作为被告增资扩股增资认缴人的报告，向绵阳市高新区工商局递交了《请就绵阳高新区科创实业有限公司新增资本、增加新股东作不予变更登记的报告》，进一步明确主张优先认购权。上述事实均表明两原告从未放弃优先认购权。

3. 关于被告是否侵犯了原告的优先认购权。

被告在没有以恰当的方式征询两原告意见以明确其是否放弃优先认购权，也没有给予两原告合理期限以行使优先认购权的情况下，即于 2003 年 12 月 18 日与第三人陈木高签订《入股协议书》，并于同月 25 日变更工商登记，将法定代表人变更成第三人陈木高，将公司注册资本变更为 1090.75 万元，其中新增资本 615.38 万元登记于第三人陈木高名下。该系列行为侵犯了法律规定的两原告在被告所享有的公司新增资本时的优先认购权，根据《民法通则》第 58 条第 1 款第 5 项关于"违反法律或者社会公共利益的民事行为无效"的规定，股东会决议中关于由第三人陈木高认缴新增资本 800 万元并由此成为被告股东的内容无效，被告和第三人陈木高签订的《入股协议书》也相应无效。

虽然本案所涉股东会决议经代表 2/3 以上表决权的股东投票通过，但公司原股东优先认缴新增出资的权利是原股东个体的法定权利，不能以股东会多数决的方式予以剥夺。故两原告所提股东会议决议中关于吸收第三人陈木高为股东的内容、《入股协议书》无效，其享有优先认缴被告 800 万元新增资本的上诉理由依法成立，二审法院予以支持。

4. 关于已转让股权的处理。

按照《民法通则》第 61 条的规定，民事行为被确认为无效或者被撤销后，当事人因该行为取得的财产，应当返还给受损失的一方，因此第三人陈木高依据该部分无效决议和《入股协议书》所取得的股权应当返还。虽然后来第三人陈木高将其名下的股权赠与和转让给了第三人固生公司，但第三人陈木高系第三人固生公司的法定代表人，第三人固生公司知道或者应当知道第三人陈木高认缴出资侵犯了他人的优先认购权，故该司并非善意取得，其间的赠与和转让行为也无效。

第三人固生公司应当将其所持有的被告 615.38 万股股权返还给被告，由两原告优先认购；被告应当将 800 万元认股款及其资金占用利息返还给第三人陈木高。

5. 关于有限责任公司股东请求人民法院保护其认缴新增资本优先权的诉讼时效问题。

现行法律对此无特别规定，应当适用《民法通则》规定的 2 年普通诉讼时效。

两原告在 2003 年 12 月 22 日书面要求优先认缴新增资本 800 万元,至 2005 年 12 月 19 日提起诉讼,符合该法关于 2 年诉讼时效的规定,其所提应当优先认缴 800 万元新增资本的请求依法成立,二审法院予以支持。

两原告所提应由被告承担其相应损失的请求因无相应证据证明,二审法院不予支持。

**二审判决:**

1. 撤销一审判决;

2. 被告于 2003 年 12 月 16 日作出的股东会决议中关于吸收第三人陈木高为股东的内容无效;

3. 被告于 2003 年 12 月 18 日与第三人陈木高签订的《入股协议书》无效;

4. 两原告享有以 800 万元购买被告 2003 年 12 月 16 日股东会决定新增的 615.38 万股股权的优先权;

5. 两原告于判决生效之日起 15 日内将 800 万元购股款支付给被告;

6. 在两原告履行上述第 5 项判决后 15 日内,由第三人固生公司向被告返还其所持有的该司 615.38 万股股权,并同时由被告根据两原告的认购意愿和支付款项情况将该部分股权登记于两原告名下;

7. 在第三人固生公司履行上述第 6 项判决后 3 日内,由被告向第三人陈木高返还 800 万元及利息;

8. 驳回两原告的其他诉讼请求。

被告及两第三人不服二审判决,向上级人民法院提起申诉。

**被告及两第三人再审诉称:**

1. 2003 年 12 月 16 日被告作出的关于吸纳第三人陈木高为新股东的股东会决议、2003 年 12 月 18 日第三人陈木高与被告签订的《入股协议书》均合法有效。

(1) 二审法院将被告 2003 年 12 月 16 日股东会关于吸纳第三人陈木高为新股东的决议内容拆分为"被告增资 800 万元"和"由第三人陈木高通过认缴 800 万元新增出资成为被告新股东"两部分,与事实严重不符,这两项内容是不可分的,增资 800 万元是以吸纳第三人陈木高为新股东为前提的。

(2) 原告红日公司在股东会反对票上的签注不能作为其不放弃优先认购权的意思表示,原告红日公司的签注援引了 1999 年《公司法》第 39 条第 2 款的规定,即股东会对公司增资或减资等决议的表决程序,与第 33 条股东优先认购权无关。且原告红日公司 2003 年 12 月 22 日提交的报告上没有原告蒋洋的签名,不能认为原告蒋洋主张了优先认购权。

(3) 优先认购权是形成权,其行使应有合理期限。被告是在急于支付石桥铺项目土地出让金的现实情况下吸收第三人陈木高出资的,两原告行使优先认购权的期限应不超过被告支付土地出让金的最后期限,即 2003 年 12 月 31 日。

(4) 两第三人取得被告的股权没有恶意,签订《入股协议书》时不存在恶意串通的情形。

2. 二审判决适用法律错误。

二审判决依据《民法通则》第 58 条第 1 款第 4 项、5 项,在没有证据证明第三人陈木高与被告恶意串通、《入股协议书》违反法律或社会公共利益的情况下引用上述条文判决股东会决议及《入股协议书》无效,显属适用法律错误,据此另引用的《民法通则》第 61 条及《合同法》第 58 条也与事实不符。即使两原告关于行使优先认购权的主张能够得到支持,按照《最高人民法院关于适用〈中华人民共和国公司法〉若干问题的规定(一)》第 2 条和《公司法》(1999 年修正) 第 35 条之规定,也只能按照其实缴的出资比例认缴出资,而不能全部认缴 800 万元新增出资。且二审法院适用《民法通则》规定的 2 年普通诉讼时效也存在错误,股东优先认购权属形成权,应适用除斥期间的规定,不超过 1 年。

3. 第三人陈木高入股被告后投入了大量的资金和智慧,促使公司的经营管理和石桥铺项目都取得了巨大进展,被告的股权价值大幅增值,早已超过当年的购买价格,二审判决在未对股权价值进行重新评估的基础上支持两原告以 2003 年的价格购买该股权,有违公平原则。

**两原告再审辩称:**

1. 二审判决认定事实清楚、证据确凿。

吸纳第三人陈木高为新股东这一决议并不是在公司面临无力交款、土地将被收回的严峻形势下作出的。两原告当时完全有能力进行增资扩股交清土地出让金,未交清的原因是被告与高新区管委会之间还有多笔账务没有结算。吸纳第三人陈木高为新股东这一决议可以拆分为被告增资 800 万元和由第三人陈木高通过认缴 800 万元新增出资成为被告新股东来理解。

两原告投反对票并签注的意思表明其同意"被告增资 800 万元"而反对"由第三人陈木高认缴 800 万元新增出资成为被告新股东"。即使两原告对这两项内容均表示反对;也不会影响被告增资 800 万元的法律效力,增资扩股的表决通过是符合《公司法》规定的,并没有侵犯原股东的优先认购权,只是由第三人陈木高通过认缴 800 万元新增出资成为被告新股东这一部分侵犯了原股东的优先认购权。原告红日公司在表决票上的签注明确表明增资需按《公司法》(1999 年修正)

第 39 条第 2 款的规定进行,并且应按第 33 条的规定考虑原股东的优先认购权,已表明其没有放弃优先认购权。

两原告在股东会召开当天才知道被告即将增资扩股 800 万元,因此其行使优先认股权的期限应为从 2003 年 12 月 16 日起算的一个合理期间,而不是当天必须行使权利。原告红日公司在 2003 年 12 月 22 日就向被告递交了《关于要求作为科创公司增资扩股增资认缴人的报告》,作出了行使优先认购权的意思表示,且该时间早于第三人陈木高与被告签订的《入股协议书》约定的生效时间。第三人陈木高在被告原股东有能力认缴新增出资且主张了优先认购权的前提下仍然与被告订立《入股协议书》,显然侵犯了两原告的优先认购权。《入股协议书》中关于公司新一届董事会的组成及第三人陈木高任董事长、总经理的约定,关于 800 万元新增资本的投资问题、财务人员的安排问题、利润分配问题等,均违反了 1999 年《公司法》第 37 条、38 条、46 条及被告章程第 24 条的规定,越权行使了属于股东会和董事会的法定职权,依法也应被认定为无效。

第三人固生公司是第三人陈木高及其家人出资设立,第三人陈木高是第三人固生公司的法定代表人,因此该公司可以认定为第三人陈木高自己的公司。第三人陈木高取得的被告股权是不合法的,其转让行为属于无权处分,而第三人固生公司作为第三人陈木高个人的公司受让股权显然恶意。

2. 二审判决适用法律正确。

对《民法通则》第 58 条第 4 项应当理解为,只要行为人意识到了该行为有可能侵犯到第三人利益而故意为之,就构成恶意。被告在召开 2003 年 12 月 16 日股东会以前,已经与第三人陈木高达成《入股协议书》和承包经营协议草案,且第三人陈木高在签订《入股协议书》时也清楚两原告反对其成为被告的新股东,因此第三人陈木高与被告签订的《入股协议书》应属恶意串通之行为。如果认为优先认购权是形成权,两原告在 2003 年 12 月 22 日已经行使了优先认购权,在这一权利受到侵犯时就应当适用 2 年普通诉讼时效的规定。

3. 本案中第三人陈木高进入被告以来,对公司基本没有投入,公司资产基本无增长,公司的石桥铺项目至今基本未进行开发,第三人陈木高的行为引起了当地百姓的不满等一系列社会问题。

总之,二审判决事实认定清楚,法律适用正确,再审申请人的申请理由不能成立,应依法予以驳回。

**律师观点:**

1. 被告于 2003 年 12 月 16 日作出股东会决议中涉及侵犯原告优先认购权的部分无效。

2003年12月16日被告作出股东会决议时,现行《公司法》尚未实施,根据《最高人民法院关于适用〈中华人民共和国公司法〉若干问题的规定(一)》第2条的规定,当时的法律和司法解释没有明确规定的,可参照适用现行《公司法》的规定。1999年《公司法》第33条规定:"公司新增资本时,股东可以优先认缴出资。"根据现行《公司法》第34条的规定,公司新增资本时,股东的优先认购权应限于其实缴的出资比例。

被告作出的股东会决议,在其股东两原告明确表示反对的情况下,未给予两原告优先认缴出资的选择权,径行以股权多数决的方式通过了由股东以外的第三人陈木高出资800万元认购被告全部新增股权615.38万股的决议内容,侵犯了两原告按照各自的出资比例优先认缴新增资本的权利,违反了上述法律规定。

现行《公司法》第22条第1款规定:"公司股东会或者股东大会、董事会的决议内容违反法律、行政法规的无效。"根据上述规定,被告2003年12月16日股东会议通过的由第三人陈木高出资800万元认购被告新增615.38万股股权的决议内容中,涉及新增股权中14.22%和5.81%的部分因分别侵犯了两原告的优先认购权而归于无效,涉及新增股权中79.97%的部分因其他股东以同意或弃权的方式放弃行使优先认购权而发生法律效力。

2. 《入股协议书》未违反我国法律规定,合法有效。

2003年12月18日被告与第三人陈木高签订的《入股协议书》系被告与该公司以外的第三人签订的合同,应适用《合同法》的一般原则及相关法律规定认定其效力。虽然被告2003年12月16日作出的股东会决议部分无效,导致被告达成上述协议的意思存在瑕疵,但作为合同相对方的第三人陈木高并无审查被告意思形成过程的义务,被告对外达成协议应受其表示行为的制约。上述《入股协议书》是被告与第三人陈木高作出的一致意思表示,不违反国家禁止性法律规范,且第三人陈木高按照协议约定支付了相应对价,没有证据证明双方恶意串通损害他人利益,因此该协议不存在《合同法》第52条所规定的合同无效的情形,应属有效。《入股协议书》对被告新一届董事会的组成及董事长、总经理人选等公司内部事务作出了约定,但上述约定并未排除被告内部按照法律和章程规定的表决程序作出决定,不会导致合同无效。

3. 两原告主张优先认购权的合理期间已过。

虽然被告2003年12月16日股东会决议因侵犯了两原告按照各自的出资比例优先认缴新增资本的权利而部分无效,但两原告是否能够行使上述新增资本的优先认购权还需要考虑其是否恰当地主张了权利。

股东优先认缴公司新增资本的权利属于形成权,虽然现行法律没有明确规定该项权利的行使期限,但为维护交易安全和稳定经济秩序,该权利应当在一定合理期间内行使,并且由于这一权利的行使属于典型的商事行为,对于合理期间的认定应当比通常的民事行为更加严格。本案两原告在被告2003年12月16日召开股东会时已经知道其优先认购权受到侵害,且作出了要求行使优先认购权的意思表示,但并未及时采取诉讼等方式积极主张权利。在此后被告召开股东会、决议通过第三人陈木高将部分股权赠与第三人固生公司提案时,两原告参加了会议,且未表示反对。两原告在股权变动近2年后又提起诉讼,争议的股权价值已经发生了较大变化,此时允许其行使优先认缴出资的权利将导致已趋稳定的法律关系遭到破坏,并极易产生显失公平的后果,故应当认定两原告主张优先认购权的合理期间已过。

**再审判决:**

1. 撤销一、二审民事判决;

2. 被告2003年12月16日作出的股东会决议中由第三人陈木高出资800万元认购被告新增615.38万股股权的决议内容中,涉及新增股权20.03%的部分无效,涉及新增股权79.97%的部分及决议的其他内容有效;

3. 驳回两原告其他诉讼请求。

### 747. 股东行使新增资本优先认购权的价格如何确定?

对此,《公司法》并无明文规定。

笔者认为,股东行使新增资本优先认购权的价格应当与股东会决议通过的增资方案中的价格一致。实践中,价格的确定一般分为以下两种情况:

(1)当公司通过股东会决议确定增资方案时,股东行使优先认购权的条件系由公司与股东之间协商确定;

(2)当公司先行与非公司股东确定增资方案后,公司股东要求行使优先认购权,应当参照股东行使优先购买权的相关规定,以公司与非公司股东确定的认购价格作为公司股东行使优先认购权的同等条件。[①]

### 748. 股东优先认购权受到侵犯应当如何救济?

股东可直接向法院提起诉讼请求法院判决其对增资部分股权享有优先认购权,并确定以何种价格受让该部分新增股权。

---

① 关于"同等条件"的认定详见本书第七章股权转让纠纷第二节有限责任公司股权转让纠纷的裁判标准七、股东优先购买权的裁判标准。

## 【案例253】侵犯股东优先认购权　增资决议部分无效①

**原告**：徐永华、陈炬

**被告**：东方公司

**诉讼请求**：

1. 确认被告2006年7月17日所作的股东会决议无效；
2. 判决55万元增加注册资金由原告徐永华认购；
3. 判决50万元增加注册资金由原告陈炬认购。

**争议焦点**：

1. 被告股东会的召集、通知程序是否违法可撤销，原告据此主张是否超过法定期限；
2. 被告在未经两原告同意的情况下，决议通过将增资由案外人郦国敏、祝桂华认缴的部分是否有效。

**基本案情**：

两原告为被告股东，出资额为88万元和58万元，分别占被告注册资本金的1.56%、1.03%。

2006年7月12日，被告通过邮政特快专递分别向两原告发函通知其于2006年7月28日上午9时召开股东会，议题为申报特级企业增加注册资金具体方案、通报公司经营情况等。

2006年7月17日，被告在未通知两原告参加会议的情况下召开了临时股东会议，决议增加注册资本2888万元，其中由案外人郦国敏以货币出资增加投资2400万元，案外人祝桂华以货币出资增加投资488万元，除两原告外的其他股东放弃增加投资优先认购权，决议还明确了增资后的最新股权结构，并作出了公司章程修正案。

2006年7月18日，被告向工商部门申请办理变更登记并被核准。

2006年7月25日，两原告委托律师通过特快专递的形式向被告股东案外人倪泽森发出了律师函，对被告通知其于2006年7月28日召开股东会一事发表了意见并表明宜迟延召开股东会。

2007年1月16日，原告向人民法院提起本案诉讼。

---

① 参见浙江省高级人民法院(2007)浙民二终字第287号民事判决书。

2007年3月15日,被告分别向两原告发出了通知,要求两原告在15日内用书面方式告知要求认购新增注册资本金的数量及金额。

**原告均诉称:**

被告召开2006年7月17日股东会议召开程序违法,其增加公司注册资本的股东会决议,是在未按《公司法》(2005年修订)规定的程序通知原告参加并假冒原告签名的情况下形成的。其内容侵犯了法律所规定的股东表决权,并且剥夺了原告的股东新股认购优先权,故该决议内容因违反法律规定而无效。

**被告辩称:**

2006年7月12日被告书面致函原告前,曾电话通知两原告开会的时间和内容,但两原告表示不参加会议。两原告认为被告未通知其开会不是事实。两原告起诉之后,被告曾以特快专递的方式通知两原告可以认购新增的注册资本,但两原告未作出任何回应,故两原告起诉的真正目的并非是要求认购新增的注册资本,而是扰乱公司的正常经营秩序。

**律师观点:**

1. 原告提出的股东会决议违反程序之诉已超过诉讼时效。

被告在2006年7月17日召开股东大会时未提前15天通知两原告,属于召开会议程序违法。《公司法》第22条第2款规定:"股东会或者股东大会、董事会的会议召集程序、表决方式违反法律、行政法规或者公司章程,或者决议内容违反公司章程的,股东可以自决议作出之日起六十日内,请求人民法院撤销。"法律之所以赋予股东撤销权而未规定该情形无效,是因为上述情形主要是程序上的不当,并非决议的内容违法,为了体现公司股东的意思自治,维护股东决议的稳定性,所以仅赋予公司股东撤销权,且股东应在法律规定的期间内行使。

《最高人民法院关于适用〈中华人民共和国公司法〉若干问题的规定(一)》第3条规定:"原告以《公司法》第二十二条第二款、第七十五条第二款规定事由,向人民法院提起诉讼时,超过《公司法》规定期限的,人民法院不予受理。"这是从有利于维护交易安全,保护当事人合法权益,节约司法成本的角度综合考虑而作出的规定。两原告于2007年1月16日向法院提起诉讼,对被告2006年7月17日股东会决议的召集程序所提出的异议事由,超过了法律规定的60日的期间,故对该事由法院应当不予审理。

2. 被告股东会决议中侵犯了两原告优先认缴的部分无效。

被告在2006年7月17日所作的股东会决议包含了两方面内容:一是确定公司增加注册资本2888万元,二是新增的出资全部由案外人郦国敏、祝桂华认缴。

(1) 关于股东会作出的增加注册资本的决议内容。

根据《公司法》第 103 条之规定,股东大会作出增加注册资本的决议必须经出席会议的股东所持表决权的 2/3 以上通过。此外,被告章程第 14 条规定"股东会决议由股东按照出资比例行使表决权"。第 17 条规定"股东会决议应对所议事项作出决议,决议应由代表 1/2 以上表决权的股东表决通过,但股东会对公司增加或者减少注册资本、分立、合并、解散或变更公司形式、修改公司章程所作出的决议,应由代表 2/3 以上表决权的股东表决通过。股东会应当对所议事项的决定作出会议记录,出席会议的股东应当在会议记录上签名"。虽然两原告并未出席股东会议,但公司其他出席会议股东所持的表决权已超过 2/3 以上,故被告股东会所作的关于增加注册资本 2888 万元的决议不仅符合法律规定,也符合公司章程规定,应属有效。

(2) 关于股东会作出的新增出资全部由案外人郦国敏、祝桂华认缴的决议内容。

根据《公司法》第 34 条之规定,除全体股东另有约定外,公司新增资本时,股东有权优先按照实缴的出资比例认缴出资,故被告的股东会决议在未经两原告同意的情况下,确认将本应由两原告优先认缴的出资由案外人郦国敏、祝桂华认缴,违反了《公司法》的规定,故股东会决议中侵犯了两原告优先认缴新增资本权利的部分应属无效。

另外,除案外人郦国敏、祝桂华及两原告外的其他 3 名股东(倪泽淼、石章伟、戚岳雷)在股东会决议中已承诺放弃优先认缴新增资本的权利,并同意由案外人郦国敏及祝桂华来认缴,应视为对其权利的处分,故股东会决议中该部分内容未违反法律规定,应属有效。

综上,被告于 2006 年 7 月 17 日召开的股东会,除了将本应由两原告优先认缴的新增资本决议由案外人郦国敏、祝桂华认缴应属无效外,其他决议内容并未违反法律规定,应认定有效。

**法院判决:**

1. 被告于 2006 年 7 月 17 日所作的股东会决议中关于新增注册资本 2888 万元中应由两原告认缴的资本(共计 747,992 元)由案外人郦国敏、祝桂华认缴的内容无效;

2. 被告于 2006 年 7 月 17 日所作的股东会决议所新增注册资本 2888 万元中的 450,528 元,由原告徐永华认缴;

3. 被告于 2006 年 7 月 17 日所作的股东会决议所新增注册资本 2888 万元中

的297,464元,由原告陈炬认缴;

4. 驳回两原告的其他诉讼请求。

**749. 股东主张优先认购权应当举证证明哪些事实?**

股东主张优先认购权应当证明如下事实:

(1)权利主张人具备股东资格;

(2)公司拟进行增资;

(3)权利主张人并未以任何方式放弃优先认购权;

(4)权利主张人在合理期限内主张了优先认购权。

**750. 股东如何证明其未放弃优先认购权?**

实践中,股东证明其未放弃优先认购权的方式主要包括:

(1)举证证明公司未通知其参加股东会,对于公司增资的股东会决议并未同意;

(2)以书面或口头形式向公司主张增资行为无效,并要求行使股东优先认购权;

(3)以书面或口头形式阻止通过增资新进入公司的"股东"行使股东权利。

**751. 法院判决股东享有新增资本优先认购权,被告公司不予执行,原告应如何救济?**

该类案件从本质上仅为确权诉讼,即股东主张其对公司某次增资中的部分股权享有优先认购权。实践中,法院不会强令公司形成股东会决议将部分股权交由股东认购,更不会强令公司与股东之间签订增资协议。因此通过判决,股东只不过获得一次与公司谈判的机会,股东优先认购权也往往由此显得形同虚设。

笔者认为,随着今后立法对于股东优先认购权性质(形成权)的明晰,法院可以直接判决股东以某个价格购买公司的部分股权,并判令公司在股东缴纳股款后办理验资及工商变更登记手续。

**【法律依据】**

**一、公司法类**

(一)法律

❖《公司法》第34条、第37条第1款第7项、第47条第1款第6项、第134条第4项、第162条、163条、179条、第180条第2款

(二)行政法规

❖《公司登记管理条例》第14条,第31条第1款、2款、3款,第32条

（三）部门规章行政管理
- 国家工商行政管理局《关于中外合资经营企业注册资本与投资总额比例的暂行规定》第3条、5条、6条
- 对外贸易经济合作部、国家工商行政管理局《外商投资企业投资者股权变更的若干规定》第7条第2款

（四）地方性司法文件
- 山东省高级人民法院《关于审理公司纠纷案件若干问题的意见（试行）》第33条、34条
- 北京市高级人民法院《关于审理公司纠纷案件若干问题的指导意见（试行）》第6条
- 江苏省高级人民法院《关于审理适用公司法案件若干问题的意见（试行）》第6条

二、税法类

（一）法律
- 《企业所得税法》第26条、31条
- 《个人所得税法》第2条、3条、6条

（二）行政法规
- 《企业所得税法实施条例》第83条、97条
- 《个人所得税法实施条例》第8条
- 《关于个人独资企业和合伙企业征收所得税问题的通知》

（三）部门规章
- 《个体工商户个人所得税计税办法》（国家税务总局令第35号）

（四）部门规范性文件
- 《国家税务总局关于股份制企业转增股本和派发红股征免个人所得税的通知》（国税发〔1997〕198号）第1条、2条
- 《国家税务总局关于盈余公积金转增注册资本征收个人所得税问题的批复》（国税函〔1998〕333号）
- 《财政部、国家税务总局关于印发〈关于个人独资企业和合伙企业投资者征收个人所得税的规定〉的通知》（财税〔2000〕91号）第4条、7～10条、12～14条、16～21条
- 《国家税务总局关于〈关于个人独资企业和合伙企业投资者征收个人所得税的规定〉执行口径的通知》（国税函〔2001〕84号）第2～4条

❖《国家税务总局关于外商投资企业和外国企业原有若干税收优惠政策取消后有关事项处理的通知》(国税发〔2008〕23号)第1条

❖《财政部、国家税务总局关于合伙企业合伙人所得税问题的通知》(财税〔2008〕159号)第2~5条

❖《国家税务总局关于实施创业投资企业所得税优惠问题的通知》(国税发〔2009〕87号)第2~4条

❖《国家税务总局关于进一步加强高收入者个人所得税征收管理的通知》(国税发〔2010〕54号)第2条第2款

❖《国家税务总局关于贯彻落实企业所得税法若干税收问题的通知》(国税函〔2010〕79号)第4条

❖《国家税务总局关于企业股权投资损失所得税处理问题的公告》(国家税务总局公告2010年第6号)第1条

❖《财政部、国家税务总局关于调整个体工商户业主、个人独资企业和合伙企业自然人投资者个人所得税费用扣除标准的通知》(财税〔2011〕62号)第1条、3条

❖《国家税务总局关于企业所得税核定征收有关问题的公告》(国家税务〔2011〕10号)第5条

### 三、证券法类

❖《证券法》第13条、14条

### 四、国资法类

❖《企业国有资产法》第13条、30~33条

# 第十章　减资纠纷

**【宋律师释义】**

> 减资纠纷,是指公司减少注册资本行为违反法定程序和条件,损害公司股东或债权人利益而引发的民事纠纷。
> 
> 实践中,减资纠纷的类型一般包括如下四种情况:
> 
> (1)股东主张公司减资行为无效;
> 
> (2)股东主张撤销公司减资的股东会决议或主张该决议无效;
> 
> (3)债权人主张公司履行债权或提供担保;
> 
> (4)对未依法定程序减资的,债权人主张公司股东在减资数额范围内对公司债务承担补充连带责任。

**【关键词】** 实质减资　形式减资　补充清偿责任

❖ **实质减资**:将减少注册资本的部分或全部返还给股东,实现同时减少公司的净资产。

❖ **形式减资**:指仅从形式上减少注册资本,虽然注销部分股权(份)但并不实质减少公司净资产,此行为往往与亏损企业减资从而弥补亏损相联系,同时也能使注册资本与净资产水平基本一致。

❖ **补充清偿责任**:系指当债务人以全部财产不足以清偿债务时,由与债务人有某种特殊关系的第三人对其债务承担清偿责任。如公司股东在减资时未依法通知公司债权人,此后公司资不抵债,则股东需要以减资金额为限对公司资产不足以偿付部分的债务承担清偿责任。

# 第一节 立 案

**752. 如何确定公司减资纠纷的诉讼当事人？**

应区分不同情况：

(1) 请求确认公司减资无效的，应由对减资有异议的股东或债权人作为原告提起诉讼，以公司为被告；

(2) 主张撤销公司减资的股东会决议或主张该决议无效的，应由公司股东作为原告，以公司为被告；

(3) 债权人要求公司股东以违法减资部分为限对公司债务承担补充清偿责任的，由债权人作为原告提起诉讼，以部分或全部违法减资的股东为被告。

**753. 公司减资纠纷由何地法院管辖？**

对此问题尚有争议，笔者认为应当根据下列情况区别对待：

(1) 对于股东主张减资无效、请求撤销减资决议或确认减资决议无效的纠纷，应当由公司住所地人民法院管辖；

(2) 对于债权人要求违法减资的股东承担补充清偿责任的纠纷，应当由被告所在地人民法院管辖。

**754. 公司减资纠纷按照什么标准交纳案件受理费用？**

对于主张减资无效、请求撤销减资决议或主张减资决议无效的，每件收取50～100元费用。

对于请求公司提供担保、偿还债务或要求公司股东承担补充赔偿责任的，案件受理费应当依照案件标的分段累计计算，具体比例详见本书第一章第3问"公司设立纠纷应按照什么标准交纳案件受理费？"。

**755. 公司减资纠纷诉讼是否适用诉讼时效或除斥期间？**

对此问题应区分下列情况：

(1) 股东以减资的股东会决议程序违法或违反章程从而撤销决议，致使减资无效的，应自决议作出之日起60日内提起诉讼，该期限为除斥期间，不因任何事由中止、中断或延长；

(2) 股东、债权人主张减资无效，或请求确认减资决议无效的，适用诉讼时效制度，应自知道或者应当知道之日起2年内主张；

(3) 因公司未依法定程序减资的,债权人主张公司股东在减资数额范围内对公司债务承担补充清偿责任,其诉讼时效以债权人与公司之间主债务的诉讼时效为准。

**756. 法院判决公司减资无效后,依据减资决议已经支付的减资款以及已经作出的工商变更登记应如何处理?**

根据不同情况可分为以下两种方式执行:

(1) 公司减资被判决无效后,股东应将通过减资收回的出资返还给公司。股东拒不返还,公司可向法院提起不当得利之诉,诉请法院判决股东返还;公司怠于请求股东返还的,其他股东可以提起股东代表诉讼,代公司向负有返还义务的当事人请求返还出资款。

(2) 公司如因先前的减资行为而进行了股东名册变更、出资证明核发、工商变更登记等,则股东或非公司股东投资者可向法院主张将上述内、外部登记情况恢复至减资之前的状态。如果公司拒不办理工商变更登记,可由人民法院向工商行政管理部门签发协助执行通知书,由执行申请人持判决书至工商行政管理部门要求变更登记。对拒不变更内部登记的行为,人民法院可对公司的直接负责人(一般为法定代表人)依照妨害执行的行为进行处理,包括对其予以罚款、拘留。

## 第二节 减资纠纷的裁判标准

### 一、减资一般法定程序

**757. 公司减资需履行哪些内、外部程序?**

公司减资需要履行以下五项必经程序(见图10-1):

(1) 董事会制定减资方案,提交股东(大)会;

(2) 股东(大)会作出减资决议;

(3) 董事会组织公司财务部门及其他职能部门编制资产负债表和财产清单;

(4) 向债权人通知和公告,公司进行债务清偿或提供担保,确保债权人对减资事项无异议;

(5) 至工商、税务部门办理工商、税务变更登记手续。

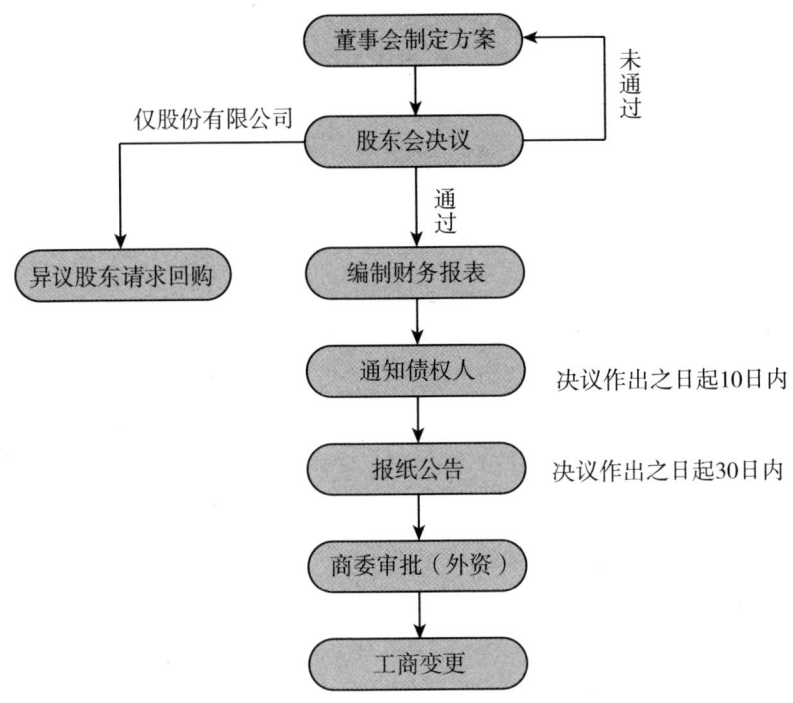

图 10-1 公司减资程序

**758. 减资方案应包含哪些内容？股东(大)会应以多少表决权通过减资决议？**

减资方案应当包括下列内容：

(1) 减资股东；

(2) 减资数额；

(3) 减资基准日；

(4) 减资方式；

(5) 减资后公司股东构成；

(6) 减资后各股东出资金额及比例。

有限责任公司股东会对减资作出决议，必须经 2/3 以上表决权股东通过；股份有限公司股东大会对减资作出决议，必须经出席会议的股东所持表决权的 2/3 以上通过。

**759. 公司减资基准日应当如何确定？**

确定减资基准日，必须考虑公司股东权益分配约定交割日期以及对会计部门编制减资日资产负债表和财产清单的可操作性，一般宜选择月末为减资基准日。

## 第十章 减资纠纷

**760. 减资公告应在何时、何处发布？公告内容应当包括哪些？**

公司应当在股东(大)会作出减资决议之日起30日内作出公告。减资公告应在报纸上发布,但是在何种报纸上发布,法律并无明确规定。借鉴公司清算的公告要求,公司规模较小、只在注册登记地营业的公司可以在公司注册登记地省级有影响的报纸上公告;公司规模较大、跨省市营业并且在全国范围内具有较大影响的公司应当在全国性的报纸上进行公告。

减资公告内容应至少包括:

(1)减资时间、数额以及减资的股东;

(2)具体减资方案;

(3)减资后的股权结构。

**761. 减资程序违法损害债权人利益有哪些情形？**

公司减资损害债权人利益主要有两种情形:

(1)公司未履行通知或公告义务,致使债权人对减资不知情;

(2)公司减资前未按照债权人的要求清偿债务或提供相应的担保。

**762. 公司在减资决议作出后30日内告知债权人,债权人可否要求公司清偿未到期债务？**

《公司法》对此并未明确规定,对此理论及司法实践观点不一。

实践中有观点认为,对于未到期的债务,债权人可以直接向公司主张清偿,也有观点认为,未到期债务债权人仅可以要求公司提供担保。

笔者认同后一种观点,为避免公司减资给债权人利益造成损害,也为了避免给公司实际运营造成过高的风险,此时对于公司未到期的债务处理应当采取较为折中的做法,即债权人可以要求公司对该债务的履行提供担保。如果公司拒绝提供担保的,债权人可以要求公司直接清偿。

**763. 公司可否在通知债权人的同时约定,如果债权人不在特定期限内主张债权或要求担保,则视为债权人放弃债权？**

不能。债权的豁免系必须由债权人作出意思表示的,而不能由债务人以约定默认的方式致使债权人放弃债权。

**764. 对于未到期债务,如何认定公司怠于履行担保义务的期限？**

由于《公司法》并未对此作出规定,因此该问题成为实践中的难点问题。由于公司作为债务人对债权人提供担保本身系一个双方意思表示合意的过程,担保方式的确定、保证的人选、物保的价值评估,均需要双方的协商、配合及一定的时间。对于公司是否怠于提供担保判断不易。

因此笔者建议,要求公司提供担保或偿还债务应尽量通过书面方式加以固定,如以书面函件敦促公司尽快进行协商担保事宜,该类书面函件的发送可以保证纠纷发生时证据效力的最大化,且第一次主张公司提供担保需要在公司通知之日起30日内以书面形式通知,否则一旦债权人不能有效证明其在30日内要求公司提供担保,即将导致失去要求公司担保的权利。

### 【案例254】报纸减资公告不视为告知债权人　股东承诺担保负补充清偿责任①

**原告**:江阴房建

**被告**:中大紫来、天南公司、奥伯实业、王生劳

**诉讼请求**:判令4位被告偿还预付款15.8万元。

**争议焦点**:

1. 公司减资时,各股东向工商部门出具情况说明称"同意对未清偿债务向债权人提供担保",该承诺是否对特定债权人产生效力;

2. 原告起诉要求4位被告承担还款义务是否超过了诉讼时效。

**基本案情**:

被告中大紫来因与原告终止买卖合同,承诺将408,000元退还原告。

根据承诺,被告中大紫来分别于2006年6月10日、2007年2月17日及2008年1月14日合计退还原告25万元,尚欠15.8万元未予退还。

被告中大紫来由被告天南公司、被告奥伯实业及被告王生劳三方出资成立,原注册资本人民币1000万元。

2006年7月1日,被告中大紫来股东会决议减资,同意被告天南公司抽回全部投资510万元,公司注册资本由1000万元减至490万元。

同年7月5日,被告中大紫来向有关工商部门出具《中大紫来有关债务清偿及担保情况说明》称,根据股东会减资决议,被告中大紫来编制了资产负债表及财产清单、在该决议作出之日起的10日内通知了债权人,并在《上海法治报》上刊登了减资公告,且对公告期内债权人申报的要求提前清偿的债权,已予以清偿,未清偿债务的,由公司继续清偿,并由公司股东(三被告天南公司、奥伯实业、王生劳)提供相应担保。

---

① 参见上海市第一中级人民法院(2009)沪一中民二(民)终字第3281号民事判决书。

**原告诉称：**

1. 被告中大紫来对原告负有还款义务。

被告中大紫来于 2006 年 7 月 10 日通过回函与原告达成的还款协议真实有效，且已经部分履行，理应按照约定立即归还剩余款项。

2. 被告中大紫来股东即被告天南公司、被告奥伯实业、被告王生劳对原告负有还款义务。

减资等同于股东优先于债权人收回所投入的资本，违反了《公司法》关于债权优于股权的基本原则，故公司减资对债权人影响甚大。为有效保护债权人利益，首先要确保债权人正常有效地获得债务公司相关的减资信息，然被告中大紫来在完全有能力将减资事实告知原告的情况下未履行告知义务，应视为被告中大紫来未履行减资的法定程序，因此被告天南公司作为股东理应承担还款责任。且，被告中大紫来在减资时，其设立时的投资人为清偿债务进行了担保，该担保是根据公司减资时的法律规定而作出，应视为对未申报债权的债权人之担保。

**被告天南公司辩称：**

不同意原告的诉讼请求。

其与被告奥伯公司、被告王生劳作为被告中大紫来的股东向工商部门出具的函件并非针对原告。根据合同相对性原理，原告并不能向被告天南公司主张担保之债。而且即便存在担保事实，亦已超过 6 个月的保证期间，原告未在法定期限内主张权利，应承担法律上的不利后果。

2006 年年末，被告中大紫来减资后仍处于赢利状态，被告天南实业退出被告中大紫来已达三年之久。现被告中大紫来依然合法存在，并未进入清算程序，故理应由被告中大紫来独立承担民事责任。

被告中大紫来、被告奥伯实业及被告王生劳未作答辩。

**律师观点：**

1. 原告诉请未超过诉讼时效。

在之前的协议履行过程中，被告中大紫来于 2008 年 1 月 14 日最后一次向原告退还款项，剩余款项双方未明确约定还款时间，故其诉讼时效及对应的担保期限应从原告主张之日起计算，故原告的诉请并未超过诉讼时效。

2. 原告与被告中大紫来于 2006 年 7 月 10 日通过函件达成的还款约定合法有效。

原告与被告中大紫来因买卖合同终止，达成的退还预付款的约定，系双方当事人的真实意思表示,合法有效,应予保护。因此,被告中大紫来关于"因拖欠时间长而全额退还预付款"的承诺有效,对被告中大紫来具有约束力。

3. 减资未通知原告,被告中大紫来的股东应对债务承担补充责任。

2006年7月1日,被告中大紫来股东会决议减资,且已在上述决议作出之日起10日内通知了债权人。按理亦应通知原告,然目前尚无证据显示被告中大紫来已就公司减资事宜告知了原告,原告亦否认曾被告知。即便被告中大紫来在报纸上作了减资公告亦无法免除其根据《公司法》规定向已知债权人原告所应履行的告知义务。故,应认定被告中大紫来具有明显逃避债务之企图,未通知原告申报债权,对原告债权产生不利影响。

又因,被告中大紫来减资时,包括被告天南公司在内的被告中大紫来的三位出资人在被告中大紫来向工商部门出具的关于债务清偿及担保情况说明中均签字确认了对于被告中大紫来的未清偿债务承担担保责任。故应认定三位出资人就被告中大紫来之还款义务向原告作出过担保之意思表示,应承担补充清偿责任。

**法院判决:**

1. 被告中大紫来应支付原告预付款158,000元;
2. 被告天南公司、被告奥伯实业、被告王生劳应在被告中大紫来不能清偿上述债务时,向原告共同清偿上述债务。

**765. 债权人接到公司的减资通知30日内,或未接到通知的45日内,未要求公司清偿债务或者提供担保的,债权人的该项权利是否仍存在?**

30日和45日的除斥期间已过,债权人的该项请求权即消灭。公司可以将其视为没有提出要求,公司也就无需向债权人提前还债或提供担保。

**766. 公司减资办理注册资本变更登记时应备齐哪些材料?**

应包括以下材料:

(1)投资者申请书(原件);

(2)企业董事会决议(需由董事会一致通过,原件);

(3)股东各方关于减资的协议(独资企业为减资决定,原件);

(4)股东各方法定代表人签署的合同、章程修改协议(非独资企业)或章程修改决定(独资企业)(原件);

(5)经中国注册会计师验证的审计报告(内有资产负债表、财产清单、债权人名单,原件);

(6)国税、地税部门出具的正常纳税情况证明(原件);

(7)债务清偿或债务担保情况的说明(需由董事长签字,并盖章,原件);

(8)省级以上报纸减资公告(原件);

(9)通知债权人回执(原件);

(10)上年度经审计的企业财务报表;

(11)营业执照复印件、批准证书原件;

(12)原企业合同章程及批复;

(13)审批机关需要的其他材料。

### 767. 国有公司减少注册资本由谁决定?

国有独资公司减少注册资本必须由国有资产监督管理机构决定。

国有资本控股公司、国有资本参股公司应当由公司股东会、股东大会对减资事项进行决议,但是区别于一般公司的是,该类公司中,国有资产监督管理机构委派的股东代表应当按照委派机构的指示提出提案、发表意见、行使表决权,并将其履行职责的情况和结果及时报告委派机构。

## 二、上市公司减资法定程序

### 768. 上市公司减资应履行什么特殊程序?

上市公司减资应履行临时报告义务。

根据上市公司临时报告制度,减资可能对上市公司股票交易价格产生较大影响的重大事件,投资者尚未得知时,上市公司应当立即将有关该重大事件的情况向国务院证券监督管理机构和证券交易所报送临时报告,并予公告,说明事件的起因、目前的状态和可能产生的法律后果。

### 【案例255】东港股份回购注销不合条件被激励员工股权并减资8万股①

**减资主体:** 东港股份有限公司(以下简称公司)

**减资目的:** 回购后注销不符合激励条件员工的股权

**减资情况:**

公司于2012年10月29日召开的第四届董事会第三次会议审议通过了《关于回购注销已离职股权激励对象所持已获授但尚未解锁的限制性股票的议案》,鉴于公司激励对象张峰、包士明因离职已不符合激励条件,公司拟回购注销其已获

---

① 参见东港股份有限公司减资公告(2012-045号)。

授但尚未解锁的限制性股票共计 80,000 股,由此公司的总股本将从 252,828,344 股减至 252,748,344 股。

以上公告信息刊登于 2012 年 10 月 30 日的《证券时报》及巨潮资讯网。

**律师观点:**

本次公司回购注销部分股权激励股份将导致公司注册资本减少,根据《公司法》等相关法律、法规的规定,公司通知债权人自本公告之日起 45 日内,有权要求公司清偿债务或者提供相应的担保。债权人未在规定期限内行使上述权利的,本次回购注销将按法定程序继续实施。

## 【案例 256】为避同业竞争　公司以资产作为减资对价支付股东①

**减资主体:** 新疆科力先进制造技术有限责任公司(以下简称科力公司)

**减资目的:** 避免股东与减资主体之间的同业竞争

**减资情况:**

新疆机械研究院股份有限公司(以下简称新研股份)系科力公司股东。

由于科力公司具有一定的公共服务职能,且在个别业务上与新研股份存在一定的同业竞争,经多次协商及方案比选,提出新研股份减持科力公司全部股权退出的方案。

新研股份于 2011 年 12 月 16 日与科力公司、新疆生产力促进中心(以下简称生产力)、新疆大学(以下简称新大)四方经协商共同签署了《关于新研股份以减资方式退出科力公司的协议》,新研股份以 1,584,262.84 元购买科力公司价值 2,694,962.84 元的固定资产、库存产成品、原材料,科力公司以 1,110,700 元的评估资产价值作为支付公司减少注册资本的对价,新研股份自此退出科力公司。

**律师观点:**

1. 本项资产不存在抵押、质押或者其他第三人权利、不存在涉及重大争议、诉讼或仲裁事项、不存在查封、冻结等司法措施等。

2. 新研股份在科力公司 2009 年 5 月最后一次股权变更之后,出资额为 132.65 万元,持股比例为 45.33%,此次减资各方同意科力公司减少注册资本 132.65 万元,本次减少注册资本后,新研股份不再持有科力公司的任何股权或其他股东权益。

---

① 参见深圳交易所网站 http://disclosure.szse.cn/m/finalpage/2011-12-24/60363136.PDF,2013 年 1 月 29 日访问。

3. 以北京中科华资产评估有限公司2011年5月25日出具的中科华评报字〔2011〕第070号《新疆科力先进制造技术有限责任公司拟转让股权事宜涉及公司股东全部权益价值评估项目》为基础,各方同意科力公司以111.07万元的评估资产价值作为支付新研股份减少注册资本的对价。科力公司现有资产中与产品研制相关的股东资产及库存产成品、原材料移交至新研股份,这部分资产合计2,694,962.84元,该部分资产按评估价值超出公司所占股权资产份额(111.07万元)的部分即为1,584,262.84元,这部分价款将由新研股份先后分两次以现金方式支付给科力公司。

4. 科力公司现有的债权债务及财政应拨款争取在2011年12月30日前结清。

5. 将科力公司的公共技术服务业务移交生产力、新大两方,由生产力、新大继续经营,新研股份今后不再承接公共技术服务业务。

6. 本协议生效后,由新研股份、生产力、新大三方派出人员组成工作组,继续处理科力公司具体减资、债权债务、业务移交、工商变更等事宜。

7. 新研股份先前委派到科力公司的董事和人员自协议签署之日起由新研股份自行安排,与科力公司不再存在劳动关系。

## 【案例257】为降投资管控风险　友好集团对子公司减资5100万退出经营①

**减资主体:** 上海申友生物技术有限责任公司(以下简称申友公司)

**减资目的:** 集中精力做大做强商业主业,规避投资管控风险。

**减资情况:**

申友公司系新疆友好(集团)股份有限公司(以下简称友好集团)控股子公司,友好集团持有申友公司56.67%的股权,上海人类基因组研究中心(以下简称研究中心)持有其43.33%的股权。

2011年12月23日友好集团第六届董事会第二十三次会议通过了《关于公司以单方面减资方式退出申友公司的议案》,同意单方面减少控股申友公司注册资本金5100万元。本次减资完成后,申友公司注册资本金将减至3900万元,自此友好集团不再持有申友公司的股权。

---

① 参见新疆友好(集团)股份有限公司关于以单方面减资方式退出上海申友生物技术有限责任公司的公告(临2011-032号)。

**律师观点：**

1. 减资金额：经友好集团与研究中心协商确定减资金额为6046万元。

2. 支付方式和期限：友好集团与研究中心就本次减资事项签订相关协议，并在通过申友公司的董事会及股东会会议审议通过后，申友公司先向友好集团支付3023万元，即50%的款项。

3. 在完成工商变更相关工作后（不晚于2012年3月31日），申友公司向友好集团支付剩余的3023万元。

**769. 上市公司减资的，应在什么时点履行临时报告义务？**

上市公司应当在董事会就减资方案形成决议时履行临时报告义务。当上市公司披露减资事项后，如可能对上市公司证券及其衍生品种交易价格产生较大影响的，应当及时披露进展或者变化情况、可能产生的影响。

### 三、外商投资企业减资法定程序

**770. 外商投资企业减少投资总额和注册资本应当在什么部门办理报批手续？**

外商投资企业减少投资总额和注册资本，需经公司原审批的商务委批准，①并到登记机关（工商行政管理部门）办理有关公司减资的变更登记手续。

**771. 外商投资企业减少投资总额和注册资本应当具备什么条件？**

外商投资企业原则上不得减资，确有特殊原因需要减少投资总额和注册资本的，必须符合外商投资产业政策和相关法律、法规的规定。有下列情况之一的企业，不能申请调整投资总额和注册资本：

（1）现行法律、法规对注册资本有下限规定，其调整后的注册资本低于法定资金数额的；

（2）企业有经济纠纷，且进入司法或仲裁程序的；

（3）企业在合同或章程中对生产、经营规模有最低规模规定，其调整后的投资总额小于该最低规模的；

（4）中外合作经营企业合同中规定外方可先行回收投资，且已回收完毕的。

**772. 外商投资企业减资应履行什么审批程序？**

（1）初步审批

拟减资公司应向其原审批机关（对外经济贸易主管部门）提出申请并报送有

---

① 关于外商投资企业审批权限，详见本书第一章公司设立纠纷。

关文件。原审批机关接到按规定报送的有关文件后,以书面形式作出是否同意减资的初步批复。

(2)债权人通知及减资公告

拟减资公司应当自审批机关就同意公司减资作出初步批复之日起10日内,向债权人发出通知书,并于30日内在省级以上报纸上登载公告。

(3)终审

公告45日后,拟减资公司应当将公告证明和债权债务清偿和担保情况的说明报原审批机关。原审批机关接到规定的文件之日起30日内,作出批准或不批准的决定,予以批准的,换发《外商投资企业批准证书》,不予批准的,书面说明原因。原审批机关在作出批准决定后,应将决定同时抄送工商行政管理、税务或海关等有关部门。

(4)变更登记

公司在调整投资总额和注册资本的申请经原审批机关批准后的30日内,按规定向原工商行政管理机关办理变更登记手续(见图10-2)。

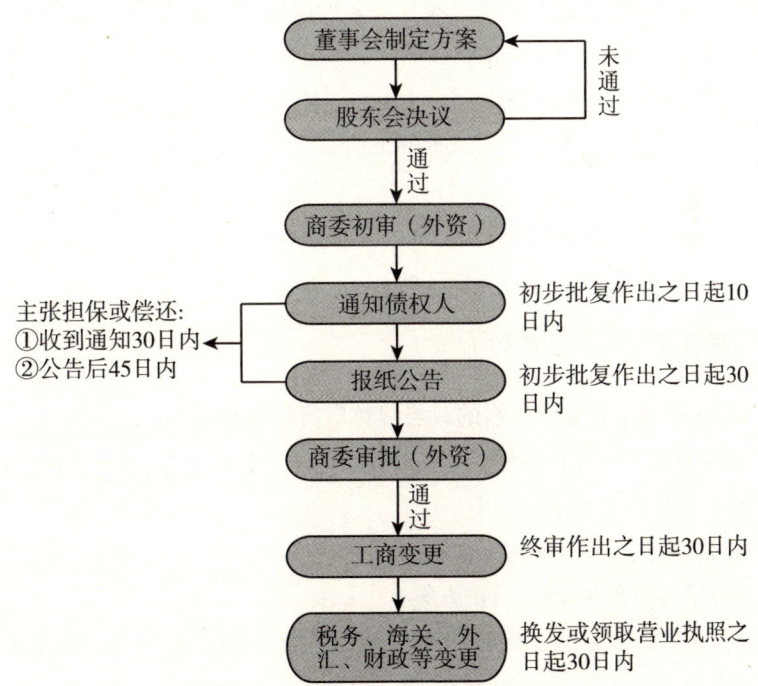

图10-2 外商投资企业减资审批程序

**773. 外商投资企业减资的初审及终审报批分别需要提交哪些材料？**

1. 外商投资企业减资的初审报批材料如下：

(1) 公司法定代表人签署的关于公司减资的申请书；

(2) 公司最高权力机构关于公司减资及修改合同、章程相应条款的决议；

(3) 股东大会律师意见函和公告(仅限上市公司)；

(4) 公司最高权力机构成员名单；

(5) 公司投资方法定代表人或授权代表签署的合同修正案(独资企业无须提供)；

(6) 公司的批准证书和营业执照(复印件)；

(7) 公司投资方法定代表人或授权代表签署的章程修正案；

(8) 会计师事务所出具的公司年度审计报告(复印件)；

(9) 经批准的合同(独资企业无须提供)、章程及修正案(复印件)；

(10) 涉及前置审批的按要求出具相关批准文件；

(11) 涉及投资方股权比例调整的须按股权转让要求提供其他材料；

(12) 授权签署文件的，须出具授权书及被授权代表身份证明(复印件)；

(13) 审批机关要求的其他文件。

2. 终审报批材料如下：

(1) 公司在报纸上登载公司减资的证明；

(2) 公司通知其债权人的证明；

(3) 公司就其有关债权、债务处理情况的说明；

(4) 审批机关要求提交的其他文件。

### 四、减资补亏及其法律效力

**774. 公司以减资弥补亏损的应当具体履行哪些程序？**

公司以减资弥补亏损的实质即通过注册资本来弥补亏损，系形式减资的一种表现形式。具体程序如下：

(1) 对公司进行审计确定亏损数额；

(2) 确定减资数额，制定减资方案；

(3) 股东大会决议通过减资，并依法履行减资的通知、公告、编制报表程序；

(4) 实施减资方案，并通过财务科目处理将实收资本部分减少的金额置入未分配利润财务科目，实现对亏损的弥补。

**775. 公司以注册资本弥补亏损是否违反法律规定?**

不违反。

《公司法》不允许公司以资本公积金弥补亏损,但并未禁止以注册资本弥补亏损。此外,减资弥补亏损的实质仅为将公司的财务科目进行调整,并未减少公司的所有者权益,因此不会对公司及其债权人的利益造成损害。

**776. 公司可否先行通过资本公积金转增股本,然后再以减资的方式将资本公积金变相用于弥补亏损?**

《公司法》明确禁止资本公积金用以弥补亏损,因此如果公司先以资本公积金转增股本,再通过减资弥补亏损从实质上等于绕开了《公司法》的强制性规定,该行为应当属于无效。

但是实践中,仍有公司,甚至是上市公司以此方式进行操作,该行为的具体效力由于法律尚无明确规定,因此有待法律加以规制。

### 【案例258】ST 飞彩:转增资本后减资弥补亏损[①]

飞彩股份2003年、2004年发生重大亏损,面临退市风险。为彻底改善飞彩股份的基本面,使公司具有持续经营能力,维护包括流通股股东在内的全体股东的利益,公司未来大股东中鼎股份拟通过资产置换注入优质资产,提高公司盈利能力。但是由于飞彩股份累计的亏损金额巨大,在10年内飞彩股份也无法用利润、公积金弥补多达7.7亿的亏损额;而按有关规定,公司如未弥补亏损,不能向投资者分配利润;在这种情况下飞彩股份如不进行减资,10年内也不能向投资者分配利润。一个公司如长期不能分配利润,将会动摇股东的信心,影响其投资信誉。因此,为解决上市公司持续经营、化解证券市场风险,飞彩股份只得选择减少公司资本以弥补亏损,从而使公司转入良性发展的轨道。

2006年7月25日,飞彩股份发布《第三届董事会第十五次会议决议公告及调整股权分置改革方案的公告》,将对价方案调整为:

股份对价除通过资产置换注入优质资产外,飞彩股份非流通股股东决定在股权分置改革中还将通过"转增、送股再减资弥补亏损"的方式作出股份对价安排,即先用资本公积金同比例转增,再由非流通股股东将其部分股份送予流通股股东,然后所有股东再同比例减资弥补亏损(以下简称"转增、送股再减资弥补亏损组合")。具体情况如下:

---

① 参见圣才学习网 http://www.100xuexi.com,2011年5月11日访问。

公司先以资本公积金向全体股东每10股转增22股,再由非流通股股东将其获增股份中的29,120,000股转送给流通股股东,最后全体股东以每10股减6.7335股的方式减资弥补亏损,流通股本从股权分置改革前的91,000,000股增加到改革后的104,632,528股;流通股股东每持有10股流通股将获得1.49808股的股份,相当于流通股股东每10股获得1.0股的对价。

综合以上,本次股权分置改革方案相当于流通股股东每10股获送不低于3.54股。

### 777. 公司的注册资本与公司实际资产不一致对公司和投资者而言有何不利?

主要有以下两点不利:

(1)若公司因预定资本过多而导致注册资本显著多于公司的实际资产,将造成资本过剩,闲置资本过多,这显然有悖于效率原则。

在这种情况下,公司减少注册资本,股东收回部分投资,并将收回的投资转入生产更多利润的领域,从而能够避免资源浪费,对公司而言无损失,同时提高了股东的资本利用效率。

(2)若公司严重亏损导致实际资产显著少于公司注册资本,将导致公司长期处于亏损状态,注册资本不能昭示公司的真正信用状况,不利于交易安全。

这种情况下,公司注销部分股份,减少注册资本,可使公司摆脱亏损状态。在这种情况下,其实质是由股东承担公司的亏损以达到使公司的注册资本与净资产水准相符的目的,虽然对股东的短期利益造成损害,却有利于公司的长远发展和股东的长期利益。

## 五、公司减资纠纷的裁判标准

### 778. 公司减资损害公司或股东利益时,应当如何救济?

区分主体及情况不同,可以适用如下三种救济方式:

(1)如果关于减资的股东(大)会决议程序违法或违反章程的,股东可提起确认决议无效或撤销股东会决议之诉[①],从而以此否定减资行为的效力。

(2)债权人或者股东可以直接提起减资纠纷诉讼,诉请法院确认减资行为无效。

---

① 关于确认股东会决议无效或撤销股东会决议诉讼,详见本书第二十章公司决议纠纷。

（3）若公司或股东认为董事、监事、高级管理人员、控股股东或实际控制人在减资过程中损害公司或股东利益的，可以提起损害公司利益或损害股东利益纠纷诉讼。①

**779. 在公司股东认缴出资尚未到位的情况下，是否允许公司进行减资？**

《公司法》并未明确禁止出资不足的公司进行减资，因此该减资行为只要符合减资的法定程序，即为有效。

但是值得探讨的问题是，此时股东是否可以实际从公司取回出资？

笔者认为，由于公司股东出资未足额缴纳，因此不得对公司进行实质减资，以避免损害债权人利益。

**780. 公司减资未履行通知及公告义务，或者未按照债权人的要求清偿债务或提供相应的担保，债权人可否要求股东承担连带责任？**

公司减资未履行通知及公告义务的行为，从某种意义上可认定为"未经法定程序将出资抽回的行为"，影响了公司对外偿债的能力，对债权人的债权带来了不能清偿的风险，该减资行为无效，应恢复到减资之前的状态。在减资行为造成公司财产不足以清偿债权人的损害结果时，债权人可以要求减资股东在减资范围内对减资前的公司债务承担补充赔偿责任。

**【案例259】公司经营资不抵债，认缴注册登记制下股东出资义务加速到期**

**原告**：香通公司

**被告**：昊跃公司

**被告**：徐青松

**被告**：毛晓露

**被告**：接长建

**被告**：林东雪

**诉讼请求**：

1. 判令被告昊跃公司向原告支付股权转让款2000万元；

2. 判令被告接长建、林东雪在各自未出资本息范围内，就被告昊跃公司上述转让款不能清偿的部分承担补充赔偿责任，被告徐青松、被告毛晓露、被告接长

---

① 关于损害公司利益及损害股东利益纠纷诉讼，详见本书第十三章损害公司利益责任纠纷、第十四章损害股东利益责任纠纷。

建、被告林东雪之间承担连带责任;

3. 被告接长建、被告林东雪在减资本息范围内,就被告昊跃公司对原告上述股权转让款不能清偿的部分承担补充赔偿责任,被告徐青松、被告毛晓露在各自未出资范围内与被告接长建、被告林东雪承担连带责任。

**争议焦点:**

被告徐青松、接长建和林东雪是否应该对被告昊跃公司的债务承担补充赔偿责任?

**基本案情:**

1. 有关目标公司"卫运公司"股权转让协议的签订及履行情况。

2014年5月1日,原告香通公司与被告昊跃公司签订一份有关目标公司"卫运公司"的股权转让协议,协议约定,原告香通公司将其持有的"卫运公司"99.5%股权转让给被告昊跃公司,昊跃公司应该于合同签订后的30日内,付清全部转让款。同日,"卫运公司"召开临时股东会决议,决议内容为:成立由昊跃公司、朱悦组成的新一届股东会;同日,通过了公司章程修正案。

2014年5月22日,目标公司"卫运公司"完成股权转让工商变更登记,由原先的香通公司享有"卫运公司"99.5%股权,变更为由昊跃公司享有"卫运公司"99.5%股权。

2014年7月1日,原告香通公司与被告昊跃公司签订关于"卫运公司"股权转让的补充协议,约定被告昊跃公司于2014年8月30日前付款2000万元,2014年11月30日前付款2000万元,2014年12月31日前付款2000万元,2015年1月31日前支付剩余的1960万元。截至原告香通公司向法院起诉之日,被告昊跃公司未向原告支付过上述股权转让款。

2. 关于被告昊跃公司的注册资本、股东及股权变更方面的情况。

被告昊跃公司成立于2013年11月1日,注册资本为2000万元,实缴金额为400万元。其中原发起人即本案被告徐青松认缴出资额为1400万元(占公司资本额的70%),实缴出资额为280万元,原发起人即本案被告毛晓露认缴出资额为600万(占公司资本额的30%),实缴出资额为120万元。徐青松、毛晓露的认缴出资期限均为两年。2014年4月2日,被告毛晓露与被告林东雪签订股权转让协议,由林东雪出资120万元受让毛晓露持有的昊跃公司30%的股权,毛晓露、林东雪在该股权转让协议上签字。2014年4月6日,被告昊跃公司通过股东会决议,同意由被告林东雪出资120万元受让被告毛晓露的股权。同日,被告昊跃公司通过另一个股东会决议,决定成立新一届股东会,并将公司资本由2000万元增

# 第十章
## 减资纠纷

资到10亿元,被告徐青松与被告林东雪在公司的股东会决议上签字。同年4月17日,工商登记机关准予昊跃公司注册资本金由2000万元增至10亿元,实缴金额依然是400万元,章程约定,股东徐青松与林东雪在2024年12月31日之前缴纳出资。同日,工商登记机关核准昊跃公司的股东由徐青松、毛晓露变更为徐青松与林东雪。

2014年7月,被告徐青松准备将其在昊跃公司拥有的股权转让给被告接长建。徐青松称,由于不想按照10个亿的注册资本交税,他希望减资和转让股权一起操作;徐青松在和接长建商量下来后,要先行减资。被告徐青松将减资事宜交给其工作人员办理。2014年7月20,被告昊跃公司作出股东会决议,决定公司注册资本金由10亿元减至400万元;公司减资后,被告接长建出资280万元,占70%,被告林东雪出资120万元,占30%。公司决议中的签字人为"接长建和林东雪"。2014年7月30日,昊跃公司在《上海商报》上刊登了一份减资公告,内容为"昊跃公司经股东会决议注册资本由10亿元减至400万元,特告"。对于昊跃公司在《上海商报》上刊登减资公告事宜,徐青松庭审中表示"自己是知道的,是叫下面的员工去办理的"。

在2014年8月21日这一天,几个被告之间签订了一系列与股权转让相关的协议及公司决议。昊跃公司通过股东会决议,同意被告接长建出资280万元受让被告徐青松持有的70%股权;被告徐青松与被告接长建签订股权转让协议,由被告接长建出资280万元受让被告徐青松持有的被告昊跃公司的70%股权;修改公司章程;成立新一届股东会,法定代表人由接长建担任。2014年9月3日,上海市工商行政管理局嘉定分局核准昊跃公司的股东由徐青松、林东雪变更为接长建、林东雪,并且核准了变更后的昊跃公司章程。

2014年9月22日,昊跃公司向工商登记机关申请注册资本金额由10亿元减至400万元,公司法定代表人一栏的签名为"接长建"。在提交给工商登记机关的"有关债务清偿及担保情况说明"这一材料中,昊跃公司的表述为:"根据2014年7月20日昊跃公司关于减资的股东会决议,本公司编制了资产负债表及财产清单,在该决议作出之日起的10日内通知了债权人,并于2014年7月30日在上海商报报纸上刊登了减资公告。现就减资所涉及的债务清偿及担保问题做如下说明:根据公司编制的资产负债表及财产清单,公司对外债务为0万元。至2014年9月22日,公司已向要求清偿债务或者提供担保的债权人清偿了全部债务或提供了相应的担保。未清偿的债务,由公司继续负责清偿,并由接长建和林东雪在法律规定的范围内提供相应的担保"。被告昊跃公司以及担保人接长建和林东雪

均在该材料上面签名。

2014年10月10日,上海市工商行政管理局嘉定分局准予昊跃公司注册资本金额由10亿元减资至400万元的变更登记,并核准了公司章程。

**原告诉称:**

被告昊跃公司以7960万元的价格购买原告持有的卫运公司99.5%股权,原告依约办理了工商变更登记手续,但被告迟迟未支付股权转让款。被告徐青松、毛晓露是被告昊跃公司在设立之初的发起人,被告接长建、林东雪是被告昊跃公司的现任股东,四位自然人股东均未全面履行出资义务,被告接长建、被告林东雪在减资时未通知作为已知债权人的原告。各被告应对昊跃公司债务承担连带责任。

**被告辩称:**

被告昊跃公司对于原告的诉讼请求,未提出实质性的抗辩意见。

被告徐青松、被告毛晓露辩称,其作为发起人股东已经履行了按期出资义务,不负有对后面未到期认缴出资的履行义务。

被告接长建、被告林东雪辩称,已经实际出资,其他认缴出资的时间尚未届满,没有法定的义务提前缴付出资。减资并非为了逃避债务,而是公司投资发展的需要,且已经按照工商机关的要求办理了减资手续,减资并未造成公司资产的流失,也没有对债权人产生实际损害。未通知已知债权人系疏忽所致,故不同意承担相应责任。

**律师观点:**

1. 被告昊跃公司的减资行为,尽管经过了公司股东会决议、在报纸上公告以及向工商机关变更登记,但是,仍不符合法定减资程序。

有限责任公司的股东有权减少公司的注册资本,但是,减资必须依照法律的规定进行。《公司法》第177条规定:"公司需要减少注册资本时,必须编制资产负债表及财产清单。公司应当自做出减少注册资本决议之日起十日内通知债权人,并于三十日内在报纸上公告。债权人自接到通知书之日起三十日内,未接到通知书的自公告之日起四十五日内,有权要求公司清偿债务或者提供相应的担保。"从该条规定来看,公司如果想要在法律上有效进行减资,必须符合相应的条件:(1)编制资产负债表及财产清单;(2)在做出减少注册资本的决议之后,在法定时间内通知债权人(直接通知义务系针对公司做出减资决议时的已知的债权人,公告通知义务系针对公司做出减资决议时的未知的债权人);(3)公司债权人要求进行清偿或者担保的,必须进行清偿或者担保。

首先，本案中，昊跃公司决定减资的股东会决议并不是由公司的实际股东作出。昊跃公司决定将公司注册资本由10亿元减至400万的决议是于2014年7月20日形成的，当时昊跃公司的实际股东是被告徐青松和被告林东雪，在股东会决议上签字的却是"接长建、林东雪"，而接长建当时并不是昊跃公司的股东，接长建是在2014年8月21日才与被告徐青松签订股权转让协议的。之后，昊跃公司于2014年7月30日在《上海商报》上的公告、提交给工商登记的变更申请，都是以2014年7月20日的股东会决议作为基础。没有合法、有效的股东会减资决议，整个减资行为就没有法律基础。先有股东会减资决议，然后在报纸上进行公告才更合乎情理；而如果是先在报纸上进行减资公告，然后由股东会通过减资决议，显然与常理不符。

其次，昊跃公司的减资行为并没有通知本案原告这样的已知债权人。由于公司减少注册资本可能损害公司债权人的利益，因此，我国公司法规定，公司在减少注册资本时必须通知已知债权人，同时对于未知债权人要进行公告。被告仅在《上海商报》刊登减资公告，而未依法采用及时、合理、有效的方式告知，致使原告丧失了在减资前要求其清偿债务或提供担保的权利，不符合法定减资程序。

2. 被告昊跃公司的减资行为对原告不产生法律效力，昊跃公司的自然人股东徐青松、林东雪应在减资范围内向原告承担补充赔偿责任。

昊跃公司及其股东在明知公司对外负有债务的情况下，没有按照法定的条件和程序进行减资，该减资行为无效。在昊跃公司负有到期债务、公司财产不能清偿债务的情况下，昊跃公司的股东徐青松和林东雪应该承担昊跃公司尚欠的债务。同时，被告昊跃公司未履行法定程序和条件减少公司注册资本，类似于抽逃出资行为，原告作为公司债权人也可以要求徐青松和林东雪对于昊跃公司不能清偿的部分承担补充赔偿责任。

3. 认缴制下公司股东的出资义务只是暂缓缴纳，而不是永久免除，在公司经营发生了重大变化时，公司包括债权人可以要求公司股东缴纳出资，以用于清偿公司债务。

本案的被告昊跃公司在2014年4月进行增资时，其注册资本的缴纳与传统公司实缴注册资本已经有所不同，此时昊跃公司采取的是"实缴"（实缴资本为400万）与"认缴"（9.96亿元）相结合的方式，认缴期限为10年（2024年12月31日之前）。从理论上讲，被告昊跃公司的股东徐青松、林东雪可以在2024年12月31日之前的任何时间缴纳余下的认缴出资。但认缴制下公司股东的出资义务只是暂缓缴纳，而不是永久免除，在公司经营发生了重大变化时，公司包括债权人可以要求公司股东缴纳出资,以用于清偿公司债务。

首先,在注册资本认缴制下,公司股东在登记时承诺会在一定时间内缴纳注册资本(例如,在本案中被告昊跃公司的股东承诺在10年内缴纳),该承诺规定备案在工商登记资料中,对外具有公示效力,是其对社会公众包括债权人所作的一种承诺。股东作出的承诺,对股东会产生一定的约束作用,同时对于相对人(例如债权人)来说,也会产生一定的预期。就本案来说,被告昊跃公司在经营中发生了重大变化,公司对外出现了巨额的债务,这样一笔债务是依法已经到期的债务;该笔债务(7960万元)已经远远超过公司的实缴出资,实缴出资已经无法让公司承担债务。如果僵化地坚持股东一直到认缴期限届满时才负有出资义务,只会让资本认缴制成为个别股东逃避法律责任的借口。

其次,让昊跃公司的股东缴纳出资以承担本案中的责任,符合平衡保护债权人和公司股东利益这样的立法目的。《公司法》中的有限责任制度,原则上要求公司股东只以出资额为限,对公司债务承担有限责任,这样的原则是为了更好地保护公司股东的利益,让股东可以安全地投入到生产经营中去。但是,公司有限责任制度,不应该成为股东逃避责任的保护伞。经过长期的司法实践和立法,法律规定在一定情形下可以"刺破法人的面纱",否定公司法人人格,让公司股东个人承担责任。如果完全固守认缴制的股东一直要等到承诺的期限届满才负有缴纳出资的义务,则可能会让负债累累的股东悠然自得地待在公司有限责任这一保护伞之下,看着债权人急切而又无可奈何的样子暗自窃喜。这种只让股东享受认缴制的利益(主要是延期缴纳出资的期限利益),而不承担相应风险和责任的结局,不符合《公司法》修订时设立资本认缴制的初衷。在公司负有巨额到期债务的情况下,公司股东采取认缴制的期限利益就失去了基础。

再次,责任财产制度也要求资本认缴制的公司股东在公司出现重大债务时缴纳出资,以用于对外承担责任。责任财产制度是民事责任中的一项重要制度,它是指任何民事主体应该以其全部财产对外承担债务。我国《公司法》规定,"公司以其全部财产对公司的债务承担责任"。在公司成立采取认缴制的情况下,债权人不仅仅可以要求公司以现在实际拥有的全部财产承担责任,而且在公司现有财产不足以清偿债务、而公司股东承诺在将来认缴出资的情况下,为保护债权人的合理期待以及合法利益的需要,应可以要求公司股东提前出资,以清偿公司债务。

4. 被告毛晓露在本案系争股权转让协议签订之前已经退出昊跃公司,不应该对其退出之后昊跃公司的行为承担责任。由于减资行为被认定无效之后,应该恢复到减资行为以前的状态,因此被告接长建不应认定为昊跃公司的股东,接长建可以不承担昊跃公司对原告所承担的责任。

**一审判决:**

1. 被告昊跃公司应于本判决生效之日起 10 日内支付原告股权转让款人民币 2000 万元;

2. 被告徐青松、被告林东雪对于被告昊跃公司不能清偿的股权转让款,在各自未出资的本息范围内履行出资义务,承担补充赔偿责任。

## 【案例260】拘留中股东认可债务　公司减资未通知债权人需补充赔偿[①]

**原告:** 善通公司

**被告:** 秦某、宋某(秦某之子)

**诉讼请求:**

1. 被告秦某对秦臻酒店应向原告支付 109,228.40 元的义务在减资 34.8 万元的范围内承担补充赔偿责任;

2. 被告宋某对秦臻酒店应向原告支付 109,228.40 元的义务在减资 25.6 万元的范围内承担补充赔偿责任。

**争议焦点:**

1. 秦臻酒店减资时是否明知原告为其债权人;
2. 秦臻酒店在减资时未通知原告,两被告作为股东应承担何种责任。

**基本案情:**

秦臻浴场未能履约闵行法院出具的(2008)闵民二(商)初字第2686号民事调解书,原告申请强制执行。闵行法院受理后,对秦臻浴场法定代表人被告秦某采取拘留措施。

在执行过程中,原告、秦臻浴场、秦臻酒店签订《协议》,约定:1. 秦臻浴场应支付原告 219,228.40 元,分期支付;如秦臻浴场逾期支付,原告可及时恢复执行,且加罚违约金;2. 秦臻酒店为秦臻浴场上述执行款及违约金做担保。

当日,原告收到现金 5 万元。

次日,闵行法院承办人提审被告秦某,并在笔录上告知其《协议》签订事宜和内容。被告秦某表示认可周某、陆某某代表秦臻酒店与原告协商之事及《协议》的效力。

---

[①] 参见上海市杨浦区人民法院(2012)杨民二(商)初字第156号民事判决书;上海市第二中级人民法院(2012)沪二中民四(商)终字第712号民事判决书。

此后,秦臻酒店分4次从其银行账户打款1.5万元到原告银行账户。之后,秦臻浴场和秦臻酒店未再支付原告欠款。

2010年1月5日,闵行法院出具(2009)闵执恢复字第351号执行裁定书,因秦臻浴场《协议》确定的付款义务,而秦臻酒店对秦臻浴场付款承诺予以担保后亦未践言,裁定追加秦臻酒店为该案的被执行人。秦臻酒店应对(2008)闵民二(商)初字第2686号民事调解书确定的秦臻浴场付款义务承担连带清偿责任。

秦臻酒店的法定代表人为被告宋某,股东为两被告。公司原注册资本为80万元,被告秦某认缴出资48万元,实缴出资9.6万元,被告宋某认缴出资32万元,实缴出资6.4万元。

2011年4月1日,秦臻酒店的注册资本由80万元变更为16万元。秦臻酒店在新民晚报上刊登了减资公告,并在该决议作出之日起10日内通知了债权人,但未通知原告,次日变更工商登记。

**原告诉称:**

在原告债权仍未实现的情况下,秦臻酒店对注册资本进行减资,却在减资中未通知原告,构成减资不当。秦臻酒店股东两被告应当对秦臻酒店所负原告之担保债务在减资范围内承担补充责任。

**被告均辩称:**

1. 秦臻公司全部股东对担保事宜均不知情。

《协议》系周某、陆某某代表秦臻浴场签订,不能代表秦臻酒店。两被告为秦臻酒店仅有的两名股东,当时均在看守所里,不知担保事宜。

2. 秦臻酒店没有签收相关裁定书。

闵行法院邮寄的追加秦臻酒店为被执行人的裁定书由秦臻浴场的工作人员收取,秦臻酒店并未实际签收;秦臻浴场账户被法院冻结后,借用秦臻酒店账户转账给原告,该行为不是履行《协议》的担保义务。

3. 即使秦臻酒店的担保成立,原告的债权也只能按未知债权处理。

针对未知债权,两被告在秦臻酒店减资过程中已经依照法律规定,登报通知了未知债权人原告,并不构成减资不当。

**律师观点:**

1. 原告是秦臻酒店的已知债权人。

(1)2009年3月25日,被告秦某作为秦臻酒店股东在闵行看守所里阅看过《协议》,明知秦臻酒店对秦臻浴场拖欠原告的债务提供担保;

(2) 闵行法院提前解除对被告秦某采取的拘留措施后,秦臻酒店4次从其银行账户分别打款1.5万元到原告银行账户,部分履行了《协议》约定义务;

(3) 2010年1月5日闵行法院出具(2009)闵执恢复字第351号执行裁定书,裁定追加秦臻酒店为该案的被执行人,并向秦臻酒店的注册地址进行送达。

上述事实可以证明原告是秦臻酒店的已知债权人。两被告认为原告是秦臻酒店的未知债权人,无事实依据,难以采信。

2. 秦臻酒店减资时未特别通知原告应承担相应法律责任。

两被告作为秦臻酒店股东应当按期足额缴纳公司章程中规定的各自所认缴的出资额。两被告通过股东会减资决议对尚未缴足的出资额免除各自部分应缴出资的义务。该种减资方式尽管没有实际资产的流出,但实际上使得本应增加的公司资产无法增加,是消极意义上的资产减少,属实质减资。秦臻酒店在减资中对于已知债权人原告,未依法及时采取合理、有效的方式予以告知,致使原告未能行使相关权利,危及其债权的实现。秦臻酒店注册资本具有对公司债权人的担保功能,因两被告的减资行为存在瑕疵,导致减资前形成的公司债权在减资后清偿不能,两被告应在减资数额范围内对秦臻酒店债务承担补充赔偿责任。

**法院判决:**

1. 被告秦某应于判决生效之日起10日内对秦臻酒店向原告支付109,228.40元的付款义务在被告秦某减少出资348,000元的范围内承担补充赔偿责任;

2. 被告宋某应于判决生效之日起10日内对秦臻酒店向原告支付109,228.40元的付款义务在被告宋某减少出资256,000元的范围内承担补充赔偿责任。

## 六、违法减资的法律责任

**781. 减资无效后,公司的民事责任有哪些?**

减资无效后,公司的民事责任包括如下三项:

(1) 公司应当要求接受出资款的股东返还投资款;

(2) 如果公司已经变更股东名册的,应当将股东名册变更至减资前的状态;

(3) 如果公司已经对减资办理了工商变更登记,则公司应当将工商登记恢复至减资前的状态。

**782. 公司减资未办理工商变更登记应承担何种行政责任?**

由公司登记机关责令限期登记;逾期不登记的,处以1万元以上10万元以下的罚款。

**783. 如果上市公司减资未履行临时报告义务,或者违规披露信息,给投资者造成损失的,公司应当承担何种民事责任?公司的董事、监事及高级管理人员是否需要承担责任?由此造成的损失应当如何认定?**

此时上市公司的该行为属于虚假陈述,因此公司应当对投资者的损失承担损害赔偿责任,而公司的董事、监事及高级管理人员等也应当对此承担连带责任。

虚假陈述导致的损失包括但不限于如下两项:

(1)投资差额损失;

(2)投资差额损失部分的佣金和印花税。

对上述范围内的损失所涉资金利息,自买入至卖出证券日或者基准日,按银行同期活期存款利率计算。

值得注意的是,如果由于发行人的虚假陈述,导致证券被停止发行的,投资人有权要求返还和赔偿所缴股款及银行同期活期存款利率的利息。

## 【案例261】虚假陈述与股市风险并存　扣除股市下跌损失认定虚假陈述责任①

**原告**:苏万福

**被告**:科技公司(原名纵横公司)

**诉讼请求**:判令被告纵横公司赔偿原告投资差额损失2,250,766元、投资差额损失部分的佣金7877.68元、投资差额损失部分的印花税9003.06元及实际占用资金的利息。

**争议焦点**:

1. 原告投资损失与被告虚假陈述是否存在因果关系,如何分配举证责任;

2. 原告投资损失是否与股市系统风险存在因果关系,如何判断是否存在股市系统风险;

3. 如何确定股市系统风险所致的损失数额,证券市场综合指数、流通股总市值、行业板块指数及市值的下跌数据对确定损失数额有何意义;

4. 在虚假陈述和股市系统风险对投资损失均有影响的情况下,如何确定虚假陈述行为导致的损失金额。

---

① 参见江苏省高级人民法院(2007)苏民二终字第0112号民事判决书。

# 第十章

## 减资纠纷

**基本案情：**

被告是在上海证券交易所上市的公司。

2001年3月30日被告发布了2000年年度报告。

被告股票因未能及时公布年报，自2002年5月1日起被停牌，后因被视为财务状况异常，自2002年7月19日起被特别处理，成为"ST"股；之后，被告于2002年7月22日公布2001年年度报告、2002年7月24日公布2002年第一季度报告，股票于2002年7月24日恢复上市。自2002年7月24日至2002年9月25日共45个交易日，被告股票的累计成交量达到其可流通部分100%，每个交易日收盘价的平均价格为6.14元/股。

2001年7月5日，被告依照当日收盘价在上海证券交易所上市的全部A股流通股总市值为955,893,104,848元，剔除其后发行的新股，则上述全部A股流通股在2002年5月30日的总市值为691,238,845,661元。

2002年5月30日，被告发布重大事项公告，内容为：日前，本公司接到上海证券交易所上证上字〔2002〕94号《关于提请对纵横公司进行专项核查的报告》及中国证监会上海稽查局沪证稽便〔2002〕016号《关于对纵横公司进行调查的函》，上海稽查局将对本公司涉嫌违反证券法规行为进行现场调查。

2004年7月27日，证监会作出证监罚字〔2004〕26号行政处罚决定书，认定被告在2000年度年报中有多处虚假陈述的情况，并对被告及其相关人员处以罚款、警告、认定为终身证券市场禁入者等行政处罚。

2004年8月21日，被告为虚假陈述行为发布致歉公告。

原告买卖被告股票的情况如下：

2001年7月5日，分16次买入61,000股；

7月6日，分7次买入210,535股；

7月9日买入800股；

10月24日买入200股；

原告买入被告股票的平均价格为每股14.47元；买入的佣金为3.5%，印花税为4%；2001年8月27日卖出2335股，其余部分至2002年9月25日前未卖出。

被告股票所在的"普通机械制造业"行业全部A股流通股的总市值变动情况如下：

2001年7月5日为8,214,770,323.2元；

7月6日为8,165,705,288元；

2002年5月30日为6,057,304,985.6元。

由于上海证券交易所无"机械类板块"指数数据,故无法提供"机械类板块"指数在相关时点的变动情况。

此外,上证综合指数的收盘点位情况如下:

2001年7月5日为2181.66点;

7月6日为2170.52点;

2002年5月30日为1523.52点。

**原告诉称:**

被告没有如实披露信息,存在虚假陈述。原告基于信任被告的虚假陈述作出错误的投资决定,造成严重损失,应由被告赔偿。

**被告辩称:**

原告当时购买被告股票与2000年年报没有因果关系,原告并没有因虚假陈述而遭到损失。股市本身是有风险的,应当扣除证券市场系统风险对股价下跌的影响。

请求驳回原告的全部诉讼请求。

**一审认为:**

1. 被告行为构成虚假陈述。

被告在2001年3月30日公布的2000年年度报告中虚构利润、对增发募集资金使用情况等进行虚假披露,并且未及时披露1999年至2000年与3家公司签订的互保协议及其协议项下多份担保合同,其行为已经构成虚假陈述,2001年3月30日是虚假陈述实施日。

2. 2002年5月30日可以视为虚假陈述揭露日,2002年9月25日应被确定为基准日。

被告于2002年5月30日公告了公司接到上海证券交易所上证上字〔2002〕94号《关于提请对被告纵横公司进行专项核查的报告》及中国证监会上海稽查局沪证稽便〔2002〕016号《关于对被告纵横公司进行调查的函》、上海稽查局将对公司涉嫌违反证券法规行为进行现场调查的事项,中国证券报亦于同日对此进行了报道,该调查与前述虚假陈述有直接的关联,2002年5月30日可以视为虚假陈述揭露日。该虚假陈述被揭露后,自2002年7月24日至2002年9月25日被告股票的累计成交量达到其可流通部分100%,2002年9月25日应被确定为基准日。

3. 原告损失与2000年年报存在因果关系的证明责任不在原告。

作为普通的投资者在决定购买某只股票时,无疑对该股票发行人所披露信息只能给予足够的信任,被告所有已经披露的信息都应当是原告在决定购买股票时所信赖的对象。

被告关于原告购买股票发生的亏损与虚假陈述之间没有因果关系的抗辩没有依据,不应予以采纳。

被告认为原告的亏损主要是由股市本身的风险所致,但未能举证证明有免责事由存在,故应赔偿原告因购买被告股票受虚假陈述影响而遭受的损失。

4. 原告的损失与被告的虚假陈述存在因果关系。

原告于虚假陈述实施之后揭露日之前购买纵横国际股票,并因2002年9月25日前持续持有而产生亏损。在虚假陈述被揭露之前,被告股票的股价并非正常的价格,而是受虚假陈述的影响处于一种虚高的状态,后因虚假陈述被揭露而下跌,原告因持有该股票而产生亏损,该亏损与被告的虚假陈述之间有因果关系。

综上,原告关于被告因虚假陈述应赔偿其购买该公司股票而产生的亏损的诉讼请求应予支持。

5. 原告主张的赔偿数额符合法律规定。

虚假陈述行为人在证券交易市场承担的民事赔偿责任以投资人因虚假陈述而实际发生的损失为限,该损失包括投资差额损失及该部分的佣金和印花税,再加上前述资金自买入至卖出证券日或者基准日的银行同期活期存款利息。

原告主张赔偿的损失数额总计为 2,267,646.74 元(其中投资差额损失为 2,250,766 元,该投资差额损失部分的佣金和印花税为 16,880.74 元),并未超出前述规定。

**一审判决:**

被告自判决生效之日起 10 日内赔偿原告 2,267,646.74 元及利息(该利息从 2001 年 10 月 24 日起按中国人民银行同期活期存款利率计算至 2002 年 9 月 25 日止)。

被告不服一审判决,向上级人民法院提起上诉。

**被告上诉称:**

众所周知,从 2002 年起,中国的股市一直处于低迷状态,整体大盘是下跌的。原审法院漏查了证券市场系统风险这一事实,在损失计算中没有扣除系统风险造成的股价下跌损失。请求撤销原判,将本案发回重审或直接改判被告不承担任何责任。

**原告二审辩称:**

原审判决认定事实清楚,适用法律正确,应予维持。

**律师观点：**

1. 关于原告购买纵横国际股票至虚假陈述揭露日期间是否存在证券市场系统风险。

系统风险存在与否，可以透过证券市场的综合指数、流通股总市值、股票所在行业板块指数及市值等数据的变动情况加以判断。

自原告于2001年7月5日、6日购买纵横国际股票至虚假陈述揭露日2002年5月30日，上证综合指数、沪市全部A股流通股总市值、纵横国际所在的机械类行业A股流通股总市值这三类数据均出现了较大幅度的下跌：

2002年5月30日的上证综合指数收盘点位较2001年7月5日、2001年7月6日分别下跌了30.17%、29.81%；

2002年5月30日在上海证券交易所上市的全部A股流通股总市值较2001年7月5日下跌了27.69%；

2002年5月30日被告股票所处的"普通机械制造业"行业A股流通股总市值较2001年7月5日、2001年7月6日分别下跌了26.26%与25.82%。

由此可见，在2001年7月5日至2002年5月30日期间，证券市场上个股价格出现了整体性下跌，证券市场的系统风险客观存在。

受其影响，即便不存在被告纵横公司的虚假陈述行为，纵横国际股票的市场价格在上述期间亦难免会有一定幅度的下跌。

根据《最高人民法院关于审理证券市场因虚假陈述引发的民事赔偿案件的若干规定》第19条"损失或者部分损失是由证券市场系统风险等其他因素所导致的，人民法院应当认定虚假陈述与损害结果之间不存在因果关系"的规定，在确定被告纵横公司的赔偿责任时应当扣除证券市场系统风险所致的损失。

2. 关于证券市场系统风险所致的损失数额如何确定。

对此，当前立法与司法解释皆无规定。在此法律背景下，系统风险是否存在，要总体把握。

（1）参考综合指数，但不要将其作为唯一标准。

虽然市场总体风险是以证券市场的综合指数、流通股总市值等因素综合体现出来的，但在确定系统风险所致的损失时，亦不能采用单一标准，而应在综合分析能够具体体现系统风险的"上证综合指数""沪市全部A股流通股总市值""纵横国际所在的机械类行业板块指数""机械类行业A股流通股总市值"这四类数据变动情况的基础上加以把握。

在上述4类数据中，被告股票所处的机械类行业板块指数及板块市值变动情况与其股价最具关联性,最能体现出系统风险对被告股票股价的实际影响力,故应将其作为计算系统风险损失的优先考虑因素。

(2)多角度多标准判断,增强判断系统风险的科学性。

①同类板块指数应当作为判断系统风险的重要事由之一。因为与综合指数相比,同类板块指数与个股的关联性更加密切,判断系统风险的准确性更高,自不应将其排除在外。

②同类板块指数与综合指数应一并纳入考虑范围,相互佐证系统风险是否存在。二者应属并列关系,而非选择关系。

③在指数之外,将流通股总市值的变化情况作为参考指标,具有补强判断标准客观性的重要价值。将证券交易市场全部A股流通股总市值及股票所在行业板块A股流通股总市值引入判断系统风险的指标体系,可在相当程度上弥补当前指数计算基础中含有非流通股因素的弊端,增强判断的客观性与科学性。事实亦表明,指数与市值这两类数据的变化情况并不一致,这也从一个侧面印证了引入流通股总市值的变动情况作为判断因素之一并非可有可无。

④在计算流通股总市值的变化情况时,应确保计算基础的一致性。不能简单地以购买日和卖出日(或基准日)对应的市场流通股总市值和板块流通股总市值作为计算依据,应当特别留意在计算卖出日(或基准日)对应的证券市场流通股总市值与个股所在行业流通股总市值数据时,须以购买日当天在证券交易所上市的全部流通股和股票所在板块全部流通股为统计标准,剔除其后发行的新股。

⑤上述4个指标均系客观标准,便于司法实践中掌握。具体适用时,4个指标不一定都存在。比如,对于某些板块如机械类板块,目前尚无相应的指数数据,故这种情形下只能依照其余3项指标综合加以判断。

本案中上海证券交易所即无"机械类行业板块"指数数据,法院应在综合分析其他三类数据变动情况的基础上作出认定。

如前所述,自原告于2001年7月5日、6日购买纵横国际股票至虚假陈述揭露日2002年5月30日,上证综合指数分别下跌了30.17%与29.81%,沪市A股流通股总市值下跌了27.69%,被告股票所在的"普通机械制造业"行业A股流通股总市值分别下跌了26.26%与25.82%。

鉴于2001年7月6日原告购买的股票为210,535股,占其全部股票数的77.25%,故以2001年7月6日为参照所反映的相关数据的变动情况应作为主要参考因素。

综合考虑上述各因素,确定证券市场系统风险造成被告股票股价下跌的幅度为26%。

(3) 如何认定系统风险所致损失数额。

①如上所述,系统风险造成损失数额的影响因素种类繁多,应在综合分析能够具体体现系统风险的"上证(深证)综合指数""沪市(深市)全部A股流通股总市值""个股所在的行业板块指数""行业板块A股流通股总市值"这四类数据变动情况的基础上综合加以把握。

②在上述四类数据中,个股所处的行业板块指数及板块市值变动情况与个股股价更具关联性,更能体现出系统风险对个股股价的实际影响力,故应将其作为计算系统风险损失的优先考虑因素。

③如果投资者购买股票的时间不在同一天,则应分别计算出不同批次股票购买时间所对应的上述四因素的变动情况。在此基础上,应以股票购入量较大的时间点所对应的四因素的变动情况作为重点衡量指标,相应赋予其在影响最终结果的计算因素中以更大的权重。

本案原告买入被告股票的平均价格为每股14.47元,则因系统风险导致的纵横国际股价的损失为每股3.76元(14.47元×26%)。至投资差额损失计算的基准日即2002年9月25日,原告尚未卖出的股票数为270,200股,故本案应予扣除的系统风险所致损失数额为1,015,952元(3.76元/股×270,200股)。在不考虑证券市场系统风险的情况下,原告的投资差额损失为2,250,766元[(14.47 - 6.14)元/股×270,200股]。扣除系统风险所致损失1,015,952元后,原告因被告股票虚假陈述所致的投资差额损失为1,234,814元(2,250,766元 - 1,015,952元)。该投资差额损失部分的佣金为4321.85元(1,234,814元×3.5%),印花税为4939.26元(1,234,814元×4%)。

以上3项合计,被告因虚假陈述而应向原告赔偿的损失本金为1,244,075.2元。

综上,被告关于原审判决未在损失计算中考虑系统风险的上诉理由成立,法院应予以支持。

**法院判决:**

1. 撤销原审判决;

2. 被告自判决生效之日起10日内向原告赔偿1,244,075.2元及其利息(该利息从2001年7月6日起按中国人民银行同期活期存款利率计算至2002年9月25日止);

3. 驳回原告其他诉讼请求。

**784. 上市公司减资未履行临时报告义务,将受到何种行政处罚?**

上市公司减资未履行临时报告义务属于上市公司违反信息披露义务的一种,应按照以下规定处罚:

发行人、上市公司或者其他信息披露义务人未按照规定披露信息,或未按照规定报送有关报告,或者所披露的信息有虚假记载、误导性陈述或者重大遗漏的,责令改正,给予警告,并处以30万元以上60万元以下的罚款。对直接负责的主管人员和其他直接责任人员给予警告,并处以3万元以上30万元以下的罚款。

发行人、上市公司或者其他信息披露义务人的控股股东、实际控制人指使从事上述违法行为的,依照前述规定处罚。

**【案例262】鲁北化工多起关联交易未披露 公司及负责人共计被罚147万元**①

当事人:鲁北化工;冯久田,时任董事长;袁金亮,时任总经理;吴玉瑞,时任鲁北财务总监兼董事;田玉新,时任董事会秘书;刘金亭,时任财务部门负责人;冯怡深,时任董事;刘希岗,时任副董事长;冯立田,时任副总经理;翟洪轩,时任副总经理;吴宗文,时任监事;佘洪华,时任职工监事;李德周,时任独立董事;范本强,时任独立董事。

**基本事实:**

2007年度,鲁北化工与大股东鲁北集团及其他关联方共发生非经营性资金往来265笔,其中借方发生额1,106,418,656.36元,贷方发生额1,073,953,089.96元,期末借方余额7,649,506.74元。对于上述往来款项,鲁北化工未按规定履行临时信息披露义务,也未在2007年中期报告中予以披露。

2006年5月24日,鲁北化工以其拥有的重油裂解资产与鲁北集团拥有的合成氨资产进行置换。合成氨资产自置换进入鲁北化工后一直停工,未投入使用。在2007年年度报告中,鲁北化工未披露合成氨资产停产事项。

鲁北化工2007年第一季度报告披露,截至2007年3月31日,短期借款余额为23,600万元。经查,截至2007年3月31日,短期借款余额实为34,100万元。2007年中期报告披露,截至2007年6月30日,短期借款余额为24,500万元。经查,截至2007年6月30日,短期借款余额实为35,000万元。2007年年度报告披露,短期借款期末余额为14,900万元。经查,2007年年底短期借款余额实为

---

① 参见中国证监会(2012)11号行政处罚决定书。

18,400万元。

2008年度,鲁北化工与鲁北集团及其他关联方共发生非经营性资金往来300笔,其中借方发生额1,094,695,902.43元,贷方发生额826,388,779.65元,期末借方余额275,956,629.52元。对于上述往来款项,鲁北化工未按规定履行临时信息披露义务,也未在2008年中期报告中予以披露。

2008年10月4日,鲁北集团决定关停鲁北化工热电厂5台9.8万千瓦发电机组,但鲁北化工未按规定履行临时信息披露义务。

当事人未提出陈述、申辩意见,也未要求听证。

**证监会认为:**

鲁北化工2007年、2008年定期报告及临时报告信息披露违法,对重大关联交易未予及时披露,也未及时披露热电厂发电机组关停事项。鲁北化工未按规定履行信息披露义务的行为,违反了《证券法》(2005年修订)第63条、67条的规定,构成了《证券法》(2005年修订)第193条所述"发行人、上市公司或者其他信息披露义务人未按照规定披露信息,或者所披露的信息有虚假记载、误导性陈述或者重大遗漏"的行为。

对鲁北化工2007年中期报告、2007年年度报告信息披露违法的行为,直接负责的主管人员是冯久田、袁金亮、吴玉瑞,其他直接责任人员是田玉新、刘金亭、冯怡深、刘希岗、冯立田、翟洪轩、吴宗文、佘洪华、李德周、范本强。

对鲁北化工2008年中期报告信息披露违法的行为,直接负责的主管人员是冯久田、袁金亮、吴玉瑞,其他直接责任人员是田玉新、刘金亭、冯怡深、刘希岗、冯立田、翟洪轩、吴宗文、佘洪华、李德周、范本强。

对鲁北化工发电机组关停事项未及时履行临时信息披露义务的行为,直接负责的主管人员是冯久田、袁金亮、田玉新,其他直接责任人员是吴玉瑞、冯怡深、刘希岗、冯立田、翟洪轩、吴宗文、佘洪华。

对鲁北化工2007年至2008年度非经营性资金往来未及时履行临时信息披露义务的行为,直接负责的主管人员是冯久田、袁金亮、吴玉瑞、田玉新。

鲁北化工连续多年未按规定披露大股东及关联方占款事项以及其他事项,涉及金额巨大、性质恶劣,依法应对相关责任人员从重处罚。

**证监会决定:**

1. 责令鲁北化工改正,给予警告,并处以40万元罚款;
2. 对冯久田给予警告,并处以30万元罚款;
3. 对袁金亮、吴玉瑞给予警告,并分别处以20万元罚款;

4. 对田玉新给予警告,并处以 5 万元罚款;

5. 对刘金亭、冯怡深、刘希岗、冯立田、翟洪轩给予警告,并分别处以 4 万元罚款;

6. 对吴宗文、佘洪华、李德周、范本强给予警告,并分别处以 3 万元罚款。

### 【案例263】紫金矿业未及时披露污染事件 遭证监会罚款30万元①

**当事人**:紫金矿业、陈景河、罗映南、邹来昌、刘晓初、蓝福生、黄晓东

**基本事实**:

2010 年 7 月 3 日下午,紫金矿业紫金山金铜矿(下称金铜矿)所属的铜矿湿法厂发生污水从涵洞中渗漏并流入汀江的水污染事件。事件发生后,紫金矿业立即启动应急响应程序,并采取了紧急处理措施。

7 月 4 日凌晨 1 点,金铜矿即向龙岩市上杭县环保局和安监局报送了书面的《铜矿湿法厂 7·3 污水池突发渗漏事件情况汇报》。

7 月 4 日下午 3 点,铜矿湿法厂污水渗漏得到控制。

7 月 5 日下午,紫金矿业决定根据当地政府要求,暂缓披露污水渗漏事件。

7 月 6 日起,紫金矿业多次与当地政府有关部门联系信息披露事宜,但有关方面要求紫金矿业要与政府保持一致,不能自行公告。

7 月 12 日,当地政府召开新闻发布会。同日晚,紫金矿业发布了《关于紫金山铜矿湿法厂污水池突发渗漏环保事故的公告》。

当事人陈景河时任紫金矿业董事长,罗映南时任紫金矿业执行董事兼总裁,邹来昌时任紫金矿业执行董事兼常务副总裁,刘晓初、蓝福生时任紫金矿业执行董事兼副董事长,黄晓东时任紫金矿业执行董事兼副总裁。

当事人未提出陈述、申辩意见,也未要求听证。

**证监会认为**:

紫金矿业所属的铜矿湿法厂于 7 月 3 日发生的污水渗漏事故,严重污染了其附近汀江下游的水质,对当地环境造成了极大破坏。对于这一可能影响紫金矿业股票价格的重大事件,紫金矿业应在第一时间公之于众。但紫金矿业未能及时披露该重大事故及后续进展情况,其行为违反了《证券法》(2005 年修订)第 67 条的规定,构成《证券法》(2005 年修订)第 193 条所述的违法行为。对于紫金矿业的违法行为,陈景河、罗映南、邹来昌、刘晓初、蓝福生、黄晓东是直接负责的主管人员。

---

① 参见中国证监会(2012)10 号行政处罚决定书。

在确定紫金矿业应承担的责任幅度时,应考虑以下事实:其一,在发生污水渗漏的初期,紫金矿业曾计划披露相关信息,但由于各种外部原因,未能及时履行信息披露义务;其二,在确定污染源后,紫金矿业也曾通过相关政府渠道在一定范围内进行了披露;其三,紫金矿业在事故发生后及时赔偿了汀江下游养殖户的财产损失;其四,因本次污水渗漏事件,2010年9月26日福建省环境保护厅对紫金山金铜矿作出罚款9,563,130元的行政处罚;2011年5月福建省龙岩市中级人民法院以重大环境污染事故罪对紫金山金铜矿判处罚金3000万元,对5名责任人员分别判处3年至3年6个月不等的有期徒刑并处罚金。

综合上述情况,虽然紫金矿业延迟披露有一定的客观原因,并非故意隐瞒污水渗漏事故,但在对环境产生重大影响的重大事件发生后,作为一家上市公司,首先应当依法及时披露相关信息,将可能产生的后果及时告知投资者和社会公众,以利于投资者的投资决策,而不应受各种外部因素的干扰。紫金矿业未按照法律规定,在第一时间及时披露相关信息,侵害了广大投资者的知情权,理应承担相应的法律后果。虽然有关司法机关和政府部门已根据相关法律法规对紫金矿业下属企业和责任人员分别进行了处理,但不能免除紫金矿业依据《证券法》所应承担的责任。

**证监会决定:**

1. 责令紫金矿业改正,给予警告,并处以30万元罚款;
2. 对陈景河给予警告,并处以10万元罚款;
3. 对罗映南、邹来昌给予警告,并分别处以5万元罚款;
4. 对刘晓初、蓝福生、黄晓东给予警告。

# 第三节 公司减资的税务问题

**785. 公司减资如何进行会计处理?投资方如何进行会计处理?**

会计处理方式如下:

(1)公司的会计处理

①因资本过剩而减资

有限责任公司按实际发还的投资款数额借记"实收资本"科目,贷记"银行存款"科目。

对于股份有限公司,企业应按回购股份的面值,借记"股本"科目,按股票发行时原记入资本公积的溢价部分,借记"资本公积——股本溢价"科目,回购价格超过上述"股本"及"资本公积——股本溢价"科目的部分,应依次借记"盈余公积"、"利润分配——未分配利润"等科目,按实际支付的购买价款,贷记"银行存款"等科目;如回购价格低于回购股份所对应的股本,则应按回购股份的面值,借记"股本"科目,按实际回购价格,贷记"银行存款"科目,按其差额,贷记"资本公积——其他资本公积"科目。

②因严重亏损而减资

借记"实收资本"或"股本",贷记"利润分配——未分配利润",金额为拟减少的资本或股本数。

其他情况下减资的会计处理为:借记"实收资本"或"股本",贷记"利润分配——未分配利润",金额为拟减少的资本或股本数。

(2)投资者的会计处理

按收回的资本金额,借记"资本公积",贷记"长期投资"。

**786. 公司以及股东如何进行减资的税务处理?**

税务处理方式如下。

(1)公司的税务处理

公司减资属于所有者权益变化,无须进行所得税处理。

(2)股东的税务处理

①法人股东

股东从被投资企业撤回或减少投资,其取得的资产中,相当于初始出资的部分,应确认为投资收回;相当于被投资企业累计未分配利润和累计盈余公积按减少实收资本比例计算的部分,应确认为"股息所得";其余部分确认为"投资资产转让所得"。

②个人股东

个人因减资从被投资企业分回的资产,均属于个人所得税应税收入,超出投资成本的部分应全部确认为"财产转让所得",按规定计算缴纳个人所得税。应纳税所得额的计算公式如下:

应纳税所得额 = 个人收回款项合计数 - 原实际出资额(投入额) - 相关税费

③如果从被投资企业分回的包括实物资产,应当按照实物资产的公允价值确认收入或者所得。

**【案例264】减资收回投资成本　无须缴纳所得税**①

**基本案情：**

穆棱科冕公司注册资本为13,000万元,其中:科冕木业公司出资11,530万元,持有其88.69%股权,昆山科冕公司出资1470万元,持有其11.31%股权。

2011年8月15日科冕木业公司董事会通过了《关于穆棱科冕公司减资的议案》,减少穆棱科冕公司注册资本10,000万元。减资后,穆棱科冕公司注册资本金将减至3000万元,科冕木业公司持股51%,昆山科冕公司持股49%(见图10-3)。

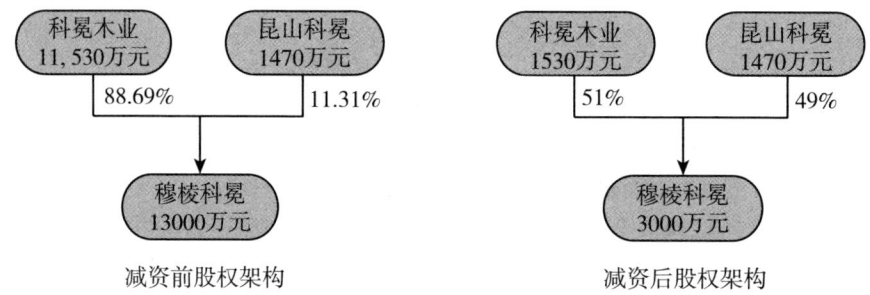

图10-3　穆棱科冕2011年减资前后股权变化

**律师观点：**

根据国家税务总局《关于企业所得税若干问题的公告》(国家税务总局2011年第34号公告)的规定,投资企业从被投资企业撤回或减少投资,其取得的资产中,相当于初始出资的部分,应确认为投资收回。

科冕木业公司收回的1000万元是其本身的投资成本,无须缴纳企业所得税。

**【案例265】减资金额超出投资成本与红利　超出部分要缴税**②

**基本案情：**

申友公司注册资本为9000万元,友好集团出资5100万元,持有其56.67%股权,上海人类基因组研究中心出资3900万元,持有其43.33%股权。

2011年12月23日,友好集团减少注册资本金5100万元。减资后,申友公司

---

① 参见巨潮资讯网 http://www.cninfo.com.cn/finalpage/2011-08-06/59779225.PDF,2012年11月29日访问。

② 参见巨潮资讯网 http://www.cninfo.com.cn/finalpage/2011-12-24/60363714.PDF,2012年11月28日访问。

注册资本金为3900万元,上海人类基因组研究中心持股100%(见图10-4)。

与上海人类基因组研究中心协商确定,友好集团实际取得的减资金额为6046万元,申友公司先支付3023万元,即50%的款项,在完成工商变更相关工作后(不晚于2012年3月31日)申友公司再支付剩余的3023万元。

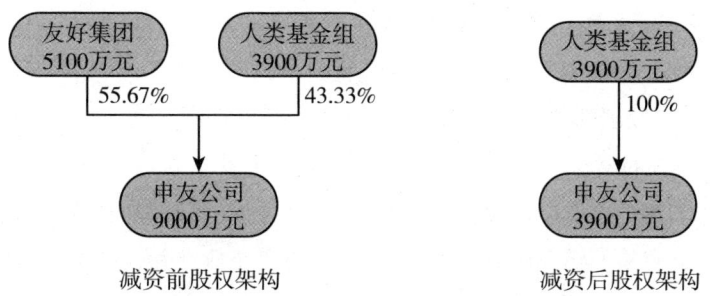

图10-4 申友公司2011年减资前后股权变化

**律师观点:**

根据《国家税务总局关于企业所得税若干问题的公告》(国家税务总局2011年第34号公告)规定:投资企业从被投资企业撤回或减少投资,其取得的资产中,相当于初始出资的部分,应确认为投资收回;相当于被投资企业累计未分配利润和累计盈余公积按减少实收资本比例计算的部分,应确认为股息所得;其余部分确认为投资资产转让所得。

友好集团从申友公司撤回注册资本5100万元,但是从其分回的资金为6046万元。其中:初始出资部分5100万元应确认为投资收回,剩余部分946万元中,属于友好集团分享的申友公司留存收益应确认为股息所得,剩余金额则应确认为股权转让所得。根据《企业所得税法》第26条规定,股息所得部分为免税收入。因此友好集团分得的6046万元中,只对扣除投资成本以及留存收益后的剩余部分征收企业所得税。

**787. 公司因减资进行税务变更,需要提交哪些文件?**

公司因减资进行税务变更,需要提交下列文件:

(1)变更税务登记申请表(三份);

(2)法人营业执照、组织机构代码证书、税务登记证正副本;

(3)减资的股东会决议、章程修正案;

(4)投资者的身份证;

(5)税务局要求的其他文件。

**【法律依据】**

一、公司法类

(一)法律

❖《公司法》第37条、46条、66条、103条、177条、179条、204条

(二)行政法规

❖《公司登记管理条例》第31条、69条

(三)部门规章

❖ 国家工商总局《公司注册资本登记管理规定》第15条、16条、19条、25条

❖ 对外贸易经济合作部关于印发《外商投资企业合并、分立、减少注册资本公告及通知范本的通知》

❖ 对外贸易经济合作部、国家工商总局《关于外商投资企业调整投资总额和注册资本有关规定及程序的通知》

(四)地方司法文件

❖ 山东省高级人民法院《关于审理公司纠纷案件若干问题的意见(试行)》第21条

❖ 北京市高级人民法院《关于审理公司纠纷案件若干问题的指导意见(试行)》第3条

二、税法类

(一)法律

❖《企业所得税法》第26条

(二)部分规范性文件

❖ 财政部、国家税务总局《关于执行〈企业会计制度〉和相关会计准则有关问题解答(三)的通知》(财会〔2003〕29号)

❖ 国家税务总局《关于企业所得税若干问题的公告》(国家税务总局2011年第34号公告)

国家税务总局《关于个人终止投资经营收回款项征收个人所得税问题的公告》(2011年第41号)

三、证券法类

(一)法律

❖《证券法》第67条、193条

(二)部门规章

❖《上市公司信息披露管理办法》第 30~36 条

(三)司法解释

❖《最高人民法院关于审理证券市场因虚假陈述引发的民事赔偿案件的若干规定》第 1 条、21 条、29 条、30 条

# 第十一章 公司合并纠纷

【宋律师释义】

> 公司合并纠纷,是指公司吸收或新设合并时,违反法律、行政法规,没有全面履行合并协议,或者合并协议未经各公司股东会依法表决决定,以及未履行通知债权人义务等侵害公司股东或债权人利益而引发的纠纷。
>
> 实践中,公司合并纠纷主要是提起公司合并无效诉讼,如果债权人仅向合并后的公司主张债权,则属于普通的债权债务纠纷。

【关键词】吸收合并　新设合并　同一控制下的企业合并　非同一控制下的企业合并

❖ **吸收合并**:指一个公司吸收其他公司,被吸收的公司解散。如以公式表示,即:A+B=A。其中,吸收合并又可分为同类吸收合并与异类吸收合并,同类吸收合并指两个或两个以上的有限责任公司间或股份有限责任公司间吸收合并,异类吸收合并指两个或两个以上的有限责任公司与股份有限责任间吸收合并。

❖ **新设合并**:指两个或两个以上公司合并设立一个新的公司,合并各方解散。如以公式表示,即 A+B=C。

❖ **同一控制下的企业合并**:是指参与合并的企业在合并前后均受同一方或相同的多方最终控制且该控制并非暂时性的。具体判定标准如下:

(1)通常情况下,能够实施最终控制的一方是企业集团的母公司,实施控制的相同多方,是指根据合同或协议的约定,拥有最终决定参与合并企业的财务和经营决策并从中获取利益的投资者群体;

(2)企业合并之前(合并日之前),参与合并各方在最终控制方的控制时间一般在 1 年以上(含 1 年),企业合并后所形成的主体在最终控制方的控制时间也应达到 1 年以上;

（3）判断是否属于同一控制下的企业合并，应按照实质重于形式原则进行判断。同受国家控制的企业之间发生的合并，不应仅仅因为参与合并各方在合并前后均受国家控制而将其作为同一控制下的企业合并。

❖ **非同一控制下的企业合并**：指参与合并各方在合并前后不受同一方或相同的多方控制的合并交易，即同一控制下的企业合并以外的其他企业合并。

## 第一节 立 案

**788. 如何确定公司合并纠纷的当事人？**

对于请求确认公司合并无效纠纷，合并一方、合并各方公司的股东、债权人以及公司合并的审批机关可以请求人民法院确认公司合并无效。被告应为公司合并一方或各方，如果合并一方或各方均已经注销，则被告应确定为合并后存续的公司。

对于确认公司合并决议无效或请求撤销合并决议的纠纷，应由公司股东提起诉讼，被告应为作出决议的公司。

对于债权人请求承担债务以及违约责任的纠纷，被告应为合并后的主体。

**789. 公司合并纠纷由何地法院管辖？**

公司合并无效诉讼的管辖法院应为合并一方或各方所在地的人民法院，如果合并各方均已注销，则应当由合并后存续的公司所在地人民法院管辖。

确认公司合并决议无效的纠纷应由作出决议公司所在地人民法院管辖。

对于债权人主张债务纠纷，在合同没有另行约定的情况下应由合并后存续公司所在地人民法院管辖。

**790. 公司合并纠纷按照什么标准交纳案件受理费？**

公司合并无效纠纷或请求撤销合并决议、确认合并决议无效的案件受理费应当按件收费，即 50 元至 100 元。

债权人主张债务纠纷的案件受理费应当依照案件标的分段累计计算，具体比例详见本书第一章第 3 问"公司设立纠纷应按照什么标准交纳案件受理费？"。

**791. 主张公司合并无效或合并协议无效是否适用诉讼时效？**

请求确认合并无效诉讼并不适用诉讼时效制度。

请求撤销合并协议权的行使期限应当适用除斥期间，即自知道或者应当知道可撤销事由之日起 1 年内行使。

### 792. 债权人向公司主张债权的诉讼时效是否因负有债务的公司合并而产生变化？

对此问题，笔者认为应当分以下四种情况：

(1)对于公司合并前已经到期的债权，不因公司合并而产生任何影响，其诉讼时效仍应为约定的履行期限届满之日起2年；

(2)如果债权人未在负有债务的公司通知或公告的法定期限内对未到期债务主张清偿或提供担保的，主张债权的诉讼时效仍应为债务履行期限届满之日起2年；

(3)如果债权人在负有债务的公司合并过程中主张清偿未到期债务，那么债权人的诉讼时效应当为其主张之日起2年；

(4)如果负有债务的公司在合并过程中未依法履行通知或公告义务，债权人主张未到期债权的，则诉讼时效应为债权人主张之日起2年；如债权人未主张提前清偿债务的，诉讼时效仍为债务履行期限届满之日起2年。

### 793. 若判决公司合并无效，则新设公司在判决生效前进行的交易行为效力如何？

借鉴最高人民法院在针对2005年修订前《公司法》所作司法解释中关于认定公司设立无效的规定，同时基于商事法律系维护商事法律关系的稳定和促进商事流转的原则，公司合并无效的判决不应当溯及既往。

但需要注意的是，借鉴我国《公司法》关于公司分立的相关规定，新设公司在判决合并无效前享有的债权应由原合并各方享有，债务应由原合并各方承担连带责任。

### 794. 合并前公司签订合同中约定的争议解决条款或仲裁条款对合并后的公司是否具有约束力？

是。

公司合并后的主体系概括承继了合并前主体的全部权利、义务，其中自然包括争议解决条款或仲裁条款的约束力，因此这些条款对合并后的公司仍具有约束力。

### 【案例266】合并前订立仲裁条款 不因合并而丧失效力

**申请人**：C公司

**申请事项**：裁定仲裁委对工程建筑合同纠纷一案无管辖权。

**争议焦点**：合并前主体订立合同中约定的仲裁条款对合并后主体是否有约束力。

**基本案情**：

仲裁庭在第一次开庭审理 A 公司和 B 公司工程建筑合同纠纷一案后，B 公司因被申请人吸收合并而注销，为此，申请人以其与 A 公司间并无仲裁协议为由，向该仲裁委所在地法院提出管辖权异议，认为仲裁委对本案无管辖权。

**申请人诉称**：

根据《仲裁法》及其相关司法解释规定，仲裁协议只能约束订立协议的当事人，对于第三人不发生效力。工程建筑合同纠纷一案中的仲裁协议的缔约双方为 A 公司和 B 公司，仲裁协议只能约束 A 公司和 B 公司。

由于 B 公司因吸收合并被并入申请人，其法人人格消灭。申请人与原合同当事人 A 公司之间属新的合同关系。当新的合同关系中的双方当事人不承认原仲裁协议的效力时，原仲裁条款对申请人就不具有约束力。

**A 公司辩称**：

当申请人吸收合并 B 公司的时候，申请人概括继承了 B 公司的所有权利和义务，包括纠纷中的工程建筑合同。当申请人继承整个合同时，就意味着接受了该合同中的仲裁条款，并包括实体和程序上的一切权利和义务。申请人取代了 B 公司的法律地位后，就应该接受仲裁委对本案的管辖。

**律师观点**：

仲裁协议有效，对申请人有拘束力。

《合同法》第 57 条规定："合同无效、被撤销或者终止的，不影响合同中独立存在的有关解决争议方法的条款的效力。"故仲裁条款依然有效。

《合同法》第 90 条规定，当事人订立合同后合并的，由合并后的法人或者其他组织行使合同权利，履行合同义务。现 B 公司被申请人合并后，B 公司在合并前与他人订立的合同中所确定的各项权利、义务，包括合同中的仲裁条款，对合并后的申请人同样具有约束力。

**仲裁裁定**：

驳回申请人对管辖权的异议。

**795. 公司合并被依法判决无效后，依据原合并决议已作出的资产负债分配及变更登记应如何处理？**

对此应当分情况进行讨论：

（1）对于已经合并、交付的资产，应当将合并各方的资产状况恢复至合并前的状况；

（2）如果公司在依法办理注销、新设、变更手续的过程中，则应当立即停止上述手续的办理；

（3）较为难以处理的是，如果公司已经完成公司的注销、新设及变更，此时合并各方应当持法院生效判决书重新办理工商登记手续，将合并各方的工商登记情况恢复至合并前的状态。

## 第二节 公司合并纠纷的裁判标准

### 一、公司合并的法定程序

**796. 公司合并必须履行哪些法定程序？**

公司合并的法定程序如图11-1所示：

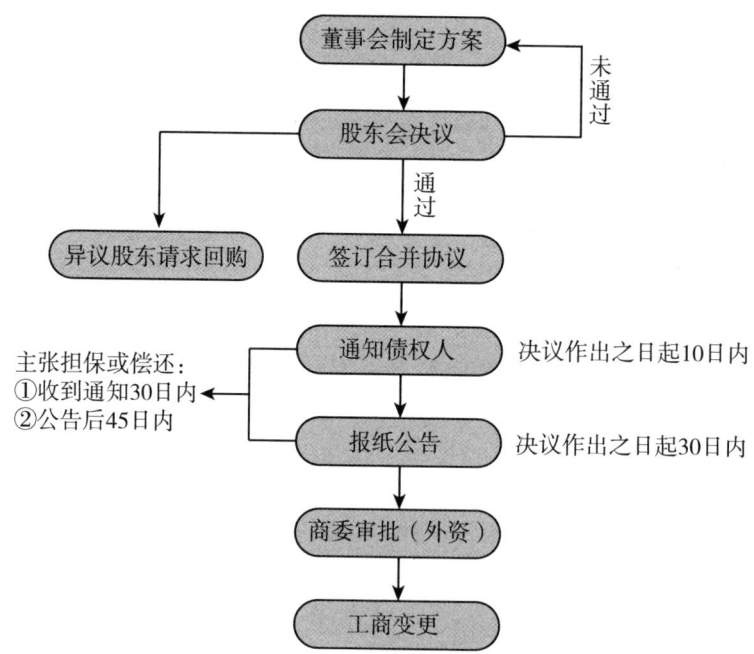

图11-1 公司合并法定程序

如上图所示，公司合并应当首先由董事会拟订合并方案，而后，由董事会将合并方案提交股东（大）会审议通过。有限责任公司中，合并方案须经公司全体股东所持表决权 2/3 以上通过。股份有限公司中,须经出席股东大会的股东所持表决权 2/3 以上通过。股东(大)会审议通过后,公司之间可签订合并协议并编制资产负债表,并对合并事宜予以通知和公告。在债权人保护期限经过后,公司合并各方应至工商行政管理部门办理工商变更登记。

**797. 不同法律形式的公司合并后,如何确定合并后的公司形式?**

《公司法》并未对该问题作出明确规定,但借鉴我国关于外商投资企业合并的相关规定,区分如下四种不同情况:

(1)股份有限公司间合并后为股份有限公司;

(2)有限责任公司间合并后为有限责任公司;

(3)上市公司与有限责任公司合并后仍为上市公司;

(4)非上市的股份有限公司吸收合并有限责任公司的,则合并后存续的是股份有限公司;反之,则存续的是有限责任公司。

**798. 如何确定公司合并后的注册资本及股权比例?**

公司合并后可自主约定注册资本,因合并而存续或者新设的公司,其注册资本、实收资本数额由合并协议约定,但不得高于合并前各公司的注册资本之和、实收资本之和。合并各方之间存在投资关系的,计算合并前各公司的注册资本之和、实收资本之和时,应当扣除投资所对应的注册资本、实收资本数额。

因合并而存续或者新设的公司,其股东的出资比例、认缴或者实缴的出资额,由合并协议或者决定约定。合并前注册资本未足额缴纳的公司,合并后存续或者新设公司的注册资本应当根据合并协议或者决定的约定,按照合并前规定的出资期限缴足。

### 【案例 267】海润光伏被吸收合并实现借壳上市

**合并方:** 申龙高科

**被合并方:** 海润光伏

**被合并方主要股东:** 紫金电子及其一致行动人

**合并方式:** 吸收合并

**资产出售方:** 申龙高科

**资产受让方:** 申龙创业

**合并目的:**

为解决面临的严峻形势,帮助公司走出困境,维护上市公司和股东利益,申龙高科决定引进海润光伏进行重大资产重组。一方面通过资产、负债的整体出售使其从软塑彩印及复合包装产品的生产、销售领域战略退出;另一方面通过新增股份换股吸收合并海润光伏,使其主营业务向太阳能电池用单晶硅棒/片、多晶硅锭/片、太阳能电池片及组件的研发、生产和销售领域整体转型,并实现海润光伏的整体上市。

**合并方案:**

申龙高科与海润光伏及其全体股东签署附生效条件的《吸收合并协议》及《吸收合并协议之补充协议》,约定海润光伏参考评估作价233,511.11万元,申龙高科以3.00元/股的价格向海润光伏全体股东发行77,837.04万股股份换股吸收合并海润光伏,吸收合并完成后,申龙高科存续,海润光伏法人资格将予以注销。

此次交易后,申龙高科股份将由25,804.76万股增加至103,641.80万股,紫金电子及其一致行动人约占此次交易后申龙高科总股本的41.87%。海润光伏股东升阳国际承诺自股份登记至其名下起12个月内不转让新增股份,海润光伏其他股东均承诺自股份登记至其名下起36个月内不转让新增股份(见图11-2)。

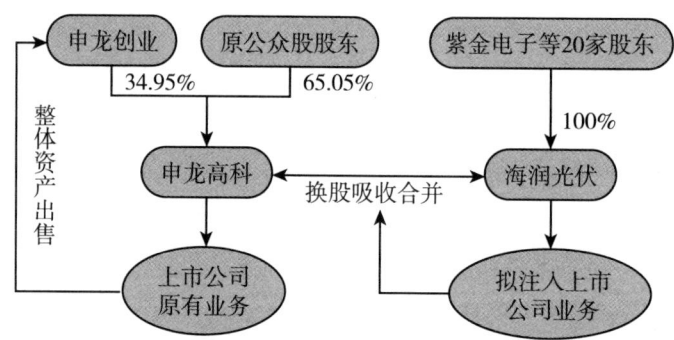

图11-2 交易前股权架构

为充分保护除申龙创业外其他股东的合法权益,申龙高科将在此次交易中由江阴市新国联投资发展有限公司作为第三方为上市公司股东大会对此次重组方案投反对票的股东提供现金选择权,现金选择权价格与此次交易新增股份价格相同,即3.00元/股。

申龙高科原注册资本为258,047,644元,原海润光伏注册资本为12.4亿元,申龙高科合并后的注册资本为1,036,418,019元(见图11-3)。

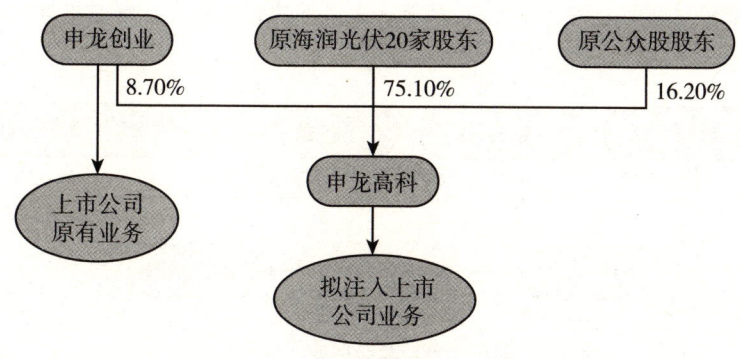

图 11-3　交易后股权架构

**资产出售：**

申龙高科与申龙创业签署的附生效条件《资产出售协议》及《资产出售协议之补充协议》约定将申龙高科所有资产及负债，参考评估结果作价 27,941.35 万元，全部出售给申龙创业，申龙创业以银行转账方式支付对价，如遇负债无法剥离，则由申龙创业以等值现金予以补足。阳光集团为上述交易提供担保，若申龙创业将来不能及时、足额向申龙高科支付转让款或不能及时、足额向申龙高科现金补足无法剥离的负债，阳光集团将代替申龙创业向申龙高科承担付款义务。

## 【案例268】为避退市　ST 东源吸收合并金科集团

**合并方：** ST 东源

**被合并方：** 金科集团

**被合并方主要股东：** 金科投资、黄红云、陶虹遐

**合并方式：** 新增股份吸收合并

**交割基准日：** 2011 年 6 月 30 日

**合并目的：**

ST 东源 2004 年、2005 年连续 2 年亏损，2006 年 5 月 9 日被深交所实行退市风险警示特别处理，2007 年 6 月 7 日起撤销退市风险警示并实施其他特别处理。

ST 东源近 7 年来一直没有明晰的主业，是一家持股型公司，近 3 年虽保持盈利状态，但其中有 2 年扣除非经常性损益后的净利润仍为负数。为彻底改变目前的经营困境，必须进行重大资产重组。若本次新增股份吸收合并金科集团完成后，ST 东源的资产和业务将发生重大转变，经营规模将迅速扩大，主营业务突出，

资产质量和盈利能力将大幅提高,从而为未来经营业绩的可持续增长奠定坚实的基础(见图 11-4)。

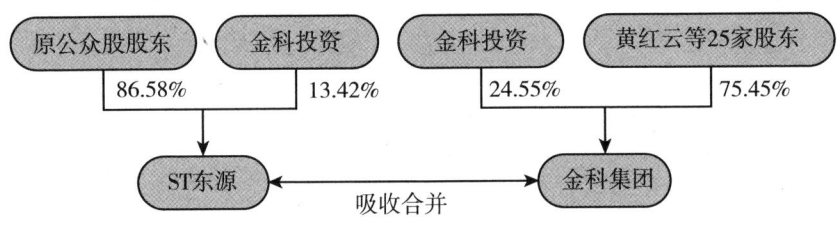

图 11-4 交易前股权架构

**合并方案：**

ST 东源采用新增股份吸收合并金科集团,金科集团全体股东以其拥有的金科集团权益折为 ST 东源的股本,成为 ST 东源股东。ST 东源以 5.18 元/股的价格向金科集团全体股东发行 908,498,204 股股份,ST 东源本次新增股份吸收合并金科集团完成后,金科集团将注销法人资格,金科集团的资产、负债、业务和人员全部由 ST 东源承继。本次交易后,ST 东源的股本变更为 1,158,540,051 股。

2011 年 4 月 18 日,金科投资、黄红云、陶虹遐出具了《关于利润预测补偿的承诺函》,就本次交易完成后的利润补偿期间、补偿期间的预测利润合计数、补偿实施等事项作出了明确的承诺。

金科投资及实际控制人黄红云、陶虹遐于 2009 年 10 月 31 日出具补充承诺：在《吸收合并协议》约定的过渡期结束后 2 个月内,由 ST 东源聘请具有相应资质的会计师事务所对金科集团过渡期内的损益情况进行专项审计。若金科集团在过渡期内发生经营亏损,金科投资、黄红云及陶虹遐将在该专项审计报告出具之日起 30 日内以现金方式向 ST 东源全额弥补亏损,亏损额以该专项审计报告确定的数据为准。

为充分保护公司股东的合法权益,本次吸收合并中,金科投资将向除承诺放弃现金选择权的重庆渝富、金科投资外的公司其他股东提供一项现金选择权,享有现金选择权的公司股东决定全部或部分行使该项权利的,由金科投资支付现金对价后收购该等股东转让的股份。现金选择权价格与本次交易新增股份价格相同,即 5.18 元/股。

ST 东源原注册资本 250,041,847 元,金科集团注册资本 139,487,835 元,合并后 ST 东源注册资本变更 1,158,540,032 元(见图 11-5)。

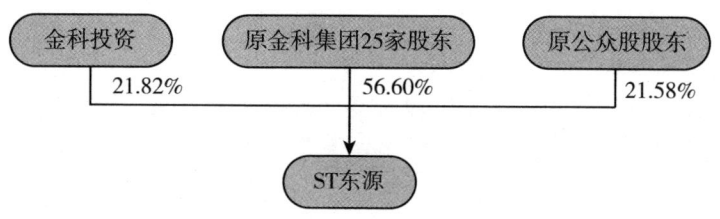

图 11-5 交易后股权架构

**799. 公司合并是否必须签订合并协议,协议签订主体是谁?是否包括合并各公司的股东?**

根据我国《公司法》的规定,公司合并的合并各方必须签订合并协议,但是基于公司合并是以公司为主体的行为,因此合并协议的签订人应为合并各公司,而不应包括合并各方的股东。除签订书面协议外,合并各方还须编制资产负债表及财产清单。

**800. 公司合并后,原合并各方的债务由谁承担?**

应当由合并后存续或新设的公司继续承担合并前各方负有的债务。

## 【案例269】合并后新公司被判承继原债务

**原告:** 建行

**被告:** 建筑公司、物贸公司、计划委

**诉讼请求:** 请求判令三被告偿还 70 万元本金及利息。

**争议焦点:**

1. 新设合并成立的被告物贸公司是否应否应承担合并前物贸中心的保证责任;
2. 被告计划委作为被告物贸公司的上级单位是否需要承担过错责任。

**基本案情:**

1997 年 2 月 3 日,原告依据贷款合同向被告建筑公司发放贷款 70 万元,约定还款期限为 1998 年 2 月 2 日。

同日,原告与物贸中心签订以上贷款的保证合同,约定物贸中心为被告建筑公司的 70 万元贷款提供连带担保,担保期限为保证合同生效之日至借款合同履行期届满后两年。

1998 年 2 月 2 日,借款到期。被告建筑公司未能归还全部借款本息,物贸中心也未能履行保证责任。

2002 年 2 月 1 日原告向被告建筑公司、物贸中心分别寄发了逾期贷款催收通

知书,要求被告建筑公司还本付息,物贸中心承担连带责任,但被告建筑公司、物贸中心均未能还款。

被告物贸公司于2001年3月19日登记成立,系物贸中心与B公司合并改制后新成立的企业法人。物贸中心于2001年3月19日办理注销手续,B公司于2001年6月4日办理注销手续。

2001年9月13日,物资中心的开办主管部门物资总会,因机构改制被撤销,与其他单位合并组建为商贸局,并与被告计划委合署办公,物资总会原有职能由被告计划委下属的物资办公室行使。

**原告诉称:**

1. 债务到期,被告建筑公司应偿还本金及利息。

原告与被告建筑公司之间存在合法有效的借贷合同关系,且借款已经到期,被告建筑公司应当按照合同约定偿还70万元本金及利息。

2. 被告物贸公司作为保证人的承继企业应当承担连带责任。

原告与物贸中心之间就上述贷款合同签订有合法有效的担保合同,且被担保人被告建筑公司到期不能偿还贷款本息,所以物贸中心作为连带债务人应当承担归还本息的责任。因为物贸中心债权债务关系已经由被告物贸公司概括继承,所以被告物贸公司应当按照担保合同对70万元贷款本金及利息承担连带责任。

3. 被告计划委应当承担连带责任。

物资总会作为物贸中心的开办主管部门,应对物贸中心的债务负连带责任。又因为物资总会的法人人格已经由被告计划委继承,所以被告计划委应当对70万元贷款本金及利息承担连带责任。

**被告建筑公司辩称:**

对原告起诉借款事实不予否认。

**被告物贸公司辩称:**

不同意原告诉讼请求。物贸中心的保证债务,在该中心改制过程中遗漏审计,故该笔债务应当由出卖方,即物资总会向原告承担责任,而不应当由改制后的被告物贸公司承担责任。

**被告计划委辩称:**

被告计划委不是适格被告,不应承担任何责任。

**律师观点:**

1. 借款合同有效,被告建筑公司应当向原告偿还全部本金及利息。

原告与被告建筑公司的借款合同,其内容和形式均符合法律规定,应当确认合法有效。借款到期后,被告建筑公司应当归还全部借款本息。

2. 物贸中心违反担保协议约定,应当承担相应的法律责任。

原告与被告建筑公司的借款合同、与物贸中心的保证合同,其内容和形式均符合法律规定,应当确认合法有效。借款到期后,被告建筑公司未能归还全部借款本息,物贸中心未能履行担保责任构成违约,应承担相应的法律责任。

3. 被告物贸公司应当承受物贸中心的保证债务。

根据相关文件,物贸中心在2001年与B公司合并改制,成立新企业被告物贸公司。由于物贸中心与B公司在合并改制时,未将物贸中心在本案中的保证责任列入处置范围,致使合并改制后本案保证责任的承担主体在形式上不明确。但综合本案物贸中心与B公司合并改制时对资产、人员的处置及物贸中心与B公司合并改制后作为法人权利能力、行为能力均实际丧失的事实而言,改制后成立的被告物贸公司从法律关系上应当认定为物贸中心与B公司合并后新设立的企业,属新设合并。被告物贸公司应当概括承担物贸中心的所有债权债务,包括遗漏的保证债务。

4. 物资总会不应承担物贸中心的保证债务。

原告要求物资总会作为物贸中心的主管部门和改制企业的卖方,对物贸中心在改制评估审计中遗漏的保证债务,承担相应法律责任无事实和法律依据。原告要求被告计划委作为物资总会的义务继承人承担相应责任的请求不应支持。

**法院判决:**

1. 被告建筑公司应归还原告本金70万元及相应利息;

2. 被告物贸公司对被告建筑公司的还款义务承担连带责任,被告物贸公司承担连带保证责任后可凭判决直接向被告建筑公司追偿;

3. 驳回原告其他诉讼请求。

**801. 债权转让合同纠纷、债务转移合同纠纷以及债权债务概括转移合同纠纷有何区别?**

这三类合同纠纷,分别是因原债权、债务人与债权、债务受让人因债权、债务转让合同是否有效、生效、可撤销,是否支付对价或存在违约情形而产生的纠纷。

由于公司合并、分立将导致合同履行主体的变更,从而使合同对应的债权、债务人发生变化,因此在合同一方主体发生合并或分立时,较易产生债权、债务转让或转移纠纷。

在确定上述三项案由时,应当注意原、被告双方究竟因哪份合同发生争议,如果仅仅是针对原债权、债务发生争议,则不属于上述三项案由,只有当各方对债权、债务转移发生争议,才可针对不同情况确定为上述案由。

**802. 债权人转让其债权需履行何种程序？债权的转让何时对债务人产生效力？**

债权人转让债权应当通知债务人,未经通知的,该转让对债务人不发生效力。当然,在没有通知的情况下,虽然债权转让对债务人未发生效力,但转让行为本身是有效的。

**803. 债务转移应当履行何种程序？未经债权人同意转移债务是否有效？**

债务人将合同的义务全部或部分转移给第三方,应当经债权人同意,否则该债务转移无效,债权人仍可向原债务人主张债权。

需要注意的是,债务人转移义务的,新债务人可以主张原债务人对债权人的抗辩。同时,新债务人也应当承担与主债务有关的从债务,但该从债务专属于原债务人自身的除外。

**【案例270】债务转移未附生效条件　新债务人逾期不付款被判违约**①

**原告:** 庞某某

**被告:** 豪海航空、通用航空

**诉讼请求:** 被告豪海航空支付原告200万元。

**争议焦点:**

1. 涉案债务转移所附条件是飞机所有权的转让还是飞机交接,被告豪海航空是否已实际占有、处分了讼争的两架飞机；

2. 被告通用航空与原告之间的债权债务是否真实存在。

**基本案情:**

2008年2月19日广州越秀区法院对原告诉被告通用航空借款合同纠纷案出具了民事调解书,确认被告通用航空欠原告的1,626,043.84元及利息、违约金应于2008年2月25日前偿还。

2008年8月,两被告签订《运五飞机转让协议书》,约定由被告豪海航空受让被告通用航空3架飞机(B-8787、B-8788、B-8797),总价700万元,自协议签字生效后10个工作日内在珠海机场进行飞机的交接,交接的航空器应符合民航持续适航要求,飞机交接完毕后7个工作日内,被告通用航空协助被告豪海航空

---

① 参见上海市第一中级人民法院(2010)沪一中民一(民)终字第1754号民事判决书。

到民航主管部门办理所有人权利变更登记。

2008年8月,本案三方当事人另签订一份《解除抵押协议书》,约定依据原告与被告通用航空间的借款合同、借款合同补充合同、抵押担保合同以及被告豪海航空与被告通用航空间的《运五飞机转让协议书》,三方就运五飞机B-8787、B-8788的抵押事宜达成如下协议:

1. 截至2008年5月1日,被告通用航空欠原告200万元,原告拥有被告通用航空的上述两架飞机的抵押权;

2. 被告通用航空欲将上述飞机转让给被告豪海航空,被告豪海航空在本协议签字生效后5个工作日内,代被告通用航空支付原告120万元,原告收到120万元后,同意被告通用航空将上述飞机转让给被告豪海航空,同时向民航主管部门申请注销上述飞机的抵押权登记;

3. 被告豪海航空取得上述飞机的所有权后,被告通用航空所欠原告的剩余债务由被告豪海航空承担,被告豪海航空应在2009年5月31日前支付原告剩余的80万元等。

签约后,被告豪海航空未按约向原告支付120万元,故原告与被告通用航空于2008年9月12日又订立《变更及解除抵押协议书》,约定:原告同意被告通用航空将B-8787、B-8788两架飞机转让给被告豪海航空,原告与被告通用航空此前签订的借款合同、借款合同补充合同、抵押担保合同所约定的被告通用航空的义务同时转至被告豪海航空,被告通用航空所欠原告债务由被告豪海航空负责偿还;被告豪海航空在2008年9月30日前支付原告120万元,于2009年5月31日前支付剩余80万元。

由于被告豪海航空未能于2008年9月30日前支付原告120万元,故原告又与被告豪海航空于2008年12月18日订立《解除抵押协议》,约定因被告豪海航空融资需要,原告同意解除B-8787、B-8788两架飞机的抵押并办理手续等。

同日,原告与被告豪海航空订立《抵押协议》,约定为保障原告利益,确保被告豪海航空履行《解除抵押协议》之义务,原告同意被告豪海航空将其所有的B-7223直升机抵押给原告,并于2008年12月22日办理了抵押权登记手续,后因被告豪海航空未付清飞机货款,不符合抵押条件,故该抵押权登记被撤销。

2008年8月28日,B-8787、B-8788、B-8797该3架飞机的所有权变更至被告豪海航空名下,同年9月26日,上述3架飞机的占有权登记证显示占有人为被告通用航空。

**原告诉称：**

原告已经依照约定向民航主管部门注销讼争飞机的抵押权登记，被告豪海航空已经取得了讼争飞机的所有权，却未支付原告200万元，严重违约。

**被告豪海航空辩称：**

被告通用航空未配合被告豪海航空办理讼争飞机的交接手续，被告豪海航空一直未能实际占有讼争飞机。原告与被告通用航空债务转移约定所附飞机转让条件并未成就，约定未生效。

**被告通用航空辩称：**

被告豪海航空已经实际取得讼争飞机的所有权，之后又通过《飞机租赁协议》将购入的3架飞机回租给被告通用航空。

**被告通用航空为证明其观点，提交证据如下：**

2008年8月的《飞机租赁协议书》，其中约定"被告豪海航空将其向被告通用航空购入的3架飞机回租给被告通用航空，即每年150万元租金，租期3年，被告通用航空支付450万元租赁费后，3架飞机的所有权归被告通用航空"，该证据证明被告豪海航空已经实际取得飞机所有权。

**一审认为：**

据《解除抵押协议书》约定可知：被告通用航空转让飞机以原告收到被告豪海航空代为支付的120万元为前提；飞机所有权转移是支付剩余80万元的条件。

在之后原告与被告豪海航空订立的《变更及解除抵押协议书》《解除抵押协议书》《抵押协议》中也均未以被告豪海航空与被告通用航空办理飞机交接作为债务转移的前提。

此协议中并未约定以飞机交接为履行条件，尽管被告豪海航空、被告通用航空在《运五飞机转让协议书》中约定有飞机交接的内容，但此约定仅系被告豪海航空、被告通用航空间飞机转让中的相关履行内容。

根据被告通用航空提供的《飞机租赁协议》，被告豪海航空将购入的3架飞机回租给被告通用航空。被告豪海航空于2008年8月28日取得了3架飞机的所有权证，同时相关部门也于2008年9月26日颁发了的民用航空器占有权登记证，明确了3架飞机的所有权人为被告豪海航空、占有人为被告通用航空，故被告豪海航空以未占有飞机为由抗辩债务转移的理由不成立。

因此，三方当事人间债务转移所附的条件是被告豪海航空取得飞机所有权，而非飞机交接手续的办理。

综上所述，债务转移系当事人的真实意思表示，被告豪海航空应按约向原告履行债务。

**一审判决：**

被告豪海航空支付原告 200 万元。

被告不服一审法院判决，向上级人民法院提起上诉。

**被告豪海航空上诉称：**

1. 原告与被告通用航空间并不存在真实的债权债务关系；

2. 原告与被告通用航空债务转移协议所涉及的两架飞机现虽登记在其名下，但始终未按《飞机转让协议》约定完成交接交付手续；

3. 因飞机存在抵押、留置等权利瑕疵，处于不适航状态，故被告豪海航空未实际取得飞机的所有权。原告与被告通用航空债务转移约定所附飞机转让条件并未成就，约定未生效。

**原告二审辩称：**

1. 被告豪海航空转让的 3 架飞机有所有权变更登记为证，被告豪海航空以飞机未交付为由主张其未取得飞机所有权，无事实和法律依据；

2. 本案系争的债务转移合法有效，被告豪海航空应承担还款责任。

**被告通用航空二审辩称：**

被告豪海航空对受让飞机有抵押、留置等权利瑕疵均事先知情，且该些情况不成为转让协议履行的障碍。事实上飞机已按约登记在被告豪海航空名下，被告豪海航空为所有权人。被告通用公司系依据后续租赁协议租用飞机，为实际占有人，亦有行政登记为证。

**律师观点：**

1. 相关协议并未约定飞机交接为债务转移的必要条件。

本案相关飞机转让协议中虽有交接一节约定作为转让手续之一，即使存在被告豪海航空所称未按约交接的事实，但后续所有权登记变更及租赁、抵押等协议的签订均为被告豪海航空的真实意思表示，被告豪海航空从未就飞机交付问题有过质疑。相反，后续一系列签约、履约的事实行为，足以推定转让双方一致调整、变更了书面约定中个别内容。

2. 未履行交接手续不会造成转让合同履行受阻或交易目的不达。

所有权的转让并不以受让人实际占有转让标的为必要，存在占有改定等多种可能，本案并无证据证明，未履行交接手续会造成转让合同履行受阻或致使交易目的不达的情形。

因此,被告豪海航空以未按约进行飞机交接,主张被告通用航空未完成飞机交付及债务转移协议所附条件不成就的抗辩意见,无事实和法律的依据。

3. 原告与被告通用航空之间存在借款的债权债务关系。

从三方当事人所订立的《解除抵押协议书》以及原告与被告豪海航空签订的《变更及解除抵押协议书》中,均写明合同附件为借款合同、借款合同补充合同、抵押担保合同,同时根据广州越秀区人民法院调解书的内容分析,至 2008 年 2 月 19 日被告通用航空欠原告借款本金 1,626,043.84 元,按照逾期履行的利息、违约金的计算方式,被告豪海航空欠原告的借款本息及违约金已超过三方所签订的《解除抵押协议书》所确定的 200 万元,故在没有能够否定借款事实的证据时,应认定原告与被告豪海航空之间存在 200 万元的借款本息及违约金的债权债务关系。

**二审判决:**

驳回上诉,维持原判。

## 【案例271】债务人承诺向第三人支付  应视为已知债权转移[①]

**原告:** 世纪安兴公司

**被告:** 桥饰公司

**诉讼请求:** 被告支付原告赔偿款 723,240 元及利息。

**争议焦点:**

1. 原告、被告之间签订质量赔付协议是否可以视为世纪汇智公司将债权转让给原告;

2. 被告对该债权转让是否明知。

**基本案情:**

2008 年 4 月 1 日,世纪汇智公司与被告签订 3 份订货合同书,分别约定世纪汇智公司向被告采购背景墙和 UV 面板。合同签订后,被告依据世纪汇智公司指示向五金公司和展示用品厂供货。

2009 年 12 月 9 日,原告与被告签订质量赔付协议书,上载:"双方合作期间,原告及原告委托单位五金公司和展示用品厂从被告购进 UV 板材为原告加工展架等。2008 年,原告使用的上述展架出现质量问题,现双方协商,由被告向原告赔付人民币 723,240 元,一次性解决质量问题,以后原告不再向被告提

---

① 参见北京市第二中级人民法院(2011)二中民终字第 18851 号民事判决书。

# 第十一章
## 公司合并纠纷

出赔偿要求。"质量赔付协议书加盖双方当事人公章,并有原告法定代表人孙大华签字。

世纪汇智公司于2010年4月29日注销,注销前股东为原告法定代表人孙大华与杨明,法定代表人为孙大华。

2011年9月2日,世纪汇智公司原股东孙大华与杨明出具情况说明,称世纪汇智公司已将其依据与被告于2008年4月1日签订的3份订货合同书所享有的赔偿请求权转让给原告,并由原告与被告签订了质量赔付协议书,世纪汇智公司不再对被告主张质量赔偿请求权。

**原告诉称:**

原告与被告存在供货关系,因被告UV板材存在质量问题,双方于2009年12月9日达成《关于质量赔付的协议书》,被告应当赔偿原告723,240元,但被告至今未予履行。

**被告辩称:**

1. 世纪汇智公司是与被告履行供货合同的相对方。

买卖合同签订后,原告与被告签订协议,但原告只是世纪汇智公司代理人,不享有债权。

2. 质量赔付协议书没有约定世纪汇智公司将债权转让给原告。

货物退还被告后,被告与世纪汇智公司协商解决该部分货款相关问题,在就质量问题达成一致后,世纪汇智公司原股东孙大华告知被告由本案原告代表世纪汇智公司与被告签订关于质量协定的协议书,并没有约定原告代替世纪汇智公司承受债权。

3. 世纪汇智公司已经于2010年注销。

世纪汇智公司已经于2010年注销,债权债务已经清算完毕。

4. 原告起诉主体不适合。

世纪汇智公司注销后,原告起诉被告是主体不适合,应当驳回起诉。

5. 原告并没有实际支付货款。

质量赔付协议书的实际内容是原告不需再向被告支付货款,而不是由被告赔偿原告,因为原告并没有实际支付货款。

综上,请求驳回原告的诉讼请求。

**一审认为:**

1. 本案系债权转让合同关系纠纷。

原告与被告并不存在买卖合同关系,原告事实上受让了世纪汇智公司对被告享有的质量赔偿请求权并与被告签订了质量赔付协议书,且被告对此应当明知,故本案应为债权转让合同关系纠纷。

2. 被告称原告为世纪汇智公司代理人而非合同相对方的答辩意见不成立。

对于被告提出的世纪汇智公司是与被告履行供货合同的相对方,原告与被告签订质量赔付协议时只是世纪汇智公司代理人,不享有债权的答辩意见,于法无据。

3. 质量赔付协议书合法有效。

原告与被告签订的质量赔付协议书系双方真实意思表示,且不违反法律及行政法规的强制性规定,应为合法有效,双方均应恪守履行。被告应当依据履行质量赔付协议书向原告支付赔偿款,现原告要求被告支付赔偿款723,240元的诉讼请求合理,证据充分。

4. 对于支付赔偿时间未约定,利息请求不应支持。

对于原告要求被告赔偿未支付赔偿款的利息损失的诉讼请求,由于质量赔付协议书未明确约定给付期间,故法院不予支持。

**一审判决:**

1. 被告支付以赔偿款723,240元,于判决生效之日起7日内执行;
2. 驳回原告其他诉讼请求。

被告不服一审法院判决,向上级人民法院提起上诉。

**被告上诉称:**

原告并非与被告存在买卖合同关系,而是与世纪汇智公司存在买卖合同关系。因原告称其与世纪汇智公司仅系名称变更关系,被告才与原告签订质量赔付协议书,该协议书没有事实依据,也无证据证明世纪汇智公司向原告转让了索赔权利,一审法院不能据此判令被告承担付款义务。

**原告二审辩称:**

一审法院认定事实清楚,适用法律正确,请求维持一审判决。

**律师观点:**

1. 世纪汇智公司有权将债权转让给原告。

世纪汇智公司与被告之间存在买卖合同关系,根据《合同法》第79条的规定,世纪汇智公司可以将其对被告享有的违约赔偿请求权转让给原告。

2. 被告明知债权转移这一事实。

被告与原告签订质量赔付协议书,表明被告明知前述债权转让事宜。

被告否认世纪汇智公司与原告之间存在债权转让关系,但关于其与原告签订质量赔付协议书的原因,被告在一审中称原告法人代表孙大华在签约时明示原告系代表世纪汇智公司签订协议书,其上诉又称孙大华在签约时明示原告与世纪汇智公司系名称变更关系,被告的陈述相互矛盾。

**二审判决:**

驳回上诉,维持原判。

## 【案例272】未经债权人同意　债权债务概括转移对内仍有效①

**原告:** 华鲁集团公司

**被告:** 城市建设公司

**诉讼请求:** 确认2007年11月12日承诺书有效。

**争议焦点:** 未经债权人同意,原、被告之间的债权债务概括转移对债权人是否有效;在原被告内部是否具有约束力。

**基本案情:**

原告的北京分公司于2004年5月19日成立,2007年11月12日注销。同日,被告为原告出具承诺书上显示:"鉴于原告的北京分公司近期在工商局注销营业执照,该公司注销后,在经营期间所签署的汽车维修中心工程及新景房地产公司工程所发生的债权债务纠纷,由被告承担责任。特此承诺"。该承诺书由被告加盖公章。

**原告诉称:**

原告决定注销北京分公司,被告遂向原告承诺该两项工程的债权债务纠纷由被告承担。2007年11月12日,被告向原告正式出具了承诺书。鉴于目前原告所承接的该两项工程部分欠款已经被债权人提起诉讼,为维护原告合法权益,故原告诉至法院。

**被告辩称:**

1. 承诺书未经债权人同意,应属无效。

根据《合同法》第84条规定,债务人将合同的义务全部或者部分转移给第三人的,应当经债权人同意。债权债务概括转移既包括了权利的转让,又包括义务的转移。所以,合同一方当事人在进行转让前应当取得对方的同意,如果未经对方同意,一方当事人就擅自一并转让权利和义务的,那么其转让行为无效,因此,原被告之间的承诺书无效。

---

① 参见北京市密云县人民法院(2008)密民初字第6778号民事判决书。

2. 原告分公司的债权债务应由其总公司承担。

原告分公司的债权债务应由其总公司承担,被告与原告及其分公司没有任何经济来往,上述两项工程也不是被告承建。承诺书虽为被告出具,公章也是真实的,但是在被告新上任领导不知情的情况下出具的。另外,被告为全民所有制企业,如承诺书有效,则必然损害国家、集体利益。

**律师观点:**

1. 虽未经债权人同意,债权债务概括转移对内仍有效力。

根据《合同法》第84条规定,债务人将合同的义务全部或者部分转移给第三人的,应当经债权人同意。法律如此规定是因为考虑到合同一方当事人在进行转让前应当取得对方的意见,使对方能根据受让方的具体情况来判断这种转让行为是否对自己的权利造成损害。如果未经对方同意,一方当事人就擅自一并转让权利和义务的,债务人转移合同义务的行为对债权人不发生效力。但转让人和受让人之间的债权债务转让关系并不因此受到影响。因此,本案中,原、被告之间的债权债务概括转移承诺书不因未经债权人同意归于无效。

2. 关于被告抗辩新上任领导不知情、被告为全民所有制企业的问题。

被告为原告出具承诺书是原被告之间真实的意思表示,并不因新上任领导不知情影响被告作为独立的主体所应承担的责任。另外,被告并不能因为是全民所有制企业,就不需要承担相应的法律责任。

综上,依法成立的合同,受法律保护。

**法院判决:**

2007年11月12日被告出具的承诺书有效。

**804. 债权转让合同纠纷、债务转移合同纠纷以及债权债务概括转移合同纠纷由何地法院管辖?按照什么标准交纳案件受理费?是否适用诉讼时效?**

这三类合同纠纷的管辖法院与一般合同纠纷一样,应当由被告住所地或者合同履行地人民法院管辖。

当然,如果合同中约定在合同签订地、原告住所地、标的物所在地等与争议有实际联系地点的法院管辖的,应依照约定。

这三类案件的案件受理费应当依照诉讼标的进行计算,如仅仅是请求撤销、解除合同或确认合同无效,则仅需按件交纳50~100元案件受理费。

关于诉讼时效,这三类案件均适用一般诉讼时效(两年)。

**805. 公司合并时,合并各方应当如何通知债权人？进行公告的报纸有何要求？如债权人未接到通知将如何处理？**

合并各方应当于合并的股东（大）会决议之日起 10 日内通知债权人,并于 30 日内在根据公司规模和营业地域范围在全国或者公司注册登记地省级有影响的报纸上进行公告。债权人自接到通知书之日起 30 日内,未接到通知书的自公告之日起 45 日内,可以要求公司清偿债务或者提供相应的担保。

**806. 公司合并时,可否在向债权人发布的通知或公告中要求债权人限期申报债权,并提出对不按期申报债权的债权人不予清偿？**

不可以。

根据《最高人民法院关于贯彻执行〈民法通则〉若干问题的意见》,不作为的默示只有在法律有规定或者当事人双方有约定的情况下,才可以视为意思表示。因此,在合并通知或公告中的单方限制行为违反了《民法通则》《合同法》公平公正的基本原则,当然债权债务人之间约定的通知条款有特别约定的除外。

**807. 公司合并时,债权人可否主张未到期债权或要求提供担保？**

对于未到期债权,债权人基于负有债务的公司合并,即可要求提前还债或提供担保。

债权人主张债权时,如果合并各方拒不履行义务,债权人可通过诉讼、仲裁方式保护自己的利益,但不能因此阻止合并进程。因为从兼顾债权人利益和公司效率的角度来看,《公司法》已经规定了公司合并后存续公司或新设公司承担原有债务,从事实上给债权人利益以充分的保障,因而此时应当着重维护公司合并的效率,不应再赋予债权人以阻止公司合并的权利。

**808. 公司合并后,公司职工是否须与新设公司或存续公司重新签订劳动合同？**

不用。

用人单位发生合并或者分立等情况,原劳动合同继续有效,劳动合同由承继其权利和义务的用人单位继续履行。

**【案例 273】合并后员工调入关联公司　工作 10 年应签无固定期限合同**[①]

**原告**:汉高(中国)投资有限公司

**被告**:邢某某

---

① 参见上海市第一中级人民法院(2009)沪一中民一民终字第 1068 号民事判决书。

**诉讼请求**：确认原告与被告劳动关系已经于 2008 年 2 月 25 日终止，原告不与被告签订无固定期限劳动合同。

**争议焦点：**

1. 原告作为日化公司合并后主体的股东，被告在日化公司与在原告处的工作年限是否应连续计算；

2. 被告有无向原告提出续订劳动合同的主张。

**基本案情：**

原告系日化公司股东，日化公司于 2008 年 6 月 17 日被依法注销。汉高股份有限公司与日化公司等公司 2004 年 11 月 8 日签署合并协议，约定日化公司并入汉高股份公司，而合并协议中注明：原告是汉高股份有限公司股东之一；第 7.01 条总体原则约定，"各加入方与其各自职工的劳动关系，及各加入方在劳动合同项下的权利和义务原则上均应转移给汉高股份公司，并由汉高股份公司承继"；第 7.02 条约定，"在合并过程中，经与各加入方某职工协商一致同意，该职工可以被调入汉高股份公司或各加入方在华的一家关联企业，并签署新的劳动合同。在签署新的劳动合同时，以上第 7.01 条规定的原则也应给予适用"。

被告于 1998 年 6 月 1 日与日化公司签订期限为 1998 年 2 月 26 日至 2000 年 2 月 25 日止的劳动合同，期满后曾 4 次续签，最后一期劳动合同期限至 2006 年 2 月 25 日止。

2005 年 8 月 18 日，原告与被告签订期限为 2005 年 7 月 1 日至 2006 年 2 月 25 日止的劳动合同，期满后三次续签，最后一期劳动合同期限至 2008 年 2 月 25 日止。

2008 年春节前，被告向其主管提出续签劳动合同，并由其主管向原告人事部门提出。

2008 年 2 月 15 日，原告书面通知被告将不再继续订立劳动合同，并要求被告办理工作移交，填写《离职清单》。

2008 年 2 月 25 日，被告填写离职清单。

2008 年 2 月 28 日，被告向原告快递要求签订无固定期限劳动合同的函，载明："……我在 2008 年 1 月 28 日找我的上级李磊民，要求签订无固定期限的劳动合同，但公司至今没有给我回音，反而在 2008 年 2 月 18 日发给我一份不再与我续订劳动合同的通知，当时我对此提出了异议……因此，本人现再一次向公司提出：要求公司与我签订无固定期限的劳动合同……"

原告于 2008 年 3 月 3 日回复称原告、被告劳动关系已依法结束。

被告因要求签订无固定期限劳动合同,故向劳动争议仲裁委员会申请仲裁并获支持。

**原告诉称：**

1. 被告从2005年7月1日起始受雇于原告。

被告从2005年7月1日起始受雇于原告,之前被告与日化公司存在劳动关系。

2. 原告与日化公司不存在分立或合并关系。

原告与日化公司是两个独立的法人,相互之间不存在分立或合并关系,原告没有义务认可被告此前在日化公司的连续工龄。

3. 双方的劳动关系已于2008年2月25日终止。

原告已于2008年2月25日依法办妥了被告的离职手续,向被告支付了离职补偿金,被告在离职前对此并无异议,也未要求与原告续签劳动合同,故双方的劳动关系已于2008年2月25日终止。

**被告辩称：**

根据合并协议,原告及日化公司均属于汉高集团成员。被告是在原告经商务部2005年审批为跨国公司地区总部期间,连同日化公司的其他职工统一被安排到原告工作的,属于汉高集团的内部调入,且不存在经济补偿,该调动非因被告本人原因,因此,其在日化公司与原告的工作年限应当合并计算,被告在原告的工作年限已满10年,且已向原告明确作出了要求签订无固定期限劳动合同的意思表示。

双方的交接手续至今没有办理完毕,原告所谓的离职补偿金实质为工资,且该笔费用是原告自行打入被告账户的,并非被告主动的受领行为。

**律师观点：**

1. 被告在原告的工作年限应当连续计算。

原告作为日化公司的关联企业,其与被告于2005年7月1日建立劳动合同关系的性质属于涉案合并协议约定中的"调入"。根据合并协议第7.01、7.02条的规定,被告与日化公司的劳动关系,及日化公司由此承担的劳动合同项下的权利义务均转移至原告,由原告承继。被告在日化公司的工作年限应视作在原告的工作年限,两段工作年限应当连续计算。故自1998年2月26日至2008年2月25日,被告在原告已连续工作满10年。

2. 原、被告之间的劳动关系尚未终结。

被告于2008年2月25日之前,将要求签订无固定期限劳动合同的意思表示以口头形式向其上级领导提出并由其上级领导转述原告人事部门,表明其要求签订无固定期限劳动合同的意思表示已到达原告。因原告、被告属于应订立无固定期限劳动合同之情形,故劳动合同效力已即时延续了法律效力。原告主张被告未明确要求与原告续签劳动合同,并以办理离职手续及接受离职补偿金的行为表示同意终止劳动关系,该主张与查明的事实不符。

3. 原告不与被告签订无固定期限劳动合同不属于法院处理范围。

虽原告与被告应订立无固定期限劳动合同,但劳动合同订立属当事人意思自治之行为,不属法院处理范围,故应不予处理。

**法院判决:**

驳回原告的诉讼请求。

**809. 实践中,可否由各方先行签订公司合并协议,再提交股东(大)会讨论决定?**

公司实践中,考虑到如果合并方案待股东(大)会讨论通过后方能签订公司合并协议可能影响交易效率。因此一般在董事会拟定公司合并方案后即可先行签订公司合并协议,因为董事会所拟定通过的合并方案在一定程度上也可视为公司内部初步一致的意见。

当然需要注意的是,在未获得股东(大)会议通过的情况下,公司合并方案中应约定待股东(大)会决议通过后合同方始生效的条款,以保证合并程序的合法及合同各方的利益。

**810. 公司合并是否需要经过有关部门批准?如果需要,应由什么部门批准?**

国有独资公司必须由国有资产监督管理机构决定,其中,重要的国有独资公司合并应当由国有资产管理机构审核后,报本级人民政府批准。

外商投资企业的合并也须经一定的报批程序,具体内容详见本章关于外商投资企业的问答。

需要注意的是,上市公司股份变动的合并方案应当报中国证监会批准并抄报证券交易所。

**811. 公司合并如何向工商行政管理机关进行登记申请?应提交哪些材料?**

应分如下情况申请登记:

(1)因合并而存续的公司,其登记事项发生变化的,应当申请变更登记;

(2)因合并而解散的公司,应当申请注销登记;

(3)因合并而新设立的公司,应当申请设立登记。

公司合并的,应当自公告之日起45日后申请登记,提交合并协议、合并决议或决定、公司在报纸上登载公司合并公告的有关证明和债务清偿或者债务担保情况的说明。①

**812. 如何判断公司合并是否构成垄断?**

依据《反垄断法》规定,对公司合并造成经营者集中达到国务院规定的申报标准的,经营者应当事先向国务院反垄断执法机构申报,未申报的不得实施集中。

经营者集中是指下列情形:

(1)经营者合并;

(2)经营者通过取得股权或者资产的方式取得对其他经营者的控制权;

(3)经营者通过合同等方式取得对其他经营者的控制权或者能够对其他经营者施加决定性影响。

国务院所规定的申报标准如下:

(1)参与集中的所有经营者上一会计年度在全球范围内的营业额合计超过100亿元人民币,并且其中至少2个经营者上一会计年度在中国境内的营业额均超过4亿元人民币;

(2)参与集中的所有经营者上一会计年度在中国境内的营业额合计超过20亿元人民币,并且其中至少2个经营者上一会计年度在中国境内的营业额均超过4亿元人民币。

但存在下列情况的,即使达到上述标准亦可以不向国务院申报:

(1)参与集中的一个经营者拥有其他每个经营者50%以上有表决权的股份或者资产的;

(2)参与集中的每个经营者50%以上有表决权的股份或者资产被同一个未参与集中的经营者拥有的。

**813. 公司合并可能构成垄断的,应向什么部门申报审查?应履行怎样的申报流程?需提交哪些材料?**

反垄断审查由商务部反垄断局负责,申报流程如图11-6所示。

---

① 关于因合并引起的变更、注销、设立登记分别详见本书第一章公司设立纠纷、第六章请求变更公司登记纠纷及第十六章公司解散纠纷。

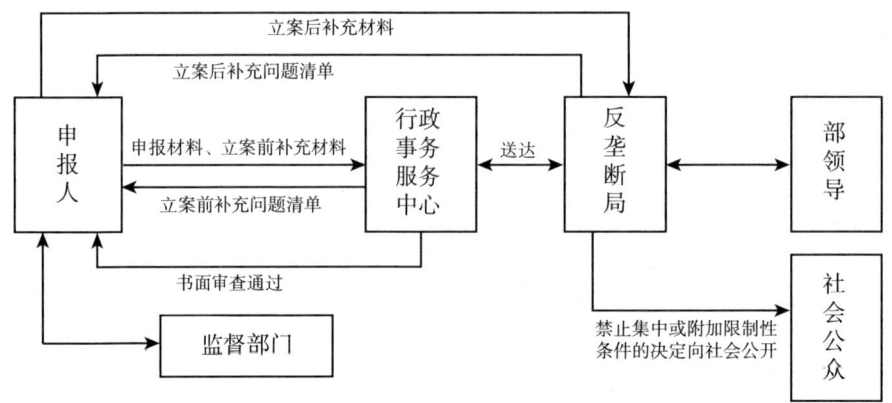

图 11-6 商务部经营者集中反垄断审查流程

(1)申报人依规定或通知将申报文件、资料经商务部行政事务服务中心(以下简称行政服务中心)转交反垄断局,行政服务中心向申报人出具《商务部行政事务服务中心申办事项受理单》。反垄断局核查申报文件、资料是否完备。

(2)申报人提交的文件、资料不完备的,由反垄断局书面通知申报人在规定的期限内补交文件、资料,通知经行政服务中心转交申报人。申报人逾期未补交文件、资料的,视为未申报。

(3)对符合法律法规规定,申报文件、资料完备的申报,由反垄断局书面通知申报人立案,通知经行政服务中心转交申报人。

(4)自立案之日起 30 日内完成初步审查,作出是否实施进一步审查的决定,由反垄断局书面通知申报人,通知经行政服务中心转交申报人。

(5)对需要实施进一步审查的,自决定之日起 90 日内完成审查,作出是否禁止经营者集中的决定,由反垄断局书面通知申报人,通知经行政服务中心转交申报人。

(6)有下列情形之一的,由反垄断局书面通知申报人延长进一步审查的期限,时间最长不超过 60 日,通知经行政服务中心转交申报人:

①经营者同意延长审查期限的;

②经营者提交的文件、资料不准确,需要进一步核实的;

③经营者申报后有关情况发生重大变化的。

(7)经营者集中反垄断审查工作结束,由反垄断局将审查决定书面通知申报人,通知经行政服务中心转交申报人。禁止经营者集中的决定或者对经营者集中附加限制性条件的决定向社会公布。

申报人所需提交的材料如下：
(1)申报书；
(2)集中对相关市场竞争状况影响的说明；
(3)集中协议及相关文件；
(4)参与集中的经营者经会计师事务所审计的上一会计年度财务会计报告；
(5)商务部(反垄断局)要求提交的其他文件、资料。

申报人应同时提交申报文件、资料的公开版本和保密版本各两套，并提交内容相同的电子光盘各两套。

**【案例274】谷歌收购摩托罗拉　承诺公平对待智能终端生产商获批准**[①]

**基本案情：**

谷歌主要经营互联网搜索引擎和在线广告服务，并提供在线服务和软件产品。谷歌开发了移动智能设备操作系统安卓，并以开源、免费的方式提供给移动智能设备制造商使用。摩托罗拉移动是移动设备制造商，产品主要包括手机和平板电脑。

2011年8月15日，谷歌与摩托罗拉移动签订收购协议。根据该协议，谷歌将收购摩托罗拉移动的全部股份，收购完成后摩托罗拉移动将成为谷歌的全资子公司。

2011年9月30日，商务部收到谷歌收购摩托罗拉移动100%股权的经营者集中申报。

**竞争分析与审查：**

根据《反垄断法》第27条的规定，商务部对此项经营者集中进行了综合评估，深入分析该项经营者集中对市场竞争的影响，认为其可能具有排除限制竞争的效果。

1. 相关市场。

移动智能终端和移动智能终端操作系统构成本案的相关商品市场。

移动智能终端是指具备开放的操作系统平台，个人电脑级的处理能力，高速接入能力和丰富的人机交互界面的智能终端，目前主要是指智能手机，还包括平板电脑、智能电视等。移动智能终端已经成为互联网业务的关键入口和主要创新平台，其操作系统平台的开放性、人机交互体验的独特性和携带的便捷性显著区别于个人电脑、功能手机等其他产品，构成一个独立的市场。

移动智能终端操作系统是管理移动智能终端硬件与软件资源的程序，其与电

---

[①] 参见商务部公告2012年第25号《关于附加限制性条件批准谷歌收购摩托罗拉移动经营者集中反垄断审查决定的公告》。

脑操作系统等其他产品差异明显,构成单独的相关商品市场。

移动智能终端及其操作系统市场具有全球市场的特征。商务部在审查中考虑了全球市场的竞争状况,但重点考察了中国市场状况。

2. 相关市场状况。

移动智能终端市场和其操作系统市场呈现出不同的竞争状况。移动智能终端市场集中度相对分散、竞争激烈,市场不断推陈出新,更新换代频繁,各制造商均面临较大的竞争压力。调查表明,摩托罗拉移动相对于其他竞争者并不具备明显优势。

与上述市场显著不同,移动智能终端操作系统市场是一个高度集中的市场。最新数据表明,2011年第四季度,仅谷歌开发的安卓系统就占据73.99%中国市场份额,此外,诺基亚的塞班系统占12.53%,苹果的iOS占10.67%,三者合计占据97.19%的中国市场份额。考虑到安卓系统超高的市场份额、移动智能终端制造商对安卓系统的高度依赖性、谷歌公司雄厚的财力和技术开发能力以及很高的市场进入门槛,商务部认定安卓系统在移动智能终端操作系统市场占据市场支配地位。由于诺基亚已经宣布逐步放弃塞班系统,苹果手机售价普遍远远高于安装安卓系统的智能手机,而微软公司开发的WINDOWS PHONE操作系统尚处于起步阶段,因此,安卓系统的市场支配地位预计在未来相当一段时间内将继续维持和巩固。

3. 安卓系统的免费、开源问题。

目前,安卓系统已经形成完整的生态产业链,移动智能终端制造商、软件开发商、最终用户均对安卓系统形成依赖性。终端制造商必须依据安卓系统对产品进行设计开发,软件开发商依据安卓系统进行研发,而开发出的应用软件仅适用于安卓系统而无法适用于其他操作系统。最终用户由于使用习惯等原因也会对安卓系统形成相当程度的依赖。调查发现,对于移动智能终端制造商而言,更换操作系统成本巨大,必须更改相关硬件和软件以适应新的操作系统,同时,操作系统的更改还可能导致用户体验的差别,存在较大的商业风险。

安卓系统的免费、开源特征是其在较短时间内取得市场支配地位的重要原因,在相当一段时间内维持安卓系统的免费、开源对于保护相关方的合理预期和正当利益至关重要。谷歌在此项集中完成后改变安卓系统目前免费、开源的商业模式将对相关各方产生重大不利影响。

4. 谷歌公平对待终端制造商问题。

此项集中完成后,摩托罗拉移动成为谷歌的全资子公司。鉴于谷歌在移动智能终端操作系统上具有的市场支配地位,谷歌有动机也有能力给予摩托罗拉移动优于其他移动智能终端制造商的待遇,如先于其他制造商向摩托罗拉移动提供最新开发的安卓系统。调查中,商务部发现,谷歌在推出新版的安卓系统前,会首先非指向性地选择一个移动智能终端制造商合作,以测试新版安卓系统与终端硬件设备的适应性。被选中的终端制造商将有机会先于其他制造商获得新版安卓系统,从而在移动智能终端的市场竞争中处于有利地位。此项集中完成后,谷歌将有可能仅选择摩托罗拉移动作为测试对象。谷歌对移动智能终端制造商的差别待遇将扭曲该市场的竞争,使摩托罗拉移动之外的其他终端制造商处于不利的竞争地位。

5. 摩托罗拉移动专利许可问题。

摩托罗拉移动拥有众多手机领域的专利,相当一部分专利属于核心专利。谷歌收购摩托罗拉移动的主要目的就是拥有这些手机专利。此项集中完成后,谷歌将同时拥有强大的软硬件开发和集成能力,借助其在移动智能终端市场的支配地位,谷歌有动机也有能力在专利许可中向相对方附加不合理的许可条件,这将对相关市场的竞争造成损害,并最终损害消费者的利益。

6. 市场进入。

如前所述,移动智能终端操作系统市场是一个高度集中的市场,安卓系统、塞班系统和苹果 iOS 占据了 97% 以上的市场份额,其他经营者所占份额极为有限,属边缘竞争者。

移动智能终端操作系统的开发需要雄厚的技术和资金实力,高度集中的市场对新进入者形成了极高的进入壁垒。一个移动智能终端操作系统是否能够取得成功,关键取决于与该操作系统相匹配的软件开发环境是否友好、是否能够吸引软件开发者。优秀的应用开发环境可以大大降低开发门槛,提高开发效率,提升用户体验,进而吸引众多软件开发者,最终具有良好用户体验的应用软件吸引消费者和潜在购买者。以移动智能终端操作系统为基础开发的应用软件数量的多寡、用户体验的优劣已经成为不同操作系统之间竞争的关键要素之一。

目前,典型的移动智能终端操作系统软件开发环境包括安卓开发环境、苹果开发环境和微软开发环境。数量庞大的安卓应用和苹果应用已经成功吸引了绝大多数软件开发者以及消费者,转换开发环境不仅需要软件开发者适应新的技术要求,还将面临失去众多消费者的巨大商业风险;而且,对于消费者而言,改变操作系统意味着熟悉新的操作界面、更换智能终端等额外成本。可见,安卓系统和苹果系统已经形成完整的、具有强大市场吸引力和良好口碑的系统,无论市场的边缘竞争者还是新进入者,都面临极高的进入门槛。在可预期的未来,市场进入难以减轻或消除上述排除、限制竞争效果。

**律师观点：**

此项集中可能产生竞争问题，为减少此项集中对竞争产生的不利影响，谷歌应就竞争问题作出以下承诺：

1. 谷歌将在免费和开放的基础上许可安卓平台，与目前的商业做法一致。

安卓平台是指用于移动设备的当前及未来版本的开源软件堆栈，包括以目前发布于 http://code.google.com/android/ 的形式存在的且在义务期内（除非这些义务被修改或解除）于该网站或后继网站上可获得的操作系统、中间件及关键开源应用程序在内。本项义务不影响谷歌对与安卓平台相关的软件（包括但不限于在安卓平台上运行的应用程序）保持闭源或使之闭源的权力。本项义务不影响谷歌就其提供的与安卓平台相关的产品和服务（包括但不限于在安卓平台上运行的应用程序）寻求付款或其他对价的能力。

2. 谷歌应当在安卓平台方面以非歧视的方式对待所有原始设备制造商。

本项义务仅适用于已经同意不对安卓平台进行分化或衍生的原始设备制造商。本项义务不适用于谷歌提供、许可或分销与安卓平台相关的产品和服务（包括但不限于在安卓平台上运行的应用程序）的方式。

3. 关于专利的公平、合理和非歧视（FRAND）义务。

本次交易后，谷歌应当继续遵守摩托罗拉移动在摩托罗拉移动专利方面现有的公平、合理和非歧视（FRAND）义务。

4. 委托独立的监督受托人对谷歌履行上述义务的情况进行监督。

根据《商务部关于实施经营者集中资产或义务剥离的暂行规定》（商务部公告 2010 年第 41 号），谷歌委托独立的监督受托人对谷歌履行上述义务的情况进行监督。

**商务部决定：**

经审查，商务部认为谷歌收购摩托罗拉移动具有排除、限制竞争影响。根据谷歌向商务部作出的承诺，商务部决定附加限制性条件批准此项集中。

## 【案例275】沃尔玛间接收购1号店　承诺实体、网络不联合获批准[1]

**基本案情：**

沃尔玛公司是全球和中国连锁超级市场的主要竞争者，其在采购、仓储、产品

---

[1] 参见商务部公告 2012 年第 49 号《关于附加限制性条件批准沃尔玛公司收购纽海控股 33.6% 股权经营者集中反垄断审查决定的公告》。

线、门店网络、服务和物流以及品牌等方面存在竞争优势,业务主要为实体超市。益实多1号店是目前中国最大的网上超市,拥有上千个供应商,数百个品牌合作商。销售商品涉及食品饮料、美容护理、厨卫清洁、电器等10大类,共计10万多种商品。益实多1号店业务范围包括网上直销业务和增值电信业务。根据双方经营范围、经营模式及特点、需求和供给替代等方面因素,商务部认为B2C网上零售市场为相关商品市场。同时,考虑到消费习惯、运输、关税等因素,相关地域市场为中国市场。

2011年11月24日,沃尔玛公司及其全资子公司GEC 2与纽海控股、纽海控股的售股股东中国平安保险海外(控股)有限公司、美国自然人于刚先生、澳大利亚自然人刘峻岭先生,纽海控股的全资子公司新岗岭香港及新岗岭香港的全资子公司纽海上海,以及益实多公司及其售股股东深圳市平安创新有限公司签订了《购股协议》(以下简称协议)。

根据协议,沃尔玛公司将通过其全资子公司GEC 2对纽海控股的持股比例从17.7%增加至51.3%。纽海控股将通过全资子公司新岗岭香港和纽海上海持有益实多的网上购物平台益实多1号店的网上直销业务。交易完成后,沃尔玛公司将成为纽海控股的控股股东,并通过纽海控股取得对益实多1号店网上直销业务的控制权。

2011年12月16日,商务部收到沃尔玛公司收购纽海控股33.6%股权的经营者集中申报。

**竞争分析与审查:**

根据《反垄断法》第27条,商务部对此项经营者集中进行了综合评估,深入分析该项经营者集中对市场竞争的影响,认为其可能具有排除限制竞争的效果。

网上零售涉及支付、仓储、配送、营销、网络平台等多个环节,其中物流和服务是制约网络零售商发展的关键因素。沃尔玛公司在中国实体零售市场具备成熟的仓储配送系统、广泛的供货渠道和较高的品牌知名度。交易完成后,沃尔玛公司有能力将其在实体市场的竞争优势传导至益实多1号店的网上零售业务。集中产生的综合效应将实质性增强并购后实体在网上零售行业的竞争实力。为此,商务部对本案可能涉及的中国增值电信业务市场进行了延伸调查。调查结果表明,并购后实体如通过益实多1号店进入增值电信业务市场,将有能力依托现有实体零售市场与网上零售业务的综合竞争优势迅速扩展业务,在增值电信业务市场取得优势地位,实质性增强其对网络平台用户的议价权,从而在中国增值电信业务市场可能具有排除或限制竞争效果。

**律师观点：**

此项集中可能产生竞争问题，为减少此项集中对市场竞争可能产生的不利影响，沃尔玛公司应就可能产生的竞争问题作出以下承诺：

1. 纽海上海此次收购，仅限于利用自身网络平台直接从事商品销售的部分；

2. 在未获得增值电信业务许可的情况下，纽海上海在此次收购后不得利用自身网络平台为其他交易方提供网络服务；

3. 本次交易完成后，沃尔玛公司不得通过 VIE 架构从事目前由益实多公司运营的增值电信业务。

**商务部决定：**

经审查，商务部认为沃尔玛公司通过收购纽海控股 33.6% 股权，取得对益实多 1 号店网上直销业务的控制权可能具有排除、限制竞争效果。根据沃尔玛公司向商务部作出的承诺，商务部决定附加限制性条件批准此项集中。

## 【案例276】乌钾吸收合并谢钾　承诺销售模式不变获批准[①]

**基本案情：**

2011 年 3 月 14 日，商务部收到俄罗斯企业乌拉尔开放型股份公司（以下简称乌钾或申报方）吸收合并谢尔维尼特开放型股份公司（以下简称谢钾）的经营者集中申报。

乌钾、谢钾合并后，将形成一家拥有 1150 万吨/年钾肥产能的生产商，成为仅次于加拿大钾肥公司的全球第二大钾肥生产企业。

**竞争分析与审查：**

根据《反垄断法》第 27 条，商务部对此项经营者集中进行了综合评估，深入分析该项经营者集中对市场竞争的影响，认为其可能具有排除限制竞争的效果。

商务部认定氯化钾为相关商品市场。氯化钾主要作为钾肥使用。钾肥包括氯化钾、硫酸钾、硝酸钾、磷酸二氢钾、硫酸钾镁肥等。氯化钾通常是其他形式钾肥和复合肥的原料。从商品特性、用途等因素分析，氯化钾与其他钾肥产品之间不具有较为紧密的替代关系。商务部考察了全球氯化钾市场和中国氯化钾市场的情况。基于中国氯化钾进口现状，还考虑了中国氯化钾进口市场，包括氯化钾海运贸易市场和边境贸易市场。

---

① 参见商务部公告 2011 年第 33 号《关于附条件批准乌拉尔开放型股份公司吸收合并谢尔维尼特开放型股份公司反垄断审查决定的公告》。

商务部审查了相关市场的市场份额、市场集中度以及乌钾吸收合并谢钾后的公司对市场的控制力。氯化钾生产依赖钾资源的自然分布。在全球范围内,钾资源主要集中在少数国家,其中全球前三大钾资源拥有国合计约占世界总储量的80%以上。全球氯化钾的生产和销售主要集中于少数几家企业。本项经营者集中完成后将产生全球第二大的氯化钾出口供应商,市场份额将超过全球市场的1/3,其与全球第一大供应商合计约占全球氯化钾供应量的70%。中国对国际氯化钾市场依赖度较高,目前有一半左右的氯化钾需求依赖海运贸易和边境贸易进口,其中进口量的一半以上来源于谢钾、乌钾及其关联贸易公司。

该项经营者集中实施后,谢钾作为一个有竞争实力的供应商被乌钾吸收合并,相关市场的集中度将进一步提高。一方面,合并后的公司将拥有更多的钾资源和更强大的生产、供应及出口能力,对国际氯化钾市场将拥有更强的市场控制力,可能对包括中国市场在内的全球氯化钾海运贸易市场竞争产生不利影响。同时,该项经营者集中也增加了全球范围内氯化钾供应商协调生产和销售的可能性,可能具有排除、限制竞争的效果。另一方面,边境贸易是中国进口氯化钾的重要途径。中国1/3左右的进口氯化钾来自于乌钾和谢钾的边境贸易。该项经营者集中实施后,中国以边境贸易方式进口氯化钾将由乌钾和谢钾两家公司供应变为合并后的公司独家供应,这可能对中国氯化钾边境贸易市场具有排除、限制竞争效果。

商务部审查了氯化钾市场进入的难易程度。进入氯化钾市场主要受制于:是否拥有商业上可开采钾矿资源以及开发新矿或扩展现有设施所需资金量。审查发现,钾矿资源主要集中在现存氯化钾生产商手中,开发新矿或扩展现有设施所需资金量大、时间长,同时伴随较大的产业、技术、地质和环境等风险。其他竞争者市场进入难度较大。

此外,基于中国对氯化钾进口的依赖以及氯化钾市场结构现状,该项经营者集中将对中国农业等相关产业产生一定影响。

**律师观点:**

此项集中可能产生竞争问题,为减少该项经营者集中对竞争产生的不利影响,应对其附加限制性条件并作以下承诺:

1. 合并后的公司应继续保持目前的氯化钾销售做法和程序,交易后继续以直接贸易方式对中国市场销售氯化钾,并继续通过铁路运输和海上运输方式为中国市场稳定可靠、尽心尽力地供应氯化钾产品。

2. 合并后的公司应一如既往地为中国市场提供种类齐全和数量充足的氯化

钾产品,包括氧化钾含量为60%和62%的氯化钾产品(包括白色的白钾和粉色的红钾)。此外,合并后的公司应一如既往地供应中国用户,在种类和数量上满足其在农业、工业和特殊工业用途在内的各种用途。

3. 合并后的公司应维持惯常的协商程序,价格谈判应充分考虑与中国客户交易的历史情况与现状,以及中国市场的特殊性。惯常的协商包括现货销售(按每笔交易或按月度)或合同销售(半年或年度)而进行的价格协商。

4. 自审查决定生效之日起的每半年或应商务部要求,合并后的公司应向商务部汇报履行承诺的情况。商务部有权对限制性条件的实施进行监督检查。合并后的公司应当根据商务部对本案适用的相关规定,委托监督受托人对其履行义务的情况进行监督。合并后的公司如有任何违反上述限制性条件的行为,商务部有权依法予以处罚。

**商务部决定:**

经审查,商务部认为乌钾吸收合并谢钾的经营者集中可能对中国氯化钾市场产生排除、限制竞争的效果。根据乌钾向商务部作出的承诺,商务部决定附加限制性条件批准此项集中。

## 【案例277】可口可乐收购汇源　限制竞争被禁止[1]

**基本案情:**

2008年8月,可口可乐旗下的荷银亚洲将代表可口可乐全资附属公司大西洋公司,就收购汇源果汁全部股份、全部未行使可换股债券并注销汇源全部未行使购股权,提出自愿有条件现金收购建议。这意味着,可口可乐将取得汇源100%股权,汇源将从联交所退市。

2008年9月,商务部收到可口可乐公司递交的申报材料,后可口可乐应商务部要求4次补充材料。

2008年11月20日,商务部认为可口可乐公司提交的申报材料达到了《反垄断法》第23条规定的标准,对此项申报进行立案审查,并通知了可口可乐公司。

由于此项集中规模较大、影响复杂,2008年12月20日,初步审查工作结束后,商务部决定实施进一步审查。

在进一步审查过程中,商务部对集中造成的各种影响进行了评估,并于2009年3月20日前完成了审查工作。

---

[1] 参见商务部公告2009年第22号《关于禁止可口可乐公司收购中国汇源公司审查决定的公告》。

**竞争分析与审查：**

根据《反垄断法》第27条，商务部从如下几个方面对此项经营者集中进行了全面审查：

1. 参与集中的经营者在相关市场的市场份额及其对市场的控制力；
2. 相关市场的市场集中度；
3. 经营者集中对市场进入、技术进步的影响；
4. 经营者集中对消费者和其他有关经营者的影响；
5. 经营者集中对国民经济发展的影响；
6. 汇源品牌对果汁饮料市场竞争产生的影响。

**律师观点：**

此项集中具有排除、限制竞争效果，将产生如下不利影响：

1. 集中完成后，可口可乐公司有能力将其在碳酸软饮料市场上的支配地位传导到果汁饮料市场，对现有果汁饮料企业产生排除、限制竞争效果，进而损害饮料消费者的合法权益。

2. 品牌是影响饮料市场有效竞争的关键因素，集中完成后，可口可乐公司通过控制"美汁源"和"汇源"两个知名果汁品牌，对果汁市场控制力将明显增强，加之其在碳酸饮料市场已有的支配地位以及相应的传导效应，集中将使潜在竞争对手进入果汁饮料市场的障碍明显提高。

3. 集中挤压了国内中小型果汁企业生存空间，抑制了国内企业在果汁饮料市场参与竞争和自主创新的能力，给中国果汁饮料市场有效竞争格局造成不良影响，不利于中国果汁行业的持续健康发展。

**商务部决定：**

根据《反垄断法》第28条和第29条，此项经营者集中具有排除、限制竞争效果，将对中国果汁饮料市场有效竞争和果汁产业健康发展产生不利影响。而参与集中的经营者没有提供充足的证据证明集中对竞争产生的有利影响明显大于不利影响或者符合社会公共利益，在规定的时间内，可口可乐公司也没有提出可行的减少不利影响的解决方案，因此，决定禁止此项经营者集中。

## 二、外商投资企业合并的特殊规定

**814. 外商投资企业合并应向何部门履行哪些审批流程？**

外商投资企业合并，拟解散的公司应当向其原审批机关（商务主管部门）申请解散;得到原审批机关作出同意解散的批复后,相关企业向审批机关申请合并批准;取得同意合并的批准文件后,相关企业应到登记机关(工商行政管理部门)办理有关公司设立、变更或注销登记。

原审批机关或登记机关有两个以上的,由合并后的公司住所地商务主管部门和工商行政管理部门作为审批和登记机关。

具体流程如图11-7所示:

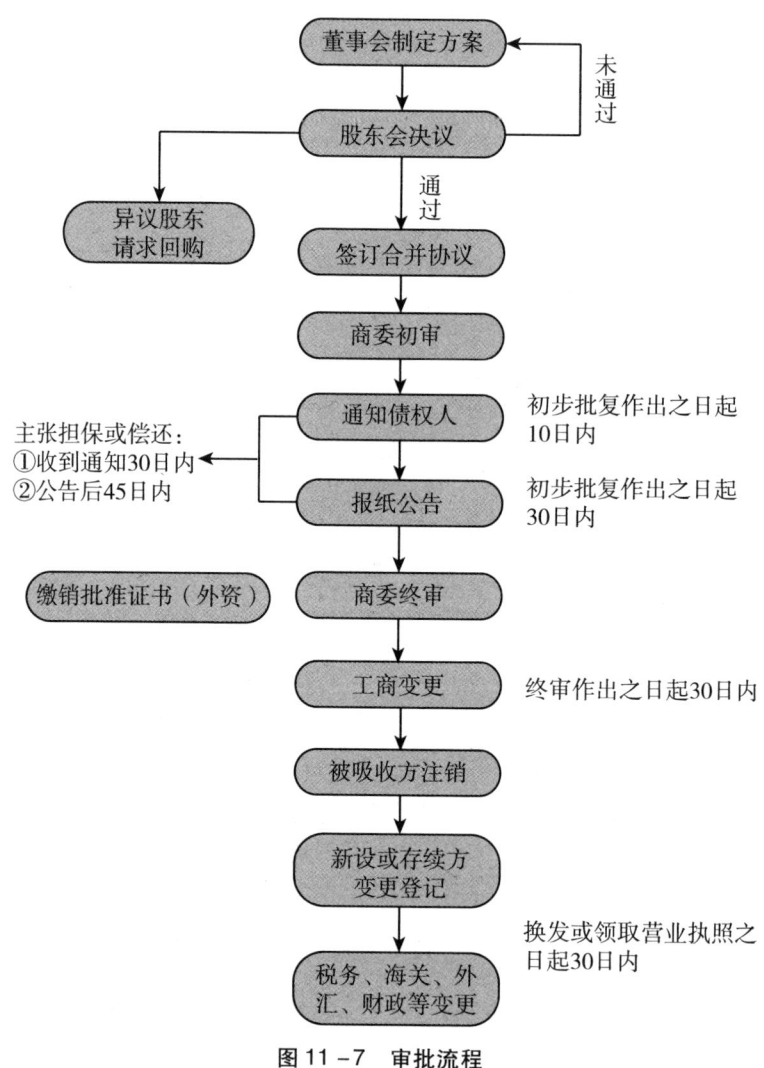

图11-7 审批流程

### 815. 外商投资企业合并过程中拟解散公司如何进行解散审批？应当提交哪些材料？

拟合并的公司有两个以上原审批机关的，合并中拟解散的公司应当向其原审批机关提交因公司合并而解散的申请。

原审批机关应自接到有关解散申请之日起15日内作出是否同意解散的批复；逾期未作批复的，视作原审批机关同意该公司解散。

如果原审批机关在前款规定期限内，作出不同意有关公司解散的批复，拟解散公司可将有关解散申请提交原审批机关与公司合并的审批机关共同的上一级对外经济贸易主管部门，该部门应自接到有关公司解散申请之日起30日内作出裁决。

因解散过程中需进行公告，故相关材料需分两次进行提交，具体如下。

(1) 公告前需提交的材料

①因公司合并而解散的申请；

②代为办理委托书及委托协议；

③经办人身份证复印件；

④拟解散公司章程；

⑤董事会决议（原件）；

⑥拟解散公司营业执照（复印件）；

⑦验资报告；

⑧清算小组成员名单；

⑨审计报告；

⑩外商投资企业批准证书正副本（复印件）。

(2) 公告后需提交的材料

①代为办理委托书及委托协议；

②经办人身份证复印件；

③关于清算的董事会决议（原件）；

④刊登因合并而解散公告的报纸（原件）；

⑤海关注销证明（复印件）；

⑥清算报告；

⑦清算审计报告；

⑧外商投资企业批准证书（原件）；

⑨原批复文件；

⑩注销税务登记通知书；

⑪注销财政登记申请表；

⑫工商清算小组成员备案通知书。

**816. 完成因合并解散的审批后，外商投资企业如何进行合并审批？**

(1) 申请主体的确定

公司吸收合并的，接纳方公司作为申请人向其原审批机关提出申请并报送有关文件；公司新设合并的，由合并各方协商确定一个申请人向合并后公司住所地对外经济贸易主管机关提出申请并报送有关文件。

(2) 审批主体的确定

拟合并公司的投资总额之和超过公司原审批机关或合并后公司住所地审批机关审批权限的，由具有相应权限的审批机关审批。

拟合并的公司至少有一家为股份有限公司的，由商务部审批；涉及上市的股份有限公司合并的，应符合有关法律、法规和中国证券监督管理委员会对上市公司的规定并办理必要的审批手续。

(3) 初步批复

审批机关接到规定报送的有关文件后，以书面形式作出是否同意合并的初步批复。

因公司合并而解散原公司或新设异地公司，须征求拟解散或拟设立公司的所在地审批机关的意见；公司合并的审批机关为商务部的，如果商务部认为公司合并具有行业垄断的趋势或者可能形成就某种特定商品或服务的市场控制地位而妨碍公平竞争，可于接到前款所述有关文件后，召集有关部门和机构，对拟合并的公司进行听证并对该公司及其相关市场进行调查。

(4) 通知债权人及公告

拟合并的公司应当自审批机关就同意公司合并作出初步批复之日起10日内，向债权人发出通知书，并于30日内在全国发行的省级以上报纸上登载公告，公司应在上述通知书和公告中说明对现有公司债务的承继方案；公司债权人自接到通知书之日起30日内、未接到通知书的债权人自第一次公告之日起45日内，有权要求公司对其债务承继方案进行修改，或者要求公司清偿债务或提供相应的担保；如果公司债权人未在规定期限内行使有关权利，视为债权人同意拟合并公司的债权、债务承继方案，该债权人的主张不得影响公司的合并进程。

拟合并的公司自公告之日起45日后，公司债权人无异议的，拟合并公司的申请人应向审批机关提交有关文件。

(5) 合并批准

审批机关接到规定的文件后,决定是否批准公司合并;如果审批机关不同意或不批准公司合并,则有关公司解散的批复自行失效。

(6) 批准证书缴销及工商变更、注销登记

公司采取吸收合并形式的,接纳方公司应自审批机关批准合并之日起30日内,到原审批机关办理外商投资企业批准证书变更手续并到登记机关办理公司变更登记;加入方公司应自审批机关批准合并之日起30日内,到原审批机关缴销外商投资企业批准证书并到登记机关办理公司注销登记。

公司采取新设合并形式的,合并各方公司应自审批机关批准合并之日起30日内,到原审批机关缴销外商投资企业批准证书并到登记机关办理公司注销登记;新设立的公司应自审批机关批准合并之日起30日内,通过申请人到审批机关领取外商投资企业批准证书并到登记机关办理公司设立登记;设立登记应当在有关公司变更、注销登记办理完结后进行。

(7) 债务人和债权人变更公告

合并后存续或新设的公司应自变更或领取营业执照之日起30日内,向因合并而解散的公司之债权人和债务人发出变更债务人和债权人的通知并在全国发行的省级以上报纸上公告。

(8) 税务、海关、土地、外汇、财政等变更登记手续

合并后存续或新设的公司应自换发或领取营业执照之日起30日内,到税务、海关、土地管理和外汇管理等有关机关办理相应的登记手续。

**817. 外商投资企业进行合并报批时,初审与终审分别需要提交哪些材料?**

初审时申请人应向商务主管部门提交如下材料:

(1) 各公司法定代表人或授权代表签署的关于公司合并的申请书和公司合并协议;

(2) 各公司最高权力机构关于公司合并的决议;

(3) 各公司经批准的合同(独资企业无需提供)、章程及修正案(复印件);

(4) 各公司的批准证书和营业执照复印件;

(5) 由中国法定验资机构为各公司出具的验资报告;

(6) 各公司的资产负债表及财产清单;

(7) 各公司上一年度的审计报告;

(8) 各公司的债权人名单;

(9) 各公司最高权力机构成员名单;

(10) 合并后的公司合同、章程(独资企业无须提供合同);

(11) 合并后的公司董事会(董事)、监事会(监事)成员名单;

(12) 拟解散公司的原审批机关同意该公司解散的批复;

(13) 公司与内资企业合并的,申请人还应向审批机关报送拟合并的内资企业已投资设立企业的营业执照(复印件);

(14) 授权签署文件的,需出具授权书及被授权代表身份证明(复印件);

(15) 审批机关要求报送的其他文件。

终审需要提交如下材料:

(1) 公司在报纸上登载公司合并公告的证明;

(2) 公司通知其债权人的证明;

(3) 公司就其有关债权、债务处理情况的说明;

(4) 商务主管部门要求提交的其他文件。

**818. 外商投资企业间或与内资公司合并后,各方所占股权比例如何确定？未依照章程规定缴清出资的外商投资企业,是否可以直接与内资公司合并？**

各方投资者在合并后的公司中的股权比例,由投资者之间协商或根据资产评估机构对其在原公司股权价值的评估结果进行确定,外国投资者的股权比例不得低于合并后公司注册资本的25%。

在股东按照公司章程规定缴清出资前,公司之间不得合并,且该外商投资企业必须已经实际开始生产、经营。

**819. 外商投资企业合并过程中,公司章程因为合并发生变化的,新章程自何时开始生效？**

外商投资企业股东因公司合并而签署的修改后的公司合同、章程自商务主管部门变更或核发外商投资企业批准证书之日起生效。

**820. 外商投资企业以购买内资公司股东股权的形式实现公司合并的,其购买股权时,在支付方式上有何限制？**

该外商投资企业应自新设企业或合并后存续企业营业执照颁发或换发之日起3个月内支付全部价款。对特殊情况需延长支付者,经商务主管部门批准后,应自营业执照颁发或换发之日起6个月内支付购买总金额的60%以上,在1年内付清全部购买金,并按实际缴付的出资额的比例分配收益。

需要注意的是,外商股东在付清全部价款之前,不得取得企业决策权,不得将其在企业中的权益、资产以合并报表的方式纳入该外商股东的财务报表。

### 三、公司合并纠纷的裁判标准

**821. 什么情形下公司合并无效?**

公司合并无效一般由两类原因导致。

(1) 公司合并协议无效或被撤销

公司合并协议本身作为法人主体间意思表示一致的约定,应当适用《合同法》及《民法通则》的规定来确定其效力,同时,借鉴最高人民法院关于非公司企业改制的相关规定,公司合并协议可撤销的常见情形如下:

①因重大误解订立的协议;

②协议显失公平;

③一方以欺诈、胁迫的手段或者乘人之危,使对方在违背真实意思的情况下订立的合并协议。

合并协议无效的常见情形如下:

①一方以欺诈、胁迫的手段订立合同,损害国家利益;

②恶意串通,损害国家、集体或者第三人利益;

③以合法形式掩盖非法目的;

④损害社会公共利益;

⑤合并的方案未通过公司股东会的决议通过。

(2) 股东会决议无效或可撤销

①如公司合并的股东会决议召集程序、表决方式违反法律、行政法规或者公司章程,或者决议内容违反公司章程的则该股东会决议可撤销;

②如公司合并的股东会决议内容违反法律、行政法规的,则股东会决议无效。

因此实践中,如果公司合并一方或多方的股东对其所属一方公司通过公司合并的股东会决议提出撤销、无效诉讼,并经人民法院判决支持的,则对应的公司合并协议也将归于无效。

**822. 公司合并后,原合并各方的债权债务由谁承继?**

公司合并时,合并各方的债权、债务,应当由合并后存续的公司或者新设的公司承继。

需要注意的是,如以债务承担的方式合并公司,并与债权人签订合同约定承担原公司债务,或已将债务转移事宜告知债权人并得到债权人同意,即使合并无效,该债务仍须由合并中的接纳方承担。

## 【案例278】新公司承继债权无须另行通知①

**原告：**苏州电器公司

**被告：**上海设备公司

**诉讼请求：**被告支付货款3,590,984.13元,并偿付利息损失108,344.93元。

**争议焦点：**原告吸收合并安徽依斯克拉公司后,其债权是否可以不经通知直接由原告承继。

**基本案情：**

2005年期间,安徽依斯克拉公司与被告发生买卖关系,由安徽依斯克拉公司供给被告发电机。

2006年1月至2007年8月,原告、被告发生买卖关系,由原告供给被告发电机。

2007年6月,原告吸收合并了安徽依斯克拉公司,并3次在《新华日报》上发布公告,公告原告吸收安徽依斯克拉公司,其债权债务均由原告承担。后原告吸收合并安徽依斯克拉公司经有关部门批准同意。

2007年9月20日,原告、被告双方就原告与被告2006年1月至2007年8月业务情况及安徽依斯克拉公司与被告业务情况进行商谈,形成了会议记录,双方确认,原告与被告业务中,被告尚欠货款2,124,934.13元,安徽依斯克拉公司与被告间业务中,被告尚欠货款483,550元;对被告代付关税、工资等款项待定。

2007年9月20日至2008年2月间,原告又供给被告计货款2,452,500元的发电机,至此被告共应给付原告的货款为5,060,984.13元。对账后,被告向原告支付147万元,尚欠3,590,984.13元未付。

2008年2月15日,原告委托律师向被告催要欠款,2008年2月19日,被告回复律师确认欠款的情况,但未支付剩余款项。

**原告诉称：**

原、被告之间的债权债务关系双方均予以确认,但被告拒不付款的行为已严重损害原告利益。对于安徽依斯克拉公司对被告享有的债权,由于原告已依法吸收合并安徽依斯克拉公司,故其债权亦应当由原告享有。

**被告辩称：**

1. 所欠原告的货款2,124,934.13元无异议,但应扣除被告为原告代付的关

---

① 参见上海市嘉定区人民法院(2008)嘉民二(商)初字第1245号民事判决书。

税、工资等共计 86,854.13 元,相应的利息也应扣减;

2. 吸收合并不代表原告有权向被告主张安徽依斯克拉公司的债权,登报公告也不能代替债权转让的通知,因此,原告无权向被告主张安徽依斯克拉公司的货款 483,550 元。

**律师观点:**

1. 被告应向原告支付货款。

原、被告间买卖法律关系明确,原告履行了供货义务,被告收取货物后,理应按约给付相应的货款,现拖欠不付,显属违约,应承担支付货款及偿付利息损失的民事责任。由于确有 86,854.13 元系由被告代付,故应在货款中扣除。

2. 原告吸收合并安徽依斯克拉公司,安徽依斯克拉公司的债权由其承继。

原告吸收合并安徽依斯克拉公司,符合相关法律规定的程序,且根据法律规定,合并后的债权债务由原告承继,无须安徽依斯克拉公司向被告发出债权转让的通知,原告主张被告所欠安徽依斯克拉公司的债权,应予支持。

**法院判决:**

1. 被告应于判决生效后 10 日内给付原告货款人民币 3,504,130 元;

2. 被告应于判决生效后 10 日内偿付原告利息损失 104,655.37 元。

## 【案例279】以债务承担方式兼并 债务皆已转移①

**原告:** 海国投公司

**被告:** 联大公司

**第三人:** 金轮公司

**诉讼请求:** 判令被告支付地价款 570 万元及逾期付款违约金 579,664 元。

**争议焦点:**

1. 被告可否因《兼并协议》显失公平主张其与原告签订的《还款协议》无效;

2. 原告在 1993 年转让土地使用权时,是否可依法不以持有使用证为合同生效的前提要件;

3. 第三人被兼并后仍保留企业法人资格,其兼并前债务应由谁承担。

**基本案情:**

1997 年 11 月 7 日,原告与被告双方签订了《还款协议》,约定:基于被告以承担债务的形式兼并了第三人,第三人原欠原告位于海口市港澳工业区 37.6 亩土

---

① 参见海南省海口市中级人民法院(2001)海中法经初字第 15 号民事判决书。

地的地价款570万元的债务由被告承担;被告于1998年12月31日前向原告支付总地价款的40%,即228万元,于1999年12月31日前向原告付清全部地价款,即342万元;并约定了相应的违约金;待被告付清所欠地价款后,原告向被告交付土地使用图及用地红线图,不影响被告兼并工作。

另外,原告向第三人转让的所涉本案的土地使用权,原告已与海口市土地管理局于1993年1月7日签订了《国有土地使用权协议出让合同书》,并已取得了海南省及海口市土地管理部门核发的该地的用地批文以及用地红线图。现第三人在该地上已建成厂房,作为其厂区使用。

**原告诉称:**

1998年12月18日及1999年11月16日,原告2次向被告发函要求被告支付所欠地价款。

**被告辩称:**

1. 原告对所转让给第三人的土地,由于没有土地使用证,故不享有使用权。原告在没有取得土地使用权的情况下转让土地,违反了法律规定,故《还款协议》是无效的。

2. 被告与第三人的《兼并协议》为显失公平的无效合同,故原告、被告双方间签订的《还款协议》亦属无效。

3. 被告在兼并第三人时,出现了6.65亿的漏债,本案的土地款当属范围之内,依据《山东省高级人民法院关于当前审理经济纠纷案件中适用法律的若干问题的意见》(以下简称《规定》)的规定:"企业出售前的债务如果是未经评估清理的,未于原有企业债权财产相抵算的,即出现所谓'漏债'时,该债务由出售方承担清偿责任。"据此,本案债务应由第三人承担。

4. 根据《规定》,"被兼并企业保留企业法人资格的,其兼并前的债务仍应由被兼并企业承担,债权人起诉时,应将被兼并企业列为当事人,由被兼并企业承担民事责任。"根据《民法通则》的基本精神,独立企业法人独立承担民事责任,本案的土地款,是第三人的厂房用地,第三人现仍然经营,应由其承担民事责任。

**律师观点:**

1. 被告与第三人之间的兼并关系属非本案应当审理的范畴。

由于被告与第三人之间的兼并关系属另一法律关系,非本案应当审理的范畴,故被告抗辩因其与第三人签订的《兼并协议》显失公平,当属无效或可撤销的合同,因而其与原告签订的《还款协议》亦属无效的理由不成立。

2. 依据签订时法律,土地使用权转让合同可不以转让人持有转让土地的使用证为其生效的前提条件。

原告转让本案所涉土地使用权给第三人时,虽不持有该土地的土地使用证,但根据当时国家及海口市关于国有土地使用权转让的有关法律、法规①,土地使用权转让合同并不以转让人持有转让土地的使用证为其生效的前提要件。并且依据原告与海口市土地管理局签订的《国有土地使用权出让合同书》,以及原告已取得的该转让土地的用地批文和用地红线图,原告应有权转让该地的使用权。因此,被告以原告无权转让本案所涉土地使用权为由抗辩《还款协议》无效的理由也不成立。

3. 被告不可以"被兼并企业保留企业法人资格的,其兼并前的债务仍应由被兼并企业承担,债权人起诉时,应将被兼并企业列为当事人,由被兼并企业承担民事责任"为由,拒绝承担其兼并的第三人的债务。

被告以承担债务的方式兼并第三人,并为此与原告签订了《还款协议》,承诺第三人原欠原告的债务由其承担。被告该承诺为其真实意思表示,且已得到原告的认可,故第三人对原告所负的债务已合法转移给了被告,被告应依其承诺向原告偿付此项债务。

被告依据山东省高级人民法院的有关意见提出的抗辩理由不适用于本案,其抗辩理由不成立。

综上所述,原告、被告双方签订的《还款协议》为有效合同,被告未依据该协议履行向原告支付地价款的义务,已构成违约,故原告诉请被告偿付地价款570万元并支付相应的违约金有理,应予以支持,但原告请求的违约金高于合同约定的部分,因缺乏法律依据,不应予以支持。

**法院判决:**

被告自判决发生法律效力之日起10日内向原告支付所欠的地价款570万元人民币及利息损失。

**823. 如果公司合并未依法通知及公告,债权人是否可以向合并后存续的公司主张提前偿还未到期的债务？如果债权人未收到通知,或收到通知但在公告后的45日内没有提出主张未到期债权,是否还可以要求提前还债？**

《公司法》对此并未作出明确规定,笔者认为应按如下方式处理:

---

① 当时的相关法规有:1990年5月19日由国务院发布的《中华人民共和国城镇国有土地使用权出让和转让暂行条例》以及由海口市人民政府于1988年2月12日发布的《海口市土地使用权有偿出让和转让的规定》。

如果合并各方未依法履行通知义务或公告义务的,则其债权人发现公司合并后自然可以对未到期债务主张提前偿还或提供担保。

如果合并中已经尽到了通知和公告的法定义务,但债权人放弃对未到期债权的提前主张的,则公司合并以后,债权人也仅能待债务到期后才能主张偿还。

**824. 公司合并未通知债权人是否需要承担行政责任?**

公司在合并时,如果不依照《公司法》规定通知或者公告债权人的,由工商行政管理机关责令改正,对公司处以1万元以上10万元以下的罚款。

# 第三节 企业合并的税务问题

## 一、企业合并的所得税处理问题

(一)合并的一般性税务处理

**825. 如何确定合并中当事人、合并日以及合并主导方?**

企业合并中当事各方,指合并企业、被合并企业及各方股东。

企业合并以合并企业取得被合并企业资产所有权并完成工商登记变更日期为合并日,即企业重组日。

吸收合并中的合并主导方为合并后拟存续的企业,新设合并中的合并主导方为合并前资产较大的企业。

**【案例280】同一控制下企业合并的会计处理方式**

**基本案情:**

假定甲、乙公司为同一集团内两家全资子公司,其共同的母公司为丙公司。

2008年7月31日(合并基准日),甲公司向乙公司的股东定向增发1200万股普通股(每股面值1元,市价2元)对乙公司进行吸收合并。合并后,乙公司失去其法人资格。

该合并为同一控制下的吸收合并,甲公司应确认合并中取得的乙公司的各项资产和负债。假定甲、乙公司在合并前采用的会计政策相同。

**会计处理:**

甲公司合并前的资产负债状况如表11-1所示:

表 11-1　甲公司合并前资产负债状况表

|  | 账面价值 |  | 账面价值 |
|---|---|---|---|
| 货币资金 | 2,000,000 | 短期借款 | 8,000,000 |
| 存货 | 1,200,000 | 应付账款 | 3,000,000 |
| 应收账款 | 6,000,000 | 其他应付款 | 2,400,000 |
| 长期股权投资 | 8,000,000 | 负债合计： | 13,400,000 |
| 固定资产 | 15,000,000 | 实收资本 | 12,000,000 |
| 无形资产 | 2,000,000 | 资本公积 | 4,000,000 |
|  |  | 盈余公积 | 1,500,000 |
|  |  | 未分配利润 | 3,300,000 |
| 资产合计： | 34,200,000 | 所有者权益合计： | 20,800,000 |

甲公司对该项合并应进行的会计处理如下：

借：货币资金　　　　　　　　　2,000,000
　　存货　　　　　　　　　　　1,200,000
　　应收账款　　　　　　　　　6,000,000
　　长期股权投资　　　　　　　8,000,000
　　固定资产　　　　　　　　　15,000,000
　　无形资产　　　　　　　　　2,000,000
贷：短期借款　　　　　　　　　8,000,000
　　应付账款　　　　　　　　　3,000,000
　　其他应付款　　　　　　　　2,400,000
　　股本　　　　　　　　　　　12,000,000
　　资本公积　　　　　　　　　8,800,000

## 826. 同一控制下的企业合并如何进行会计处理？

同一控制下的企业合并，最终控制方在合并前后实际控制的经济资源并没有发生变化，有关交易事项不应视为出售或购买。合并方在合并中确认取得的被合并方的资产、负债仅限于被合并方账面上原已确认的资产和负债，不产生新的资产与负债。

（1）长期股权投资的确认和计量

①合并方以支付现金、转让非现金资产或承担债务方式作为合并对价的，应

当在合并日按照被合并方所有者权益账面价值的份额作为长期股权投资的初始投资成本。合并方发生的审计、法律服务、评估咨询等中介费用以及其他相关管理费用,于发生时计入当期损益。

长期股权投资的初始投资成本与支付的现金、转让的非资产及所承担债务账面价值之间的差额,应当调整资本公积(资本溢价或股本溢价,下同);资本公积的余额不足冲减的,调整留存收益。

②合并方以发行权益性证券作为合并对价的,应按发行股份的面值总额作为股本,长期股权投资的初始投资成本与所发行股份面值总额之间的差额,应当调整资本公积;资本公积的余额不足冲减的,调整留存收益。

③合并方取得投资时,对于支付的对价中包含的应享有被合并企业已经宣告但尚未发放的现金股利或利润应确认为应收项目,不构成取得长期股权投资的初始投资成本。

(2)合并日合并财务报表的编制

合并方一般应在合并日编制合并财务报表,包括资产负债表、利润表和现金流量表。

①合并资产负债表。

被合并方的有关资产、负债应以其账面价值并入合并财务报表。合并方与被合并方在合并日及以前期间发生的交易,应作为内部交易,按照有关原则进行抵消。

对于被合并方在企业合并前实现的留存收益(盈余公积和未分配利润之和)中归属于合并方的部分,按照下列原则,自合并方的资本公积金转入盈余公积和未分配利润。

第一,确认企业合并形成的长期股权投资后,合并方账面资本公积贷方余额大于被合并方在合并前实现的留存收益中归属于合并方的部分,在合并资产负债表中,应将被合并方在合并前实现的留存收益中归属于合并方的部分自"资本公积金"转入"盈余公积"和"未分配利润"。在合并工作底稿中,借记"资本公积"项目,贷记"盈余公积"和"未分配利润"项目。

第二,确认企业合并形成的长期股权投资后,合并方账面资本公积贷方余额小于被合并方在合并前实现的留存收益中归属于合并方的部分,在合并资产负债表中,应以合并方资本公积的贷方余额为限,将被合并方在企业合并前实现的留存收益中归属于合并方的部分自"资本公积"转入"盈余公积"和"未分配利润"。在合并工作底稿中,借记"资本公积"项目,贷记"盈余公积"和"未分配利润"项目。

因合并方的资本公积余额不足,被合并方在合并前实现的留存收益中归属于合并方的部分在合并资产负债表中未予全额恢复的,合并方应当在报表附注中对这一情况进行说明。

②合并利润表。

合并利润表时,应当包含合并方及被合并方自合并当期期初至合并日实现的净利润,为此,合并方应当在合并利润表中的"净利润"项下应单列"其中:被合并方在合并前实现的净利润"项目。

③合并现金流量表。

合并现金流量表时,应包含合并方及被合并方自合并当期期初至合并日当日产生的现金流。涉及双方当期发生内部交易产生的现金流量,应按照合并财务报表准则规定的有关原则进行抵销。

**827. 非同一控制下的企业合并如何进行会计处理?**

区分合并形式,会计处理方式有所不同,具体如下。

(1)非同一控制下的控股合并

购买方是指在企业合并中取得对另一方或多方控制权的一方。

购买方应当按照确定的企业合并成本作为长期股权投资的初始投资成本。企业合并成本包括购买方付出的资产、发生或承担的负债、发行的权益性证券的公允价值之和。购买方为企业合并发生的审计、法律服务、评估咨询等中介费用以及其他相关管理费用,应当于发生时计入当期损益;购买方作为合并对价发行的权益性证券或债务性证券的交易费用,应当计入权益性证券或债务性证券的初始确认金额。

购买方为取得被购买方的控制权,以支付非货币性资产为对价的,有关非货币性资产在购买日的公允价值与其账面价值的差额,应作为资产的处置损益,计入合并当期的利润表。

购买方取得投资时,对于支付的对价中包含的应享有被合并企业已经宣告但尚未发放的现金股利或利润应确认为应收项目,不构成取得长期股权投资的初始投资成本。

(2)非同一控制下的吸收合并

非同一控制下的吸收合并,购买方在购买日应当将合并中取得的符合确认条件的各项可辨认资产、负债,按其公允价值确认为本企业的资产和负债;作为合并对价的有关非货币性资产在购买日的公允价值与其账面价值的差额,应作为资产处置损益计入合并当期的利润表;确定的企业合并成本与所取得的被购买方可辨认净资产公允价值之间的差额,视情况分别确认为商誉或是计入企业合并当期的损益。

### 【案例281】非同一控制下企业合并的会计处理方式①

**基本案情:**

甲企业以公允价值为1.4亿元、账面价值为1亿元的资产作为对价对乙企业进行吸收合并,购买日乙企业持有资产的情况如下(单位:万元):

|  | 账面价值 | 公允价值 |
| --- | --- | --- |
| 固定资产 | 6000 | 8000 |
| 长期股权投资 | 4000 | 6000 |
| 长期借款 | 3000 | 3000 |
| 净资产 | 7000 | 11,000 |

非货币性资产投资利得 = 14,000 − 10,000 = 4000(万元)

应确认的商誉 = 14,000 − 11,000 = 3000(万元)

**会计处理:**

合并日,甲企业应作会计分录如下:

| | |
|---|---|
| 借:固定资产 | 80,000,000 |
|   长期股权投资 | 60,000,000 |
|   商誉 | 30,000,000 |
| 贷:长期借款 | 30,000,000 |
|   相关贷款 | 100,000,000 |
|   营业外收入——非货币性资产投资利 | 40,000,000 |

购买方对合并成本小于合并中取得的被购买方可辨认净资产公允价值份额的差额,应当按照以下规定处理:

对取得的被购买方各项可辨认资产和负债的公允价值以及合并成本的计量进行复核,经复核后合并成本仍小于合并中取得的被购买方可辨认净资产公允价值份额的,其差额应当计入营业外收入。

---

① 企业会计准则编审委员会编:《企业会计准则案例讲解》(2010年版),立信会计出版社2009年版,第238页。

**828. 企业合并如何进行企业所得税的一般性税务处理？**

企业合并时的一般性税务处理原则如下。

(1)被合并企业的所得税处理

①被合并企业必须对其资产进行评估，并以评估确认的价值作为换取股份份额的依据，在当期确认有关的资产转让所得或损失，计征所得税；

计税所得＝被合并企业合并基准日净资产的公允价值－被合并企业合并基准日的计税成本－尚未超过弥补期的经营性亏损

②被合并企业按照清算进行所得税处理；

③被合并企业的亏损不得在合并企业结转弥补。

(2)合并企业的所得税处理

合并企业应按被合并企业评估确认的公允价值确定接受被合并企业各项资产和负债的计税基础。

(3)被合并企业股东的所得税处理

被合并企业股东都应按清算进行所得税处理。①

**829. 企业合并进行一般性税务处理需要提交哪些资料？**

企业发生合并的，应按规定进行企业所得税清算，报送以下资料：

(1)《企业清算所得纳税申报表》；

(2)企业合并的工商部门或其他政府部门的批准文件；

(3)企业全部资产和负债的计税基础以及评估机构出具的资产评估报告；

(4)企业债务处理或归属情况说明；

(5)主管税务机关要求提供的其他资料证明。

## 【案例282】广汽集团吸收合并广汽长丰　股权支付比例不足85%要缴企业所得税②

**合并方**：广汽集团

**被合并方**：广汽长丰

**被合并方主要股东**：广汽集团、长丰集团

**合并方式**：非同一控制下的吸收合并

---

① 详见本书第十七章申请公司清算第三节公司清算的税务问题。

② 参见华股财经 http://stock.huagu.com/f10/600991/notices/513560.html，2012年11月20日访问。

**合并基准日**:2011 年 3 月 21 日

**基本案情**:

截至合并基准日,广汽长丰总股本为 520,871,390 元,主要股东持股情况如表 11-2 所示:

表 11-2 主要股东持股情况表

| 股份类别 | 持股数(股) | 持股比例(%) |
| --- | --- | --- |
| 广汽集团 | 151,052,703 | 29.00 |
| 长丰集团 | 114,469,321 | 21.98 |
| 三菱自动车 | 75,997,852 | 14.59 |
| 其他股东 | 179,351,514 | 34.43 |
| 合计 | 520,871,390 | 100 |

截至合并基准日,广汽集团股本结构如表 11-3 所示:

表 11-3 广汽集团股本结构表

| 股份类别 | 股数(股) | 持股比例(%) |
| --- | --- | --- |
| 广汽工业(SS①) | 3,617,403,529 | 58.84 |
| 万向集团 | 156,996,823 | 2.55 |
| 国机集团(SS) | 145,227,963 | 2.36 |
| 广钢集团(SS) | 7,869,515 | 0.13 |
| 长隆集团 | 7,259,627 | 0.12 |
| H 股股东 | 2,213,300,218 | 36.00 |
| 合计 | 6,148,057,675 | 100 |

为了贯彻落实国家汽车产业政策、提高广汽集团的核心竞争力以及解决潜在的同业竞争问题,广汽集团拟通过换股方式吸收合并广汽长丰。

广汽集团 A 股发行价为人民币 9.09 元/股。广汽长丰换股价格为人民币 14.55 元/股,较定价基准日前 20 个交易日的广汽长丰 A 股股票交易均价 12.65 元/股有约 15% 的溢价。由此确定本次换股吸收合并的换股比例为 1.6∶1,即换股股东所持有的每 1 股广汽长丰股票可以换取 1.6 股广汽集团 A 股股票。

---

① SS 是 State-own Shareholder 的缩写,表示国有股股东。

为充分保护广汽长丰股东的利益,本次换股吸收合并将向首次现金选择权目标股东提供首次现金选择权,由广汽集团、国机集团担任首次现金选择权提供方。行使首次现金选择权的首次现金选择权目标股东可以就其所持有的广汽长丰股票按照 12.65 元/股的价格全部或部分申报行使首次现金选择权。

除广汽集团持有的股份外,广汽长丰其他股份合计 369,818,687 股。三菱自动车、长丰集团已决定将其所持有的 75,997,852 股、114,469,321 股广汽长丰股份均选择申报行使首次现金选择权。三菱自动车、长丰集团行使首次现金选择权所对应的现金对价由广汽集团支付。广汽集团分别向三菱自动车、长丰集团支付现金 961,372,827.80 元、1,448,036,910.65 元,合计 2,409,409,738.45 元。

**律师观点:**

本次吸收合并涉及的税收主要包括企业所得税、增值税、营业税、土地增值税、契税、印花税。

1. 企业所得税。

本次合并不符合特殊性税务处理条件,应按照一般性税务处理方式进行企业所得税处理。

本次吸收合并时为了贯彻落实国家汽车产业政策,提高广汽集团的核心竞争力以及解决潜在的同业竞争问题,并非出于税收目的,具有合理的商业目的。

本次交易总额为 5,018,974,267.15 元,其中:股权支付金额为 2,609,564,528.70 元,现金支付金额为 1,448,036,910.65 元。股权支付比例 48.00%,远远低于特殊性税务处理条件中规定的股权支付金额大于 85% 的规定。

综上,本次交易由于股份支付比例不能够满足大于 85% 的条件,因而不能够适用企业所得税特殊性税务处理。具体处理方式如下:

(1)广汽集团应以广汽长丰评估确认的公允价值确定其取得的各项资产和负债的计税基础;

(2)广汽长丰及其股东要按照清算进行企业所得税处理。

2. 增值税、营业税及附加。

根据《国家税务总局关于纳税人资产重组有关增值税问题的公告》(国家税务总局公告 2011 年第 13 号)和《关于纳税人资产重组有关营业税问题的公告》(国家税务总局公告 2011 年第 51 号)的规定,广汽长丰无须就货物、不动产及土地使用权的转移缴纳增值税、营业税、城市维护建设税与教育费附加。

3. 土地增值税与契税。

《财政部、国家税务总局关于土地增值税一些具体问题规定的通知》(财税字

〔1995〕48号）规定："在企业兼并中,对被兼并企业将房地产转让到兼并企业中的,暂免征收土地增值税"。因此,广汽长丰无须就土地使用权和不动产的转移缴纳土地增值税。

《财政部、国家税务总局关于企业事业单位改制重组契税政策的通知》（财税〔2012〕4号）规定:2个或2个以上的公司,依照法律规定、合同约定,合并为一个公司,且原投资主体存续的,对其合并后的公司承受原合并各方的土地、房屋权属,免征契税。故在本次吸收合并中,广汽集团无须就其受让广汽长丰的土地房屋权属缴纳契税。

4. 印花税。

广汽集团因合并导致账面上的"股本"和"资本公积"增加286,962,422股（179,351,514×1.6）,按照9.09元/股计算,增加的总金额为2,608,488,416元。广汽集团应该就增加部分按照万分之五的比例贴花,即1,304,244.21元。

### 830. 一般性税务处理情形下,企业合并后如何享受合并前的税收优惠政策？

(1)企业整体(全部生产经营所得)税收优惠

就企业整体(全部生产经营所得)享受的税收优惠过渡政策尚未期满的,合并后的存续企业性质及适用税收优惠的条件未发生改变的,可以继续享受合并前该企业剩余期限的税收优惠,其优惠金额按存续企业合并前一年的应纳税所得额（亏损计为零）计算。

注销的被合并企业未享受完的税收优惠,不再由存续企业承继;因合并新设的企业不得再承继或重新享受前述优惠。

(2)企业生产经营项目的税收优惠

国家重点扶持的公共基础设施项目、环境保护、节能节水项目等享受减免税优惠的项目,在减免税期限内转让的,受让方自受让之日起,可以在剩余期限内享受规定的减免税优惠;减免税期限届满后转让的,受让方不得就该项目重复享受减免税优惠。

（二）合并的特殊性税务处理

### 831. 企业合并适用特殊性税务处理需符合哪些条件？

同时符合下列条件的,适用特殊性税务处理规定。

(1)符合合理商业目的的原则

企业合并具有合理的商业目的,且不以减少、免除或者推迟缴纳税款为主要目的。

(2) 符合权益连续性原则

①如果是非同一控制下的企业合并,被合并企业的股东在该企业合并发生时取得的股权支付金额不低于其交易支付总额的85%。

如果是同一控制下的企业合并且在合并中无须支付对价,也符合权益连续性原则。①

同一控制下且无须支付对价的企业合并,通常指100%控股的合并,包括母子公司合并、子公司之间的合并。②

②原持有被合并企业20%以上股权的股东,在重组后连续12个月内,不得转让因合并所取得的股权。

(3) 符合经营连续性原则

自合并之日起计算的连续12个月内,企业合并不改变合并资产原来的实质性经营活动。

## 【案例283】雅戈尔母子公司垂直合并特殊性税务处理案③

**合并方:** 雅戈尔集团

**被合并方:** 雅戈尔进出口公司

**被合并方股东:** 雅戈尔集团

**合并方式:** 同一控制下的吸收合并

**合并基准日:** 2009年12月31日

**基本案情:**

雅戈尔进出口公司是雅戈尔集团的全资子公司。雅戈尔集团通过整体吸收合并的方式合并雅戈尔进出口公司全部资产、负债和业务,合并完成后雅戈尔集团存续经营,雅戈尔进出口公司独立法人资格注销。

雅戈尔进出口公司已多年未从事业务运营。本次合并,有利于理顺股权关系,简化公司结构,降低管理成本。其财务报表已按100%比例纳入雅戈尔集团

---

① "同一控制下的企业合并"判定标准详见本章第三节问题828"同一控制下的企业合并如何进行会计处理?"。

② 有观点认为,母公司吸收合并全资子公司不适用特殊性税务处理。理由是,合并后,子公司注销,母公司对子公司不存在持股关系,对子公司原有资产的控制是采用资产直接控制方式,而非股权,原来的权益无法得到持续,无法满足并购重组企业所得税规则中的"权益连续性原则"。

③ 参见巨潮资讯网 http://www.cninfo.com.cn/finalpage/2010-03-23/57717544.PDF,2012年11月21日访问。

合并报表范围内,因此本次吸收合并不会对雅戈尔集团当期损益产生实质性影响。

**律师观点：**

本次吸收合并涉及的税收主要包括企业所得税、增值税、营业税与印花税。

1. 企业所得税

本次吸收合并符合所得税特殊性税务处理条件。

雅戈尔进出口公司是雅戈尔集团的全资子公司,本次吸收合并属于同一控制下的企业合并,且无须支付对价。

雅戈尔进出口公司可以按照特殊税务处理方式进行企业所得税处理。具体如下：

(1)雅戈尔集团接受雅戈尔进出口公司资产和负债的计税基础,以雅戈尔进出口公司的原有计税基础确定；

(2)雅戈尔进出口公司合并前的相关所得税事项由雅戈尔集团承继。

2. 增值税和营业税

根据《国家税务总局关于纳税人资产重组有关增值税问题的公告》(国家税务总局公告2011年第13号)和《关于纳税人资产重组有关营业税问题的公告》(国家税务总局公告2011年第51号)规定,纳税人在资产重组过程中,通过合并方式,将全部实物资产以及与其相关联的债权、债务和劳动力一并转让给其他单位和个人的行为,不属于增值税和营业税的征收范围。因此,雅戈尔集团无须就货物、不动产及土地使用权的转移缴纳增值税、营业税及附加。

## 832. 企业合并中适用特殊税务处理,应从哪些方面说明企业合并具有合理的商业目的？

应从以下几方面说明具有合理的商业目的：

(1)合并活动的交易方式。即合并活动采取的具体形式、交易背景、交易时间、在交易之前和之后的运作方式和有关的商业常规。

(2)该项交易的形式及实质。即形式上交易所产生的法律权利和责任,也是该项交易的法律后果。另外,交易实际上或商业上产生的最终结果。

(3)合并活动给交易各方税务状况可能带来的变化。

(4)合并各方从交易中获得的财务状况变化。

(5)合并活动是否给交易各方带来了在市场原则下不会产生的异常经济利益或潜在义务。

(6)非居民企业参与合并活动的情况。

## 833. 企业合并时如何进行特殊性税务处理？

特殊性税务处理具体原则如下。

(1) 合并各方共同的处理原则

①交易中的股权支付暂不确认有关资产转让所得或损失；

②合并中的非股权支付仍应在交易当期应确认相应的资产转让所得或损失，并调整相应资产的计税基础。

非股权支付对应的资产转让所得或损失 =（被转让资产的公允价值 - 被转让资产的计税基础）×（非股权支付金额 ÷ 被转让资产的公允价值）

(2) 合并企业所得税的处理

合并企业接受被合并企业资产和负债的计税基础，以被合并企业的原有计税基础确定。

(3) 被合并企业的所得税处理

①税收事项的继承

被合并企业合并前的相关所得税事项由合并企业承继。这些事项包括尚未确认的资产损失、分期确认收入的处理以及尚未享受期满的税收优惠政策承继处理问题等。

②未弥补亏损的处理

被合并企业的亏损原则上可以由合并企业弥补，但有限额。可由合并企业弥补的被合并企业亏损的限额 = 被合并企业净资产公允价值 × 截至合并业务发生当年年末国家发行的最长期限的国债利率。

此处的被合并企业亏损的限额，是指在最长不超过 5 年的结转年限内，每年可由合并企业弥补的被合并企业亏损的限额，而不是总限额。

(4) 被合并企业股东的所得税处理

被合并企业股东取得合并企业股权的计税基础，以其原持有的被合并企业股权的计税基础确定，即以股权的投资成本确定。

### 【案例284】五粮液兄弟公司吸收合并　暂免征企业所得税[①]

**合并方：** 普拉斯公司

**被合并方：** 普光公司

---

① 参见巨潮资讯网 http://www.cninfo.com.cn/finalpage/2010-06-26/58100699.PDF，2012年11月21日访问。

**被合并方股东**:五粮液公司
**合并方式**:同一控制下的吸收合并
**合并基准日**:2009年5月18日
**基本案情**:

普拉斯公司与普光公司均为五粮液公司的全资子公司。

普拉斯公司对普光公司通过吸收合并方式整合。吸收合并完成后,普拉斯公司继续存续,普光公司依法予以解散注销,普光公司相应的资产、业务、债权、债务由普拉斯公司依法承继。

普拉斯公司和普光公司的主要经营业务同属包材和防伪产品类别,本次吸收合并完成后,可以优势互补,减少管理成本,提高运营效率(见图11-8)。

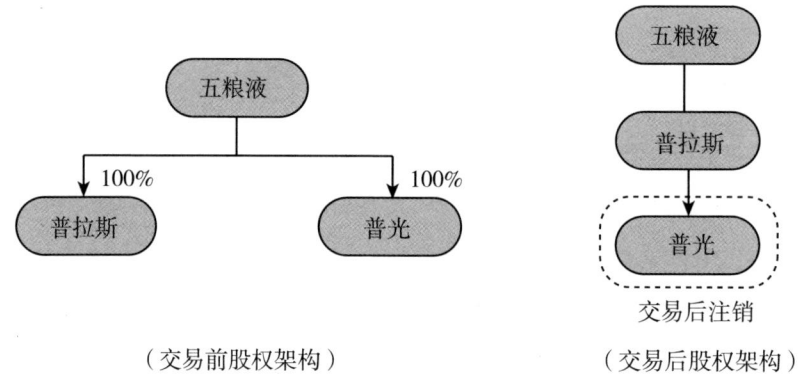

图11-8 交易前后股权架构

设立统一管理体系,便于五粮液公司集中管理,提高管控能力。

**律师观点**:

本次吸收合并涉及的税收主要包括企业所得税、增值税、营业税与印花税。

1. 企业所得税。

本次吸收合并符合所得税特殊性税务处理的条件。

(1)关于合理商业目的原则的判定

本次合并的目的是优势互补,减少管理成本,提高运营效率,吸收合并后将整合设立统一管理体系,便于五粮液公司集中管理,提高管控能力,具有合理的商业目的。

(2)关于权益连续性原则的判定

普拉斯公司和普光公司均系五粮液的全资子公司,本次吸收合并属于同一控制下的企业合并,五粮液公司通过持有普拉斯公司的股权来继续其原来在普光公司的权益,符合权益连续性原则。

(3) 关于经营连续性原则的判定

普光公司的资产并入普拉斯公司后继续从事原在的营业活动,可以满足经营连续性原则。

综上,普拉斯公司此次吸收合并普光公司的行为满足特殊性税务处理应当具备的合理商业目的、经营连续性的原则,也符合权益连续性的原则,适用企业所得税特殊性税务处理方式。具体如下:

(1) 普拉斯公司接普光公司资产和负债的计税基础,以普光公司的原有计税基础确定;

(2) 普光公司合并前的相关所得税事项由普拉斯公司承继;

(3) 可由普拉斯公司弥补的普光公司亏损的限额=普光公司净资产公允价值×截至合并业务发生当年年末国家发行的最长期限的国债利率;

(4) 五粮液公司取得普拉斯公司股权的计税基础,以其原持有的普光公司股权的计税基础确定。

2. 增值税和营业税。

根据《国家税务总局关于纳税人资产重组有关增值税问题的公告》(国家税务总局公告 2011 年第 13 号)和《关于纳税人资产重组有关营业税问题的公告》(国家税务总局公告 2011 年第 51 号)规定,纳税人在资产重组过程中,通过合并方式,将全部实物资产以及与其相关联的债权、债务和劳动力一并转让给其他单位和个人的行为,不属于增值税和营业税的征收范围。因此,普光公司无须就资产的转移缴纳增值税和营业税。

3. 印花税。

普拉斯公司营业账簿上的"股本"和"资本公积"会增加,就增加的金额按照万分之五的比例贴花。

## 834. 一家外国企业将其在境内设立的两家全资子公司合并成一家,能否适用特殊性税务处理方式?

关于这一点法律并未作出明确规定。《财政部、国家税务总局关于企业重组业务企业所得税处理若干问题的通知》中对跨境股权、资产收购适用特殊性税务处理条件作出了规定,但对跨境合并、分立并未作出规定。对此,笔者认为,一方面有待于国家立法层面给出明确意见;另一方面,合并与股权、资产收购在原理上是一致的,如果满足特殊性税务处理的条件,也应该可以递延税款,当然在重组前应与主管税务机关作出充分有效地沟通。①

**835. 企业合并，进行特殊性税务处理应于何时提交哪些备案材料？合并各方的确认机关如何确定？**

企业发生合并若需按特殊性税务处理，各方应在该重组业务完成当年企业所得税年度申报时，向主管税务机关下列书面备案材料：

(1)《企业重组所得税特殊性税务处理报告表》；

(2)《企业合并报告表》；

(3) 企业合并的总体情况说明，包括合并方案、基本情况、商业目的等；

(4) 企业合并协议或决议，以及相关的行政审批文件；

(5) 12 个月内不改变资产原来的实质性经营活动、原主要股东不转让所取得股权的承诺书；

(6) 重组当事各方一致选择特殊性税务处理并加盖当事各方公章的证明资料；

(7) 工商管理机关登记的股权变更事项的证明材料；

(8) 企业合并当事各方的股权关系说明，若属同一控制下且不需支付对价的合并，还需提供在企业合并前，参与合并各方受最终控制方的控制在 12 个月以上的证明材料；

(9) 被合并企业净资产、各单项资产和负债的账面价值和计税基础等相关资料，涉及非货币性资产支付的，应提供非货币性资产评估报告或其他公允价值证明；

(10) 合并企业承继被合并企业相关所得税事项情况说明，包括尚未确认的资产损失、分期确认收入和尚未享受期满的税收优惠政策等；

(11) 涉及可由合并企业弥补被合并企业亏损的，需要提供其合并日净资产公允价值证明材料及主管税务机关确认的亏损弥补情况说明；

(12) 重组前连续 12 个月内有无与该重组相关的其他股权、资产交易，与该重组是否构成分步交易、是否作为一项企业重组业务进行处理情况的说明；

(13) 按会计准则规定当期应确认资产（股权）转让损益的，应提供按税法规定核算的资产（股权）计税基础与按会计准则规定核算的相关资产（股权）账面价值的暂时性差异专项说明。

---

① 关于跨境重组应当具备的条件详见第七章股权转让纠纷中第六节股权转让的税务问题四、股权收购与资产收购的所得税问题。

**836. 企业在合并发生前后连续 12 个月内分步对其资产、股权进行交易,是否应作为企业合并交易处理?若同一项合并业务涉及在连续 12 个月内分步交易,且跨两个纳税年度的,如何适用特殊性税务处理?**

应根据实质重于形式原则将上述交易作为一项企业合并交易进行处理。

同一项合并业务涉及在连续 12 个月内分步交易,且跨两个纳税年度的,当事各方在第一步交易完成时预计整个交易可以符合特殊性税务处理条件,可以协商一致选择特殊性税务处理的,可在第一步交易完成后,适用特殊性税务处理。主管税务机关在审核有关资料后,符合条件的,可以暂认可适用特殊性税务处理。第二年进行下一步交易后,应按要求准备相关资料确认适用特殊性税务处理。

上述跨年度分步交易,若当事方在首个纳税年度不能预计整个交易是否符合特殊性税务处理条件,应适用一般性税务处理。在下一纳税年度全部交易完成后,适用特殊性税务处理的,可以调整上一纳税年度的企业所得税年度申报表,涉及多缴税款的,各主管税务机关应退税,或抵缴当年应纳税款。

**【案例285】分步实现的企业合并的会计处理方式①**

**基本案情:**

甲公司于 2007 年 3 月支付现金 2 亿元取得乙公司 20% 的股份,当日乙公司可辨认净资产公允价值为 8 亿元。取得投资后甲公司派人参与乙公司的生产经营决策。

2007 年,乙公司利润为 2 亿元,甲公司确认投资收益 4000 万元,在此期间,乙公司未宣告发放现金股利或利润,不考虑相关税费影响。

购买日,甲公司首先应确认取得的对乙公司的投资,作会计分录如下:

借:长期股权投资——投资成本　　　　200,000,000
贷:银行存款　　　　　　　　　　　　200,000,000

2007 年 12 月 31 日,确认投资收益:

借:长期股权投资——损益调整　　　　40,000,000
贷:投资收益　　　　　　　　　　　　40,000,000

2008 年 2 月,甲公司以 5 亿元的价格进一步购入乙公司 40% 的股份,购买日乙公司可辨认净资产的公允价值为 12 亿元。

---

① 企业会计准则编审委员会编:《企业会计准则案例讲解》(2010 年版),立信会计出版社 2009 年版,第 241 页。

## 会计处理：

步骤一：对原按照权益法核算的长期股权投资进行追溯调整（假定甲公司按净利润的10%提取盈余公积）。

借：盈余公积　　　　　　　　　　　　　　　4,000,000
　　利润分配——未分配利润　　　　　　　 36,000,000
　贷：长期股权投资——权益调整　　　　　　40,000,000

步骤二：确认购买日进一步取得的股份。

借：长期股权投资——投资成本　　　　　　500,000,000
　贷：银行存款　　　　　　　　　　　　　　500,000,000

步骤三：商誉的计算。

取得20%股份时应确认的商誉 = 20,000 - 80,000×20% = 4000（万元）
进一步取得40%股份时应确认的商誉 = 50,000 - 120,000×40% = 2000（万元）
购买日合并财务报表中应确认的商誉金额 = 4000 + 2000 = 6000（万元）

步骤四：合并财务报表中对与原持有股份相对应的被投资单位可辨认净资产增值份额的处理，其中属于被投资单位实现留存收益的部分，调整留存收益，差额调整资本公积（类同权益法调整）。

乙公司2007年3月可辨认净资产公允价值为80,000万元，2008年2月，乙公司可辨认净资产的公允价值为120,000万元，净资产公允价值增值40,000万元（120,000 - 80,000），其中20,000万元属于乙公司实现的留存收益，其余为资产公允价值上升所致，则甲公司在编制合并财务报表时应当作会计分录如下：

借：长期股权投资（400,000,000×20%）　　　　　　　80,000,000
　贷：盈余公积（200,000,000×20%×10%）　　　　　　 4,000,000
　　　利润分配——未分配利润（200,000,000×20%×90%）36,000,000
　　　资本公积——其他资本公积（200,000,000×20%）　40,000,000

补做该调整分录的原因分析如下。

原因一：甲公司自2007年3月投资后对乙公司具有重大影响，乙公司的可辨认净资产公允价值由投资时的8亿元升值为2008年2月的12亿元，按照《企业会计准则第2号——长期股权投资》的有关规定，甲公司对乙公司应当采用权益法核算，故对该部分变动需要进行调整。

原因二：2008年2月乙公司净资产12亿元，甲公司长期股权投资70,000万元，少数股东权益4.8亿元（120,000×40%），合并财务报表权益抵销分录如下：

借：净资产（乙公司净资产）　　　　　　　　　1,200,000,000

|  |  |
|---|---|
| 商誉 | 60,000,000 |
| 贷：长期股权投资——投资成本（甲公司） | 700,000,000 |
| 　　少数股东权益 | 480,000,000 |
| 　　长期股权投资（轧差数） | 80,000,000 |

**837. 企业合并中，当事一方在规定时间内发生情况变化，致使合并业务不再符合特殊性税务处理条件的，应如何处理？**

当事一方在规定时间内发生生产经营业务、公司性质、资产或股权结构等情况变化，致使合并业务不再符合特殊性税务处理条件的，发生变化的当事方应在情况发生变化的30天内书面通知其他所有当事方。主导方在接到通知后30日内将有关变化通知其主管税务机关。

在上述情况发生变化后60日内，应按照一般性税务处理的规定调整合并业务的税务处理。原交易各方应各自按原交易完成时资产和负债的公允价值计算重组业务的收益或损失，调整交易完成纳税年度的应纳税所得额及相应的资产和负债的计税基础，并向各自主管税务机关申请调整交易完成纳税年度的企业所得税年度申报表。逾期不调整申报的，按照《税收征管法》的相关规定处理，即纳税人未按照规定的期限办理纳税申报和报送纳税资料的，由税务机关责令限期改正，可以处2000元以下的罚款；情节严重的，可以处2000元以上1万元以下的罚款。

**838. 如被合并企业的资产与负债基本相等，即净资产几乎为零，合并企业以承担被合并企业全部债务的方式实现吸收合并，如何进行税务处理？**

通常的税务处理方式：

（1）被合并企业不视为按公允价值转让、处置全部资产，不计算资产的转让所得；

（2）合并企业接受被合并企业全部资产的成本，须以被合并企业原账面净值为基础确定；

（3）被合并企业的股东视为无偿放弃所持有的旧股。

**839. 特殊性税务处理情形下，合并后企业如何享受合并前的税收优惠政策？**

（1）企业整体（全部生产经营所得）税收优惠。

合并后的企业性质及适用税收优惠条件未发生改变的，可以继续享受合并前各企业剩余期限的税收优惠。合并前各企业剩余的税收优惠年限不一致的，合并后企业每年度的应纳税所得额,应统一按合并日各合并前企业资产占合并后企业总资产的比例进行划分,再分别按相应的剩余优惠计算应纳税额。

(2)企业生产经营项目的所得税收优惠。

国家重点扶持的公共基础设施项目、环境保护、节能节水项目等享受减免税优惠的项目,在减免税期限内转让的,受让方自受让之日起,可以在剩余期限内享受规定的减免税优惠;减免税期限届满后转让的,受让方不得就该项目重复享受减免税优惠。

## 二、企业合并其他税种的处理

**840. 企业在合并过程中发生土地使用权人变更是否需要缴纳土地增值税?**

根据《财政部、国家税务总局关于企业改制重组有关土地增值税政策的通知》(财税〔2015〕5号)文件第2条规定:"按照法律规定或者合同约定,两个或两个以上企业合并为一个企业,且原企业投资主体存续的,对原企业将国有土地、房屋权属转移、变更到合并后的企业,暂不征土地增值税。"

**841. 企业合并过程中发生无形资产、不动产所有权的转移,是否需要缴纳营业税?**

纳税人在资产重组过程中,通过合并方式,将全部或者部分实物资产以及与其相关联的债权、债务和劳动力一并转让给其他单位和个人的行为,不属于营业税征收范围,其中涉及的不动产、土地使用权转让,不征收营业税。

**842. 企业合并过程中发生实物资产以及与其相关联的债权、负债和劳动力转让行为,是否需要缴纳增值税?**

纳税人在资产重组过程中,通过合并方式,将全部或者部分实物资产以及与其相关联的债权、负债和劳动力一并转让给其他单位和个人,不属于增值税的征税范围,其中涉及的货物转让,不征收增值税。

**843. 合并后的企业承受原合并各方的土地、房屋权属的,是否需要缴纳契税?**

免征契税。

## 【案例286】东航换股吸收合并上航　免征土地增值税[①]

**合并方**：东方航空

**被合并方**：上海航空

**被合并方主要股东**：上海联投与锦江国际

**合并方式**：非同一控制下的吸收合并

**合并基准日**：2008年1月1日

**基本案情**：

东方航空最大股东为东航集团,实际控制人为国务院国资委。上海航空最大股东为上海联投,持股386,461,740股,占总股本比例为29.64%,第二大股东锦江国际持股307,949,937股,占总股本比例为23.62%,第三大股东中银集团持股143,886,600股,占总股本比例为11.04%(见图11-9)。

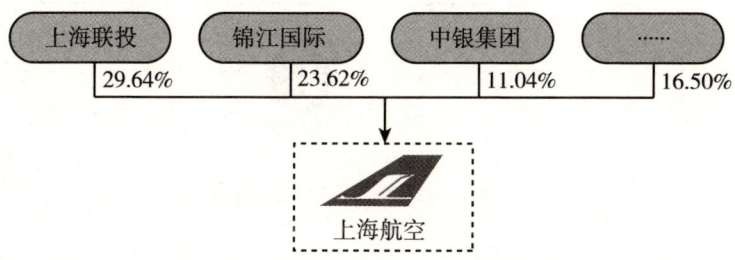

图11-9　合并前上海航空股权结构

东方航空是以上海为基地,昆明、西安为区域枢纽的中国排名前三的航空企业。上海航空亦是以上海为基地的国内著名航空企业。东方航空拟通过换股吸收合并上海航空以优化航线网络,提高运营规模、资源使用效率,有效降低营运成本,增强公司盈利能力,提升公司竞争力。

本次换股吸收合并的对价系由东方航空和上海航空以双方的A股股票在定价基准日的二级市场价格为基础协商确定。东方航空的换股价格为定价基准日前20个交易日东方航空A股股票的交易均价,即为5.28元/股;上海航空的换股价格为定价基准日前20个交易日上海航空的A股股票的交易均价,即为5.50元/股。

双方同意,作为对参与换股的上海航空股东的风险补偿,在实施换股时将给

---

① 参见巨潮资讯网 http://www.cninfo.com.cn/finalpage/2009-12-31/57457359.PDF,2012年11月8日访问。

予上海航空股东约25%的风险溢价,由此确定上海航空与东方航空的换股比例为1:1.3,即每1股上海航空股份可换取1.3股东方航空的股份。

吸收合并后,上海联投持有东方航空 502,400,262 股,锦江集团持有东方航空 400,334,918 股,中银集团持有东方航空 187,4052,580 股。

本次合并交易完成后,东方航空将因本次换股吸收合并新增 1,694,838,860 股 A 股股票,总股本将达到 11,276,538,860 股。公司股本结构如图 11-10 所示:

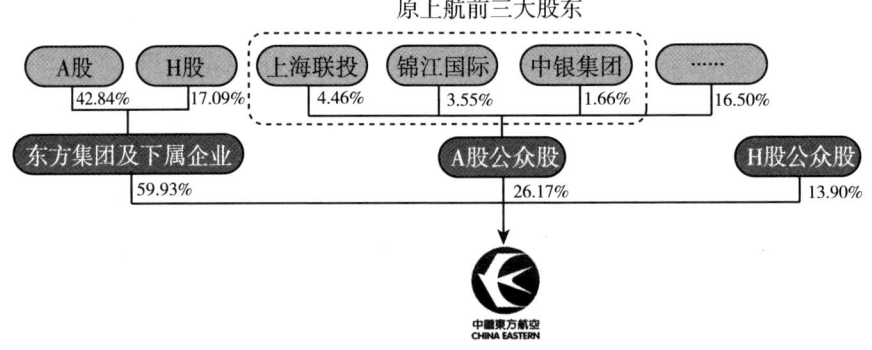

图 11-10  公司股权结构

本次换股吸收合并后,东方航空作为存续公司,上海航空的法人资格将注销,上海航空的全部资产、负债、业务、人员、合同及其他一切权利与义务将并入东方航空或者其全资子公司,其中包括 67 架飞机及发动机、高价周转件等生产设备,167 处房屋、4 项在建工程等不动产,5 宗土地使用权以及 12 项商标使用权。

截至本换股吸收合并报告书签署之日,东方航空和上海航空之间不存在《公司法》《上海证券交易所股票上市规则》(2008 年修订版)等相关法律、法规所规定的关联方关系。

**律师观点:**

本次吸收合并涉及的税收主要包括企业所得税、增值税、营业税、土地增值税、契税、印花税。

1. 企业所得税。

本次吸收合并符合所得税特殊性税务处理条件。

(1)关于合理商业目的条件的判定。

本次合并的目的是优化航线网络,提高运营规模、资源使用效率,有效降低营运成本,增强公司盈利能力,提升公司竞争力,更好地为世博会服务,并分享中国经济发展、上海"两个中心"建设所带来的巨大发展机遇,从而为全体股东创造更多的利益,具有合理的商业目的。

(2)关于权益连续性原则的判定。

此次合并属于非同一控制下的合并,东方航空以自身股份作为支付对价,达到85%股权支付比例的条件。

如果上海航空原有持股20%以上的股东,即上海联投与锦江国际自合并之日起12个月内不转让其获得的股份。

(3)关于经营连续性原则件的判定。

吸收合并后,东方航空不改变上海航空原资产的经营性活动。

综上,东方航空此次吸收合并上海航空的行为满足特殊性税务处理应当具备的合理商业目的、经营连续性的条件,也符合权益连续性的条件,因此适用企业所得税特殊性税务处理方式。

具体税务处理如下:

(1)东方航空接受上海航空资产和负债的计税基础,以上海航空原有的计税基础确定。

(2)可由东方航空弥补的上海航空亏损的限额=上海航空净资产公允价值×截至合并业务发生当年年末国家发行的最长期限的国债利率=1,190,102,000×4.3%=51,174,386元。

(3)上海航空原股东取得东方航空股份的计税基础,以其原持有的上海航空股份的计税基础确定。

2. 增值税、营业税及附加。

根据《国家税务总局关于纳税人资产重组有关增值税问题的公告》(国家税务总局公告2011年第13号)和《关于纳税人资产重组有关营业税问题的公告》(国家税务总局公告2011年第51号)规定,纳税人在资产重组过程中,通过合并方式,将全部实物资产以及与其相关联的债权、债务和劳动力一并转让给其他单位和个人的行为,不属于增值税和营业税的征收范围。因此,上海航空无须就货物、不动产及土地使用权的转移缴纳增值税、营业税及附加。

3. 土地增值税与契税。

《财政部、国家税务总局关于土地增值税一些具体问题规定的通知》(财税字〔1995〕48号)规定:"在企业兼并中,对被兼并企业将房地产转让到兼并企业中的,暂免征收土地增值税。"因此,上海航空无须就土地使用权和不动产的转移缴

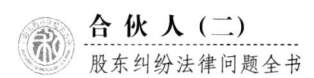

纳土地增值税。

《财政部、国家税务总局关于企业事业单位改制重组契税政策的通知》(财税〔2012〕4号)规定:2个或2个以上的公司,依据法律规定、合同约定,合并为一个公司,且原投资主体存续的,对其合并后的公司承受原合并各方的土地、房屋权属,免征契税。故在本次吸收合并中,东方航空无须就其受让上海航空的土地房屋权属缴纳契税。

4. 印花税。

东方航空因合并导致账面上的"股本"和"资本公积"增加,按照5.28元/股计算,增加的总金额为8,948,749,180.80元。东方航空应该就增加部分按照万分之五的比例贴花,即4,474,374.59元。

**844. 企业合并是否需要缴纳印花税?**

视情况而定,具体如下:

(1)凡原已贴花的部分可不再贴花,未贴花的部分和以后新增加的资金以增加的"实收资本"与"资本公积金"2项的合计金额按照万分之五的税率贴花;其他新启用的账簿按件贴花5元。

(2)企业合并前签订但尚未履行完的各类应税合同,合并后需要变更执行主体的,对仅改变执行主体、其余条款未作变动且合并前已贴花的,不再贴花。

(3)企业因合并签订的产权转移书据免予贴花,如各类知识产权转让协议、土地使用权转让合同等。

(4)因合并导致被合并企业的权利、许可证照发生变化,按件贴花,税额为5元,如商标注册证、专利证、使用权证等。

**【法律依据】**

**一、公司法类**

(一)法律

❖《公司法》第18条、43条、46条、99条、103条、108条、172~174条、204条

(二)部门规章

❖《对外贸易经济合作部、国家工商行政管理总局关于外商投资企业合并与分立的规定》第10条、11条、25条、27条、28条、31条、36条

❖《国家工商总局关于做好公司合并分立登记支持企业兼并重组的意见》

(三)司法解释

❖《最高人民法院关于审理与企业改制相关民事纠纷案件若干问题的规定》

第17条、18条、19条、33条、34条

## 二、税法类

(一)行政法规

- 《税收征收管理法》第48条
- 《印花税暂行条例》第2条、9条
- 《企业所得税法实施条例》第87~89条

(二)部门规范性文件

- 《国家税务总局关于印花税若干具体问题的解释和规定的通知》(国税发〔1991〕155号)第9条
- 《国家税务总局关于资金账簿印花税问题的通知》(国税发〔1994〕025号)
- 《财政部、国家税务总局关于企业改制重组有关土地增值税政策的通知》(财税〔2015〕5号)第3条
- 《国家税务总局关于印花税若干具体问题的规定》(国税地字〔1998〕第25号)第19条
- 《财政部、国家税务总局关于企业改制过程中有关印花税政策的通知》(财税〔2003〕183号)
- 《财政部、国家税务总局关于企业重组业务企业所得税处理若干问题的通知》(财税〔2009〕59号)第1~9条
- 《财政部企业会计准则第2号——长期股权投资》(财会〔2014〕14号)第3条
- 《财政部企业会计准则第20号——企业合并》(财会〔2006〕3号)第2条、5~10条
- 《财政部、国家税务总局关于执行企业所得税优惠政策若干问题的通知》(财税〔2009〕69号)第3条
- 《国家税务总局关于发布〈企业重组业务企业所得税管理办法〉的公告》(国家税务总局公告2010年第4号)第2条、15条、28条
- 《国家税务总局关于纳税人资产重组有关增值税问题的公告》(国家税务总局公告2011年第13号)
- 《国家税务总局关于纳税人资产重组有关营业税问题的公告》(国家税务总局公告2011年第51号)

(三)其他

- 深圳证券交易所《关于做好证券交易印花税征收方式调整工作的通知》

❖ 上海证券交易所《关于做好调整证券交易印花税税率相关工作的通知》

## 三、民法类

（一）法律

❖ 《合同法》第70条、80～87条、90条

（二）司法解释

❖ 《最高人民法院关于贯彻执行〈民法通则〉若干问题的意见》第66条

## 四、其他

（一）法律

❖ 《反垄断法》第22～26条

（二）行政法规

❖ 《国务院关于经营者集中申报标准的规定》第3条

❖ 《诉讼费用交纳办法》第13条

（三）部门规章

❖ 《财政部企业国有资本与财务管理暂行办法》第5条、9条、10条

❖ 《财政部关于建立健全企业应收款项管理制度的通知》第6条

❖ 《商务部经营者集中申报办法》第10～14条

❖ 《商务部经营者集中审查办法》第9～15条

# 第十二章　公司分立纠纷

【宋律师释义】

> 　　公司分立纠纷是指公司在新设分立或存续分立时，违反法律、行政法规，未全面履行分立协议，或者分立协议未经公司股东依法表决决定，以及未履行通知债权人义务等侵害公司股东或债权人利益的行为而引发的纠纷。
>
> 　　若债权人仅向分立后的公司主张债权的，则该主张属于普通债权债务纠纷。

【关键词】公司分立　存续分立　新设分立

❖ **公司分立**：指一个公司依照《公司法》有关规定，通过股东会决议分成两个以上的公司。

❖ **存续分立**：存续分立是指公司分立为两个或两个以上的新公司，原公司仍存续的公司分立形式。存续分立包含如下三个特征：

(1) 原公司不解散继续存续；

(2) 新公司与原公司之间无控股、参股关系；

(3) 原公司与新公司都必须进行变更登记。

存续分立包括两种形式：一是让产分股式分立；二是让产赎股式分立。

让产分股式分立，是指被分立企业将没有法人资格部分营业分立出去成立新的公司或转让给已经存续的公司，将接受资产的公司的股份分配给被分立企业全部股东，全体股东在被分立企业的股份比例等比例减少或不变。

让产赎股式分立，是指被分立企业将没有法人资格部分营业分立出去成立新的公司或转让给已经存续的公司，将接受资产的公司的股份分配给被分立企业的股东，该部分股东放弃在被分立企业的股份。

让产赎股式分立与让产分股式分立的不同之处在于，让产赎股式分立中，接受资产的公司的股份由被分立企业的部分原股东取得,而让产分股式分立中,接受资产的公司的股份由被分立企业的全部原股东按照持股比例分别取得。

◆ **新设分立**:新设分立是指原公司解散,公司分立为两个或两个以上新公司。新设分立有如下三个特征:

(1)新设的公司与原公司的公司形式一般相同;
(2)原公司的债权债务直接由分立后新设的公司承继,无须清算;
(3)原公司解散一般与新公司设立同步进行。

新设分立通常采用股份分割式。股份分割式是将公司分立成两家以上的公司,被分立企业解散,分为两种类型:

第一种:被分立企业的全部股东按照原持股比例取得分立企业的股份,原持有的被分立企业的股份注销,被分立企业只解散不清算。

第二种:被分立企业的一个股东集团取得部分分立企业的股份,被分立企业只解散不清算,其股份依法注销。

## 第一节 立 案

**845. 如何确定公司分立纠纷的诉讼当事人?**

应区分不同情况:

(1)请求确认公司分立无效的,可由分立各方、债权人以及公司分立的审批机关向人民法院起诉,应以公司为被告。

(2)请求撤销公司分立决议或主张该决议无效的,应由拟分立的公司股东起诉,以拟分立的公司为被告。

(3)公司分立未依法履行通知、公告义务,损害股东、债权人利益的,股东或债权人可以分立后新设、存续的公司为被告。

需要注意的是,如果起诉时公司已经完成分立,以分立后的公司为共同被告。

**846. 公司分立时未签订资产分割协议或分割不清,导致分立后的新设公司对资产分配不满意而引起诉讼,如何确定诉讼当事人?**

如公司分立协议对资产分割不清,导致各新设公司对资产的平衡结果不满而引起诉讼,基于公司分立的法律后果发生在新设公司之间,虽然分立协议或财产分割协议由原股东签署,但诉讼主体仍应为新设公司,而非原公司股东。

## 【案例287】分立公司与股东财产相独立　股东无权主张分立协议权益[①]

**原告**：黄建平、王晓辉、胡达

**被告**：刘韬、张杰

**诉讼请求**：被告刘韬支付逾期付款违约金36,132.24元、被告张杰支付逾期付款违约金18,736.74元。

**争议焦点**：

1. 分立协议是股东个人行为还是代表存续分出方公司的职务行为；
2. 股东是否有权主张公司分立所分割财产的相关权益。

**基本案情**：

原告、被告各方原系佳讯公司股东,原告黄建平、原告王晓辉、原告胡达,被告刘韬、被告张杰分别占佳讯公司34.67%、11.35%、5.46%、21.38%、11.1%股权。2003年5月6日上述5股东召开公司分立股东会议。会议决议：

1. 股东一致同意公司分立,分立后佳讯公司(以下简称存续方)继续存续,分出方为联讯公司(以下简称分出方)。
2. 存续方的股东为两被告,分出方的股东为三原告。
3. 资产、债权债务双方原则上按分立前所持有股权比例分割,不能分割的双方以竞价方式决定,价高者得。

原告、被告各方在决议上分别签名对上述事项予以确认。

2003年6月14日、7月25日,原告、被告各方陆续签署关于存续方佳讯公司分立的确认函(二)、(四),约定存续方佳讯公司的无形资产和厂房实行捆绑处置,采取竞买方式进行,价高者得,竞得方须向另一方即未竞得方支付价款;如到期未付款或未足额付款的,则按照应付未付的总额计算支付迟延处罚金。上述价款竞得方应以现金方式支付给未竞得方,并应分三期支付：首期于2003年7月30日前支付总额的50%；第二期于2004年4月30日前支付总额的25%；余款于2004年12月31日前付清。如到期未付款或未足额付款的,则按照应付未付的总额计算,每天处以万分之八点四的迟延处罚金。

确认函(四)第3条第1款约定：首期款可延迟到审计报告完成之日支付(支付的同时分出方开具收款收据给存续方),但7月30日首期款必须到账,如未到账则视为存续方违约,分出方有权每天收取应收款总额万分之八点四的滞纳金；

---

[①] 参见广东省珠海市香洲区人民法院(2005)香民二初字第1577号判决书。

如到账后分出方在审计报告完成前支取则视为分出方违约,存续方有权按照付款总额每天收取万分之八点四的违约金。

其后,存续方向分出方支付了首期款共计 3,782,700 元,至 2004 年 4 月 17 日,存续方尚欠分出方资产分割补偿款共计 3,782,600 元,至原告起诉之日应支付违约金 67,703.21 元。

2003 年 11 月 17 日,存续方佳讯公司与分出方联讯公司经工商行政管理局核准分立变更登记。

**原告诉称:**

被告没有依约支付首期款,已违反《合同法》规定构成违约,依法应承担违约责任并支付逾期付款违约金,但被告拒绝支付的行为已损害原告利益。

**被告辩称:**

1. 补偿金及违约金支付方应为存续的公司而非两被告。

原告请求的是佳讯公司分立后的存续方应向分出方支付资产分割款的逾期违约金。分立过程中所签署的确认函(二)、(四)均为存续方及分出方的股东分别代表存续方和分出方签署,其法律责任由存续方和分出方承担,而非由存续方及分出方的股东承担。

2. 原告不具备本案的诉讼主体资格。

原告所述的佳讯公司分立时的资产分割补偿款是由存续方向分出方支付,如果因此产生逾期付款违约金,也应由分出方向存续方主张,而不是由原告向被告主张。

**律师观点:**

佳讯公司分立股东会决议内容并未违反法律、行政法规或者公司章程,行使表决权的股东股权亦超过 2/3,公司其余股东在法定期间内亦未请求人民法院撤销该决议,因此该股东会决议合法有效,对各方均具法律约束力。

根据该决议,公司的分立采取存续分立的模式,尽管分出方于 2003 年 11 月 17 日才经工商行政管理局核准分立变更登记,但其在设立过程中,亦具有主体资格,可以进行与其设立相关的民事活动。根据《公司法》第 3 条"公司是企业法人,有独立的法人财产,享有法人财产权……"及第 35 条"公司成立后,股东不得抽逃出资"的规定,原佳讯公司并未解散,亦未经清算,仍具有与股东财产相分离的独立财产权。原佳讯公司的财产只是根据股东的股权比例在佳讯公司与联讯公司之间进行分配,股东无权以股东主体身份就两个公司财产分割过程中的权利、义务提出主张。原、被告各方签订的确认函(二)、(四)等文件均是作为公司股东履行职务的行为,而非原、被告之间的个人行为,相应的权利、义务亦应由公司承担。因此,原告与本案并无直接的利害关系,原告的起诉不符合受理条件,其起诉应予驳回。

**法院裁决:**

驳回原告起诉。

**847. 公司分立纠纷由何地法院管辖?**

除非合同另有约定,否则公司分立纠纷应由分立前公司所在地的法院管辖。如果该公司已注销,则应当由分立后存续公司的所在地人民法院管辖。

**848. 公司分立无效诉讼按照什么标准交纳案件受理费?**

公司分立无效、分立决议可撤销或无效以及分立协议可撤销或无效案件的受理费应按件收费,即 50~100 元/件。

对于股东、债权人主张分立后存续、新设的公司承担赔偿责任的案件,应当依照案件标的分段累计计算,具体比例详见本书第一章第 3 问:"公司设立纠纷应按照什么标准交纳案件受理费?"

**849. 公司分立纠纷是否适用诉讼时效?**

对于主张公司分立的股东(大)会决议违法、可撤销或分立无效的,不适用诉讼时效制度。请求撤销股东(大)会决议应在决议作出之日起 60 日内提起诉讼。

若基于请求撤销分立协议从而导致分立无效的,撤销权行使期限应当为除斥期间,即自知道或者应当知道可撤销事由之日起 1 年内行使。

对于股东、债权人认为公司分立损害其利益请求赔偿的,应适用 2 年诉讼时效的规定。

**850. 公司被依法判决分立无效后,已分割的资产及已变更的工商登记应如何处理?**

对此应当分情况进行讨论:

(1)对已经进行分割的资产,应当交还原公司所有;

(2)如果公司在办理工商变更登记阶段,则应当停止办理相关手续;

(3)如果公司已经办理完毕工商变更登记手续或注销手续,则应当依照人民法院生效判决书重新办理工商登记,使公司状况恢复分立前的状态。

# 第二节 公司分立纠纷的裁判标准

## 一、公司分立的法定程序

**851.** 公司分立必须履行哪些法定程序？（见图12-1）

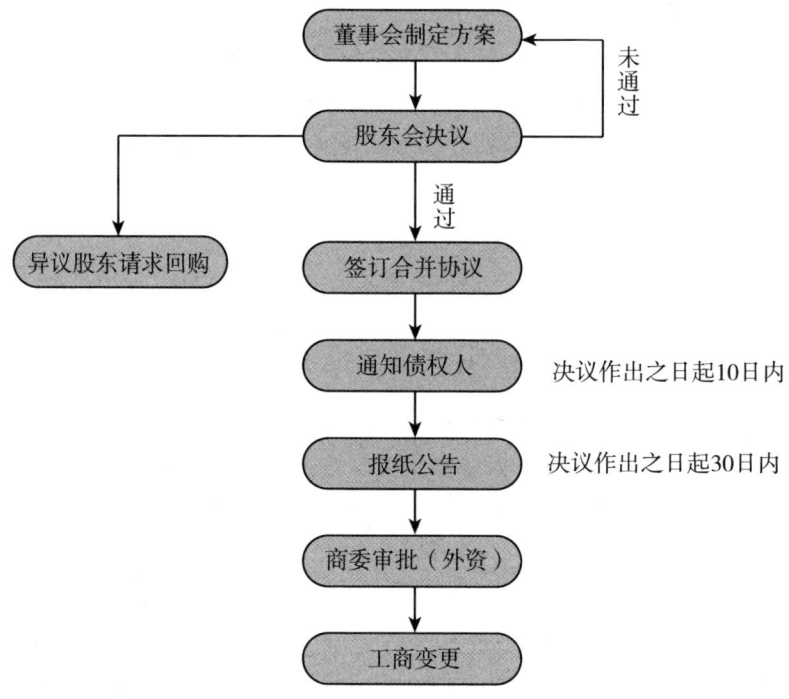

图12-1 公司分立履行法定程序

公司分立应当首先由董事会拟订分立方案，后由董事会将分立方案提交股东（大）会审议通过。股东（大）会审议通过后，拟分立公司的股东签订分立协议并编制资产负债表，同时对公司资产进行分割并对分立事宜向债权人予以通知和公告，最后，分立各方应至工商行政管理部门办理工商变更登记。

**852.** 公司分立与公司合并在程序上有何不同？

公司分立与公司合并的不同表现在如下三个方面：

（1）提前清偿债务的不同规定。在公司合并时，公司通知或公告债权人后，公司债权人可向负有债务的合并方就未到期债权请求清偿或提供担保，但公司分立中债权人不具备此项权利。

(2) 债务承继主体不同。公司合并后,原债务由新设或存续公司承继;公司分立后,原债务由分立各方承担连带偿还责任。

(3) 登记手续不同。公司合并一般涉及的登记手续为:新设公司的设立登记、解散公司的注销登记、存续公司的股东变更登记、增资登记、经营范围变更登记等。

公司分立一般涉及的登记手续为:派生公司的设立登记、分立公司的注销登记、存续公司的股东变更登记、减资登记、经营范围变更登记等。

**853. 公司分立的方案由谁拟订？由谁表决通过？需达到多少表决权？**

公司分立的方案由公司董事会拟订,并提交股东(大)会审核。

有限责任公司需经所有股东持2/3表决权以上同意通过,股份有限公司需经出席股东大会的股东所持表决权2/3以上同意通过。

需要注意的是,国有独资公司的分立,必须由国有资产监督管理机构决定;其中,重要的国有独资公司分立,应当由国有资产监督管理机构审核后,报本级人民政府批准。

**854. 公司分立方案在股东(大)会通过后,是否必须签订分立协议？分立协议的签订人是谁？分立各方还需提供哪些材料？**

首先,根据《公司法》规定,为保护公司债权人、股东及职工的利益,分立各方必须签订分立协议以明确分立事宜及权利义务。

不同于公司合并协议,在签订分立协议时,由于在公司正式分立前,不论是新设分立或是派生分立,分立出的新公司尚未出现,故一般而言分立协议的签订方是原公司参与分立的股东各方。当然,分立协议也必须对分立后新设的公司义务进行约定。

除签订书面协议外,分立各方还须编制资产负债表及财产清单。

**855. 实践中,可否由各方先行签订公司分立协议,再提交股东(大)会审核？**

公司实践中,考虑到如果分立方案待股东(大)会讨论通过后方能签订公司分立协议可能影响交易效率。因此一般在董事会拟订公司分立方案后即可先行签订公司分立协议,因为董事会所拟订通过的分立方案在一定程度上也可视为公司内部初步一致的意见。

当然需要注意的是,在未通过股东(大)会决议通过的情况下,公司分立方案中应约定待股东(大)会决议通过后合同方始生效的条款,以保证分立程序的合法性,及合同各方的利益。

**856. 公司分立后,如何确定注册资本及各股东股权比例？**

因分立而存续或者新设的公司,其注册资本、实收资本数额由分立决议或者决定约定,但分立后公司注册资本之和、实收资本之和不得高于分立前公司的注册资本、实收资本。

因分立而存续或者新设的公司,其股东的出资比例、认缴或者实缴的出资额,由分立协议、决议或者决定约定。分立前注册资本未足额缴纳的公司,分立后存续或者新设公司的注册资本应当根据分立协议、决议或者决定的约定,按照分立前规定的出资期限缴足。

**857. 公司分立后,原有债权债务由谁享有和承担?**

公司分立前的债权由分立各方协商分配,原有债务由分立后的公司承担连带责任。当然,公司在分立前与债权人就债务清偿达成的书面协议另有约定的除外。

分立后的一方承担上述债务后,可依据分立协议向另一方追偿。如果双方分立协议中未对债务的承担方式作出约定,则由双方依照财产分割的比例分担债务。

**【案例288】公司分立债务不分家　分出方对旧债担责任①**

**原告**:华源公司

**被告**:NA 公司、NV 公司、GH 公司

**诉讼请求**:

1. 三被告向原告连带返还材料垫付款及设备改造款 11,783,134.26 元;

2. 三被告向原告连带赔偿逾期付款利息损失 774,505.41 元。

**争议焦点**:

1. 原告是否举证证明全部 11,783,134.26 元损失;

2. 作为从被告 NA 公司中分立出的主体,被告 NV 公司和被告 GH 公司是否应对被告 NA 公司的债务承担连带责任。

**基本案情**:

2000 年 11 月 5 日,原告与被告 NA 公司签订涉案买卖合同,约定由原告向被告 NA 公司购买生产能力为 100 吨/天的聚酯切片设备、300 吨/天的聚酯切片设备各一套,总价 4270 万欧元。同日,双方就前述设备买卖合同签订补充协议,该补充协议明确前述设备的生产能力实际上分别为 120 吨/天、400 吨/天。

涉案合同第 9 章"保证和赔偿"第 9.3 条第 1 款约定:如果在安装、机械测试、试运行和性能测试期间发现设备和材料有任何缺陷,这些缺陷应由双方当事人进行确认。如果卖方应对这一缺陷负责,那么卖方应对有缺陷的设备和材料进行维

---

① 参见江苏省常州市中级人民法院(2008)常民三初字第30号民事判决书。

修和替换,由此产生的费用由卖方承担。合同还对买卖双方各自的权利义务、交货时间、付款时间、设备安装、机械测试、试运行等均作了明确约定。

上述合同和补充协议签订后,被告 NA 公司向原告交付了两套聚酯切片设备。但前述设备的实际生产能力达不到双方约定的 120 吨/天、400 吨/天的产能标准。为此,原告在 2002 年 1 月 16 日至 2004 年 11 月 16 日期间为涉案设备支付改造款、维修款及代被告 NA 公司购买材料款等共计人民币 5,547,893.24 元。

2006 年上半年,被告 NA 公司股东大会决议对被告 NA 公司部分分立,分立途径是将其一部分资产用于设立被告 NV 公司,一部分资产转移至现存公司被告 GH 公司。

**原告诉称:**

1. 被告 NA 公司对原告负有债务。

在合同履行过程中:(1)由于被告 NA 公司自身的原因造成部分货物迟延交货,原告应被告 NA 公司的要求在中国境内进行了相应的采购,由此产生的材料费应由被告 NA 公司承担;(2)由于被告 NA 公司提供的设备在设计上存在缺陷,无法达到合同约定的产能指标,因此,原告应被告 NA 公司的要求对设备进行了维修和替换,根据合同第 9.3 条的约定,该部分费用应由被告 NA 公司承担。

2007 年 3 月 16 日,原告进入破产程序,依法成立的破产清算组于 2007 年 4 月 9 日向被告 NA 公司发出清偿债务通知书,但被告 NA 公司未予理睬。

2. 被告 NV 公司和被告 GH 公司应对上述债务承担连带责任。

根据《公司法》第 176 条规定,公司分立前的债务由分立后的公司承担连带责任。被告 NV 公司、被告 GH 公司作为被告 NA 公司的部分分出方,应对被告 NA 公司的涉案债务承担连带赔偿责任。

被告均未作答辩。

**律师观点:**

1. 原告仅能举证证明 5,547,893.24 元损失。

原告与被告 NA 公司于 2000 年 11 月 5 日签订的关于聚酯切片生产设备的国际货物买卖合同及补充协议系双方当事人的真实意思表示,其主要内容符合我国法律的有关规定,应为合法有效。原告、被告 NA 公司均应按约履行各自的合同义务。但被告 NA 公司向原告交付的涉案设备不符合合同约定,达不到合同约定的生产能力标准,导致涉案设备及基础设施需改造、维修、重新购买相关材料等,由此产生的费用系被告原因造成,且按约也应由被告 NA 公司负担,并且被告 NA 公司还应赔偿由此给原告造成的损失。原告所主张的材料垫付款、设备改造款、维修款等共计人民币 11,783,134.26 元,其中仅人民币 5,547,893.24 元依据充分,应予支持;其余人民币 6,235,241.02 元,原告未能提供足够证据证明。

2. 三被告应对公司分立前的债务承担连带责任。

被告 NA 公司已于 2006 年部分分立出被告 NV 公司和被告 GH 公司。依据《公司法》第 176 条规定,三被告应对上述债务承担连带责任。

**法院判决:**

1. 被告 NA 公司向原告支付 5,547,893.24 元及利息 696,357.69 元;
2. 被告 NV 公司及被告 GH 公司对被告 NA 公司的上述债务承担连带责任。

## 【案例289】分立后各方内部约定债务承担对外无效　债权人主张连带赔偿获支持①

**原告:** 某医院

**被告:** 某基地、某公司

**诉讼请求:** 两被告支付原告医疗费用 619,658.67 元及利息。

**争议焦点:**

1. 被告某基地未能在 2008 年年底前支付剩余医疗费,则医疗费减免的协议是否生效;
2. 两被告约定分立后所有债权债务由被告某公司承担是否有效;该约定是否对原告发生效力。

**基本案情:**

2006 年 12 月 22 日,被告某基地下属煤矿职工因公受伤入住原告,2008 年 4 月 6 日,经抢救无效死亡。共住院治疗 473 天,花费医疗费 718,658.67 元。

被告某基地支付了 99,000 元,尚欠 619,658.67 元未付。

2008 年 5 月,原告曾与被告某基地协商,如被告某基地能在 2008 年年底付清欠款,原告将减免 119,658.67 元。后被告某基地在约定的期限内未付清欠款。

2008 年 10 月 6 日,煤矿与被告某基地分立,成为独立法人单位,更名为被告某公司,并约定被告某基地的债权债务由被告某公司承担。

**原告诉称:**

被告某基地下属煤矿职工在原告处治疗,被告某基地为此曾支付了 99,000

---

① 参见新疆维吾尔自治区乌鲁木齐市中级人民法院(2010)乌中民一终字第 1538 号民事判决书。

元医疗费,证实被告某基地与原告之间系医疗服务合同关系,原告履行了治疗义务,对此被告某基地理应支付由此产生的剩余医疗费用。

其后,被告某基地分立为被告某基地和被告某公司。而依据《公司法》相关规定,公司分立前的债务由分立后的公司承担连带责任,故被告某基地和被告某公司理应连带承担上述付款义务。

**被告某基地辩称:**

不同意原告诉讼请求。

1. 被告并非适格当事人。

(1)根据相关规定,受伤职工的医疗费用由单位和个人分摊。作为用工单位,被告某基地已按规定,给其家属进行了赔偿。原告向被告某基地主张医疗费用于法无据。被告某基地并非适格被告,原告应向受伤职工个人主张医疗费用。

(2)即使原告有权向被告某基地主张医疗费用,分立后的被告某基地也不应承担付款义务。因为该受伤职工系分立前被告某基地分支机构某煤矿职工,而该煤矿现已经分立为独立法人,即被告某公司,而与被告某基地没有任何关系。故,应由煤矿改制后设立的被告某公司承担给付责任。

2. 医疗费用具体数额错误。

根据被告某基地和原告的约定,剩余医疗费用欠款已经由619,658.67元减至50万元。因此,即使被告某基地需要承担付款义务,也并非原告所主张的619,658.67元。

**被告某公司答辩称:**

对于原告所请求支付的医疗费用,被告某公司不否认其真实性。本案中,所涉及的债务原来由被告某基地负担,在被告某基地分立后,根据两被告之间的约定,相关债务应由被告某公司承担。

**律师观点:**

1. 被告某基地应支付原告医疗费。

依法成立的合同,受法律保护。本案中被告某基地下属煤矿职工在原告处治疗,双方形成医疗服务合同关系。原告履行了治疗的义务,被告某基地理应支付由此产生的费用。

2. 债务减免协议条件未成就不发生效力。

2008年5月原告与被告某基地之间确实对欠付的医疗费用进行了协商,原告承诺如果被告某基地能在2008年年底付清欠款,将减免119,658.67元。但是,被告某基地未能如期清偿前款,故该承诺因条件不成就而未生效。被告某基地对原告仍然负担619,658.67元债务。

3. 拖欠医疗费应支付相应利息。

被告某基地迟延履行付款义务事实已构成对原告合法权益的损害,故原告主张被告某基地支付利息的请求符合《合同法》第112条的规定。但因双方在2008年5月曾协商给付期限为2008年年底,计息期间应为调整为2009年1月1日至2010年4月8日,合计利息损失45,312.54元。

4. 被告某公司应对被告某基地的相关债务承担连带责任。

被告某基地与分立后新成立的被告某公司对债权债务进行分担约定系真实意思表示。但其中并无原告之意思表示,因而属于分立主体的内部约定,仅具内部效力,对原告并无拘束力。两被告一方清偿原告之债务后,可依据该内部约定,向另一方进行追偿。

根据《公司法》第176条规定,公司分立前的债务由分立后的公司承担连带责任,故分立出的被告某公司应对被告某基地所负担的上述债务承担连带清偿义务。

**法院判决:**

1. 被告某基地支付原告医疗费619,658.67元;
2. 被告某基地支付原告利息45,312.54元;
3. 被告某公司对上述债务承担连带责任。

### 858. 公司分立时,分立各方应当如何通知债权人?

公司应当自作出分立决议之日起10日内通知债权人,并于30日内在全国发行的省级以上报纸上公告。

### 859. 债权人收到通知后,向分立各方主张到期债权时,分立各方拒不履行债务时,债权人可否以此为由中止公司分立的进程?

不能。由于《公司法》规定了公司分立后,存续公司或新设公司对原有债务承担连带责任,该责任承担的认定本就有利于保护债权人,所以事实上分立各方拒绝履行债务的,债权人完全可以通过直接诉讼或待分立完成后向分立各方主张连带赔偿责任,故没有必要通过中止分立进程保护债权人利益。

### 860. 公司新设分立后,新公司又被吸收合并的,原公司债务如何承担?

假设A公司分立为B、C两家公司,而后B公司再被D公司吸收合并,B公司注销,D公司存续。那么D公司是否应当对A公司分立时A公司的债务承担连带责任呢?

笔者认为,当B公司与D公司合并时,根据《公司法》关于公司合并后债务承担的规定,D公司应当承继B公司所负债务,又因为B公司对A公司的债务依法承担连带责任,那么D公司自然应当对A公司的债务承担连带责任。

**861. 公司分立后,公司职工是否需与新设公司或存续公司重新签订劳动合同?**

不用。用人单位发生分立,原劳动合同继续有效,劳动合同由承继其权利和义务的用人单位继续履行。

**【案例290】分立不切断工龄计算 满10年公司需与员工签无固定期限合同**①

**原告:** 一拖(洛阳)物流有限公司

**被告:** 田献忠

**诉讼请求:**

1. 确认原告不与被告签订无固定期限劳动合同合法有效;

2. 判决自原告与被告劳动合同终止后,不再向其发放550元/月生活费。

**争议焦点:**

1.《劳动合同法》中关于必须与员工签订无固定期限劳动合同的规定是否为强制性规定;

2. 被告根据原单位分配调动至新分立出单位工作,工作年限应否连续计算。

**基本案情:**

被告于1990年到一拖集团运输处工作。

一拖集团运输处于2006年5月31日分立,成立原告。被告被分配至原告工作。

2006年6月15日,原告与被告签订了期限至2009年8月30日止的《劳动合同》。

2009年6月15日劳动合同到期之前,原告作出不再与被告续签劳动合同的《决定》。

2009年9月28日,被告以特快专递的形式向原告邮寄续签劳动合同的申请,原告单位于次日收到,但未作回复。

被告于2009年10月26日向劳动仲裁委员会申请仲裁,2010年4月7日劳动仲裁委员会作出洛劳仲裁字[2009]第437号《仲裁裁决书》。

---

① 参见河南省洛阳市中级人民法院(2011)洛民终字第530号民事判决书。

原告不服该《仲裁裁决书》，于 2010 年 5 月 20 日诉至法院。

**原告诉称：**

1. 原告不必须与被告签订无固定期限劳动合同。

《劳动合同法》第 14 条规定"用人单位与劳动者协商一致，可以订立无固定期限劳动合同。有下列情形之一，劳动者提出或者同意续订、订立劳动合同的，除劳动者提出订立固定期限劳动合同外，应当订立无固定期限劳动合同……"，此项条款明显的确定了签订无固定期限劳动合同的前提条件，即双方应当协商一致，或者先由劳动者向用人单位提出请求。劳动合同的签订的前提应当是双方合意，即劳动者有上岗工作的请求，用人单位有相应的用工需求。因此，是否应当签订无固定期限劳动合同并不是强制性的，而是可由双方根据各自情况，选择是否签订。

2. 原告符合签订无固定期限劳动合同的例外情形。

《劳动合同法》第 40 条规定了企业因发生重大客观变化，已无工作劳动岗位可提供，致使劳动合同无法签订、履行的客观情况。原告于 2006 年 5 月实行改制，部分工作岗位已发生重大变化。在原告劳动合同终止前，被告已经长期待岗，在劳动合同终止后，原告因发生重大客观变化，也已没有相应工作岗位可提供。

**被告辩称：**

1. 双方已经多次签订无固定期限的劳动合同，且被告工龄近 20 年，上述两个条件已经符合签订无固定期限的劳动合同。

2. 事实证明，在双方争议期间，原告单位招聘很多临时工，现在原告说没有岗位没有事实根据。

被告认为仲裁裁决已经较好地维护了劳动者的合法权益，请求驳回原告诉讼请求。

**律师观点：**

1. 被告在原告工作年限应连续计算。

《劳动合同法》第 14 条规定，劳动者在该用人单位连续工作满 10 年的，劳动者提出或者同意续订、订立劳动合同的，除劳动者提出订立固定期限劳动合同外，应当订立无固定期限劳动合同。《劳动合同法实施条例》第 10 条亦规定，劳动者非因本人原因从原用人单位被安排到新用人单位工作的，劳动者在原用人单位的工作年限合并计算为新用人单位的工作年限。因此，在一拖集团运输处工作的年限应合并计算为其在原告的工作年限。故至 2009 年 8 月 30 日，在原告的工作年限已满 10 年，符合与用人单位签订无固定期限劳动合同的条件。

2. 原告应补发被告工资损失。

原告于2009年9月29日收悉提出续签无固定期限劳动合同的申请,因此,原告应自2009年9月28日起与签订无固定期限劳动合同,并应自2009年9月29日起按照每月550元补发工资损失至按劳动合同约定的岗位工作之日止。

**法院判决:**

1. 原告与被告签订期限自2009年9月29日起的无固定期限劳动合同;

2. 原告自2009年9月29日起每月按照市最低工资标准550元为被告补发工资损失至被告按劳动合同约定的岗位工作之日止。

**862. 公司分立过程中,哪些事项需要办理工商变更登记?应当提交哪些材料?**

因分立而存续的公司,其登记事项发生变化的,如股东、法定代表人、注册资本等,应当申请变更登记;因分立而解散的公司,应当申请注销登记;因分立而新设立的公司,应当申请设立登记。

公司分立的,应当自公告之日起45日后申请登记,提交分立决议或者决定以及公司在报纸上登载公司分立公告的有关证明和债务清偿或者债务担保情况的说明。涉及国有资本变动及外商投资企业分立的,必需报经批准,并提交有关批准文件。①

**863. 公司分立导致国有资本变动时,应当向哪个行政部门报批?**

公司分立涉及国有资本变动的,应当按以下权限报经批准:

(1)各类持有国有资本的集团公司、总公司国有资本变动的,中央管理企业报请国务院批准,地方管理企业报请地市级以上(含地市级)人民政府批准;

(2)各类持有国有资本的集团公司、总公司投资的子公司,或由各级人民政府划转上述公司直接管理并取得控制权的公司国有资本变动的,属于集团内部结构调整的,由母公司审批,涉及集团外部的,由母公司报主管财政机关审批;

(3)上述子公司控制的企业国有资本变动的,由母公司审批。

**864. 公司国有资本分立的,应当履行何种内部程序?**

公司国有资本分立,应当由有关业务部门提出方案,经过财务部门审核提出意见,报企业董事会审议决定;没有设立董事会的公司,由经理办公会研究决定。

---

① 关于因分立引起的变更、注销、设立登记分别详见本书第一章公司设立纠纷、第六章请求变更公司登记纠纷及第十六章公司解散纠纷。

对工资制度、社会保障、职工安置等涉及职工合法权益的财务事项,应当事先听取职工代表大会的意见。

公司董事会或经理办公会研究、审议国有资本与财务管理事项,必须作会议纪要。公司财务部门负责人应当出席或者列席公司董事会或经理办公会等相关的会议。

### 二、外商投资企业分立的特殊规定

**865. 分立的外商投资企业各方应当在什么部门办理报批手续?**

外商投资企业分立,需经公司原审批机关批准(商务主管部门),并到登记机关(工商行政管理部门)办理有关公司设立、变更或注销登记。

**866. 外商投资企业分立应履行什么审批程序?**(见图12-2)

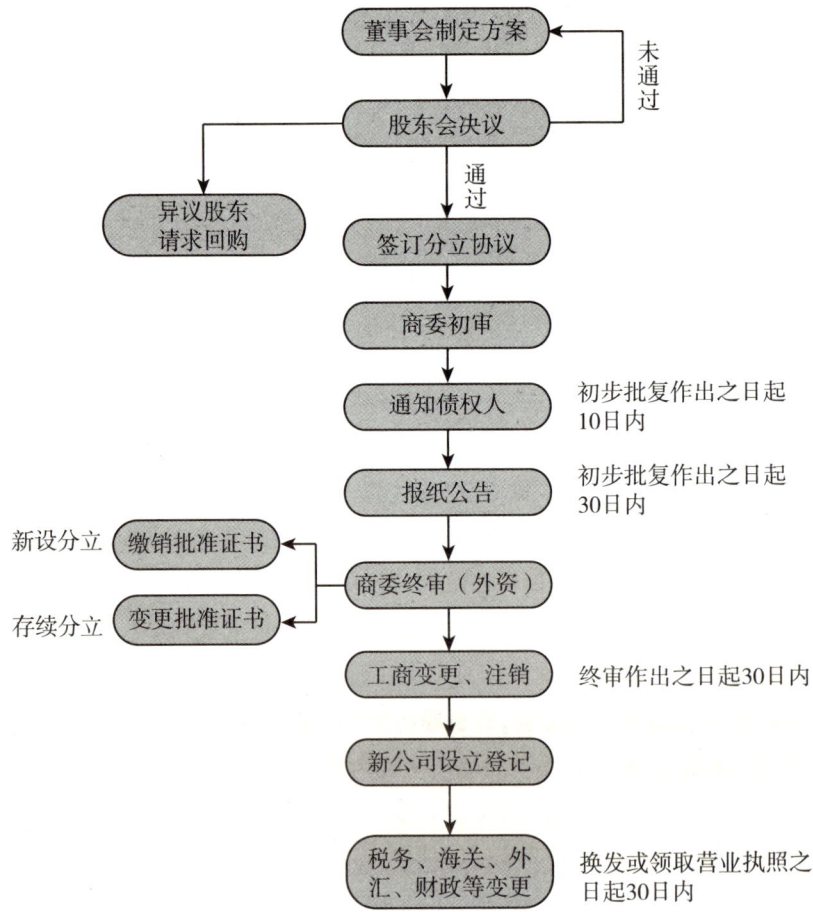

图12-2 外商企业分立审批流程

(1) 初步审批

拟分立的公司应向其原审批机关(商务主管部门)提出申请并报送有关文件。原审批机关接到按规定报送的有关文件后,以书面形式作出是否同意分立的初步批复。

因公司分立而解散原公司或新设异地公司,原审批机关须征求拟解散或拟设立公司的所在地审批机关的意见。

(2) 债权人通知及分立公告

拟分立的公司应当自审批机关就同意公司分立作出初步批复之日起10日内,向债权人发出通知书,并于30日内在全国发行的省级以上报纸上登载公告,公司应在上述通知书和公告中说明对现有公司债务的承继方案。

公司债权人自接到通知书之日起30日内,未接到通知书的债权人自第1次公告之日起45日内,有权要求公司对其债务承继方案进行修改,或者要求公司清偿债务或提供相应的担保;如果公司债权人未在规定期限内行使有关权利,视为债权人同意拟分立公司的债权、债务承继方案,该债权人的主张不得影响公司的分立进程。

(3) 终审

拟分立的公司自公告之日起45日后,公司债权人无异议的,拟分立的公司应向原审批机关提交终审有关文件。原审批机关接到规定的文件后,决定是否批准公司分立。

(4) 变更、注销、设立登记

公司采取存续分立形式的,存续的公司应自审批机关批准分立之日起30日内,到审批机关办理外商投资企业批准证书变更手续并到登记机关办理公司变更登记。

公司采取解散分立形式的,原公司应自审批机关批准分立之日起30日内,到原审批机关缴销外商投资企业批准证书并到登记机关办理公司注销登记;设立的公司应自审批机关批准分立之日起30日内到审批机关领取外商投资企业批准证书并到登记机关办理公司设立登记;设立登记应当在有关公司变更、注销登记办理完结后进行。

(5) 债权债务变更公告

分立后存续或新设的公司应自变更或领取营业执照之日起30日内,向因分立而解散的公司之债权人和债务人发出变更债务人和债权人的通知并在全国发行的省级以上报纸上公告。

**867. 外商投资企业分立后,新设公司与原公司的注册资本有何要求？外商股权比例有何要求？**

外商投资企业分立后的注册资本之和,必须为分立前原公司注册资本之和。

各方投资者在分立后的公司中的股权比例,由投资者在分立后的公司合同、章程中确定,但外国投资者的股权比例不得低于分立后公司注册资本的25%。

**868. 未依照章程规定缴清出资的外商投资企业,是否可以直接进行公司分立？**

不可以。在股东按照公司章程规定缴清出资前,公司不得分立,且该外商投资企业必须已经实际开始生产、经营。

**869. 外商投资企业分立的初审及终审报批分别需要提交哪些材料？**

外商投资企业分立的初审报批材料如下：

(1)公司法定代表人签署的关于公司分立的申请书；

(2)公司最高权力机构关于公司分立的决议；

(3)各公司最高权力机构成员名单；

(4)因公司分立而拟存续、新设的公司(以下统称分立协议各方)签订的公司分立协议；

(5)经批准的合同(独资企业无须提供)、章程及修正案；

(6)公司的批准证书和营业执照；

(7)由中国法定验资机构为公司出具的验资报告；

(8)公司的资产负债表及财产清单；

(9)公司的年度审计报告；

(10)公司的债权人名单；

(11)因公司分立而在异地新设公司的,出具拟设立公司所在地审批机关对因分立而新设公司签署的意见；

(12)分立后的各公司合同、章程(独资企业无须提供合同)；

(13)分立后的各公司董事会(董事)、监事会(监事)成员名单；

(14)授权签署文件的,需出具授权书及被授权代表身份证明；

(15)审批机关要求报送的其他文件。

终审报批材料如下：

(1)公司在报纸上登载公司分立的证明；

(2)公司通知其债权人的证明；

(3)公司就其有关债权、债务处理情况的说明；

(4)商务主管部门要求提交的其他文件。

**870. 外商投资企业参股的上市公司进行公司分立时,有何特殊的报批手续?**

外商投资企业参股的上市公司股份变动的分立方案,应当报中国证监会批准并抄报公司上市所在地的证券交易所。如该方案未经中国证监会批准的,证券交易所对有关的公告文稿将不予审查,并报告中国证监会。

**871. 外商投资企业分立过程中,原公司章程因为分立发生变化的,新章程自何时开始生效?**

外商投资企业股东因公司分立而签署的修改后的公司合同、章程自商务主管部门变更或核发外商投资企业批准证书之日起生效。

**872. 分立后存续或新设的公司应当在多长时间内办理报税及外汇相关登记手续?**

分立后存续或新设的公司应自换发或领取营业执照之日起30日内到税务、海关、土地管理和外汇管理等有关机关办理相应的登记手续。

**873. 由于分立需要解散或设立外商投资企业的,是否有特殊的前置程序?**

需向拟解散公司所在地的商务主管部门提出因公司分立而解散的申请。

商务主管部门自接到解散申请之日起15日内作出是否同意解散的批复。超过15日未作批复的,视作同意该公司解散。

如果商务主管部门在15日内,作出不同意有关公司解散的批复,拟解散公司可将有关解散申请提交商务主管部门与公司分立的审批商务主管部门的共同上一级部门,该部门应自接到有关公司解散申请之日起30日内作出裁决。

如果上级部门不同意或不批准公司分立,则有关公司解散的批复自行失效。

### 三、公司分立纠纷的裁判标准

**874. 在哪些情形下,公司分立无效?**

公司分立无效一般由两类原因导致。

(1)公司分立协议无效或被撤销。公司分立协议本身作为法人主体间意思表示一致的约定,应当适用《合同法》及《民法通则》的规定来确定其效力,同时,借鉴最高人民法院关于非公司企业改制的相关规定,公司分立协议可撤销的常见情形如下:

①因重大误解订立的协议;

②协议显失公平;

③一方以欺诈、胁迫的手段或者乘人之危,使对方在违背真实意思的情况下订立的分立协议。

分立协议无效的常见情形如下:

①一方以欺诈、胁迫的手段订立合同,损害国家利益;

②恶意串通,损害国家、集体或者第三人利益;

③以合法形式掩盖非法目的;

④损害社会公共利益;

⑤分立的方案未通过公司股东会的决议通过。

(2)股东会决议无效或可撤销。

①如公司分立的股东会决议召集程序、表决方式违反法律、行政法规或者公司章程,或者决议内容违反公司章程的,则该股东会决议可撤销;

②如公司分立的股东会决议内容违反法律、行政法规的,则股东会决议无效。

因此实践中,如果公司分立一方或多方对通过公司分立的股东会决议提出撤销、无效诉讼,并经人民法院支持的,则对应的公司分立协议也将归于无效。

### 【案例291】提交材料视为同意决议内容　虽未签字公司分立依然有效[①]

**原告**:明鉴资产评估事务所

**被告**:明鉴会计师事务所

**诉讼请求**:判令被告提取的职业风险金按照净资产分割比例在原、被告之间分割。

**争议焦点:**

1. 被告分立时未就职业风险金分割召开股东会,该公司分立是否存在瑕疵。

2.《决议补充说明》虽没有原告签字,但原告在申请设立时提交的行为是否视为原告认可分立方案。

**基本案情:**

原告系自被告分立新设的单位。

原告向当地财政厅提交的关于设立原告的申请报告,附有被告6月9日股东会决议、决议补充说明,其中载明:同意被告的评估资质分立出来,其风险金全部留给被告,并对分立前的职业风险承担责任。原告不承担分立前的职业风险。

---

① 参见河南省洛阳市中级人民法院(2010)洛民终字第1834号民事判决书。

**原告诉称：**

在原告向财政厅提交的设立原告的申请报告中，《决议补充说明》没有股东签字，应为无效。在没有约定的情况下，依据《会计师事务所职业风险基金管理办法》第8条规定，"有限责任事务所分立，已提取的职业风险基金应当按照净资产分割比例在分立各方之间分割。分立各方另有约定的，从其约定"。被告已提取的职业风险金应按照净资产分割比例在分立各方之间分割。

**被告辩称：**

原告在办理分立手续时向有关部门提交分立协议，其中载明"原风险基金全部留给被告，并对分立前的职业风险承担责任。原告不承担分立前的职业风险"。

因此，在双方已有约定的情况下，风险金应全部留给被告。

**一审认为：**

根据《河南省财政厅关于做好资产评估机构过渡期末有关工作的通知》第1条的规定，《会计师事务所职业风险基金管理办法》实施前取得资产评估资格的会计师事务所提交的分立协议应当明确原资产评估机构评估业务风险基金的处理方案。

被告提交的风险基金的该处理方案是原告办理分立手续的必备程序，原告不认可被告当庭提交的加盖有河南省资产评估协会公章的该方案的协议，但又未能提交出其他方案，据此，该关于风险基金的处理方案应视为双方间曾经达成的唯一处理意见。现原告再要求分割风险基金的主张不能予以支持。

**一审判决：**

驳回原告的诉讼请求。

原告不服一审判决，向上级人民法院提起上诉。

**原告上诉称：**

1. 一审判决认定事实错误。

（1）一审以一个没有任何股东签字，没有任何股东会决议、记录支持，仅有被告盖章的《决议补充说明》，就视为双方协议，视为双方曾经达成的唯一处理意见，并作为判决依据，显然错误。

（2）原告作为法人主体，在2008年6月9日《决议补充说明》前尚未设立，尚不具备法人资格，不可能去签任何协议。

2. 《决议补充说明》本身内容虚假，不能作为证据使用，更不能延伸成协议。

（1）该《决议补充说明》标题既然明确说是"决议"的补充说明，显然该"决议"指的是已有的同期"股东会决议"，但是事实上，没有出现过任何有关本案风险金分配项目的股东会决议以及会议纪要,故不可能有任何需要说明的问题。

(2)一审判决将公司执行机构的一纸决定,歪曲为权力机构股东会的决定,违背了《公司法》关于组织机构规定的常识。

综上所述,本案既然审理认定是公司分立,就应该严格按照《合同法》、公司章程和《公司法》的规定,而一审却没有适用,所以,特提起上诉,请求依法分割原告一审诉求的职业风险金。

**被告二审辩称:**

1. 该《决议补充说明》是由原告向相关部门提交。

2. 对职业风险金的处置是分立设立资产评估事务所的必要条件。正是因为原告向相关部门提交了包含职业风险金处理方案在内的相关资料才办理了公司分立手续,成立了资产评估事务所,从而才有资格成为一个法人单位。

**律师观点:**

虽然被告没有严格按照《公司法》以及公司章程的规定就风险金分割问题召开股东会议进行表决,存在瑕疵,但本案一审中,被告提交了从河南省资产评估协会调取的《关于设立洛阳明鉴资产评估事务所有限公司的申请报告》,原告对该申请报告予以认可。该申请报告显示申请设立原告呈报的相关资料是由原告的股东王修武、沈丽君提交,其所呈报的资料中包含2008年6月9日的《决议补充说明》,因此,应视为其认可该《决议补充说明》,否则不会予以提交。而被告其余股东对该《决议补充说明》不持异议,因此,该《决议补充说明》应视为公司分立时双方达成的风险金处理方案。该《决议补充说明》中明确显示,风险金全部留给被告,分立前的职业风险由被告承担,原告不承担分立前的职业风险。故一审法院对原告的诉讼请求不予支持并无不当。

**二审判决:**

驳回上诉,维持原判。

**875. 公司分立无效是否只能通过诉讼程序实现?**

是。为防止分立无效诉权被滥用,确认公司分立无效的程序只能通过诉讼实现。

**876. 公司进行新设分立时,如果分立协议对部分财产的归属未明确规定,则该财产的所有权人如何确定?**

对于未在分立协议中明确约定归属的财产,应认定为分立后新设公司共同所有。

## 第十二章
### 公司分立纠纷

**【案例292】公司虽分立 未分割财产仍属共同所有**①

**原告:** 中心市场商店清算组

**被告:** 建设综合商店

**诉讼请求:**

1. 判令被告将坐落在中心市场内祥泰小区3号楼334.82平方米商业用房分割给原告125.83平方米；

2. 判令被告支付125.83平方米商业用房自1999年至今的孳息。

**争议焦点:** 原、被告分立时未就房产所有权进行划分，后该房屋拆迁，则动迁后新房的所有权如何确定。

**基本案情:**

1984年案外人阿城县蔬菜公司分立为原告、被告，原有职工43名，分给原告25名，被告18名。而原企业334.82平方米房产没有分割。该房屋1993年7月动迁，动迁后房屋坐落在中心市场内祥泰小区3号楼，由被告占有。

1999年11月，该房屋经案外人阿城县蔬菜公司的主管单位阿城市商业总公司以阿商发〔1999〕28号文件分割给原告楼房125.83平方米，但被告未执行，该房屋始终由被告出租并收取租金。

2002年7月由市委书记李克军、副市长袁德柱批示，2002年8月30日阿城市经贸局下发〔2002〕85号文件，再次确认原告依法应得的财产，而被告仍未执行。

**律师观点:**

案外人阿城县蔬菜公司分立时，未就当时房产的所有权划分，其房产应为原告和被告共有，老房被动迁后，所得到的新房仍为原告、被告共同所有。当时作为原告和被告的主管上级单位阿城市商业总公司，对原告和被告的房产纠纷的处理决定，确认的事实清楚，处理意见公平合理，应予采纳。另外，基于双方的共同共有关系，对因房屋出租产生的孳息，原告应按所占房产比例得到分享。

**法院判决:**

1. 位于祥泰小区金都公司楼3号1~2层归被告所有；

2. 被告建设综合商店给付原告房屋折价款367,172.02元；

3. 原告给付被告应分担的楼房差价款、借款利息和动迁入户费（应分得动迁补偿费已扣除）36,311.17元；

---

① 参见黑龙江省阿城市人民法院（2003）阿民初字第421号民事判决书。

4. 被告应给付原告房屋孳息 211,032.26 元;

5. 第 2 至 4 项合计后,被告应给付原告 541,893.11 元,此款应于判决生效后 10 日内给付。

**877. 公司分立无效的后果是否溯及新设公司在判决前的交易活动效力?**

鉴于最高人民法院对 2005 年修订前的《公司法》司法解释中关于认定公司设立无效的规定,同时基于商事法律维护商事法律关系稳定、促进商事流转的作用,公司分立无效的判决不应当溯及既往。

但需要注意的是,借鉴《公司法》关于公司合并的相关规定,新设公司在判决分立无效前享有的债权由原分立各方的股东享有,债务由原拟分立公司承担。

**878. 被执行人按法定程序分立为两个或多个具有法人资格的企业,如何承担债务?**

分立后存续的企业按照分立协议确定的比例承担债务;不符合法定程序分立的,裁定由分立后存续的企业按照其从被执行企业分得的资产占原企业总资产的比例对申请执行人承担责任。

## 第三节 企业分立的税务问题

### 一、企业分立的所得税处理

(一)分立的一般性税务处理

**879. 如何确定分立中当事各方、重组日以及主导方?**

分立中当事各方,指分立企业、被分立企业及各方股东。

企业分立以分立企业取得被分立企业资产所有权并完成工商登记变更日期为重组日。

企业分立的主导方为被分立的企业或存续企业。

**880. 企业分立时,如何进行会计处理?**

企业分立是公司净资产分立,不存在资产(负债)的购买或出售行为,分立方在分立中确认取得的被分立方的资产负债,仅限于被分立方账面上原已确认的资产和负债,分立中不产生新的资产和负债。具体如下:

(1)分立方以分立前原资产、负债的账面价值入账,转入资产的账面价值与转入负债的账面价值差额作为股东投入,增加所有者权益。

（2）被分立方以分立中转出的资产、负债的净额，调整所有者权益相关项目。如果存在注销股本的，应首先调整股本，再调整资本公积，资本公积余额不足冲减的，应冲减留存收益。

具体会计分录如下：

(1) 存续分立。

①存续方。

借：股本（按分立协议约定换出并注销的股份总数）

　　资本公积、未分配利润等（差额）

　　被分立的负债

　贷：被分立的资产（资产、负债均按原账面转出，不确认损益）

②分立方。

借：分立划入净资产

　贷：股本（按分立协议约定的拆股数）

　　　资本公积（差额）

注：资产、负债均按分立前的账面价值入账。

(2) 新设分立。

①被分立方。

借：股本（100%）

　　资本公积（100%）

　　留存收益（100%）

　贷：分立的净资产

②分立方。

借：分立划入净资产

　贷：股本（按分立协议约定的拆股）

　　　资本公积（差额）

**881. 企业分立如何进行企业所得税的一般性税务处理？**

企业分立时一般性税务处理原则如下。

(1) 被分立企业的所得税处理

①被分立企业必须对被分立资产进行评估，并以评估确认的价值作为换取股份份额的依据，在当期确认有关的资产转让所得或损失，计征所得税。

计税所得 = 被分立企业分立基准日被分立资产的公允价值 − 被分立企业分立基准日被分立资产的计税成本 − 尚未超过弥补期的经营性亏损

②如果被分立企业不再继续存在时,被分立企业应按清算进行所得税处理。

(2)分立企业的所得税处理

分立企业取得资产的计税依据按照交易价格重新确定。

(3)被分立企业股东的所得税处理

①被分立企业继续存在时,其股东取得的对价,未超出被分立企业留存收益份额的部分,应确认为股息红利所得。超过被分立企业留存收益份额的部分,如果低于投资成本,视为投资成本的收回,应相应冲减被分立公司股权的计税基础;如果高于投资成本,应确认股权转让所得。

②被分立企业不再继续存在时,其股东取得的对价应视同被分立企业因清算而分回的剩余财产进行所得税处理。①

(4)亏损处理

被分立企业的亏损不得在分立企业结转弥补。

## 【案例293】股权支付金额低于85%　企业分立要缴所得税

**分立方:** B公司

**被分立方:** A公司

**被分立方主要股东:** 甲公司、乙公司

**分立方式:** 派生分立

**基本案情:**

A公司注册资本为1000万元,甲公司和乙公司分别持有70%和30%的股份。为满足扩大经营的需要,2009年11月A公司剥离部分净资产成立B公司。分立基准日,A公司的资产负债表显示公司的资产总额为3000万元(公允价值为3800万元),负债2000万元(公允价值为2000万元),净资产1000万元(公允价值为1800万元)。

A公司剥离的净资产的账面价值为600万元(公允价值为800万元),并在工商管理部门办理了300万元的减资手续。B公司的注册资本为600万元,并确认甲公司和乙公司的出资额分别为400万元和200万元,同时B公司分别向甲公司和乙公司支付银行存款160万元和40万元。

**律师观点:**

本次分立涉及的税种主要是企业所得税与印花税。

---

① 关于此问题详见本书第十七章申请公司清算第三节公司清算的税务问题。

1. 企业所得税。

企业分立如适用特殊性税务处理,在符合重组业务特殊性处理基本条件的基础上,还需要同时符合下列3个条件:(1)被分立企业所有股东按原持股比例取得分立企业的股权;(2)分立企业和被分立企业均不改变原来的实质经营活动;(3)被分立企业股东取得的股权支付金额不低于其交易支付总额的85%。

本案中,B公司股权支付金额占交易支付总额的比例为(400+200)÷(400+200+160+40)×100%=75%,低于85%,不满足特殊性税务处理的条件。本案例应适用一般性税务处理。

具体税务处理如下:

①A公司对分立出去资产应确认的资产转让所得200万元(被转让资产的公允价值800-被转让资产的计税基础600),缴纳企业所得税50万元;

②B公司应按公允价值800万元确认接受资产的计税基础;

③A公司继续存在,其股东甲公司和乙公司其股东取得的对价,其中甲公司取得560万元对价,超过210万元的部分确认为股权转让所得,按照25%的税率缴纳企业所得税87.5万元;乙公司取得240万元对价,超过90万元的部分确认为股权转让所得,缴纳企业所得税37.5万元。

2. 印花税。

根据《财政部、国家税务总局关于企业改制过程中有关印花税政策的通知》(财税[2003]183号)的规定,以分立方式成立的新企业,其新启用的资金账簿记载的资金,凡原已贴花的部分可不再贴花,未贴花的部分和以后新增加的资金按规定贴花。分立后的A公司和B公司的注册资本增加1500万元(1000-300+800),需缴纳印花税7500元。

**882. 企业分立进行一般性税务处理需要提交哪些资料?**

企业发生分立的,应按规定报送以下资料:

(1)《企业清算所得纳税申报表》;

(2)企业分立的工商部门或其他政府部门的批准文件;

(3)被分立企业全部资产的计税基础以及评估机构出具的资产评估报告;

(4)企业债务处理或归属情况说明;

(5)主管税务机关要求提供的其他资料证明。

**883. 一般性税务处理情形下,企业分立后如何享受分立前的税收优惠政策?**

(1)企业整体(全部生产经营所得)税收优惠

就企业整体(全部生产经营所得)享受的税收优惠过渡政策尚未期满的,分立后的存续企业性质及适用税收优惠的条件未发生改变的,可以继续享受分立前该企业剩余期限的税收优惠,其优惠金额按该企业分立前一年的应纳税所得额(亏损计为零)乘以分立后存续企业资产占分立前该企业全部资产的比例计算。

注销的被分立企业未享受完的税收优惠,不再由存续企业承继;因分立新设的企业不得再承继或重新享受前述优惠。

(2)企业生产经营项目的所得税收优惠

国家重点扶持的公共基础设施项目、环境保护、节能节水项目等享受减免税优惠的项目,在减免税期限内转让的,受让方自受让之日起,可以在剩余期限内享受规定的减免税优惠;减免税期限届满后转让的,受让方不得就该项目重复享受减免税优惠。

(二)分立的特殊性税务处理

**884. 企业分立适用特殊性税务处理需符合哪些条件?**

企业分立的,同时符合下列条件的,适用特殊性税务处理规定。

(1)符合合理商业目的的原则

企业分立具有合理的商业目的,且不以减少、免除或者推迟缴纳税款为主要目的。

(2)符合权益连续性原则

①被分立企业的所有股东都应当在分立后按原持股比例取得分立企业的股权,而不能够是部分股东取得分立企业的股权。因此只有让产分股式分立与股份分割式分立中的第一种适用特殊性税务处理。①

②交易对价中涉及股权支付金额符合规定的比例,即被分立企业股东在该企业分立发生时取得的股权支付金额不低于其交易支付总额的85%。

③原持有被分立企业20%以上股权的股东,在重组后连续12个月内,不得转让因分立所取得的股权。

(3)符合经营连续性原则

分立企业与被分立企业在企业分立后的连续12个月内均不改变原来的实质性经营活动。

---

① 关于企业分立的具体形式及特征问题详见本章"关键词"部分。

## 【案例294】华晋公司派生分立　符合特殊性条件暂免所得税①

**分立方**:中煤华晋公司(筹)

**被分立方**:华晋公司

**被分立方主要股东**:中煤能源、山西焦煤集团

**分立方式**:派生分立

**分立基准日**:2011年3月31日

**基本案情**:

根据分立方案,华晋公司采取派生分立方式依法分立为两家由中煤能源和山西焦煤集团各持股50%的有限责任公司。华晋公司将继续存续,从华晋公司中分立出的资产将注册成立为一家新公司,暂定名中煤华晋公司(筹)。分立前后的股权结构对比如图12-3、图12-4所示:

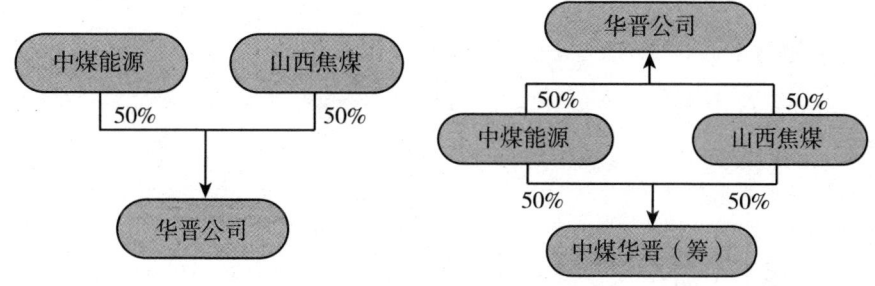

图12-3　分立前股权结构　　　图12-4　分立后股权结构

本次分立使中煤能源实际控制中煤华晋公司(筹)董事会,有利于提高中煤能源对中煤华晋公司(筹)的控制力,并可实施稳健措施以进一步改善中煤华晋公司(筹)的公司治理,使中煤华晋公司(筹)与华晋公司间的安全管理责任将得到更清晰的切分,进一步增强中煤华晋公司(筹)与华晋公司的相关安全措施;利用王家岭煤矿在产量与资源储备方面的优势为中煤能源创造更多经济效益。

本次分立不需要支付任何对价。分立所涉及的资产分割一般原则是将华晋公司现有的总资产分割为王家岭板块资产(包括土地与煤矿)及华晋公司板块资产(包括土地与煤矿),于分立后分别由中煤华晋公司(筹)及华晋公司持有。华晋公司现有的注册资本、经营成果将根据相应的项目板块进行分割。

---

① 参见巨潮资讯网http://www.cninfo.com.cn/finalpage/2011-08-09/59790264.PDF,2012年12月3日访问。

**律师观点:**

本次派生分立涉及的税收主要包括企业所得税、增值税、营业税、土地增值税、契税、印花税。

1. 企业所得税。

本次派生分立符合所得税特殊性税务处理条件。

(1) 关于合理商业目的条件的判定

根据基本案情可知,本次分立具有合理的商业目的。

(2) 关于权益连续性原则的判定

此次分立属于派生分立,华晋公司的两个股东中煤能源、山西焦煤集团在分立时取得的股权支付金额达到85%股权支付比例的条件。

(3) 关于经营连续性原则件的判定

派生分立后,华晋公司和中煤华晋公司(筹)均从事煤炭等矿产资源的生产和经营,未改变分立前华晋公司的经营性活动。

综上,华晋公司此次派生分立的行为满足特殊性税务处理应当具备的合理商业目的、经营连续性的条件,也符合权益连续性的条件,因此适用企业所得税特殊性税务处理方式。

具体税务处理如下:

①中煤华晋公司(筹)和华晋公司接受原华晋公司资产和负债的计税基础,以华晋公司原有的计税基础确定。

②华晋公司已分立出去资产相应的所得税事项由中煤华晋公司(筹)和华晋公司承继。分立前华晋公司未超过法定弥补期限的亏损额可按分立资产占全部资产的比例进行分配,由中煤华晋公司(筹)和华晋公司继续弥补。

2. 增值税、营业税及附加。

根据《国家税务总局关于纳税人资产重组有关增值税问题的公告》(国家税务总局公告2011年第13号)和《国家税务总局关于纳税人资产重组有关营业税问题的公告》(国家税务总局公告2011年第51号)规定,纳税人在资产重组过程中,通过分立方式,将全部实物资产以及与其相关联的债权、债务和劳动力一并转让给其他单位和个人的行为,不属于增值税和营业税的征收范围。因此,华晋公司和中煤华晋公司(筹)无须就货物、资产、负债的转移缴纳增值税、营业税及附加。

3. 土地增值税与契税。

根据《土地增值税暂行条例》及其实施细则的规定,转让国有土地使用权、地上的建筑物及其附着物并取得收入,是指以出售或者其他方式有偿转让房地产的行为。不包括以继承、赠与方式无偿转让房地产的行为。而企业分立涉及的房地产移转并未取得对价,不属于土地增值税的征税范围,不应征收土地增值税。因此,华晋公司无须就土地使用权和不动产的转移缴纳土地增值税。《财政部、国家税务总局关于企业事业单位改制重组契税政策的通知》(财税〔2012〕4号)规定:企业依照法律规定、合同约定分设为两个或两个以上投资主体相同的企业,对派生方、新设方承受原企业土地、房屋权属,不征收契税。故在本次派生分立中,中煤华晋公司(筹)无须就其受让华晋公司的土地房屋权属缴纳契税。

4. 印花税。

根据《财政部、国家税务总局关于企业改制过程中有关印花税政策的通知》(财税〔2003〕183号)的规定,以合并或分立方式成立的新企业,其新启用的资金账簿记载的资金,凡原已贴花的部分可不再贴花,未贴花的部分和以后新增加的资金按规定贴花。分立后的华晋公司和中煤华晋公司(筹)的注册资本并未增加,因此无须缴纳印花税。

**885. 如何判断分立是否符合"合理的商业目的"?**

应从以下几个方面说明具有分立是否具有合理的商业目的:

(1)分立活动的交易方式。即分立活动采取的具体形式、交易背景、交易时间、在交易之前和之后的运作方式和有关的商业常规。

(2)该项交易的形式及实质。即形式上交易所产生的法律权利和责任,也是该项交易的法律后果。另外,还包括交易实际上或商业上产生的最终结果。

(3)分立活动给交易各方税务状况带来的可能变化。

(4)分立各方从交易中获得的财务状况变化。

(5)分立活动是否给交易各方带来了在市场原则下不会产生的异常经济利益或潜在义务。

(6)非居民企业参与分立活动的情况。

**886. 企业分立如何进行特殊性税务处理?**

可按以下规定处理。

(1)分立各方共同的处理原则

①分立各方对交易中的股权支付暂不确认有关资产转让所得或损失。

②分立中的非股权支付仍应在交易当期应确认相应的资产转让所得或损失,并调整相应资产的计税基础。

非股权支付对应的资产转让所得或损失=(被转让资产的公允价值-被转让资产的计税基础)×(非股权支付金额÷被转让资产的公允价值)

(2)被分立企业的所得税处理

①税收事项的继承。被分立企业已分立出去资产相应的所得税事项由分立企业承继。

②未弥补亏损的处理。被分立企业未超过法定弥补期限的亏损额可按分立资产占全部资产的比例进行分配,由分立企业继续弥补。

(3)分立企业所得税的处理

在不涉及股权支付的情况下,应按原计税基础确定其再分立公司的计税基础。

在涉及非股权支付的情况下,由于被分立企业确认了非股权支付对应的被分立资产的转让所得或损失,因此,分立企业确定被分立资产的计税基础应包含已确认的此部分转让所得或损失,即被分立资产的计税基础=原计税基础-非股权支付额+已确认的非股权支付对应的资产转让所得或损失。

(4)被分立企业股东的所得税处理

被分立企业的股东取得分立企业的股权(以下简称新股)计税基础确定方式如下:

①如需部分或全部放弃原持有的被分立企业的股权(以下简称旧股),"新股"的计税基础应以放弃"旧股"的计税基础确定。

②如不需放弃"旧股",则其取得"新股"的计税基础可从以下两种方法中选择确定:直接将"新股"的计税基础确定为零;或者以被分立企业分立出去的净资产占被分立企业全部净资产的比例先调减原持有的"旧股"的计税基础,再将调减的计税基础平均分配到"新股"上。

## 【案例295】东北高速分立　适用特殊性税务处理暂免征企业所得税①

**分立方**:龙江交通、吉林高速

**被分立方**:东北高速

**被分立方主要股东**:龙高集团、吉高集团

**分立方式**:新设分立

**分立基准日**:2009年6月30日

---

① 参见腾讯财经网 http://finance.qq.com/a/20100114/000313.htm,2012年11月28日访问。

**基本案情：**

截至分立基准日，东北高速的总股本为 1,213,200,000 股，每股人民币 3.73 元，股本总金额为 4,525,236,000 元。其中：龙高集团持有 326,411,104 股，持股比例为 26.90%，吉高集团持有 270,392,503 股，持股比例为 22.29%，华建交通持有 217,396,393 股，持股比例为 17.92%，流通股持有 399,000,000 股，持股比例为 32.89%（见图 12-5）。

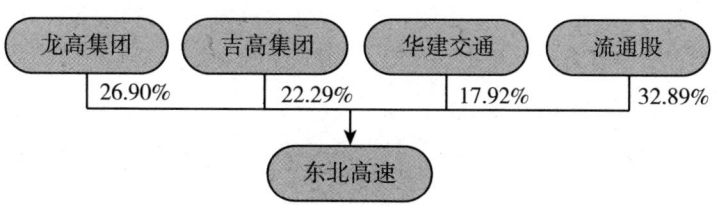

图 12-5　东北高速分立前股权结构

由于我国高速公路企业往往具有明显的地域特征，当地政府对于高速公路企业的支持、注入高速公路资产对企业的发展尤其重要。东北高速的两大股东分别隶属于黑龙江省政府和吉林省政府，资产也跨地区分布。东北高速由于历史原因形成的股权结构和资产布局，使公司的治理结构出现过一定的问题，在一定程度上影响了公司的发展，也不利于获得当地政府的政策支持。

为了顺应东北高速的发展，东北高速将分立为两家股份有限公司，即龙江交通和吉林高速。龙江交通和吉林高速将按照分立上市方案的约定依法承继原东北高速的资产、负债、权益、业务和人员，原东北高速在分立完成后依法解散并注销。龙江交通和吉林高速的股票经核准后上市。资产、负债与权益具体分割方式如下：

1. 资产划分方案。

（1）主业资产的划分：主营业务以及相关资产划分根据属地原则，黑龙江省境内的哈大高速公路收费权及相关资产、东北高速持有的东绥高速 48.76% 股权进入龙江交通；吉林省境内的长平高速公路的收费权及相关资产、东北高速持有的长春高速 63.8% 股权将进入吉林高速。

（2）货币资金分配：截至 2009 年 6 月 30 日，东北高速母公司报表上有货币资金 5.56 亿元。分立后，龙江交通保留 4.91 亿元的货币资金；吉林高速保留 6500 万元的货币资金。

（3）非主业长期股权投资的分配：归属龙江交通的非公路长期股权投资共有 7 项，分别为：哈尔滨特宝股份有限公司 42.25% 股份、黑龙江东高投资开发有限公司 90% 股权、哈尔滨龙庆公路养护有限责任公司 30% 股权、洋浦东大投资发展有限公司 98.04% 股权、深圳市东大投资发展有限公司 98.04% 股权、江西智通路桥管理有限公司 35% 股权、大连东高新型管材有限公司 92.5% 股权。归属于吉林高速的非公路长期股权投资共有四项，分别为：吉林东高科技油脂有限公司 95% 股权、吉林省长平公路工程有限公司 20% 股权、二十一世纪科技有限责任公司 49.25% 股权、大鹏证券有限责任公司 4.4% 的股权。

（4）总部资产（除货币资金及长期股权投资外）的划分：结合属地原则和历史形成原因，主要归属于吉林高速。

2. 负债划分方案。

（1）应付职工薪酬：分公司的应付职工薪酬按属地原则划分，总部的应付职工薪酬原则划归吉林高速。

（2）应交税费：分公司的应交税费按属地原则划分，总部的应交所得税按分立后两公司备考营业收入（母公司口径）比例在分立后两公司之间划分，总部的其他应交税费原则由吉林高速承担。

（3）长期应付款和专项应付款：按历史形成原因划分。

（4）其他应付款：分公司的其他应付款按属地原则划分，总部的其他应付款按历史形成原因划分，不能确定归属的平均分配。

3. 权益划分。

分立后两公司的股本与东北高速相同，均为 1,213,200,000 股。扣除股本后，分立后两公司权益的其余部分转入资本公积。

东北高速在分立日在册的所有股东，其持有的每股东北高速股份将转换为 1 股龙江交通的股份和 1 股吉林高速的股份。在此基础上，龙高集团与吉高集团于 2009 年 12 月 30 日签署两份《股份划转协议》，龙高集团将其通过分立可以持有的吉林高速的股份与吉高集团通过分立可以持有的龙江交通的股份互相无偿划转。上述股权划转是本次分立上市的一部分，将在分立后公司股票上市前完成，东北高速在分立完成后将依法办理注销手续（见图 12-6）。

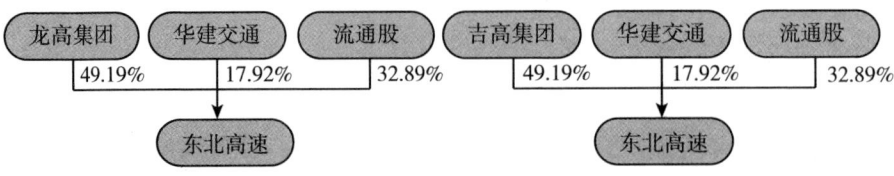

图 12-6 东北高速分立后新公司股权结构

**律师观点：**

本次分立涉及的税种主要包括企业所得税、营业税、增值税、土地增值税、契税。

1. 企业所得税。

(1) 分立公司（东北高速）的所得税。

东北高速符合特殊性税务处理的条件，暂免征企业所得税。

①关于合理商业目的条件的判定。此次分立的目的有两点：一是更好地争取黑龙江省政府和吉林省政府的支持；二是解决东北高速内部治理结构的问题。由此可知，此次分立并非出于避税目的，具有合理的商业目的。

②关于权益连续性原则的判定。东北高速原股东龙高集团、吉高集团、华建交通、流通股均按照原持股比例取得东北高速的股权，且前述股东取得龙江交通和吉林高速100%的股权，符合股权支付比例的要求。

龙高集团、吉高集团、华建交通、流通股也承诺12个月内不会转让因分立取得的股份。

值得注意的是东北高速分立之后，龙高集团将其通过分立可以持有的吉林高速的股份与吉高集团通过分立可以持有的龙江交通的股份互相无偿划转，是否会导致东北高速分立不符合权益连续性的条件。笔者认为，经过了换股，虽然形式上龙高集团、吉高集团并没有分别获得龙江交通和吉林高速的股权，实质上还是获得了东北高速的资产，权益的连续性依然保持。因存在争议，建议可与税务局进行充分沟通。

③关于经营连续性条件的判定。分立之后，龙江交通和吉林高速依然继续从事交通经营活动，12个月内不改变原来的经营活动，符合经营连续性的条件。

由此可知，东北高速的分立行为符合企业所得税特殊性税务处理的条件，暂无须缴纳企业所得税。

(2) 东北高速原股东的所得税。

根据分立上市方案，本次分立完成后，东北高速股东原持有本公司1股股份将转换成龙江交通1股股份与吉林高速1股股份，分立后公司的股本与东北高速相同，故原股东无须缴纳所得税。

2. 营业税、增值税。

根据《国家税务总局关于转让企业产权不征营业税问题的批复》[①]（国税函

---

[①] 该批复已于2011年被《关于纳税人资产重组有关营业税问题的公告》（国家税务总局公告2011年第51号）废止，由于本案发生于2009年，依然适用该批复。当然根据国家税务总局2011年第51号公告，该次分立行为仍然无须缴纳营业税。

〔2002〕165号)和《国家税务总局关于转让企业全部产权不征收增值税问题的批复》(国税函〔2002〕420号)①的有关规定,本次分立无须缴纳营业税和增值税。

3. 土地增值税与契税。

如本节所述,因企业分立发生的土地使用权转让是否须缴纳土地增值税尚不明,就笔者之前分析,笔者认为东北高速分立过程中,对房产、土地的分割不缴纳土地增值税。

根据财政部、国家税务总局《关于企业改制重组若干契税政策的通知》(财税〔2008〕175号)的规定,分立公司龙江交通与吉林高速因分立取得的房地产、土地无须缴纳契税。

## 【案例296】绍兴前进派生分立  符合特殊性条件暂免所得税②

**分立方:** 绍兴金道

**被分立方:** 绍兴前进

**被分立方主要股东:** 杭齿前进、金言荣

**分立方式:** 派生分立

**分立基准日:** 2012年3月31日

**基本案情:**

绍兴前进成立于1997年11月6日,由杭齿前进与自然人金言荣合资组建,注册资本1000万元,其中:杭齿前进持有55%股权、金言荣持有45%股权。主营业务为MA系列及06、16型船用齿轮箱、叉车变速箱、工程机械变矩器及其零配件的制造、销售。其实物资产主要为存货、建(构)筑物及土地、设备等。

分立重组方案为:采用派生分立方式对绍兴前进进行股权重组,绍兴前进将继续存续,从绍兴前进中分立出的资产将注册成立为一家新公司,新公司名称暂定为绍兴金道,杭齿前进拥有分立后的绍兴前进100%股权,金言荣拥有分立后的绍兴金道100%股权。根据分立协议,绍兴前进持有的绍兴传动93%的股权归属于绍兴金道,杭齿前进、金言荣双方直接持有的绍兴传动的股权保持不变。绍兴前进持有的信达担保公司1.0032%的股权仍归属于分立后的绍兴前进。分立双方根据业务划分原则分割资产后,各自分得的净资产的评估

---

① 该批复已于2011年被《国家税务总局关于纳税人资产重组有关增值税问题的公告》(国家税务总局公告2011年第13号)废止,法规适用方式同上。

② 参见巨潮资讯网 http://www.cninfo.com.cn/finalpage/2012-03-27/60733127.PDF,2012年12月3日访问。

值,与根据分立前绍兴前进股权比例应分得的净资产之间的差额,绍兴前进应付绍兴金道 5,823,550.22 元,现金支付比例仅为 4.31%。分立前后的股权结构如图 12-7、图 12-8 所示:

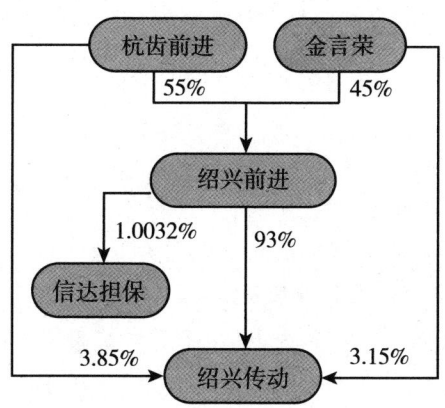

图 12-7 分立前股权结构

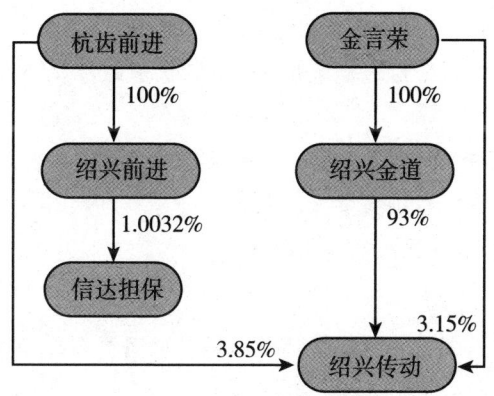

图 12-8 分立后股权结构

分立后存续的绍兴前进主要经营:制造、销售船用齿轮箱及其配件;工程机械变速箱及其配件;变矩器及其零配件;汽车配件;相关产品、技术进出口。经营范围与分立前相比未发生实质性变化。分立后新设的绍兴金道主要经营:制造、销售叉车变速箱及其配件。

**律师观点:**

本次派生分立涉及的税收主要包括企业所得税、个人所得税、增值税、营业税、土地增值税、契税、印花税。

1. 企业所得税。

本次派生分立符合所得税特殊性税务处理条件。

(1)关于合理商业目的条件的判定。

本次分立后的绍兴前进成为杭齿前进的全资子公司,将有利于杭齿前进的产品布局和调整,增强主导产业和主营业务,从长远看有利于公司的发展,具有合理的商业目的。

(2)关于权益连续性原则的判定。

此次分立属于派生分立,绍兴前进的两个股东在分立时取得的股权支付金额达到85%股权支付比例的条件。

(3)关于经营连续性原则件的判定。

派生分立后,绍兴前进和绍兴金道均不改变分立前绍兴前进的经营性活动。

综上,绍兴前进此次派生分立的行为满足特殊性税务处理应当具备的合理商业目的、经营连续性的条件,也符合权益连续性的条件,因此适用企业所得税特殊性税务处理方式。

具体税务处理如下:

①绍兴金道接受绍兴前进资产和负债的计税基础,以绍兴前进原有的计税基础确定。

②绍兴前进已分立出去资产相应的所得税事项由绍兴金道和绍兴前进承继。分立前绍兴前进未超过法定弥补期限的亏损额可按分立资产占全部资产的比例进行分配,由绍兴金道和绍兴前进继续弥补。

2. 个人所得税。

金言荣取得绍兴金道股权的计税基础以其原持有绍兴前进股权的计税基础确定。

3. 增值税、营业税及附加。

根据《国家税务总局关于纳税人资产重组有关增值税问题的公告》(国家税务总局公告2011年第13号)和《国家税务总局关于纳税人资产重组有关营业税问题的公告》(国家税务总局公告2011年第51号)规定,纳税人在资产重组过程中,通过分立方式,将全部实物资产以及与其相关联的债权、债务和劳动力一并转让给其他单位和个人的行为,不属于增值税和营业税的征收范围。因此,绍兴前进无须就货物、不动产及土地使用权的转移缴纳增值税、营业税及附加。

4. 土地增值税与契税。

根据《土地增值税暂行条例》及其实施细则的规定,转让国有土地使用权、地上的建筑物及其附着物并取得收入,是指以出售或者其他方式有偿转让房地产的行为,不包括以继承、赠与方式无偿转让房地产的行为。而企业分立涉及的房地产移转并未取得对价,不属于土地增值税的征税范围,不应征收土地增值税。因此,绍兴金道无须就土地使用权和不动产的转移缴纳土地增值税。

《财政部、国家税务总局关于企业事业单位改制重组契税政策的通知》(财税〔2012〕4号)规定:企业依照法律规定、合同约定分设为两个或两个以上投资主体相同的企业,对派生方、新设方承受原企业土地、房屋权属,不征收契税。故在本次派生分立中,绍兴金道无须就其受让绍兴前进的土地房屋权属缴纳契税。

5. 印花税。

根据《财政部、国家税务总局关于企业改制过程中有关印花税政策的通知》(财税〔2003〕183号)的规定,以分立方式成立的新企业,其新启用的资金账簿记载的资金,凡原已贴花的部分可不再贴花,未贴花的部分和以后新增加的资金按规定贴花。分立后的绍兴前进和绍兴金道的注册资本并未增加,合计仍为1000万元,因此无须缴纳印花税。

**887. 企业分立,进行特殊性税务处理应于何时提交哪些备案材料?分立各方的确认机关如何确定?**

企业发生分立并按特殊性税务处理的,应准备以下资料:

(1)当事方企业分立的总体情况说明,情况说明中应包括企业分立的商业目的;

(2)企业分立的政府主管部门的批准文件;

(3)企业分立各方当事人的股权关系说明;

(4)分立企业的净资产、各单项资产和负债及其账面价值和计税基础等相关资料;

(5)证明分立符合特殊性税务处理条件的资料,包括分立后企业各股东取得股权支付比例情况以及12个月内不改变资产原来的实质性经营活动、原主要股东不转让所取得股权的承诺书等;

(6)企业分立的,需要工商部门核准相关企业股权变更事项证明材料,需要工商部门认定的分立和被分立企业股东股权比例证明材料;分立后,分立和被分立企业工商营业执照复印件;分立和被分立企业分立业务账务处理复印件;

(7)主管税务机关要求提供的其他资料证明。

企业未按规定书面备案的,一律不得按特殊重组业务进行税务处理。

如分立各方需要税务机关确认,可以选择由主导方向主管税务机关提出申请,层报省税务机关给予确认。

采取申请确认的,主导方和其他当事方不在同一省(自治区、市)的,主导方省税务机关应将确认文件抄送其他当事方所在地省级税务机关。

省税务机关在收到确认申请时,原则上应在当年度企业所得税汇算清缴前完成确认。特殊情况,需要延长的,应将延长理由告知主导方。

**888. 企业在分立发生前后连续 12 个月内分步对其资产、股权进行交易,是否应作为企业分立交易处理?若同一项分立业务涉及在连续 12 个月内分步交易,且跨两个纳税年度的,如何适用特殊性税务处理?**

企业在分立发生前后连续 12 个月内分步对其资产、股权进行交易,应根据实质重于形式的原则将上述交易作为一项企业重组交易进行处理。

同一项分立业务涉及在连续 12 个月内分步交易,且跨两个纳税年度的,当事各方在第一步交易完成时预计整个交易可以符合特殊性税务处理条件,可以协商一致选择特殊性税务处理的,可在第一步交易完成后,适用特殊性税务处理。主管税务机关在审核有关资料后认为符合条件的,可以暂认可适用特殊性税务处理。第二年进行下一步交易后,应准备相关资料确认适用特殊性税务处理。

上述跨年度分步交易,若当事方在首个纳税年度不能预计整个交易是否符合特殊性税务处理条件,应适用一般性税务处理。在下一纳税年度全部交易完成后,适用特殊性税务处理的,可以调整上一纳税年度的企业所得税年度申报表,涉及多缴税款的,各主管税务机关应退税,或抵缴当年应纳税款。

**889. 企业分立中,当事一方在规定时间内发生情况变化,致使分立业务不再符合特殊性税务处理条件的,应如何处理?**

当事一方在规定时间内发生生产经营业务、公司性质、资产或股权结构等情况变化,致使分立业务不再符合特殊性税务处理条件的,发生变化的当事方应在情况发生变化的 30 日内书面通知其他所有当事方。主导方在接到通知后 30 日内将有关变化通知其主管税务机关。

在上述情况发生变化后 60 日内,应按照一般性税务处理的规定调整分立业务的税务处理。原交易各方应各自按原交易完成时资产和负债的公允价值计算重组业务的收益或损失,调整交易完成纳税年度的应纳税所得额及相应的资产和负债的计税基础,并向各自主管税务机关申请调整交易完成纳税年度的企业所得税年度申报表。逾期不调整申报的,按照《税收征收管理法》的相关规定处理,即纳税人未按照规定的期限办理纳税申报和报送纳税资料的,由税务机关责令限期改正,可以处2000元以下的罚款;情节严重的,可以处2000元以上1万元以下的罚款。

**890. 特殊性税务处理情形下,分立后企业如何享受分立前的税收优惠政策?**

(1)企业整体税收优惠。

分立后的企业性质及适用税收优惠条件未发生改变的,可以继续享受分立前被分立企业剩余期限的税收优惠。

(2)企业生产经营项目的所得税收优惠。

国家重点扶持的公共基础设施项目、环境保护、节能节水项目等享受减免税优惠的项目,在减免税期限内转让的,受让方自受让之日起,可以在剩余期限内享受规定的减免税优惠;减免税期限届满后转让的,受让方不得就该项目重复享受减免税优惠。

## 二、企业分立其他税种的处理

**891. 企业在分立过程中发生土地使用权人变更,新设立公司取得土地使用权,被分立企业是否需要缴纳土地增值税?**

按照《财政部、国家税务总局关于企业改制重组有关土地增值税政策的通知》(财税〔2015〕5号)的规定,企业分设为两个或两个以上与原企业投资主体相同的企业,对原企业将国有土地、房屋权属转移、变更到分立后的企业,暂不征土地增值税。

**892. 企业分立过程中发生无形资产、不动产所有权的转移,是否需要缴纳营业税?**

纳税人在资产重组过程中,通过分立方式,将全部或者部分实物资产以及与其相关联的债权、债务和劳动力一并转让给其他单位和个人的行为,不属于营业税征收范围,其中涉及的不动产、土地使用权转让不征收营业税。

**893. 企业分立过程中发生实物资产以及与其相关联的债权、负债和劳动力转让行为,是否需要缴纳增值税?**

纳税人在资产重组过程中,通过分立方式,将全部或者部分实物资产以及与其相关联的债权、负债和劳动力一并转让给其他单位和个人,不属于增值税的征税范围,其中涉及的货物转让不征收增值税。

**894. 分立后的企业承受原被分立企业的土地、房屋权属的,是否需要缴纳契税?**

免征契税。

**895. 企业分立是否需要缴纳印花税?**

视不同情形而定:

(1)分立企业新启用的资金账簿记载的资金,凡原已贴花的部分可不再贴花,未贴花的部分和以后新增加的资金以增加的"实收资本"与"资本公积金"两项的合计金额按照万分之五的税率贴花;其他新启用的账簿按件贴花5元。

(2)企业分立前签订但尚未履行完的各类应税合同,分立后需要变更执行主体的,对仅改变执行主体、其余条款未作变动且分立前已贴花的,不再贴花。

(3)企业因分立签订的产权转移书据免予贴花,如各类知识产权转让协议、土地使用权转让合同等。

(4)因分立导致被分立企业的权利、许可许可证照发生变化,按件贴花,税额为5元,如商标注册证、专利证、使用权证等。

## 【法律依据】

### 一、公司法类

(一)法律

❖《公司法》第37条、66条、99条、175条、176条

(二)行政法规

❖《公司登记管理条例》第38条、70条

(三)部门规章

❖《财政部企业公司制改建有关国有资本管理与财务处理的暂行规定》第9条、20条

❖《对外贸易经济合作部、国家工商行政管理总局关于外商投资企业合并与分立的规定》第4~9条、11条、13条、14条、15条、16条、23~38条

(四)司法解释

❖《最高人民法院关于审理与企业改制相关的民事纠纷案件若干问题的规定》第12条、13条

### 二、税法类

(一)行政法规

❖《税收征收管理法》第48条

(二)部门规范性文件
❖《国家税务总局关于印花税若干具体问题的解释和规定的通知》(国税发〔1991〕155号)第9条
❖《国家税务总局关于资金账簿印花税问题的通知》(国税发〔1994〕025号)
❖《财政部、国家税务总局关于企业改制重组有关土地增值税政策的通知》(财税〔2015〕5号)第3条
❖《国家税务总局关于印花税若干具体问题的规定》(国税地字〔1998〕第25号)第19条
❖《财政部、国家税务总局关于企业改制过程中有关印花税政策的通知》(财税〔2003〕183号)第1条
❖《财政部、国家税务总局关于企业重组业务企业所得税处理若干问题的通知》(财税〔2009〕59号)第1~9条
❖《财政部、国家税务总局关于执行企业所得税优惠政策若干问题的通知》(财税〔2009〕69号)第3条
❖《国家税务总局企业重组业务企业所得税管理办法》(国家税务总局公告2010年第4号)第2条、15条、28条
❖《国家税务总局关于纳税人资产重组有关增值税问题的公告》(国家税务总局公告2011年第13号)
❖《国家税务总局关于纳税人资产重组有关营业税问题的公告》(国家税务总局公告2011年第51号)

(三)其他
❖《深圳证券交易所关于做好证券交易印花税征收方式调整工作的通知》
❖《上海证券交易所关于做好调整证券交易印花税税率相关工作的通知》

**三、民法类**
❖《合同法》第70条、90条

**四、其他**
(一)行政法规
❖《诉讼费用交纳办法》第13条
(二)部门规章
❖《财政部企业国有资本与财务管理暂行办法》第5条、9条、10条
❖《财政部关于建立健全企业应收款项管理制度的通知》第6条